U0596480

中国当代民间史料集刊 23

章元善日记

华东师范大学中国当代史研究中心／编

中国出版集团
東方出版中心

图书在版编目（CIP）数据

中国当代民间史料集刊. 23，章元善日记 / 华东师范大学中国当代史研究中心编. —上海：东方出版中心，2023.12

ISBN 978-7-5473-2331-1

Ⅰ. ①中… Ⅱ. ①华… Ⅲ. ①中国历史—现代史—史料—1949-1966 Ⅳ. ①K270.6

中国国家版本馆 CIP 数据核字（2023）第 240653 号

中国当代民间史料集刊 23：章元善日记

编　　者　华东师范大学中国当代史研究中心
责任编辑　李梦溪
封面设计　丫　头　马　可

出 版 人　陈义望
出版发行　东方出版中心
地　　址　上海市仙霞路 345 号
邮政编码　200336
电　　话　021-62417400
印 刷 者　昆山市亭林印刷有限责任公司

开　　本　710mm×1000mm　1/16
印　　张　40.5
插　　页　2
字　　数　678 千字
版　　次　2023 年 12 月第 1 版
印　　次　2023 年 12 月第 1 次印刷
定　　价　158.00 元

出版说明

《中国当代民间史料集刊》是一套记录1949年以来中国历史的资料丛书，由本中心组织编辑。这套丛书收录的是流散于社会的各种民间文献，包括日记、笔记、记录、信函、小报、表格、账册、课本等。与已经出版的许多中国当代史资料不同，这套丛书反映社会底层的政治、经济、文化状况和日常生活、人际交往、家庭关系、个人境遇等内容，为读者提供记录底层历史变迁的原始资料。

相对于中国古代和近代各种民间史料，中国当代民间史料数量更大，种类更多，抢救、发掘的难度理当比前者要小得多，但实际的情况却颇不乐观。由于在相当一段时间里政治运动频发，特别是“文化大革命”中，许多私人记录性史料被大量抄没、毁坏或遗失。而各种运动过后，尤其是改革开放初期“拨乱反正”，也曾将大量个人材料交还个人处理，或由组织代为销毁。再加上单位变动频繁，过去曾经保存在单位里的各种油印资料或个人记录材料，也不断地被处理或销毁。所有这些都使得原本应该浩如烟海、取之不尽的当代民间史料，如今竟成急需抢救的“国宝”。

近十几年来，意识到并重视当代史料搜集和抢救工作的民间人士和专业研究者，已不在少数。但十分遗憾的是，这方面的工作迄今为止仍处于一种分散游击、割据自守的状况。由于收藏者多将自己搜集到的史料藏诸深山、秘不示人，从而使得原本就显得十分稀少的民间史料愈显稀缺。

历史研究，关键在史料。当代史料通常有几类，一是官方档案文献，二是口述或回忆，三是影像或录音，四就是民间记录的各种文字材料了。在所有这些史料当中，官方档案的形成、留存和开放，难免会受到时政的极大影响，因而具有很大的片面性。口述、回忆史料因时过境迁，加之当事人的主观意向和记忆误差，也极易造成对历史的误读。至于影像录音之类的史料价值，局限性自然更为明显。因此，当代史料当中最大量的，也是最能够真切反映社会当时各种情况的，恰恰是这些民间史料。如今，当代中国历史的研究正方兴未艾，已有越来越多的学者和学生开始关心和研究当代历史的问题了，但因为民间史料查找不易，除极少数近水楼台者外，真正能够利用民间史料来做研究的学者和学生，还寥寥无几。

本中心成立不久，但深信应该在这方面有所建树，因而不惜大家动手，不取分文，费时费力并以极为有限的财力资源，编辑出版这样一套丛书，以推动民间史料的整理与出版，进而逐渐打破现在史料收藏过于分散、难以利用的情况。

必须说明的是，本中心在民间史料搜集上着手较晚，故我们所推出的史料无论从面上，还是从点上，都不成系统。同时，由于整个当代史料的整理和出版工作在全国范围内也只是处于起步阶段，无论编辑还是出版工作都还有一个摸索适应和逐渐规范的过程，因此，在许多方面都难免存在着缺失甚或不当之处。凡此种种，还有望各方读者包括原文作者及时提醒和指正。

华东师范大学中国当代史研究中心

2010 年 7 月

作者简介

章元善(1892 年 10 月 1 日—1987 年 6 月 5 日),字彦驯,江苏苏州人,祖籍浙江诸暨,后迁居江苏苏州。父亲章钰(1864—1937),近代藏书家、校勘学家。章元善早年入清华学堂,1915 年毕业于美国康奈尔大学理学院化学系,同年回国,参与创建中国科学社、欧美同学会等。回国后,章元善历任南京国民政府实业部合作司司长,南京国民政府经济部商业司司长,中国国际救济委员会驻会常委,华洋义赈会副总干事、总干事。

1945 年,章元善参与创建中国民主建国会并任常务理事。1949 年,章元善作为代表出席了中国人民政治协商会议第一届全体会议。中华人民共和国成立后,章元善历任中华人民共和国政务院参事、第二届至第六届全国政协委员和中国民主建国会第一届至第四届中央常委。1952 年,章元善出任欧美同学会理事长。

章元善从早年起就有非常好的记日记习惯,事无巨细都有记录,目前存世的主要是从 1934 年至 1987 年的部分,总字数近 90 万字。目前已经整理出来的主要是 1949 年至 1966 年的部分,约 38 万字。章氏对每天参加的会议、处理的公私事项、迎来送往等,都留下了宝贵的文字。日记内容对了解章元善的个人生活、1949 年之后的民主党派发展情况及欧美同学会的历史将很有帮助。

目　录

1949年

1949年1月1日

竟日候机，仍未成行。晚饭后请看电影，一和兄嫂、且华、小四及我。上午吹笛，翻正工调。

1949年1月2日

上午帮同清洁房屋，Nille Lis及其夫张君来饭，饭后到BOAC乘机往London。午夜到Goose Bay（Labradors），半夜在冰天雪地情况下继续前进，夜渡大西洋。

1949年1月3日

夜3时始登机，一夜睡不及三小时。晨机外一片大雪，11时到Prestwich Scotland，今是首次足登欧洲，办理入境手续后继续前行，6 pm. 到London，经BOAC帮忙介绍投宿Backinghare Palace Road之Hotel Buber，首次用英国币。

1949年1月4日

晨起已9时，到UN Travel office晤见Potters，填表定船，据说需候六星期。到BUAC晤Mrs. Hopkins。下午休息，到Westminster Bridge一带，观市容。函J.B.及和兄。

1949年1月5日

到Methodist Missionary Soc，后到Friends' House，晤David Johnston留午饭，同座有Mrs. Rees，Libox，Lervalyn Evans，其弟，Jinkiss（Wilyn之弟）Fresner诸人。在Piccadilly一带走街，到British Council看我译之"英国合作运动"。

1949年1月6日

晤Dixon于2 Eaters Gate，请午饭，饭后到大使馆晤程天锡、段茂澜，又四川人何思可君。去观Exhibition，是一蜡人院，16:30晤Rate Bury，晚赴程天锡约，略饮酒，向BUAC约取七十磅，由我在申还IRC。

1949年1月7日

晨看Change of Grand's，到BUAC取£30。下午休息，整理，到Paddington Sta一看，定明日访J.B.Taylor。晚看电影。

1949年1月8日

正要动身到Taylor处的大使馆，赖秘书电话说已为我订得G & O Carthage船226号房位，乃与UN之Clark通电，请即代为购票，自Paddington站乘车到

Tiddington 到 Eynesbury 之 Jokfrsd 晤 J.B.，其夫人，及其次子 Harold Francis 纵谈一切，天寒甚，其光景甚苦。

1949 年 1 月 9 日

午间约 J.B.在村中小走，村道整洁为英国之特色。下午同 Harold 到 Oxford 参观二小时，晚与 J.B.讨论其新作 *The End Century* 合作之第二世纪。

1949 年 1 月 10 日

晨起，戴太太特为预备早餐，约其次子 Harold 出门，他在 Leica ten 教书。我乘车返 London，到车站并无一人，八时来了一辆 Diesel 车，车上即我一人，到 Thames 购票，按无票乘车论（英人之不 fair 如此），10 时到 Paddington 站，径赴 UN 接洽船票，承其 Mrs. Claridge 指引，到 P & O。到后因无 UN Travel Order，又回 UN，Mrs. Claridge 同我再去，乃购成船票。14 日之 Carthage，仅转到香港。Tourist 226 仍住 Hotel Reckons，仍用原房间 179，饭后赴 BUAC Mrs. Moore 茶会。到后 Dixon 已先在，久候主人不至。4 时后 Mrs. Moore 来，纵谈一切，并表示热诚欢迎之意，还要请吃饭。回寓后发信 Ted 及鼎。早睡。

1949 年 1 月 11 日

到 UN 取车票（by Southampton）及飞机票（香港到申），并问护照、现款等手续结果。向 BUAC 再支£10，下午到 British Museum 参观，仅开放一小部，二小时毕事。在 King Edward Room 见吾唐朝镶螺钿之铜镜，一大一小，殊为别致，中国画有沈石田题一幅，余均平平，铜器中恐有“国宝”，悉不能辨识耳。

1949 年 1 月 12 日

11 时前在府候陈氏电话，午 Mrs. Moore 在 English Speaking's Mon 请午饭，同座有外交部远东情报局局长 Stocklary（曾任汉口领事），中国科科长 Miss Martin（曾在沈阳十年），British Council 远东课课长 Hollyer。14:30 到 Br. Red Crass 晤 Wright，致敬而已，到 UN 取护照，据说沿途可登陆，不必加签，向 BUAC 再取£10，向 Cook 购旅行支票，£15，回府，晚陈氏请饭，在 Soho Sq.之上海楼，同坐九人，均曾与 IRC 合作，谈中国事甚畅。

1949 年 1 月 13 日

略费周折，找到 Horace Planked Foundation（12 Doughting St.），晤其 Librarian Miss J. Tracey，检阅其 1927 年以来之 Year Book，其中 1932、1933 两年中国部分是我作的，到 Easton 找到 Union China Cttr（25 Garden Square），在小店立吃 Sandwich。后到 China Soc.听 Hansford 讲琢玉，融合化学艺术，记载

北平玉器工艺甚详，且有电影，甚为精彩。我亦略致辞，一人在黄昏前游西敏古寺(Westminster Abbey)，见 San Johnson，Jooac Newton，Nelson 诸人坟墓，凭吊一番后，招待在午间 China Soc.遇见之 Tausig。在至西敏寺之前，在 China Soc.看 12/17－20 之香港版《大公报》一小时。

1949 年 1 月 14 日

以一小时专程拜访称雄一时之唐宁街十号，在外午餐。12:30，Mrs. Moore 来，接我到 Waterloo 车站乘 Cartage 旅客专车，于 15:20 前到 Southampton，全船旅客上船，一切手续于 1.5 小时内办竣，17:00 开行，我在 Forest Class 226，同室三人，悉系广东人。在车上午饭时，遇孟和亲戚，王绍坊。

1949 年 1 月 15 日

船略动荡，午时止共行 300 miles，一日无事。

1949 年 1 月 16 日

以在美所购 Nursery Skyme 话片，及在英购之 *Stay at Home* 借给船上托儿所船客廖姓夫妇，系联大同学，认识琴、珠。午前止 24 小时，行 420 miles。阅 Moore 之 *We go to China*，存 Bar £21。

1949 年 1 月 17 日

发现同舱二人竟在洗脸盆中小便，殊为不快。午间入地中海，又行 420[英]里。

1949 年 1 月 18 日

晚上在 B Deck 看电影，船行 414。

1949 年 1 月 19 日

午行 424。

1949 年 1 月 20 日

昨行 410，昨今二日自洗衣服。

1949 年 1 月 21 日

行 409，得蒋走、李来、孙代、孙赴申、宋辞等消息。船上昨夕 Dog race，今 Dance。

1949 年 1 月 22 日

05:14 到 Suez Canal 北口之 Port Said。早餐后交了护照上岸游览，购物如下：麻织桌毯及小皮包二个(£31)，Tell 15 J. 小手表($30 US)，我手表前二日坏了，修理完整(12/-)。午前入 Canal，走了四小时，停了四小时。

1949 年 1 月 23 日

行 124，下午将 Mrs. Moore 托书三册分送王、刘、Green。

1949 年 1 月 24 日

行 403,今换夏装,吃冰。

1949 年 1 月 25 日

行 400,看完 Moore 书(*We go to China*)。

1949 年 1 月 26 日

昨今逆风,船到 Aden 迟四小时。13:00—18:00,在 Aden 上岸一走,此间原系 Arab 人地,英人统治到今日,地不生产,人民苦极。此乃亚洲西南角。未接家信。

1949 年 1 月 27 日

船上有人发起星五吃新年饭,推我及廖向船主交涉,几经往返,终究成功。

1949 年 1 月 28 日

准备元旦聚餐。

1949 年 1 月 29 日

午间元旦叙餐,捐出£2.30。(重见 2/10)己丑元旦,午饭时,17 中国旅客,15 各国客人聚餐,凑了£2.30,捐给 Aramen's Charities。

1949 年 1 月 30 日

下午发信。午夜可到 Bombay。

1949 年 1 月 31 日

午夜即到 Bombay,早餐后,同王培生、王维坊、刘梁登岸,四人共花七先令在街市一走,我找鼎友未值(人人企业公司),晚上电影,得鼎 1/20 信。

1949 年 2 月 1 日

发 Mrs. Moore 信。

1949 年 2 月 2 日

今日海"大",傍晚到 Colombo,登岸一视,到邮局一带即返船,明晨再去。

1949 年 2 月 3 日

再度登岸,乘 Taxi,遍游全市二小时,到回教、佛教寺、Zoo 等处,午时起程。

1949 年 2 月 4 日

今日风浪大。

1949 年 2 月 5 日

半渡印度洋。

1949 年 2 月 6 日

傍晚到 Pennang,晚饭同王绍坊、廖、刘诸君登岸,一起吃面一碗,归船。

1949 年 2 月 7 日

昨夜大雨,早餐后放晴,乃与同舱人谢、Orton、彭三人登岸乘车游清云岩,(Snake Temple)极乐寺,Penang Hill(乘缆车达半山高 1 100 米)。午间返船,饭后开行。

1949 年 2 月 8 日

午间到 Singapore,13:30 靠码头,绍珂(适王汉光),瞿良(绍瑾夫)来接,戴文君来接。介绍中华书局经理施寅佐,乘其车到中华。下午游 Raffles Place, Victoria 纪念堂、Museum 多地,在飞机场茶点,又到东海岸植物园、晚晴园(中山革命策略地)多处。在虎豹游泳池,施先生请吃海南席。到其寓宿,晤其夫人及其子,他们在日人陷星时避难,在筑、渝各地均曾见我,为文君难友,亦是瞿良友人。下午到 High Street 55 号王汉光家(绍珂),见其[夫]王汉光及其六子女,其中仅逊卿(六岁,女)系珂生。

1949 年 2 月 9 日

昨夕睡眠不佳,起身甚早,早餐后同施家到中华与瑾、珂参观"华中"(华侨中学)。午王汉光请饭吃潮州菜,下午在中华经理室休息,游大水池(reservoir)。华中旁 607 Bukit Timsh Rd 即瞿良家,见其子弦和(5),女弦音(7)。晚在戴文君家饭并宿。

1949 年 2 月 10 日

晨起,昨夜洗衣犹未干,戴太太为我熨干。08:00,施寅佐即来接到中华,珂、瑾来。10:00 上船,施、戴、珂、瑾均送上船,珂、瑾候至船开始离埠。

1949 年 2 月 11 日

Singapore 上来二新客。一姓潘,广东人,到港求学;一为 W. Piaya, Hawaii 人,是一水手。昨将我白兰地吃了半瓶,酩酊大醉,与之交谈,人极坦白。开口即谈,我刚自狱中释出,回程找事。彭我二人各将资产物携带身上防之。一生做水手,今忽做旅客,大为不惯。到食堂不敢吃食,乃由船改排其座位,与军人同舱,我并代为介绍英军人。

1949 年 2 月 12 日

离香港仅 640〈浬〉海里,心头加重,国家弄到如此,出国人不想回国。我如此,同船十余学生亦如此。

1949 年 2 月 13 日

进入中国,海浪大,船动,同船人皆有惜别意。

1949 年 2 月 14 日

醒来已在香港，9:00 后靠九龙码头，中国旅行社接渡。投奔昌林，承其招待午餐，以上海银行宿舍供我宿。下午并借我汽车，途遇张炯伯、包达三，到养乐医院访之，并访到 Y.T.及辅治，晚在昌林家酒饭。章仲和及其子住在他家。Southampton 至此船程中计拨前钟点 7.5 hours。

1949 年 2 月 15 日

到九龙湾漫游山林道，访郑仲完，为昨 CL 托事，得其允可，只须登报时可以登报(retrained check)。见其孑然苦居，进退为难，甚为可怜。访墨陶，未得确址。午饭后返港订好机票，定 19 返申。晚在 Y.T.家酒饭，有马保之在，下午晤 MC 人。

1949 年 2 月 16 日

晨到上海银行，陶、墨即在，同之游浅水湾。午赴 MC 会餐于大夏。下午到九龙，又与陶、墨畅谈二小时，晚在 Y.T.家酒饭。CL 同去，得鼎 2/13 信。

1949 年 2 月 17 日

到 CL 行发电后，到 Y.T.处，适王云五在同周太太谈，谈一味苦闷，甚至下泪。Y.T.同我到吴达铨处，达老达观，其人暴躁如故。到 Y.T.处午饭，饭后赶回 CL 行。又到皇后道，MC 晚受公请在国泰即席讲加游。一斑、宸老等五人同到宿舍再谈，余天休来访。

1949 年 2 月 18 日

俞老来，上午读书二小时。到 CL 处候马季明(鉴)，同我到一天津馆(海景楼)吃北味，同渡海再访陶、墨及纲，晚在 CL 家饭。

1949 年 2 月 19 日

06:00 起身，07:30 到半岛酒店，09:20 乘 BOAC Flyingboat Pembroke 号起飞，同行有章仲和父子。13:20 到龙华，全家全会来接。16:00 后到家，家中空气融和，铮铮[①]已能认人。延[②]在家(到场者为：贞[③]、鼎[④]、增[⑤]、延、斐[⑥]、和弟[⑦]、四弟[⑧]和

① 章兆真。
② 章延。
③ 张绍巩。
④ 章鼎。
⑤ 张申增。
⑥ 章斐。
⑦ 章元美。
⑧ 章元羲。

弟妇[1])。晚孙表弟[2]、四弟、胥老[3]等来。

1949 年 2 月 20 日

养元来,今午贞集体请自己人,计自母亲、姑母以下到了 21 人。四弟明日赴粤,为照五包照片甚多,鸿钧傍晚来。

1949 年 2 月 21 日

到会,晤 Led 及同人,后即晤卫玉、Edwards、全四爷、克非诸人。午在胥家饭,饭后在家,整理此行沿途寄归之书件 24 包,Bob 来住。

1949 年 2 月 22 日

上午为 Led 谈我此后工作,我拟以保持现状,开展新工为主题。关于新工,拟一面于充实 Purchases' agency 及 Equipment Service 二项之后增加 Med. Soc. Service,一面充实手工艺及发动其他事业。在此扩大基础之上,募集捐款,接收外援(私人的),配合新时代需要,坚强人民自办的社会服务。饭后同贞、延、斐看电影,整理带归资料。至善来。颐弟为住房成问题,来商量。

1949 年 2 月 23 日

晨到鸿钧处,同之访谷部长。同之到中山医院看喉,找鹏万。我到其家晤治平,到会一转,下午在家写信,将£40 还会(向 BUAC 借支之款)。此行结存美金 \$23.35。

1949 年 2 月 24 日

在家懒了一天,傍晚同贞坐三轮到沈景英处,后到二弟处晚饭。在耘来谈,午饭去。

1949 年 2 月 25 日

在家办旅行善后,寄各地信 8 封,计连昨共 10 封:YR、Nina、Sinclair、Ashton-Kamil、丑、星岛王、瞿、Leo Outer bridge、镐哥、Mrs. Moore,鲁泉来申,孝蒨来。

1949 年 2 月 26 日

到会仍办"善后",下午鲁泉、养元来,同劝鲁泉即回金大。晚 MC 会于中国银行,坐 bus 归。

1949 年 2 月 27 日

上午无人来,下午同贞到魏任之、郭养元家、龙家、二舅家。见卓英近著《中

---

① 胥琳。
② 孙逢吉。
③ 胥仰源。

国之固有道德》，三分姿色之女子用尽心计打扮得乌乌阵画鬼说魂，丑人多作怪而已。

1949 年 2 月 28 日

到会整理人名单，田贵鉴来，说手组为训练儿童 12 名，甚有成绩，拟展至九个月。原则上允之。同之来家午饭，晚谷部长请各外人团体，有作别之意。

1949 年 3 月 1 日

上午在会整理名单，下午在家，钱太亲母来。

1949 年 3 月 2 日

午前在会，下午未去。以茶点款待王治平，鹏万夫妇同来，此外有乔、艾、项诸人。

1949 年 3 月 3 日

午前在会，下午同贞走街，到母处。

1949 年 3 月 4 日

区至培[①]自宁来。上午在家写计划，人觉极度疲倦，心灵亦滞慢。函萧庆云、黄廷英、Ottawa。

1949 年 3 月 5 日

午请姑母、钱太亲母、二舅母吃饺子，母未来。下午杨允中娶长媳，到十三层楼道喜，遇唐臣、志道，略谈。

1949 年 3 月 6 日

访顾起潜，晤叶揆老(初，景葵)，略谈时事，袁志澄来。

1949 年 3 月 7 日

将 IRC memo 写完，下午 MC 后同贞到母处一坐，到沈景英处晚饭，晤孟和。

1949 年 3 月 8 日

草计划初稿完成，午 USC，下午科学社两会。

1949 年 3 月 9 日

完成计划，明天可分送。晚曹沛滋(社会局)、张维(卫生局)请两桌，为四四儿童节募款。

1949 年 3 月 10 日

为会中生活薪水与小戴略有争执，回家一算，会中待遇不能算太高。晚必详

---

① 三女婿。

来，下午未到会。

1949年3月11日

上午写出几封信。午之英来饭，劝我为本人事业打下二十年基础。我说，天不亡中国乎，我人自有努力之机会。不然天意也，我何不进取，但亦不隐晦，就可能已在注视中云云，复之。下午在家。

1949年3月12日

下午MC会于中国，晚陈钧请饭，贞同去，饮谈而已。主张：中央银行之对外关系，尤其业务收支应以足使这银行之银行真能充分发挥其领导调节之作用，为其基本精神。不应以竞争营利为依归，尤其不可利用其特殊地位，甚至滥用特权，与民争利。业务经营尽可援用商业惯例，只要确能达成其使命，其业务收支不可自给时，得由国库补助之。

1949年3月13日

午前性尧、养元、之英均来，为谈手品事，我以为手品既无人主持，可以委托联营公司特设手工部代营。公司经销亦无不可。午后之英同李士豪、俊卿来谈，晚鲁泉来饭。

1949年3月14日

希文自苏州来，同之来家午饭。下午IRC开会，对我所提革新计划大致同意，嘱进行编拟具体方案。

1949年3月15日

午前在会为希文谈会事，决定以HCO对社会服务。下午手协在家开理监会，到鲁泉、之英、养元、卫玉、罗俊、性尧代表希文、焕文诸人，所谈甚具体，收获佳，精神好，情绪热。

1949年3月16日

今天有些发节气(春分)，下午得报丧条，陈仲老[①]昨夜逝世。

1949年3月17日

晨到仲老灵前掉泪吊之。仲明来问合作应如何革新，以不懂其事答之。下午在会，中央银行取款，无券汇兑不通。

1949年3月18日

午前为上海学济会方干事谈特殊办法，得有解决。饭后同贞到世界殡仪馆送

---

① 即陈汉第。

陈仲恕[①]伯入殓，又到 Lester 开 BUAC 开会，与奖学金申请人谈话。

1949 年 3 月 19 日

办出上海学济会办理 T.B.长期休养事，托金城代收广州款事，及为 IRC News letter 缩写我革新计划。下午在家，晚 CC 之合作人请我吃饭，有陈仲明在，由其谈欧洲情形，我则未发一言。

1949 年 3 月 20 日

阴雨，午前养元冒雨来谈手运，引卫玉、润之意，说我们应采行动，引心一意。说中国银行要放款意，说五年努力不如其七个月代理取得。复委会，二于来打开工作，主张不照原据条件“从权”做去，但要我负其责任。我以五年苦闷，不甘接受其 claim。用款原则上不能离开原拟太远，他要有主张，应负其责，我做事势孤，得不到朋友。问题是如此朋友是否可交？闷闷竟日。鸿钧、应中两家来。

1949 年 3 月 21 日

未成多少事，天阴，傍晚到 18 号访章仲和，适陈显平在，大谈预言诗。项老以据称明熊开元《鱼山集》卷九之十首背释一番。后询顾起潜，说《鱼山集》中并无此诗。

1949 年 3 月 22 日

晚联营公司在丰隆楼请我，晤高事恒、马克强诸人，墨卿亦在座。

1949 年 3 月 23 日

晚在席应忠家吃饺子。

1949 年 3 月 24 日

上下午到会，无甚特事。悉 Ted 与 ECA 闹翻，ECA 派人来查账寻事。

1949 年 3 月 25 日

下午 BUAC 会到六点后。

1949 年 3 月 26 日

铮铮不舒服，下午在家。

1949 年 3 月 27 日

午前胥仰老来。熊侄[②]来，为谈中大近状。此子尚有见解，颇有长进。下午同贞、延、志培，由鼎开 Jeep 到十六铺城隍庙。我于 16:00 后到技协，三周年。铮

---

① 即陈汉第。

② 章熊。

甚有烧,已三日矣。

1949 年 3 月 28 日

午 USC 会,Edwards 将回去奋斗。

1949 年 3 月 29 日

为科学社审查办事细则,饭后到聘应处开会,子竞为委员之一。同鸿钧[①]访 Edwards,谈革新问题(社会事业),铮铮出痱子,极轻。

1949 年 3 月 30 日

ECA—CUSA 来查账。British Council 请茶,听 Goslar King 讲英国医事教育之最近趋势。Led 请吾二人参加中英文化协会 Dinner。看《三毛流浪记》预展、Marionette 及育才学生歌舞音乐表演。

1949 年 3 月 31 日

晚昭妹来,上下午均在会。

1949 年 4 月 1 日

一天会中发生若干问题,一为 TSO 答应 ECA 退回余款,赔补贬值损失,一为小戴兄去英邦未得 TSO 同意,一为 Flower 翻案。晚上大光明看《生死恨》,七人全去。

1949 年 4 月 2 日

下午手工艺产品公司开董事会,业务屡受损失,已入破产状态,但仍以公司有其使命,不能解散,有增资市振之意,定研究负债法律问题(对世界贸易公司)再开会。

1949 年 4 月 3 日

上午在家,下午到科学社听科学与社会座谈会,无甚特别收获。17 点赶回,在家招待章仲和、陈次平[②],晚厥文[③]、艾如请客,是聚餐交换时事意见及工商通商问题。

1949 年 4 月 4 日

下午鸿钧为 USC 召开重估工作会于 Forages Y,今晨全家去新新看《三毛》。临走,延以所着衣色是绿色,怨斐衣红色,令其更衣,斐无可忍,临时不去,生气竟日,快乐之儿童节为延一人所破坏。

---

① 任鸿钧。
② 张绍玑妹夫。
③ 胡厥文。

1949 年 4 月 5 日

ECA 查账,开始发生麻烦,似针对 Ted。为 USC 做报告成《手工》一章。

1949 年 4 月 6 日

下午开 Med Sub Ctter 会于乔宅,我对 Flower 不客气。

1949 年 4 月 7 日

USC 调查工作,我尽二日之力为《手工艺》完成第一篇,贞自 4/4 后又不快活。

1949 年 4 月 8 日

今鼎以 94 万元,讲我在 NY 买的 ball pen 配好。整日为手工艺整理工作。

1949 年 4 月 9 日

Ted 见 ECA 查账员 Laity,据说一切甚顺利,晚樊陶静请高显鉴(咏修)自渝来。

1949 年 4 月 10 日

上午陈次平、何秋江来。下午到新生活贺菊农二女婚,导之同回家。永滋[①]来,晚饭去。

1949 年 4 月 11 日

戴玉山为增薪事又发毛色,为之不快久之。晚 Hedley 请客,在其家。

1949 年 4 月 12 日

玉山上月即闹提前发薪,经人制止。今日又偷偷摸摸地发,杂以余一份,无意交我,我拒绝之。此子手段太阴。丁鼎文自平来,晚约之来府,谈近事。

1949 年 4 月 13 日

竟日无聊,午间因本月(四月上)份薪支票,中央银行搭付一半不兑现之本票,受票人受打九折以上之换失。令 AD 将本票于今日发出,玉山将我现钞、本票全部交来。又来试我,我把现钞退回后,立将预写之本票 10W 交我(附一 10W),蓄意试我,证据确凿,忍无可忍,拂袖归家。找贞出外看电影。

1949 年 4 月 14 日

静心分析昨日之事,觉得玉山计犯二过:1. 对我侮辱;2. 破坏会纲。决计轻看第一点,把第二点由乔医生办。九时车来,未到会,越时玉山同胡必祥来,表明道歉之意,我轻轻将第一点解决,接受其歉意,同时告以第二点,事大,当交乔办。玉山无辞,同之到会,希望因此教训玉山,从此自爱、爱会。

---

① 于永滋即于树德。

1949 年 4 月 15 日

晚在沈克非家，Sinton、鸿钧、余及克非讨论此后 IRC。克非勇气百倍，我以(1) 此际结束或(2) 照余意改革，将来有无机会工作，不必虑及，二端请为决定，结果决定后者。铮铮右手厚度 1.3 cm—2.45 cm。

1949 年 4 月 16 日

下午同 HC 到 Cathay Hotel，王艮仲嫁女，道喜。我到中国殡仪馆吊胡政之丧，同贞出买鞋，到胶州路看淋(为四弟来信)，未值，归途到仲老处一坐。

1949 年 4 月 17 日

上午茂楠同昌霖来一坐，淋来劝之赴粤，决计不去。乘鼎车到母处，后在徐永祚府聚餐。

1949 年 4 月 18 日

今晨为玉山发薪事又有质问(另有记录)，又向乔辞职，将上次来道歉意勾销，此子不可教矣。下午常委开会，讨论革新计划可一小时半，郑重通过议案四点，由我全时办理，并向 CIFRC 借款，进行一切准备工作。

1949 年 4 月 19 日

今天开始革新会务，午到 WSRC 开会，建议将学生、医药、救济交其自办。

1949 年 4 月 20 日

今天是国共和战解决最后一天，人民生活如故。

1949 年 4 月 21 日

铮铮周岁，下午请母、姑母以下来吃面、照相。母与姑母同车来，有衣物一包，遗在车上，失物值金一两，甚为不愉。姑母以经管此包，尤觉不快。

1949 年 4 月 22 日

午前研究 CIFRC 卷，午在 Foreign Y 开会，到仅四人。议决取消全体剩余资产，移交 IRC 作革新会务之用。下午手工艺产品公司开董事会，亦以世界贸易公司问题濒于破产。

1949 年 4 月 23 日

会中同人要发应变费，未允。下午七机关为 Edwards 践行，在西侨青年会。晚请后我两个月回国之钱且华妹。

1949 年 4 月 24 日

午前李雪汉、郭养元、熊华村、陈翰青来。我下午到金荪老处，传闻苏州已解放，HCO 与申隔断杳然。

1949 年 4 月 25 日

会中闹应变，民建晚开会，MC 620。

1949 年 4 月 26 日

午后 MC 会中还闹应变费，晚天平路上措一父十三周年祭。

1949 年 4 月 27 日

竟半日之功将会中应变费问题圆满解决，晚 MC 会于大陆。

1949 年 4 月 28 日

晨到马博庵处一坐，日间研究北平手工艺统计，会中正发所说“应变费”。散后 MC 将找叶揆老转求耆老向当局为学生呼吁，及与起潜通话。

1949 年 4 月 29 日

会中为发应变费事，又犹有周折，立时平静。下午吊叶揆初先生丧，二弟同来。

1949 年 4 月 30 日

鸿钧得 UN 事，明日携子女各一先赴港。于咏之来饭，马博庵亦来饭。饭后送鸿钧走，后博庵为谈整个社会改革方案，同贞看国泰电影 *The Imperfect Lady*，英国片剧情甚好，颇多破除阶级思想，正义战胜爱情，战胜传统世俗。

1949 年 5 月 1 日

宋名适、何秋江来，下午同贞到公园一游。

1949 年 5 月 2 日

午前玉山为谈时局，认为革新不够，力劝紧缩待时，颇为有理。下午地方组织之临时联合救济会会于 YMA，先后均到 MC。

1949 年 5 月 3 日

平静了一天，回家二奶奶在，为谈今年母、生母事，略有细故纠纷。

1949 年 5 月 4 日

终日在忧虑中，下午 SC 开会，决定紧缩，晚觉略劳。

1949 年 5 月 5 日

今日准备一切，午间晤管复初妹。

1949 年 5 月 6 日

17 后到克非家，五人谈紧缩办法。到母处拜寿。悟到：It's foolishness to be also honest，it's not wisdom to be too honest。

1949 年 5 月 7 日

将昨日三人小组通过之紧缩办法商玉山，得其合作，说将“stick to the end”。

下午同贞到且妹处，后在公园吃茶。

1949 年 5 月 8 日

晨吴崧高、明星夫人均来，为谈解决个人问题。下午敬渊[1]来，傍晚同贞走，同李一路。

1949 年 5 月 9 日

10 时在大礼堂向全体同事宣布紧缩办法，反应甚佳。在动乱[中]办有秩序之事，得此效果，至为不易。

1949 年 5 月 10 日

一切尚顺遂。

1949 年 5 月 11 日

工人与郁彧之纠纷闹起来了。

1949 年 5 月 12 日

一切尚顺利，会中工作情绪甚佳。

1949 年 5 月 13 日

紧缩顺利进行中，BRCS 略有问题，支吾之。市内闻炮声，甚清晰。

1949 年 5 月 14 日

上午在会，料理好些麻烦事，中午办了中止，精神饱满，六时半在大富贵酒楼（常德路、康定路口）四桌请全体同人，感情融洽，尽欢而散，IRC 最后一幕，总算不错。

1949 年 5 月 15 日

侵晨周明星自嘉定来，说于十二日逃来。下午到母处，后到 Brain Jones 处贺其生日。

1949 年 5 月 16 日

在会料理紧缩，相当周折，下午约谈，悉石兄家出问题。

1949 年 5 月 17 日

很顺利地遣散了 20 个职员、25 个工人，下午起炮声交响。

1949 年 5 月 18 日

Dudley 不满，及为之说明他亦有遣散费，立即讲理，外国小人之尤者也，下午外国女职员找额外好处。

---

① 金敬渊。

1949 年 5 月 19 日

遣散工作告一段落，下午计划明日起临时工作，开始完成未竟事务，昨夕炮声甚稀。

1949 年 5 月 20 日

会中 Jeep 被征，略费周折。今日外滩戒严，下午有印发局势，竟日未闻炮声。

1949 年 5 月 21 日

打发徐柏生应征，下午无事。晚房客会于 22 号，当夜为之印油印通告，志培任其劳。一夜炮声不绝，大雷雨。

1949 年 5 月 22 日

竟日在家，炮声转稀而停止，王鹏万家眷来逃难。

1949 年 5 月 23 日

接收 Hostel，战事略停。颐弟为卖书画事，疑人欺之，几至涉讼，余一言解之——莫家题画，曾在某氏手甚多时日。颐弟疑其揭面。实无其事，犹不甘休。人将诉讼法律。我昨夕看物，并无迹象，乃劝之先行镇定。今午求复叔鉴定，亦说无可置疑，颐弟乃休。

1949 年 5 月 24 日

在会借车给救济会，打发人到兆丰路开仓。饭后西部愚园路、徐家汇戒严，未出门。

1949 年 5 月 25 日

03:00，上海市区解放！08:30，同斐出门到会，一路平静逾恒。共军三三两两在马路口值岗，午间回家，标语满街。14:00 到会，上海人民团体联合会之人民保安队八人在会候我，说要看管 IRC，当即同意，封锁仓库，16:00 回家。

1949 年 5 月 26 日

午前小戴又有不驯态度（为谈长乐阿文遣散费）。下午未去，到克非处送报告，紧缩至此告一段落，到天平路一坐，冒雨而归。晚间苏州河北逐渐肃清。

1949 年 5 月 27 日

上午到民建——在浦东同乡会六楼，明起改在 186 陕西北路，下午在会将 Henry 向乔要之 Penicillin 解冻发出。发 CIFRC 信，发同人信（计算方法），均依时而行之事。紧缩报告取出，规定六月一日起严格地照紧缩办法建立人事制度。

1949 年 5 月 28 日

在会一小时甚，办出好些事，派潘照明赴苏，余时在民建。

1949 年 5 月 29 日

上午在民建，以会纲修正、充实总会组织及充实秘书处三事为厥文[①]言之。下午为技协请盛康年报告，在科学社。

1949 年 5 月 30 日

星六派往苏州之潘照明未达成任务，设饰词塞责，殊为失望。下午得希文解放前信，表现极佳，略慰。被征 Jeep 司机徐柏生安全回来，下午民建开会员会，当主席之一，得永滋[②]信。

1949 年 5 月 31 日

苏州老李来，打发他回去。10:00 在民建晤中央代表许涤新，谈工商、物价、工资、币制等问题。余为会务请其指示。下午在会，回家弄中有一车夫践碎玻璃，伤足流血，不能行，我求邻家业医之林君为之取出玻片，送他一元及旧鞋，出资雇车送之回家，一时掀动全弄注意。幼童得此一课有益之功课。午冷御秋来饭，晚郑达生夫妇来饭，饭后经耕莘、颐弟来，悉在耘被派接管输管会。

1949 年 6 月 1 日

今日端午吃粽子。上午在民建开会，发现施复亮持其新贵地位，放弃其既往作风，武断独裁。胡厥文跟着他走，只讲行动，不论组织，奇怪之至。下午循尧峰请，又去，发现记录簿上有请我为驻会常委之条，但将“公执”二字涂去，大为不快。我只要得到新政，故对社会事业之大政方针设法配合工作，此外别无企图。然多方接触，迄未得到眉目。途遇陈铁生，亦有此感。邹震[③]及珠[④]来，说南京一半人观望，一半人失望，姑妄听之。

1949 年 6 月 2 日

午前在民建与卫玉、康年、厥文、寰忱谈会务。下午又去，上下午都到会。

1949 年 6 月 3 日

IRC 事少，10:00—12:00 在民建开联席理监会，整理会务，颇多收获。会被推为联合办事之常理。下午又到两会，将现款封存，并与玉山坦白谈话。必祥将回鄂——茂楠代之。

---

① 胡厥文。
② 于树德。
③ 二女婿。
④ 二女。

1949 年 6 月 4 日

上午在开会,手协下午在家开会,永滋、希文俱来。

1949 年 6 月 5 日

杨德先、李文斌、周明星、复叔、榆珍、希文来。午应约在蜀馆晤胡西园、张澍霖,谈民建。又赴湖帆府晤苏州业主,谈献粮事。

1949 年 6 月 6 日

上下午二会,厥文为谈民建原始意识。我为办公机构拟稿二件,定明日提会。

1949 年 6 月 7 日

民建两次会,完成好些整理工作。晚永滋、在耘来谈合作。

1949 年 6 月 8 日

侵晨起,修改永滋所草之手协宣言。在会为希文搞清他此后对会之关系,在公,兼顾原则下实行紧缩,午 AAC 邀十余人午餐,谈训练传教士问题,将援以手工 1 500。余及陈铁生约十余人谈社会救济与新政协之接触,及此后方向。16:30,临时报联工赈组在星五聚餐会开会,有主办土木工者,有主办工会者,尚待决定。晚鼎对时局有不能接受之苦,争论甚久。

1949 年 6 月 9 日

11:00 开办公室会,颇多规划,14:00 徐玉书之商界座谈在红棉,15:00 社会工作者会于职教社,20:30 房客会于 22 号。

1949 年 6 月 10 日

程君清来为谈 CC 毁合作,小戴又出花样,我以“以公家钱财引诱他人,聚众要挟,图谋私人利益”断定其作风。到民建会,下午军管会召集合作金融座谈,半座 CC 残余,我未发一言。散后同永滋、开运到黄肇兴家谈话,晚饭后归。

1949 年 6 月 11 日

上午两会,下午未出门。晚聚餐会在上元,谈外汇管理得失,甚有结果。

1949 年 6 月 12 日

07:20 起身,希文已早来候我,说得苏州电,称手组将被接管。显系错误,令其即返。饭后到徐雍舜处起社工协会草,贺郁彧喜事。晚同永滋电话,说明将北上。

1949 年 6 月 13 日

在会函维廉、遂九、骏昌,14:00 在民建晤军代表阮学珂,谈甚洽,可与合作。民建工常会又为法统问题闹得不亦乐乎。

1949 年 6 月 14 日

得希文夫人电，说组中职工连希文，在鸿钧自七日起先后被公安局捕去，不知何事，怪哉。上午未及到民建，饭后晤克非，告以 HCO 事及昨晤军代表阮姓事。余时在民建。

1949 年 6 月 15 日

程君清又来，希文妻兄齐子仁来，蓄意来质问同僚，可笑，乃以为何不派人去照料妇孺为辞。告以已有李树正在，始得无言。下午得希文电，说一律被释。下午在民建排难解纷。

1949 年 6 月 16 日

10:00 赶到杨树浦申新 17 厂，代表民建主祭姜化民。余时在民建开会，总会理监，研究法统南北合流。下午未到会，得希文昨信，悉 HCO 突被检查，同人被拘之经过，此事甚奇。即往沈克非处商对策，同之到 Community Church on B.E Road 之丧事礼拜。

1949 年 6 月 17 日

上午二会，下午在民建，铮铮午饭间会向楼上叫区志培下来吃饭——自动的表示、有组织之行动、初次参加家庭生活。致函希文嘱其做失单。

1949 年 6 月 18 日

上午两会，午后理发，到母处，老人对时间观念甚为清楚，较诸阿姑(昌明)尚为进步。晚“四八聚餐”，轮余为东。

1949 年 6 月 19 日

05:30 即起，搭 07:30 轮渡，经庆宁寺，乘上川铁路火车到川沙西门外乐乡公墓参与黄竞武葬礼，又任主祭。19:30 始到家，晚见张复五、张心一。

1949 年 6 月 20 日

上午两会，下午 IRC 开会，又整理了一番。飞机来炸。

1949 年 6 月 21 日

当面查得戴玉山盗用印信，为其自己写委任书，弄得不堪开交。飞机又来炸油池及外轮。下午养元来说手运，阿延对我无理——我仅以手示意，役其出外，招呼来客。她竟怒目相视，怒声不绝。我未置一词，不快而已。

1949 年 6 月 22 日

费尽心机，把会中 17 683 美元缴存金城，换成印鉴支取之款，同小戴上了两次金城。抽空到民建，午为手工训练赴基督教教育协会之午餐，听涂羽卿讲新政协之感想及此后教会工作之趋向。临了赴 Br. Cairned 茶会，计在外一整天。

1949 年 6 月 23 日

为 IRC 办了手工艺训练事，详函希文、民建。下午赴社工协会筹委会。

1949 年 6 月 24 日

午前两会，为民建写数十字，下午又去二处办手协事，主席民建临工会。

1949 年 6 月 25 日

上午两会，下午民建审查会，晚四八叙餐。黄任老等会，晨来申，晚餐晤之，任老、丕华、艮仲、子婴（在民建）、羹梅。

1949 年 6 月 26 日

天雨，我全日在家，无人来。二三个月来今天总算静息了一整天。

1949 年 6 月 27 日

上午两会，下午听黄任老作第一讲，晚又在其新居谈天到 23:00。下午又到 IRC 赶出 HCO 汇款。

1949 年 6 月 28 日

两会，下午候养元来谈草帽。16:00 民建欢迎南来人，我做了半个主席，接着开会，会后检讨，甚痛快。

1949 年 6 月 29 日

到会仅半小时，即在民建开总会理监会。同贞谈政治，不欢而散。16:00 到中华工商谈听黄任之第二讲，讲辩证法，引《易经》语，甚为精彩。蒋机来援，颇有死伤。晚上在梦中忽尔悟及苏州之事或许与仲赣飞有关。

1949 年 6 月 30 日

今天玉山又导演一曲争钱之戏——口中新生气，心里人民券！下午未去，晚赴中共七一纪念晚会，见闻广大了些。

1949 年 7 月 1 日

上下午两会均到，区至培今起为民建帮忙。

1949 年 7 月 2 日

会中还闹钱，略以真理告之，似略有觉悟。下午到民建，晚聚餐，谈新作风、新矛盾，甚畅。

1949 年 7 月 3 日

未出门，敬渊夫妇来，沙坪新村邻人张二政来。蒋机亦来。

1949年7月4日

IRC闹钱事告一段落,下午到红棉[开]民建商业座谈会,后又到民建开工常会,发动签名运动,要求美国人停止做蒋贼帮凶。

1949年7月5日

上午在会写出600字"改造上海商业的第一步"应商报"七七"征文。下午民建,晚归,带铮铮之赵嫂要回乡,又因伊外祖来,在客堂饮水座谈,贞不怿之。晚间贞以此事为题检讨,其引起阿斐发"凶",贞又牵扯别事,如同以往一样,一无结果,大为不欢。

1949年7月6日

上午在民建理事会当主席,复答占了好些时间,未完议程。下午在职教社,一半赴其纪念会,一半与宋君明筹备社会工作者协会。今日全城动员纪念七七,冒雨返家,困在霞飞路南等多时。

1949年7月7日

今日休假,下午到民建二小时,姑母来。

1949年7月8日

上午两会,下午未出门,兰太太来邀我们去看电影。晚在民建谈话会,23:00犹未散。先走,赶弄堂门。昨为杨卫玉姑侄写证明,盛丕华忽问我为何庇护国民党,为事者作坏始也。

1949年7月9日

午前在民建,下午在家,姑母来浴。晚民建理监会提名余,以23/27票为第一当选人。

1949年7月10日

午前在家,一下午开社会工作者协会成立会,晚上听到朱高景讲解放军腐化事实,甚为担心。他设法引诱,尚引为得意,心甚恶之。

1949年7月11日

上午、晚上全在民建,上午办选举。晚上学习小组,发现有为青年及此前无缘晤及之奇人。

1949年7月12日

竟日在民建,上午选举新政协代表,余以57/75票当选,下午审查,青年们倾轧,在新政风下不算什么。

1949 年 7 月 13 日

上午两会，下午到女青年会开社会福利工作者协会首次执行委员会，公推职员，结果余当选为主席。

1949 年 7 月 14 日

午前大部分时间、午后均在 IRC，营养促进会开会，发生申渝委员间纠纷，及经费奇缺，势将停办情形。

1949 年 7 月 15 日

到 IRC 布置财务，即在民建，今天是新政协代表第一次集会，厥文主席，擘请就提 YVA 里一切共同问题，如组织等不谈，张纲伯又为“指示”大吵大闹，似乎身体不好关系，结果谈了二小时，一无结果，民主之难有如登天。下午未出门，赵端源来谈新民主主义论。

1949 年 7 月 16 日

上午两会，母来，竟日游。姑母卧病在家，晚聚餐，姑母老来苦，为之不欢。

1949 年 7 月 17 日

上午在上元听青年同志对若干老者发牢骚，下午开社会福利工作者协会座谈会，讨论新民主主义下社会工作之性质，余为拟初稿如下：“我们认识立法要随着政治的发展而发展的。在立法尚未满足人民全面需要之时，那些尚待满足的需要，便是社会福利事业的课题。政府对之以领导、示范。故应当鼓励人民办理社会福利事业，这些事业应随立法之充实而缩减，而消灭。”晚朱一桂来谈时事。

1949 年 7 月 18 日

上午在王艮仲家，任、卫、白、冷、寰澄谈话。下午临工常会，晚在红棉，诸老又会，多得认识。

1949 年 7 月 19 日

午前两会，下午去看姑母，颐弟去冬失业来申，初搭住戚家，余回国不久即急需觅屋，以 5.5 刀半黄金顶得现居之斗穴，姑母所睡之床，长不及身，僦屈屋偈，三楼檐屋顶，既热又潮，楼梯又曲，到处是炊具，火警可虞，姑母老来受苦，看之难过。颐弟妹贤孝苦撑，真是不易。晚民建开总检讨会，尚有秩序。

1949 年 7 月 20 日

上午两会，下午在 Pearl Lin 之儿童福利促进会开社会工作者协会意见书座谈会，陈仁炳反映南京意见，中国人好以私意害公家，并借公济私，真是要不得。晚开民建小组，21:00 始吃晚粥。范尧希交印。

1949 年 7 月 21 日

上午两会，今日 IRC 在 Lester 办公，为最后一天，明日起移到南京西路 1522 弄 62 号。午机器业请北上代表，大雨后始毕。下午未出门，晚何葶梅、朱德禽来谈，说以无意开罪任老，而又无法解释为苦，亦为既与尧峰结帮，而又觉得犯不着，以此窘境为苦。

1949 年 7 月 22 日

今日第一天，IRC 在南京西路 1522 弄 62 号办公，楼上住戴玉山一家。民建事似较澄清，葶梅来电话，说自七人辞呈昨夕经我退回之后，经过一番酝酿已决定“如得公平，同人仍愿为会工作”。17:00 总会理监开会，决定组三人小组，研究问题，求得解决。三人之一是施复亮，与之作初步讨论，他第一句就说恐怕他不能管此事，及我将办法与之商讨，他又大不悦，然大意是：事情并非范陆而已，本此误见将愈弄愈乱，他只知批评，只知扩大，自己没有办法。他又举我为总会秘书，代他职务，不知他用心何在，一切慢慢推到我身上了。我即席表明代表北上如有必要，我愿驻守上海看家。

1949 年 7 月 23 日

范尧峰这几天不到民建，我侵晨到会，赶出积压事，半天而竟。下午又去开审查会，朱德禽对我表示代表北上尽可放心，双方已愿握手，不必我留守上海，反令人知道内部有问题。社工会开会，我未去信辞主席或请长假，这会一成立即有陈仁炳反映南京反对陈文仙空气，似要掀风作浪，我觉太不值得，及早退出漩涡。晚聚餐会，遇见千家驹。

1949 年 7 月 24 日

下午为民建纠纷开三人小组会——复亮、厥文及我——结果复亮偏见，不成协议。大致已就绪，反因小组不同意而生阻碍，殊出意外。

1949 年 7 月 25 日

昨夜大风雨，我家后门大水盈庭，下午厨房亦积水三四寸，一家老少均为之冻结，吃余粮度日。

1949 年 7 月 26 日

积水未退，16:00 民建理监会非去不可，乃涉水出门，范陆之争终于以并不太郑重之手续了结。

1949 年 7 月 27 日

竟日未出门，午前在家办民建事，饭后令志培本做尧峰复工，15:30 忽得希文说将因训练事受累，力促赴苏，设法找张文昌，悉已赴苏。希文惊弓之鸟，有些“神经”。

1949 年 7 月 28 日

水困在家，午前在 43 桶煤油中找出 4 个破桶，区志培帮我劳作，为民建办事，志培下午涉水又去。

1949 年 7 月 29 日

昨夜水退，午前到两会，下午民建临工会，又当主席。

1949 年 7 月 30 日

上午两会，得张文昌自苏归电话，说训练因本会不得活动停止，周希文离苏恐有困难，余无问题。乃即设法找关系，下午希文又来信，力促我去苏，说一言可决，责我“忍心”，岂不完哉？晚聚餐，听乃器讲话，甚好，为 IRC 与李文杰、章乃器正坐商之。

1949 年 7 月 31 日

侵晨到民建开十三个小组联席会，说了一段开场白，何萼梅又与周肇基为小事“斗争”，真相毕露。

1949 年 8 月 1 日

上午两会，为苏州事走了许多曲线：1. 请民建出证；2. 约章乃器谈，请其特商许涤新，并由我递函许；3. 同李文杰谈，由其为我约梅晤，梅达君。下午民建开会，IRC 事初步通过。

1949 年 8 月 2 日

午前两会，15:30 同丁云之谈黄竞武追悼会事，乃器、文杰处均无信。允就工商专科学校合作事业管理科主任，以不受薪为条件。

1949 年 8 月 3 日

上午两会，下午未出门，李景泌以行李 2＋6 件托我，并托戴玉山代收、代汇其饷金。晚约郑达生来谈在工商任教事，并请其找人筹备。

1949 年 8 月 4 日

IRC 事多，希文来，神志仍不醒。民建去了一下。下午未出门，候希文到（约定16:30），未来，送来一信，说无勇气见我，亦无勇气共事，无可奈何。晚房客会，朱一桂出国在即，辞主席，举俞便民，无论如何不就，乃又一民主时代之牺牲人也。

1949 年 8 月 5 日

高事恒、李文杰等星五聚餐会人发起了一个“上海工商界夏令讲习会”，我亦报名讲习。在迪化北路全国纺织业公会开讲，今日第一天，时间是 07:00—09:00，今天孙晓村讲中国社会进化的阶段，讲得甚好。散后两会，下午又去民建开会，谈办追悼会事（黄竞武等三人）。

1949年8月6日

讲习会第二天，两会。下午民建上海分会理监事为改选举开会，居然有人大骂临工会——又是为范尧峰事，职教旧恨全带到民建来了。晚叙餐上元。

1949年8月7日

讲习会08:00—12:20，16:00后民建总理监会。为范尧峰扰乱案闹了三小时半，无结果，误解民主，为无政府，无纪律；误解私闹为应持正义；放了大事不做，消耗时间精神。在为人解决纠纷而自己并不明白；封建作风残余加上新时代外貌，真是害人！

1949年8月8日

讲习会，两会占去上午，为商报讲习会特刊写了500字“小品”。民建临常会，余为申分会事承认错误，范尧峰、周肇基闹新争论，又3.5小时，无结果。

1949年8月9日

上午三处如昨。晚民建在红棉会，发现周肇基为奔走上海分会事，有不合之处（召集理监不合法，非但未经常会决议，且对常委何萼梅守秘；不经会议，私将候补凑数；私去统战部“假传圣旨”）。此事一误于临工会之特移交办事件，再误于周肇基之别有企图，借题发挥。今夕之会对临工会周肇基有等次之处置，我认为甚当。乃器火气大些，萼梅之动衅；尧峰多疑，尚知敛迹；好弄小花巧，人尚忠厚（记录上对周未露“查办”字样）；说话太噜苏，做事重量不重质。

1949年8月10日

讲习会今晨08:00开始，两会如例。晚胡厥文请客慈淑大楼，以忠恕劝人。劝范、陆、何、周要经得起考验，不必求一日之毁誉，要公私两利，看来双方多仍要斗小气，民建将为之拉倒。

1949年8月11日

讲习会后为民建与俞宸老、徐玉书谈话，惧时未到IRC，对民建议定办法研究执行技术，甚费心思，饭后未出门。

1949年8月12日

侵晨送延入中山医院，10:30产一女。上午三会，鼎发痧在家。饭后铮铮玩玻璃破手，流血不少，同时贞又发痧，半小时内紧张万分。下午余左手又为门掩，大小八口中，只申增、斐及至培无问题。

1949 年 8 月 13 日

午前三处，傍晚同贞推铮铮到杜美公园一走。

1949 年 8 月 14 日

今日讲习会提早半小时，于 06:30 即开始，上了千家驹资本论一课后即是结业式。有陈市长(毅)之讲话、检讨、报告等事。18:30 到震旦大学，代表科学社参加主席团献旗劳军。民建纠纷又有新酝酿。

1949 年 8 月 15 日

上午两会，与尧峰大谈，知其并未欺我。下午民建工大斗争，到 19:00 未有结果，施复亮当主席，够他受的，晚郑达生请我们二人吃饭。

1949 年 8 月 16 日

上午两处，民建纠纷愈闹愈凶，我将不能忍了！下午未出门。

1949 年 8 月 17 日

民建益乱，乱到涣散停顿，乃发出“二项”警告。下午同贞到中山医院看延，到母处，冒小雨归。工商专科学校顾荫亭来，面致聘书。

1949 年 8 月 18 日

午前两会，民建弄到“无公可办、无会可开；乃人无事可做，不得不来；员工无薪可发，但又不能遣散”。发出紧急呼吁，函黄任之、杨卫玉。

1949 年 8 月 19 日

在民建看到施、吴、陈的“解决纠纷”报告，无端将我拖在其中，此后数日不见操作，更深一步之无说争论！下午同贞到虹口(克明路天寿里 70)看龙[①]。计圣南来电话，请其到家来谈一切。晚在民建开总会，到了七人谈话，我为施等报告发脾气，厥文劝我勿示弱。延生女，经我二人命名大红。

1949 年 8 月 20 日

上午两会，为驳复施复亮，写了一二千字，标题《我认错了，错》。下午在家，晤王靖方，在上元晤杨树，其晚聚餐。

1949 年 8 月 21 日

晨到民建，预备将昨日写好之《我认错了，错》，复亮、何萼梅等不赞成。适会员南鸿在，乃力劝勿发，叫我忍。我为之动，允之。开会时吴羹梅、陈乙生多方说明，施复亮自知鲁莽，收回第八项(派我是罪魁)，我始终未发一言，践我对南鸿之

---

① 章元淑。

诺言。

1949 年 8 月 22 日

小戴又为搞不到钱对我失礼，民建会，下午临工常合流会，晚总会开会，大家具决心团结。

1949 年 8 月 23 日

决以不与合作，但不令会务停顿为主旨治小戴。午间、下午为民建办事不少。晚为工商专科学校邀合作朋友九人谈教学方针、课程、教师等，在职教社夜饭。

1949 年 8 月 24 日

IRC 小戴第二日不敢下楼，经与吴杨谈话，悉伊领受处分，自知错误，我大量恕之。民建去三次，下午晤岳南、南鸿二人，晚总会谈话会，众意法理暂搁不谈，指定九人谈会务扩展。

1949 年 8 月 25 日

IRC 吴国钢等组成工会，为之祝福。为民建办了一天事，施复亮等不知轻重，自以为是，弄到半路，撒手了事，一堆乱事堆我一人身上。昨日他不来出席谈话会，今日与通电话，说将暂作旁观(使命未完成)。晚何秋江持庄华 5/14 收条来换万元，开付支票二张。

1949 年 8 月 26 日

上午二会，下午未去。傍晚同贞推铮铮到公园。

1949 年 8 月 27 日

今天整日在民建，08:00—12:00 开九人小组(会)，协商得结果 11 项。下午整备，晚在青年会开会员联欢会，我做报告，不甚太欢(纠纷参与者陆亚东等突击;会员莫知所从)。我做了报告，答复了一个询问，当了一次十足的秘书长，23:00 同至培吃面当晚饭，归家。

1949 年 8 月 28 日

今天在家静了一天，但客人甚多，找振华来谈工商学校课程，来者有养元、陈翰青、魏任之。振华、翰青且留饭。晚和弟邀我同访张叔成，同之吃小馆(三人共吃饮 21 300 元人民币)。

1949 年 8 月 29 日

上午两会，民建弄到我当何事是好的境地！下午又去开临工常会，决定新临工会未选出，原有的照常工作之原则。晚中共中央华东统一战线工作部(“统战部”)周而复、交际科梅达君亲自送来新政协代表出席文件，催促上道。

1949 年 8 月 30 日

决定了方针(上海民建无论如何努力,一时不得开交),心倒定了。IRC 同人闹薪得到解决,此下午事。午前罗俊约晤华东区合作部长米则民,谈可二小时,优礼有加,得未曾有引部属来见[罗虔英、睦忠诠、黄□□(原文如此)],由三楼送至门口,派车送我,等等。使我觉得做了一生好人,到今日才有人欣赏。为工商专校决定了课程,请好了郑达生,达生明晨可到校了。

1949 年 8 月 31 日

午前到 IRC,后即访盛丕华,谈上海分会纠纷,或须由其经过一个冷静时期,又到民建,下午未去,同贞为琴购书,到天平路,晚上得军管会统战部信,要周肇基说明甚多,蒋孝文或为周庚挐架之报告。

1949 年 9 月 1 日

晨在民建,紧缩人员到职了,又晤莫艺昌,朱德禽将统战部来信示周肇基,由其照抄一份。下午 IRC 开常委会,首次用中文报纸登 CIFRC 广告宣告解放,剩余资产移交 IRC。CIFRC 于七月廿七日完成解散手续,民九之华北华洋义赈会成立于九月二十七日,距今为二十八年十个月。民建至此:临工会未扩大;紧缩人员,经费 50 万以下盛丕老负责,总会常务在北平可开会,理事会时平人派代亦可开成,朱德禽主持申事,张勉之仍管账款。

1949 年 9 月 2 日

冯为明自苏来,在会,下午在家同之谈话。民建有参会人员又起哄,召五人谈话,略平。阮南田争钱。晚赴统战部饯行,在斜桥路美华,当场解放日报要感想,写不及百字应之。

1949 年 9 月 3 日

将 IRC 交全绍文、Ted、张茂楠,将民建交朱德禽、阮南田,于是我这两个烂牙拔掉了!下午各来(吴甫、董赞尧、郑达生),晚去叙餐,到仅 18 人。

1949 年 9 月 4 日

上午来客,贞为我赶洗行衣,打点行李。15:30 集中百老汇大厦,18:50 始开车,与冷御秋、徐玉书、沈子槎同室。

1949 年 9 月 5 日

整晚在途中,过兖州入睡。

1949 年 9 月 6 日

午到天津,14:19 到前门(在黄土坡烧轴为一路唯一挫折),被指派在北京饭店招待。同莫艺昌同住 230 室，候行李甚久。浴后更衣，赴女青年会找琴[①]，候其下班。到其韶九胡同 12 丙府中，又候阿全[②]来，天已晚，又有雷雨，候雨止，同之到市场吃羊肉，同之到菜厂胡同晤墨缘，谈至十时，回寓所。琴处有精神，但困于经费，聆悉去冬保[③]病，在其家二个月情形，甚为可怜。又悉许家大姨母老贫之苦，李景泌蛮不讲理（其父久居菜厂，不去，景泌以市长来压迫墨缘）。

1949 年 9 月 7 日

同复亮、艺昌、维稷访黄任老于其小雅宝胡同寓所，及编审委员会晤圣陶。取得出入北京饭店证，政协报到，往欧美同学会一视。赵子益已作古，一金姓干事及二老工友管理会所，房屋已旧，收拾尚整洁，盘桓可一小时，到中山公园一走，回店午饭，晤邵力子夫妇，下午听周恩来报告，15:00—19:00。晚到圣陶处（东四八条）酒饭。

1949 年 9 月 8 日

到公园去研究文件，同同人三人步行返店，午到 Rotary（在 WRSC）做凌其峻之客，14:00—15:15 到 CIFRC 晤老同事 20 余人，15:30—18:30 在店开民建（会），研究共同纲领之小组。晚中共请客。20:30—23:30 小组续开，上海来人，带来何萼梅为解释民讯发行之口舌信。

1949 年 9 月 9 日

从 10:00—18:30 开共同纲领小组座谈会。晚饭后同李余思到其家及凌其峻家一坐。

1949 年 9 月 10 日

今天无会，访华通斋、张同书（未值），晤叶叔衡、全绍青、杨骏昌（见其夫人）。下午同卫玉谈民建，朱学范来，后到李铁拐斜街远东饭店找永滋，晤印方、墨卿同府晤之。18:00 前赶到琴处晤李佩，候保自革大来城，同之吃烧鸭。同莫艺昌谈施复亮。

1949 年 9 月 11 日

秋雨下午始止，到琴家，同之及保到北海漪澜堂吃茶，吃午餐。下午同琴到大姨处，僦居人家后屋，其媳其孙均卧病床上，余儿失学在家，贻 5 000 元。姨家在回回营九号后门，同琴又到东城拜访平之五叔，见久岑，久候五叔未至，归途遇

① 章琴。
② 全昊，章琴夫。
③ 章保。

之，未及多言。晚邀琴来饭，伴坐室中。阿全代我引厥文、艺昌看戏。

1949 年 9 月 12 日

今日未出门，午前研究政府组织法。在理发室，三弟忽来，与之谈各方情形可一小时半，伊午请上海航业客吃烧鸭，下午卧息，晚早睡。晚饭后同厥文在东单市场散步，看古玩摊。

1949 年 9 月 13 日

午永滋、墨缘、乃明邀涮羊肉，下午民建座谈政协及政府组织法，晚饭后招待看《百万雄师下江南》。

1949 年 9 月 14 日

早饭前，胡厥文来室，问我发民讯二期之用意，此人糊涂之至。上午访华通斋，商谈纲论如故，并以所著《今日取天下，明日治天下》一稿送我，到民建新会所一视，到贺家（现居我旧居之 25 号）见雪航夫人，北房已出租与人，自住西房、南房，光景远不如昔矣。下午在九爷府开"共同纲领"二读小组会，会后到圣陶处，酒饭归。

1949 年 9 月 15 日

这两天催艺昌为上海民建汇钱事，向盛丕华催促。今天游故宫，午饭回店，下午冒雨去，竟一日之力通游午门三大殿、御花园及东路诸宫。晚到琴处，同之及李佩吃小馆。

1949 年 9 月 16 日

酝酿了一个民建会议，发出通知，定下星期一开会。同艺昌到无量大人胡同及东安市场。

下午要了汽车到 WRSC、骏昌家、菜厂北辰仓（答访樊陶斋）。访汪孟舒、仲曾，纵谈时政，晚羹梅来谈。

1949 年 9 月 17 日

同邵力子夫妇乘公家汽车到燕京访四当斋遗书。原在贝公堂陈设之专室，于敌伪时期被废，后未予恢复。适校中开会，未及见其馆长，说明来意后由图书馆王秘书（宣丰），及另一王姓（文湛）引观，经于胜利后整理出来之书堆藏在另一院内，五开间之两端二室，四当斋本来面目不及见到，懊丧之至。在校门口晤关瑞梧外（新近才自 UN 返国），未晤他人。驰车到燕京晤思成、徽音，为延略与之有所洽商。在李宗津家吃面，晤郑桐生，访奚若夫人（见到小李妈），企荪未晤。晚在怀仁堂看戏，午夜始归。发家信第三封。

1949 年 9 月 18 日

08:30 任老召代表同人谈大会发言要点，会散后到琴家晤见保及其同学三四人，又晏成书及方慈祺。午在骏昌家吃蟹，座有永滋、墨缘，下午在公园晤通斋，通六、琴、全亦来，遇雨返。晚二十个党政各界团体在北京饭店公宴，散后圣陶来室谈天。

1949 年 9 月 19 日

竟日未出店门，从 09:00 到 18:00，民建在店开了一天会，谈扩大会务。在会场发出电——通报，19:00—20:40 又工作，政协秘书处要对政府组织法的意见，急草合作、社工及手运三点应之。

1949 年 9 月 20 日

民建理监联席会开了一天，17:00 散会，黄任之下午发作其“家长作风”。饭后找墨缘为我们印文件，全部当天发出，上海明寄出。晚到琴处吃水饺。

1949 年 9 月 21 日

今天晚上要开大会了，早饭后随同人到无量十四看新会所，返店。途中车被大车所撞，小有纠纷，官家车不但不欺压平民，平民倒反要公家赔其所受之损失。回大便不好要些 Liq. Paraffin 到医务所（就在店内），从挂号、试表做起，搞去了一点半钟，下午写昨夕之纪录。17:30 晚饭即登车到怀仁堂，大会于 19:13 开幕，22:53 散会。开会不久，雷电交作，雨前有雹，有人谈这象征，这是一番天翻地覆之象。

1949 年 9 月 22 日

为昨夕黄任老发言不得体，群情大哗，复亮来室谈，结果没法挽救。酆云鹤忽来请我帮她写其提案之开端一段。第二次大会 15:00—18:40。晚饭后琴、全来，以阿延信来，延以区至培投考新华未取，大为懊丧。

1949 年 9 月 23 日

上午开分组讨论会，研究国旗、国徽、纪年三事，下午大会 15:00—18:00。晚在圣陶家吃蟹，曲兴大发，23:00 始返店。

1949 年 9 月 24 日

上午在无量大人胡同 24 民建会所开“推进工作综合小组”会，午在凌其峻家吃蟹，同座有吴贻芳。15:00—19:30 大会，晚饭后写履历表。

1949 年 9 月 25 日

晨为照相起了一阵忙，结果民建十四人多找到了，照成一个相。午在全希伯家吃蟹，吃烤肉。15:00—19:30 大会，听到许多动人之发言，农民女子李秀珍说

“美国是只纸老虎，我们不怕他”。上午到琴处一坐，见到了阿熊，琴未见，去开进修会了。

1949 年 9 月 26 日

上午无事，为“新建设”上海大公报写短篇文字，徐盈来约谈，嘱为进步日报写合作文字，约明晨来谈。下午民建平分会招待会，会后赶回店晚饭。饭后胡厥文嘱发通知，定明晨民建开会，于三十分钟内赶出通知，赴政协晚会。在怀仁堂看秧歌舞，勇烈有余，天赋不够，然新势力是一个有创造力的力量，为新生中国的象征，古老中国之近代化具有形态了。为民建不重秘书长地位又发牢骚，我吃力不讨好。旦夕受侮辱，人劝我任劳任怨，今又加上忍辱矣。

1949 年 9 月 27 日

晨起为徐盈写合作一千字，徐盈来谈了一小时，此君留心我生活及事业，甚为可感。民建开理监会，采政协精神，二小时内通过要案多件。大会自 15:00 开至 21:37，吃完晚饭已十一点矣。今日通过建国大案如下：

时间	案题
19:27	中国人民政治协商会议组织法；
20:52	中央人民政府组织法（我发言一次——第六条）；
21:03	定都北平，改名北平为北京；
21:07	采用公元；
21:11	暂以义勇军进行曲为国歌；
21:34	以五星红旗为国旗（我发言一次，邵力子说国旗制法内有“小星”一词，主张删去小字。梁思成以为不可，删去说明不明了。我为之调停，改“五角小星”为“小五角星”）。

1949 年 9 月 28 日

今日政协休会，午前为民建昨日之理监事会写纪录。14:00 民建代表团集会看名单，余名不在内。谈起上海纠纷，我未得说话机会，苦闷之至。到琴处晚饭，至培自申来找出路，留之午饭。

1949 年 9 月 29 日

午前代表团在店酝酿选举及宣言，下午大会，18:00 即返店，我到陶处饮酒吃饭。通过共同纲领。

1949 年 9 月 30 日

午前在无量大人开代表团会及推进会务综合小组。下午大会，中间到天安

[门]奠革命先烈纪念碑基。大选办完已八点矣。返店受“庆功宴”,在卫玉室谈知心话甚多。

1949 年 10 月 1 日

今日中华人民共和国成立。下午三时在天安门广场升旗,主席亲读宣告,广场上二十万有组织的群众欢天喜地,呼声雷动。阅兵达二点半钟,入晚开提灯会,八时始散,游行夜半始散队。我以政协代表得登天安门楼参与此开国盛典,可算一生幸事。早饭后迁出旅馆,改住民建会所(即无量大人胡同 24 贺雪航旧居)。

1949 年 10 月 2 日

同高事恒及艺昌到市场吃早点后,我到琴处访北京特产联合会义和成法郎(珐琅)业张德明,于其作坊谈手工艺。访骏昌,已返津,未值。同琴到公园,约永滋吃茶。同琴到俞伯伯家一坐,老人问:“元善,你看他们办得好么?”此语沉痛,与父亲临终所问实同。父亲在西安事变,蒋贼极盛时即说“你们都拥护他,我对他不能放心”。在公园午饭,在琴家晚饭。

1949 年 10 月 3 日

在会预备明日之会,写信。琴、培、全、熊、张姑民来,晚吴羹梅请玉华台三桌,有为民建拉拢意。

1949 年 10 月 4 日

民建理监联席会开了一天。17:00 同子婴等赶吃墨卿请蟹。晚赶至怀仁堂看梅兰芳《宇宙锋》,午夜后始归。

1949 年 10 月 5 日

上午八九人在外间开会——商申会推进委员及申会(临工会)负责人。我力辞秘书长。我在室赶办昨日记录,发明日理监常会通知。饭后到中南海赴中苏友好协会成立会。在车中,复亮嫌我未前后同之通知,给我机会大发牢骚(时间、地点及收信人,地址均不知,我亦没有时间,我如何发得出来)。开会自 14:00 至 20:00,赶赴萃华楼刘一峰宴归。

1949 年 10 月 6 日

雨。在会所内开了半天会,下午写记录,发通知,准备文件,为明日之“全国会务推进委员会”。虽有综合小组,小组虽有干事,我照样得做苦力工作。今日之常任会还要我当上海临工会之秘书处长,力辞不获,无可如何。黄任之示意我,亦许留京工作,若然不辞自辞,起孟来谈我出处问题,似系探口气性质。半夜有人开灯,令我不得入睡,乃起身写家信。

1949 年 10 月 7 日

民建全国会务推进委员会在欧美同学会开第一次全体会议，午饭后散。赶上车站接上海考察团，为莫艺昌票子在我手上，到北京饭店找他，急了一其阵（如此情形，此是第三次）。抽空找了一次陈叔通，理了一个发。15:30 陈云约谈话，同见者有陈巳生、沈子槎、萧延芳、邱文奎，我未及谈到合作及手工业。16:30 又回欧美同学会招待上海考察团，散后领之到东来顺涮羊肉。

1949 年 10 月 8 日

在会为民建忙了一整天，不特如此也，杨明哲、张久龄、高乃明、区至培均被我拉了帮忙。晚在东来顺，张姑民、韩志仙、窦承义三个 IRC 人请我羊肉。散后同熊侄看吉祥韩世昌、白云生的《贩马计》。

1949 年 10 月 9 日

上午民建全国会务推进委员会常务委员会开第一次，我的秘书长好容易有了替人——罗叔章。下午到团城，未找到俞星枢，到五龙亭吃茶，熊、至培、琴先后至，回家晚饭。全国委员们赴晚会去了，我独在室整理纪录，备“主席”核签。

1949 年 10 月 10 日

今日双十，改为纪念日，政府招待政协代表游颐和园。09:00 出发，16:00 返城，遇永滋、印方，通游全园，从容言笑，畅游竟日，殊为不易多得之一日。返城后找陈叔通、邵力子，纵谈一切。在北京饭店晚饭，始返。

1949 年 10 月 11 日

午前准备民建秘书处的移交，午前办讫（罗叔章收条于 1960/5/12 交丁裕长带给民建史料工作组陈乃昌入档案——日后补记），如释重负。下午办些余事，到通斋处一坐，晚早睡，起孟劝我略待。

1949 年 10 月 12 日

晨起正无事，同王之浩谈，忽冷御秋要去看西郊之农业科学研究所，乃同之行，晤其所长陈凤桐，职员王守惇主任。王、蒋诸人午饭后看农场畜病防治系等，冷老先归，我与之浩乘三轮到西直门（200 元），我又独乘电车到琴处，晚饭后返回，得三弟讯，说十四晨来看我。在琴处得悉学范电话，至培入革大无问题，即日有通知。此问题得以解决，亦算快事。

1949 年 10 月 13 日

午前看些新书——合作参考资料。琴来，饭后三弟、安之自津来，力劝我去津。得沈体兰电，嘱勿行。候晤周恩来，晚悉将以救济事交我。晚凌其峻家请民建一桌。

1949 年 10 月 14 日

早饭后到菜厂找墨缘，为沈克非写了一信，回会候三弟、安之及至培。三弟请我们吃饭，我乘机教育之，饭后同之到农研所及清华找安之的两个妹妹：一个在农研，娱之在清华。回城在琴处一坐，我到乃器家饭。三弟力劝明日同之返天津，允之。回府悉后天有救灾会，临时却之。

1949 年 10 月 15 日

晨起写阿斐信，允她于本月二十七日与刘寿生订婚，交贞手付之。三弟来，适黄任之在，为之介绍，任老似礼貌有缺，大为不快。起孟来，与之谈民建及我工作略快，三弟来“放赈”，参与者有魏娱之、琴、至培、熊、保。他们下午返津。我同至培及熊游太庙，晚在琴家酒。

1949 年 10 月 16 日

早点后即到琴处候十点在大草厂解放区救济总会开会。除“八路”及各部代表外，有沈体兰、吴耀宗、邓裕志及我四人为“外来和尚”。熊瑾玎报告略说救济事业，政府将扩大办理，即日筹备，于明年一二月间召开全国救济会议。合政府本位、社会热情、群众互助、国际友谊各种力量来办，单单政府不及顾到的各种关于人民生老病死的事业。吃午饭后散。又到琴家，同至培为之整洁客厅。候朱学范来，承告至培之事，可能准其入革大研究班。返回，适多人在聚谈民建新组织。黄任之力嘱暂耐，勿离京，同来者皆身兼数要职，而我则一无所有。所幸此后救济工作，还有可为，将死心塌地在救济工作中寄托我自己。

1949 年 10 月 17 日

函 IRC、鼎，将日来救济会议情形告之，将近来心情函告黄任之，托卫玉转去，得复，仍劝“万勿作归计”。晚饭后到琴家饮酒。

1949 年 10 月 18 日

上午看书，琴来午饭。临时问我借五万，为托儿所用，这叫何事。鉴其忠于职务，勉允之。同之到菜厂后找到至培，同游公园，晚同之在陶兄处酒饭。乘机将至培介绍给陶、墨。

1949 年 10 月 19 日

上午卫玉转告，将以政务院第四参事畀我，于是救济工作为我工作，目前生计可解决，这个问题有答案了。下午民建二全常会，晚饭后同复亮、卫玉到怀仁堂看话剧，久候，乃戏不值。23:00 返回睡。

1949 年 10 月 20 日

将近日“我的计划”函鼎，并以信示琴。琴在此午饭，饭后去，说今日将值夜。她办托儿所被人剥削不自知，亦不为人知，冤矣。傍晚永滋来，留饭，请其为合作同人统盘设法，加以训练后，此辈皆有用之人，可供政府推广合作之用。同之访崔敬伯，新自长沙湖南大学来，从其谈吐窥见新解放区与老区之别。我本以既得有眉目，即又返沪。任老仍力嘱暂缓南归。

1949 年 10 月 21 日

晨访张德明，未值。乘便到琴处看至培，返回饭。饭后韩志先来要证件，与之。至培同之再访张德明，参观其作坊，请其介绍给各业代表。打算明晨起同至培作一有系统的参观。晚携糖果到琴处，吃 Sukiyakis，又携至培到 WRSC 赴民建学习会。

1949 年 10 月 22 日

依着原定计划，打算从今天起分四天带着至培参观北京 17 种特种手工业。上午走了二处，下午走了三处。17:00 到北京饭店，晤陈叔通。周恩来召集政务院参事 34 人在北京饭店谈话聚餐，我亦许即可返申一行，得朱学范信，向我要美工会捐款。

1949 年 10 月 23 日

上午下午均出崇文门看手工艺，走了六家。准备后日南归，晚在平之五叔家饭，琴、至培同去，途遇夏陆利。

1949 年 10 月 24 日

打点、等人，竟日未出门。下午同任老谈手工艺，写六条交任老。邹震来，晚同琴、全、邹、区三婿吃羊肉于东来顺。同琴购物归，定明日返沪。

1949 年 10 月 25 日

早饭后于文先俊为我照相后，经过北京饭店取票及旅费，上车南归。同车有政协代表多人，同吴耀宗夫妇同室，熟人甚多，隔壁是沈体兰一家。10:10 开车。

1949 年 10 月 26 日

竟日在途中，21:00 到浦江。

1949 年 10 月 27 日

05:35 到上海，以 3 000 元雇三轮车（由三轮黄牛承揽，过西藏路桥，500 元出卖）。返家，家人尚未起身。上午休息，下午略睡。携京来食品到母处，见姑母，又到二舅母处。

1949 年 10 月 28 日

到 IRC 找同人谈话，得其保证，将以全力维持现状到明年三月。下午在家，振华、丑弟、颐弟均来，姑母、母来。

1949 年 10 月 29 日

午前携铮铮访敬渊，伊家九月间被盗，钱老移居复业、通尹处。访章仲和。15:30 到民建看阮南田等诸同人，悉纠纷还未了。16:30—18:00 在 IRC 晤克非、Led 及全四爷。中共市委及市政府在逸园请客欢迎政协代表返沪，未及入座即辞出。阿斐与刘寿生订婚，借 111 号陈家请客，到四十人。四女订婚，唯阿斐事先征得父母同意，从容办理，故特于 27 晨赶回（原定 27 号是日为寿生 30 生辰，适斐参与妇代大会，不克举行，乃展期二日）。今夕且放弃盛大欢迎会，赶到主持，奖之。

1949 年 10 月 30 日

养元、茂楠、颐弟上午来，下午访起潜、公庶，均未值。时进在办蜂场，晚吃大蟹。

1949 年 10 月 31 日

今晨 IRC 五月间遣散职工随上星期来信，由自称代表七人来会要求复工。允许他们将要求提出，常委会星期五给予答复。下午访罗虔英，将颐弟求业事面托合作部朱部长则民。承睦忠铨介绍，到劳动局晤秘书朱德宏，据说工人均可送往松江受训为人民警察。

1949 年 11 月 1 日

上午同 IRC 同人讨论研究离职员工临时福利事，又与 Outer Bridge 谈话。饭后送延上火车去北京，临时为一手提箱子，为之结票，临时钱又不够。阿延因随身之钱均为用去，舍不得而哭。此次她始感钱物来路之不易。许超来。

1949 年 11 月 2 日

先同戴玉山谈，谈出些眉目来。会事将以职工为组成分子之执行委员会处理事务。下午民建开扩大临工会，顺利开成，补选常委七人，我为检票员之一，此或我为上海民建最后一次之服务。

1949 年 11 月 3 日

上午为 IRC 今日下午之会整备议程，下午开会，到七时始散。将我假中设事务委员会，及对离职员工办临时福利二案通过。

1949 年 11 月 4 日

将昨日通过之临时福利事业办法对员工代表六人详为解释，情绪融洽，约定下星期一实行，俾得加以研究。下午 BUAC 在 Lester 开会。赶赴北站，仅仅赶上，同戴玉山、吴国刚同到苏州视察手工艺组。

1949 年 11 月 5 日

午前为手工艺组同人谈话三小时半，到松鹤楼聚餐，下午游拙政园及狮子林，乘区间车，22:00 到家。

1949 年 11 月 6 日

赶早市理发，回来养元来了，同之搞思想。饭后到民建会取资料，赴王任华等直接税局召开之招待会，后到慈淑大楼赴民建临时会员大会，报告上海会务。晚饭后同贞到母处，找对门赵端源来闲谈。

1949 年 11 月 7 日

员工提对策，若辈须要教育，执迷不悟，处理应当当心。颐弟事有成，晚上来说下午去供销社谈话，结果叫他后天上班。之英自闽来，为解放立了功，到京述职。石晓钟、尤植仁来。

1949 年 11 月 8 日

将最后修改办法交要求复工的员工，仍为福利事业，经过一番说服，并由代表在二楼详加考虑后，结果原则同意，仅二小点尚有意见，大致上可说此事已告一段落。效果是感情未损坏，本会立场未放弃。下午黄肇兴来，王君九托朱君以其新谱劝善曲谱送我。贞接姑母来住。

1949 年 11 月 9 日

上午到会，同 Led 谈话，下午未出门，得京信，车票有着落了，即订行期。

1949 年 11 月 10 日

会中福利事业昨日下午经全体接受，今晨代表四人来报告此事，我以同情应之，诚意处理之，得此结果。于是我自 27 日到申以来各种困难全部克服。下午得京信，悉家中寄去衣包尚未退寄，已代取出存京。车票已由鼎持昨到京信往洽，定下星期一北上。此行一切困难至此告一大段落，可休息三天了。下午到民建列席其扩大后临工会第一次常务会。我的秘书处职因不能在申，改由盛丕华担任。“驻委”一职不再设置，我于民建暂可当一太平理事了。颐弟、至培均在此数日得到工作，亦为可喜之事。

1949 年 11 月 11 日

满心意从今天起休息三天，乃会中紧缩前被开除工人又要争取福利利益，大费脑筋。他们又来家，经再三开导而去。CC 走狗谢允庄经徐玉书介绍来见我，要我为之援手。下午无事，晚在章仲和家饭，坐有王昌林。晨得杨拙夫电话，传达任老催我北去电。傍晚华东统战部又转中共中央电征我，被调入轻工业部，同意。

1949 年 11 月 12 日

午前邀戴玉山、吴国钢、虞瑞德来谈被革工人请求福利对策，得有结果而去。下午夏孝蒨来，郑达生带工商专校学生顾兆思来，约我明天赴其合作系会成立会。到中山医院视申增，访沈克非，未值。将会中少壮派转变情形请其夫人转告委员会，可予信任。晤王鹏万太太，略谈新事。

1949 年 11 月 13 日

11:00 以前在职教社出席中华工商专校合作科合作系会成立会，此乃我自任讲科主任以来第一次，亦许唯一一次同本年级 56 同学讲话的机会。颐弟来，缘英来，晚全家在和弟处晚饭。铮铮同去，成为中心人物。

1949 年 11 月 14 日

上午贞为我打点行李，费了九牛二虎之力，打成三件。15:00 交际处取去，为打行李票，计花费 95 720 元，重 85.3 斤。16:10 离家。鼎以申增在医院，视之返家。贞去学习了，铮铮刚睡醒，姑母送我到门口。17:00 到交际处乘京沪通车北上。我带了鼎卖煤油三听所得十八万元及衣服，到北京再度出山，希望这次真正可为人民服务了。此次所用之卧铺似即十一月一日大红所用之卧铺，亦可珍矣。

1949 年 11 月 15 日

闷坐竟日，14:00 过韩庄。

1949 年 11 月 16 日

08:45 到京，三轮到民建，仍居原室，打卸行李，将为延带物为之送去，见着至培、阿琴，一切似可告一段落。乃悉保十日前曾患旧疾，邹震尚困居琴家，黑影去了又来新的，如何是好。

1949 年 11 月 17 日

同卫老等同车到轻工业部了解情况，并与任老谈话，提示乡村纺织。又到政务院报到，晤起孟及郭春涛，办了报到手续。下午看琴、延后，到解总晤熊瑾玎，谈可一小时，决定参加筹备。访其峻未值，到墨缘处一坐，谈 IRC 接收事，晚乃明又来，急盼工作。发家信。

1949 年 11 月 18 日

竟日在政务院参事室开会，审查各部组织通则，在瀛台庆云殿午饭。晚之英来，为谈手艺工业事，他感兴趣，宁可放弃交通部事来轻工业部为手工工作。悉九龄曾任民社党执委，在被监视中。有马列学院之何长庆来信问邱文清，之英忽尔告我，邱文清已于不久以前，在广州、厦门之间去世了。一问一告，相距不逾三小时，巧矣。职教社移京无房，口头以 CIFRC 菜厂会址借与暂用。

1949 年 11 月 19 日

上午在轻工业部坐定办公，今日自动为拟《轻工业部辅导手工业方针》，下午在会继续拟稿，当日脱稿，约永滋、之英明日再公园同为考定。厥文一行自东北归，晚民建吃二桌，送往迎来。晚晤凌其峻，以 CIFRC 请其移交信面交。

1949 年 11 月 20 日

晨复阅手工方针稿，同任老到菜厂看房子，职教将借用一时。在琴处一上午，吃午饭始散。晤我在京之一子二女三婿，保说左腿时痛，嘱其少吃 Aspirin，现日用六片。14:00 约永滋、之英在中山公园吃茶，为谈手工方针稿。到北京饭店闲走，晤力子夫妇。在陶兄家饭酒，吃残饭归。

1949 年 11 月 21 日

晨解总熊瑾玎、林和二人来谈 1.5 小时，下午到部。晚在叔衡家晤其长子维。

1949 年 11 月 22 日

上下午都到部，草成《轻工业部辅导手工生产的方针》2 300 字，送交部长。晚至培来，有自称老同事李伟固来访，已入睡，未见。

1949 年 11 月 23 日

《方针》经部长批准了，为救济会议预备东西。陈警庸、宋之英到部来看我。三弟来，晚邀请到其大甜水井甲七号四川旅行社宿舍晚饭，琴配享。下午觉得痔患有复发势。全希伯上星期中风，午间往视之，似已脱危险期。

1949 年 11 月 24 日

下午候车赴税务会议，车被人用去，又因痔疾复发，未出门。晚民建临工会开会。

1949 年 11 月 25 日

上午到煤市街新华饭店赴首届全国税务会议，遇崔相伯、朱德禽。下午在部，晚在通斋室，此君有偏见。痔可不恶化。三弟下午返津，午在其寓饭。

1949 年 11 月 26 日

在部为救济草原则，10:00 后开部长室会议，下午未到部，晚高乃明来。

1949 年 11 月 27 日

一早保来，同之到胡同口早餐。赵瑞桐（在供总）、杨明哲、墨缘均来访，周华康、凌其峻,均未值。返回,遇至培同延,邀请来会午饭。访墨卿,已迁移,乃至公园候延。独坐二小时未见来。访东斜街汪盈舒,绕了好些胡同,未找到。访颐弟岳父汪翰臣,为谈店员打倒店东,伊已决心将店盘出,求得和平云云。发家信,复袁家海、张折桂。晚同会中同事赵天奇闲谈,发现他有天才,会设计,又王之浩表示愿为手工业工作。

1949年11月28日

将《政府处理救济事项的原则》十则附说明送解总,晤熊瑾玎、林仲,客气得很。我说IRC不能久待,如不开会决定,我将返申,结束催其工作。劳协之张天民自钟祥来,为谈10/22学范要美工会款事,乃记1948与Edwards打交道一段,做了一个记录,张天民作证。当日同学范说明,我的责任卸了。下午部中会报,我只得五分钟略说手工业,未及尽辞。因着学范误车误饭,在五芳斋吃点心后到琴家,悉至培可得450斤小米,收入不坏。又悉邹震为人尚有长处,此二喜讯也。

1949年11月29日

失记。

1949年11月30日

午前到政院,晤郭春涛,据其意见,外勤、参事人事预算及与薪均由经费机关办理。辛志超认为人事应以政院为主。下午访张德明、凌其峻,谈手工业。今日政院首次学习会。

1949年12月1日

为晓邨写信,请教手工业。黄凉尘自渝转港来,午饭后晤之,为谈此后商业,宝元通能不能办合作?资本80%可转入工业,但人员90%将闲散,如何使之一致?为之约乃器、羹梅、墨卿,仅墨卿当日见面,约之到东来顺涮羊肉。出门遇见骏昌。下午为手工访农业部棉产改进处处长张广居,甚有所得。特工联合会秘书朱立达在其处,晤商业代表刘振华,此人甚有头脑,与朱未及细谈。

1949年12月2日

午前到贸易部、纺工部、菜厂。午骏昌请黄凉尘,下午出崇文门,到弥勒寺、营房头条等处看作坊,访特种工业。返城,又与联合会秘书朱立达谈话,觉得其人尚明白,不致如张德明所说之甚。晚琴、延、至培带小吃来伴我。

1949年12月3日

到部后将手工方针函南汉宸及梁思成,到政院学习后回部,午赴吴羹梅约,在玉华台请黄凉尘。到市场购亚美利琉璃小动物十套,请其带献熊家老太太。

到椿树胡同合作局新址访永滋未值。晚耘新自上海来,来晤。

1949 年 12 月 4 日

一早保就来了,同我搞火,同之出门到东安市场买耳套,到琴处吃饭。今日甚丰,有火锅,有酒。下午赶回,赴职教社在京理监谈话,觉得职教问题与 IRC 相同,捐款将减少,公私合流,为必然之势。起孟在此"吃空额"。晚在床上同李葆和谈民建前途。至培为我买套鞋,费了大半下午。昨夜大雪。

1949 年 12 月 5 日

冒大寒坐三轮车到部,在部午饭,饭后访京市财经会前任工商局长程宏毅及其秘书杨季川,谈手工。永滋介绍赵三合之赵君来,蒋辑来。午间偶得王艮仲电话,悉俞庆棠昨夕去世。俞昨日下午还在民建职教社会上当主席,今忽作古,奇哉。晚民建开会,听李葆和报告港九情形,葆和、仲华同乡。

1949 年 12 月 6 日

俞庆棠在教育部,午时大殓。在部午饭,同任、卫二公同往吊丧。午听汇报,任老家长作风确有其事,生性暴躁不得当,颇犯我壮时毛病。晚邀孟用潜、于永滋、李在耘在民建饭,谈手工及合作,九苓、乃明亦来。函沈克非。

1949 年 12 月 7 日

换了车子,临时抛锚,政院学习只得缺课。任老把手工方针送毛主席、朱总司令及周总理先阅。晚饭后到通斋处一坐。

1949 年 12 月 8 日

农业部召开全国农业生产会议,我代表轻工业部前往北京饭店参加,开了一天会,相当疲乏。晚之英来,同意任手工辅导事。

1949 年 12 月 9 日

在农业部开了一天会,听报告,下午发症,同孙晓邨早归。

1949 年 12 月 10 日

又是一天农业会议,听陕甘宁边区政府农业厅厅长惠中权[发言],甚好,且与到陕西推广手纺织有关。饭后又发冷,17:00 终会,返回即病,招琴等来视我。

1949 年 12 月 11 日

昨夕梦中发明一个 game,例如佥、壬可加衣旁变为裣、衽。晨郭养元父子来,为谈其出处事,劝其在其银行岗位上工作。王君九老伯来,以其新出曲本见贻,并题"法家教正",令我惶恐。李云汉为争 IRC 福利事来京找我,我劝其改造自己,他愤然去。午前延来陪我,带大红来为我缝补,下午全、邹、区均来。

16:00—20:00 见发冷。

1949年12月12日

未出门,与李葆和畅谈,决定向民建建议,为找不到出路的资力、人力创出条件来办,政府来不及顾到的生产事业为拟提案。任老来视我,晚琴来。许叔衡来,别来无恙,为之喜慰。今日下午未发冷。李葆和问办柴油机厂,今愿提前交给政府,自取盈利中一定报酬,并有发动养鸡取蛋的计划,说产蛋有十利:本轻,利厚,快,全国通行,家家通行,不靠外汇,可得外汇,市场有,利用废物。

1949年12月13日

原想下午到部,后以无车未果。之英午前来为谈手工艺工作,事实上已确定了他将先赴山东一行,允之。晚在民建开会,十月间托艺昌代取100元,今艺兄得通知说已取来,在申交款。

1949年12月14日

上午到部,忽想起军中手工生产,我有洪秉锋及许端仁、林善庆二生,喜极。下午同拙夫到公园看特产展览,又同之到菜厂,晚延来,三弟自津至,约明日晤面。发鼎长信,附100元通知书,观音救苦膏之贴,将托李葆和带申。

1949年12月15日

午在三弟处饭,听他讲的多是丧气话。晚蔡承新来谈棉纺织、手工纸及磁,此人古怪如故。下午部务会议,高树颐大发议论,说任老不知激发属员热情。我劝分工、分层负责,诀在权责要相称,上级尊重下级职权。

1949年12月16日

到松公府夹道北大博物馆找馆长韩寿萱谈手工技术应如何加强,得有大意,尚待详商。回访团城俞星枢,又未遇上,悉已不在团城值公关。到菜厂一坐,又到三弟处午饭,下午在部,晚久苓、琴来。

1949年12月17日

上午做工作计划,下午到政院接廿万,晚部请纸专家,作陪。政院又要以手工生产救灾,约定之英来部办手工。晚骏昌来,亦有意来部。任老嘱说服在耘,请他当办公厅副主任。

1949年12月18日

晨起抄计划,出门理发,到锡拉胡同八号延新居及琴处。返回写文,午在骏昌家饭,骏昌有意亦来轻工业部,允为设法。下午在合作局听手工业座谈,晚在陶处酒饭。

1949 年 12 月 19 日

写完工作计划，竟日在政院研究部会组织条例，甚有趣。遇见永滋，来为谈组织运输合作方针。

1949 年 12 月 20 日

一天在政务院研讨各部会组织条件，晚在在耘家（崇内宣德楼三号）饭，请其同意来轻工业部当办公厅副主任。之英到部办公。阿延为我做棉鞋，以脚样作，外口太小，怨殊可惜。

1949 年 12 月 21 日

上午在政院开参事室会（替代一次学习），整理各部组织条例，饭后到解总同熊瑾玎谈 IRC 约二小时。宋之英在我室为部写（可说空构）1950 工作计划。约定琴等晚来，门房不知我早已返回——为我挡去狠极。

1949 年 12 月 22 日

上午在部为 IRC 写长信给沈克非、全绍文，设法处置 IRC。饭后到内务部社会局商“生产救灾”。晚民主团体在北京饭店庆 Stalin 七十寿。

1949 年 12 月 23 日

上午在政院学习，谈个人与集体，颇有意思，午接夏循元来饭，同之看叶叔衡房子，下午在部，晚饭到琴、延两处。

1949 年 12 月 24 日

上下午均在部，晚在琴家度圣诞节，买棉鞋，此物已数十年未穿矣。

1949 年 12 月 25 日

起较晚，熊来，同之谈些处世常识，正要出门，养元来，为谈伊在人民银行工作乃专为手工业设计。同之到张德明处，遇王世襄，为谈艺术应由文教部门负责，请其转商马叔平、马夷初。到琴处午饭，饭后同琴、炅①到北海步行，归。晚张通六（同书）请饭。

1949 年 12 月 26 日

上下午均在部，同之英规划工作，得 HCO 复，悉洪、林、许三人所在，请任老电调之来京，嘱缓。轻工业部工作不入正轨，而不知向正轨上走，为之急死。

1949 年 12 月 27 日

竟日在部，天冷，工友病，无火。物质、设备、工作环境均太坏，做不出事来。

---

① 全炅，章琴夫。

晨为鼎写长信，将 IRC 及凡尔登局面，我所见及之远景告之。

1949 年 12 月 28 日

午前在政务院学习，以周总理讲话中八点为题材，我将“守法与创造”“勤劳与智慧”“掌握原则与拘泥形式”三点结合起来，说人民政府为政之道即在此。使得新政权能推陈布新，不致落后的关口就在政院参事室。下午到部，无所事事，吴崧高过来说忙，他又将酝酿一个国营的雕工厂。崧高为少见天才，可惜他既不肯为人服役，又无多资，但要想出大名，发大财。晚在延家饭。

1949 年 12 月 29 日

竟日在部，无所事事。之英在外联络。

1949 年 12 月 30 日

上午在政务院学习，许闻天吃力不讨好，做的总结大家不接受。我参加修改，亦未能逞意。下午因车子脱班，未到部。民建人嬲我表演昆曲，午间他们叫笛师来，下午洗浴修脚，同琴谈手工在家庭妇女中展开，她将不管托儿所了。

1949 年 12 月 31 日

上下午均在部，下午到政务院取“工资”，十一月份供给制（欠我小米 90 斤），12 月份临时补贴，得 650 斤，少算 100 斤，又误扣伙食五万余元，共得 246 500。得王世襄电话，说将以故宫为主，发动手工艺艺术一环，好极。晚在怀仁堂赴各党派联欢除夕会，有昆曲两项。节目到午夜后。02:30 始返府，微雪。

1950 年

1950 年 1 月 1 日

今日民建有晚会，我定将派用途，将所有什物收拾齐后，到琴、延处，集一子二女三婿，请之吃“俄餐”。下午到轻工业部团拜。民建晚会即席唱，学亮《掉角儿》，望卿《忒忒令》，闻铃《武陵花》三段。后同琴到北京饭店参加中央人民政府团拜，午夜后散。

1950 年 1 月 2 日

今日补假，午前之英来。王世襄来，为谈艺术一环，由故宫带头加强问题。同之到其家饭，晤见述勤。下午唱曲。晚在乃器家吃饺子。谈黄任之。

1950 年 1 月 3 日

提前半小时到部，到了一上午，一无所事，办公室内杂乱无章，无聊之极。下午未去访朱之达（联合会秘书，辅大毕业），余时在琴家。

1950 年 1 月 4 日

上午到院，悉学习暂停，赶办各部组织条例。忽尔发现出入证遗失，忙返民建找得。下午乘电车到部，今日忽忙，晚在延楼。

1950 年 1 月 5 日

轻工业部在青年会开纸张会议，晨去参加，又到开明书店贺八面槽分店开张。下午到院，修改轻工业部组织条例，为延题其怪楼曰红楼，附记曰"开国之年，至培服役京师，始营巢穴，次年元旦戏题延女哺儿之室，儿名大红，故云"配框，于晚饭后为之悬在西墙，红纸黑字，印章齐备，不失为一点缀，可爱，一笑。

1950 年 1 月 6 日

乘公共汽车到政院，竟日搞各部条例。晚饭后列席政务会议，聆悉中苏外交，英国承认及其他要事。会到明晨二时半始散，返府已三时。

1950 年 1 月 7 日

竟日在政院，大部时间弄轻工业部组织条例，晚在琴家。

1950 年 1 月 8 日

今日大部时间花在手工艺，晨墨缘来，罗叔章来，为谈艺术与手工，及如何使故宫为人民服务之道。午在市场涮蝎子，请墨缘、之英、九苓。应养元约到公园，养元未来，晚在陶兄家。

1950 年 1 月 9 日

竟日在院搞条例，晚夏香辉来，悉我请其代油印之稿，中途为李崇威截去，真不成话。

1950 年 1 月 10 日

竟日在院搞条例，晚琴来，为洗手帕。

1950 年 1 月 11 日

竟日在部，下午再搞轻工业部条例，去延家饭，见贞 1/8 信，嫌我不为预备住处，故不来。之英来谈。

1950 年 1 月 12 日

上午在院，饭后到部，为首长谈其条例。黄任老一味旧作风，怪郭春涛领导不好，参事多事，怀疑他们欺善怕凶，赴其部务会议。

1950年1月13日

午前同黄任老谈话，此老不老实（说话技巧，但对所说实质不负责任），又为我同之英谈手工业可一小时半，多无味语。午前赶回参室，下午在院，早出到菜厂。准备下星期一之会，晚去琴家，同之出来理发，她洗头，花了我三千。

1950年1月14日

竟日在部，办出好些手工事来。

1950年1月15日

晨访马叔平，准备明日之会，去了两次，第一次去太早了，他尚未起床，未敢扰他。找骏昌未归，探视全希伯，已渐复元。同保、延、至培涮羊肉，带了大红到北海看滑冰。我访王君九伯未值，乃赴养原家，夜饭后归，得申增给延信。函申催 IRC 办清信，才写好，沈克非信来了。

1950年1月16日

午前在部，到琴处午饭，珠今晨自申到。饭后同琴到故宫绛雪轩参加我同马衡会衔召集之座谈会，讨论题是"艺术与手工的结合"。虽徐悲鸿及代表多人不甚踊跃，但得有结果，故宫此后将尽量为人民服务了。

1950年1月17日

竟日在部，又规划座谈会，环境太不好，有时竟想不出念头来。

1950年1月18日

午前在部，饭后到中孚看潘禹言。中国银行为手工，又到北池子参观美术供应社，为此做了些联系工作，之后到菜厂一坐，琴家饭。

1950年1月19日

竟日在部，下午听纸张会议总结——在青年会。今天我们——我同之英搬到东厢，比较安静些。晚为徐昌霖在菜厂开晚会，吃些零食。之英、永滋、乃明、琴来了。

1950年1月20日

竟日在部，上午听任老对纸张会议代表讲部务、国策、时势，历二小时，尚有道理。晚饭同琴到 NUMC 的北院闯面子三家。

1950年1月21日

午前到解总与熊瑾玎研究 IRC，饭前到部。下午三弟全家到京，晚同之到烤肉苑吃牛肉。草长信给沈克非。

1950年1月22日

竟日与三弟全家为伴，以15万交琴，由其姊妹三家请三弟。午在北海，下午同在三弟处，避风闲谈。三弟请吃西餐，散。

1950 年 1 月 23 日

在部得郁文电话，嘱到院研究条例。在院午饭，下午在院。散后到三弟处，同之吃陕西巷内之……居？①

1950 年 1 月 24 日

竟日在院搞条例，晚在菜厂同昌霖谈会务，请他带口信到上海去。得鼎 22［日］信，说斐自 8 日起腰疼，16［日］回家躺下了，但铮铮已能说话。

1950 年 1 月 25 日

到部可一小时，后余时都在院。晚在墨缘家酒饭。

1950 年 1 月 26 日

下午回部出席极无聊的部务会议，晚去在耘家酒饭，谈部事。

1950 年 1 月 27 日

竟日在院搞条例，我上午又为轻工业部写稿。晚在琴处饭，饭后同之到东堂子胡同看房，最后决定租用锡拉胡同八号北房三间。

1950 年 1 月 28 日

饭后由院到部，院中今日学习，我轮任主席。晚在琴处，决定借用锡拉胡同八号，大红病未愈，延甚狼狈。

1950 年 1 月 29 日

晨起到锡拉胡同看房，计划修理。午、晚均在琴处饭，下午在欧美同学会开会员会，商地产税事。

1950 年 1 月 30 日

午前在部帮上海药商张汝励与各部局联系。下午到院，今日参事会商讨轻工业部组织条例。借得四十万工资备搬家，及到津度岁之用。

1950 年 1 月 31 日

整日在轻工业部，下午听苏联顾问演讲，所谈皆平淡无奇，但要紧话往往是平淡无奇的。晚在琴家，新居已由墨缘指挥动工修理了。

1950 年 2 月 1 日

上午在院学习，饭后到部。晚民建开常委会，得 CC 交我 Leonard Outerbridge 自港来电，嘱办入境手续，难乎作答——此人热心友好，而莽撞如此。得斐卅［日］

---

① 原文如此。

信，说已腰痛三个星期了，还无愈意，甚念之，一夕未好睡。鼎为我要铮铮同贞来，大发“gun”劲。

1950 年 2 月 2 日

上午在部，为任老谈西北手纺织应先调查，不可急切从事，下午代表部出席财经委召集之会，讨论军队参加生产。孙晓邨、孙越崎主持，所谈大部时间为筑铁路、修水利二事。轻工业生产无须牵涉财政，电复 Outerbridge，并函复之。

1950 年 2 月 3 日

竟日在部，参加选瓷座谈会，为“建国瓷”做了些联系工作。

1950 年 2 月 4 日

竟日在部，晚到 Bob Drummond（杜乐文）处饭，Bob 是我解放后交谈之第一个美国人。

1950 年 2 月 5 日

晨起养元来，梁曾传来，魏娱之、静静姊妹来。她们为三弟不许她们接近安之而纳闷，而愤慨，来问我究竟。曾传持仲华信来，取得漱溟地址而去。独养元久坐，邀我到其家饭。半途我引之看新居，即在琴处午饭。养元为手工事大谈，为轻工业不能配合银行而发愁。他见解进步多了。下午及晚多为民建消耗。得戴玉山三日信，昌霖传话，主要点上有不符我意处，引起我烦恼。

1950 年 2 月 6 日

上午同任老谈手工，午间同龚饮冰、李在耘谈部事，晚琴家，午餐同琴到菜厂“借光”。

1950 年 2 月 7 日

上午在部，饭后同部同人及徐悲鸿等艺术家到故宫看瓷器，选建国瓷范形。出东华门到琴家，准备明日搬家，三弟忽来，为延向之借 20 万。

1950 年 2 月 8 日

午前在院学习，饭后返民建。搬至锡拉胡同八号西旁间后进北房三间（房东李庆庚）。一下午整理新居，此我自求是、本司、西石槽、无量、程阁老、大王家、太和庐、沙坪坝、凡尔登[①]以来第十居所。墨缘帮忙将我求是所用书案，无量所用衣架找来，还前主。

---

① 上海凡尔登花园的简称，是一片住宅区。

1950 年 2 月 9 日

竟日在部，晚永滋、漱溟来，为新居来客之第一、二人。

1950 年 2 月 10 日

上午在院领导学习，题目是《推销公债与吸收游资》。饭后到珠俊达里 20 丙新居。玉妈在为珠帮工。下午在部，晚墨缘来。

1950 年 2 月 11 日

部中事少，函申会。下午早退，晚高尚仁请客，座皆青年会老友——丁贵堂、周冠卿、高凤山、萧泗千。

1950 年 2 月 12 日

今日始享受新居，整日风光。晨叔衡表弟来，饭后同琴、炅逛市场，及东单小市，发现我把 Parker 51 之帽换带别笔而将丢失，结果我的 Parker 成为半残矣。

1950 年 2 月 13 日

竟日在部，午后任老为谈大局，上海轰炸，其兆焉。嘱加强手工生产。午间步行到延家——小珠帘胡同九号，晤区振铎，昨夜始自港来，至培赴津接。

竟日在部相当无聊。晚民建政治小组开会。我说我在轻工业部工作，不够忙。（重）

1950 年 2 月 14 日 （缺）

1950 年 2 月 15 日

午前在院学习，代人当主席。在珠家午饭，饭后在部，晚区振铎夫妇新亲来，保来。

1950 年 2 月 16 日

上午在部，春假前为座谈会做出些准备，交之英。饭后上车站乘 14:50 车赴津，应三弟约去过年。17:15 到，三弟同张少卿来接，晚上拜过供，同三弟一家六人吃年夜饭。

1950 年 2 月 17 日

庚寅元旦，下午同三弟全家出门，到汪季文处。晚三弟请吃 Kinssling。与三弟谈老太爷遗物处理办法，并为全家漫谈政治。

1950 年 2 月 18 日

三弟借了汽车同我看市容。到了求是里门口娘娘府、归访卞淑成，已患不遂。边洁卿未值，及朱继圣。下午略睡。边四爷、汪季文、胡梦华来。

1950 年 2 月 19 日

午前同成弟访王晋生，其隔壁即李佩家。预约今午请我，饭后还家，未出门。

1950 年 2 月 20 日

午前同三弟谈家常，金舞侯来。乘 11:10 车，13:30 到京，赶赴许大姨及张五叔处拜年，晤见琴的婆母、其小姑、叔等九人（内有麟先①、麟宝②）。

1950 年 2 月 21 日

今日上工了，临时政院有会，研究土改政令。饭后在部与苏联顾问谈，不甚高明。晚同琴、保在真光看《莫斯科性格》。

1950 年 2 月 22 日

院学习又代人当主席。饭前回部，将座谈会事报告任老，下午任老报告中苏条约，甚好。

1950 年 2 月 23 日

午前开部长室会，将手工生产座谈会一切决定，定 3/8 始座谈。下午尹志陶来访。同任老到菜厂拉住。代江问渔出席职教社常理会，晚饭归。

1950 年 2 月 24 日

参室检讨会开了一上午，闹得很厉害——李侠公同吴茂荪，谭惕吾同许闻天，一无结果。郭春涛不讨好，饭后回部办座谈会。阿保回校去。

1950 年 2 月 25 日

Leonard Outerbridge 昨来电，嘱为请许可证，并派人接 3/5 到津之船。此人冒失如此，下午自轻工业部赶回，发电制止之登轮北来。

1950 年 2 月 26 日

养元一早来，午前始去。此公对手工真着了迷，可以领佩。骏昌、阮石麟均来。欧美同学会老工友贾荣华、厨工杨开泰均来。下午抽空同琴带二麟到公园，园中荒凉，无可留恋，即归。晚得家信，悉斐须静养半年。会信说将即日结束，不意惹起许多心思。

1950 年 2 月 27 日

为手工生产座谈会议程与王新元冲突起来。这人又是一个左手不放心右手的人。我说这事要归我办或归你办，办坏了我负责，否则由你。结果他让了步，我在可能范围内听其意见，下午三弟来，同之到其大甜水井府所详谈到十点钟。

---

① 全麟先，章琴和全灵的长女。
② 全麟宝，章琴和全灵的长子。

1950 年 2 月 28 日

午三弟同我到辅大去，午饭晤 Dear Huansbrong，事务主任 Rigney，社会系主任 Hogan。三弟以 20 万交琴，备我用。伊将赴申，为介绍陈已生、盛丕华。晚到派出所报户口，又到解总晤熊老，悉“救总”将于三月内筹备。Leo Outerbridge 将其照片寄来，托熊老为我研究。

1950 年 3 月 1 日

在院学习，饭后到部。晚墨缘来谈生产小组。

1950 年 3 月 2 日

下午部务会议——完全是浪费时间。

1950 年 3 月 3 日

上午在院检讨，下午在部座谈会。请柬如期发出，晚在永滋家吃元宵。

1950 年 3 月 4 日

竟日在部，准备座谈会，晚同保逛市场，以 8 000 元购得光宣年间火焰花纹绿地水盂一只，甚怪。

1950 年 3 月 5 日

报载主席还京。午前在民建开会，饭后访叔衡，余时在陶兄家，酒饭后归。晨令保为我在玻璃窗上粘纸条防空。未达成任务而去。

1950 年 3 月 6 日

检点座谈会准备工作，做了最后决定，一切齐备了。

1950 年 3 月 7 日

准备工作，今天倒反觉得忙了些，但明日开会必无问题。

1950 年 3 月 8 日

轻工业部手工生产座谈会今日开始，我当秘书长，掌握着议程与时间。琴亦被邀，同之往返，晚到解总，帮他们了解 BUAC。

1950 年 3 月 9 日

王新元自作聪明。今日下午座谈，否定本部文件，写了一篇空话不算，今天又说了一点三刻钟空话，得不到结果，其愚可笑。晚到菜厂，得津某人电，嘱于十一日到津接 Leonard。此人如此冒险而来，我无法帮忙，只得写信寄津道歉。得保转来斐信，说确系 T. B.[①]性骨膜炎。

---

① 结核。

1950 年 3 月 10 日

上午在耘为我不满王新元，大为发急，请饮冰来劝我。我说在申明不保证座谈会的结果条件下，我必将会开好。此后我或将他往，下午座谈会，季崇威主席到会，人多，开得很好。

1950 年 3 月 11 日

下午做了座谈会主席，到者非常踊跃，定星一继续。怀仁堂有晚会，欢迎毛主席、周总理返国，有《游园惊梦》，惊梦花神一段素为昆曲家所忽略，今为人民艺术剧院改编扩充为灯彩歌舞一大场，此前人所未及料也。

1950 年 3 月 12 日

朱学范、张俊、宋之英来，晚饭后樊陶斋来。宝元通已全部转让给政府，私营商业第一改造为国营企业以此始，其全部人员均为百货公司工作。

1950 年 3 月 13 日

上午继续座谈《手艺工业》，下午谈手工造纸。晚部请华东来人，又谈手工，右手指人指受微伤，有发炎意。

1950 年 3 月 14 日

上午为在耘、崇威诸人谈手工座谈会做总结的方法。下午座谈，这是末一次，17:35 完成，就等做总结了。

1950 年 3 月 15 日

上午到院，即赶上集体赴辅大听苏联 Magalova 女教授讲社会主义经济的优越点，过午始毕。在院饭后到部，并未做事。伙食团定客饭甚贵，此次收我三万五，旅约半月全伙只交六万。晚到 Ernest Shaw 处，遇 Racially 及解总的张博。

1950 年 3 月 16 日

院内加强学习，发了 1 500 000 薪，下午在部，在中孚立户存款，汇申 50 万，晚到市场购物。

1950 年 3 月 17 日

晨任老为座谈做总结事与我争论，他既要缩短座谈时间，又要具体结论，既叫我当秘书长，又不放心我主持起草。他基本上不信人有自发自觉自动能力，自持矛盾，武断，不能说不，是家长作风。我与之英谈，他说要同他说明，否则只得求全。晚在珠家，同琴等在西四乘环行路返韶九胡同。保来，得三弟信，说已自申返津。

1950 年 3 月 18 日

郭养元来，畅谈部与手工业，及我与黄，邀至其家午饭。适为其儿媳生日吃面。同之访漱溟，遇张袁方，我独往延家，仅见大红，已能坐。同区振铎到西河沿访渝来人，同表、华、柱共三人，逛前门、琉璃厂一带。

1950年3月19日

晨与任老谈总结，还算不错。结果他亦无所见，就不放心他人而已。三弟自申、津来，为谈斐病尚须一个较长休养，及上海民情不好，均非好消息，同之在五芳斋酒饭深谈。

1950年3月20日

竟日在部，下午听报告，无聊如故。17:00后在民建，得Shaw转来Leonard自天津船上来信，一团烂糜，明日再细为设法——如果可能。发给斐长信，慰其病。

1950年3月21日

为看好总结，晚永滋来。

1950年3月22日

为手工座谈总结，斗争竟日，为Outerbridge找阎宝航，未值。得申玉山信，悉工人已平，职员又闹。一切一切将不知如何是好，烦闷极了。

1950年3月23日

上午在院学习，饭后到部一转，无雨即归。16:30晤阎宝航，将Outerbridge事告之，请其注意其事，善为处置。勿令他个人受委屈，更不要使中国人在加拿大，因其不能入境，被人误会。

1950年3月24日

竟日在部，烦闷至极，下午开合作社会，后即归。晚李雪汉又来，要我争取统战部介绍学习。

1950年3月25日

晨保来，同之到市场早点。墨缘发起为旧同人之老而贫者，五六人组织草绳合作社，筹备得就等机器做好开幕了。今日约去菜厂谈话，我为备午餐，与社员们谈话。到王梅生71、那全山62、陈裕棻60；王。席间养元、之英来，欢饮一番。我即席书“团结就有力量；劳动才是光荣”劝慰之。养元患足疾，先返，我与之英到公园，今日是第一天春日，满园游人。遇熟人甚多，为延不满琴质询至培，略不欢。

1950年3月26日

竟日在部，既已放弃企图争取时间及对手工业一切主张，倒觉安静，静心看书(列宁《国家与革命》)、晚延、至培、墨缘、乃明来。

1950 年 3 月 27 日

积极不可，闲散一天，倒觉得心安理得。

1950 年 3 月 28 日

又一天！

1950 年 3 月 29 日

到院学习，同人盼我回院——闻天、子为等财经组人。下午在部，今晨始发前、昨两日日记忘写，急补写之。将近四十年的习惯，仍有遗忘，奇哉！

1950 年 3 月 30 日

又一天为建国瓷，为艾、宋草了一个签子，庸俗之人，决去之。晚墨缘来。

1950 年 3 月 31 日

午前在院学习——分析阶级——13:30 始毕。14:00 解总开"救[济]代[表]会议"筹备会。晚 19:00—22:30 艾思奇在协和礼堂讲辩证唯物主义及历史唯物主义。今天一天学习时间共 7.5 小时。

1950 年 4 月 1 日

任老经人提醒后，忽来找我谈话，我为在公无补益，在私无进步，请于有事时再来。结果不许，说是制度与空间有缺陷。我允"不存二心"，但请其改善我的环境。午间参加部合作社成立会，后代表部到中央美术学院参加成立礼(改院)，后到菜厂参加职教社常务会。得鼎信。

1950 年 4 月 2 日

天阴雨，转寒。保忽来，王思齐来，同之饭，市场。下午在民建，今日干部学习会议开幕，晚会后归。

1950 年 4 月 3 日

上午忙了一阵，居然办了四个事。下午为合作社开第一次理事会。

1950 年 4 月 4 日

昨日下午、今日又无事，养元昨来，要调开人民银行，昨与任老谈，同意。今仍任老云已通过本部组织，即办文调用。下午华罗庚来部演讲，到职教社及民建，都是干部学习会。起孟讲学习方法与工作作风三小时，深入浅出，出口成章，好极。回韶九，门上锁，或不得入。

1950 年 4 月 5 日

上午在院学习，但结果是听报告及讲工作。下午在部见到财经委发还之手工总结，此事从此告一段落。为养元找南汉宸未获，晚墨缘来，为草绳社，出货甚好，大为快慰，今日又是清明——同 1917。

1950 年 4 月 6 日

午间为养元找南汉宸，满口同意，由轻部借调。下午部务会议谈手工，晚吴国钢为 IRC 事自申来，王思齐同墨缘均在座。

1950 年 4 月 7 日

午前在院学习，下午在部又闲，晚听南汉宸讲金融。

1950 年 4 月 8 日

杨卫玉乱改公事，之英为介绍大通麻袋工厂，向人民银行谈话事被秘书计惜英所阻，上级接受其建议，并将驳回，公事传阅。我为官僚作风打击为人民服务者大抱不平，华通斋来，要以房子租给我，晚放弃怀仁堂晚会，接待申来之吴国钢。

1950 年 4 月 9 日

竟日在家，之英、养元先来，为谈部事，其有摊牌意。为谈大通案，劝其为争取纪纲、作风而斗争。国钢来，嘱其函申，向救代大会提意见。午饭去，下午延约樊项堇之六弟来玩昆曲，王健夫妇来，庭前榆叶梅盛开。

1950 年 4 月 10 日

上午在部预备演讲，并为合作社题字，文曰："我们加入了合作社，我们的私人经济就此编入了人民经济的行列，跟国营经济一道，走向社会经济的道路了。"在院午饭，饭后到图书室看报，参加小组学习，研究民族资产阶级之分析问题，及解决问题的方法。得会信，要我代表及五月间返申。得养元信，说部中现无可事事，不打算来了。晚饭后为琴到通斋处接洽租房，通斋条件太好，倒反不成。

1950 年 4 月 11 日

晨起即被起孟来条，拉去听职教社工作讨论会总结。在院午饭，饭后工作会议，临时为郭春涛因病取消，李雪亭为之不快。昨得申会信后，邀吴国钢来为之解说，并复玉山。琴家房东卖房，限三十五天内迁让。

1950 年 4 月 12 日

学习小组改开会研讨土改，甚有收获，饭后到部，之英治目未归，一切乱糟糟。访王晋生，门牌有误，未找到。晚为琴到通斋、通六处谈租房事，"娘娘叫李某，常给衣服给我们"——琴说。

1950 年 4 月 13 日

竟日在部，下午部务会议，消耗时间如故。早晚国钢来。遗失门匙四个。

1950 年 4 月 14 日

午前在院学习，听廖鲁言讲划阶级原则。饭后赶到民建，14:16 讲手工业问题，到东安旅社找国钢，为谈会事，可 1.5 小时，甚畅，国钢亦能接纳。晚到解总晤熊老，解决诸问题：1. IRC 请出席为事势不许，但已有我在，可不另派代表；2. 救代会议产生之“总会”为群众团体，协助政府监督社团，为我建议在章程订明此关系；3. 我提原则十项案，可同意；4. Outerbridge 稻种约 1 330 磅已到津，可由向外交部协议应否接受。我建议如接受，稻交农业部。

1950 年 4 月 15 日

上午部中发生二事：1. 文书科越俎为手工组办事，反来会稿；2. 吴崧高上毛主席书交来任老，批令再研究，郑重而细心，因为这是毛主席示来的。下午在民建听彭真讲（话），坐远了听不见，早退。雨。

1950 年 4 月 16 日

下午放晴，王思齐来，为谈瓷器。之英同尹志陶来，四人同上五芳斋，晚石安带果点来，晚饭后同志陶到民建，前日遗失之 Parker 笔帽为麟保找得。

1950 年 4 月 17 日

晨到菜厂，将提案送救代会议。散值后去报到，下午在中南海检查身体，血压 128—80 mmHg，身重 65 kg(＝143 LB)，较 1948 年 9 月 18 日之 156.5，身重减轻 13.5。晚李佩来，说将远行，乃与之及琴同逛市场。

1950 年 4 月 18 日

下午在院开工作会，同大宗绝送大纹样到中南海，晚民建谈组织（原为特别小组，由我谈对轻工业部感想）。

1950 年 4 月 19 日

上午在院，听郊区委员会三个阶层工作，干部来讲土改情况，饭后赶回轻部，即至北京饭店听周总理讲话，历时四小时。

1950 年 4 月 20 日

上午在部多少办了些事，赶回市场吃菜饭，3 500，吃不完。下午解总开第二次筹委会，问题渐渐入轨道了。邀永滋来谈，同之上市场。

1950 年 4 月 21 日

午前在院学习，下午在部参加业务部工务会议。铮铮双周，出资请琴家吃炸酱面，墨缘来。

1950 年 4 月 22 日

到院午饭,后到解总座谈,晚饭后同保到陶墨家。

1950 年 4 月 23 日

同保出门游颐和园,10 时到达园中,人山人海。我加入了民建招待干部之会,保先回去,去时在革大下车。保引我参观其外国语学校。18:35 到家,得熊老信,说周总理七时要见我,来不及去,人亦极倦。

1950 年 4 月 24 日

本定下午之打针,上午去打,这就占了半天。饭后到东四头条文化部开中国人民救济代表会议(救代),被列入主席团。散后主席团开会,回府尚早,忽得熊老信,嘱即去同往见周总理,乃在解总吃蛋炒饭。周总理为谈救济之道在靠自己,极有道理,但照他说救济的钱如何募集,不无问题。我对大会提出 4 项原则,拟一份请周总理看看,返来已 23:50。

1950 年 4 月 25 日

上午救代讨论章程,在南河沿戊八号。下午大会,中饭在解总吃,晚之英来。

1950 年 4 月 26 日

上午在解总开小组会,午饭在新华饭店,团体到颐和园开大会,听董必武主席报告。游园一小时半,赶回晚饭。饭后又去解总开章程小组(会)。周明长不令我知且不听我阻止,忽从上海来,宿余客室。

1950 年 4 月 27 日

救代今日整日开小组(会),我下午赴北京饭店听周总理、艾思奇讲,这是全国委员会新组之学习座谈会之第一次,晚饭后又去解总接洽明日对大会报告事。

1950 年 4 月 28 日

竟日开会,午前为第一小组对大会报告,晚上在北京饭店公宴。

1950 年 4 月 29 日

05:30 即起,为"修改时日"写信给小组,上午去院会,下午到中山公园听刘少奇讲话。晚在民建看学习会议结果。

1950 年 4 月 30 日

竟日未出门,侵晨之英、养元相继至。之英先走,墨缘、明星继来。下午无事亦无人,今日琴生日,晚上她家吃面,保下午始走。

1950 年 5 月 1 日

新(中)国的第一(个)五一,我得证入场,大雨中看游行。冒大雨返,衣履尽湿，函范定九闸发救济新文。

1950年5月2日

早到菜厂，后到部，将HCO名单及财产目录送部。为之英看稿子。养元报到第一日。接见全国妇联来员，到院吃饭、理发。同参室同人到全国委员会听李维汉对民建会员讲统一战线五小时，到乃器家饭，饭后到民建。乃器与复亮间矛盾尖锐化。

1950年5月3日

救总执委第一次开会在解总，11:00即散，到和平门吃饭，饭后在部，李紫东来，为之英等谈部员生产自助之道。

1950年5月4日

参室工作会，饭后去打针未果，赶回轻部晤合作局之赵叔异，谈对民主妇联关于手工生产之意见，又步行赶回政院，赴西花厅周总理之约。到者皆代表团体之救总新执委，谈话三小时。对IRC等决定先调查，设法配合。红十字会将负新使命，向卫生教育方面发展。五四游行，天起暴风，一夜未停。

1950年5月5日

09:00救总开执委会选举，一小时即毕。乃约赵朴初、陈文仙、邓裕志、胡兰生、李文杰谈IRC事，请他们为我出主意。并向沈克非报告，五人均甚热心。赶到部中与民主妇联来人谈手工，同养元吃小馆。下午又为职教社修正社章，晚上北京饭店有酒会，欢迎苏联青年，因有客来人，亦疲乏，放弃未去。王新元要HCO交民主妇联事，予同意。民建章、施斗争。研究文件。

1950年5月6日

为IRC写救代报告，差不多花了小小一天，早退，到菜厂，晚保来，此次大风雨，两次游行，未把他累倒旧病复发，幸矣。

1950年5月7日

上午在民建开常委会，主要是处理施、章之事。思想上章是，行为上章非。南汉宸说“对自己人要亲，对朋友要和，对敌人要狠”，又“别把医师之刀用作战场之刀”，均警语也。饭后到石牌胡同、花枝胡同四号甲吴龙起家北平曲社，遇见王君九老伯、童曼秋先生诸前辈。明星两次来，梁曾传亦来。

1950年5月8日

晨到部处理王新元要拿HCO送民主妇联事，将以其招摇检举之。得杨美真电话，力请到其家午饭，谈乃器与复亮之事，允之。下午在救总谈起草，晚饭后到民建，起孟、晓邨发言甚好，乃器理在但气太壮，反而不好。余预备的话未及发言,因赶门早退。

1950 年 5 月 9 日

上午在部,到院饭,下午以郭春涛病,工作会议停开。即返府,再读斯大林辩证法,并为救总起草"社团整理方案"。晚饭后同琴到林斐成夫人处造访,并访其同院孙越琦、方石珊、玉三弟。

1950 年 5 月 10 日

今天学习了一天,阿琴说在北京有政治享受。上午在院听土改问题的讨论,饭后到怀仁堂赴全国委员会学习座谈会的大课。今天艾思奇讲"如何学习唯物辩证法",讲了三小时。回家得斐 5/5 信及三弟信,三弟同安之 19:15 来,同之到市场饭。饭后回来谈天,他大有进步。

1950 年 5 月 11 日

竟日在部,上午为之英研究生产指导会组织、刘海澄案、IRC、HCO 案,下午部务会议,将以计惜英(即乱批公事之王新元的秘书)为业务处副处长,深恐手工组从此多事矣。晚三弟夫妇来。

1950 年 5 月 12 日

午前在院,集体到防痨协会透视。下午到部,交来"参事室"一件(造纸管理处组织)及手工纸联会问题。忽批提会,忽批候指,委成立之件。从院同在耘通电话,为计划业务函(例)会事,下午又与之谈及。三弟邀郊游,到西郊公园看虎,到万寿山看落日,晚上他俩来。

1950 年 5 月 13 日

竟日在部,下午为救总起草、整理社团方案,晚保来。三弟与其工人斗争,得协议大案,乃又吃惠尔康。晨起到八面槽天主堂,送张沧江父丧,时间不对,未送着,但看了一次弥撒。

1950 年 5 月 14 日

晨墨缘来,为谈周希文近调民主妇联做玩具,将陪朱总司令夫人康克清来见我,目的是要王新元所想,把 HCO 送给他们。周某自说"今生不再相见"后,挟总司令夫人来向我要 HCO 设备,真是气人。孟舒、巨赞和尚来,到炒面胡同寻陈家(叔通及桂生),走了前后两炒面,未能找到,到珠处午饭。饭后到曲局,晤钱一为,散后到延处饭。饭后他们推大红送我上西四汽车站。

1950 年 5 月 15 日

午前在部,到院饭,饭后到特种工业联合会出席其例会,略略讲话。午张雨理监邀陪香港返京代表吃六和坊烧鸭。

1950 年 5 月 16 日

竟日在部,上午龚饮冰召我谈话,为言部中病源及我的无事可做、求去不得之状。亦与在耘谈起,下午早退,天寒换衣。

1950 年 5 月 17 日

午前在院学习,以共纲为本,检讨自己思想的改变。饭后在部为之英研究京特艺联合会之改组及加入工商联问题,晚饭同琴到市场吃冰激凌。

1950 年 5 月 18 日

上午在部,为之英等研究京"特联"改组及加入工商联问题,赶回东城,同墨缘到市场吃小馆。下午在民建参加全国委员会的学习小组,章乃器主持,谈唯物论,虽已读过其书,发言甚不易。

1950 年 5 月 19 日

到院,张云川、陈公培忽发起参观瓷釉颜料专家(大中工管社),到北沟沿找了半天,没有找到。回院借书看,饭后到部,为着同工业局人谈话,结果昨日议定之要点被上级批不得要领(未置可否,只派李、宋、郭去出席)。我对在耘大发牢骚,无聊一下午而归。

1950 年 5 月 20 日

竟日烦闷,在部看书而已。晚得戴玉山信,反映沈会长糊涂。当夜发电挽回,不知有效否。

1950 年 5 月 21 日

养元来,陪我一天,午同之到新开东兴楼餐厅饭,饭后同之到花枝胡同曲会,晚唐家请我吃香菇面。

1950 年 5 月 22 日

上午在院小组,我主席,听潘怀素讲佛家的宇宙观。饭后到部,龚饮冰召我谈话,对手工委员会与部内的机构提出意见,16:30—20:30,周总理在音乐堂对5 500中级以上干部讲生产、救灾及各种关系(如党派、公私、上下、内外、财经、中央与地方、劳资、城乡、工商)。

1950 年 5 月 23 日

午前在部,与之英等谈昨龚饮冰谈话事,得有结论。到院午饭,饭后以1.5小时时间理发。下午工作会议停开,加了一课,请潘怀素继续讲其个人了解共纲之标准,17:00后在民建开常委会,22:00始返。

1950 年 5 月 24 日

午前在院听潘怀素讲，饭后到部研究指委会组织。三弟来部，16:00 同之返府，为我谈其恒业事，似甚懊丧，为之出些主意慰之。同在大鸿楼晚饭，饭后又返府夜谈。

1950 年 5 月 25 日

竟日在部搞指委会组织，午前晤龚。晚永滋、印才来，郑树勋晨晚俱来。伊自 1949 年 7 月离 IRC 之后，即与 Todd 在 ECA 成都共事，后在五龙桥，日前始返京。上午写信给仲华，洪秉锋、徐盈。

1950 年 5 月 26 日

院中又有波浪——秘书厅将令参事分五组，各配政委一人，副秘书长一人，会室办公。引起舆论。饭后到部，手工指委会愈来愈大了，晚复 JSO，荐才庄到救总。

1950 年 5 月 27 日

竟日在部，午后同龚饮冰议定指委会组织，回府得申信，IRC 5 月 22 日之会议决：1. 催我销假；2. 不然将会移京交我办下去，好像我不是卖给 IRC，即 IRC 是我私产。令我啼笑皆非，保返来。

1950 年 5 月 28 日

晨周明星、徐墨缘，分起来，为之谈手工及 IRC 事。延携大红先到，珠、震同寅寅后至。我被养元力约午饭，赶去吃鱼。下午全、邹、区三家在公园，17:00 后到曲局。林斐成太太同方石珊来，未值。

1950 年 5 月 29 日

上午在院学习，饭后到部草复上海 IRC，冒雨返。晚墨缘为约琉璃厂、荣宝斋人谈文具业问题。之英、养元、周明星俱在座。

1950 年 5 月 30 日

上午在部写文，为徐盈到院饭，16:30 齐燕铭秘书长召参室同人谈话，说将分组办公。余被邀返院，晚墨缘、明星来商 IRC，永滋来对魏西河文交换意见。

1950 年 5 月 31 日

在院写文，饭后到部，刘寿生自南京转申来，到全国总工会受训。他今晨下车即把我找到，来院晤面，晚间又来。童曼秋丈来说我吹曲，曲笛如得名师指点两个月，即可有成，病在板眼不稳。寿生带来衣物、糖食及铮铮照片。

1950 年 6 月 1 日

午前写成《不容忽视的手工生产》，约 3 100 字。下午部务会议，黄任之秀才作风,见了别人文章必须改,但改得出毛病。计有三点,“皆从其执行”改为“执行之”;“由轻工业部下”加“发起”;“小组会议”前加“有有关单位出席之”(手工生产指委会规程),均为我驳掉;又造纸管理处规程,初送“参事室”,经我提出两个先决问题后,即无后文,今忽见诸部会,系经在耘整理的。条文第一条处据部令成立,我以为不可。晚之英家请吃红烧肉,在阵风中凉夹返寓。

1950 年 6 月 2 日

上午在院,与云亭、士观谈哲学,饭后在部为看造纸工业管理处规程。晚校阅新文,发鼎、斐信。

1950 年 6 月 3 日

午前办出造纸工业管理处组织规程审核案,及发出文稿交徐盈。下午无事,晚上我以十万元请全家[①],召延、珠二家及刘寿生各携一部食品来会餐,送全家,明日搬家。

1950 年 6 月 4 日

在琴家早点,琴家 10:30 全家搬清,新居在小牌坊胡同三号。我改在唐德辉家贴饭,午饭后找张五叔平之,见其松弟妇(患神经病),由乃父(高)乃翁看护。久苓之妇则患 TB,同久苓到公园吃茶。16:00 到曲局,晚承童曼老邀饭其家(无量大人胡同 36,即 1921 我来京为 CIFRC 开始工作的原址),并为我吹笛指点拍子。22:00 返府,接见后院邻局赵家父子,曲背而至。

1950 年 6 月 5 日

代表政务院出席轻工业部之火柴工业会议,午在在耘新后细瓦厂新居饭。饭后略睡,19:00 赶回,留后门,到院赴会,由李维汉召集之秘书、参事、政委分组联合办公之会。23:00 返,明日起实行,我分在经济组。

1950 年 6 月 6 日

上午在院经济组开会,布置工作,我同陈公培分管轻工业(包括轻工业、食品、纺织三个部)公事。饭后到部出席火柴会议,晚在民建开常会。散后到童曼秋处吹笛一小时许,在部得见任老所改之指委会规程。其中十一条虽经我夹条说明无须修改,他仍然修改,画蛇添足不说,这人爱好动笔,自以为是,以及不信任人的作风,实在有问题。

---

① 全炅、章琴家。

1950 年 6 月 7 日

上午院中分组后第一日办公，分得轻工业部三件。下午在部，之英已四出联系，晚明星来。

1950 年 6 月 8 日

在院办出一件——轻部七个月报告。下午到部出席火柴会议，同之英往访龚饮冰。后到琴新居——小牌坊胡同三号，夜饭后返。

1950 年 6 月 9 日

院、部两处分上下午成习惯了，晚饭后到菜厂一坐。

1950 年 6 月 10 日

下午去故宫赴法印座谈会，陈公培同去。晚去琴家，上海 IRC 仍无信来。

1950 年 6 月 11 日

从 08:00 起玩了一天，22:00 始返！08:00 余刘奎[①]来为我钉纱窗，后即到公园。墨缘、明星、之英已在，后保、珠陆续来，寿生亦来，他们早散。我同保在园吃午饭。饭后，我拿上海为我带来之苏州叶受和玫桂糖，专诚往谒王君九年伯，视其在三星期前中风，人能起坐且健谈，但易忘。晤悦秋及王伯母，亦78矣。到曲会，童曼秋说我唱曲不用力，几乎尚未入门，同之到圣陶处，遇人不辞指点，夸大得不明了。此老已 72，一味卖老，然亦仍可爱。为大家拍游园半阕。徐盈信说我《不容忽视的手工生产》将于本日作星期论文发表。在公园买进步日报，并未登出，晚上回府，养元已见此文于昨日的“专论”登出，为我送来一份。

1950 年 6 月 12 日

上午手工生产指导委员会开筹备会，一切顺利，下午到院。

1950 年 6 月 13 日

上午在院无所事事，饭后到部开筹备小组会，到民建得通知，全国委员会会议，我为固定旁听。

1950 年 6 月 14 日

为了三弟、安之要来，费了许多周折，结果晚上见面了。他们乘夜车返津，全国委员会第二次会议在怀仁堂举行，第二次会议我得了“固定”的旁听，要去旁听，16:00 开会，20:30 散，下午因此未到部。

---

① 刘奎，章鼎汇文中学时的同学。

1950年6月15日

先到部，后到院，饭后同潘怀素诸人到北海看放水。16:00—22:00在怀仁堂听报告。

1950年6月16日

在部同养元等商量秘书处组织，后到院，饭后休息。16:00—21:30在怀仁堂听周总理做报告，晚饭在陶兄家吃。朱立达到部，晨墨缘、明星来，托汇30万回家。

1950年6月17日

部、院如昨，16:00—22:30听报告，后到陶家，饭归。

1950年6月18日

晨之英、养元、墨缘、明星、寿生、邹枋夫妇相继来。午到民建开常会，会后到童曼秋处一坐，遇见钱一羽。同寿生约游北海，茶饭后同之到琴处。

1950年6月19日

院、部如例，晚延来，为谈其家庭痛苦情形，将与区至培分居。我以为他家(1)父母知识水准不高;(2)至培能孝其亲，不知爱护其妻;(3)延吃相难看，此外并无基本恶因，不应收恶果。令延明夕同至培来。

1950年6月20日

院、部如昨，下午开筹备小组会，贸易部合作局对指委会性质还未彻底明晰，决定再行酝酿。晚延同至培来，劝其彼此发扬优点，镇压缺点，延应改变脾气，与至培合作，至培能孝亲甚好，但应爱护其妻，与父母解释，三方均应争取团结，他二人快活回去。

1950年6月21日

之英为龚饮冰不直，我昨日以秘书处组织引起指委会基本问题，大为不快，表示消极“领导上”意志不坚定，使得与之合作者无所适从，乃是真病。他们又意见不一致，难上加难。在院饭，后到北京图书馆看善本书展览，见傅沅林氏捐赠书，内有宋本《梁书》，经父亲校阅过。16:00—20:00在怀仁堂听发言，刘文辉说：“我是大地主，但拥护土改;我曾反蒋，但这不等于革命。”李印泉发言，词正辞美。

1950年6月22日

在部与之英诸人研究北京“特联”。绍钫[①]自美返国，今晨到京，约之在北海午饭，谈可三小时，到全国委员会旁听，绍钫宿我室，据说斐可起坐，贞可即来。

---

① 张绍钫，张绍玑之弟。

1950年6月23日

晨晤龚饮冰，谈指委，说秘书处可以事实需要，逐渐充实，但成文的条例不必即于此时决定，我甚韪之。之英处理浙省来员不够郑重，且不认错，黄扣以官僚作风帽，大为不悦。到在耘处讲理，我劝之。在院午饭，饭后同雪亭到怀仁堂看闭幕，17:30即了事，今日毛公致闭幕词，深入浅出，好得很。

1950年6月24日

今天恢复原状，上午在院，下午到部，晚在珠家饭。

1950年6月25日

民建早晚两次会，多是听报告。下午在家，保这次返来，说七月十日起将有四十天假期，蓄意到上海去，要我出钱，我以收入不够，斐、宁多睡两个月，存35万的带子钱，娘娘将来且有了钱，应运行李，不应由他一人享受，未允之。他思想仍未搞通，且有准备认错而犯错的打算。

1950年6月26日

在院见了二件文，在部同浙江来员谈富阳手工纸，晚在民建。

1950年6月27日

竟日在民建开小组会。

1950年6月28日

09:00—23:00在民建，晚悉汉城解放，美国派舰保卫台湾，及在南越动兵。

1950年6月29日

院、部如例，同之英到工商联访刘一峰，晚延三人来，说家中平安。得阿全电话，说琴于27日生一子，重八斤。

1950年6月30日

赶到院的外院，汽车中有人招手。李云亭等正出发去吊郭春涛，乃同往北京医院，与之永诀。下午到部，忙了足足三小时，晚同保在市场购小东西，托明日新弟带回家去。

1950年7月1日

失记。

1950年7月2日

08:30赴李自豪中山公园之约，之英、陈钧同座。为谈浙江竹浆生产。11:00点到第一助产学校医院视琴，见其新生子，命名麟汉，纪北朝鲜解放南韩也，到圣陶处午饭，陶患病入医院，下午在北海一走，人多无聊，即返府。晚上无人来，珠来未值，绍钫返申取行李。

1950 年 7 月 3 日

在院为明日开幕之全国合作社工作者代表会议起草我的发言，得一千余字。自问尚得体，将以之召告天下，结束我对合作的历史。下午在部，晚永滋来阅发言稿，携去付印。“合作”将展开一些。

1950 年 7 月 4 日

院中一无所事，到部又因生产会 6 日开，又发生挫折，之英等又不济事，大感烦闷，晚在民建开常会。

1950 年 7 月 5 日

全国合作社工作者代表会议今日在中法大学开幕，遇见熟人甚多。三弟、安之自津来看房，找学校。晚来，同到惠尔康酒饭，遇雨归。

1950 年 7 月 6 日

上下午大会，我的“发言”印发给会众，午在会场吃。

1950 年 7 月 7 日

上下午大会听报告，午饭后返府休息。

1950 年 7 月 8 日

上午合会听薄一波报告，我到轻部帮了些忙。下午去财委出席合会的特邀代表座谈会，晚饭而散，到琴处一视，返。

1950 年 7 月 9 日

竟日未出门，闲散了一天，向景云、周明星、严世清、朱妈姑娘来，外无人来。保仅晨间一到即去。

1950 年 7 月 10 日

合会全天听苏专家报告，之英说手指委因王新元捣蛋，又生枝节。黄任之看见苏联手工报告(合会所发小册)而大为兴奋，嘱购 200 本送人，其浅薄简陋如此。

1950 年 7 月 11 日

08:00 去听薛暮桥报告合作社法起草经过，后分组开始，我分入合作局组，竟日在开会。午饭后，应救总倪斐君约，去谈 IRC，结果他们认为：(1) 即使给以供应私立慈善医院之任务，IRC 恐难得足量物资；(2) 外国捐款机关可能为其反动政府所利用，如最近美政府以 8 300 万元援华，指定 FSA 及 CWS 为执行人；(3) IRC 对外有悠久关系，中国争取国际友人，有其作用。问我意见，我以为除了第三点值得考虑外，会费已竭，急要结束。他们不主张即作决定，约定越日再研究。

1950 年 7 月 12 日

上下午在合作局讨论合作社法。

1950 年 7 月 13 日

竟日讨论合作社法，18:30 毕事。

1950 年 7 月 14 日

两个合作局小组有点厌倦了，要分散到其他区域性小组去，征我同意。我以本小组研究法规贡献甚大，不赞成分散。上下午研究章程准则，打算坚持到底。虞振镛为其第六小孩病故来京，晚来谈天。

1950 年 7 月 15 日

小组坚持到底，上下午多开会，下午为手工生产社条例大费脑筋，散后到中法会餐，没有看戏。

1950 年 7 月 16 日

天热，未出门，来客甚多，包括方石珊、朱继圣，午同之英及明星在市场小吃。

1950 年 7 月 17 日

今日轻工业部召开橡胶工业会议，我代表政院出席，乃冒大雨前去。手组已一星期未至，乃抽暇为之英帮忙，11:00 后到院，饭后返府。15:00 后又到中法赴合作会，晚饭后托墨缘汇 30 万给家。

1950 年 7 月 18 日

竟日在合会谈“什么是合作社”及“如何办好合作社”——今日在亮果厂聚丰堂开小组(会)。

1950 年 7 月 19 日

上午在聚丰堂，贡献了些关于合作社内部组织及干部的意见，自问当为成熟，下午小组已无可讨论，未去，抽空去看阿琴，她前三日曾发过一次烧，又去看圣陶，已愈在家，以半时休息，为之漫谈了些，即返。晚访方石珊，未遇，过孙越崎，一坐。

1950 年 7 月 20 日

上午在聚丰堂合会小组，贡献了关于改组合作社的意见。下午到部一视，在一个小组(橡胶会议)上坐了一坐，得通知赶到民建参加全国委员会学习，学唯物论，晚延一家三口来。

1950 年 7 月 21 日

午前大会，听薛暮桥做合作社法修正报告，下午小组就讨论这个报告，晚同明星逛市场。

1950 年 7 月 22 日

上下午仍是合会小组，在聚丰堂，上午抽出一些时间同墨缘为三弟看了两所房子，一在关东店北口，一在无量大人胡同西口，晚阿全来。

1950 年 7 月 23 日

绍钫自申来，墨缘、代万、刘奎到站接之。午到全家吃满月酒，下午到特联看陈列，文化部要择五十件精品送莫斯科，返府后觉得东西不是太细（一件玉盘三个人做了八年），就是太粗（小人不合标准，服装不合制度），忽然想起北京之乐器、套印等，乃同明星走访张德明，请其加盟出点。

1950 年 7 月 24 日

应召往晤齐燕铭，他要我全时在院，当晤任老，得其谅解。我在轻工业部一段时间，至此告一段落，为在耘谈手组人事，力保周明星。适之英去听合会，朱总司令做报告，未值，乃向明星谈其组事，请为传达。晚张茂滢（世妹）来，要介绍到燕大去投考。

1950 年 7 月 25 日

今日起全时在院，下午同合会到怀仁堂听刘少奇报告，口音不清，扩音器不好，我竟一无所获。上午在院亦清闲得很，结果我觉得这一天完全白过。张茂楠移居北京，家春先来，今夕其夫人遣其长女（20）、长子（18）来。

1950 年 7 月 26 日

竟日在院，晚张茂滢又来。

1950 年 7 月 27 日

上午橡胶会，下午合作会闭幕，散发我的发言。晚琴、延分批率儿来，同之吃冷食。

1950 年 7 月 28 日

下午到欧美同学会开理事会，会所租与全国委员会 10 年。晚钱且华自南京来，同之上市场吃西瓜。

1950 年 7 月 29 日

上午在院，饭后同公培诸人到午门看参加苏联“中国艺术展览会”展出品。安若定要附名我的意见书，不之允。赶回取券，赴民建在北京饭店之招待会——招待港澳观光团，晚琴、珠两家阖第光临，吃西瓜庭中。

1950 年 7 月 30 日

晨起即有客来——光旦介绍 IRC 同事易元涛之亲戚蔡宗献。养元来，即与之到施家胡同七号访港澳观光团之阮如海及郑可，谈工业美术专设学校问题，余时同绍钫在公园。午饭后返府息，傍晚又去北海，绍钫明日将到农业部土地利用局上班，发现他以平教会 scholarship 回国，平教会屡催不返，径就农部事，道义上说不过去，规劝之，这次他太现实了，他不很服气，说一向不负人，这是第一遭。

1950 年 7 月 31 日

竟日在院，卢于道到院，晚上来谈科学社。

1950 年 8 月 1 日

侵晨入东华门参加"庆祝八一，反对美帝"大会，在太和门上。至 12:20 到院饭，饭后工作，晚墨缘来，又谈会事。

1950 年 8 月 2 日

竟日在院，食品部核华东渔业条例，财委未呈院即予批准。原文毛病太多，乃为修正五条，送秘书厅，齐燕铭的案经财委办出，院可不必再办，此息事宁人之道也。同时轻工业部造纸工业管理处组织规程经我手起草修正、办稿，尚留中不发，说尚有问题，此乃慎重将事也。两种作风究以何者为准，使人不能无疑。

1950 年 8 月 3 日

好容易手工生产指委会今天开第一次会了，乃因一般人依然不明章则，仅原则通过，还要开会。下午在民建参加全国委员会学习。昨今两天大雨，庭院多积水，我今天赤足涉水来往，傍晚三弟来。

1950 年 8 月 4 日

竟日在院，大都学习。午三弟约晤辅大神甫 Rigney 及 Hussberg，孙锡三亦在座，为谈辅大事。晚三弟又约吃烧鸭，琴赶来同往。

1950 年 8 月 5 日

午卢作孚请我及郁文，下午周总理做报告，我未去听，晚在民建。

1950 年 8 月 6 日

09:00 赶到北海代漱溟为陈以静证婚，婚礼庸俗，男方主婚者为吴晋航、郭馨甫(现名新生)。约刘易白谈海洋胶及洋菜事。民建莫艺昌、张纲伯诸人在漪澜堂招待，何萼梅、我亦参加。16:00 后回府，见留字，悉全绍文、蒋旨昂多来过。张茂莹来，为之吹笛。

1950 年 8 月 7 日

竟日在院，下午学习会，晚琴、延各携其幼来。

1950 年 8 月 8 日

同焦参事实斋到政法委员会晤董老，接受使命，参加中央灾区慰问团。余时在院甚忙，到院后第一天如此。晚琴来，同墨缘市场购物、吃冰。

1950 年 8 月 9 日

下午到车站送灾区慰问团先行一批，晚在金城晤沈克非、颜福庆、全绍文，谈 IRC。

1950 年 8 月 10 日

竟日在院，晚之英来谈部手工事日趋恶化，王新元且说我犯经验主义。墨缘晨来，晚到菜厂，悉下午已成行赴申。

1950 年 8 月 11 日

午饭后返府，整理行装。下午得鼎信，说娘娘 17—20 间来。计划布置，找到琴。晚墨卿请性尧、荫村，往陪。

1950 年 8 月 12 日

大热，打点行李，准备贞来。抽空访熊荫村，未值。午同琴在市场饭，交代一切。18:00 由救总派车上车站，同团员五人赴开封，一路出汗、被虫咬，同室周君是盐务中人(名一峰)。

1950 年 8 月 13 日

上午过冀南，路基被水，车行每小时六公里，结果误点三小时半。下午阴天，尚不大热。一路无事，中午饭车说卖完了，不卖饭，饿到 17:00。车上对旅客不负责有如此者。到了 22:00 车守忽报告要昨第二夜票，火车误点，客人不说话，尚不足，还要因为误点，我们应买第二夜卧车票，不买应腾出寝车，为着尊重秩序，允之。对床周君借用卧具，今晨来收，周君令其点清。等到我们腾出寝车之后忽说车上点少毯子，要检查我行李，有车上警察 40655 为证，我甚不愉快，与之争论半天，请其打开行李检查后，我说你们两桩事多应当做的，但太生硬了些，所说本位主义，如遇他人，定为他们当众侮辱而引动纠纷。24:00 后始到郑州，一行六人宿车站旁小客栈，我 01:00 始上床，满身大痒，良久始入睡。

1950 年 8 月 14 日

乘 07:10 车到开封，省府派人(行政处王复初秘书)来接住河南大旅馆，洗濯一番。适建厅邀黄家骅、童隽及哈雄文三人来谈都市建设，同府。下午同同人到站接蚌来彭团长等先行人，但未接着。在月台上找他们，忽然有人叫我“ys 哥”，二弟昨日回申赴郑，兄弟在半途巧遇，亦一奇迹。

1950 年 8 月 15 日

午前同全体同人游铁塔及龙亭，步行来回 12 里。下午彭老等先行者到，不急，忙乱一阵。所谓“铁塔”是琉璃的，塔旁尚有大约等身高之铜佛一尊，完整无损。彭莆到开封。

1950 年 8 月 16 日

午前有中南客来，我未参接见，客去，决定分信阳、潢川两组。潢组由我带倪、郑、余，循水路径往，明日决定。余时无事，晚检阅建厅（厅长欧阳景荣）送来资料，主席吴芝圃来，晚饭后以九千元购三十斤大瓜饷同人。

1950 年 8 月 17 日

09:00—12:30，在省厅座谈，听欧阳民厅长、许农厅长报告灾情，午餐散。晚饭后同游相国寺，决定明日出发豫南。

1950 年 8 月 18 日

下午动身，经由郑州，赴信阳，上车秩序甚乱，睡在卫生车上。

1950 年 8 月 19 日

10:00 到信阳，彭莆一行郾城下车，我率倪、余、郑行。15:30—19:00 听专员王更生报告，我当席说明来意，受到热烈欢迎。

1950 年 8 月 20 日

上午继续听报告，后即出发视察东门外省立信阳中学，校址除礼堂外全部被毁，对留守学生七八人及附近建设新村农民讲话慰问，入城看信中新校址（在文庙即专署东邻），向校长王氏致意。特赴搬运工会致意，工人百余人于 8/3 之夜抢救信中师生七百余人及大部财物。同意于淮组长讲话，很有条理，政治觉悟甚高。下午又到巩桥乡致问，向临时集合农民一百卅余人讲话。

1950 年 8 月 21 日

04:00 即起身，05:30 出发，乘公路局代雇商车，一行三十余人，冒大热到潢川东光山县境孙铁铺打尖避日。18:30 到潢川，群众郊外迎接，宿专署，当晚洗尘后即睡。

1950 年 8 月 22 日

上午休息，下午听报告，定明日赴踅子集、乌龙集，午间出门，看潢河桥，桥右有铁牛。

1950 年 8 月 23 日

同倪大夫（继成，宜兴人，卫生部防疫总队大夫）由中南、省、区干部（潘友歌、欧阳景荣、刘名榜)陪同上程,07:00 乘汽车北行 40 里,到花点涉水登舟东行,顺水逆风。09:30 到临河集,换乘淮河船,在淮凤集午饭,19:00 到蓮子集,宿民家,由区干部照料我们。

1950 年 8 月 24 日

07:00—09:00 开干部会,到四十人,11:00—13:50 在福音堂开群众会,到可百人。下午同韩区长访问灾民家庭,有一青年团书记陪伴做向导,病者群集,倪大夫一一给药。到附近村庄看田园,蓮子区农代会正在蓮子开会,机会难得,乃于夜间(20:40—23:00)到会发了言,到会代表百余人。

1950 年 8 月 25 日

05:55 由蓮子乘船东下,15:06 到乌龙集,宿高小。院内驻有军队,灯下与先期应召而来之期思乡代表二人谈灾情。刘专员、中南任参事、欧阳厅长、潘处长、倪大夫,多有病。

1950 年 8 月 26 日

午前在旧湖北会馆开干部会,16:00 开群众会,到场将三千人,为大雨所阻。此地水灾后又患旱,得此大雨,民情大悦。会虽未开成,得此雨足偿损失,我对匆匆走散之群众道了来意。夜间在民众剧场,同看戏的群众讲了话。下午倪大夫同欧阳等过河,在固始县境之申家湾慰问,冒雨归。

1950 年 8 月 27 日

06:23 乘船西返,大顺风逆流行 9 小时(相等于逆风顺流的时间),于 15:23 到蓮子集,仍宿原地,同侯、倪同室。在此倪大夫已为人治过病(8/24),民众听得我们回来,病者来府求医者纷至。Surnames Diarchies 小儿患者甚多,且多死亡。

1950 年 8 月 28 日

04:52 蓮子开船,19:30 到潢川(16:30 在花点渡河,涉水半里许,湿泥及膝,改乘四套马车,40 里行 3 小时),行程水陆 110 里,走了 14 小时,欧阳要我们在潢川停留一天,交换经验,从之。仍宿专署,与倪同室。

1950 年 8 月 29 日

在潢川逗留,上午同欧阳及潘拜访熊司令及中共地委马书记,15:00—17:30 开同行者座谈会,交换视察观感,因王专员误邀他客,未能评谈。18:00—20:00 潢川各界代表二百余人在专署开欢迎会,我讲了话。晚饭后邀中南及省府人谈冬春赈(灾)工作计划。

1950 年 8 月 30 日

06:15—13:15，自潢川到了信阳，乘的是汽车，车到后设法补睡未果，但在四小时内连吃两顿，睡时已 22:00，决定明日赴驻马店。欧阳家在确山，已十余年未归，托潘来说，要我在驻马店逗留一天，未之允。请其回来时再去，晚已上床，得琴 8/12 信，此信 8/14 已到。下午还叫人去问，说无信，不知怎的晚上发现了，才送来。工作无效率如故。中南的任参事昌绩病甚，乃令其同来之吉田护士送返汉口。

1950 年 8 月 31 日

04:24 信阳开车，07:20 到驻马店，出站不见同行者，乃单身到市府，始知我与同行者及接客者走错了路，同行者搜索火车，以为我有不测，将急电开封报告，几乎惹出笑话来，一度紧张非凡。早点后乘四套车到驻马店东北 75 里之黄埠，13:50 经过罗店，15:45 过汝南属之王桥。中南的任参事昌绩病甚，乃令其同来之吉田护士送返汉口。桥被冲断，步行前进。15:00 到黄埠(属上蔡)，县长扶病来迎，民众列队迎我一行十余里，宿完全小学，同行者 30 余人，当夜无话，早早就寝。

1950 年 9 月 1 日

开干部会后早饭，10:30—12:15 群众会，到将两千人。16:30—18:30 到苑坡乡看灾村，黄川无沙，白地一片，同人分两组，分往吴宋及孟窑视灾。

1950 年 9 月 2 日

06:30 黄埠出发，王桥桥已修好，马车过来接。07:27 过王桥，08:15 在陈楼遇雨，12:35 到驻马店，在市府打尖。晚饭后在灯下听昨日两组报告及同一行人等作别、做汇报。京汉路车挤，驻马店不卖客票，乃由市府周旋，购得三等票(“硬席车”)。01:00 登车返北京，立待一时后各得座位，乃和衣坐睡一夜。欧阳同杨专员先四小时赴确山。

1950 年 9 月 3 日

01:00 由潘友歌、王平(省来)送我们上车站，昨夜大家坐而待旦，今日僦居竟日。

1950 年 9 月 4 日

02:00 我得卧席，乃和夜而睡，醒时已 06:00。车误半小时，10:00 到前门，到府始知贞又改期未到。墨缘、明星来。洗濯后同之到市场吃午饭，饭后睡三小时，二弟在京，闻讯即来，琴、全、钫及新自新加坡投向祖国之瞿良全家先后来，叫刘奎为我打扫一番。

1950 年 9 月 5 日

照常上班，中间到政法委员会晤彭泽民(慰问团团长)。晚之英、新生、养元来，墨缘来，被嬲往市场酒饭。

1950 年 9 月 6 日

竟日做报告，下午见到董必武，晚琴、王美瑾等来。

1950 年 9 月 7 日

报告竟二日之力一气呵成。晚同和弟、琴在市场酒饭，张师妹雨中来投宿。

1950 年 9 月 8 日

竟日在院，无所事事。晚早出，到前门看颐弟，汪家留吃夜饭。

1950 年 9 月 9 日

在散值前将报告送出——毛主席、周总理、董、彭二老各处、晚同琴及唐家在市场酒饭。

1950 年 9 月 10 日

晨来人甚多，10:00 同之英到公园，同延、大红一起喝茶，全家亦来。饭后返，理发、午睡，到钫、瑾新居(大淹通胡同)，后到全家晚饭。

1950 年 9 月 11 日

午前在“救总”开寒衣运动会。饭后返府，后到院，无事早退。

1950 年 9 月 12 日

07:50，贞[①]由申来，二弟、三弟、安之自津陪之同来，顿时大热闹。午三弟请吃惠尔康烧鸭。竟日来亲友不计其数。

1950 年 9 月 13 日

午约贞在北海午饭，饭前后在院讨论参事制度，晚凌家吃蟹。

1950 年 9 月 14 日

到院后即到轻(工)部晤任老，为谈手工新组织与周勖成及之英的关系，公培要参加西北考察等事。余时在手工组漫谈，午在门神库外同学会发起留美学生反美宣传，下午在民建赴全委学习会，学辩证法。晚之英来。

1950 年 9 月 15 日

午前复 IRC 信，下午列席政务会议，听了好些报告，合作社法通过，政会在报告中，全场认我为“合作界老前辈”。为瞿良送信给周总理，并为之介绍。会 20:00 散。

---

① 张绍玑。

1950 年 9 月 16 日

午间返家(此前称府)饭,息,周勖成来。

1950 年 9 月 17 日

午前来人,满座,午琴经营,在女青年会大会餐,到可三十人。午饭后同贞到陶、墨家,钫、瑾家,琴家,又到东单市场一看,返府,适通斋率曲素贞来。

1950 年 9 月 18 日

上午研究手工,下午学习,晚永滋来。

1950 年 9 月 19 日

为延吉一带(即前称间岛地区)朝鲜人生活需要照顾案,与同事作研究,此案在"传阅"文件中为我发现。晚同贞在前之真光看《俄罗斯问题》,陶、墨来,惜未及作长谈。

1950 年 9 月 20 日 (缺)

1950 年 9 月 21 日

午前陪陈公培到轻(工)部见任老,为准备西北调查团出发,费了半天工夫,手组同人均列席。饭后听苏联专家尤金讲苏联从资本(主义)到社会(主义)的过程,所获不多。

1950 年 9 月 22 日

午前看书——向左宗纶借的 Dialectical Materialism and Science。下午到轻(工)部为之英谈司长,为明星催发表,看见杨卫玉批华东竹器案,听见北京特联事,为之气涨。同贞约在前门,同往颐弟岳家,未值。后吾二人在粮食店吃面、吃蟹。今天阴历八月廿一(注:应为十一),我第五十九个生日。

1950 年 9 月 23 日

竟日在院看书,晚饭同贞到于家。

1950 年 9 月 24 日

午饭后同贞到公园,因欢迎世青联,未能通行,改往北海,在仿膳休闲三小时,同游在改造中之什刹海会贤堂,今是辅仁大学工会,附近正大兴土木,之后到陶兄家,酒饭归。

1950 年 9 月 25 日

上午为民建拟宣教大纲,下午学习,谈统一战线。晚区家一家来。

1950 年 9 月 26 日

政务院共产党党员整风,今晨邀我们去参加"赐教",晚民建常会。今日中秋，早散。

1950 年 9 月 27 日

上午有事做，回家饭，饭后到民建起草宣教大纲，同工者是金长佑，即在沙坪坝要剪我电线之人，见 1941 年 7 月 8 日记。晚和弟请吃羊肉，之后同贞在吉祥看韩世昌、白云生《牡丹亭》。

1950 年 9 月 28 日

午前拟了一个稿子，下午在全委学习，晚邀陈公培来酒饭。三弟来京，当晚返。

1950 年 9 月 29 日

竟日在院，上午尚忙，下午无事。晚之英来谈工作，甚高兴。

1950 年 9 月 30 日

上午在院研究辩证法，回家午饭。下午在音乐堂听周总理作报告——《为巩固与发展人民政协而奋斗》，报告仅一小时，余时在公园同同人饮茶。

1950 年 10 月 1 日

我以民建常委参与国庆庆祝节，09:00 到场，11:00 开始，16:15 终了。晚饭(后)同贞及和弟到天安门看焰火，足一小时，火树银花，气象万千，象征国家前途灿烂，光明制胜黑暗。

1950 年 10 月 2 日

晨人来，午饭后同游公园，因遇到三四次小挫折，兴致便淡。到晚且觉困顿，左足于起立时忽然放不平，好像脱环，二三步后即平复。

1950 年 10 月 3 日

今日补假一天，饭后同贞到王治平家，晚饭(后)看青年宫演出之《钢铁是怎样炼成的》。

1950 年 10 月 4 日

今天上工了，下午同周士观到青年宫看《解放了的中国》，这次是周总理奖给帮我们摄制这片的苏联电影厂——高尔基厂的。晚 Miss Laura Cross 请我们。

1950 年 10 月 5 日

民建新知识座谈会上我报告灾区实况，为发动劝募寒衣。全之爹[①]请我们涮羊肉。

---

① 全炅之父。

1950 年 10 月 6 日

为副秘书长乱改参事签注而闹情绪，散值回家尚烦恼得很。

1950 年 10 月 7 日

午回家饭，在新华银行立户，晚同贞在市场吃俄餐饯行。

1950 年 10 月 8 日

贞乘 16:20 车返申，送车后得鼎信，说将十七日来京，琴一家在我处吃晚饭后走。

1950 年 10 月 9 日

上午办了两件事。下午学习，廖鲁言说他不够条件领导参事室，亦不谙礼貌，时间又少。我说他的第三点可以成立，余则太客气了，说他能掌握马列主义，他力辩不能。

1950 年 10 月 10 日

上午组会谈交通部公路局与市政府间的纠纷，下午无事，晚在民建开会。罗叔章同萧心之、杨美真同钟复光、章乃器同施复亮等矛盾一概暴露，气得南汉宸大怒，大力镇压，始告平静。

1950 年 10 月 11 日

上午在院开小会，下午天冷，坐不定，早返，晚周勖成来。

1950 年 10 月 12 日

午前为参事意见——尤其关于政策的——上级不予研究，即予批定（如京市的公路总局监理所），与郁文、宗纶诸人辩论久之。下午学习辩证法，晚王彦强来。

1950 年 10 月 13 日

院中事略多，但亦不过打打电话而已。午后由琴处悉俞堦青谱叔昨日无疾而终，享年八十三，下午往吊，已入殓矣。晚到音乐堂看少数民族歌舞。

1950 年 10 月 14 日

饭后返府，欲补睡，未果。以“追思春在承扶掖，怎料新都判人天”吊俞伯伯。今日接三去送庠，赴职教社新居（小六胡同）晚会。

1950 年 10 月 15 日

晨保来，11:00 到首都影院，看《中国人民的胜利》。到中山公园午饭，13:30 约之英等在园茶谈，我酒后对李在耘发作六个月来的闷气，亦许过火些。同座有永滋、赵叔异。周明星事乃是触动我对在耘的口舌，明星将就合管局事——眼看手工将不能得到助手，我由此不满。在耘并怨永滋不放明星。晚到市场购地图归。

1950年10月16日

为图形设计所找人，杨扶青介绍张末元，下午往晤，确甚近情。

1950年10月17日

08:00鼎自上海来，到站接之返府。到院即到首都剧场听李维汉报告民族问题。返府午饭，饭后又去院。晚鼎、琴、延、绍钫、阿全在府吃蟹。

1950年10月18日

上午手工生产指导委员会，今开第二次会，搞了一上午，并未解决什么问题。下午在院，吃饭后同鼎逛市场。

1950年10月19日

士观、若定发起登高，乃在双虹榭酒饭归。

1950年10月20日

下午政务会议谈制药，我列席，不及散会即退。

1950年10月21日

午在民建开会，讨论我执笔之宣传大纲，下午到三大殿看劳模成绩及少数民族文物。晚邀李雪亭、安若定、周明星来吃蟹。

1950年10月22日

在府午饭，饭后同琴一家到公园，遇汪三奶奶。鼎到先农坛看文工团，来公园会合后，同之到北海延、珠二家，归。

1950年10月23日

今天八时上班了，五时下班。下午学习时间讨论参事室改制办法。

1950年10月24日

一切正常。

1950年10月25日

下午学习加课，讨论支援朝鲜问题。全国委员会欢送少数民族代表，在北京饭店设宴，并在怀仁堂晚会。我座后即毛主席。

1950年10月26日

下午学习，尤金博士讲的内容不充实，翻译不好，几乎一无所得。晚之英、勖成来。

1950年10月27日

正常生活，琴晚来。

1950 年 10 月 28 日

同瞿良一起到政务院，他去人事局（由我为之联络的）。到院即同同人到文化宫参加任弼时丧仪。参事自联合办公以来，不时代办秘书事，我不甚惯。今为一纺织部人事表案，我不乐久之。晚鼎亲戚董兆凤请羊肉，我亦前往。董之夫人是申增表妹，遇见董之兄及其同学田姓。

1950 年 10 月 29 日

午前鼎、保俱在，我乃掀起窗纱，由日光进入屋内，我父子三人围聚半天。午饭后同二儿出门逛东单市场，保回校，我同鼎去看颐弟。得见父亲 69 岁祝姑母 60 寿信，内有勖勉颐弟语，要他学好，说今日一班人皆系匪类，将来总有一日规矩人占便宜云云。同鼎游天坛，同之到陶家酒饭。

1950 年 10 月 30 日

竟日闹情绪，到院得民建电话，叫我同王艮仲去送任弼时丧。到后不得要领，即退，散后到民建开会员代表大会筹备会之筹备小组（会）。

1950 年 10 月 31 日

回家午饭，鼎今晨到车站买票。饭后同之谈家常。15:00 动身返申。晚在民建谈朝鲜事。

1950 年 11 月 1 日

参事室又独立办公，今日停止分文，无事可办。下午廖鲁言宣布分财经及其他两组，财经以周士观、卢郁文为组长。下午返家，电铃不响，叫不开，找周明星略谈。晚琴来，周勖成、宋之英来，孙季实来。

1950 年 11 月 2 日

今日参事室“复位”，搬动房屋，未办事。上午在怀仁堂听梁华整党报告及齐燕铭讲时事。三弟同安之弟妹来宿。

1950 年 11 月 3 日

参事室复制后，今日为第一天参加审查税务案若干件。三弟夫妇返津，研究二弟为燕京存书及分配父亲遗物、三箱信。

1950 年 11 月 4 日

上午潘怀素发起谈参事室工作办法，我提出我们的任务、问题。参事的任务既为研究政策，那么研究的结果应受重视而得到适当的处理，第二阶段的一个副秘书长级的参事将意见一笔抹杀，我们认为不适当。下午在民建开筹备小组会。

1950 年 11 月 5 日

侵晨出门理发回来，保来，三弟又来。午前同三弟到俞家吊孝，我在全家午饭。饭后同游公园，晚郭沛元、王彦强来。

1950 年 11 月 6 日

上午轻工业部召开座谈会，谈京市手艺工业，未得结论，还要再开。下午廖鲁言在参事室，学习时事。

1950 年 11 月 7 日

上午为答复全委学习会，例验写了千余字，主要是答唯物辩证法对我的帮助一题，写好后请同人批评。下午开组会，晚饭后赴青年宫庆祝十月革命三十三周年会，晤永滋、复亮。

1950 年 11 月 8 日

08:00 赶到俞家送殡，大门尚未开，09:20 始出堂，葬西郊公墓。余时在院谈谈而已。

1950 年 11 月 9 日

参事室汇报，略有组织，下午学习。在民革谈援朝，晚胡梦华来饭，说已得许可入革大。

1950 年 11 月 10 日

午前室会讨论程序，甚热烈。到杨卫玉家午饭，饭后为手工草拟文稿一件。

1950 年 11 月 11 日

黄绍竑请第三组在惠尔康吃了 50 万。欧美同学会租给全国委员会十年，经他们花了将近十亿元，油漆一新，今夕开幕，晤其事务长史公载。

1950 年 11 月 12 日

上午人来，延带大红来，嬲了半天。韩妈回家，在唐家吃饭。午后同大红到公园看鹿，遇艾志诚。回府吃饭，孙季实来。

1950 年 11 月 13 日

大风寒，上午学习不甚痛快，下午天冷，未能坐定。返府，琴令韩妈生上火，顿觉舒服。王美瑾来取二万，还内政部豫行旅费。延得贞信，说十六来京。

1950 年 11 月 14 日

民建晚上开会。

1950 年 11 月 15 日

上午学习，第三次与中共整党接触，我以友直友谅为主说了几句，中心在中共党员不与我们接触为缺憾，左宗纶以我党人士自感孤独，李云亭以不能掌握政策自卑，都受到批评。下午安若定与廖鲁言争论，廖竟声色俱厉，把安吓退。我见之大为不快，解放后第一次看见共党同志对党外人士如此不客气。晚郭新生(馨甫)来，他明日将赴东北做后勤工作。

1950 年 11 月 16 日

到菜厂打电话，叫刘奎 18 日晨来。乘市车到燕大，晤陆志韦校长，陈鸿舜图书馆主任，说父书事，校方以二弟提出意见，非常恐慌，怕责任，我以不提非分要求，希望学校尽实心管理，看到书库情形，大概同上年九月十八。在西四午饭后到院，向燕大要了一部四当斋图及苏摄纪念室照一张。

1950 年 11 月 17 日

上午为昨日访遗书事写报告，以示邵力子，说文义俱佳。下午出席政会，晚饭后乘乃器车返。

1950 年 11 月 18 日

06:30 起身，赶赴车站接贞，贞为讲姑母老来苦境，难过一天，晚上且睡不着。10:00—13:00 在民建，下午在家，琴、珠俱来。

1950 年 11 月 19 日

竟日未出门(傍晚同贞到市场一走外)，来了好些人，遍室阳光，谈笑一天。

1950 年 11 月 20 日

到灯市口出席棉纺织会议，临时改期，到院参加学习，16:00 返家。晚在民建筹备全代大会。

1950 年 11 月 21 日

竟日在民建，帮同他们筹备“总会扩大会议”，23:00 始归。

1950 年 11 月 22 日

为院出席全国棉纺织会议，胥文德来午饭，饭后到民建。晚文德拉我们去涮羊肉。上午到灯市口出席棉纺织会议，下午士观来替我到民建。

1950 年 11 月 23 日

上午出席轻工业部第二届纸业会议。下午民建。

1950 年 11 月 24 日

同昨日。

1950 年 11 月 25 日

上午在轻(工)部听王新元报告，很好。下午到民建。16:00 中共中央请客在北京饭店，周总理报告了四小时，吃饭，饭后到怀仁堂看戏，有程砚秋的《汾河湾》，梅兰芳的《奇双会》。03:10 始返家。

1950 年 11 月 26 日

上午到轻(工)部开手工纸组会。11:00 赶回晤廉泉及菊农，托勖成接之来共午饭，之英亦来。谈川东手工纸及手织布。顾传泗来，下午及晚上均在民建筹备 29 之会。

1950 年 11 月 27 日

到民建，即以代表出席于民革二中全会闭幕礼。返民建，听许涤新午餐后到轻(工)部开小组会。晚张奚若夫人来。

1950 年 11 月 28 日

上午在民建，下午到轻(工)部开小组，晚又在民建。

1950 年 11 月 29 日

民建召开“总会扩大会议”，讨论抗美援朝及会务者竟日开会，晚在文化俱乐部(即前 WRSC)宴会。

1950 年 11 月 30 日

竟日在民建开会，下午听彭真报告土改。

1950 年 12 月 1 日

竟日在民建，下午为杭州说总会不复信，我立而引起吴羹梅牢骚，晚上未去。

1950 年 12 月 2 日

竟日在民建，下午在北京饭店听李维汉讲统战工作。晤周勖成，悉北京特联已筹备改组。我以 11/10 所做工作又为王新元辈所误，大怒，当众批评王新元，说他阴险仇视手工，对宋之英存成见，不惜误公事。

1950 年 12 月 3 日

竟日在家，来了好些人。延昨夕未归，下午始去。接申会信，说 IRC 常委议决结束。

1950 年 12 月 4 日

竟日在民建听各分会报告。07:30 出门，23:00 返家。

1950 年 12 月 5 日

下午不开会，在家写文《整理手工业是一项政治任务》。

1950 年 12 月 6 日

救总邀谈美帝以救济为侵略武器问题，下午、晚上均在民建。

1950 年 12 月 7 日

竟日在民建，下午同会中一起到北京饭店听艾思奇讲社会发展史。

1950 年 12 月 8 日

上下午在民建，午周士观为我取薪来，立即存新华，回家午饭。

1950 年 12 月 9 日

上午外来人见李维汉去了，我在家修改我的文章。下午李立三在民建讲劳资，晚陈云见民建人，我未去。

1950 年 12 月 10 日

上午民建开综合小组(会)，午饭归，归途遇见邵力子太太，请其来家饭。贞约熊家大哥之大女、四女，大女婿宋姓。赵为钊、汪国瑜、延、至培、大红来家饭。下午在家，晚又在民建开大会。我以新成之《整理手工业是一项政治任务》面交任老，经其阅过交卫老。

1950 年 12 月 11 日

民建今午闭幕，南汉宸的闭幕词确实好。下午到政院参加审查税则，薄一波主持。临睡把 Omega 开坏。

1950 年 12 月 12 日

今起恢复正常到院办事。

1950 年 12 月 13 日

竟日在院，下午到文化俱乐部(即 WRSC)洗澡，甚舒服。

1950 年 12 月 14 日

竟日在院，晚饭同贞到中椅子胡同六号访公庶、曼雍。

1950 年 12 月 15 日

到院如常，下午到救总晤伍云甫，谈 IRC 结束手续。

1950 年 12 月 16 日

去轻工业部听制革会议总结，结果临时改在下午举行。同任老谈手工，回院适孙菽荃请人吃酒。下午同艮仲到全国委员会参加审查合作社法，未及去轻(工)部，晚在民建新知识座谈会第一次纪念会，亦未得去。贞约瞿良一家来饭，保归。得三弟信，悉二弟家三侄均有脱离家庭迹象，大为恐慌情形。

1950 年 12 月 17 日

上午在家，墨林来饭，后同贞访朱行中、陈警庸(未值)。晚饭后到孙越崎、方石珊家一坐。

1950 年 12 月 18 日

如常。晚之英同造纸家朱亚强君来。

1950 年 12 月 19 日

如常。晚民建常会。

1950 年 12 月 20 日

今日在财委审查《私营企业登记办法》,午间曾到院一视。

1950 年 12 月 21 日

上午在财委继续审查,下午在民建学习。晚张家五叔冬至祭祖,接姑奶奶、姑爷去吃冬至饭。

1950 年 12 月 22 日

竟日在财委审查,下午完成。

1950 年 12 月 23 日

到院借薪未果,即应约为轻工业部审查对德波捷展览会“出品”到华珍贸易行“特联”及“特艺公司”,贞同去。午饭由部招待,在玉华台,15:30 毕事回家。傍晚同贞到文化俱乐部洗澡。

1950 年 12 月 24 日

晨起即访菊农、廉泉,为谈平教会及善后事,午后在 WRSC 欢迎新同学。

1950 年 12 月 25 日

在院忙了一天,这是难得的事,办出纺织纤维检验所组织规程二件。

1950 年 12 月 26 日

上午在院,事少,到民建午饭,欢迎盛丕华自华沙和大阪来。饭后听其报告,余时在家,晚顾传泗来。

1950 年 12 月 27 日

在院帮编《法令汇编》,晚在“科联”赴中国科学社在京理事座谈会,讨论“科学”交科联接办事,为改名陷于僵局。到十余人,我充临时记录,我是科学创办人之一,今为之结束,亦有我参加,可说善始善终矣。

1950 年 12 月 28 日

上午在红十字会赴京分会成立会,当选为理事,摄影后返。下午到轻工业部看手工品预展,部延德使馆来员,表示意见,为充译员。今日乃第十个“一二二八”,墨卿邀往其嘎嘎胡同二号新府纪念。王志莘夫妇自重庆返申不得,乘机来京,墨卿乃邀谈同坐。

1950年12月29日

02:30起贞腹泻，一夜四次。我在院为秉农山、任叔承、周子竞、杨允中为“科学”易人及科学社本身前途写一长达千余言的信。提早返家视贞疾，为水箱换皮钱临时找铁匠，又为后院赵家送水去，尽我睦邻处群之道。晚读毛主席的《实践论》。

1950年12月30日

下午在民建会，谈宣教。

1950年12月31日

日间未出门，来者有墨缘父子、养元父子，珠一家三口来午饭。傍晚（朱）行中夫妇携其子北华来邀饭。我为东来顺不加思索疑我说谎，大怒——适无电灯，我们先到，他以房间给后到他客。我与之理论，他说“不见到”，继说“没瞧见”，因之大闹一场，此我一年多来，可说解放后第一遭。

1951年

1951年1月1日

上午未出门，永滋、乃明诸人来，饭后应约赴后门外潘怀素家曲会局，乃正在胡同口遇见楚溪春，说不在家，丧然返，去楚公家一坐，屈凌汉来，晚奚若夫妇冒雪来。

1951年1月2日

今日开工。

1951年1月3日

在院编《法令汇编》，晚邀士观、公培来吃锅子。

1951年1月4日

回家饭，饭后到文化俱乐部学习。晚屈武请参事室同人听唱昆曲。03:00，延在助产学校产子，名大年。我孙辈中第七男，居五位。

1951年1月5日

做了一天编辑工作，得鼎元旦信，说为住房问题伤脑筋，我亦为之发愁，昨今大雪。

1951年1月6日

下午回家早。

1951 年 1 月 7 日

竟日未出门，夏陆利来说京华艺院要办函授。养元来谈之英家贫病交加。之英来。熊侄来，下午学吹笛二小时。

1951 年 1 月 8 日

今天仍搞《汇编》，晚三弟自津来。

1951 年 1 月 9 日

上午在院，全绍文、戴岳衔会命来京。午邀之来饭，会中不等我信就派人来，显然对我不满。全四初说此来“主要为会”，又说专来为我谈 IFRC 事，并拒绝同往“救总”。我乃大发牢骚，据油印记录，要全四主持，将 IRC 交给“救总”。适方石珊挈其媳及女方庄来，我终允与全、戴共同工作。下午到“救总”欢迎李德全。晚在民建，我以夏陆利说京华美院与职教社合办函授事，宋之英改供绘制事，及请其到苏州时到 HO 看一看事，商之任老。

1951 年 1 月 10 日

仍编《汇编》，16:30 依约陪全、戴到救总晤伍云甫、熊瑾玎，洽谈甚欢，决定接受，上海申熊老去。小戴留我家晚饭，阿全自申来，说误点七小时，晚饭后去。

1951 年 1 月 11 日

仍在编目阶段。晚民建小组在本巷 13 号。

1951 年 1 月 12 日

为编《汇编》，刘岱说“章参事真能突击”，卢郁文、周士观说“辛苦了”，谭惕吾说“元老工作态度好极了”，20:00 到菜厂晤玉山、同之及墨缘，21:00 到金城访全四，22:30 始散。

1951 年 1 月 13 日

午前编《汇编》，下午在刘孟纯家学习“阶级”，晚楚溪春来学曲。

1951 年 1 月 14 日

竟日未出门，来了好些人。

1951 年 1 月 15 日

午前编书，下午到怀仁堂听报告，临时改期。全、戴下午到救总，我未及陪去，归途访全四家未值。

1951 年 1 月 16 日

全、戴今日返申。晨戴来，同之到金城晤全，未值。下午周总理报告 1951 年财政收支概算达三小时。晚民建有工作会议未及去。02:46 全委送资料来。

1951 年 1 月 17 日

上午审查《私营企业条例施行细则》,下午提前在王艮仲女李家学习。当夕艮仲请吃庆林春。晚政务院召开座谈会,研究陈公培等三人陕甘报告,会谈四小时半,全讲手工生产。我素所好谈之,已有人在讲,我一言未发。

1951 年 1 月 18 日

上午写审查意见,下午全委学习。晚饭后同贞往访周先生于外交部街。

1951 年 1 月 19 日

竟日在院,列席 66 次政务会议,22:00 回家。

1951 年 1 月 20 日

饭后同同人到午前东庑看原始社会展览后回家。

1951 年 1 月 21 日

上午在民建开组织会,养元来,说将南归,饭后去。下午同步到太庙看参加法波捷博览会预展,步行而返。

1951 年 1 月 22 日

竟日在院,有工作。晚同贞到文化俱乐部浴,地方欠洁净,浴客不好,水不热。

1951 年 1 月 23 日

今日处理积事,下午早归,晚在民建。傍晚救总来人,郭廷栋要先收美厂房,为之与墨缘联系。CIFRC—IRC 交给救总,在北京,手续自身始。

1951 年 1 月 24 日

竟日在院,借薪至二月底。晚墨缘来饭,谈结束 CIFRC—IRC 事。

1951 年 1 月 25 日

在院事少,早归,保为赔人唱片,来家拿钱。晚民建小组(会)。

1951 年 1 月 26 日

下午同闻天到私企局审查法案,晨到救总晤伍云甫,约好 2 月 10 日交菜厂房子,一面造册,随时点交。

1951 年 1 月 27 日

今日发二月薪,连借已支至四月十日矣。午民建谈宣教,下午去周士观家学习小组,晚饭后归。

1951 年 1 月 28 日

竟日无人来,早吃午饭后同贞到北海游春(指天气言之,尚未立春而有春色)。晚北京手艺界请其港客,邀我作陪于萃华楼。

1951 年 1 月 29 日

上午汇报，下午无事，晚原要到民建开组织会，因周先生来饭，未去。

1951 年 1 月 30 日

竟日在院，晚在民建。今日阴历十二月二十三日，是母亲五十忌辰，奉母遗容，供在书架上纪念之。

1951 年 1 月 31 日

上午办渔业案，下午学习、开会。

1951 年 2 月 1 日

上午开院合作社监事会，下午在文化俱乐部学习。

1951 年 2 月 2 日

竟日在院。

1951 年 2 月 3 日

下午学习小组轮我做东，在民建招待之。

1951 年 2 月 4 日

今日立春，上午夏陆利来，饭后同贞到周寄梅家，竟日满身不得劲，意兴索然。临睡颐弟一家四口来了，颐弟来京养病，见效，是为喜事。

1951 年 2 月 5 日

今天是除夕，上午听吴家象报告平原开人代会，李俊龙湖南土改，下午早回家。同贞到文化俱乐部洗浴，后就市肆吃年夜饭。

1951 年 2 月 6 日

辛卯年元旦，来了好些人。午饭有瞿良一家及小娘舅。怀仁堂晚会是舞蹈表演。

1951 年 2 月 7 日

自吃早点时起即生气，午前同贞到平之五叔家贺年，到周先生家后，到东郊琴家午饭。晚饭后同贞到文化俱乐部看电影——《秘密使命》。

1951 年 2 月 8 日

晨起到赵家送房钱，同贞出门，先到大姨家，何四姑家。到珠家吃饭，饭后到延家、郭养元家。乘电车到王府井，返家，我到墨缘家后，到欧美同学会开理事会。发鼎信。

1951 年 2 月 9 日

三天春假，今日开市。

1951 年 2 月 10 日

今天学习《实践论》，上午做笔记，下午小组会我做报告。陈公培做东，但大家没吃饭即散，永滋晚上来。

1951 年 2 月 11 日

养元来，午以熊从三弟处带来的鸭子请五叔叔、王婶妈全家、老太太吃年酒。我略醉，墨卿来，到女青年会看贞导演之《传家宝》。到永滋朗家大院家，到陶兄处遇见陈叔通。晚饭后归，同圣陶研究实践论文法。

1951 年 2 月 12 日

下午同士观到财委出席"工业会议"，一小时开幕后即赶回政务院听李俊德报告土改，甚为精彩。晚饭后同贞到瞿家。

1951 年 2 月 13 日

今日在家，尽一日之力将昨日工业会议所发之控制数字材料摘抄了一天。与伍云甫、凌其峻约好十五移交 IRC。晚民建欢迎黄任老回京。

1951 年 2 月 14 日

工业会今天未开，照常到院。

1951 年 2 月 15 日

下午全委学习，艾思奇在北京饭店报告"实践论"。今晨左眼忽痛，入晚加剧，晚民建小组(会)。09:00 约其峻、墨缘去菜厂，将 IRC 房屋(CIFRC 移赠的)及 IRC 资产交给人民救济总会秘书长伍云甫。

1951 年 2 月 16 日

工业会议又延期，乃到毕华德处看眼，经其取出沙子粒，立刻就好。毕满腹牢骚。到院看文件，三弟来，晚饭去津。IRC 移交册，救总盖章送回，此事完全结束。CIFRC 及 IRC 至此结局。

1951 年 2 月 17 日

工业会议一天，午回家饭，颐弟说将返申。16:00 后在民建听陈翰笙报告美国经济政治近况。

1951 年 2 月 18 日

公培、之英来谈，午饭后去。来客中有马叔平之侄媳，德国人，是纺织图案专家。下午同贞访周枚荪。

1951 年 2 月 19 日

今日工业会议公培去，上午院室开会，到院前赶到许大姨家拜寿。今年她老人家八十大庆，午间得怀仁堂晚会（票）二张，乃提前。又到许家接贞回家，同之看《龙须沟》。

1951 年 2 月 20 日

工业会议今日我出席，听了一天技术性报告。上午东北，下午抚顺，为文件遗失，午饭后赶回院中与公培寻找，结果在抽屉肚内查出，一场虚惊，殊为无料。

1951 年 2 月 21 日

工业会议，公培出席。在院办了些事，下午参加文教组，学习斯大林最近谈话。晚饭（后），同贞再看《龙须沟》，事前已买票，故看第二次。

1951 年 2 月 22 日

今日到工业会议，听李立三《讲管理民主化及生产竞赛》4.5 小时。

1951 年 2 月 23 日

上午在院，饭后同楚溪春同访李烛尘，跑两处始知已返津。颐弟今日南返后，我往视，为谈养病及《实践论》，互道珍重而别。和弟要谋事，为之奔走。烛尘、耀华均未找到，返家写信交三弟转送。

1951 年 2 月 24 日

工业会议应我去，车未来接，乃到院谈编《汇编》。下午去刘孟继家学习《实践论》，晚饭后归。

1951 年 2 月 25 日

上午同贞去看周先生及李宗恩，下午看唐悦良、毕华德、华通斋。

1951 年 2 月 26 日

工业会议，下午听杨放之讲经济核算制，颇得要领。

1951 年 2 月 27 日

午前工业会议，回院午饭，饭后搞《汇编》。得鼎信，为 48 号房子大伤脑筋。二弟要找事，三顺弟媳来谈其苦，家常及何四妹苦况、蛮况，所闻所见俱是苦事。

1951 年 2 月 28 日

出席工业会议，午前到毕华德处看眼，说是“急性传染病”。傍晚晤伍云甫，说明不能立即腾 48 号房的歉意，得其谅解，说可住下去矣，即函鼎。

1951 年 3 月 1 日

上午工业会议，饭后归，上眼药。下午全委学习，学习《实践论》。晚民建小组在文化俱乐部聚餐。

1951 年 3 月 2 日

工业会议停开大会，在院搞汇编，午后到中南诊疗所看眼。

1951 年 3 月 3 日

下午在怀仁堂听周总理报告抗美援朝及《三年准备十年建设》。

1951 年 3 月 4 日

上午民建组合会，午到 WRSC 开年会。下午范洗人追悼会在青年会。同墨林去家，晚饭后去。

1951 年 3 月 5 日

午前业务汇报，下午研究机关工作。得戴岳信，说移交还未办妥，48 号房子尚有余波。

1951 年 3 月 6 日

下午工业会议总结报告，4.5 小时，晚民建常委推我参加治淮工程视察团。

1951 年 3 月 7 日

上午整理工业会议总结，向第一组同人传达了一小时。下午在政务会议室研究改进机关工作方案。

1951 年 3 月 8 日

昨日之传达会午补完。竟一日之力将总结写出。下午双周座谈会及晚轻工业部座谈西北均未去，同贞到市场吃夜晚。今日三八，韩妈去看电影了。

1951 年 3 月 9 日

今天写了一天工业会议报告，晚之英陪李士豪来。

1951 年 3 月 10 日

争取将工业会议报告于今日上午交出，回家吃午饭。饭后到民建开宣教委会。后到艮仲家学习小组，谈改进机关工作，我得评语，说有小辫。

1951 年 3 月 11 日

晨唁楚溪春母丧，饭后同贞到杨公兆家。出来转访寿墨卿，到[时]正要出门为其夫人寻医生。同之找方石珊，未值，又访李宗恩，未值。终在周华康家候得李宗恩，由其介绍医生给墨卿。

1951 年 3 月 12 日

在室会上讨论参事室组织，我说了一段傻话，颇得同侪同情，然廖屈解释成我们争权争地位。编制加强，并不削弱职责，有点骗孩子的味儿，我别扭了好些时光。晚同人欢迎郁文、闻天，在森隆大吃一顿。

1951 年 3 月 13 日

工业会议报告发出，并分送第一组同人，下午有秘书厅会议，谈资料室。贞早起头晕作呕，15:30 赶回视之。到民建欢迎赴朝慰问代表后，赴陶孟和萃华楼约，请周寄老，座皆熟人，有十五年前景象。

1951 年 3 月 14 日

一上午为合作社理监会所耗去，下午亦未办何事，未读何书。晚在民建。

1951 年 3 月 15 日

下午全委学习《实践论》(第二次)，晚民建小组，杨美真来。

1951 年 3 月 16 日

得民建电话，说欢送赴朝慰问团，下午一时开会。赶回家，打算同贞同去，到家贞又头晕作呕，未果。下午来了三个女友，我到俱乐部，归，早早吃夜饭，睡觉。一天就此浪费过去。

1951 年 3 月 17 日

"救总"特邀我参加中央处理接受美国津贴救济机关委员会，今晨开会。我为唯一非机关代表，我与美帝鬼混二十年，今日被邀，颇以为慰。饭后到院，一无所事。

1951 年 3 月 18 日

同贞逛公园，遇见韩昌学，午饭后又到北海。得鼎、斐 3/14、3/15 信，悉申增流产，铮铮生病，颇念之。晚之英来饭，为谈轻部近况，校《实践论》。

1951 年 3 月 19 日

室会讨论室组织甚剧，未得结论。下午为视察治淮同邵力子会谈出发问题，民建宣教会后返。

1951 年 3 月 20 日

午前研究机关工作及公文处理，预备提交四月间开的秘书长会议。饭后合作社监事会又听张云川报告苏南土改，晚在民建。回家有之英、朱亚强、黄澄在候。我略谈，时晚即去。

1951 年 3 月 21 日

午前研究政府机构及公文，处理文件。下午秘书长会议准备会，李维汉态度傲慢，立索证据，说"我们不要礼貌"。文稿任何人多得改，有取舍，有立判者在，等等。终究还是接受批评(李仲公提出，被其驳去，我心不平，不惜力争，乃以此结果)。在院晚饭，饭后参室漫谈。余遂辛语无伦次，潘怀素痛快超脱，刘孟纯所谈不是肺心之言，即是小资产阶级的圣人（大意说我有苦闷，原因是自感不足）。周士观老实技巧，形形色色，蔚为大观。11 时始散，今日计在院 15 小时。

1951 年 3 月 22 日

今天起我同公培出席全国国营纺织工厂行政会议，会场在灯市口工程学会。九时开幕，一点半小时即散。散后到院，下午到全委会听费孝通等报告西南少数民族情况，晚民建小组（会）。

1951 年 3 月 23 日

竟日在院研究《实践论》。

1951 年 3 月 24 日

上午刘孟纯约西北组人谈看报告方法，我由潘怀素、陈公培二人的说话对星（期）三的不愉快被之钩起，大发牢骚。下午早归，同贞走街，晚延同大红来，至培亦来。

1951 年 3 月 25 日

今日天气清和，同贞到清华，遇陈通夫，承其指导道路，到张奚若家饭。饭后游校园，访思成、徽音，六时返城。晚饭后到周先生处一座。

1951 年 3 月 26 日

晨会知昨日中山公园应去听彭真报告，届提出研究问题。饭后晤邵力子，谈治淮。余时在民建听乃器讲武汉，谈宣教。

1951 年 3 月 27 日

在院写学习《实践论》随记，为三千字，晚又统计《实践论》字数为 6 429 字——又标点符号占 10%+（一般印刷物适用）。

1951 年 3 月 28 日

失记。

1951 年 3 月 29 日

回家午饭。饭后文化俱乐部学习《实践论》。我交了一篇《学习实践论随记》，3 000 字。晚民建小组。

1951 年 3 月 30 日

竟日在院，但无所事。晚民盟为张澜八十寿举行庆祝会。

1951 年 3 月 31 日

饭后集体到音乐堂听罗瑞卿公安部部长报告镇压反革命，并不精彩，休息时先退。晚约周寄老夫妇来饭，周先生自带酒来。之英、亚强来，高显（文潜朋友）来。

1951年4月1日

午前同贞访全绍青(希伯),下午同游市场,吃五芳斋。晚琴一家五口来饭,瞿良来。希伯为谈 Masonic Temple,养元忽来,说要我向南行长进言,请其视察各地行务,却之。

1951年4月2日

汇报听郁文报告中南情形,甚好。席间发现李仲公遗失笔记,不知寻找,反称有人陷害,看为改变邮章,秘厅通报及私营企业条例,公营企业亦要照着登记两事,发现其不合理现象,大放厥词。16:00后在民建,将办《市民报》,由田钟灵筹备。

1951年4月3日

楚溪春以祈某代录书稿托我代递卫生部,潘怀素说对此有兴趣。中间截去,我以他对递书者为娱时,对学问又无贡献,说他自私,他不服。午饭后同李雪亭在漪澜堂休息,下午合作社会,晚去民建。

1951年4月4日

午前研究劳保条例,下午学习小组应张砺生邀在其府右街14府集会。后至者告我贞来电话,未说事由,我心绪为之打乱,匆匆饭后即返。得悉为保春假返城,要找楚溪春介绍钟医祈侄(早康)。

1951年4月5日

午前参与研究公文处理,下午去全国委员会双周座谈,听张云川讲苏南土改,及章乃器中南工商。

1951年4月6日

午前室会谈镇压反革命,下午注射防疫针,参与政务会议,午夜返家。

1951年4月7日

上午无特事,下午之英来院诉苦,准备明日郊游。

1951年4月8日

参室同人分乘二车作郊游,西北旺以西路面甚不好,不免减少兴趣,之外历游黑龙潭、大觉寺、温泉诸胜。玉兰、杏盛开。08:00自院门出发,18:00到家。干粮每人出资五千元,仅免饥渴而已。

1951年4月9日

上午室会,听郁文武汉报告,下午四点后在民建。

1951年4月10日

春风作恶,下午早归,晚在民建听资耀华报告。返,颐弟妹率顺宝小妹已在。

说昨得颐电话，母病危，速返，明日南下，顿闻此讯，为之愕然。

1951 年 4 月 11 日

午前参室会谈镇压反革命，潘怀素讲了两小时半，士观说“言者痛快，听者痛苦”。下午学习小组，我提检讨财经工作纲要，被认为可再研究几次。

1951 年 4 月 12 日

院内纷纷讨论麦克阿瑟被解职可能发生的影响。下午全委学习小组总结一年学习，晚民建小组。

1951 年 4 月 13 日

今日平静无事。

1951 年 4 月 14 日

秘书长会议已开幕，我建议：档以案为单位；少令首长亲自动手；分工是对内关系；设专员检查公文运转；上级尊重下级。交屈武，晚同贞听罗青讲学习社会发展史的目的及方法。

1951 年 4 月 15 日

上午民建京分会开抗美大会，午约之英、艺昌来，将 4/7 写给黄扬的秘信对之公开（因黄等已未保密）。下午同贞到公园。

1951 年 4 月 16 日

16:00 后在民建，阿秀[①]来京游览，晚来饭。

1951 年 4 月 17 日

18:00 后在民建座谈，麦克阿瑟去职后可能发生的形势。

1951 年 4 月 18 日

下午同人来东城看画展。

1951 年 4 月 19 日

午前谈《东北惩治破坏建设条例》，下午办出移二组。归途又遇傅学文，邀之来饭，张惠文来。延晚来，说阿斐发起六兄妹为我补牙，庆我花甲，却之。我上口还有七牙，下口十二牙。得申信，悉姑母病忽好忽坏，看去是拖时间而已，命苦如此，说之何哉。

1951 年 4 月 20 日

大风竟日，下午因衣着太薄，早回家。

---

① 章秀，章元群长女。

1951 年 4 月 21 日

上午处理接收美国津贴救济机关委员会(下称处委),在救总开会。饭后到院看麦克阿瑟 19 日在美两院演辞。

1951 年 4 月 22 日

天仍寒,有风。午前同贞到周寄梅处,下午未出门,墨缘来,宋之英夫妇来。之英奋斗,说近得杨卫玉信,说所上意见将分别允之实行,送他五十万,并允于两月后调整其待遇。其长女亦将予以工作。

1951 年 4 月 23 日

上午参室仍谈镇压反革命,下午看《共产党宣言》。16:00 到民建,晚上同贞总结吾人一生教育,是从孔子、管仲而林肯;Adam Smith 而 Karl Marx and Lumin;是从"五伦"而"三民"而"四友""三敌"。背景如此,无怪意识保守,难得进步了。

1951 年 4 月 24 日

竟日在院,晚饭后中央治淮视察团(下称淮团),集会于会议厅决定一切。

1951 年 4 月 25 日

上午室会,廖鲁言总结镇压反革命,下午"处委"在内务部召开处理会议,被列入主席团,编入第五组。

1951 年 4 月 26 日

"处委"大会,下午全委学习会只得不去。晚民建小组(会)。

1951 年 4 月 27 日

"处委"小组一天,晚饭后同贞走市场。在会场午饭后到院借薪 150 万。

1951 年 4 月 28 日

竟日"处委"开大会,竟日控诉。上午我当执行主席。

1951 年 4 月 29 日

上午"处委"临时改组,小组进行协商处理 AAC、Catholic 等六个团体。上午即处理完竣,下午在家休息,午间到院一视。

1951 年 4 月 30 日

晨到"处委",10:00 照相后,到文化俱乐部赴中央治淮视察团(后称"淮团")汇报,回家午饭,饭后又去"处委",今日闭幕。在闭幕前我"自由发言"说:我任华洋义赈会及国际救济委员会负责人数十年,由于认识不清,尚以防灾建设自豪,并认基督教精神伟大,及美国与我有传统友谊。不知富豪造灾,应从根本根治,宗教被人利用,美帝侵略成性,假仁假义。我虽自问未曾卖国,但不知不觉做了敌人的帮凶，犯过错误，应在人民面前认错云云。如此，继合作会议发言之后，向人民做一交代，大会 17:30 闭幕，余时在民建。

1951 年 5 月 1 日

贞跟女青年会参加民主妇联队伍，参加五一示威游行。我仍在东台观礼队伍，10:00—15:20 经过天安门游行者六十余万人，自东三座门到西三座门，出场行列走七分半钟，照此计算，场内行列中共有 15 200 人，毛主席检阅队伍到最后一人出场始休息。

1951 年 5 月 2 日

今日起至 6 月 21 日，日记见淡红色活页——中央治淮视察团途中日记①。

今日将参加“中央治淮视察团”（后称“淮团”），转以活页写日记。团长原为张治中，午前力子来说张以血压过低，医嘱静养，不能同行，改由力子当团长。午前赶出“处委”报告送院，打点行李。下午到周先生处一谈。20:50 京沪通车南行赴蚌埠，汪世铭、张砺生同行。Henry 的干部朱清和女同志午前来，力促我写 open letter 给美国的捐款人，帮助他人明了中国，勿受其统治者愚弄。开车后深盼三弟来站一晤，假寐等天津三弟，未来。而我睡眠就被牺牲，一夜几未成眠。

1951 年 5 月 3 日

昨夕未睡好，甚不舒服。下午睡了可二小时，20:15 到蚌埠，治淮委员会曾副主任以下率民众队伍到站献花欢迎。投宿其招待所，汪胡桢、胡焕庸多在此工作，亦在欢迎阵列中。

1951 年 5 月 4 日

晨餐后听汪胡桢（淮委工程部长）报告淮河及治淮，甚有条理。昨夕失眠，午后又未能成寐，下午同傅学文、汪世铭行街，走二马路一带，观皖市容。晚饭后在维多利亚剧场行授旗典礼，我亦讲了话。晚会午夜始散。

1951 年 5 月 5 日

11:00 前团视察蚌市附近两个填土工程，切滩、引水工程各一处。午淮委欢宴。14:00 乘车，16:30 到宿松，当夜开会宿松招待所。

1951 年 5 月 6 日

午前听宿松汇报，下午分乘五车东行 110 里到灵璧，又 70 里到泗县。14:00—18:15 宿泗县政府。

---

① 原日记本中记录。

1951 年 5 月 7 日

上午行 25 里到枯河头(“哭后头”)看切宿工程,举行大会。回宿午饭,饭后到北里桥、小许庄,后去陶湾开大会,演电影。晚饭后邻县五河县文工团赶来欢迎我团,演《三上车》五幕。

1951 年 5 月 8 日

早饭前在“四老堂”汇报,12:30 到灵璧小杨家桥看新淮河,已完工,尚未放水。西行过虞姬墓,北行 35 里看河(同上河)。14:30 到灵璧,县长祝明夫(常州人)招待开会欢迎,17:00 继续西行,20:00 到宿县宿。

1951 年 5 月 9 日

06:40—15:45 在宿县开封途中发家信第一封。车站欢迎会后到招待所(即上年八月来住处),晚会看授旗。后看河南坠子三本,到 01:00 始散。

1951 年 5 月 10 日

上午休息,我理发,警卫员揩我油。下午在治淮指挥部听彭晓材报告河南工程。晚公宴,与侯连瀛、靳志同座,饮酒不少,但未醉。晚民建李、冷来。

1951 年 5 月 11 日

晨团汇报后早饭,主席来送。10:00—12:50 在开封郑州途中,在郑州受市府招待,吃饭休息。16:00—18:00 到许昌,专署发动群众列队欢迎,即在车站开会,晚饭后听工程汇报,仍设“四老堂”。

1951 年 5 月 12 日

晨行 180 里,经禹县到白沙看水库,午后休息。16:00 到工地,访登逍遥岭时用力过度,右腿扭筋,回府休息。团中医师崔先生为我诊治,并有医疗队医师来,未赴群众会。

1951 年 5 月 13 日

昨夜雷雨,今日被阻。午前听白沙水库指挥所魏维良主任汇报工程,另有记。魏未学土木,但所报甚有条理,下午又漫谈一次。

1951 年 5 月 14 日

路未干,天已晴,以三小时看溢洪道。饭后休息,同力子绕村一周。晚有河南曲子三班来娱同行者。

1951 年 5 月 15 日

08:00 出发回许昌,希望赶上 18:00 车宿漯河。出发后遇见禹县各村欢送新战士,马上带花,披红者都是壮硕快乐青年,沿途我人拍手送之,高呼“参军光荣”，马上青年呼“光荣参军”以谢。村村挂彩，设茶桌，间有桌上置酒杯三个，清酒一缸的。午间过禹县，路面反坏，80 里走了 8 小时，到许昌已 20:00。洗涤后吃饭，睡觉。计以 12 小时行 150 里，路坏车破，受尽麻烦。

1951 年 5 月 16 日

原定前进漯河，因国际新闻团先我而至，乃前进至西平，看老王坡蓄洪工程及工期。中因 13 日之雨，五万亩受灾情形。午前到西平，饭后出发，赴桂李入口处，计划一水一麦。今年洪河洪水在麦前，故有此厄。自平渡河乘牛车、架子车，十五里而达。17:00 赶回车站乘车，北返漯河，到站大受欢迎。餐宿车站附近店。

1951 年 5 月 17 日

午前一部同人去看老王坡出水道，我未去，写信给士观、郁文。13:00 西行 120 里，18:30 到石漫滩，照例受欢迎，晚饭后灯下汇报。

1951 年 5 月 18 日

早饭后看石漫滩工程，13 日之雨，工上遭到损失。我人以汛前不及完成为虑，工上二万人，穿梭工作，秩序井然，真是伟大场面。11:00 午饭，12:00 东行 120 里，16:00 回到漯河，打尖，晚饭。饭后 18:00 开车南下，22:00 到驻马店，宿市府，在站上团长向群众讲话。

1951 年 5 月 19 日

09:00 出发，行 90 里，11:00 到板桥，饭后听汇报。16:00—18:30 看水岸工程，晚饭后民工二万余人大会。23:00 始散，散后还演电影。

1951 年 5 月 20 日

早饭前听信阳汇报，10:30 东行，12:30 到驻马店，16:00 北行，夜宿车上。板桥人索题字，我写“靠科学，靠领导，靠干部，靠群众，治淮一定成功”应之。

1951 年 5 月 21 日

昨夕在车上睡，晨起到郑州市府招待所洗脸，吃早饭。今日市府奉省主席令，正式送我团出豫境，各界代表都在座。民建负责人吴章庆同志来为谈民建，并导往三多里 22 号会所一坐，半小时开行。转入陇海线，午后转入津浦线，午夜到蚌，仍住天主堂淮委招待所，别已三周，设备及管理上均有进步，到此颇有如归之感。各就原室入寝。我团至此已有组织，所以行动便利些了。

1951 年 5 月 22 日

晨起洗衣、洗浴，休息一天。接鼎 5/5、斐 5/20 信，发申、京家信，下午想睡未果，吃饭后略走街。

1951 年 5 月 23 日

昨夕将行李存出，定 05:00 起身，乃于起身后得报，展至 08:00 始动身，今日乘船循淮河向正阳关出发。上船后我与汪世铭分在二舱，与邵夫妇同舱。我已铺排定当，忽闻即将他迁，早上误了觉，已不快，今又要搬地方，更不快。饭后实行，我忙了一阵之后，不禁躁发，原来傅学文嫌头舱太小，硬要改住二舱，进了二舱又嫌人多，把我们赶出。我同汪被赶到另一舱中，三人一室，还要当饭厅。这是一个茶烟站，人来人往，好不热闹。午后睡觉已不能(我这些日子因久睡而失眠)。我榀西晒得厉害，因此终日不欢，说过"我再出来，不当团长，当团长还要带太太"等牢骚话。我把这事提高到理性认识，以为我一向不惯人家不守秩序，今天傅又为其自利改变组织上决定，这是一个因素。我素恶自私的行为，这次我私利受到侵害，所以一怒而不可遏止了。夜泊月台。

1951 年 5 月 24 日

午夜后略睡，晚饭时 18:30—18:45 在狂风暴雨中，一时大紧张，浪水入舱，幸船舰是新的，化险为夷。雨后甚燥热。夜泊垂岗集，岸上夜校妇女来岸边唱歌娱客船，船人唱歌酬之。

1951 年 5 月 25 日

09:00 到润河集，上岸听女技师钱正英指挥介绍工程大概，后看工程。12:00 回船午饭，饭后听她作详细报告，及政委张云峰报告，再回船饭。饭后开二万余人的群众会，我轮着讲话，讲的是劳动观点及人民力量，人民即应爱惜力量，发挥于与人民有利的事上。

1951 年 5 月 26 日

午前继续看工程，11:00 回船午饭。润河集指挥部款待酒席，下午劳模九人来船座谈。晚饭后代表本团上岸，向指挥所告辞，晤张政委云峰及钱指挥正英。钱女士是嘉兴人，未在大学毕业，提此要工，处置裕如，真是奇人。回船前看做夜工，今日正在拦河，开第六孔(45 m 宽)，灌洋灰 1 000 方，洋灰工要在 24 小时内完成。我在登岸前不慎由船面跌入舱门，居然一无损伤，幸运之至。

1951 年 5 月 27 日

05:00 开船东返蚌埠，途经西淝河口，登岸看水闸。午在正阳关打尖，夜泊凤台。三处均有招待。在西淝河工地工程师朱庆玉是前经济部水利司同事，工地离码头三里，坐平车来往。夜在凤台河边放电影。我在桥上看五彩的《解放了的中国》。

1951 年 5 月 28 日

早饭在我舱中团会谈三小时半，午饭后两船之一缆折，几遭险。14:40 到蚌埠，仍住招待所，得京、申家信。晚淮委饯行，席间我唱弹词一段。

1951 年 5 月 29 日

雨。午前休息，发京、申家信，复唐遂九信阳，饭后团约淮委各单位座谈。晚团还请淮委七桌，定明晨包车赴镇江，目的地是扬州。

1951 年 5 月 30 日

08:00 乘津沪通车离蚌埠，目的地是扬州。17:00 到镇江，被专员要留宿镇江，住在省庐，是陈果夫所建，今已化私为公，用作招待所。当夜主人以鲥鱼享客。

1951 年 5 月 31 日

早饭仍吃鲥鱼。登船前游甘露寺，寺遭敌寇破坏，二月以来政府正为救济失业工人，清理瓦砾，略加修葺，保存名胜，此乃起点。小轮循江潮行可半小时，在六圩换汽车，行 15 公里到扬州，宿旧城萃园桥边的萃园（今为协商委员会）。下午略谈行程，专员来陪我与一部同人观览市容，极像苏州。引导者为安全计（据说最近反动分子尚在进行暗杀），催促回去，为之不快，与引导者争论了一阵。晚在人民剧院开授旗会，力子讲《柳明花暗》。会后看《将相和》京剧，23:00 后散寝。

1951 年 6 月 1 日

早点后听两个汇报，午饭后小睡。15:00 到瘦西湖，正值苏北土特产展览，看了农工两馆，在五亭桥前摄影。晚饭，饭后又看扬州市戏——《楚汉相争》。农业馆在平山堂，已破坏，工业馆在观音山，尚整洁。平山堂康熙、乾隆均有“御笔”石刻，乾隆诗有“四字檐头垂圣谟，今朝座右揭官箴”。询诸寺僧，“四字”之匾已毁，不知四字为何了。

1951 年 6 月 2 日

晨乘小轮拖船各一，循运河北行，沿途看堤坝、闸门。16:00 到高邮宿。晚上在北城中学开会，我以苏人说话，强调团结。

1951 年 6 月 3 日

雨，出门看御码头及附近堤闸，即南返。16:00 到扬州，中央及军区请客，一部人看扬州戏。我同张、汪早睡，午夜张忽患足疾。

1951 年 6 月 4 日 （缺）

1951 年 6 月 5 日 （缺）

1951 年 6 月 6 日 （缺）

1951 年 6 月 7 日 （缺）

1951 年 6 月 8 日

昨夕铮铮跌被，我不得好睡。晨起到母处、姑母处。铮铮同去天平路，下午午睡 1.5 小时，后反觉累得不肯动弹。未出门，晚颐弟夫妇来。

1951 年 6 月 9 日

上午到民建为组织处文先俊谈郑达生问题。饭后戴玉山来说沈克非、顾福庆今夕赴朝，故已约在申常委今日下午在我家开最后一次会议。会中原来同人尤敦嘉（此子已长成）、杨士林、吴国钢、张茂楠同来。15:00 后沈、顾来，全绍文亦来，乃以 40 分钟开了一个会，正式宣告结束。今夕冷御秋以华东水利部长名义请视察团，盛宴款待，太嫌浪费了。

1951 年 6 月 10 日

今天过大礼拜，母、龙、团、和弟四家都带菜来聚餐。下午和弟同我谈话。17:00 到上海大厦，为警卫所阻，对力子发牢骚。晚饭后出席工业部布置的机器业工人座谈会。席间视察团传达慰问。我以民建立场说“奇迹”，并说上海机器业参加治淮是工农联盟，劳资合作的具体表现，治淮为发展工商业创造条件云云。

1951 年 6 月 11 日

午前访救总赵朴初、李文杰未值。往视郑达生夫人，了解他的案情，访金敬渊，谈可一小时，返家。同铮铮吃午饭。饭后张茂楠来，应黄凉尘约到上海大厦夜饭，归。下午翻看父亲遗物、书画。

1951 年 6 月 12 日

晨访胥仰老，承其以车送到救总，晤赵、李后与玉山、士林、茂楠谈话。我将上海同人演变过程告赵、李，并勉励玉山诸人。救总请午饭，下午民建开欢迎会，报告了一些淮河事。会开了一下午，在家晚饭。达生夫人情急来催问，设法避之。

1951 年 6 月 13 日

08:00 起向上海“救总”做了 1.5 小时的报告，还算成功。到上海大厦 1490 休息，等团同人看鲁迅纪念馆回来。蚌埠来人，不及等待，今日先行回去了。我团在申留恋太无意义。热客将成冷客，托张丰胄向邵力子进言，他们拉了中共同志，都执意还要白相杭州，令团员等他们。邵老作风太不好了，托丰胄婉为言之。中午全绍文要有所讨教，请我吃午饭，他将被邀去救总召集的处理美国津贴机关的华东会议上发言。他要我同他斟酌发些什么言。他自己金城将令退休，打算回北京住，但要找尽义务的工作。傍晚去看姑母，又同鼎、铮到母处，母以父遗物阁章一盒赐我，说为我六十寿，高龄母子互祝长寿，亦是幸福。

1951 年 6 月 14 日

雨。我竟日未“上装”，在家同铮铮玩了一整天。

1951 年 6 月 15 日

午饭在上海大厦吃，碰到凌其峻、严景耀、李仲公、余遂辛诸人。晚 IRC 同人以酒菜来请我晚饭。同铮铮带赵嫂坐公共汽车到大马路看灯。

1951 年 6 月 16 日

昨日阿斐出门参加上海杨思乡土改，失记。今日上午同铮到上海大厦找到汪公公（世铭），同游外滩公园，下午又同铮到夏棣三姻伯家。晚达生夫人来说案已在司法科，神情略定。和弟二人来。

1951 年 6 月 17 日

上午林肯来。下午同鼎带铮铮逛中山公园。晚饭后到颐弟处为姑母一家打通思想，姑母同意 TB 是传染的，我劝她少管事，多自养。今天的标准已失去封建色彩了。

1951 年 6 月 18 日

上午往访尤植仁于其武定路府所。久病之余，精神尚佳，悉其曾以小品文字自娱，做过上千条时事科学灯谜、开篇等。促其整理出来，争取出版。二弟约我去吃晚饭。17:00 后带铮铮前往，在街上遇见二弟妹。匆匆忙忙，说李刚死了，要去看李太太。饭前归来，说李刚生意不好，家用如故，早萌死意。此次于 17 日午间开会回来后，四时出门，九时未归，发现遗书，十时去其写字间，发现尸体，服毒自尽了。

1951 年 6 月 19 日

自昨日起大发节气，浑身无力。饭后送李刚，晤以吴兰生、孙锡三等，熟人甚多。晚旭丹来，分析李刚死因，是对不正确作风，适用其成见。

1951 年 6 月 20 日

鼎为陪我请假一天，上午三代同堂，闲谈家常。二弟忽来，他已将天平路以 15 000单位让人，万一找房不得，将移来亚尔培路，允之。午饭休息后吃棒冰。18:00 到上海大厦随团，于 20:20 开车返京。申增先一小时自杭归，鼎携铮铮接到后，他留在站上候我等车开才回去。车上又热又闹，几未入睡。

1951 年 6 月 21 日

午间过徐州后天气转凉爽。下午补睡两小时。

1951 年 6 月 22 日

5 月 2 日至昨日止，日记见淡红色活页——中央治淮视察团途中记。车行至连镇，发生故障，修理一小时余，误点一小时，于 10:16 到京。贞已到站接车三次矣，“救总”熊老来接我，我到家即病，左后半身骨疼、发烧 1℃。令琴找周华康来，以李刚事告之，对寄梅先生保密，周太太来，推说未见李刚。余时卧息，20:00 即睡。

1951 年 6 月 23 日

到院一视，汪、张多未来，下午华康来说二老已知李刚已死，并略知其死因，傍晚又发热睡。

1951 年 6 月 24 日

晨到周先生处谈起李刚事，老泪横流。余时在家卧息，下午烧到 38.2℃。阿全来为谈三弟事，说恒业有隐匿敌产嫌。

1951 年 6 月 25 日

上午未出门，15:00 到院赴团会，即席我批评我 5/23 及 6/6 之事。回家晚饭，发三弟、鼎、申民建信。

1951 年 6 月 26 日

在院整理各地民工上毛主席的信，晚上在民建。

1951 年 6 月 27 日

午前室小组谈交代历史事，我决定照交。下午为团写感想，为己描地图，晚上在民建谈报告员。

1951 年 6 月 28 日

上午画淮河图，下午中山堂听胡乔木报告《中共三十年》。

1951 年 6 月 29 日

上午听廖鲁言报告党史，甚好。列席政务会议，听傅作义报告淮河，邵力子亦口头报告视察情形，到家已 23:00。

1951 年 6 月 30 日

雨，未到院，晨访伍云甫，为谈上海分会，及视淮印象。下午同民建赴庆祝中共卅周年会，临时天忽放晴，文娱节目终因雨改期。刘少奇讲话，中共成功得力于毛主席的领会马列，同时各界、各阶层，人民革命先烈都有不可磨灭的功劳，庆祝卅年应更加谨慎谦虚、努力学习，总可向前发展，新(中)国成立仅是万里长征走了第一步云云。语多正义，“圣贤”逊色，令人感动而泣者再三。

1951 年 7 月 1 日

中共卅年周年，晚有酒会，及京剧晚会在怀仁堂，同贞同去。毛主席亲临受贺，各单位献酒为礼。上午之英夫妇来，访陈广诚，又赴田钟灵约在中山公园谈民建、CIFRC。

1951 年 7 月 2 日

参室室会听张云川、陈公培报告察绥土特产调查。"合代"将展一日开。饭后我将李刚死因，及上海一般人思想模糊情况为廖鲁言谈起。他认为所提确是问题，到民建开宣教会，又赶回政院参加中共座谈会，由申伯纯报告西安事变，我劝中共党员多多学习刘少奇七一发言，同人认为恰当。

1951 年 7 月 3 日

整理报告大纲，下午组会看罗子为自传，晚在民建做淮河报告。

1951 年 7 月 4 日

开始写自传，回家吃午饭，准备写传。但来了人，仅能同贞斟酌内容，陈广顺、吴锡贵来谈。

1951 年 7 月 5 日

开始写自传，下午全委学习小组学共产党党史。晚在陶墨家饮酒度曲。

1951 年 7 月 6 日

自传写成。

1951 年 7 月 7 日

回家午饭，下午在怀仁堂听李维汉报告"整干"，又到民建成立临时学习会。后同周寄梅二位到东单市场吃夜饭，饭后他们来家闲谈。

1951 年 7 月 8 日

竟日阑珊(懒散)，夏陆利、高乃明来。下午周二老来，日落后同之到北海晚饭，二老不惯吃苦饭，不甚欢洽。

1951 年 7 月 9 日

下午在参事室报告淮河工程，晚到救总看电影未成，但将苏州手工艺组放手交给妇联。康克清当面向我要救总，亦有意，我为轻工业部无法接用，只得"欣然承诺"。妇联对周希文已有认识，回家，延同至培又闹起离婚来(见 5/14 记)。

1951 年 7 月 10 日

午前参室学习组在俊龙家学习，检讨罗子为及我的历史，我誉多于毁。下午邵力子又招集视察团开会，晚在民建。

1951 年 7 月 11 日

HCO 改交妇联，今晨写信给苏州二冯，下午全委学习，到人不多，谈得甚好。有蔡廷锴及 CP 人发言，晚在民建新知识座谈会报告治淮。

1951 年 7 月 12 日

午前在俊龙家学习，搞刘孟纯及俊龙的历史。下午在院弄视察团结束项下工作。

1951 年 7 月 13 日

上午又在俊龙家谈俊龙自传，下午在院写视察团报告，晚饭后同贞走市场。

1951 年 7 月 14 日

上午在室突击出一些工作，下午在民建参加临时学习。晚贞去上课，我一人走市场、理发。

1951 年 7 月 15 日

懒了一整天，之英、养元来外，清净得很，晚饭同贞在附近一转。

1951 年 7 月 16 日

上午参事会听李仲公、左宗纶报告上海郊区土改（江湾乡），下午为治淮团写报告，大致完成。

1951 年 7 月 17 日

午前在公培家学习、批判王艮仲，此人立志向上，丢去一切，了不起。下午将淮团报告交给张丰胄。

1951 年 7 月 18 日

竟日抄我的自传。

1951 年 7 月 19 日

今日积事已清，顿感松动，饭后同公培到周士观家，见其夫人，我即早归。08:00—10:00 在女青年会讲淮河工程。

1951 年 7 月 20 日

午前学习，午后清理，早返。

1951 年 7 月 21 日

午前学习，结束历史批评，下午在院开小会，代表第一组出席，晚公培来饭酒。吴涧东夫人来，为之吹笛，唱了几句昆曲。

1951 年 7 月 22 日

为三弟、鼎写信，贞去考统计。琴带其三孩来，闹不听话，甚为讨厌，下午在江苏会馆赴财产管委会筹备会。

1951 年 7 月 23 日

上午在“救总”开处理美款机关会，下午到院借薪 50 万。为邵力子修改报告，晚饭后到民建开宣教会。

1951 年 7 月 24 日

晨访浦化人，请其向会馆一切人等做思想动员报告，得其允可，并报告卫老。午前在家看民讯稿，饭后到院，晚饭后同贞到怀仁堂赴晚会，音乐舞蹈欢迎越南访问团。

1951 年 7 月 25 日

竟日在院看书，晚民建临学委会。

1951 年 7 月 26 日

上午学习，下午全委学习，晚“民建日”在中山堂，久旱得雷雨。

1951 年 7 月 27 日

竟日在院，学习《实践论》，用英译本对照。晚饭后同贞到太庙后方乘凉。

1951 年 7 月 28 日

上午在院，再看《实践论》。下午到民建参观整干，到周先生处一坐，谈其 get into the Army 问题。

1951 年 7 月 29 日

上午永滋二人来，午饭去，谈周先生事及请其看我自传。傍晚同贞到北海坐至 21:30，始返。返，雨，遇见周枚荪、傅任敢、杨公庶。同公庶谈天，悉其思想意识情况尚多问题。

1951 年 7 月 30 日

上午余遂辛报告上海土改，下午整理讲稿。

1951 年 7 月 31 日

晨为会馆晤浦化人，在院看文章，下午小会，晚饭后寿勉成忽来，民建组织会京分会酝酿名单，孙晓村大起其劲，布置一切。我心有所疑，罗叔章不容分说，我不能忍。幸有邹怀之说明京分会形势，我始释然。罗作风恶劣，虽得遇见我这直言问责之人，她反笑言认错，此人应防。

1951 年 8 月 1 日

午前在公培家学习，以 7/29 公庶思想意识为题，研究统战，饭后返室，右手二中两指为摇椅所挤，为张丰胄找东西，忽发现二月间落入我手之平原省文件三件在我手积压半年之久。大为惊悔,乃具书自举,幸本系归档之件,未误事,孟和说晚上来,候之未至。

1951年8月2日

看书一天,晚孟和来。

1951年8月3日

为橡胶草,同公培合作拟出一个综合意见来。这件东西:(1)为参事室工作创立了一个标准;(2)同人间的配合路线,今日之案以公培之博配我之综合能力。这份本事,我最近学了辩证法,尤其《实践论》,似乎进了一步,知道重点所在,亦知道灵活运用客观条件了。晚饭后到民建第八组去做传达,酝酿京分会8/26的选举。午饭后在湖边同周子健谈政院、民建小组事。

1951年8月4日

上午学习,罗子为拟学习计划,要采取主动,结合业务,学习理论。我以主动条件不够,客观的参室任务不确定,掌握的资料太少,主观的有我们自己大都自由散漫,此前订出公约,条件已多,大都徒具形式。众意虽说如此,还可从报章杂志从事学习,一面严自惕励,克服无纪律性。公培且说如有所见,还可直接函各部门主管以及周总理,引竹浆造纸等两例为证。我勉允之,姑再一试。回家午饭,饭后到民建参加临时学习,今已停止。同罗叔章谈政院小组事,后回,看青年会寿勉成,此子孤守斗室,状态枯寂,不为谈及其心事,我亦寒暄应之。晚饭同贞到北海纳凉。

1951年8月5日

同周先生谈时事二小时,晚约浦化人到江苏会馆做思想动员,散发报告,到可六十人,讲到十一时始散。

1951年8月6日

上午屈武在大灶食堂报告,保密,回家午饭,周家二老来在,下午在民建。

1951年8月7日

下午院小组,谈学习办法,定在十一前检查二年来经济施政效果与利弊,晚在民建。

1951年8月8日

星五有橡胶草座谈,明日有统战座谈,学习小组要提纲,今日为此三事做准备。将《自我认识》交给屈武,转送组织。

1951年8月9日

今日轻工业会议开幕,我同公培出席,上午大会,下午我因事返院,未去。院中统战座谈会由申伯纯召集，谈了半天。

1951 年 8 月 10 日

上午在轻工业部开会，回院午饭，饭后主持一个座谈会，谈橡胶革。回家晚饭，请虞振镛父女（佩玉），晚在中山堂开民建常委会。

1951 年 8 月 11 日

写出橡胶革报告，请公培、云川斟酌，下午未到院。组织上要我参加东北老根据地访问团，允之。又代表民建，即日出发，九月初旬返来。

1951 年 8 月 12 日

天热，闷在家里一天，相当无聊，贞为进东华门被阻闹了一阵。

1951 年 8 月 13 日

上午在“救总”开宣教会，为之重拟任务一章，大显身手。下午在院重写前日橡胶革报告，云川粗心大意，自己弄不来，我尽力忍耐，他亦自找下台，一场风波未闹起来。为贞修理眼镜匣，很成功。

1951 年 8 月 14 日

为“淮团”改戴济民报告，未完工。午王艮仲请小组吃饭，饭后学习，我们轻工业会议今日仍是小组，在手工组一坐，向人扬言“我的对手工业的兴趣已全被黄任之、王新元二人所打消完结”。回家略睡，到文化俱乐部，赴民建临时学习会，延又来通我对区至培、斐所说事。

1951 年 8 月 15 日

上下午多在轻工业会议，午前听薄一波，午后沙千里。大雨中回家，区至培又来，劝其宁静，自问处理有当。贞又不怿，不知其故。

1951 年 8 月 16 日

竟日在轻工业会议，参加手工生产领导组，在南新华街路北师大附中开会，晚到民建小组。

1951 年 8 月 17 日

上午仍是座谈手工，艾志诚当主席，发言者甚少，相当苦闷。乃由我说话，他又不会利用加以讨论，反自己发挥一套，弄得一场无结果。回院午饭，饭后到江苏馆管闲事。

1951 年 8 月 18 日

上午在院，研搞轻工业资料，饭后同公培到轻工业会议听基建检讨报告。晚赴其公宴，在北京饭店，饭后同公培到屋顶看舞会。

1951年8月19日

晨起即到本胡同18号看翁咏霓，他以战犯身份来京接受招待，近准其自由居住，他谈风依然甚健，程中石、郭可诠续至，谈可二小时，下午墨、陶来。

1951年8月20日

公培独自去轻工会议，我到院，下午回家，晨出门找潘墨冰，请其将吴县馆案移交委员会，俾得向市府请求发还，途遇菊农。晚携女宁华来谈。上午室会上为一组检查工作，引起二三两组反感。

1951年8月21日

上午在院，下午轻工业会议，听李富春报告，晚民建为我及纲伯饯行。

1951年8月22日

轻工业会议总结后回院饭，听说下午有报告。问刘岱，说票已送家，他如此处置是错的，但不想法纠正，硬说发票时，我不在，只得返家去。结果老郝赫派人至家取回。周总理报告到19:30，回家饭，民建组织会只得不去，黄凉尘自渝来，来谈。

1951年8月23日

写报告后开小组学习会，谈统战。全委双周座谈美帝对日和约，刘一峰请凌其峻。三弟自津来，民建小组只得请假，与之夜谈，贞自周家带归昙花。

1951年8月24日

竟日在院写统战学习报告，午到北海同三弟谈话，吃烧饼。

1951年8月25日

上午在院，饭后到民建座谈对日和约。晚邓季惺请吃四川菜，我脱肛。得保片说"我调工作"，自此子女六人都算"教育"结束了！

1951年8月26日

同浦化人到江苏馆开了半天会，夏仁虎一帮噜苏顽固作态（事实上并不抵抗）。江苏小学暂由处理会代行校董会职务，我为主任委员。回家饭，饭后到中山公园开民建京会三届大会，投票后回家，怕再闹痔疮，早早就寝。

1951年8月27日

参室会谈统战，我的一段，本组以星期六我不在，未予处理。虽张云川是这段东西与我合作者组中，借口置诸不理，我为之不悦者终日。傍晚许琴伯来说叔衡夫人患大脑炎，需输血，无钱，惜我亦奇穷，无力相助。

1951年8月28日

下午参室学习讨论我的一段，大家不主张"慨忽言之"，又为程序问题小有周折,我不主张谈起程序,亦不坚持用我的一段,总算在紧张空气中统一了好些矛盾。晚民建常会。

1951年8月29日

上午参室学习统战,结束此课。下午潘墨冰为江苏会馆事来。15:00后在会馆办小学事。

1951年8月30日

今日不(知)怎的笨得非凡,意见想不出,说话不达意,看书看不懂,写文写不出,如此沉重了一天。晚民建小组(会)。贞往视大姨。

1951年8月31日

午前同同室人到中山公园看少数民族贸易会议展览,刘孟纯请吃茶,下午列席第一百次政务会议(议程为铁道部报告及橡胶问题)。20:30始吃饭,饭后即归。

1951年9月1日

写二千字——庆祝"九三",要进一步戳穿美帝这只纸老虎。保回家,说已转入解放军。

1951年9月2日

上午在会馆,13:30始回家,下午保来。我往见全希伯夫人,谈为希伯追悼事。到周家谈请其加入队伍事,同贞又到东单麻线胡同张平之五叔新居。

1951年9月3日

上午听周士观报告四川土改,下午看书,晚饭后同贞走街,怀仁堂有评戏,未去看。

1951年9月4日

下午组会。

1951年9月5日

散后到全家晚饭,谈为希伯做追悼礼拜事。

1951年9月6日

回家午饭,下午在北京饭店听全委学习会大谈,晚为全三爷写行述。

1951年9月7日

又搞了一下橡胶革报告,下午早回家,晨将全希伯行述写出,由贞去给全之奶奶看,我又交方石珊看过,都得了些修正。晚同贞到协和礼拜堂听音乐,欣赏讲演。

1951年9月8日

忽悉被派到东北水灾区慰问，明日即出发，打破下星期二我六旬生日的计划：同贞游万寿山，晚琴等四人公宴。

1951年9月9日

原定在今日下午之全希伯追悼会上由我报告行述，今因下午有会，托方石珊代读。10:00同浦化人到会馆，下午三时到水利部会商中央东北灾区慰问团明日出发事。墨、陶来，袁家海自郑州返沈阳，过此来。

1951年9月10日

中央东北灾区慰问团。晨到院，赶陈公培召集之中苏友协支会成立会。参事例会听吴茂荪报告西南土改，甚好。借薪百万元返家，打点行李。之英、新弟、琴来送。15:20同"救总"的周衣成行，上车站。贞送我到站，16:10车开，一路无事。

1951年9月11日

今天是我第六十个生日，原定同贞游园，今晨醒起，已身在辽河之滨矣。铁路新修，复误点半小时许。以12:42到沈阳，照例一番欢迎，被招待于前日人的大都饭店。我同余遂辛同室，晚上东北有政府设宴招待，下午走街(看沈阳市容)，失足跌破左膝。

1951年9月12日

饭后乘汽车到开源，宿县府。

1951年9月13日

今日慰问开源灾区，分为南北两组。我在北组，访问了小孟庄、小九社、大九社、娄相村，四个村都是田庐荡然，室内积泥二三天。

1951年9月14日

访问空军司令部医院，开源各级干部欢迎会。饭后听开源汇报，夜宿长春。

1951年9月15日

早饭后许副主席报告长春灾情，乘火车到米沙子改坐汽车到十三区公所打尖，到万寿山区之陈家屯看灾。此间八月十八受伊通河威胁，经十二天的抢救，沦田仅四千余垧，保全一千四百垧。遇雨，在雨中开群众会，到将七百人，循原路回长春宿。当夜吉省政府、市政府请饭，吃月饼。我服Coscara，大泻一次。

1951年9月16日

到部队献旗，开干部会(在一戏院)。11:30毕事，后巡视长春市容，到运动会看了许多节目，赠旗为奖。饭后与长春市、县座谈，听报告。15:30动身，23:36

到哈尔滨，松花主席冯仲云来接住招待所(国际饭店)。

1951 年 9 月 17 日

听哈市汇报后乘船溯松花江西行视灾，到汲家店及西套子二村，均在松浦区，返城又视察江堤。19:00 到府，郭新生来，为谈中共中下级干部作风不良，工作太忙，身心俱不快，但为国家，尚思挣扎。

1951 年 9 月 18 日

第二十(个)“九一八”，听松江省汇报，饭后开干部大会，我预备讲话，临时因时间关系抽去，但陈其瑗还是唠叨四十余分钟。参观烈士馆，献花圈。晚省部请饭，傅团长等一行十四人先行，到四平看水库，临时开了一次团会。郭新生昨谈三点：1. 工作非所习；2. 被视为客人；3. 领导态度粗野。由我向随行之东北民政部庞处长反映，她允向上级报告。我以上述情形可为上年调东北之二千干部的同感，故为庞道之。晚新生又来，拿其自传给我看。

1951 年 9 月 19 日

留在哈市同人今日分为卫生、社会福利、农业各部门分头视察，我参加王民政厅长的农仓座谈，余遂辛的儿媳来接他去午饭，邀我同去。看了一看科学博物馆，即回府。想休息未成。晚郭新生又来，乘 23:10 车返沈阳。

1951 年 9 月 20 日

12:16 到沈阳，饭后参观东北特产展览会，不啻看了一次东北工业，听沈市水灾汇报，看了一次电影《内蒙解放斗争史》，定明日看郊区水灾。

1951 年 9 月 21 日

今日视察沈阳郊区水灾，乘轻油车北行三站，到新城子，改乘汽车，分为三组，分赴祁家屯、达连屯两灾区及二台子灾民收容村慰问。我同傅团长到达连屯，同区干(石佛寺区)谈话，后向群众说话。会后访问灾户，步行一小时，看长河堤决口二处，回到新城子，向炮兵团授旗及开干部会。19:30 回城，市府招待晚饭，吃鱼国席。共产党教育力量渗入落后群众，我于祁家屯人民的改变得到表征。

1951 年 9 月 22 日

午前自由，同傅团长乘车游观全市，发家信。午饭后即动身。15:20 到海城听辽东省及海城县汇报，宿县署，四人同室。

1951 年 9 月 23 日

07:00 循公路行 20 km 到牛庄，步行上太子河堤，到小姐(萧姬)庙东西两圻看决口附近灾村。14:00 在牛庄开群众会，我讲话。16:30 毕事，即上道返海城，行未久即停车候最后一辆车。据行人云,河边有汽车撞入河中,乃步行回来,果然我们一行四车中最后一车跌入石桥下河中,侧以河中,同行者多受伤,已在镇立医院急救,及我们赶到,大部已包扎好了。计受伤者十余人,内郝执斋、许艾二人为最重,当即动员一切医药力量为病者治病。全团留宿牛庄,我等宿公安局,余宿医院。

1951 年 9 月 24 日

伤病者昨夜均平安,候换药。吃饭,上汽车回海城,四人用担架上车,余均能行动。临行(08:00)忽雷雨大作,我等一车走出不到半里即抛锚在大雨中,候车来接,结果截住一辆军人用车先送病号,又从牛庄叫来大车二辆,在大雨中行三小时。于 14:30 到海城,再乘轻油车,于 16:30 到沈阳。

1951 年 9 月 25 日

上午休息,饭前开团会,预备下午同区市当局座谈。在下午座谈会上我提出扩大副业范围,把救生产度荒与轻工业建设结合起来,详细办法征求工业部门的意见云云。下午林根、高重民副主、朱其文市长来谈。谈后吃酒席。东北水利局属农业部。

1951 年 9 月 26 日

上午到水利总局听报告,由五个人报告,对于东北松辽两水系,我总算上了一课。饭后晒行李。16:00 到志城银行找巩天民。同之到工商联晤卢广绩,都谈民建。回府晚饭,饭后看了一点《小女婿》,又到水利总局赴其晚会。

1951 年 9 月 27 日

同黄鼎臣在东北五卫生部部长领导下参观中国医科大学,规模甚大,匆匆一看而已。下午开团会,检讨工作。乘 21:20 车返京。临行到医院与留沈休养之郝执斋及许艾作别。

1951 年 9 月 28 日

13:30 到津,将行李托衣成信带京,我一人下车到成弟家,初叫门不开,途遇安芝,为炒饭吃。傍晚成弟归,同往小馆吃酒面,说为我祝六十寿。

1951 年 9 月 29 日

(自 9 月 10 日到昨日,参加“中央东北灾区慰问团”,日记见活页)上午在成弟客厅看其德兴—恒业公司案,乘 15:36 车返京,延携大红在家玩。

1951 年 9 月 30 日

发现这次出去被窃约九万元,今日未去争取观礼券,看了一看应成信。晚饭同贞去看天安门灯光。

1951 年 10 月 1 日

第三(个)国庆日,我未接观礼券。贞向唐家借来收音机,二人在家听广播,历历如同目睹,晚上同贞到天安门看灯,看放烟花,人山人海,轧进广场,又被轧出。

1951 年 10 月 2 日

08:50—16:30,同贞乘汽车到卢沟桥,步行到长辛店。回城,走过天安门,步行回家。

1951 年 10 月 3 日

今起照常到院,参室搬到前院东廊,把三个学习小组分居三室。

1951 年 10 月 4 日

民建招待工商界模范工作者。16:00 同周士观乘院车到颐和园听鹂馆赴会,回家 22:00。

1951 年 10 月 5 日

读漱溟改变思想长文(文载今日《光明日报》),下午列席 105 次政务会议,18:00 即散。晚贞备丰馔请蒋以德新婚。

1951 年 10 月 6 日

搜集零星资料,将试写《发展中的生产力》,下午民建在全委文化俱乐部招待全国私营工商业模范工作者 92 人。19:00 宴会后散。

1951 年 10 月 7 日

上午看 YT,未及详谈。看老高,途遇漱溟,饭后候之来,未果。14:00 到江苏会馆开会,闻顽固老人妙论。陶、墨特请我二人,说为我祝寿,半醉而归。

1951 年 10 月 8 日

上午参室会,下午民建的组织会,发现领导上为争取"资模",犯了不守纪律的错误,争论到 23:00 未有结果。

1951 年 10 月 9 日

摘资料,预备写文——下午民建常委一场斗争,23:30 胜利完成。

1951 年 10 月 10 日

晚灾区慰问团在文化俱乐部会餐结束。

1951 年 10 月 11 日

在院开组会,后即同士观赴民建,在萃华楼之招待"资模"会。下午全委学习,临时得通知,晚人事部赴章乃器召集之全国编制会议的会。临时始知此会之前须出京一行，我同郁文分在中南组，明后日即出发。

1951 年 10 月 12 日

上午在人事部开组会，会后在人事部吃饭，饭后回院，出席政务会议，22:00 回家。

1951 年 10 月 13 日

政务院机构编制调查组（中南分组）。原定今日出发，人事部联系人员来电话，说车票买不到，今日不能成行。乃同贞逛万寿山。10:30 动身，16:30 返家。同郁文通话，说明天可走成。

1951 年 10 月 14 日

墨缘、必祥（今日自汉口来），陈以静、琴、阿全、延来。17:00 后，同郁文上车站乘 18:45 车赴汉口。

1951 年 10 月 15 日

闷坐一天火车，组长来发动工作，郁文惜焉。

1951 年 10 月 16 日

07:44 到汉口，被招待于前德明饭店，现称中南区政府处交际处。我同郁文同室（152）。中南正开编制会议，今乃第四天。午前被邀往听汇报。午后又去，计听到河南两湖的。天热，洗浴后同组长章夷白谈。中南人事部潘淇部长来，略谈工作布置。夜里帐中闹蚊子。

1951 年 10 月 17 日

上午听武汉市报告，中南财委李副主任讲中央精简意旨。午刻组同中南会有决，分一部分人到广州，余看湖北。饭后定郁文带二人去广州，是章夷白组长指定的。晚有戏看，在新市场看言慧珠的《法门寺》及《甘露寺》。朱洁夫自川西土改回京，为谈川西地主之凶，有出人意料的。

1951 年 10 月 18 日

晨张执一统战部部长来谈，颇有提示，开组会，定我同章夷白看湖北及武汉，余下县。饭后过江，定下县的到孝感，郁文等三人今夜赴广州。中南请吃饭，饭后又看言慧珠，今天唱《奇双会》，甚好。定明日过江工作。

1951 年 10 月 19 日

早餐后与李、邢、周、刘四同志分道，他们到孝感看专、县区，我同章组长、黄科长移驻武昌看省，住民主路的省府交际处（即上海银行房子）。听人事厅林青秘书漫谈，得悉大概。下午人厅王锦川主任来谈了二小时。定明日看一个厅。

晚饭后组长同省秘书长决定看文教厅,下午发现我的铅笔中所有铅条全部被窃,心颇疑之。晚饭后同黄科长逛马路,问了将近二十家文具店,只有两家有货,不过粗细不合,未配成。

1951 年 10 月 20 日

今日一天在文教厅,两餐都在那儿吃的。昨夜大风,天气转凉。

1951 年 10 月 21 日

一天在农林厅,问题较少,16:00 即毕事。晚饭后看电影《虎将》。一夜风雨,秋衣自汉口取来。

1951 年 10 月 22 日

交通厅今日临时通知他们不空,改明天去。三人上午谈了一下。下午我同黄科长到农林厅,我看其总务科及农业科。晚上我们又去文教厅,我看其艺术科及高教科。章局长下午同林秘书(湖北人事厅)去看公安厅。雨未停,风小些,穿大衣始够。

1951 年 10 月 23 日

到交通厅去,09:00—16:00 在该厅。上午谈,下午看,我看其秘书科。晚上预计到财厅,临时改为明晨,定明日过江。天转温,晴。

1951 年 10 月 24 日

上午到财政厅晤见王厅长,谈得很好。午饭后归府。我又到农林厅补些总务科材料。我独自游蛇山,到黄鹤楼下,循山道回府。16:30 到省府赴招待宴。王副主席谈编制,甚畅。我要想同工业厅长谈话,此老不愿交谈而罢。20:00 后过江,仍住德明饭店,同黄科长(自成)同 112 室。

1951 年 10 月 25 日

上午到市府晤见吴市长及参室二个主任,留饭——在饭店。回府休息,同黄科长再去,适今天纪念志愿军出国一周年,未得下科,同黄走马路。晚饭后,人事局来人接待。鄷云鹤自申来,当晚过江赴湘见其之丝织品。她苦闷、奋斗,得有今天,亦一翻身的结果。配得铅笔条,店家见我配得合用,临时高抬物价,原为 200 元的,以 400 元卖给我。

1951 年 10 月 26 日

上午到工商局了解此局工作,接触实际,颇得紧张。饭后未工作,孝感四人分两批回来。晚饭前我同黄自成科长走江边,看卸棉花。人工包每包八十多斤,机器包二百四十多斤。中南请赴其晚会,看常香玉《新花木兰》河南梆子,改得尚良。

1951 年 10 月 27 日

上午组会，商整理材料。09:43 郁文一行回来。章组长得讯，编制会议延期五日，中南要我们讲话，仍定明日北上，下午到中南人事部汇报。我说话甚少。16:00 到民建，承分会馆设宴款待。饭后在工商联礼堂传达治淮报告，会场高悬“欢迎章□□（原文如此）同志莅汉”布招，盛极一时。

1951 年 10 月 28 日

今天无事，同郁文过江，走逛蛇山，在武昌午饭。19:20 乘车返京。华煜卿及金□□（原文如此）来站相送。

1951 年 10 月 29 日

车上无洗脸水。问车长，他不认，只说厕所中有水，真气人。经我批评他，说他搪塞，不负责。昨夕未得好睡，下午精神不好。午饭“过时不候”。17:00 始吃到饭，两餐并一餐。

1951 年 10 月 30 日

08:20 准时到前门，回家贞正要去北海看图书馆，独自整理、发信，饭后同贞到市场吃点心。

1951 年 10 月 31 日

调查组要商量整理材料，一上午在人事部。饭后回家，写了些东西，托“救总”派人送去。贞这一阵在图书馆编目，上下午都去女青年会。

1951 年 11 月 1 日

到民建开会——扩大会议的小组，听到乃器一大套训话，任老一套似是而非的言论。同士观来家饭，饭后到银行取钱，口袋中公事房钥匙脱袋而出，立即发觉。旁边摊贩代我找了许久未见，结果落在库管折层中。晚民建小组未去，为民建审查会员。“救总”派人送来通知，明日开执监会议。

1951 年 11 月 2 日

今日救总开第二次执监委员会议，开了一天。晚范步霞来，夜间全委学习会，送到《毛选》第一册。

1951 年 11 月 3 日

上午“救总”会，午饭邀黄延芳、邓裕志来便饭。饭后我赴今日之 109 次政务会议，晚饭后归。今日之会有各省区主席列席，在怀仁堂正厅举行。

1951 年 11 月 4 日

上午贞去学图书馆，我在家看卸煤、装炉子、移地毯。永滋来，留饭。下午在怀仁堂听刘少奇报告《共产党员的条件》。

1951 年 11 月 5 日

竟日在院，上午听于振瀛报告川西土改。初飞雪，即霁。

1951 年 11 月 6 日

上午在人事部研究调查组报告，午前毕事。邀郁文来家饭，饭后谈中央与地方分工问题。

1951 年 11 月 7 日

上午参室会略讲编制，下午研究分工问题。晚同贞到协和礼堂赴庆祝苏联十月革命纪念会，何松林做报告。

1951 年 11 月 8 日

晚在民建开组织会。

1951 年 11 月 9 日

散值到家，大红母子在，大红好玩得很。

1951 年 11 月 10 日

中央地方分权关系案，秘书厅要今日交稿，这是十足表现，看“不懂事”。后为会馆事约潘墨冰、金镕往晤民政局董局长。贞锐意要为我添冬衣，卖掉金器，要我去做，只得从之。到周先生处，为其嬲去为朱桂老拜八十寿，闹酒吃，陪他寿丰楼来回。

1951 年 11 月 11 日

上午在家，为民建画表格。饭后看太和殿展览，晚邀周师母二人来吃菜粥，延带大年来。

1951 年 11 月 12 日

参观天津华北区城乡物资交流展览会。同参事室同人八人(卢、周、张、于、李、陈、张、朱)及佟、郝二人乘 09:00 车赴津。12:26 到，住市府镇南道招待所。自 14:00 到 17:30 我走完十七个省的十一个，这是“走马看花”阶段。以后还要专业化。三弟到后即来看我，晚饭在他家吃馅饼。就悉在招待农民中发现迁客干部杨和等为安置三个女同志，得他家出花头未果及干部作风不好情形。

1951 年 11 月 13 日

上午津市工商局长并大会秘书长马立志同志来说展览会。饭后始去，下午我看完六个馆，购草包、证章。出门后又绕返，再入会场候人，搭车返府。到成弟家晚饭，弟家为招待事已毕，今又要招待人，小组长多方与之为难，为招待而苦。三弟则身任总站副站长，内外矛盾尤为痛苦。

1951 年 11 月 14 日

一部同人复看某些馆，上午我同公培复看日用品及手工两馆，下午我一人复看工商改进馆。晚三弟邀士观及我逛梨栈吃小馆。吃后又到其家一坐。座遇民建同志张汝威、朱梦苏，在会场遇见莫艺昌、蒋震、赵天奇。

1951 年 11 月 15 日

上午我同士观负责找民建，余各有所事。我寻找到民建王光英，又承李烛老来会相晤，定明晚招待同人。15:00 到交易委员会办事处听汇报。席上我有问题要问，先以书面请教郁文，他不加一睬即说不必教人填表，我不悦久之。返府遇于振瀛先返京。我要同之返京，我不能忍，乃大发作，说郁文武断、主观、官僚作风。他先来道歉，终亦振振有词，尚说今夕开会检讨，久不善之，且力劝我息怒，郁文退出，一夜无事。我组织观念强，反而受辱，此又一例。

1951 年 11 月 16 日

晨起余愤未息，同人在我室讨论向工商界谈话办法。下午看东亚公司麻袋厂，日出 15 000 条麻袋，须要如此大厂，职员 1 600 人，有点怀疑，只得叹物力艰难了。晚民建招待我们，与工商界座谈，我作介绍。

1951 年 11 月 17 日

上午参观天津造纸厂，到三弟家午饭。饭后同三弟访张叔诚，谈到 16:30 回招待所。17:00 吃饭，乘夜车返京，到家 21:00。

1951 年 11 月 18 日

一上午在会馆，饭后到夏三叔家，他们夏间搬来北京，今日总得空去。同华凤翔同居民航公司宿舍。归途遇见翁先生，转入其家一谈。

1951 年 11 月 19 日

严希民来报告科学院，仍是以往那一套自由主义，晚上贞发起看电影。

1951 年 11 月 20 日

在小组会上发表参事职责必须澄清云云。傍晚得临时工作——整理老根据地访问团带回问题。

1951 年 11 月 21 日

上午商定昨日之件怎样搞法，下午搞出财经一部来。贞为制棉制服上身，适天气大变，大风一天，顿入严冬。

1951 年 11 月 22 日

晚民建小组学习《婚姻法》。

1951 年 11 月 23 日

参室突击工作，按时完成，这次参加的有卢、焦、吴、我四人。

1951 年 11 月 24 日

下午小组谈天津观感，贞今日 57 生日，同之出门晚饭，聊资庆祝。

1951 年 11 月 25 日

午前风大室暖，复斐信。下午孟和来，琴带其儿女来。

1951 年 11 月 26 日

上午室会谈工作，下午赴中国保卫儿童全国委员会成立会。

1951 年 11 月 27 日

今日工作，情绪安定，因之小有成就，晚民建常委会。

1951 年 11 月 28 日

在汽车中遇见琴伯，他为我讲大姨处境惨状（叔衡病，不见面，孙子病在床上，儿媳疯，以八一老人操作家事，时时断炊）。午前室会，我讲了一段，廖鲁言强词夺理，不能令人折服，室会 14:00 始散，下午到会馆商量预算。

1951 年 11 月 29 日

今天一天学习——学习《共产党宣言》。上午在会室，下午在全委。晚饭后去民建招待来京会员，远者迪化，近者上海。

1951 年 11 月 30 日

看看书，谈谈天，八点即上床。

1951 年 12 月 1 日

同参室十人乘院车到石景山参观钢铁厂，在厂午饭，看铸管厂及发电厂。16:00 回家，晚上到安先生处夜谈。

1951 年 12 月 2 日

贞去青年会，后养元来，为谈天津展览会，他又自满，劝之。到全三奶奶家还书，回家，夏三叔由凤翔夫人陪来，留饭未允而去。下午同浦化人到会馆，民政局嘱对十月份开支做检讨，开会甚好，大家受到教育。晚 WRSC 开理监会，叙餐一番。

1951 年 12 月 3 日

室会如例，今天事忙不过来；民建宣委会。

1951 年 12 月 4 日

院中一日，晚到民建，听临时学习总结课，十一个人有问题，其中四人须登记，一人且有贪污。

1951 年 12 月 5 日

今起同公培参加全国纺织会议，会场在文化俱乐部，午公培来饭。

1951 年 12 月 6 日

上午纺织会议，12:00—13:00 之间赶回家午饭，到院取学习资料。下午在全国委员会听郭沫若报告世界理事会。晚在文化俱乐部开全委学习小组会，学习《共产党宣言》。无所与，无所得。

1951 年 12 月 7 日

纺织会上听边洁清报告，此老今年 68，自旧社会中一个坏人改变到今天这样，值得佩服。午饭在民建听许涤新报告上海工商及吴大琨报告美国近况。下午又去纺会，晚政院会讨论编制，未去列席。

1951 年 12 月 8 日

上午在院商进一步整理老根据地问题。饭后在民建，谈工商界思想改良。

1951 年 12 月 9 日

午前在江苏会馆，一切入正轨，颇有进步。下午独自到中山公园一走，晚约王昌林弟来饭，谈家常。

1951 年 12 月 10 日

参室会上听编制决定传达报告，回家前在民建开宣教工作会。

1951 年 12 月 11 日

午前在室，饭后到纺织会议听朱总司令讲话及大会总结。晚在民建开常委会，章乃器犯教条主义病，把工作总结领导成为整风。

1951 年 12 月 12 日

在室会上传达全国纺织会议报告与总结，下午组会学习增产节约，得有结果。晚饭后在民建招待纺织会议同志，章乃器一面说我们不可以共[产]党的最高纲领，而应以共同纲领为努力目标；同时又说虽剥削被许可，但剥削意识应先除去。如此说法好像影可离形而独存，存在与意识无关联了。

1951 年 12 月 13 日

赶出纺织会议报告，张云川在小组会上为自己的话无人理，不得下台，抓我的岔。下午全委学习，有所得。

1951 年 12 月 14 日

饭后参加资料室检查工作，列席政务会议处理老根据地访问团带回问题，作出决定，以 1 000 亿元补助多项工作。

1951 年 12 月 15 日

途遇许琴伯，乃约昌林来晚饭，共高大姨、家声。在院赶出许多事来，下午在民建谈民讯，晚饭后同昌林访周先生。

1951 年 12 月 16 日

上午会馆，回家大红在饭，后同之到北海晚饭，后同贞去洗澡。

1951 年 12 月 17 日

在室会，我报告增产节约，饭后检查资料室，历时二小时以上，下午在民建开宣教会。

1951 年 12 月 18 日

有事做且相当忙，午后仍到资料室检查。

1951 年 12 月 19 日

上午在院内搞出些事来，检查资料室后到江苏会馆查看其会计制度。

1951 年 12 月 20 日

甚忙，下午资料室第三科检讨三小时，未完。晚全委学习会请范若愚讲。我右手口袋内一包米票等物今午饭时发觉不在，正向各处寻找，忽由骡马市邮局送回。始知昨日会馆去路上被挖去，投入信筒，函谢邮局。

1951 年 12 月 21 日

竟日在看《法令汇编》稿子，下午参加资料室第三科检查小组检讨，专组长甚为深刻，我略说话。

1951 年 12 月 22 日

资料室，到 15:40 齐燕铭召集会要扩大反贪污运动，要参事去参加。

1951 年 12 月 23 日

墨缘来，为言草绳合作社已垮台。夏陆利要办语文函授学校，以签得章士钊等名。我以其业务基础太薄，为个人创业，有招摇投机之嫌，未许之。适圣陶来，亦不然之。到 WRSC 午饭，准备新年会，下午在中山公园与之英、永滋、公培等茶会，准备开手工指委会。晚在陶兄家酒。

1951 年 12 月 24 日

室会谈“三反”（反贪污、反浪费、反官僚主义）。饭后李维汉在政院新建礼堂开“三反”动员大会，会后我到民建。

1951 年 12 月 25 日

下午在资料室，今天整出一个特务来了，代表民建参加今夕成立之政务院节约检查委员会。去郁文家吃饺子。

1951 年 12 月 26 日

上午室会请假，赶办积事，成老根据地案及参事联系工作办法二件。下午到资料室。16:00—16:30 向节委会办公室汇报，晚上节委会组织检查小组，我被指定负责检查木材问题。

1951 年 12 月 27 日

上午开木材小组会，下午全委学习，听沈志远讲帝国主义。晚在民建小组。

1951 年 12 月 28 日

08:00 出城，同检查小组到制木厂，谈到 16:00。我在公园下车吃茶，候时间到红十字会签名，后到周家拜寄梅七十寿。公园上林春内室似一暗娼活动所在，不期于无意中发现之。

1951 年 12 月 29 日

上午开了二小时检查组会，到了资料室一趟，后听齐燕铭讲"三反"，晚在民建，我对组织处办事马虎提了意见。

1951 年 12 月 30 日

上午赶写检查小组报告，饭后同浦化老到会馆。晚同贞在青年会听昆曲，童曼秋以七五高龄取《夜奔》。

1951 年 12 月 31 日

上午室会，廖鲁言又来一套辩证法答复统一战线学习意见。下午写完报告，15:00 小组讨论了，大体无问题。早回家，晚吃涮羊肉，新弟同吃年夜饭。

1952 年

1952 年 1 月 1 日

晨起即出门给阿斐发电报贺其婚礼，最近电局在东长安街一口气来往，斐今日在南京与刘寿生结婚。电文为"南京玄武门崑崙路九号，刘寿生、章斐：祝你俩敬爱到白头。善、玑"。下午同贞到北海看溜冰步行来往。晚上在灯下为民建看会员自传。

1952 年 1 月 2 日

今日仍忙木材检查，晚饭后开会到明晨一时，到家已将二点。总结读了一遍，归家得阿秀信说三弟于除夕入法院去了，奇怪之至。

1952 年 1 月 3 日

上午同萧秀楷研究木厂中问题，下午李维汉向群众表示决心又开次动员大会。

晚学习会，安之来信要我去，贞定明日赴津。

1952 年 1 月 4 日

贞乘早车去天津，我继续研究木材案。

1952 年 1 月 5 日

上午我还搞木材总结稿。

下午院中检委会开科长以上干部大会，听各单位揭发出事件甚多，上灯后散，定明日开。

晚贞自津返，悉三弟确有隐匿德侨敌产被捕。此事三弟对我始终未谈过，夜不成寐。

1952 年 1 月 6 日

上午在家为二弟写信报告三弟事，有“我一面因我对他帮助不够而自感悔恨，一面痛恨他的不老实态度贪图小利——其实在恒业他也没有得到什么——丧失立场包庇敌人欺骗人民事已至此，只得信任人民公平合理地予以应得的处分了”云云。

下午到院继续昨日之会，会上人多些。主席要限制发言时间，群情不满。

1952 年 1 月 7 日

上午室会我喊出“李秘书应负最后责任”口号。

下午及晚饭后又开小型大会，22:00 回家。

1952 年 1 月 8 日

午前室中碰头会上，大家主张对齐燕铭假传圣旨强奸民意的作风，揭发其事。

晚民建常会请假，同贞去看真光改建的北京剧院的歌舞剧。

1952 年 1 月 9 日

午前室会第一次检查会，廖鲁言暴露了许多思想，检委会晚上开会到大约一二点。

今天运动中群众发动起来后有各种偏差倾向模糊思想，在不向群众泼冷水条件下要预防偏差，这次开会在实事面前学习马列主义，我得益甚大。

1952 年 1 月 10 日

竟日学习薄一波昨天“三反”报告，我揭发了朱高景腐蚀南京铁路人员的罪行。

下午一场，谭、安、李三人大吵大闹，不成其局。

1952 年 1 月 11 日

午前室会对廖提意见。

下午参列席政务会议，今天专题是反贪污反浪费反官僚主义，薄一波讲了二小时，周总理讲了三小时，20:35 散。

1952 年 1 月 12 日

下午检委会开大会，周子健自检，当场处理，李维汉即以之为实例教育群众，正确有力好极。

1952 年 1 月 13 日

贞去女青年会弄图书，琴伯来出示丑弟信说：按月寄 40 万合申 30 万，大姨问题似可解决矣。

延、保来浦化人来，下午同之到江苏分馆开会到 19:00 后。

1952 年 1 月 14 日

今晨参室会上我对廖鲁言提意见，责他不老实、失职、傲慢、脱离群众，庸俗化党的教育等，同人称快，有人说太严厉，楚溪春说态度太凶使人受不了。

下午全委学习听郭大力、吴大崐讲帝国主义。

1952 年 1 月 15 日

夜，民建检查工作到十二点散。

1952 年 1 月 16 日

上午室会检讨廖鲁言。

下午木材组小会定明日再下厂，访其峻未值，留言交沈讷齐。同墨缘通电话。

1952 年 1 月 17 日

8:00 同小组到木厂，余遂章误时不自知，反说不要太机械。10:00 赶回城赴检委会。

下午开坦白大会，18:00 后散。

1952 年 1 月 18 日

吃点心时得院通知，要我去首都汽车公司，急忙赶到始知误送。乃又赶回参室听张砺生等讲话，11:00 齐燕铭约开会要我同郁文、士观参加检委会外勤组。

下午小组又开会。

1952 年 1 月 18 日

午前参加团小组长会在小灶食堂，午后在检委会办公室看材料组织外勤。

晚饭时琴、延来，墨缘来，谈他最近自检出事，内有金镇东交他埋在菜厂后院手枪一事。

1952 年 1 月 20 日

8:00 赶到检委会，岂知昨夜又有变化。外勤组内勤组及木材等四小组一律合并改组成三个小组，木材组改归修建小组，由申伯纯、余心清主持开会一天，仅仅布置工作定明日起进行检查。

1952 年 1 月 21 日

今天一天在修建公司查账，有木厂会计人员来帮忙。

1952 年 1 月 22 日

今日小组又略有变化。1/20 日布置的组，今日起与中建另一小组即辛志超、张效曾、查翁、郁文的一组合并，而将人员精简为申、余、章、张、俊龙及我六人专查中建。

下午中建群众在新礼堂大会当场宣布将卜一明、职倍、赵平等三人职。换中建检查组长陈炳章为张效曾。当场逮捕郭长发，我回家。

晚饭后 8:00 合并的组开始在西盔头作五号办公，布置明日工作及新汇报（中建各单位小组）到 23:20 回家。

下午大会后，李维汉邀新小组在余心清的室谈工作。

1952 年 1 月 23 日

竟日在检查木材账，晚上汇报在李秘书长室到明晨 2:00 始归。

1952 年 1 月 24 日

上午参加查仓库及查账小组会。

下午研究木材账汇报，回家十二点。

1952 年月 25 日

午前帮俊龙查仓库。

下午参加斗争大会，杨少林当场逮捕王凡根在明日到期之限内似有自新机会，宣布 221 人不受处分，李维汉说明政策，唤醒顽固，会后我对李说“仁至义尽”。

晚饭后检委会扩大会，22:00 即散。新年放假四天。

1952 年 1 月 26 日

检委今天“抽纲”，一点未获回家，18:00 后熊始来过年涮羊肉挂上钱门神。

忽得安之快信说：三弟事有变化要贞即去津。贞定明日去津，年景顿消。

1952年1月27日

壬辰元旦，贞乘慢车去津。我处来了养元，永滋，印方、罗叔章诸友。琴、延、珠、阿全、汉汉、大红、寅、瞿良全家，熊侄、保、志澄等大小人口吃年菜，熊留宿陪我。

1952年1月28日

午前研究木材数字，顾传泗、魏西河、汤宽来。

下午无人。但又不想工作，贞21:00前返家悉三弟事有好转迹象，问题也不太严重，闻之略慰。

1952年1月29日

同贞早晚到周家及平三叔处拜年。

1952年1月30日

10:00到修建公司开检查组会对申伯纯提意见。

下午贞独自去天坛，我鼓起勇气到大姨家拜年遇见何四妹，回东城看永滋。回家知院中两度派车来接，因过开会时已久赶去将迟二小时未去。

1952年1月31日

昨日之检委未去，今晨悉阵队已有改变。所有参者都调回，转入思想改造、民主改革及建立制度阶段，我到修建把已得进度交给助理人员，也向张效曾(四人之一)交代。

下午组中开始做自我检讨向士观提意见。

1952年2月1日

今天公园开公审贪污大会，10:00起收听广播，13:00结束，室开会讨论二小时，作报告，政务会议改自19:00起，听彭真报告。周总理谈民族资产阶级与新民主主义关系甚为透彻，回家已1:00同黄绍竑在东华门吃云吞。

1952年2月2日

上午院中开积极分子大会，郁文讲“打虎术”甚好，李维汉说修建公司检查组无决心，有人主张不查大骂一阵，其中引“违法乱纪，公私不分”二语，我以为针对我的，后知不然。我仍将在小组上劝组受进攻方式之发言定原稿送李一看，我未主张撤退而主张改转向查账等手续从旁揭串，不主张赤手冲锋而要围剿。

下午秘书厅参事室开联席会，散后在室讨论财经组又继续开会，我交代与仁元、永固三弟华北四项关系。

1952 年 2 月 3 日

昨日即觉腰酸，今日虽仍有事请假在家休息一天。

下午延带大年来，得申增信说姑母已病危不能言语。

1952 年 2 月 4 日

上午室会对领导保证无贪污行为。

下午 13:00—16:00 财经组同人检讨我，事后我说父母生我以来今天第一次接受三小时的批评今生有幸矣。对民建说："民建在三反运动中，暴露了它的严重官僚主义，罪孽深重。"

1952 年 2 月 5 日

午前无事，下午小组检讨俊龙，我把昨天大家对我意见经过四道手续提炼成章如下文：

【为人】中人之资，封建本质，外面敷上一层资本主义，学识浅，技术观点，任务观点，办事有条理，思想无条理。脾气太不好，严于责人宽于责己，要人有礼对人无礼，自学不知前人，有小心眼神经过敏而易上当。

【处事】责任心强但凭主观，片面，不知分析问题，求近功犯急躁解决不了问题，为了公正廉介〈洁〉但无群众观点，不会领导，所以解决不了问题。

【对于革命】用功理论，但不会结合实际，不会谈历史所以也解决不了问题，政治感觉钝，革命历史没有，一切要从理学起，所以认识不清，立场不稳，不警惕，无斗争心。

【发展形势】脾气已"一落千丈"，但还不好得很，两年来渐渐会依靠群众，遇事同人商量，个人英雄主义也在衰退中，但还是勉强的。

1952 年 2 月 6 日

上午室会开始进入思想改造阶段，今日谈资[产阶]级进攻的认识问题。

下午小组讨论张云川，此人是《水浒》中人。

1952 年 2 月 7 日

上午无事。

下午全委学习《资产阶级进攻》，发言者有张东荪、梁漱溟、钱昌旦、章士钊、孙晓邨等人，新的旧的，唯心的唯物的，辩论甚烈。

1952 年 2 月 8 日

室会上潘怀素老调重弹，以小品游戏文字激动公愤。

下午批评罗子为，回家魏朗斋父子在。

晚饭后杨文通来。

1952 年 2 月 9 日

整天以潘怀素问题检查我自己的思想，写出一篇发言预备后天讲。

晚饭后在民建听凌其峻做检讨。他与仁立、Masses 等关系，但他已濒于危险境地，想劝之苏醒自拔，苦于三日，为之半夜不寐。

1952 年 2 月 10 日

上午同张纲伯到工商联代表民建帮助凌其峻，我料到他心理上困难之点——Trust 观念。10:00 开会前我先劝他放弃他旧的信托观念，这是一次革命。上午众人还是启发他，定推出少数人帮他具体工作。

午后散会我一人在馅儿饼周吃午饭，到会馆搞到 17:00。

晚饭后到仁立帮其峻交代他管的 Masonic Tample 及与美帝分子交往经过，他已搞通自动交代问题，并号召别人向政府登记。22:00 即散，我的一服温凉剂生效，但昨夕之猛剂有以助长之。

1952 年 2 月 11 日

在今晨参会上，我第三人发言批评潘怀素，经大家努力他的丑相毕露低头自认其错了。下午批评翁郁文，此人毛病甚多而苦于找出其毛病。

晚民建宣教会是章乃器又一次召集大家听训之会，在这大时代，民建所处地位如此重要久未开会，他召这无准备之会虽开到十一点无结果而散。

1952 年 2 月 12 日

上午预备一套话向民建今夕常委说，结果形势不尽为我所预料，没有机会说。

下午批评公培，农业部来人找我们了解绍钫。

1952 年 2 月 13 日

室会仍以潘怀素为题材，下午听李云亭讲其自己身世。

1952 年 2 月 14 日

参室今日无事，我独自研究民建政治路线。

下午全委学习。潘怀素既不敢坚持错误又不甘承认错误，不敢出席。但会场上仍提起他的意见，要他下一次出席，杨显东要斗争他。张云川谈为了鼓励思想，见面不可斗争，其言甚是。叶恭绰说害群之马，我说有别，宋德贵是刘元敬不是，他是脱群之马。

1952 年 2 月 15 日

上午室会仍谈潘怀素，下午节委会在怀仁堂开干部会到八时才散。

1952 年 2 月 16 日

上午为郁文赶出一件《簿记常识》的提纲来，又写出千余字的《谈民建的政治路线》。下午李维汉邀民建中常委全委谈民建，大意适与我午前所草拟文件相同，对乃器、复亮的简介予以批评。得鼎信说姑母于十一日晚九时二十分去世。

1952 年 2 月 17 日

贞仍在搞书，我上午写信给鼎、斐。抄出《谈民建的政治路线》。饭后江苏会馆今天开小学校董会，晚上又为之查账。

1952 年 2 月 18 日

室会仍谈潘怀素，郁文说明天下午要我讲簿记。饭后即回家预备。晚在民建交出我的小文章《谈民建的政治路线》，纲伯同宸忱闹得厉害。

1952 年 2 月 19 日

上午预备功课。

饭后 14:00—17:30，留政院节俭会会计训练班讲会计学习，贞来听讲。

1952 年 2 月 20 日

室会谈潘等所组之“生意实践社”。下午小组略谈廖鲁言今晨对此所发的言，早回家。晚又去院赴节约检查委员会。

1952 年 2 月 21 日

上午无特事。下午听坦白大会。晚上民建小组(临时改在救总)我带头检讨写有二千字小组长——自己在“三反”中的思想变化，“三反”工作，民建工作。

1952 年 2 月 22 日

今日消信无事，下午早归。晚上为江苏小学核账。

1952 年 2 月 23 日

太平无事一整天，下午早归。晚上也无事，保来。

1952 年 2 月 24 日

琴伯来以其自传与我的交换看了一遍，饭后到江苏馆交小学报销审查意见，殊挈寅来。

1952 年 2 月 25 日

室会仍谈潘及其生产实践社，之英来了解陈瑾□及寿墨卿，据所知对之。

下午早归。

1952 年 2 月 26 日

在家检查自己思想——永日计工作五小时写成第一段。

晚民建常会乃器固执成见，真相毕露。黄任老劝之曰：“我犯错误八个字，你只犯四个字，我的错误我是自高自大倚老卖老，你年尚不老所以还难卖老。”

1952 年 2 月 27 日

室会潘怀素自检不成话令其重来。

下午廖鲁言约八人谈话，17:00 后到民建开“三反专刊”编委会。章乃器为其自己问题要求修改，反说田钟灵上下其手作风恶劣，我建议以后遇与己有关文件，本人应回避。

1952 年 2 月 28 日

半天为翁郁文的会计训练班所占去。

下午全委学习会。

晚民建总结会，我发言主张除认定政治路线外，还要整顿会内领导作风。

1952 年 2 月 29 日

为潘怀素失踪（今日应由其作第二次自检未至）而纷纭一阵，定由同人分头找其线索，我同左宗伦、汪世铭往访巨赞法师。下午我等正在极乐庵得罗子为电话说已到上海了，这人弃成潜逃可耻之甚。

晚饭同贞到王府井大街一走看夜市，顿见萧条景象。

1952 年 3 月 1 日

午静无事早归家。

晚民建总结小组会到十一点，任老说我是不配领导民建的！颇有功臣自居之意。

1952 年 3 月 2 日

晨得朱一桂信，他已来京，即电话邀之来午饭，饭后四时始去。之英春元来，之英应将福州手协事做交代。我等院无工作且已自然解散似可不谈。

晚圣陶同我二人夜饭乘大风而去。

1952 年 3 月 3 日

室会未去上了三小时课——第二班会计训练，因之失声。

晚民建总结小组会。

1952 年 3 月 4 日

悉潘明日返京，参室整日无事，早回家。

1952 年 3 月 5 日

上午室会潘怀素出席原封不动，无悔过之意，大家要求看管他，领导上仍由其自由谈不怕他逃走。

晚民建总结我未说话。

1952 年 3 月 6 日

下午全委学习，吴茂荪、孙起孟、李俊龙对章士钊、梁漱溟。

1952 年 3 月 7 日

晨民建编委会。

下午在家，贞邀看《政府委员》。

1952 年 3 月 8 日

俊龙等传达在昨日室会上廖鲁言传达建制一切，要先作自我交代。

下午列席移至今日之 127 次政务会议。

23:00 后归。墨缘来信要我公开自检。

1952 年 3 月 9 日

贞今日未去搞图书，保来，下午志诚来，老小四人在家团聚一天实在难得。

晚在民建我对总结会发言半小时有讲稿交组织。

1952 年 3 月 10 日

复墨缘信，下午谈参室建制。

晚民建总结会。

1952 年 3 月 11 日

节委会 0:40 送信来，10:30 开会讨论结束打虎处理老虎办法。

晚民建最后一次帮助乃器，我劝他老实，王新元喊口号。24:00 始散，人数愈到后来愈多，精神饱满。明日停会等他答复。

1952 年 3 月 12 日

上午院节委会开大会，讲明处理方针及办法（见报）。

下午廖鲁言约同人谈潘怀素，回家得申增信说鼎于五日留在机关反省，琴也有信来谈将澄清。

1952 年 3 月 13 日

下午全委学习今天分组，晨其峻来取台灯、打字机取去，院内打鼠疫针。

1952 年 3 月 14 日

郁文临时从永安饭店叫救兵邀我同张云川、李俊龙帮之打虎，20:00 后始放回，周明星来。

1952 年 3 月 15 日

竟日在永安，下午看会计材料，布置任务。

1952年3月16日

竟日在永安，下午搞小卖部账，贞同女青年会在燕大看“三反”展览。

1952年3月17日

到院参室因廖病不开，乃即到永安又泡了一天。

下午作出一个查账报告来。

晚阿全来饭。

1952年3月18日

上午院中开大会处理300余案。

下午到民建开专刊编委会之后去看周先生。

晚上延来借床未由取去，绍钫有人陪来取其存件。

1952年3月19日

竟日在永安，临走查账组邀我去参加其检讨会，留我领导到周末。

1952年3月20日

竟日在永安。

1952年3月21日

竟日在永安。

1952年3月22日

上午在永安。

下午民建在全委听李维汉谈民建任务。

18:00后同张纲伯等同车归。

1952年3月23日

约贞同车到永安，她去果子市，我午饭后归。张俊女小润上星期出嫁，今日由其姑带之来会。

1952年3月24日

午前在参室未开成会，午饭后到永安将工作作出段落。

晚饭后同查账组开一小会总结经验告别。郁文自14叫救兵，仅我一人做到善始善终，计在永安十一天完成查账任务八九件。得申增信说鼎尚未被人谅解，受考验中。

1952年3月25日

在参室写自我检讨，晚民建常委会章乃器自检被罗叔章等压住不拿出来，我与张纲伯，吴菊农力争得胜。

1952 年 3 月 26 日

午前听惕吾传达李维汉对民主党派的谈话。

下午写自检,谈 Toster 二章。晚阅《朱元璋传》。

1952 年 3 月 27 日

听了一天李俊龙检讨。

1952 年 3 月 28 日

上午听俊龙。

下午参加 130 次政会讨论惩治贪污条例。回家 01:00。午饭后莫艺昌来说明乃器检讨又公开理由。

1952 年 3 月 29 日

本定院节委会今天开一天大会,带干粮而去,临时停开。回家延在指桌上上海电报。电中申增说事严重要款,请贞去。不时贞回家她已先接申增 27 信,故也不震惊。我立写信给申增叫她安静,慌张无益。鼎事凭事实自会得到公平处理的。

晚饭后到民建常会看乃器检讨书,罗叔章又神气活现把一切错处推给别人,自己是完成"政治任务"。我力驳之。

1952 年 3 月 30 日

晨魏朗斋又来为我研究他如何得业问题,劝其向东北组织上要介绍。延来谈昨日志培的组织去搜查他家,连延的东西亦取去,其中有余的信及财委所发关于基建的文件二本云云。徐墨缘又来信驳我前复,这一周来从申增的电起一连串"三反"问题发生,使我心理上发生若干波动。

下午会馆开会,业务已停二月。今日之会顺利地解决若干问题。旧人在"三反"中坦白错误,进行修建,加强工作机构,加强小学经费等多是好事,为以前条件下不可能有的事,顿觉"三反"之效实在伟大。

晚读英文《联共[布]党史》。

1952 年 3 月 31 日

在室写自检稿,晚饭时申增汇款来。

1952 年 4 月 1 日

晨为申增写信,余时在参室,晚民建听传达。

1952 年 4 月 2 日

读《矛盾篇》,晚民建总结会议到十点半。

1952 年 4 月 3 日

上午谈俊龙。

下午节委会开会。

晚饭后同贞走街。

1952 年 4 月 4 日

上午院节委会开大会结束群众性运动,16:00 后大家一齐要去北海看花。

1952 年 4 月 5 日

上午在小组做思想检查二小时完了一半,下午无事到廊房头条买鞋,回家得申增 4/2 信说已借钱退赃,然因此又涉及她及二弟了。

1952 年 4 月 6 日

晨起为申增写信当晚由贞写好发出,上午江苏小学董事会。

下午在家看《联共[布]党史》,延带大红来。

1952 年 4 月 7 日

午前院节委开大会动员做交代关系,饭时我继续在小组自检。

下午修补这件文字。

晚民建总结会议。

1952 年 4 月 8 日

上午修正自检,饭后同谭李然到北海看悦心殿院中玉兰,16:00 到民建开编委会。

1952 年 4 月 9 日

上午全委学习会召集参事四人,为一组总结工作,一次未完后天再会。饭后到院整理自检。

1952 年 4 月 10 日

上午室会张云川谈,饭后到江苏小学看文件。

1952 年 4 月 11 日

上午全委再谈学习,我说了话,同李云亭来家饭,饭后同到院学习上交《毛选》第二卷,斐来信说我保证有信必复,她前信我复未至。

1952 年 4 月 12 日

参室今年春季旅行,全体到颐和园,朝发夕返,我同士观、溪春做伴,绕园一周半,访漱溟于西四所。

晚绍钫被解放(出)来。

1952 年 4 月 13 日

自今天起星期日贞不去女青年会，朱一桂来饭，傍晚始去。

下午绍钫来，我二人同之到中山公园看花步行来回。

1952 年 4 月 14 日

午前参室大会，已月余未开矣，下午听张云川。回家得申增十、十一两信，情急喊救，不忍卒读。

1952 年 4 月 15 日

竟日誊写《进一步自我认识》。

晚民建为总结中“添领导作风”一段，罗寺群吠不止，又一次领导作风恶劣之证例——不容分说。

1952 年 4 月 16 日

室会为碰头会上一班无聊者争待遇不争工作而引起大纷乱大不快。

下午抄完自检，王妈回家我同贞冒大风到市上吃饭。

1952 年 4 月 17 日

上午听周士观。

下午全委学习听郭沫若沈雁冰报告。

晚饭后贞去听讲帝国主义，我找老翁谈天，我把自我再认识交出。

1952 年 4 月 18 日

午前参室会谭惕吾怒，第三组强奸民意，张云川疑谭惕吾从中挑拨，闹得一塌糊涂。屈武力解纠纷甚为得力。

午民建常委临时开会，会后为鼎事找力子谈谈，认为申增应将追赃经过报告，与我 4/6 后所主张的相同，公培士观也然，回家后同贞到市上为公份买喜事礼。

1952 年 4 月 19 日

参室一天平静我早回家，取新配眼镜（北京东安门大街大明公司＃12272）。

晚饭后到院参加李——朱结婚，茶会后八点到怀仁堂看文工团今日少数民族献旗，毛主席朱总司令都在座。昨日买三份喜礼我先陈列出来结清账目，汪世铭交工友款我未收到，未算在内，汪临时补交，在前我必不肯收。今天我会照收。由他列名，余钱另照份分算。

1952 年 4 月 20 日

午前同贞到午门前看殷墟出土文物展览，琴延偕其幼来。

下午江苏会馆会后看馆存手卷三个。

1952年4月21日

上午听周士观。

下午参室建制都是小组,会后到黄任老家同力子等闲谈。

晚饭后同贞到青年会看《列宁在1918》电影。

1952年4月22日

参室无事,上午读阅。

下午建制,中财委昨今连派人来了解杨公庶,得申增4/19信心情好了些。

晚民建常会谈招待外宾事。

1952年4月23日

仍在建制,复申增促其写报告。

晚饭后同贞走街。

1952年4月24日

上午谈建制。

下午全委学习,今天彭真报告"三反",邵黄陈诸老发怪论。

1952年4月25日

室会廖鲁言讲领导对参室的企图,我对参事制度的认识以及个人的要求基本上起了变化。饭后约士观到北海谈,此后参室将仍是一个整体性极紧、个人工作极随便的一个单位,参事应各"安于其室"。我不甘终老于此,可请外调,拟在指导商业转业及提高手工业方面找事做。贞同黄惠兰也来北海,同之同车逛东城。得申增4/21信,新弟,归燕相继来,都是"三反"波浪中人。

1952年4月26日

到院因今天大扫除把书桌整理后即回家,同郁文谈起审查组工作方针,为申增写信指示她为何处理鼎事,在家看书不少。

1952年4月27日

竟日闷闷在家,上午之英、下午绍钫来。

1952年4月28日

在小组会上,我谈我从上周五之后对参室的认识起了本质的变化,此后我将找专题为工作对象,得申增4/24信及斐寿生信。

1952年4月29日

看了一天合作书,得申增26信,形势继续缓和。

晚琴来。

1952 年 4 月 30 日

室会,下午无事。

1952 年 5 月 1 日

第三次观礼——五一劳动节,十时在天安门广场举行,今日有外宾在座。

下午一时十分礼成,鼎、保俱来饭。

1952 年 5 月 2 日

到院,齐燕铭在做时事报告。下午到资料室借书。

晚,延带大红来。

1952 年 5 月 3 日

晚饭后,同贞到公园。

1952 年 5 月 4 日

为申增写信,晚得 5/1 信,形势继续安全,丁鼎文来要合作书。朱一桂来饭,延带大红、大年来。傍晚琴带其二子来。

下午,参室同人欢送干事佟连成、郝赫入大学,在北海茶点。

1952 年 5 月 5 日

室会上屈武自检,下午看书。

晚饭后,同贞到音乐堂看京剧。

1952 年 5 月 6 日

在院看合作书,同公培谈手工。

1952 年 5 月 7 日

室会建制,下午搞手工艺。

1952 年 5 月 8 日

写出研究题目:《手工生产力的利用及手工业改造问题》。

晚公培来,醺醺而去。

1952 年 5 月 9 日

星三参室会推我同其他三人为人民法庭陪审员。今日上午法庭开会,下午研究材料。

1952 年 5 月 10 日

竟日看材料。晚民建座谈,乃器愤愤不平,蓄意反复说什么个人英雄主义,搞宗派,指名责我两点:1. 我的意见未曾被抹杀,毅然举“雷厉风行”为例。2. 我曾批评领导"窃窃私语"(其实我说的不如此)有不接受中共领导之意,我当场制止之,使得谈话转入正题——干部会议。

王却老、起意支持我说领导人不应存在报复之心,乃器气略平,余亦不似乃器不然,南亦说"世无完人"。

1952 年 5 月 11 日

上午在家,下午江苏会馆第一次在鹤寿山庄开会。

1952 年 5 月 12 日

室会解决好些问题,建制完成。下午同公培、云川研究贪污案。

晚饭后,同贞到文化宫及公园。

1952 年 5 月 13 日

竟日分析贪污案,张云川粗心大意,不可共事,晚民建常会复亮销假,会开得很好。

1952 年 5 月 14 日

上午人民法庭第一次开庭,下午又为之研究案件。

晚贞去听《莫胡鼎》。

1952 年 5 月 15 日

午前同中南建筑公司的蒋德启找建设局问明若干问题,走了二个地方,没有找到人。

10 时申伯纯在做报告,刘岱去听,交他收藏材料被他锁起,张云川、陈公培无事可做。

下午听全委学习会,艾思奇讲《矛盾论》。晚饭同贞、延到萃华楼吃经济小吃。

1952 年 5 月 16 日

上午室会认组,我认第四组,同组皆系室员,将若之何。

下午搞法庭事。

1952 年 5 月 17 日

竟日研究刘绍英案。晚民建结束总结及布置下月的扩大会议。

1952 年 5 月 18 日

贞去西珠市口听南汉宸报告国际经济会议,我为安之写信。珠带寅寅来,携之到市买糖,濮绍勤来。得鼎 5/15 信,说已于 14(日)回家,一切检举查无系非实,七十天来心上石头落地矣!

午间琴携其三幼来,傍晚同贞到公园遇见朋友不少,包括俞平伯、于永滋、汪孟舒、金□□[①](官中学生)。

1952 年 5 月 19 日

室会到 11:00,赴中共机关支会邀开的座谈会,明日将开党代表会,要我以民建资格参加。

下午新的第四组非正式谈话,谈计划,归家看罗子为自检。

1952 年 5 月 20 日

上午被邀参加中共政院机关支部代表会议,听了一个报告,余时搞贪污案。

晚饭后民建商扩大会事,接安之十九日信(邮戳十九日十二时),彼此久不通信,在我十八信未到前,十八傍晚发十九午前可到,她亦同时写信来,不先不后两封信在途中交错,可谓巧极。

1952 年 5 月 21 日

上午还搞贪污案。午间去车站,接康克清同外国朋友回国,车误点未接到。

下午民建小组开会,对中共提意见,又闻辛志超预备主席会议,准备一个文件的会——分工负责的文件。

1952 年 5 月 22 日

午前将贪污案文件能做的多做了,还待商量。

下午全委学习不太好。晚饭同贞到市场,为铮铮买玩物无所获。

1952 年 5 月 23 日

上午无特事,饭后辛志超来谈工作关系文件(见 5/21 记),余出主意不合意,公培的意见略近上级意图。推余遂辛起草,星一交出。

15:00 后余召集小会,研究贪污案文件、云川一件。

1952 年 5 月 24 日

一天赶出六个案子,连云川一个,共九个,交出七个,余二个在公培手。

1952 年 5 月 25 日

08:00 赶到会馆看账,开会到 12:00,后赶到欧美同学会开理监事会,我以这会实质上已是一个小摊守着一个大庙,余无所事,所以不取消即应充实内容。结果决定改名中国留学生会,另定任务,曹日昌坚辞理事长,我被套上,回家已 17:00。

贞今起到男青年会搞图书馆工作。散会后同通斋、叔衡访飞龙桥 11 号翁咏霓新居。

---

① 原文如此。

1952 年 5 月 26 日

上午听党支代表大会发言。晚民建组织会。

1952 年 5 月 27 日

上午党的会,听申伯纯发挥官僚主义甚详。

下午会馆修缮委员会成立会被选为主委,会上为张企留、黄娄生排解纠纷,面红耳赤。

晚民建常委复亮又为其个人出差的问题坚持其主张,我又为之排解。

1952 年 5 月 28 日

上午室会定大局。

下午小组,余未发一言。

晚饭楚溪春请曲局,雷雨大作而散。

1952 年 5 月 29 日

晨起有一扶持白发翁来叩门,出视,自称李迂泉,以君子砖文字来,及延入始知,意在募款,略坐,留一小册而去。

上午在室,为建制做了一些工作。下午人民法庭开会。晚饭后,民建审查会内处分案,士观召集的。

1952 年 5 月 30 日

为参事室建制,晚江苏会馆张企留来谈,这人不老实,说"领导将掌握工作组",我引申大意为"委员会等于猴子戏,政府骗人"。这是流言,有反动性。

1952 年 5 月 31 日

上午听党代表会总结。下午法庭开审判委员会,晚饭后到欧美同学会开常务理事会。

1952 年 6 月 1 日

上午到会馆开修缮委员会,完成建制,中途看张企留病。

下午略睡,看陶墨,墨大病二月出愈。

1952 年 6 月 2 日

上午室会,我指出参室工作本质已起了变化,我们有正业,不可太强调研究了。带了一个四人集团贪污案回家研究。

傍晚施复亮来,为谈乃器,说我在他出国期间,我说他是只老虎,不打死会咬人的。但在他出国期间他反攻心情尚未暴露,我何从得出此结论,何况他的书面答复,我们大体上认为满意。

1952 年 6 月 3 日

上午研究案子,不得要领。饭后到院找原单位人来谈,略见曙光。

晚饭后民建复亮提出会章初稿。

1952 年 6 月 4 日

法庭开庭,我同谭九时到,已开庭不得入,时间为杂事占去。

下午到会馆,王立勋又为合同打保作梗,修缮事例已入轨道,张企留病未愈。

晚民建讨论会章。

1952 年 6 月 5 日

上午弄贪污案,回家饭后去民建。

下午讨论会章草案。晚宣教方案。

1952 年 6 月 6 日

上午参室召集人商工作方法,乃器邀请谈关系(见 5/21 记)。

饭后民建小组筹备会,但筹备会到六人,余时办案,贞向凌家借来家具一批。

1952 年 6 月 7 日

上午人民法庭会议公培出席,我还是搞案子,回家午饭。

饭后又去开统战座谈会。晚饭后同贞走大街。

1952 年 6 月 8 日

08:00 赶到江苏会馆连开(1) 常委(2) 校董(3) 修缮三个委员会,12:00 赶到家饭。

饭后,下午去欧美同学会主席临时大会,修改会章,变“一个小摊子守着大庙”的现象,为“配合文教政策,增进中外文化交流人民团结”的新的“中华回国留学生会”。

江苏小学继续有进展,吴校长受训,表扬教师得到鼓励。修缮会亦有进步,借款一亿。救济分会临时不打保,几陷绝境,幸人民银行大力玉成,用公证方式得到解决。晚饭后同真到隆福寺夜市,今称东四人民市场。

1952 年 6 月 9 日

室会完成建制,10:30 即散。回家搞案子,饭后又去院,听廖寒飞传达人民法庭审判长会议报告,又赶回看案子。

晚饭后又搞了一个小时光景,今天抽空放下去三小时多。

1952 年 6 月 10 日

上午在家弄案子。饭后去院开人民法庭小会。晚在民建。

1952年6月11日

上午人民法庭审判会,未参加,搞案子。下午到会馆,事已结清。

晚在民建谈会章,重庆来人对总会啧有烦言,对乃器兄不满,我对起孟失言。

1952年6月12日

上午在室写出些东西。

下午全委学习会,陈伯达讲《矛盾论》,并不精彩。

1952年6月13日

章乃器召集之会延至9时始开,13时始毕,回家吃饭,饭后参加140次政务会议,听轻工业部做报告,散后很早在院。

晚饭后到车站接贞,她乘08:00车去津看安之。21:00车从津返京。得悉三弟在津郊十一区凌庄子新生窑厂劳动改造,编入第五中队搬砖班。

1952年6月14日

上午帮李云亭、汪世铭弄制度。

下午法庭会讨论向案。

晚上在家,民建组会不能去,托士观、艮仲带信去。

1952年6月15日

上午会馆,张企留开始破坏。

饭后及晚上多在民建,23:00始归。

1952年6月16日

室会听焦实斋做第一个报告。

1952年6月17日

下午人民法庭研究林案,占去半天,甚为可惜,为民建找周勖成。

晚饭时来,为谈印度情形。

1952年6月18日

下午又为法庭工作占去,连会馆都没有能去。

晚民建在欧美同学会欢迎来京代表。晨为民建找邓云鹤。傍晚之英、亚强来谈手工。

1952年6月19日

晨到救总接洽归还给他们我1950从IRC借得CIFRC木器家具。到院一视,向齐燕铭说明此后三星期将以全力贯注于工商联及民建工会大会中,又到人民法庭同钱梦觉谈了一下,多是请假之意,又到会馆请假。

下午到文化俱乐部工商联大会报到处报到,到院接太仓汪仁虎老伯信,老人为交出苏太谊园事将有所为,代来信问候,意在召我,乃立即前往。

在床前一谈有其夫人及陆鲁瞻在座,他代表汪、王、彭、潘四姓将谊园财产交由夏蔚老及我,转交给会馆,中间潘墨冰账目不清。侯家祥(和甫)各有不尽不实处都待整理见之。

晚民建开 1949 举出之理监事的最后一次联席会议。

1952 年 6 月 20 日

全国工商业联合会筹备代表会议今晨在中山堂开幕,我以民建常委列席。

上午大会陈叔通改开幕词,下午小组会在北京饭店。绍勤还四当书目。

1952 年 6 月 21 日

上午在北京饭店开工商联小组(会),晚上在家,熊侄来宿。

1952 年 6 月 22 日

08:00 赶到会馆专为苏太谊园事,夏蔚老、潘墨冰、候和甫都在,一切顺利进行,不若汪仲老所想象的那样复杂。

11:00 赶到民建开常委会,在民建午饭。15:00 又开座谈会,17:00 赶到欧美同学会开理监事会。工商联梅兰芳晚会得票,贞去。

1952 年 6 月 23 日

上午工商联小组午饭后抽空到参事室,将人民法庭事交刘孟纯,请中建的田建埙、敦登山来与孟纯晤面,下午大会敷衍半天。

1952 年 6 月 24 日

上午大会陈云讲话。下午地区小组(会),我说了一段话。

晚民建宣教开会。

1952 年 6 月 25 日

上午地区小组(会),下午到院开工作制度研究组会。

1952 年 6 月 26 日

上午小组会。下午请假,亦在北京饭店听全委学习会,陈伯达讲共同纲领。

晚民建 59 次常委会。

1952 年 6 月 27 日

上午到北京饭店开小组(会),岂知小组自由行动在宿舍开会,未通知别人,我乃到院看了看,保持些联系。饭后大会听了四人发言,千篇一律。

1952年6月28日

上下午大会听发言。晚赴北京招待晚会,在吉祥戏园。

1952年6月29日

上午大会,09:30即散,即到会馆一视。

下午到京红会开理事会。民建晚上同时两处开会,我索性一处不去。

1952年6月30日

没有赶上照相,上午大会闭幕,15:30在政务院听周总理讲《共同纲领》三小时半*。

晚上全委晚会在北京饭店,保今夕八时赴西安(*8/7重播录音)。

1952年7月1日

上午民建第二次总会扩大会议在北京饭店开预备会。下午无事,乃乘机休息,一下午为在病中困倦,既至不起。

晚饭后同贞到文化俱乐部看电影,今日七一成渝铁路正式通车。

1952年7月2日

民建二次扩大会议,08:00在北京饭店开幕,上午下午都是大会。

晚饭后在文化俱乐部主席团组长会议。

1952年7月3日

上下午小组(会)。晚上汇报,来回欧美同学会三趟,每趟走12分钟。

1952年7月4日

上午大会我们一组五人轮值执行主席,结果我做了其主角,二人未来(王正彬、陈已生),下午小组(会)。

1952年7月5日

上下午小组讨论章乃器宣教报告与决议。晚上汇报,十二组一致不满,乃器抗拒,强调展开会务检讨。此子愚蠢至此,不可救矣。

晚上之会24:00后始散,在北京饭店513号开。

1952年7月6日

上午小组(会)11:00始散,17:00主席团会宣言,宣教决议,协商调整总会机构办法,提案审查意见多顺利通过,会章草案本已接近完成,复亮临时于总会机构各条,杂以私意,行使诡计,临时酝酿修改,引起大波,结果由其一人面向群众到另室协商主席团静候结果。

到24:00后振因复亮的向群众低头而圆满结束,大会于19:00在北饭聚炝。

1952 年 7 月 7 日

上午大会听统战部李维汉部长讲话，12:00 始毕，赶回午饭。饭后即去赴最后一次主席团会议，15:00 大会闭幕，18:30 毕事，晚饭后看新凤霞评剧。

1952 年 7 月 8 日

上午复亮召无组织地方代表来会谈组织，饭后请彭一湖谈参事制度，遇见起孟谈民建。

1952 年 7 月 9 日

到远东饭店看盛、包、陈、胡，他们要去劝乃器，到院一视，为彭一湖找材料，下午未出门，唐德辉自“三反”训练班回家。

1952 年 7 月 10 日

晨起送材料给彭一湖，刚好在旅社门口遇到，邀之同游北海。饭后得法庭开会信，因在假中，仍在全委学习，新编第八组以陈叔通，孙起孟为组长，开始学习《共同纲领》。

晚饭后同贞到瞿良家，回家悉，纺铿自榆次来，未值。

1952 年 7 月 11 日

上午民建在文化俱乐部开第 60 次常委会，南汉宸做了一个很好主席，讲老太婆劝架及时代要求超手圣贤的标准，经全组委问题顺利解决，午后散会。

下午列席政务会议，20:00 回家。

1952 年 7 月 12 日

上午统战座谈，谈评薪及“三反”。下午人民法庭审理会。晚朱一桂、延、大年都来。

1952 年 7 月 13 日

上午在会馆解决了好些问题，张企留变得守规矩了。

下午在家，周士观、王艮仲两懒汉推我报告工商组(在参室)，预备二小时半。

晚上杨诒详夫妇来，他们三个月前始由重庆调来北京。

1952 年 7 月 14 日

自今日起照常到院，上午室会改在下午，余报告工商联，上午又办法庭事。

1952 年 7 月 15 日

上下午在院，看完两案，得鼎信说要搬家了，决定贞去帮忙。

1952 年 7 月 16 日

一天没上院，10:00—12:00 在民建谈专辑，要我起一部材料稿。

下午去欧美同学会，解决与文化俱乐部及政务院间各项问题。鼎将搬家，贞准备于 23（日）前后赴申。

1952 年 7 月 17 日

上午开始写专辑（见昨日记）材料，下午在家完成，计三千字。

晚饭后为欧美同学会事找李宗恩到周家吃到西瓜。

1952 年 7 月 18 日

上午开庭陪审，下午列席政务会议，黄任老主席做的结论不坏。

22:00 看电影后乘起孟车返家。

1952 年 7 月 19 日

上午“三反”结论讨论座谈，下午写起诉书。

1952 年 7 月 20 日

上午约浦化人到会馆开校董会。下午无事，同贞到北海，雨前返家，当夜大雨。

1952 年 7 月 21 日

上午室会请了假，写起诉书。下午法庭会没有轮到我的案子。

晚饭后再去搞到 22 日的 02:30 才回家，今天整天大雨。

1952 年 7 月 22 日

上午在家写起诉书，下午正在座谈“三反”，法庭又来找去斟酌文字。

晚民建常委谈话甚少，对起孟讨论专辑一段文字，我觉得民建敷衍，空气又见浓厚起来，大有一团和气——起孟改的专辑文字内容不着边际，领导层今晚报告原封不动都是迹象，碰头会商好了，叫常委举一下手。

1952 年 7 月 23 日

今天法庭量刑一整天，从刑事处分到行政处分弄清 124 案。

1952 年 7 月 24 日

上午在室乱吵一阵。下午全委学习听郭沫若报告世界人民和平大会。贞购得车票定明夕赴申。

1952 年 7 月 25 日

上午开庭，下午未去院。晚饭后朱一桂、唐德辉帮同送贞乘 21:40 车赴申。

1952 年 7 月 26 日

上午在参室，未成何事。下午开庭。

晚饭后，起孟来为谈如何克服保守主义，他劝我勿辞宣委作为讽乃器手段，他赞成辟民讯中会员园地及知识分子座谈，他征我对集体办公意见，他承认

22日之常会开得不好。

1952年7月27日

上午在家写判决书二件,饭后略睡,独自游北海,出门后遇见张服五夫妇及黄会林,乃同之回去在湖边茶庄到17:00后。

1952年7月28日

上午室会不太好,下午任老来谈嘱常接触。

1952年7月29日

上下午在室看东西,下午专看手工材料。

傍晚孟守曾来为谈九月间将开合作干部会来要意见,得贞27日到申信。

1952年7月30日

上午看手工材料。下午节委会开会,民建乃器召开"第一次宣教会"。托艮仲表示:1.未改组但可以称"第一次",说改组何以未得同意且未经常委?2.应从扩大会议做起。3.《共纲》学习布置应抓住民建重点,不应再来一套一般的,否则何以别与工商联。

民建应扭转民族资产阶级发展方向。文化俱乐部把文化餐厅作为机关生产交给机关局,欧美同学会要迁房子,日来同余心情梁隆泰打交道,通知救总,我家即可腾出48号,同秦树英讲的。

1952年7月31日

上午为林某案加开一庭,由他诡辩。

下午开审判大庭接着节委会开大会宣判,宣告行政处分,将二百四十余积案一下解决。晚饭后,延报大年来。

1952年8月1日

连日阴雨,今天八一天阴气清,八一建军第二十五周年,军中开运动会四天,军民同乐。

上午在院,周总理送酒三瓶,一班酒徒醺醺走出院门。

下午未去,政务会议改在19:30举行。晚饭后去列席。夜为欧美同学会事,不得要领,大为懊丧,失眠。

1952年8月2日

上午为欧美同学会奔走机关局及文化俱乐部,晤见梁隆泰,说定十月前要用房子,调整关系可在十月后。晤文俱部史公战及马正信说可公用,他们亦不愿完全放弃,当面提出书面要求。

下午在民建开民讯会。晚上未去职教社，在家看小说及民建工作。

1952 年 8 月 3 日

上午去会馆，下午开欧美同学会常委，润妹、琴、阿全、之英来。

1952 年 8 月 4 日

上午室会。下午地区组联合组长会谈，得贞 8/2 信，说鼎房子已弄到，前申增借款退的“赃”已发还，鼎回原职，作出结论了。

1952 年 8 月 5 日

上午在唐德辉家同他听中共整党报告，今天第一次胡绳讲共产主义社会三小时。下午到院看了几个报告。晚民建常委今天开会情形稍好。

1952 年 8 月 6 日

上下午均在院，无特事。晚饭时绍钫来吃西瓜。

1952 年 8 月 7 日

上午看手工材料，下午全委学习听周总理 6/30《共同纲领报告》的录音，晚饭后延挈大红来。

1952 年 8 月 8 日

上午听整党报告第二讲——艾思奇讲《从新民主过渡到社会主义》，下午看些手工材料，晚饭后绍钫来同之吃冰。

1952 年 8 月 9 日

上午看手工材料，下午抽空到会馆还马芷庠书二本，到院适曹日昌来找我为谈欧美同学会与教育部取得联系事，晚志澄甥来说将回浙大，日内成行，把贞遗忘之眼镜及烟嘴托他带申。

1952 年 8 月 10 日

今天无会，上午换床上电门，同大红到大街取修理的钟，回家瞿菊农、钫弟在，菊农是“三反”现象(其过程中孙廉家于四月间投嘉陵江)无罪返京，我劝其致力于学习工作，以其哲学基础，结合其斗争经验，好好写点东西争取早日加入学习战线，饭后去。

三点后同钫弟到公园遇雨，回家夜饭，晨发贞上海信，料定鼎今天搬家，傍晚得贞信，果然又接保信，满纸丧气话，为之不满而失眠，琴带好汉来，晨李旭英来，乱了一阵。

1952 年 8 月 11 日

室会上，我报告地区组，会商所提问题，讨论了好久。下午民建小组去任老室开会，到五人。

晚民建宣教会死气沉沉，到十点后我始发言，将日间所谈教育会员方法提出，稍有生气。

1952 年 8 月 12 日

晨起因昨日未能去，到江苏会馆悉昨日之会为工头冒开花名，经自己认错后将另换别人，事已解决。

吴校长为金包英过事，与之为难，要求开扩大检讨会，我劝其重视人民教师地位，要求不可过高，说服之打消原议。到院写出昨日民建小组记录。下午因有晚会，在家为民建宣教看分会报告。

19:00 中央委员会办京剧晚会，集名角之大成，毛公以次均在座，在政务院新礼堂演出，24:40 始散。

1952 年 8 月 13 日

上午下午都到院，平静一日。

1952 年 8 月 14 日

上午检验身体，下午全委学习讨论共同纲领。九点后在浴室中，熊郁村夫人来未及见。

1952 年 8 月 15 日

（原文无该页。）

1952 年 8 月 16 日

上午统战座谈，洪学村说档卷制度好，但不解决问题。

下午民建第一次试办联合办公。

1952 年 8 月 17 日

养元晨来，延带大红抱小黑猫来，大红不乖，我打了三下屁股。

饭后同熊到公园与养元、守曾公培谈手工，晚阿全、阿琴好汉来——桂来。

1952 年 8 月 18 日

上午听安子文正整党报告讲八个标准，下午谭惕吾要学习整党文献，廖鲁言来大讲道理，结果还是自愿学习，我华北区组办出一个稿子——建制到后第一件，小猫太闹。晚起提猫被咬左小指出血。

1952 年 8 月 19 日

上午同郁文等四人审查保密范围，下午在民建在俞宸老领导下，分看分会 1951 年工作报告。

晚饭后在北京饭店民建常委会席上乃器报告中央委员会会议情形。

1952 年 8 月 20 日

上午在搞保密范围，为民建同陈公培、李光宇、高组恒谈，找于刚未获。

1952 年 8 月 21 日

上午同郁文等搞保密，下午双周座谈会，听代表腾代远部长报告成渝铁路。

晚饭后又去院赴福利委员会成立会，被推为四个副主委之一。

1952 年 8 月 22 日

上午在院未成一事，下午在家为民建搞报告，晚在院礼堂看罗马尼亚文工团出演，毛主席朱总司令均在座。

1952 年 8 月 23 日

上午未做多少事，下午参室报财委系统各单位讨论保密范围，晚绍钫来。

1952 年 8 月 24 日

上午同浦化老到会馆，又解决了好些问题。下午同钫弟逛文化宫及公园，延琴俱来。

1952 年 8 月 25 日

上午未开室会为民建工作，下午未为福利委员会改东西。

晚民建宣教会，昌林、子斐来，留之饭，说清华学电机，毕业分配到东北，寄来箱子二只。乃器费尽心计做大会小组发言统计，由此得出结论：大会决议群众性很小。他如此顽抗，如此机械看问题，我予以批评。

1952 年 8 月 26 日

上午为民建看宣教方案草案，午饭时 YT 来要借名人录，散值后为之向全三太太转借未得，冒雨归，YT 在此午饭。

1952 年 8 月 27 日

上午室会，李一平报道湘潭、许昌乡村建设现状甚不好。下午第三组学习整党文件，我(近编第四组)去参加，略谈即转往民建，同宸老看报告，回家晚饭了，饭后，到文化俱乐部听工商报告，李烛尘报告天津，孙晓邨报告北京。

1952 年 8 月 28 日

上午同周士观谈手工的方法。下午全委学习联组讨论共纲，梁漱溟批判他 1951 年以前不能接受工人阶级领导的思想，如何弄清及其理由，结果他自己以为思想搞通了，实际没有。因为他的方法是唯心的机械论的，他大失所望。

1952 年 8 月 29 日

人事部又一次要填表，下午为之占一大部。

上午组中开会，胡公冕、李仲公抢着乱吵，几乎令人不能忍受。晚饭后独至市场溜达，买小字典备家用，熊侄来宿。

1952 年 8 月 30 日

上午同小组修正保密范围。下午在机关事务局开福利委员会主任会议。晚绍钫来谈，将于星期二去东北，乃姊星期三到，正好相左。

1952 年 8 月 31 日

上午到会馆谈为何整顿收入——催租。下午略睡，访永滋再到熊大太太处，这次找到未遇，汪季文最后迁来北京，住西北池子南口，往访张老太太，病后在家。晚饭后朱一村来，得保信。

1952 年 9 月 1 日

室会上张志和报告河南农业税。下午为福利委员会做了些事，晚绍钫来说明日赴东北。延今晨七时产第三胎得第二子。得贞信说四日晨回京。

1952 年 9 月 2 日

11:00 到统战部(第一次去)晤于刚，谈一小时。归家午饭前到养蜂夹道妇幼保健院视延，已能起坐。下午无甚特事，通知琴、朱一桂。贞改四日来。晚民建京分会四个小组在东安市场开会，酝酿选举。

1952 年 9 月 3 日

11:00 复亮约我谈民建，赶回家。贞已在家，原来日子弄错了。下午仍到院。晚民建常会，无精彩节目。

1952 年 9 月 4 日

上午学习组，下午学委，文化俱乐部学习。晚琴来、一桂来，熊来宿。

1952 年 9 月 5 日

为会馆起稿——给其租户的信。下午到救总晤秦树英组长，向其报告贞已交房回京。请其向上海要报告证明我对凡尔登花园房子的责任已解除。

1952 年 9 月 6 日

下午民建，乘路去看 YT。遇见孙锡三、孙瑞芹、朱继圣。

1952 年 9 月 7 日

上午无事，琴、珠各挈其幼来。下午民建京分会大会，当检票员。黄任之以其一知半解，厚颜卖老，甚为可耻。

1952 年 9 月 8 日

室会上张云川报告皖北农间情形甚详。下午在假山上同士观、艮仲谈民建。

晚饭时贞为打门阻我，我生气。打门的是琴。饭后到民建开宣委会，我为乃器摆臭架子，我们审查了的文件，他不看而生气。怕当场冲突，要请假避之。大家不许我走，结果我耐住不发一言，勉强支持到十点后散会。

1952年9月9日

为民建宣教，手工研究做了些规划。晚请周家二老来饭，和弟从上海来。

1952年9月10日

室组会开得不太好。下午想手工问题，催周士观做工，少有效果。贞带大年来住。晚上闹了一阵。

1952年9月11日

今天福利委员会开了一天会。由我主席。晚饭后民建座谈宣教。

1952年9月12日

上午为福委会工作。下午同士观谈手工。晚民建小组在仁立。我批评了黄。

1952年9月13日

上午写手工报告提要，下午民建联合办公。到YT处。

1952年9月14日

安之定今天来，特去江苏会馆请假，在家候之。安之九时来，十四时去。决定当前工作重点为帮助三弟改造思想。饭后略睡，睡后到北海看红会展览，即到中山公园同和弟、熊侄吃茶。贞带大年来。我即在公园夜饭，饭后赴音乐堂红会募领报告会，会后有京剧《清官谱》，同座皆医务工作者。同和、熊照相给老太太。

1952年9月15日

室会谈农村工作。下午民建筹备小组开会。孙起孟批评我因说话不得其法而得不到效果。

1952年9月16日

上午写手工报告，下午交周士观，请其明天做报告。晚民建常委会。

1952年9月17日

上周士观在组会报告手工业，说得不清楚。讨论下来，有所改正。下午到会馆。

1952年9月18日

上午组会，谈农村工作五年计划。下午办些杂事。

1952年9月19日

四读《矛盾论》。下午为民建看材料。16:00后到民建谈文件。

1952 年 9 月 20 日

北京图书馆预展善本书展览，我被邀参加。建议郑振铎恢复武英殿聚珍版。为民建写宣教方案。下午联合办公，跟着座谈宣教。晚饭后归。方案大得称许。

1952 年 9 月 21 日

上午无事。午第四组七人在惠乐康阚兰，下午同朱一桂在公园。晚上欧美同学会理监会。

1952 年 9 月 22 日

室会听李云亭报告教育，下午任老。一苏州来匿名信问我有何熟人可以从旁打听工商界情况。晚民建宣委会上，我报告座谈方案要点。

1952 年 9 月 23 日

竟一日之功把手工研究报告重新写了一遍。预备下星期报告。

1952 年 9 月 24 日

上午一人在室，修补报告稿。下午会馆修缮会，彻查工程问题。

1952 年 9 月 25 日

室会学习“八个标准”。下午无所事。这两夜大年不乖。

1952 年 9 月 26 日

上午独自在室，读《矛盾论》第四遍。下午民建开民讯会。晚到小组，但无一人来。得燕大信，要我们取回子丑两类书。张茂楠自申来。我因他 1949(年)跟着戴玉山等损公利己，责其无立场、无原则。

1952 年 9 月 27 日

为父书事，今天本打算去找邵力子。临出门，忽想起我应往晤郑振铎，为他送油印技术的书去。在团城找到他，入室叶岑虎、徐笙渔俱在。谈及父书，叶不赞成转送文史馆，郑一口允诺，愿收受全部。徐赞成，叶愿作证。于是此事即时即地解决。到室再读《实践论》。

1952 年 9 月 28 日

竟日未出门，为书事发和弟信。复鼎，复保，都是经心之作。琴、珠各挈其幼来。下午去，震亦来。他们将移家清华。

1952 年 9 月 29 日

在室会上提出手工研究第一个报告，长话短说，可一小时半。今天是壬辰年八月十一日，即我第 61 周岁。贞为邀周家二老去吃烤鸭，临时延来，乃抱大年同往。一鸭四菜、饼、饭，五大一小吃不完，共费不及十万元。

1952年9月30日

事实上已入国庆休假状态。我个人在手工问题做了些整理工作。

1952年10月1日

我的第四次到天安门。自三座门拆去后，天安门更显得宽广了。10:00—14:20观礼。回家已疲倦得很了。熊侄约昨夜来宿，度节。

1952年10月2日

在家休息一天。晚上在森隆吃周太太寿酒，座皆熟人。得和弟复我9/28信。

1952年10月3日

到院，但人尚在Vacation mood中。晤郑振铎，电燕大，约邵力子，多很顺利。晚延家来接大年去。午在院中秋聚餐。晚在东安门七楼吃饺子。

1952年10月4日

院内清净无事。晚饭后特地去国际书店买英文本《矛盾论》。

1952年10月5日

竟日无事，午前区至培来。饭后同贞到西郊公园，上灯始归。

1952年10月6日

室会上张砺生报告农场。下午到燕京图书馆谈收回子丑类手续，顺利得很。返城仍到院。

1952年10月7日

晨到团城晤振铎，说好燕大已在准备候期交书。饭后到救总晤其会务股王同志，催其向申会要关于我交还住房一事的报告。除此二事之外，今天一天白化掉了。周士观要皮赖，不肯工作，因之手工研究我亦无心经营。16:00后独往公园看德国赠我的玻璃人，看的人多，无法走进而罢。得卫楚材复信，即转任老。晚饭后同贞到瞿良家一坐。

1952年10月8日

上午静心看手工稿，加以充实。晚民建常委会。

1952年10月9日

上午组中学习"八个条件"。下午无事。晚约永滋、孟守曾来饭，谈手工研究。天气大变，秋风秋雨一整天。

1952年10月10日

晤郑振铎，请其派人下星期一去燕大点书。余时为民建看文件文稿。晚浦化人来。民建小组又未开会。

1952 年 10 月 11 日

上午为遗书事拟文件,函和弟。下午民建开会。

1952 年 10 月 12 日

晨同贞到东四买菜。下午无事。浦化人来,晚饭后同之到会馆开改选委员会,我被推为主委。绍钫从东北返京,晚上备菜待之。瞿良全家来饭。

1952 年 10 月 13 日

08:00 陪北京图书馆杨殿珣、吴景熙到燕大,承陈鸿舜、梁正庄接待,即派傅、赵二馆员代表燕大点出,移交杨、吴二人。安排毕返城。下午赴庆祝和平大会成功大会于太和殿前。17:00 后返家,晚延带大年来。

1952 年 10 月 14 日

上午在长安戏院听志愿军代表报告朝战情况。下午到院,得燕大电话。入睡前浦化老同吴校长来谈会馆。

1952 年 10 月 15 日

上午组中讨论工作,下午无甚事,到北京图书馆后即归。

1952 年 10 月 16 日

上午学习"八个标准"。下午简直无事。晨晤杨主任,说今天还要去。晚上怀仁堂晚会——怀仁堂修建后第一次。

1952 年 10 月 17 日

晨晤杨殿珣,院内无所事。下午到会馆看看谈谈。

1952 年 10 月 18 日

上午无事,下午民建。晚请熊太太一家子。贞得人事部信,说已派她在教育部工作。

1952 年 10 月 19 日

晨起整理移书日记,即到陶墨处,留吃蟹,坚辞不获。下午同贞到北海。晚得杨主任会点燕大书报告,又搞书事。

1952 年 10 月 20 日

晨晤杨主任,室会在大厅,谈农村工作,不带劲得很。周士观懒做工,勤说话。抬出毛主席,作风之坏,无以复加。晚上对书目。

1952 年 10 月 21 日

上午参观政务院档案室制度,下午无事。晚上民建。民建昨夕开宣教会,通知今晨才收到。

1952年10月22日

上午组会听孙荪荃报告农业会议情形。下午在会馆对张企留使用压力。结束修缮。

1952年10月23日

上午到燕大,事成其九了。下午民建听各分支会负责同志报告。

1952年10月24日

午前到图书馆同张馆长到团城将收书文件、呈献文件面交其万姓处长。由其凭收书文件去提书。会馆张企留体格报告送来。晚饭后我又去送还纪录二本,晤吴炳成。

1952年10月25日

上午统战座谈,下午在音乐堂庆祝中国人民志愿军出国作战二周年。

1952年10月26日

中央美术学院受轻工业部嘱托,促设“建国瓷设计委员会”,邀我参加,上午在美院开会,并有午餐(三年来创举)。我说这是划时代工作,应郑重其事。下午会馆斗争了五小时。我把修缮报告交出候查。

1952年10月27日

室会未开,下午亦无甚事,白白枉过一天。

1952年10月28日

上午又弄了一些手工,下午民建听起孟、复亮传达最近周总理关于资产阶级的谈话。

1952年10月29日

午前到图书馆取回会点报告,向燕大收还子丑书,即以转献政府,手续就此完成。

1952年10月30日

上午开福利会,下午糟掉。晚饭后到多福巷21号夏棣三新居看今晨由申到京之团妹。

1952年10月31日

午团妹同邦莉来饭,饭后同之乘二路车,她去看大姨。17:00从北京图书馆搬回他们今晨从燕大取还之父亲遗物。提呈遗书事至此胜利完成,计自9/26得燕大信起,为时一月又五天。

1952 年 11 月 1 日

下午同贞在怀仁堂听郭沫若报告和平会议。

1952 年 11 月 2 日

午前到故宫看瓷器预展，竟半日之功，仅得其大概。下午约之英、亚强、凌云、公培、士观来谈手工。郭新生自东北调回，亦闻信赶来。争论良久，未得定论。晚同贞到北京图书馆听刘国的讲“书”。

1952 年 11 月 3 日

上午同贞在怀仁堂听钱俊瑞报告中苏友好月意义与工作。散后同在双龙榭午饭，饭后到院。

1952 年 11 月 4 日

上午开福委会，结 10/30。下午为中苏友好月写文。晚饭后到民主剧场晚会，看了一小时即归。

1952 年 11 月 5 日

上午学习，下午无特事。绍钫将赴申结婚。贞敲他竹杠请吃羊肉。吃后民建常委开会。

1952 年 11 月 6 日

午饭到欧美同学会同赵总干事谈话。发现经事会员有私用公款 160 万之事，嘱赵彻查。中苏友好月于 19:30 开幕，怀仁堂晚会到 02:00 才散。

1952 年 11 月 7 日

政务院庆祝中苏友好月。张林池报告三小时，苏联集体农庄情况，甚为详尽。下午未出门。

1952 年 11 月 8 日

上午到院，下午到会馆看看，一切尚平顺。同金在镕去视马芷庠病。晚饭后同贞到瞿良家为绍钫筹备结婚。

1952 年 11 月 9 日

上午在北京饭店听苏联科文艺代表团团长吉洪诺夫富有新意的报告。回家吃饭，贞到怀仁堂赴妇女界欢迎苏代表会。下午在家，傍晚走看周先生。

1952 年 11 月 10 日

室会未开，今天一天一事无成。天凉坐不定，连看书多不行。

1952 年 11 月 11 日

无甚特事。绍钫来电话说婚后不来京了，于是一切准备骤然停止。

1952年11月12日

今晨贞正式到教育部上班。自此我家大小八口充分就业，只铮铮失业了。下班回来，说她在机关事务管理处做文化工作。我下午找合作社赵叔翼谈手工。晚上同浦化人到会馆，22:30回家。

1952年11月13日

组会学习斯、马二文。下午全委学习。午饭后到欧美同学会对工作人员讲话，要求他们工作及学习。他们好像很能接受。立案事告成。

1952年11月14日

晚上浦化人派人来谈会馆事。

1952年11月15日

整日在民建：上午工商研究会，下午民讯。

1952年11月16日

08:00即到会馆，帮助改选代表。一场斗争居然过去。下午同贞出门一走。琴、之英晚来。

1952年11月17日

室会听林业农税报告。下午到中宣听苏联专家讲档案工作，不知所云。讲一小时许即散。

1952年11月18日

找到振铎的回信。晚民建交出宣教方案。半天为民讯改稿子。

1952年11月19日

晚欧美同学会常理会解决了好些问题，建立制度，WRSC算是翻了身了。

1952年11月20日

贞08:30起身，我同之起身。改民讯稿子，到院学习联共文件。午时金在镕来谈会馆。下午全委学习，晤其总干事，说WRSC是房东要用房子，随时招呼，不指定专室办公了。晚民建分会，机关小组长会。

1952年11月21日

下午未上院，金在镕又来。晚得保病信，使得我二人心上又来一块石头。

1952年11月22日

下午民建联合办公，只到二人。

1952年11月23日

同贞二人竟日在家，度此一永日——复保信——要他照章行事。丁国桢来要恢复工作。瞿菊农来——劝其放下旧包袱。复和弟，告其自传已于 11/20 交起孟。傍晚同贞出门，在附近购物。

1952 年 11 月 24 日

室会，下午民建小组，在参室。晚民建宣委会。小娘舅回来了，乐观得很。

1952 年 11 月 25 日

上午民建拉去全委听汇报——省级协商委员会学习情况，所得甚少。下午是欧美同学会老头会，特去看看，来了十余老人（其中有王君宜、王亮强、叶叔衡，还有非会员汪孟舒、王硕夫等）。以“神仙对子”为乐。今日扫房，把自燕京搬回之父亲书桌支起使用。在抽屉内发现父亲遗纸，及顾起潜编书目时用纸。内有四当斋书目残稿、校样；俞、张两文原稿及陈叶题字墨迹，以之归入书目。

1952 年 11 月 26 日

办了一个稿，看了几篇书，之外未做何事。

1952 年 11 月 27 日

组内学习，午民建在萃华楼欢迎赴朝慰问的同志回来。下午全委学习，晚在民建听慰问同志报告朝鲜战场近况。

1952 年 11 月 28 日

写了一千多字及自用的开幕词。文化部送来褒状，即抄送和弟。移书事至此以“遗箧得所，老母受奖”结束。计自 9/26 得燕大信至此，计 64 天，费用不及二万元。

1952 年 11 月 29 日

为民建小组办了些事，章乃器曾以自己太大，不能参加小组，近为了粮食部长提出退出小组的要求，小组要向分会请示，不能由他随便。下午民建联合办公，只到我一个人。晚上在绍钫新居吃喜酒。

1952 年 11 月 30 日

上午熊来，下午会馆争论一大阵，无聊之至。晚欧美同学会庆祝中苏友好月晚会，同贞去，我致开会辞六七分钟。

1952 年 12 月 1 日

参室未开会，下午民建小组到五人。－6℃。

1952 年 12 月 2 日

白天照常，晚上民建常委会。

1952年12月3日

组会一小时，下午未去院，在家学习联共文件。

1952年12月4日

组会学习，我轮当主席，学马林可夫报告第三段，党。下午全委联组学习，孙晓邨大讲一套，蓝公武反对他。学习后贞来洗澡，同归家。

1952年12月5日

下午未去院，配眼镜，买书，看《矛盾论》。

1952年12月6日

五读《矛盾论》，下午民建开民讯编委会。

1952年12月7日

上午同贞买物。饭后之英来谈手工生产。琴、延来。

1952年12月8日

室会上由朝鲜慰问回来的罗子为、张云川、于振瀛做了报告，讲为何"最可爱的人"欢迎"自己的亲人"。午饭时约廖华来饭，他要看我的卫夫人墨迹，叹为至宝。马芷庠来谈会馆中种种。晚民建宣委会谈工商界存在的问题。

1952年12月9日

看文件，学习一天，无特事可记。

1952年12月10日

组会上胡公冕报告互助组。下午无特事。

1952年12月11日

上午胡公冕继续报告，下午在怀仁堂听周总理报告。

1952年12月12日

午间黄娄生同乡来，下午会馆公筹委员会开会，为之澄清思想，解决问题，这是我第一次有意识地应用《矛盾论》处理实际问题的过程。

1952年12月13日

下午文化部请看杂技，在北京剧场。浦化人来谈会馆。

1952年12月14日

今天贞补做生日，午请瞿、全、区、张四姓，连自己共13人，在东来顺涮羊肉。下午会馆吵闹半日。晚有晚会，未去怀仁堂。

1952年12月15日

室会廖鲁言出席，胡公冕又来马列，廖华止之。廖鲁言谈马林可夫，甚好。

午民建请全国工商联委员于萃华楼。下午在民建开政务院小组第三次会。找华通斋未值。晚饭后到会馆同杨君起草委员会章程三件。汽车去时占时 1.5 小时。

1952 年 12 月 16 日

上午清理积事，下午在家看民讯 22 期稿子。晚民建常委会。找到通斋，劝他降低条件，把其＃19 房子租给民建。建议：180 万月租外加津贴，设备折旧 40 万，物归他，修理归会。他允考虑。

1952 年 12 月 17 日

上下午到院，通斋来，自动放弃 40 万。即电告晓邨，他说是一件大喜事，欧美同学会常理会。

1952 年 12 月 18 日

上午组会学习，下午全委学习。

1952 年 12 月 19 日

组中学习，胡公冕大过说话瘾，令人难受。下午去工商联开民建会员会，反映地方情况，问题不少。

1952 年 12 月 20 日

上午室会学习马报告第二段之前半，我说了十五分钟。下午在民建同胡子昂谈话。

1952 年 12 月 21 日

整天在会馆，今天改选。中午回家午饭。

1952 年 12 月 22 日

室会学习联共文件，左宗纶一人讲了 100 分钟，大过其瘾，可恶之至。下午亦无甚收获。

1952 年 12 月 23 日

上午在首都电影院看《和平万岁》预演。下午到院。

1952 年 12 月 24 日

上下午到院看斯著，晚上之英来，心绪大不佳，说手工将移交出轻工业部了。临睡黄凉尘来。

1952 年 12 月 25 日

上午组会学习得很好。下午在北京饭店听苏联专家报告，并不精彩。晚饭后到民建开民讯会。得保 12/20 信，一意要回家。

1952 年 12 月 26 日

晚红会理事会，因昨日太累，请假未去。复保有留稿。

1952 年 12 月 27 日

上午室会学习，卢郁文硬说两次世界大战都是两个阵营间矛盾所引发，大犯机械唯物论毛病。下午未上班。

1952 年 12 月 28 日

上午到会馆开筹委会结束会。我 1. 补正了选举会的纪录；2. 特别提出苏太谊园手卷四个及吴县属馆三处的移交应注意；3. 向新委会贡献意见二点：明确领导关系，健全会内制度，我的工作至此为止。下午新会第一会我未去。同贞到市场买物，出城看琴未值。晚琴、延、至培各带小的来玩。

1952 年 12 月 29 日

室会学习，下午在北京饭店听专家报告经济法则，还好。楚溪春请吃哈密瓜，带回一块请贞埋在庭前雪中，由她发掘。晚在民建开常会，又为贞争得明天戏票一张。

1952 年 12 月 30 日

到院即领薪回家。下午福委会四次会。晚同贞看《曙光照耀着莫斯科》。

1952 年 12 月 31 日

上午在室料理积案，下午亦去，无事。晚同贞去洗浴，未果。

1953 年

1953 年 1 月 1 日

竟日未出门，来人甚多，墨卿夫妇、之英、春元、华增、延家三口、全全家六口。

晨起为鼎申增写二页长信，内容颇丰，包括一九二〇年十二月二十八日日记一段作为教子参考资料。

1953 年 1 月 2 日

组同人要吃羊肉，我去东来顺定座，生意太好，不定了！

晚饭后同贞在大街上花 4 万元买一桌灯。

1953 年 1 月 3 日

上午听说廖寒飞死了。

下午为今日晚会放乐子学昆曲，临时因廖丧晚会停开。

1953 年 1 月 4 日

在家一天。晨帮贞钉被头，黄娄生来谈会馆中近况，谈张企昌大作威福，浦化人信任此人，吴炳晟与张争利，白一震硬要代金（在镕）。丁国桢来要为工商组杂志要文，两餐都在外吃——玉大妈[1]回家去了。

下午访一年前自日本逃回的吴文藻、谢冰心，此前也同贞到五叔家。

1953 年 1 月 5 日

室会楚溪春报告西北连政情况。

晚同贞在陶家酒饭，陶家不重视学习。今天第一次听他说“赶不上了”，有厌烦意。

1953 年 1 月 6 日

追悼廖寒飞同志，竟日心情不好。

午间得保 12/31 信，尤不好。

1953 年 1 月 7 日

上午组会学习经济核算制。

下午在搞手工业问题。

1953 年 1 月 8 日

组会学习，下午全委学习《帝国主义总危机》。

晚同贞在全委吃夜饭，饭后洗澡。

1953 年 1 月 9 日

午间参室会餐送廖春言，迎孙志远。

1953 年 1 月 10 日

饭后到民建“联合办公”，只我一人，俞宸忱要我继续召开社讯编委会，我不同意。

晚饭到院新年会表演《望乡》三段，尚称成功。

傍晚晤浦化人。

1953 年 1 月 11 日

晨起到阖家大院找吴景超。

下午菊农来留饮未见。

---

① 章元善家中保姆。

1953年1月12日

室会，孙主任首次出席。

下午周总理在怀仁堂报告国际形势四小时，我伤风失声。李仲公强拉喝茅台，勉力前往，甚以为苦。

1953年1月13日

今晨李仲公同胡公冕大吵大嚷。

下午民建分会开小组长会。

1953年1月14日

组室上李奇中报告工业基本情况。

下午写手工，周士观写了一个提纲，完全不切实际，只得罢之。

晚饭后断电三小时，其间阿韵[①]自上海来，沈克非送来，惜我已上床未及见之。

1953年1月15日

组会学习斯文首一节，同韵谈家常。她上午报到，下午到大姨家，晚饭后去招待所住，说明天起即学习。

1953年1月16日

上午写完《手工》第三稿，请士观“斧削”作为他的贡献，否则我将不认他为合作者。

1953年1月17日

午后到建国瓷座谈会，就景德镇工人提意见。

1953年1月18日

下午同贞到周家，韵上下午来，熊午前来会乃妹。

1953年1月19日

室会焦寅斋报告。

下午民建小组，再至会馆辞，我将昨来文件送回。

1953年1月20日

周士观写了一段只能用其一部(分)。

1953年1月21日

上午把手工问题交给屈武，周士观自称这次又“自私自利”了，他前次同刘孟

---

① 章韵，章元美长女。

纯合作也不负责,同这次一样。

晚在民建听李烛尘、刘靖基报告维也纳和平大会。

1953 年 1 月 22 日

组学习,我倡议创制明日请余、李各作专题报告。

晚在民建开常委,任老到会说了几句话即去。

1953 年 1 月 23 日

上午组会,余、李做专题报告,李甚好。

下午我们的手工报告打印出来。

1953 年 1 月 24 日

上午整理手工卷。

下午同韵逛北海,我看书她写信,在塔后茶座上晒太阳。

1953 年 1 月 25 日

晨,之英来为谈手工,据说上星期重工业部总结工作,群众对领导批评尖锐。

下午同贞到张华增新居,韵被分配到上海江湾军医学院,即将返申。

1953 年 1 月 26 日

室会上谭惕吾报告《婚姻法》,下午我看书,阿韵明日返申,来宿。

1953 年 1 月 27 日

上下午都看书。晚民建常会来了许多上海同志。

1953 年 1 月 28 日

看书一天,这阵走进《资本论》的边缘了。晚 WRSC 常会,这会渐有新气象。

1953 年 1 月 29 日

学习看书又一天。

1953 年 1 月 30 日

上午写学习提纲。

下午民建,我为了召开代表大会的任务谈了一套话。

晚饭归。

1953 年 1 月 31 日

上午组学习补一课,我发言有记录(斯文第三段价值法则)。

下午未去院 WRSC 晚会,贞到女青年会报告就业经过。

1953 年 2 月 1 日

玉妈病了,午同延去吃羊肉,出来遇见琴,我们到瞿家。

下午俞成来唱吹了几段昆曲，贞要去接绍璧，托鸿珊办手续[①]，我为之写信稿。

1953年2月2日

玉妈病了，一切失常。

早吃烤糕。午饭正巧侯镜为请李寄中李仲公，我就跟去吃了一顿，回家和弟忽在，来京接洽启新工作。

1953年2月3日

民建约上海来同志谈私企社会大建设，上下午谈了四小时，在会午饭。散后同之到和平宾馆串门，同厥文在东来顺涮羊肉，找和弟同往未果。

昨夕开会回来失眠五小时以上。

1953年2月4日

上午陈修和报告河北南部各县农村情况，和弟去清华明日返申。

1953年2月5日

组会学习。周士观做了一次好主席。

下午在家看书，和弟返申。

1953年2月6日

玉妈有中风趋势，傍晚起左手失灵。

午约经柏泉来谈WRSC事及其学习问题。

1953年2月7日

为玉妈找她弟弟来，邹震昨夜来，珠来取所存钱。饭后想去北海看书，五龙亭去动工未果，找文史馆廖华参观静心齐。

晚饭后到WRSC，下午布置春节会。

1953年2月8日

今天大扫除，玉妈起床伊弟李文秀帮工，熊也来。

午同之在华宫吃西餐，之英来，在院中立谈片刻。

晚饭饮酒略多，贞要我为绍钫送东西到瞿家，酒发。

1953年2月9日

玉妈还是不肯回去，贞特请假在家，室会宣布此后工作以研究宪法为主，上午可不上班。晚民建宣教方案起草委员会未到一人，我将各地意见同许汉之诸人一一研究而散。

---

① 张绍璧，张绍玑之妹；陈鸿珊，张绍玑弟媳。

1953 年 2 月 10 日

玉妈今天回家去了,自今天起上午在家,下午到院,刚好累及家事。

1953 年 2 月 11 日

下午组会学习。

晚找的女佣明日来。

1953 年 2 月 12 日

上午学斯文第七段。

下午组会当主席。昨夕定好之女佣"放牲",贞又去找,结果变卦了!

1953 年 2 月 13 日

午前在家看书。

下午到院一转,各室均甚零落涣散,同贞在市上吃年夜饭,找邻人张姓来包饺子。

1953 年 2 月 14 日

癸巳元旦,7:27—9:31 日食,我与七时后醒来贞提起床即看日食,我乃朦胧起身急趋取水披衣出院中,方知日尚初升水不可用以反射日影,且院子太小东方仅有日光看不见,乃反身进屋放弃观察。少顷乃出门赶到大街乃见初食。第二次去看在"小商场"见及食甚,第三次在大门外,第四次在院中见之。经此过程中,我醒来未记到日食,我不警惕;盲目取水看日食,我片面行事;院中不可见日,作罢,我之不机警,于现日食一事,我觉我有三个毛病。

亲友来者有郭新生、郭养元、孙锡三、宋之英、朱亚强、于永滋、张印方、张华增夫妇。我为郭郭宋朱四人说手工的如下意见,手工问题可分为:1. 手工业者组织起来问题;2. 手工生产组织问题;3. 手工生产率提高问题。第二个问题有关键性决定,其他两个问题即必须供销有条件饶可组织,也必须改进技术,总能保证生产规模。

下午同永滋同到周先生处。

晚饭同贞到文化俱乐部看木偶剧一小时,这是苏联红年文工团带给我们的一种艺术,加上我们原有的傀儡戏,成此交织物,效果甚好,将有发展前途。

1953 年 2 月 15 日

午前同贞到张五叔家拜年,瞿良、阿熊来午饭。

饭后同熊到大姨家拜年,我又到延家看三个胖娃娃。

晚饭后先到和平宾馆民建年节晚会,后到 WRSC,晚会各二处仅一看而已,

21:30 即返家。

1953 年 2 月 16 日

看孙锡三,贞去看玉妈。

午在吉士林,章、翟、全、区、张五姓欢迎绍钫新妇陈鸿珊。

1953 年 2 月 17 日

午前同贞去看永滋,留饭。

晚饭后到汪季文家,午间熊、大嫂及八妹在我家饭。

1953 年 2 月 18 日

今天复工了,下午去院研究 1953 年预算。

上午去看翁泳霓,为谈“蒋朝”故事甚趣。

1953 年 2 月 19 日

下午学习,我为讲国民收入,李仲公、余遂章冒充“里手”。

1953 年 2 月 20 日

下午开始谈宪法研究。

晨晤孙锡三。他今天去上海,得颐弟信说已归队工作了。

1953 年 2 月 21 日

竟日在家,上午为民建看民讯稿。

下午学习苏联宪法。

晚请绍钫新婚夫人来吃饼,汪季文夫妇来。

1953 年 2 月 22 日

之英来谈轻工业部搞反官僚主义。接保信,病正发展且将来京。

午后去望墨林病,贞为方庄做媒。

晚到瞿良家吃饼。

1953 年 2 月 23 日

上午室会停开。

下午到院看看谈谈而已。

1953 年 2 月 24 日

下午学习斯文。

晚民建听传达。乃器又以教训面目出现,要求工商要“进步”,少谈困难,这与最近增认工商研究的精神不符,好像他说工商研究工作是“鼓励落后”,说困难是“叫嚣”是“消极”。此子不右即左,不可教矣。

1953 年 2 月 25 日

上午福委会开会,事情太少。

下午组会学习斯大林制宪报告,莫衷一是。

晚欧美同学会理监联会,俞宸忱以杂凑而成的一篇八九千字的文章叫我同意付刊民讯,使我为难了!

1953 年 2 月 26 日

上午福委会主任碰头会。

下午为俞宸忱看稿子。独自到中山公园晒太阳,买斯大林《语言学问题》一册,看了一段。

1953 年 2 月 27 日

上午理发洗澡。

下午到院,同士观公培考虑俞宸忱稿子。

1953 年 2 月 28 日

7:30 赶到政务院主持爱国卫生运动动员大会,9:50 毕事。

下午到美术学院看建国瓷设计,王纪华来谈民建,得起孟电话,说乃器 2/24 说的话确有讨论必要。

晚饭后同贞到文娱部看皮影戏。

1953 年 3 月 1 日

今天雨雪纷飞,同贞静居一日。

下午全来,悉琴今午已入院作第四产。

1953 年 3 月 2 日

上午室会研究宪法开始,陈修和报告农业税。

下午民建小组。

1953 年 3 月 3 日

学习了一天,上午在家。

下午组会,结束斯大林"意见"(苏联社会主义经济问题)的学习。

1953 年 3 月 4 日

下午学习宪法,得保信,说有被整编遣返可能。

1953 年 3 月 5 日

为保寄报买书,下午在北京饭店听廖鲁言报告《婚姻法》。

1953年3月6日

上半天为家事占去，几乎吃不上饭。

下午到院，15:30听到广播说斯大林同志于昨夜莫斯科时间九点五十分逝世，哲人其萎乎，悼惜久之。

1953年3月7日

得11:00的传唤电话，叫八号门牌张健。

下午到院始知正是打给我的，召集处长以上人员于今晨到苏大使馆吊斯大林丧，郁文也未得通知，因而大怒。

1953年3月8日

竟日在家，之英来，延带年来，傍晚绕走，贞为家事忙了一天。

下午得机同延及阿全谈保事，延说保如来，可住她家，负我焦灼，其情可嘉。入睡后贞连起身二次开门接明日追悼大会的通知。

1953年3月9日

上午到院一看，步行回家，15:30乘救总车到天安门参加，16:54开始之追悼斯大林同志大会，18:30散会，贞到20:30始回家，保来信情绪好些，复信鼓励他。

1953年3月10日

上午学习苏联宪法，下午组会讨论。

晚民建小组——从去冬整编小组后分会认为机关工作者不应与工商各小组交易，经三个月之力争克服了凌其峻糊涂思想，财经分会指定参加东单区小组，这组在东四南大街40[号]区工商联开会。今日悼念斯大林。

1953年3月11日

上午讨论列宁主义基础。

下午学习结束听宪法报告，甚有收获。

1953年3月12日

上午赶学追悼斯大林文件。

下午全委学习。

晚民建常会。

1953年3月13日

今晨不打算看书，出门找楚浣春理曲，结果晚上他才来。下午到院一走。一天就如此虚度了。

1953 年 3 月 14 日

上午读报——《纪念马克思逝世七十年》文字。

下午民建编委会之后到分会新居一看，新居是华通斋的房子。

1953 年 3 月 15 日

女佣又走了，到和平饭店吃午饭，钫来谈瞿良家情况。

晚饭后汪向叔二子汪标夫妇来看房打算交换，谈了许多旧时事。

1953 年 3 月 16 日

室会公培报告农业税问题，甚好。

下午看家。

1953 年 3 月 17 日

上午在吉祥听孙晓邨报告斯大林。

下午到院看了一个报告。

晚民建小组贞冲人得厉害，候之一天，回来不快。午同全弟吃五芳斋，晚饭因来不及，十点回家，喝了一碗粥。

1953 年 3 月 18 日

上午复唐山和弟南京朱一桂，函上海施复亮讨论民建任务有稿。

下午组会学习斯大林。

1953 年 3 月 19 日

上午看不进书去。

下午全委学习。

晚上贞回家，因女工找不到弄晚饭吃，甚不愉快。延来，临去姑娘送女工来，定明日上工。

1953 年 3 月 20 日

晨起复颐弟信：昨夜接十六（日）信，悉姑母葬期已近，先将香蜡什金十万元汇去。前接弟信，说将于清明前入土，初不料卜期适当春分后一日，略令人有措手不及之苦也，姑母与吾侪永别兮！吾兄弟仍应抚体先人培育辛苦，期望后人成人之殷，好好学习，好好工作，好好生活。吾兄弟尤应经常通信，彼此关切，一如姑母在堂之日。吾兄弟穷困一世，平时甘旨有亏，愿以此略慰先灵，愿你我共勉之，复问泽光！一九五三年三月二十日今晨六时元善，此页请转示鼎，申增拜托拜托。

写欧美同学会 1952 年总结同经事务员谈话。

晚上来新女工。

1953 年 3 月 21 日

竟日在家，晚饭后同贞到文化俱乐部看魔术，经事务员来谈其身世。

1953 年 3 月 22 日

下午同贞到北海，竟因人山人海不得游览而归。延携大年来玩。

1953 年 3 月 23 日

室会研究宪法问题，我为此事已反复商议，经过六个星期，颇为不耐，发言批评领导——孙志远主任，有人同意，也有不同意的，李云亭劝我慎言。

下午民建小组我大放厥词，任老以为多是正确的，嘱写出来。

晚到欧美同学会与刁开智，段为谈会务，准备后天的会。

1953 年 3 月 24 日

上午学习苏联 1918 宪法。

下午组会。

晚民建常委会。散得尚早，未有争论。

1953 年 3 月 25 日

午学习《苏联 1918 宪法》。

下午组会。

晚欧美同学会理监会预备开大会。

1953 年 3 月 26 日

竟日在家看《联共[布]党史》九、十两章，作为研究苏联 1924 宪法的准备。

1953 年 3 月 27 日

下午到院一视即归，余时在家看书。

1953 年 3 月 28 日

上午看书。饭后出门散心，在中山公园遇见孙浩烜。

晚饭后同贞到市场。

1953 年 3 月 29 日

今日同贞二人在家欢度一日。

上午丁坚向宋之英来，之英说我手工业一文两星期前已由院发至轻工业部，将发生作用，他正对官僚主义展开斗争云云。

晚饭后同贞到瞿家。复保劝其克服自己的脾气，开始批评他错处。

1953 年 3 月 30 日

竟日在家学习 1918—1924 间之苏联历史，准备明日报告。

1953 年 3 月 31 日

上午预备。

下午组会上主讲苏联 1924 宪法，从历史讲起，准备费时二十小时以上。

晚饭时钱照华忽来(从南京)。

1953 年 4 月 1 日

上午又下苦功夫。

下午室会报告苏联 1924 宪法，经小组讨论，始了解 1924 法并不替代 1918 法，这个关系事前没有弄清，于是这一星期来将近二十小时以上的工作大都走错了路，在极大程度上白费心计，我入手猛，才钻了牛犄角。

1953 年 4 月 2 日

上午院内福委会开会总结工作。

下午在北京饭店听艾思奇讲斯大林思想，我发现：美以力不足支持的朝鲜战事来支持其国内繁荣，也即以适是以加强矛盾的战争来缓和各种矛盾的尖锐化，无怪其处境困难无一是处了。

1953 年 4 月 3 日

今日又上了一课，昨天福委会开会座，是一个检查伙食的小组由我领导，我今晨想出一套工作步骤，结果同志们不以为然，要求暴露问题，再从其中找方法。这就是从实际出发的法子，我懂得但不会用，找吴菊农，他已被分配到铁道部，但尚未有工作。

下午又去院参加伙食委员会的会。

1953 年 4 月 4 日

上午院内统战座谈会谈和局。

下午在家。

晚上在文俱部听古音乐，莫名其妙，小朋友们不知欣赏，竟有塞耳避席者，古乐与现世人脱节至此。

1953 年 4 月 5 日

晨黄娄生来谈会馆事，也说白乡老峰希望我多管些事，允在可能范围内尽力。写成 2 500 字为去郑州之用(大约明日动身)。

延带年来。

1953 年 4 月 6 日

今天忙了一天。上午室会。午间找经先生来布置欧美同学会的大会，13:30

召集伙食研究组布置工作,15:00—17:30民建小组。晚上民建编委会开会。我昨日所写的东西经王艮仲建议,认为言之过早决计不用。

1953年4月7日

8:55离京。周士观来送。闲坐一日,再读《论粮食税》。

1953年4月8日

1:00到郑州。吴章庆来接。郑州民建大会于9:00开幕。我继主席开幕词之后,代表总会讲了话。中午聚餐。下午小组会,我参加一个小组讨论组织规划。晚饭由吴彰耿、禹品巨请吃小吃。晚上又参加一个小组(手工艺)。21:00退席休息。

1953年4月9日

上午我走了三个小组。午饭后由统战部请(西餐)。下午大会当了监选人。在大会发言后我又说了一些话(会开得好,民级亦自觉了,问题在现实与政令有距离,有矛盾的表现——工商研究要控政令不适于实际形势。同时自己要克服实际脱离政令之现状)。晚饭周子敬请,饭后看河南戏。

1953年4月10日

晨起得吴彰耿谈会务。他去统战部开会,周子敬来托带信给任老。彰耿、子敬都同意我特为郑州所写的发言及复复亮信大意。惜因艮仲等意无,我未提出。8日我即交出钱款,托彰耿给买回京车票。今日交际处说没有软席。我坚决回京,即硬席亦可。到车上补票不成,坐了一夜。顿觉有其意义。这次走了群众路线,领会到硬席车中生活,意即劳动人民生活。自觉收获甚丰,并不为苦。车行一直误点。

1953年4月11日

5:30车到保定,旭日东升,广播台放送《东方红》,宣传得法。天明后,总是误点,计误2小时40分。于午前乘公共汽车回家。16小时的行程以24小时30分"超额完成"。到家洗涤。一路无水,无粮食。到家后洗脸吃东西。此行虽"苦"但不觉得累。

车误点应于九点到的车弄到十二点才到站,到家洗脸吃东西适区志培来。下午未出门,补看报纸,晚上伍崇让来,保来信依然如故又要钱,且要钱口气甚大。

1953年4月12日

会馆同乡白一峰来谈,促我多管会馆事,要我参加修缮工作。允为浦化人谈后决定。王悦秋来谈,留饭而去,延带大红、琴带汉汉及新生之麟斯来。

下午同贞到周家一坐。

晚上欧美同学会常理布置十九日之大会。

1953 年 4 月 13 日

室会从今天起讨论“苏联社会主义经济问题”，讨论虽尚未入轨却很好。

下午又到院晤任老，周志俊托信当面交任老，同伙食问题同志们接触。

午饭回家黄娄老又来。

傍晚晤浦化人。

1953 年 4 月 14 日

上午为保汇款，寄书，写谢信等等，忙了一阵看书二小时。

下午组会讨论。

晚之英来谈手工业将议机构轻部已准备交出。

1953 年 4 月 15 日

午前看书，13:30—15:30 伙食检查组汇报。

余时组会学习宪法。

晚饭同贞到市场。

1953 年 4 月 16 日

上午经先生来，他对我对他的批评有接受意。

饭后到公园看丁香读书(列。1917 著作)。晚上贵阳朋友刘明水——“刘老师”来，她是从南京来开妇女代大的。

1953 年 4 月 17 日

13:30 到院伙食第二次汇报。

1953 年 4 月 18 日

午前为福委会总结。马芷庠来。

下午到会馆一视。

晚照华来。

1953 年 4 月 19 日

今日政务院部分干部春游西郊，参事室备车二辆，8:30 出发，16:30 回家，逛了碧云寺、卧佛寺及万寿山。

晚欧美同学会聚餐，开会员大会，跳舞。

1953 年 4 月 20 日

室会学习甚好，13:30 赶去听伙食汇报，只到三人。同张效曾说设法突击，又因临时召集人员，未如愿，作罢。效曾允于我即将去民建开会及大连时，由他来继续检查伙食工作。

晚民讯开会，俞宸忱不认错，我大怒，拂袖离席二次，终席未发一言，参加组织委员会，报告郑州之行。

1953 年 4 月 21 日

写材料，午后把伙食检查事交回张效曾。组会学习。

晚民建小组会。

1953 年 4 月 22 日

下午组会。

晚民建在和平宾馆举行工商研究汇报会议预备会。

1953 年 4 月 23 日

民建工商研究汇报会议，今日起开会我竟日在场。

下午[轮]上主席。

1953 年 4 月 24 日

竟日在民建，所听皆不愉快事，因而虽仅坐听，然甚疲倦。

1953 年 4 月 25 日

上下午在民建听汇报，总的印象是：资产阶级要求同工人一道努力学习，工商业者要求国营企业加强业务计划性，人民要求政府守法，重视合同的、政令的严肃性。

1953 年 4 月 26 日

上午民建仍开会听长沙报告。

下午休会。我带郑州的禹品三来家饭，饭后同之到市场配眼镜。又同之到北海，同会中人会合后归。

晚在青年宫看老舍的《春华秋实》，"五反"事搬上舞台，民族资产阶级看了不知作如何感想。

1953 年 4 月 27 日

上午仍开会。

下午游园我在家休息。

1953 年 4 月 28 日

民建竟日白天。上午当主席主持人。

晚饭在会吃，晚上有座谈会听任老讲话后先归。

1953 年 4 月 29 日

上午民建分组，我同其峻“主持”一组，在分会开会。饭后到院检查身体。血压 104/60，这次检查是为了下月到大连去休养。

晚欧美同学会理监会改选领导，我连任理事长。

1953 年 4 月 30 日

今天早晨好紧张，我九时前送大便样到第四门诊部，到民建周士观正找我，说我应于九时后到天坛透视，总在民建乘汽车前往。焦寅斋已先我而至，半小时毕事，饭时在民建。大会于 18:20 闭幕。

晚饭后到招待所与代表们寒暄一番。

1953 年 5 月 1 日

第四次观礼，天雨一夜，开幕时特甚，不久即转晴且有阳光，12:45 礼成。

晚饭同永滋一家，我同贞去天安门登东二台看烟火。

21:00 归，下午找孙锡三谈话。

1953 年 5 月 2 日

今天休假，以明天星期补课，竟日在家，下午琴带四小来。

1953 年 5 月 3 日

今日补工，但我上午去文化馆看德国工业展览，下午休息到夏家一看，又去回拜唐山和弟之友黄立青，到市场修理水笔。

1953 年 5 月 4 日

上午室会学习甚有收获，下午在家。

1953 年 5 月 5 日

午前看书——许立群历史讲话。饭后，到室的组会仍学苏联《36 宪法》，回家时贞已回来，要去看《列宁运河》电影，居然有人退票，因之看成。

1953 年 5 月 6 日

上午到文化宫同参事室同人再度参观德国工业展览会。

下午因主席侯镜如请假，未能学习，到北海看日本木刻。晚饭后贞到市场买东西。

1953 年 5 月 7 日

下午全委学习，在工商联学习选举法。

1953 年 5 月 8 日

上午打点行李准备去大连休假（假期间日记另记）。下午到院一看，取得车

(票),要明日 16:30 第 11 次车动身。

1953 年 6 月 5 日

五月八日至今日是大连休假时期,日记活页八面另记。

1953 年 6 月 6 日

今日看护贞病,她大泻十余次,公医制度虽好,但通过腹泻一类病即束手无策。门诊指定在西城,挂号都不易,不得已只得瞎试老法,服神曲,午时茶炭果真有效果,傍晚已有停止形势,延来。

1953 年 6 月 7 日

贞已转愈,继续吃炭及神曲。一日无人来,傍晚绍钫来。谈保病,片和弟。

1953 年 6 月 8 日

到院参加室会——学习《苏联社会主义经济问题》第四章。

下午听广播报告板门店达成的协议,从此美帝这只纸老虎自认戳穿两个阵营的比重倒过来了。

1953 年 6 月 9 日

不知为何精神同体力都远不如未去大连前,精神不能集中,体力不愿动作。为延出门买一贴膏——今天是四月二十八药王诞(辰),永仁堂卖一贴膏。

下午到院参加组会学习,做出报销。晚饭后同贞到市场一走。板门店签订遣俘协议,停战在即。美已在世界舆论面前低头,今生于 1918 眼见德帝倒下,1945 日帝投降,又于 1953 美帝低头,世界从两个阵营的形成而扩大巩固而比重倒转了,可谓幸矣。

1953 年 6 月 10 日

下午室会学习。晚上贞定要去看电影,弄到十一点半才散。

1953 年 6 月 11 日

一天在民建。上午听乃器传达,下午讨论时事。晚为总会全体会议筹备政治报告开小组会。

1953 年 6 月 12 日

上午到院办出些零碎事。下午列席 186 次政务会议,邓小平副总理主持的,散会甚早,下午晚饭。

1953 年 6 月 13 日

晨写信给三弟(材料他送来)及和弟,关于存津文物提出下列草案:

1. 有历史价值的(关于社会进化史的,先民艺术创作,历史人物作品,有关他们的文物)精选后仍以母亲名义捐献给人民。要附有考据的说明。

2. 找得着买主的(恐难如愿)卖给他们,得款奉母。

3. 余物,照或仿照前例,由母作主分别交男女子孙。

这个计划如奉批准即交三弟执行,支给他一分工资,作为他在新的基础上自食其力的开始。工资在第二项下列支,或在第三项内予以照顾。

复斐、保,一天除用将近二小时,余这四信之外一事未做,竟日未出门,未穿袜。

晚饭后同贞到文化宫(太庙)看话剧,结果座位太远,看不清,听不见,即归。

1953 年 6 月 14 日

养元来,延带红、年来。下午在江苏会馆讨论张企留违法乱纪案,夜十时后始归,浦化人轻信偏听,被他拖入水中,相当狼狈。

1953 年 6 月 15 日

到院未开室会,下午在家学习。阿全来。

1953 年 6 月 16 日

上午预备,下午到组,轮当主席,又值学习《斯文》第七章,到五人,16:45 即散,明晨再谈,同大家一起到北京图书馆看"马克思诞生 135 周年展览"。

1953 年 6 月 17 日

上午组会学习,我昨提出的三个问题,比较有结果,这又是一个创例。刘大姊今日回家没做午饭,邀张丰胄到北海双虹榭吃饭,从容谈会馆及其他。

下午在家,晚之英来,白一震来,谈浦化人行政方法,甚为之虑,白系白雅雨先烈之子,白公曾教贞,一震两起乃出见。之英谈轻工业部将为手工设科,建议他应准备工作内容及争取黄任老决心,此时即集中于这二点,相机物色干部。

1953 年 6 月 18 日

到院料理工作,晤张志云,悉伙食检查结束,下午在家。

1953 年 6 月 19 日

上午到院,下午在家。

1953 年 6 月 20 日

竟日在家,下午到北京饭店听习仲勋同志报告文教政策。

1953 年 6 月 21 日

06:00 为和弟所醒,我虽于三日发片"按驾",他仍来了。匆起为谈三弟事。

一上午在会馆开会,讨论张企留违法乱纪案,决定撤职查办,我任查案委员会召集人，委员为金、汤、黄、张、庄、邱共七人。

赶到中山公园，同和弟、熊侄午饭，延家大小四人配享，15:00 回家。和弟回唐，说将再来。看来三弟对我意见尚难接受，和弟对共同帮助三弟的看法亦不如我的热忱，姑看发展。

1953 年 6 月 22 日

午前室会在总务处开会，下午到会馆召开检查组第一次会议，树立制度做了好些事。

1953 年 6 月 23 日

上午组会学习，下午在家，贞亦回家饭，晚上民建常委会。

1953 年 6 月 24 日

组会学习甚好，下午到会馆，仅与娄老一人工作了将近三小时。

晚在实验剧场看解放军第五军文工团歌舞，第五军原系新疆民族军，演员全是少数民族同胞，节目甚精彩，见所未见，闻所未闻。

欧美同学会常会，再托刁开智代理主持。

1953 年 6 月 25 日

上午在家，浦老又有怜惜张企留之意，我写信给他说必须结合具体情况依照政策，做到不“左”不“右”。花了二小时理了发，下午列席政务会议（从这次起从星期五改至星期四）。

1953 年 6 月 26 日

上午为会馆办事。下午又在会馆，邀张茂楠帮助包幼嘉查账。

晚民建到分会院中（华通斋旧居）乘凉。

1953 年 6 月 27 日

竟日在家，上午研究会馆检查组文件。

晚在文俱部看匈牙利电影《火》，甚好。

1953 年 6 月 28 日

08:00 到会馆，开检查组第二次会，午前回家。

下午陶老师来晤 WRSC 晚会。16:00 到大草厂派出所同一陈同志谈话。

1953 年 6 月 29 日

上午室会结束苏联经济问题的学习。

下午又去，在政务委员室开民建小组（会）。晚饭（后）同贞走到文化宫乘凉，甚欢。

1953 年 6 月 30 日

上午为民建写昨日小组记录。

下午到院一视。晚上无事。

1953 年 7 月 1 日

今天起一年半内将学习《联共[布]党史》第九章以下各章。

晨到组讨论学习计划，下午在会馆检查组。

晚在民建主持一个小组讨论，听全会政治报告。

1953 年 7 月 2 日

整天在家开始学习《联共[布]党史》(二小时以上)。

晚饭后同贞乘新开之八路汽车，到崇外铁辘轳把一视，是前所未有之地。

1953 年 7 月 3 日

上午为民建到会馆工作，下午到会馆。

晚上民建开小组会，到仅一人。

1953 年 7 月 4 日

上午到院一视，余时在家。

1953 年 7 月 5 日

下午贞去值班，我去看永滋一听上午之英来谈印方病了，未值。

到陶兄处一坐。晚饭后同贞乘新大汽车到西直门兜风，结果人多车热，未达目的。

1953 年 7 月 6 日

上午室会，于振瀛(赢)报告民族会议，下午会馆。"刘大姊"请假，贞到市场冒雨归。

1953 年 7 月 7 日

第十八个"七七"。上午到组开始《联共[布]党史》的学习，从第一章入手，公培作报告，很好。

贞午饭回家，我因"刘大姊"请假，在市场吃水饺，下午在家，晚民建宣教委员会。

1953 年 7 月 8 日

上午看施复亮文章，下午会馆。

金在镕今天回来了。

1953 年 7 月 9 日

午前到院，下午学习《联史》第二章。

1953 年 7 月 10 日

上午在会馆,以后改为(周)三、六下午。

下午在中山堂,听钱三强报告科学院访苏情况,三小时半。

1953 年 7 月 11 日

晨起写了好些信,余时学习《联共[布]党史》一、二两章,学习得很好。

晚同贞到文俱部看露天电影。

1953 年 7 月 12 日

阴雨一天没出门,延带大年来玩,即为此老小四人懒了一整天。

1953 年 7 月 13 日

上午室会学习联史,甚有收获。下午在家学习得不好。

1953 年 7 月 14 日

上午组学习《联史》第二章,下午在家学习第三章,作下周发言准备。

晚得鼎说月底带铮铮来京。

1953 年 7 月 15 日

会馆定自今日起,(周)五、六去。

下午上会馆,上午在家学习《联史》第三章,我将为这次主席,所以要特别预备得好些。琴带三个小的来,搞了半天。

1953 年 7 月 16 日

学习了一天,傍晚到市场一转,贞又值夜班。晚周明星来。

1953 年 7 月 17 日

上午到院看《参考消息》,美韩大败于京畿山。

下午全委学习,漫谈了一天。

晚饭后到红十字会开一个官僚主义的会,听些关于形式主义的工作,归途同胡兰生大发牢骚。

1953 年 7 月 18 日

贞请假,结果太阳不好,暴晒衣服未果,下午会馆检查。

1953 年 7 月 19 日

今天贞打起勇气,翻晒箱子,而我却懒得要命,非但帮不上手,且怕看她动,她流了一天大汗,胜利达成目的。

下午我鼓起勇气,到北京医院看张印方的病,结果由于她弟弟张例亦要看她,我就请他代为问好,把时间让给他了。从病房中走出来恰好是之英,我同之英谈了一阵，就各散。

晚饭后，贞还有余勇可贾，同到琴家，同她解决佣工问题。琴的婆婆要去东北看女儿，要找人，临时招呼才成。

1953 年 7 月 20 日

上午室会学习第二章，下午又去院开民建小组会，冒雨归。

1953 年 7 月 21 日

上午组会，我轮当主席，讲第三章一小时。

下午在家学习第四章，晚民建常会。

1953 年 7 月 22 日

下午到会馆，搞到七点，北京显得太小了。今天理发，走了三趟才理着，然而亦等了半小时。

北京近来公共汽车、戏院、学校、医院、公园、游泳池都已显得不够用，连修理钟表最近亦挂出"客满"了，旅店、饭店更不用说，房荒早已进入严重状态。

1953 年 7 月 23 日

上午王纪华来谈民建，下午学习《联史》第七章。

傍晚去看永滋，尚在医院，未值。

1953 年 7 月 24 日

上午到院，交代学习问题，下午在家学习。

1953 年 7 月 25 日

上午学习至八章完，下午会馆预备告一段落。

1953 年 7 月 26 日

晨永滋来，印方仍在苟延残喘中，后事已备云云。

晚饭后，贞发起到北海看月全食，北海人山人海，在塔东垣月出久之未及见，以耳为目者肆意造谣，自己亦未见月，却要使人信他，后在东麓草地见到全食。生光时与报载预计时间相符。

1953 年 7 月 27 日

上午室会我交代了第三章。朝战停战朝鲜时间十点（北京十一时）在板门店签字。

下午在家为会馆检查所写报告。晚欧美同学会常理会流会。

1953 年 7 月 28 日

室今天加班，今谈停战。下午在家，贞亦于午间回来。

为会馆检查组写出报告初稿，浦化人来(第一次未晤)，为谈江苏小学扩充班次新花样，劝他小心不再盲目冒进，量力而为，他似有不接受情绪。

1953 年 7 月 29 日

上午到院补学习未成。

下午会馆同金在老斟酌昨日之稿，转入结束。鼎带铮铮夜间到京，我同贞到站接他们，同铮铮坐一路车先回，鼎由延帮助取行李，一小时后才到家。

1953 年 7 月 30 日

上午带铮铮到中山公园、天安门、文化宫三处观光，下午在家，晚上亦无事，大年来。

1953 年 7 月 31 日

早白一震来，上午同铮铮到西郊公园看虎、豹、狮、象，大欢喜而归，下午晚上在家。

1953 年 8 月 1 日

上午到院，组中补讨论第四章。

下午到会馆把尾声工作推进一步。铮铮逛万寿山、清华，奶奶、爸爸陪去，八时出门，八时归家。

1953 年 8 月 2 日

这是一个大礼拜，起身即同鼎、铮铮到北海，华增已早在仿膳赁船室座等我们。铮铮划船之外，还看了“蛇墙”(九龙壁)。回家午饭，延同红年已在大闹一天，奶奶大忙招待小朋友。

1953 年 8 月 3 日

上午室会学习第四章，下午同铮铮到市场买骆驼颜色炒红果。

1953 年 8 月 4 日

上午带了铮铮逛“皇帝窝”，下午、晚上都在家。

1953 年 8 月 5 日

上午同铮铮到张五叔、周先生、凌、李家，到处老友都欢迎这下一代。

下午到会馆，开检查组第三次会，回家已 23:15，检查组工作至此告一段落。

1953 年 8 月 6 日

组学习改至星期四上午，今天实行。

午饭后在家，同铮铮玩。

1953 年 8 月 7 日

竟日在家，同铮铮玩。

晚饭后，奶奶领了去市场。永滋带麟麟来，说印方昨已去世，今天已安葬万安公墓。

1953 年 8 月 8 日

上午在家看孩子，下午江苏会馆检查组。

1953 年 8 月 9 日

竟日在家。

傍晚鼎内兄华增邀我三代吃饭，冒暑而去，大汗而归。熊侄来，睡爷爷书桌。上午鼎友来，在他们扰攘中修补会馆检查报告。

1953 年 8 月 10 日

上午冒雨到院学习。午间冒大雨，送廖华回家，到家一路大水。下午在家。

1953 年 8 月 11 日

午饭后发觉有温度 37.5℃，竟日在家，天阴，贞亦未去部，鼎昨赴津，铮铮下午等爸爸，有点闹。

1953 年 8 月 12 日

今晨退烧，在家避风一日，会馆检查报告，下午请舍黄二公来商定取去，民建宣讲会写书面意见请假。

鼎携铮铮乘返车，于午前动身返申，他们来了两星期不足半天，快乐来快乐回去。

1953 年 8 月 13 日

上午组会学习第六章，散后到会馆晤娄老，请其同在镕一起再研究一下昨日的定稿。

下午浦化人来告以人事意见。

1953 年 8 月 14 日

上午学习列文，午间金在镕来，校看报告书，留饭斟酌。

四时我将报告书面交浦化人。晚上民建小组会，牙痛。

1953 年 8 月 15 日

午后到会馆把检查组初步结束。这事自 6/22 至今计存在 54 天。晚在绍钫新居饭。

1953 年 8 月 16 日

女工昨日去了，今天没回家，于是一切计划被打乱。

午前张希陆来谈。晚在萃华楼，请王鹏万太太。女工刘大姐晚上回来，得鼎到申信。

1953 年 8 月 17 日

上午室会学习第六章，黄娄生为一包恒大来信自我检讨，拟复之。贞又值班十点半才归。

1953 年 8 月 18 日

一天在家，读了四小时书。晚民建常会不景气得很，问题甚多。

1953 年 8 月 19 日

女工未回，午前且为唐家照管孩子。

下午约黄、金二人在公园吃茶，一切不顺遂，贞脾气不好。八点后始吃了些粥作为晚饭，浦化人同王立勋来。

1953 年 8 月 20 日

组会学第七章。散后到三时学会把昨日浦王、二人来谈之事交托金在镕，市场吃面当午饭归家。

下午在家学习。晚陈其慰来，已在清华航空系毕业候分配。

1953 年 8 月 21 日

女工捣乱，晚上来歇工。午正在生炉子，金在镕来谈同法院联系情形。

下午转告浦化人并谈及汤石如安徽馆有历史，承他告我小学校长已得其人，同乡有非苏籍人不接受云云。

1953 年 8 月 22 日

贞今天未去部，晨正开始学习，民建来请，今天仲绍检讨要我去参加，过午才回。

下午不甚舒适，未出门亦未学习。

1953 年 8 月 23 日

07:00 乘民建车到颐和园，在听鹂馆听黄任老报告。在休养中学习《资本论》第一卷体会的心情，高年勤读为学习运动中一件大事，把学习这个一般人不敢问津的巨著的方法及心得、参考书介绍给同志们，都是值得称赞的。

15:30 赶到会馆同领导机关的联合检查组见面，我批评了领导机关的作风。

1953 年 8 月 24 日

上午室会学习第七章很有收获，下午在家自读第九章，同贞到市场吃晚饭遇见孙瑞芹一家人。

1953 年 8 月 25 日

一天下雨，我一天在家闷读马恩列斯。

晚民政局满科长来谈会馆，此人甚为痛快。

1953年8月26日

原定今晨去永定门外五里店看农场，冒雨去院，因雨改期，到会馆适满科长亦在，就把检查组材料给他看，同他研究一阵，下午未出门。

1953年8月27日

室会学习第八章，下午187次政务会议，我去列席，向朱学范邮电部部长提了两条“合理化建议”，一为电话，一为电报。

1953年8月28日

上午在家学习甚好，饭后玉妈来，两星期未有帮工局面至此结束。

傍晚三弟全家来，他们侵晨来京游览，坐了一小时即返津。把从燕京取回之大书柜两只搬进屋内，不免整理一阵。晚饭后到俞平伯家，约笛师曾背望乡一遍。

1953年8月29日

组会加了一班，回顾第八章的学习，布置后四章计划，甚有意义。

下午在家。晚饭后去看永滋。

1953年8月30日

今天一天在会馆检查组交出报告，大家聚精会神地讨论，把我认识顿时提高一步，作出合乎规律的结论，比检查组更全面的结论。

1953年8月31日

室会如期完成第八章。

晚饭后欧美同学会联席会。老同学要吃，新同学要发展会务，老同学自己遗留下来的，乱七八糟的事全忘了，但要现任理事会负责。

1953年9月1日

上午在家，下午到会馆搞预算。晚民建常委谈“新五毒”。

1953年9月2日

08:00赶到院同参事室同人去参观永定门外五里店农场。到南苑附近，公路太坏，步行了八里，而后在场内又走了不少路。这场共50余顷地，初种棉花，近改以繁殖猪及乳牛为本，示范牧草种植与经济作物轮值的方法。饭后乘由女拖拉机手操纵的拖拉机到南苑，改乘院中汽车返城。琴一家来。晚饭后民政局满科长来谈，要明了检查组工作情况。托金、黄二人为之解释。绍钫来。

1953年9月3日

上午室会，开始第九章。下午在家，性存之女小平（名居敬）自重庆省亲返沈，过京来视我。

1953 年 9 月 4 日

竟日在家学习，傍晚到公园一走。

1953 年 9 月 5 日

上午到会馆同白、黄会谈，悉张、沈又在掀风作浪，企图向政治方向发展。浦老似又为所惑，就学习问题的提出，把统战与中共领导权两个问题列为五个问题之二。回城访浦老病，未值。同熊瑾玎谈安老问题，颇洽。饭后在家。经先生借来《各时代社会经济结构表解》一种，竭三小时照抄一份。全委会电影，同贞往看，因找座走散。

1953 年 9 月 6 日

上午非常杂乱，首先是墨林来，张希六、丁坚白，延带红、年都来。煤铺又来要钱，大起争执。志诚大学毕业，分配来京，下午来。晚上魏朗齐同其友王志坚来。

1953 年 9 月 7 日

室会上屈武传达了两个报告，很好，并从此决定以后每星期有一次传达。在院午饭，饭后同楚溪春到辟才胡同内跨车胡同伊宅找徐金龙拍曲子。晚孙晓邨在中山堂报告“五毒”。

1953 年 9 月 8 日

上午为保寄钱，找经先生来谈欧美同学会梅启明事。理发。下午睡午觉，分配去土木看官厅水库。22:00 到站，23:00 开车。同参事室同人作团体旅行，坐过短短的初秋之夜。

1953 年 9 月 9 日

04:00 到土木，坐水库来车，夜行 100 分钟，于黎明到达水库。我于途中发现我所带网袋车上滑下丢失，内皆细物，但都是必需品。甚为可惜。听了 1.5 小时报告，走遍了全部工地，都由纪副局长常伦亲自招待。吃了一顿早饭，10:30 往回赶。12:44 乘车回京，在西直门下车回家。晚有晚会，未能去，20:00 前即入睡。

1953 年 9 月 10 日

照常到院，但候陈、李、李、周都不在。组会未开成。下午开始编《苏联革命过程中各种反动派别表》。公培以为这种表没多大用，不鼓励我做。晚饭到会馆出席其常委会筹款。

1953 年 9 月 11 日

竟日在家，上午七弄八弄，未正经看书。下午继续做《反动派别表》。

1953年9月12日

上午做完《反动派别表》。约经柏泉同去长辛店。适他患痔,不能去。饭后独自前往,在卢沟桥找农人谈话。据称今夏桥的下游仍被雨水淹了三四天。大家知道官厅已筑水库,从此永定河不会泛滥了。晚之英同李士豪来。

1953年9月13日

张素央、夏煦来托代定文化俱乐部礼堂。晚会有梅兰芳《抗金兵》。毛主席出席观剧。

1953年9月14日

室会对院中文娱待遇,大家提了些意见。讨论学习后四章方法。饭后上曲课。

1953年9月15日

竟日在家,志培来午饭。晚民建常委听起孟传达《工业化同社会主义改造》的内容。

1953年9月16日

到组一视,收到《毛选》精装第三卷及其他书二本。下午自读《论粮食税》。晚到民建东单小组,谈"新五毒"反应市物资质量价格问题。

1953年9月17日

组会上对学习方法颇多争论。读《论粮食税》第二段,侯镜如同我都感觉困难。我自问搞懂了,找侯互助。我编《反动派别表》,大家意见不一。晚饭后等鼎自申来,结果车误点,22:40始到家。

1953年9月18日

在家学习了一整天,鼎到傍晚才回家。

1953年9月19日

又一整天在家,赶读第一册。上午珠带寅寅来。

1953年9月20日

延约我们逛北海,吃午饭。15:00后在民建谈新任务。

1953年9月21日

室会上屈武传达全委及中府会议十天经过四小时。13:00赶回午饭。同金在镕谈会馆,赶至曲课已迟到一小时。晚同鼎在萃华楼吃夜饭。饭后逛市场,回家略为鼎传达晨间所听的报告。梁漱溟这次大发呆气,情形恶劣。这事还要发展,预言漱溟可能蹈乃父覆辙。

1953 年 9 月 22 日

鼎返申，我一天在家读完苏联社会主义经济建设高级组第一册的笔记 32 页。晚孙锡三来为谈私企前途，并同他讨论了他所提出的具体问题。

1953 年 9 月 23 日

上午在家，饭后到北海看国画展览。有了新内容，连山水都面目一新，与现实生活连在一起了。

1953 年 9 月 24 日

上午组会，我在这读文件阶段提了七个问题。下午列席 186 次政务会议，听李四光报告地质工作。吃饭看电影始返。轻工业部在会上展出第一批建国瓷，任老称"普及品"为"改良瓷"。

1953 年 9 月 25 日

今天在家，但未学习。午前到市场办张——夏喜礼。下午到前门买鞋。晚在青年宫看《屈原》。

1953 年 9 月 26 日

今天第一次室会上传达本星期政务会议，第四组由公培做了传达，我略补充，并谈到建国瓷。我昨对任老提了些关于建国瓷意见，今天他复我说要研究。下午经柏泉来谈。

1953 年 9 月 27 日

永滋来，同之到周先生处一坐，无大意思。下午郭新生、张希洛来，约定十月六日去看宋则久。晚饭后到欧美同学会贺夏、张喜事。

1953 年 9 月 28 日

室会停开，吊徐悲鸿丧。晚饭同贞到市场。下午曲课后到广济寺访巨赞法师，承其引观殿堂。庄严佛地，近已修葺一新，足当"清净"二字。法师以锡兰贻我之佛舍利示我。

1953 年 9 月 29 日

一天在家里。晚同贞在北京剧场看《柳荫记》。

1953 年 9 月 30 日

午前到院领薪，参观四名人展览。下午熊侄来宿。到民建小组，又扑一空。

1953 年 10 月 1 日

我第五个(亦即新[中]国)的"十一"，仍照旧例十时开始庆祝，下午二时始止。回家甚累。饭后，午睡竟至"不起"。晚同贞到东二台看烟火，永滋同我们去的。

1953 年 10 月 2 日

延带红、年来。晚同贞到东单散步，沿路公园及新开百货公司都是新事物，不禁令人想到“北京是在变”。

1953 年 10 月 3 日

本定今晨去看波兰展览会，改期下星期二。传唤电话误事，未得通知，在文化宫门口候至九时后到院。下午在家，晚饭后同贞走街，到东四王府大街一周。

1953 年 10 月 4 日

之英来，大铺而去。下午到墨林家，及两个市场看市容。下午好些人来，都相左。

1953 年 10 月 5 日

上午室会，我讲了三点，先回家。下午曲课。得申增 9/30 片，说 9/29 割盲肠，经过良好云云。

1953 年 10 月 6 日

上午参室参观在文化宫的波兰经济展览会。今天是休息日，特为我们展出，并派人讲解，甚为隆重。下午在家，傍晚去看翁咏霓，对他已入地质部讯颇感兴奋。晚孙锡三来谈。

1953 年 10 月 7 日

上午在家学习，下午民建小组会。回家车上碰见阿全一家子。

1953 年 10 月 8 日

组会上我得到益处甚大。下午列席 190 次政务会议，议程是交通工作。吃饭看电影而归。

1953 年 10 月 9 日

与张希陆约同访宋则久。09:00 赶到颐和园，希陆自石油学院来会，乘三轮车行四十五分钟，到一棵松晤见二十八年未相见之则久——“宋三爷”。此公已八十七，是当年抗日救国的主动者，甚为可敬。午前回到万寿山，同希陆游园，午饭。17:30 返家。晚孙锡三自做西餐，请周寄梅同我吃了。到民建开常会。

1953 年 10 月 10 日

上午在怀仁堂听李维汉报告“总路线”。下午到文史馆观淳化阁帖。晚饭后贞要看电影，未果，绕东单而归。

1953 年 10 月 11 日

一起身即有保之病友萧忠信同志（唐官屯人）来谈保病经过及现状。其间方石珊来借笔记，余时竟日无人来。我亦一天未出门。

1953 年 10 月 12 日

上午室会,谈必要性。下午曲局。

1953 年 10 月 13 日

上午在家学习,下午民建,晚上又去。

1953 年 10 月 14 日

上午到政协办欢迎志愿军代表报告会。下午在家,学习不进去。

1953 年 10 月 15 日

到院学习“总路线”,下午在家备课。下星期对民建介绍官厅水库。晚同贞看平安电影(德国片子:《冷酷的心》)。

1953 年 10 月 16 日

上午看书,临时民建找去,说复亮召开座谈会。又说第一小组要看稿子。去了座谈会不开了。看稿子时王艮仲力竭声嘶地为其原稿作辩护,一面要求大家提意见。有了意见,又要“具体意见。”(意指具体文字)对提高思想水平,用“这要结合实际的”这句老话,无往而不利的教条来掩护保守思想,小手小脚作风,惹得大家不快。杨卫玉“和事老人”起了作用。

1953 年 10 月 17 日

上午室会传达 190 次政务会议。贞在部值夜班,约好下班时同她一起找小馆吃饭。去前我在北海图书馆找书看。晚在文俱部看电影。

1953 年 10 月 18 日

上午延一家来,大珊已能匍匐。下午看故宫绘画馆预演。

1953 年 10 月 19 日

室会谈总路线,在院午饭,饭后曲课,返程中到图书馆看了两篇文章。今天已入深秋,风紧雨细。晚上盖三层毯子。

1953 年 10 月 20 日

函申增、斐、保。眼镜架子不能再对付了,必须换新的。下午民建常委谈总路线,晚饭后返。上午为明日报告准备。吴翔甫来。

1953 年 10 月 21 日

上午白一震来。下午在民建传达参观官厅水库报告。晚去小组又扑空。听郝冷星说今天有会。

1953 年 10 月 22 日

组会后回家午饭。得鼎片说已出院。下午看了两小时书,出门散步到市场口。三路车来，乘之到北海后门，绕湖半周。前门乘二路车，灯市西口下来。回家。

1953年10月23日

复习《毛选》中三文，得工商联全代大通知，邀我列席。下午在怀仁堂参加开幕礼。

1953年10月24日

上下午都在工商联参加小组（第十一小组——江苏省各单位）。

1953年10月25日

上午在家写发言稿。下午排除三件别事*，到会馆赴全委会，因白因调我辞职，凌、傅均请长假，被推为副主委。（*庆祝志愿军出国作战三周年在劳动剧场，皇极殿看陈叔通捐百梅图幅预展，青年会昆曲社同期，特来通知邀我）。

1953年10月26日

竟日工商联小组，我在上午后半时说了40分（钟）的话。晚WRSC常理会。

1953年10月27日

午前小组，我提了一个建议。建议讨论私营手工业及摊贩问题。下午在怀仁堂大会听李维汉（近任财经委员会副主任）报告，甚好，五小时始毕，晚饭后陪贞去看平安电影。

1953年10月28日

今天小组改为在招待所漫谈，我在东单招待所冷御秋室内听了一天。

1953年10月29日

上午还是“房间漫谈”，下午请假去院列席181次政务会议，看了电影，回家。

1953年10月30日

又是一天“房间漫谈”，在招待所午饭。

1953年10月31日

上午还是漫谈，同费延芳等三人（冷御秋、陆小波、徐美峰）吃俄餐，回家。下午又去。休息，转到院，同张丰胄布置塘沽之行。

1953年11月1日

工商联会休息。贞大倒动，还借谢大夫的家具两件。买藤椅二只，每只11.5万元。刚好郭新生来，帮我们搬书柜，农民本色。花匠老李来帮我们还木具，拆瓜棚。我一生今天才有收获，计系欣若广枚，大洋扁鼻一大把。延待红、年来。下午到民建报到——要开全体委员会了。又去分会，今天星期（日），门都打不开。这阵有些小感冒，晚饭后特感不适，早睡。

1953 年 11 月 2 日

今日改为大的小组。晚饭在招待所吃。复习 Solvay Process，准备去看永利城厂。

1953 年 11 月 3 日

上午分大区讨论。我参加华东组，听了三个发言。回家午饭。同参室全体乘 13:09 车到天津(15:20)。市府招待于常德道二号。安顿后到三弟家，听取他的心情。他只求当一名安分缓刑之罪犯，被人欺负。听任坏人坏事发展，包括他的选举权亦被非法剥夺。我鼓励他对人民负责，抬起头来，向坏人坏事展开斗争。发吉片。晚饭后回招待所宿。

1953 年 11 月 4 日

08:00 许港务局王科长来，介绍新港工程。09:55 乘汽艇循海河出海，到大沽灯船折回，经由新港航道。在局午饭后，又参观船闸道，有“美歌”轮自东过闸，据说这是罕有之事，为我们遇见，甚为不易。又看修造厂码头。16:30 返区公所休息，一夜无事。郁文、云亭、闻天同室。偶尔听到李一平唱吴瓘老为谱解三醒，就悉瓘老遗体尚在他家。

1953 年 11 月 5 日

早点前我为同人用通俗语言介绍 Solvay Process。08:00 到永利参观如此：1. NaOH 一段；2. 石灰石一段；3. NH_3 段；4. 综合成 Na_2CO_3 段；5. 附属机厂；6. 工人福利。午饭回区公所招待所。14:00—16:00 间在久大看制糙盐，$CaCl_2$ 及 $MgCO_3$ 过程。回所休息。郁文闹唱昆曲。19:20 乘车回天津，仍宿市府招待所。我避仲公点灯同余遂辛的打呼，搬到楼上。适屈武先走，我占用他室。

1953 年 11 月 6 日

上午自由活动，早点时三弟陪我逛市街。天津一年来创设了一个“人民公园”。12:00 前赶回午饭，饭后乘 13:10 返京。17:01 到京回家，一夜无事。

1953 年 11 月 7 日

参加民建，同工商联合办的庆祝十月革命节。下午参加小组会后，到东单找冷御老，为讲新港概况。

1953 年 11 月 8 日

起身写了一千多字，为今晚 WRSC 晚会用。下午延等四人来。晚在 WRSC 庆祝十月革命节，我致了词。保友萧忠信同志返陕，托他带信及 16 万元给保。

1953 年 11 月 9 日

民建总会委员会全体会议在北京饭店开幕。下午参加工商联手工业问题小组总结，听孟用潜讲话。

1953 年 11 月 10 日

民建临时小组——在北京饭店说了三分钟话，听了一天。晚贞去看《屈原》，深夜不归。入睡后复起，到门口候她。

1953 年 11 月 11 日

上午民建临时小组在北京饭店，我说了好些话；传达李维汉讲话的解释及对王纪华——关于理论学习问题。下午怀仁堂听工商联大会，发言、照相。晚民建在文化俱乐部招待不参加总会会议的来京会员，跳了舞。

1953 年 11 月 12 日

今日工商联会闭幕，我竟日在北京饭店开小组会。晚上工商联会餐，得墨林转圣陶电，云计三姨夫于十日十五点逝世。

1953 年 11 月 13 日

上午还是临时小组会，下午大会，晚上无事。

1953 年 11 月 14 日

上午民建大会小组会在文俱部。下午休会，我到院及会馆看看。

1953 年 11 月 15 日

今日清闲，下午同贞到周家。晚上弄错了日子，去看《龙须沟》，结果开幕后不久，被人发现，才道歉而退。

1953 年 11 月 16 日

整天，上下午晚上，民建开小组(会)。

1953 年 11 月 17 日

一天在文俱部开小组会讨论工作报告。晚上未去听总结汇报。昨晚浴室水箱出毛病，搞了一阵水，失眠半夜。

1953 年 11 月 18 日

上午还是小组会。下午休会。理发后回家看书。编《苏联历史编年表》，似有成就。

1953 年 11 月 19 日

又是一天民建，上午开审查委员会，下午在北京饭店听李维汉讲了 110 分钟。散后同冷御老等到远东饭店吃饭归。

1953 年 11 月 20 日

上午小组谈李维汉讲话，下午民建常会到 19:00。晚在北京饭店会餐，会议已入尾声。

1953 年 11 月 21 日

民建会议正午在和平宾馆闭幕，这次工商联、民建学习总路线自 10/23 至今共 30 天。工商联占 21 天，民建占 13 天，两共 34 天，内交叉 4 天。下午在家整理文件，恢复常态。晚赶到怀仁堂看话剧《战斗中成长》。

1953 年 11 月 22 日

张希陆、黄娄生、魏西河来。下午到职教社开会，同起孟同赴在北京饭店举行之政协全委及抗美援朝总会的欢迎金日成首相宴会。

1953 年 11 月 23 日

到院，今天参室学习已到九章三节，讨论得很热烈。定我下星期传达工商联、民建两个会。在院午饭后到曲课，仍拍不转（弹词）。

1953 年 11 月 24 日

学习了一整天，继续编《党史表》，得第二稿。

1953 年 11 月 25 日

午后去组会，被动员去听孙志远的学习总路线动员大会。

1953 年 11 月 26 日

原定上午补开组会，谈关于合作制问题。临时得通知，民建分会召小组长讨论交叉问题，只得去民建。11:00 毕事，又过总会听代表会议秘书处总结，甚为精彩，讲了几句话。吃午饭回家。下午为下周在参室传达工商联、民建两会准备材料。

1953 年 11 月 27 日

竟半日之功把向参事室的传达材料整理出来。下午到公园看德国实用艺术展览，作风粗野，不及我国远甚。但其材料种类多，品质好，又非我所能及。浦化人来，说法院示意可对汪、王二人起诉，但不知所犯何罪——除已被我们检查出之外，不对张、沈，而对汪、王，难道我们委屈了张、沈，放纵了汪、王？内情如何，且听下回分解。

1953 年 11 月 28 日

上午之英来，留饭。去东郊开会。他说在合作总社领导下手工业将转入正轨了。白一震、经柏泉来。下午到院听屈武传达周总理报告中朝关系。晚同贞在文俱部看电影，洗澡。

1953 年 11 月 29 日

孙晓邨在和平宾馆传达总会会议。12:30 回家，下午到怀仁堂看民族形式体育表演。斐之夫弟一鸿，夫妹瑶琴来。

1953 年 11 月 30 日

在参室传达工商联、民建两个会。一个月七八百人的千言万语在两个半小时内讲其概要。在院午饭后到曲课。晚同贞在青年会听昆曲演出。

1953 年 12 月 1 日

竟日学习合作制，晚又听昆曲，连了两天都是好戏。

1953 年 12 月 2 日

下午参室小组学习，我讲了一大段话，今天学习“合作制”。晚在西单一家叫“好好食堂”的小家庭饭馆聚餐，在余遂辛领导之下，十二个人说了些无聊话。

1953 年 12 月 3 日

晨正在学习合作，忽得全委学习通知，明天小组讨论总路线，又翻了一大堆书。忽又得院电话，下午去参加政务会议。这一天不由自主。

1953 年 12 月 4 日

11:00 赶到民建开常委，午饭后接着再开。下午全委学习。斐托李姓带板鸭来。华通斋朋友苏开明自美国回来，携其美籍妻来。20:00 又到民建开宣教会。章乃器、王艮仲辈束手束脚，赶任务，作风不正确。我一个人大声疾呼，应者无几。

1953 年 12 月 5 日

合作总社召开第三次手工生产合作会议，已到最后阶段。今天起同罗子为、陈公培去听大会报告。午间同之英、亚强回家饭。下午会散后找到浦老，使他明白了些张沈王汪事。

1953 年 12 月 6 日

这个星期日没有一人来。上午去民建听复亮讲机关工作者的民建工作，下午同贞到前门绍钫家。他的儿子经“民主评议”，命名维光①。

1953 年 12 月 7 日

上午室会谈合作，我被认出作为应多讲话的一人。下午去曲课，临时改期，在依家客厅为楚溪春拍了十遍《破不喇》。到会馆一坐，为黄、白二人劝架，要求他们团结。

1953 年 12 月 8 日

在合作会议上听了一天典型报告。之英来吃午饭。昨日会馆说和，结果适

① 张维光，张绍钫和陈鸿珊之子。

得其反。黄娄老又“异动”起来，把图章缴还浦化人。

1953 年 12 月 9 日

上午在家学习价格政策，下午组会张砺生主持。余遂辛断章取义，胡乱大闹，恼羞成怒——为我说他不弄清问题不应乱插嘴。晚去民建小组，孙锡三来。

1953 年 12 月 10 日

上午听合作会议。下午休会，我去参观文化部办的民间美术工艺展览会，去文化宫，又到公园坐了一会。

1953 年 12 月 11 日

同罗子为到东直门外左家庄去听合作会议的一个小组会。由于问题不明确，主席不认真，说到下午，大家闷坐起来，甚无所获。晚邀孙锡三来吃狮子头。

1953 年 12 月 12 日

下午去院听焦实斋传达政务会议上民政工作的报告，甚有条理。为民建提了些意见，且看效果如何。晚同贞到文俱部看电影《伟大的力量》。

1953 年 12 月 13 日

午上到绍钫家吃满月酒，余时在家。

1953 年 12 月 14 日

室会学习价格政策。余遂辛提出手工品价格问题，提得甚好，可惜说明时漫谈起来，说了四十分钟，不得要领。被人制止后还不知改变作风，弄得没法收场。在院午饭，饭后民建开小组，从 13:00—15:30，仍有收获。

1953 年 12 月 15 日

今天民建要开常委会，晨起鉴于会仍在以赶任务为己任，不理会新形势，预备有系统的发言。曲课暂时改在星二十时至十二时。饭后听程子华在手工生产合作会议的总结，听到四点去民建。我在议程中要求提前发言，讲至一半被陈维稷打断，于是我的话分为两段说完。所说等于当头一棒，把黄任老打了一下，但他的家长作风，好言我自为之的油滑风度是无法根治的了。我主张会的领导应从学习总路线做起，用新的态度对待新的工作。结果一致通过，即日展开学习，从而统一领导思想。

1953 年 12 月 16 日

下午组会，晚民建东四小组。

1953 年 12 月 17 日

整整一天足不出户，为施复亮看他写的《民建史》。

1953 年 12 月 18 日

全委学习后洗浴归，午前白一震来说 12/16 王、汪二人被传。

1953 年 12 月 19 日

晨去民建打听“领导学习”消息，悉未流产。被邀参加他们的工作会议。下午到院听传达罗子为做的合作会议传达，很好。晚请玉妈去看十三妹，我二人到吉士林吃晚饭。

1953 年 12 月 20 日

下午在青年会赴日期(第一次)。

1953 年 12 月 21 日

上午室会谈得热烈，下午在家。民建来电话，小组加课未去。

1953 年 12 月 22 日

上午去艺课弹词，整剧今天毕事。下午在家。晚民建首次学习会，黄任之：1. 胆大面皮厚，卖老卖噱头，肉麻当有趣；2. “逗乐的小丑”之风大作，真相毕露，丑恶之至。

1953 年 12 月 23 日

今天一天好紧张，为了学习。第一件事就对民建学习提了书面意见。十时后施复亮来纵谈民建，谈至一时后始去。下午组会，回家会馆王化南来，所谈与日间张丰胄所谈大致相同，乱而已矣。晚上民建东单小组。回家王纪华在候我，邀我参加会内学习干事会，允之。贞为参加检查入党同志座谈，十时三刻始归家。

1953 年 12 月 24 日

苏开明夫妇应邀来午饭，他们在我家谈了四小时。我建议开明分析美国社会阶层。我认为这个文件可以答复许多美国人民的中国朋友心中所存在的“美国几时才会翻身”这一问题。晚去民建商量会内学习各种问题。终究把学习目的说明白。

1953 年 12 月 25 日

为民建学习做准备，下午在长安戏院听章乃器报告粮食问题，甚好。

1953 年 12 月 26 日

下午在新礼堂听廖鲁言报告农业改造问题。

1953 年 12 月 27 日

李花匠来，鼓励他学文化，学科学。同之英访新自赴朝慰(问)回国之永滋，未值。顺道访张德明，看他新近烧瓷改造的木工玩具工厂。他仍强调别人不对，劝他专心搞企业，别人之事在适当场合作适当批评。延带年、山来。晚饭后怀仁堂看德国艺术歌舞团百余人的出演。

1953 年 12 月 28 日

室会改到明天，下午去民建。领导层学习今天正式开课了，当了二小时召集人，黄任之在座。晚饭欧美同学会常理会。

1953 年 12 月 29 日

室会改到今天，以至艺课只得放弃。晚到民建汇报学习，人不大舒服。

1953 年 12 月 30 日

上午为民建工作，下午组会，晚上东单小组。组会上检查工作。

1953 年 12 月 31 日

上午在民建计划学习。下午列席 200 次政务会议。和弟从唐山来。

1954 年

1954 年 1 月 1 日

和弟在京，阿延来同我诡辩气我一天。

晚怀仁堂团拜同永滋在一起。

1954 年 1 月 2 日

到民建继续做学习计划，下午开会传达政务会议。和弟夜车返唐山。

1954 年 1 月 3 日

到周先生处拜年未见到，圣陶约颉刚、伯祥吃午饭，之后到青年会同游。

1954 年 1 月 4 日

组会代替室会检查学习。

下午到民建开第二次学习组会。

晚上黄任老又病。

1954 年 1 月 5 日

到玉课，下午在民建开常委[会]，为领导下去宣传事我尽力提高，扭转赶浪头作风。

晚饭后汇报。

1954 年 1 月 6 日

下午组会开得不太好。

晚上民建东单小组谈了些问题。

1954 年 1 月 7 日

学习昨日收到的中共中宣部制发的总路线宣传提纲。

下午 201 次政参会议前往列席，散后参观新修的紫光阁，辉煌得很。

1954 年 1 月 8 日

上午王纪华来民建将由常委下去宣传总路线问我意见，我主张北京学习坚持下去，如停课找顾同志。

下午全委学习，李俊龙一股飙劲使人很不好受。

1954 年 1 月 9 日

下午在怀仁堂听贺龙将军传达慰问团报告。

晚在文俱部看苏联电影《在北冰洋上》。

1954 年 1 月 10 日

扫房，下午同贞到凌其峻斗母宫三号新居贺喜，送砂锅三只。

晚周师母来。

1954 年 1 月 11 日

室会谈学习，民建学习第三次谈得还好。

1954 年 1 月 12 日

曲课总温弹词，也把吴南青抄给我的乃翁癯安先生赠李一平的“石桥秋钱歌”唱会。

下午开始《联共[布]党史》第十章。

晚在民建汇报学习。

1954 年 1 月 13 日

继续先读《联共[布]党史》第十章及有关材料。

下午组会轮当主席，陈公培患肺气肿往视之。

晚在民建听浦洁修汇报北京工商界学习总路线中思想情况。

1954 年 1 月 14 日

晨发保片：“你是不是已得上级批准给假回家休养？何以说‘年内返京’，今天人既不来又没有信呢？家中安好，盼即来信。附医院负责同志：章保为已离院请转向调往单位，或请将离院情况告我，敬礼。”

昨天在组会上申明今年我不打算认定什么研究题目，因为集体研究的习惯还没有，但我即以对私营工商业的社会主义改造作为我的研究工作，今天做了一天这件事。

晚上又到民建去听天津谭志清汇报。

1954 年 1 月 15 日

保来信了，在家学习一天。

晚民建汇报会第三次，我说了些话引起罗叔章、章乃器反抗。

1954 年 1 月 16 日

下午室会传达，周士观误场，我来代他传达 201 次政务会议。

晚上九时后保来了，娘娘同他谈到十二点后。

1954 年 1 月 17 日

今天大扫除，下午到青年会曲局试唱《秋钱》（见前 12 日日记），琴大小四人来（内有大庄）。

1954 年 1 月 18 日

室会讨论学习方法。

下午在民建搞提纲，小组（会）。

晚上无事。

1954 年 1 月 19 日

去玉课，但因伊小姐未起身，沈兄生咳嗽略谈即返。

下午在民建，晚饭后汇报。

1954 年 1 月 20 日

轻工业部力邀去参加磁茶座谈会，晚在怀仁堂纪念列宁（逝世）卅周年。

1954 年 1 月 21 日

上午在磁座谈，未发一言。

下午 203 次政务会议。决定修建具有共产主义社会工程规模之长江大桥，预计 1959 年 9 月完成，唐臣在会上激动地发了言。

1954 年 1 月 22 日

午前在家看几篇列宁文章，下午去听磁业会总结。

1954 年 1 月 23 日

组的原召集人张励生特邀全体讨论改选召集人，以为脱身之计被识破。

下午在家，晚在文俱部看电影。

1954 年 1 月 24 日

今天东城区投票选代表,我们的选站在韶九胡同,琴、延都来。

1954 年 1 月 25 日

室会焦寅斋作一很好的中心发言,我首倡中国民族资产阶级正在分化。

下午民建学习很乱。

晚上欧美同学会理事开会。

1954 年 1 月 26 日

去曲课,在徐室,略温而已。

晚在民建汇报学习。

1954 年 1 月 27 日

下午组会。

晚同贞到青年会听昆曲戏。

1954 年 1 月 28 日

吴南青来了半天留饭而去,下午去列席 204 次政务会议,审定科学院工作报告与计划。

夜里 10:20 始毕事吃晚饭。

1954 年 1 月 29 日

久望而到的胡绳同志报告于北京饭店举行,可惜他口才不佳,扩大器有毛病,我听了四小时几乎一无所得!浦化人找我说会馆不急改选六日开会,我找到吴茂荪面托 WRSC 请萧君石任总干事,又同郑振铎谈捐献遗物,他自动愿为我把存津之十几箱运来北京会同启检。

1954 年 1 月 30 日

午前保出去医。我在学六字调笛法。瞿良夫妇来留之饭,下午室会传达,我补充了“长江大桥”,讲了绥远撤制。

1954 年 1 月 31 日

一天无聊在家。

1954 年 2 月 1 日

室会谈“工业化”。

下午民建常会又谈总路线。

1954 年 2 月 2 日

午前跑了三趟市场买玩具,价目如下:麻酥糖每包 1 500,麻片糕 700,径

4 cm 博朗鼓 4 000,杂色绸布网布制小洋囡高 22.5 cm 4 000。

午间洗澡。余时在家。浦老来要于星期日开会,同他斟酌议程。

1954 年 2 月 3 日

甲午元旦,养元、新生、瞿良一家、绍钫、鸿珊来,我们去永滋,瞿良家绍钫家拜年,永滋留饮茅台。

1954 年 2 月 4 日

午前备十万元往许家大姨家拜年,老人继续如常,守病媳病孙群孙而居。琴、全来饭,延也来掠夺而去,我渐觉在家庭中失去重要性,不欢久之。

熊家大嫂带其女婿外孙来,晚饭失时,饿了肚子去欧美同学会主席晚会等到十时许,心绪不好,回家吃了一碗面睡觉。到何四妹处一坐,从而知道了好些"民间事情",她心直口快观察力很强,劝她不怕说话但要着重事实提问题不可强下结论,她住天府仓 25 号。

1954 年 2 月 5 日

一天在家来了好些人,晚上全委请看北京剧场的《就这样生活不了》。

1954 年 2 月 6 日

娘娘去上班,像怀了一腔热忱但自负不轻,又提了成见要同我聊聊,经过一段对我提意见阶段,其中认为我心境苦闷一点是切实际之外,余均一般的那一套帽子甚多随便拿出,他这样来"帮助"我当然不可能有好结果的,使我苦闷加深而已。

下午张希陆来,我一天未出门,熊来午饭。

1954 年 2 月 7 日

午前去找周寄梅及市场,闷了一整天。

1954 年 2 月 8 日

心境不佳如昨。上午学习半天。

下午民建学习会。

1954 年 2 月 9 日

去曲课仅在徐先生小屋学了吹笛。

下午民建分会开会。

晚上民建学习汇报。

1954 年 2 月 10 日

上午在家学习很好。

下午去院，适逢薛暮桥在做报告。组会停开，改听报告。

晚民建东单小组，我去普选未有工作无可报告，觉得甚窘，从而体会到集体力量教育作用。

1954年2月11日

上午去院，组会补课。大家匆匆了事，我提出化工对农产品补充作用一点。

下午晚上都在家，把自2/6以来苦闷心情及自保回京后情况函告鼎。信中有“我体会到意识落后于存在是落后，跑得太前了也落空，保怀了吃大锅饭式共产主义前途的人生观，以落空分子来改造落后的爹爹结果可知”。（大意如此）

1954年2月12日

上午侯镜如来同我“临时互助”，学习私营工商业社会主义改造，很有好处。

下午全委学习社会主义工业化，我借机谈到私营企业不择手段唯利是图，危害建设的严重性。

晚在欧美同学会同陈岱孙、刁开智修改会章。

1954年2月13日

上午处理天津救济机关委员会开第六次会，听到柯柏年必须分别论到外国政府与人民的对华态度以及前后经办人应负责任，以期折服别人云云，甚为公允有见。

下午民建决定，我同王却尘出发粤汉线宣传总路线。

晚饭同贞到绍鈁瞿良家一坐。

1954年2月14日

在家一天，上午会馆白、高二公来为谈“对内团结，接受领导，维持现状，防止复辟，以房养房，不倒不塌”的方针。俞成来，王婶妈来，饭时玩Zig Saw Puzzle。

1954年2月15日

室会上屈武宣布第四组，以我同陈修和为召集人代替辞职的陈公培同张励生。

下午民建学习。

晚上去东四找自渝来京之重庆曲社曲友倪宗杨未值，但又碰见穆藕老旧部狄绍豫。

1954年2月16日

曲课有点我在敷衍徐惠如的意味了，恐难持久下去。

下午在民建准备学习第三单元提纲。

晚上汇报。

1954 年 2 月 17 日

上午提前搞组会，我同陈修和今天接第四组召集人后回家，饭后又去院汇报参室工作。

晚民建东单小组。

1954 年 2 月 18 日

午后去院汇报，余时在家准备明后天工作，去侯镜如家帮他看发言提纲。

晚上他又送书来。

1954 年 2 月 19 日

上午在会馆同诸老谈话，审查预算。

下午全委学习。

晚在民建开政务院小组会，到四人。

1954 年 2 月 20 日

民建为准备出发常务委员开第二次座谈会，交换些意见讲讲方法。

下午参室组会加了一次（今天原有传达会停开）谈工作问题，认识到参室不是业务机构，虽有若干潜力，应于学习有成后才能换到别的工作岗位去，因此得出结论，参室工作主要在学习。

1954 年 2 月 21 日

俞成带了两个孩子来，韦素（男）韦梅（女）来玩。

下午去昆曲同期，听袁二小姐之女胡宝棣及许时新之孙女宜春唱《游园》（第二次）甚好。琴带全及二孩来晚饭。

1954 年 2 月 22 日

室会学习私企改造，侯镜如发言。

下午民建学习。

1954 年 2 月 23 日

在玉课，不带劲得很。

下午请白一震、汤石如来谈会馆工作。

晚上在民建汇报昨天的学习。

1954 年 2 月 24 日

上午在家办些民建事，看了些“剪贴”。

下午组会学习，结束“总路线”学习。

晚东单民建小组，愈来愈觉得康心之的调皮圆滑作风值得注意了。

1954 年 2 月 25 日

下午去办公室碰头，余无特事。

昨天小组回来失眠，今晚早睡。

1954 年 2 月 26 日

学习了一天，《总路线》已学完头一遍，自三月起回到《联共[布]党史》第十章。

晚到民建搞提纲，朱德禽把 2/16 的原稿大事修改，今天又来一遍邀崔敬伯帮助才算弄好。

1954 年 2 月 27 日

室会传达会轮任主席。

晚饭同贞到首都看电影。

1954 年 2 月 28 日

吊马芷庠老的夫人丧外，余时在家，天初大雪（一冬无雪），润表妹来，畅谈而去。

晚间贞忽不适。

1954 年 3 月 1 日

室会结束总路线初习。

下午民建学习会第九次。

1954 年 3 月 2 日

仍在曲课付三月份四万元，说明恐将不能继续，打算于出发回京时起停学曲子，实在没有工夫，况且心情环境都不与之相称。

下午写些讲话稿子。

晚上民建学习汇报。

1954 年 3 月 3 日

下午组会谈了些工作问题。

晚东单小组我把康心之批评了，他自命为学习总路线觉悟提高爱国守法了。实际他还是讨了便宜卖乖。他自认说话有错但坚决否认有寻利，有意损及政权。

1954 年 3 月 4 日

在家一整天，白经来。

1954 年 3 月 5 日

为康心之问题到民建总分会找纪华、实秋、德禽、艺昌、玲新、汪镳研究。

下午全委学习联组谈不出什么来，中共中央在怀仁堂纪念斯大林逝世一周年，同熊瑾玎、方不珊坐救总车去。

1954 年 3 月 6 日

斐来信要玩具及北京吃食，到市场买了玩具糖食，送其在京开会之同事吴伯辰（住科学院）。

下午 207（次）政务会议（星期四移来）列席，散得早回家晚饭，饭后到青年会听曲课，吹了一段《闻铃》，拍了弹词宾白（叶）。

1954 年 3 月 7 日

我将为民建出发到会馆，常委会经推吴翔甫高友伯代理，违法乱纪案得到如下解决：张解庇，14 天得自请；沈汪黄开除；汪黄柳候判；沈请法院传讯。散后邀贞吴、高、白三位在酒缸吃饺子谈交接问题。回家后略息，到青年会听曲同期。

晚熊郁村四女与郭姓结婚，在欧美同学会吃喜酒。

1954 年 3 月 8 日

室会谈工作。

下午民建学习，两个会都开得不错。

晚之英来“出后门”，问手工艺人问题。

1954 年 3 月 9 日

牺牲了曲课在家写了一天稿子，写得很不得劲，觉得愈写愈坏，到了下午全身怕冷，支持不下去才罢。晚上民建学习汇报。

1954 年 3 月 10 日

上午继续写稿，下午组会转入《联共[布]党史》第十章。

晚东单小组长谈康心之问题，这人极不老实，欲盖弥彰。

1954 年 3 月 11 日

在家一天，上午会馆工作同白汤研究问题处理事务。

下午写稿。

1954 年 3 月 12 日

一天在家写完稿子。

晚饭后与同学会谈修改会章。

1954 年 3 月 13 日

下午到院听传达。

1954 年 3 月 14 日

痔有复发迹象，今天休息一天，睡在外间榻上，琴、延两家来，凌其峻来。

1954 年 3 月 15 日

室会上翁郁文谈了他的价值政策论文，我评之曰“是良好的开端”。

下午民建第十一次学习，谈不出东西来，足证我自己不够。

1954 年 3 月 16 日

会馆来人说法院将用陪审制审理张企留一案，我馆应推陪审员一人，我同意去（限明日前推出，来不及开会），片鼎斐。

下午民建汇报（这次起改为下午四时）。

晚在怀仁堂欢迎朝鲜访问团，节目甚好，甚长到午夜后 1:30 散毕。入睡已 2:30。

1954 年 3 月 17 日

今天晚上民建常委会开会，听黄任老谈上海之行，东单小组请假。但为康心之事写了意见托分会送去。

下午组会上发宪法问题材料，此后工作重点将从总路线转入宪法了。

1954 年 3 月 18 日

午饭后到救济分会，同汤石如到市法院晤刑三庭徐同志谈会馆贪污案，我将当陪审员。

1954 年 3 月 19 日

上午完成《学习联共党史表式笔记》第四稿，饭后去看“马恩列斯经典著作展览”（在西斜街中共中央马恩列斯著作编译局）。到院一走。

晚上贞同保去看《非这样生活不可》，在北京剧场。

1954 年 3 月 20 日

民建京市分会开五届大会在中山堂。

1954 年 3 月 21 日

京市民建大会今天一天小组会，我在 19 组在民革开会，午间在市场森隆吃。

1954 年 3 月 22 日

室会改组会研究宪法、研究同期学习计划。

下午民建分会。

晚同贞到拐棒胡同。

1954 年 3 月 23 日

上午到市法院当陪审员，同沈守仁及利华。

13:00 毕事，民建汇报。

1954 年 3 月 24 日

下午组会我轮立言，谈研究宪法讨论方法。

晚民建京剧晚会，在纺织工业部礼堂举行。

1954 年 3 月 25 日

上午为会馆占去，白汤二人来，高友伯也来，之英送其谈话稿来，留之饭。

下午到中山公园坐了半天，园中心补植柏树。

1954 年 3 月 26 日

法院又开庭。

下午宪法讨论开始。我在第五组在民建开会。

1954 年 3 月 27 日

下午到院一视，经北海回家。

晚民建东单小组，本周改在今晚举行。康心之借“有则改之无则加勉”一语，说成既不处理，不辩亦可，况无心无他（初意是爱国守法的）所以不争辩了，以期了事下台。我因郝玲星嘱我慢慢来，亦建议暂时搁下不谈。且我也将甚忙，出席可能不太正常。此事作为悬案随后再深入研究罢。把场斗争暂告段落（说这是他赴市分会大会的收获）。

1954 年 3 月 28 日

九时赶到雍和宫同参室同人参观，同邵力子一起参观北京市工业展览会（在朝内北小街）在圣陶家酒饭，贞负病两次去帮延家务。

1954 年 3 月 29 日

宪法讨论转入紧张阶段，参室小组（第 17）第二分组（以原第四组为基础）定周一、二、四上午开会我可参加，民建小组（第 5）定一、三、五。

下午开会我属这组，自今天起我将每星期参加六次座谈，即星期一上下午各一次，星期二、四上午，星期三、五下午各一次，今天就是二次。贞发低烧请假。

1954 年 3 月 30 日

原二分组上午开会，余遂章又故态萌，说不完地说，大家不答应了，我又训（士观语）了他一番。

下午在家学习早睡，贞尚在假。

1954 年 3 月 31 日

第五小组谈序言，发现群众中产生这样一种情绪：由于敬爱毛主席，对于由毛主席亲自主持的宪法草案初稿，有些人不敢妄置一词，说“不能一字增减”，甚至讥笑“胆敢”提意见的人。开会如果大家争相歌颂领袖，这不正将辜负领袖，且使领袖脱离群众吗？

1954 年 4 月 1 日

星二的训话惹了乱子来了，李仲公说“我们人类都有些客气”。李寄中说章元老说不提意见不行？群情激昂极了。

下午为会馆未参加政务会议的白汤自 16:00 来谈数小时。

1954 年 4 月 2 日

上午为修理眼镜（去了三趟，还等了半小时）及理发（等了一小时）所耗去。

下午宪法会谈得很好，秦柳方，孙晓邨都有贡献。

1954 年 4 月 3 日

饭后去改造后的陶然亭。访到香冢，遇见瞿良。

晚在文俱部洗浴、看电影。

1954 年 4 月 4 日

贞去帮延忙，我去琴家，午饭后归。

余时在家，王昌晖来，王斐晚上来。

1954 年 4 月 5 日

上下午小组会上听得多讲得少。

1954 年 4 月 6 日

会少了一个李仲公谈得就好些。

下午去会馆，领导来人检查，要求我去，不得不去。

晚 WRSC 开理监事会，刁开智同周泽春闹开了，结果刁道歉而已。

1954 年 4 月 7 日

再读列昂节夫，颇有新领会。

下午第五小组。晚东单。

1954 年 4 月 8 日

组会，回家，WRSC 来人，会馆来人，谈到 15:00，为 WRSC 访王述勖病。在他桌上排有他刚玩完的骨牌，分成每沓二张一排八沓成两排，我一面同述勖讲话一面拿这两排上下移动玩弄，最后把叠在上面的两排放平下来成为每排八张的四排，结果已 32 张原来散乱的牌摆成整整齐齐 16 对！述勖叹为奇迹。

1954 年 4 月 9 日

上午看书。

下午民建宪法小组。

1954 年 4 月 10 日

预备明天会馆的会。

下午去看在协和养病之华通斋。

1954 年 4 月 11 日

牺牲了难得的春光为会馆工作了一天。

上午开委员会，开得有结果。等到谈到张企留问题，事情就热闹了。我体会"命运"指定。会馆工作就是我斗争的战场，这是一场善恶之战，不仅仅是"新旧之战"。在会馆啃些烧饼之后，为会馆到湖南会馆道喜，他们新办的浙江托儿所开幕。回家已 17:00 后，赶快吃饭去赶东单小组的临时座谈——今天工商界同志招待机关同志，说了听了好些"官腔"，不解决问题。原因在民建只有号召没有决心，遇到康心之事组织上就说"慢慢来罢"。说官话、背死书是容易的，面对现实那就不得不使马列主义庸俗化了——"必须看条件时间"等等。从总会起是逃避现实的便道。以上，关于民建几句抄给晓邨。

1954 年 4 月 12 日

参室两分组合并讨论一次听了半天。

下午第五小组在民建，晚饭后吴翔甫、高友柏、文亮、白一震来大有慰问之意——昨天张企留之表亲阮姓妻兄吴姓及苏太谊园侯和夫（有六百万元不清白）联名弹劾我，浦化人来，未值。

1954 年 4 月 13 日

组会谈"主席"一节，我颇多领会。

下午三时去晤浦老谈一小时，他说自己腿痛，会中人多出去会馆事希望我多做些工作，要向会馆请假，我劝他不必。我仅最多帮些忙，多分些工，但他不必请假，同意已做的工作，并嘱照常进行。

晚民建开常会。我报告学习情况，乘机对黄任老高年谈《资本论》是学习指标予以表扬。

1954 年 4 月 14 日

上午又为会馆占去，白一震来布置星六常委会。

下午第五小组讨论到国务院一节。

晚上民建东单小组，从徐明卿同志口中说出好像有公家对不起私商的地方，公方不履行合同。

1954 年 4 月 15 日

第二分组谈主席一节，组中空气愈来愈不好。

永滋晚上来。

1954 年 4 月 16 日

上午晤浦化人。同他讲会馆是战场的道理，他同意，也说不可树敌太多，重点突破。他告我会馆调整房租，解雇张企留，我同他的分工，领导机关都同意。此后将大力支持我们。

余时看列昂节夫，下午宪法 5 组，晚吴校长来。因为处境困难要改当级任。我劝他照制度办事，只要是与学校有益他将得到支持。

1954 年 4 月 17 日

看完列昂节夫。下午到公园看花，遇见叶圣陶。

晚上会馆常委开会浦化人来了，金在镕有意说：我领导不(了)集体，为自己造成独立王国。可能是我误会，但也可能他有意做张企留应声虫。

1954 年 4 月 18 日

同贞参加参事室十三陵旅游，8:30 发车，15:30 到家。逛了长陵，在献陵吃东西，一路柏油道，风平浪静地远了一次足，回家早，得到足够休息。

1954 年 4 月 19 日

上下午讨论《宪草》，都很有意见。

晚饭同贞到周家送行，他们明天去上海。

1954 年 4 月 20 日

上午参室小组讨论章 2 节 3。

下午为会馆及欧美同学会工作占去，浦老来了一下，给我看小学文件。

1954 年 4 月 21 日

下午宪法小组在民建，吃饭后宣教会开会，听金长佑做检讨。

1954 年 4 月 22 日

上午参室宪法小组我一言未发，但自己学习不少。

饭后买糕去贺圣陶母亲九十寿。

傍晚他来接我去吃面，遇见江红蕉。

1954 年 4 月 23 日

白汤上午来，整个上午同他们搞会馆工作。

下午宪草小组乃器又露小聪明气魄，甚为讨厌。

1954年4月24日

看了些"散文",理发,马芷庠老来,饭后同参室到太庙看鞍钢技术革新展览会。这会在宣传劳模,人民创造力,鼓励合理化建议,作为推动竞赛的教育,所以模型不精,说明不清。看完后到欧美同学会休息看了一本小册子——《王安石》。

晚上约岱孙开智在会吃饭。谈会章修改事。

1954年4月25日

上午为欧美同学会写些材料,饭后即去先开常务理事会,后开会员大会。到会不是法定人数等了一小时,会上有人顽固地捣乱,我耐心掌握,结果圆满。我体会到:1. 真理总归多数所有;2. 今天没有风平浪静的会,也没有头破血流的会;3. 落后势力是衰朽的势力,不害怕它而要针对它。

1954年4月26日

上下午两次小组会,这几次我在参事室一组上不大讲话了。

1954年4月27日

上午参室小组。

晚上在民建开常委会。

下午浦化人来谈调整房租候民政局统一布置,张企留撤职了事,弹劾案先听群众意见,我要求他催法院宣判据民政局布置调整房租。

1954年4月28日

下午宪法民建组。

上午为七七八八事占去。

晚上民建东单小组。

1954年4月29日

参定室组,饭后去东四看吴味经,未值,为会馆拜访马芷庠。到公园看牡丹。

晚饭后同贞到市场。

1954年4月30日

上午为会馆占去,白汤来了。

下午民进谈宪法,我把最后一点意见都谈了。

晚上吴味经来同他去看老翁。

1954年5月1日

第五次观礼仍在东二台,13:20礼成。下午汪三夫妻二人来闲谈,王斐来存车。

晚饭后同贞去看焰火，同绍钫、吴有训、孙晓邨、千家驹等坐在一起，去年有永滋、印方，今印方已化为灰烬。

1954 年 5 月 2 日

上午看施复亮民建文章，结果花了半天时间。下午人来，晚到政务院看京剧——宪法讨论会的第三次晚会。

1954 年 5 月 3 日

上下午两个小组都基本上结束了宪法草案初稿的讨论，我自 3/24 起参加了，在民建开会的第五组 17 次及参事室的第 17 组第二分组，亦是 17 次。

晚上同贞到北京剧场看《王贵与李香香》歌剧。

1954 年 5 月 4 日

参室宪法组已结束，今天不开会了，我一天无事，午前洗涤。

下午贞亦回家，本打算一同出去玩，临时她又要去看朋友，结果我一人到了西郊公园，这儿已大变样子，动物园散开了。旁边建造苏联展览馆，红星旗杆已矗立起来了。晚上吴校长来劝他继续努力。

1954 年 5 月 5 日

宪法讨论今天结束。

下午民建的一组同工商联的一组开联组会，在全国工商联举行。照相后讨论了三小时，大家意见不多，我说这是好现象，因为意见少了。不是没有意见，因为言尽了不是无言。散后会餐看电影。我这番计参加了 38 次小组会，学习不少东西，同时亦提出了好些意见。父亲遗物决呈献，今晨得郑振铎递送文件。

1954 年 5 月 6 日

看了浦老去会馆同白、汤谈事，劝告吴校长之后找黄娄生不在——去看公园牡丹了。下午参加 215 次政务会议，第一次发言提意见，吃毕饭，看了电影，乘乃器车回家。

1954 年 5 月 7 日

准备明天传达昨天的政务会议。饭后在午门与参室团体会合，参观午门上文化部主办的“全国基本建设工程中出土文物展览会”之后，又进午门去看齐白石画展（在承乾宫）。

晚上在民建听市分会举办的日内瓦会议问题座谈会，张纲伯讲完之后，凌其翰详细分析了和平运动与殖民政策的对立现状。他知道得很多，特别是法国情形，所以很受听，发现我去 Canada 时所买记住址的小本丢了，托人各处去找（小本后来在家找着了)。

1954 年 5 月 8 日

准备下午传达,结果因应传达的积事太多,未及上程,同郁文“换工”轮当主席。

晚饭后同贞到文俱部看电影。

1954 年 5 月 9 日

午前延带小孩来,同他们到公园看花,在投壶亭玩了半天,大山好玩极了,会叫“轰轰”(公公)。

下午欧美同学会新旧交替,一连串开了三个会,我又被推为副立委,这个包袱只丢掉了一部。晚饭后在青年宫看话剧《钢铁运输兵》——又是宪法讨论的文娱待遇。

1954 年 5 月 10 日

参室工作制度还没恢复,今天我一天没出门。

午前会馆同学会来人。下午看些书。

晚上绍钫来,略为谈保问题。

1954 年 5 月 11 日

十时召集人碰头,商量恢复参室学习制度。

下午到公园看捷克木偶展览后乘昨日开辟的十路公共汽车到民建开常委,我为民建一向领导层不学习,只知号召学习,集体领导,展览、批评三项发了言,自问“Vocal,but not oral”(发言不多,意见不少),娘娘要儿子吃蒜苗,不顾爹爹反对之,感到苦闷。

1954 年 5 月 12 日

为了布置学习,恢复《联共[布]党史》学习,下午召开第四组会。

晚上去民建小组,今天停开,回来同贞在市场做夏衣,天气忽燥热,对黄任老上海报告提了意见交纪华。

1954 年 5 月 13 日

在家一天,学习《联史》第十章有关文件。下午会馆来电话说法院找我,我去了一趟,案定了,要宣判了。

1954 年 5 月 14 日

一天走不出户,白、汤来,看了许多东西。

1954 年 5 月 15 日

下午参室传达,对黄任老提了些意见,他约明天面谈,这倒难到我了。

1954 年 5 月 16 日

今天是在一个很长的时期内最忙的一天。

08:30 就约吴翔甫、高友伯，到场诸人——还有文亮（明之），在来今雨轩谈会馆及学校。

10:30 赶赴黄任老 09:00 的约会，商改他那报告稿子，结果你一句我一句，把我认为最不妥的地方改好了，分析因素：1. 任老虚心（但他还先拿出大帽子来吓人）；2. 我善意批评（不放掉每一个实际有效的解决机会）；3. 群众智慧（艮仲、起孟、晓邨事先的修改，临时的修改，艮仲乘机把标题改好）。

这一场合在民建第一次（在我）达成真正集体帮助任老，亦是第一次收到批评的具体效果。任老留饭，文杰同吃，到 WRSC 休息等 14:30 的委员会，谈工作。16:00 转赴在同一地点（文俱部）开的中华职业教育社第 37 周年（会）。我亦学到好些东西：一个旧社会遗留下来的会（等于 WRSC 等）在 1949 得到新生，1952 试办函授，找着新工作。今天这份工作有了内容，因而有了任务——经常不断地并且极经济地帮助五十万小学教师提高水平。会开得很久，其间任老兴奋得很，说了好些有着无着的一大段。

20:00 才吃饭，饭后还有电影，我未看就回家了。

1954 年 5 月 17 日

参室恢复《联共[布]党史》的学习，第四组今晨再度开始学习第十章。

下午在家画制《学习联共党史表式笔记》第五张，这次改用折页式了。

晚饭同贞到中山公园看芍药，在后松林其中谈阿保问题，我要求她启发他，为安排自己作计划。

1954 年 5 月 18 日

花了一天时间把《学习联史表式笔记》作了第五次修正，这次变一整大张为装订成本的小册子了，晚上在民建谈学习。

1954 年 5 月 19 日

同民建东单小组逛万寿山（08:00—16:30），晚民建会谈批评乃器讲话。

1954 年 5 月 20 日

为了安排一天日程去院一躺，陈修和同我谈怎样改变学习。

下午沈、王、汪案宣判去开庭陪审，赶到院中，开四组碰头会。后同大家一起去农业大学，看西藏展览，晓邨校长亲来招待，西北郊一片建设气象，面目大改矣。

1954年5月21日

上午同浦、白、汤布置星期日会馆的会。

晚在民建座谈日内瓦会议。

1954年5月22日

上午参室传达，下午全委总路线学习恢复，学习后在文俱部洗澡，同楚晴波拍训子。

晚上看电影，文俱部史某捣乱——要欧美同学会挂小牌子。宝城路、八庙沟、兰新路、乌鞘岭隧道分别比计划提前三个月、提前半个月今日完成。

1954年5月23日

阴雨，下午放晴，同浦化人会馆开全体会，会开很好，收到教育效果，今天二级落后分子一个亦没来，超级二人(K.H)一言不发，晚琴、全来。

1954年5月24日

参室恢复星一之大组会，继续学习《联共[布]党史》。

下午民建学习亦恢复了，谈到私营企业改造。

1954年5月25日

在家学习了一天，晚民建学习召集人汇报如前例，建议设学习辅导员问题。

1954年5月26日

组会，我自出题目，要从数字学习《联共[布]党史》工业化问题，下午就开始备课。

1954年5月27日

一天在家搞数字。

1954年5月28日

白、汤来占了一个上午。

1954年5月29日

下午全委学习听程子华讲手工业、廖鲁言讲农(业)，都很精彩。

晚同贞在文俱部，听古曲音乐，郑振铎告我“东西已运来了”。

1954年5月30日

任老邀去谈天，10:00散后去看延，没碰到。回家搞数目字。傍晚琴、延都阖第光临，大热闹。

1954年5月31日

在今晨组会，我讲了从上星期三就预备的数目字材料，讲了一小时多。邀熊实斋来听，结果李奇中对我提了好些意见，真是有些莫名其妙。

下午民建学习，又当主席一次。

1954 年 6 月 1 日

上午还搞数目字，下午为会馆去浙江馆访俞翰卿。湖南馆晏孝来，吸取了他们调整租金的经验。晚上民建去汇报学习。

1954 年 6 月 2 日

上午组会开得还好，下午继续搞些数字，乘汽车到地安门去认新开的汽车站，乘之到胡同西口锡拉胡同站回家。

晚上东单小组停开，参加了他们的中心组，开到九点四十分，甚有收获。

1954 年 6 月 3 日

上午看书，碰头会提前到一点，一小时毕。车同李云亭在北海揽翠轩吃茶、聊天很有趣，晚上欧美同学会开委员会。

1954 年 6 月 4 日

上午去会馆在高幼老家谈工作。

下午去民建搞提纲，刚好大家有事，没搞成。

1954 年 6 月 5 日

贞要我到稻香村买粽子——今天是端午，八点半就去排队，九点挤了进去，轮着二十只粽子。

到院已晚了三刻钟。听楚、焦传达内政，中印协定很有收获。得悉傅华亭昨夜去世，饭后赶到贤良寺吊丧。

乘晓邨车到文俱部学习，讲了几句话，为欧美同学会晤史公展，谈得结果还不差。又同罗隆老讲了几句。

1954 年 6 月 6 日

政务院中共党支部将于下星期开首届代表大会。今晨齐燕铭约单位首长及党派代表去谈筹备情形。下午在家。晚看话剧。

1954 年 6 月 7 日

中共政务院党委召开首届代表大会，我以民建小组代表前往参加，听了两个报告。

1954 年 6 月 8 日

大雨一夜，竟日来信，在家学习准备中心发言。饭后冒雨去院检查身体，结果改期。晤浦化人为谈会馆事，认为民政局作风不正派。

1954 年 6 月 9 日

赶去参室，在小组中就农业集体化的方针作中心发言，赶回贤良寺傅华亭追悼会。回家在门口碰见理发师，理发未果。

会馆同志应约来谈，把一些半疑不信的问题都痛快解决了，高友伯在座。

饭后赶到东四头条文化部，办父亲遗物捐献手续，文化部大概亦是一个官僚机关，什么事都不接头，结果只好下周开始点交，下午又大雷雨。

晚上在东单民建小组，组上谈刘子厚问题，去小组路上在东四牌楼下买到一个寿张阳骰哨，是陶装的七孔乐器。

1954 年 6 月 10 日

听了一天党代会的大会发言，下午在紫光阁下摔了一跤——雨后泥滑。

1954 年 6 月 11 日

上午听完党代会的大会发言，下午只得不去，去参加全委会的学习，晚上民建去做召集人汇报。

1954 年 6 月 12 日

正要出门到北海去整理我的思想，民建来信，任老要我去谈了半天民建，任老开始实行集体领导了。

下午去院，燕铭召我们谈话。晚上同贞在文俱部看电影。

1954 年 6 月 13 日

亦是一天足未出门。午后区志培来报讯，延生第四胎，母子平安，晨起即为机关党代会写两点意见作为献辞。

1954 年 6 月 14 日

今天一天工作做得很不好，早上组会学习学习方法，我对李奇中不能完全控制我自己，认为他说我趋炎附势而提出质问。晚上民建联组学习，当了无准备的主席。

1954 年 6 月 15 日

晨晤唐太本要他去说服张企留，会馆来人。

饭后到团城，会同文化部开箱，主持人是罗子奇，他是罗振玉五子，说是老世交，一切即轻松便利得多。十六箱自天津运来，就放新修建的西面桥亭内，费了三小时，开检了十三箱，检出必须保留的书画一箱，余三箱定后再去拣。

1954 年 6 月 16 日

组会学习很好，到十点钟集体到文华殿看文化部的“祖国天然环境及矿藏资源展览会”，这个展览会是好的，不仅祖国的物产丰富充分表达出来，且展览技术亦有划时代的进步。

下午无事心神不安，感到无聊。晚饭后去东单小组，今天不开会，只得逛逛隆福寺及东安市场。

1954 年 6 月 17 日

晨起即访巨赞。到团城，继续拣东西，将神主十一座移广济寺，午前事毕，计拣回有关家乘文物两箱，即片告和、成二弟，会报母大人。

下午参室碰头匆匆而毕，在党代会上来宾发言，回家临时丢失车证。

1954 年 6 月 18 日

大部时间用在整理遗物，把携回两箱东西的内容基本上弄明白并且归了类。

下午去院检查身体，体重大体恢复到 65.5 kg，血压为 140/78 mmHg，因检查身体耽误了全委会的学习。

1954 年 6 月 19 日

一天没出门，看材料，搞遗物。

傍晚弦音、弦和来，同之到文俱部看木偶戏，吃冰激凌，张茂楠来说夏建献要见我。

1954 年 6 月 20 日

同贞到延家一视外，未出门，下午吴翔甫来。

1954 年 6 月 21 日

晨带俞屏二条及其失辟的墓志铭两张去交给团城，接罗子奇电话，说还有一箱没有会拣，约定明天去拣。到院开大组会，余遂辛发言有进步，大家为之欢喜，下午在家，预备传达党会，晚在民建学习联组。

1954 年 6 月 22 日

晨又去团城补拣上次遗漏的一箱，拣出许多遗稿来。到院布置明日小组会传达党代大会情况。

下午在家，午前同浦、唐谈张冲来的结论。晚在民建开常委会听传达。

1954 年 6 月 23 日

组会召开学习《联共[布]党史》第十章关于第一个五年计划的方针任务问题。

15:00 民建小组开会，由我做了关于中共政务院机关代表大会的传达，讨论了一些时候，黄任老听了很感动。晚东单民建小组谈刘子厚问题。

1954 年 6 月 24 日

昨夜起大雨，一天未出门，东看西看，没有好好学习。

1954 年 6 月 25 日

上午为会馆占去,白、汤来,下午亦没好好做事,15:00—18:00 全委学习,陈叔通转金通尹意,要钱老书札,将及早设法从团城去找。

1954 年 6 月 26 日

晨去院,今日传达会停开。同罗子奇通了电话,定下星期二去团城拣金镂老信札。后出西直门去了解新建之紫竹林公园情况。下车后打听,始知这个公园仅有计划,将一个湖为基础做成公园而已。这个湖大不及北海公园之半,四周是土山,改在靠北岸,有些建筑物,东边有一座木桥,三五个小孩在水旁网蜻蜓。

候车前去在永定路换车,入阜成门,在紫竹林汽车站旁访见汤觉顿墓。

下午无事,晚上同贞到公园看昆曲演出。

1954 年 6 月 27 日

16:00—18:15 在会馆漫谈宪法。晚上冒雨去文俱部赴欧美同学会的晚会。

1954 年 6 月 28 日

上午组会,下午去会馆去验收南横街及承相胡同两项工程。

晚民建学习联组谈总路线第五单元。

1954 年 6 月 29 日

到团城去拣回金镂老书札四件——见 5/26 日记。

贞昨晚告我听说墨林在医院动手术,今日上午去她家探问,见到满小姐,始知墨林患癌,已割去大肠一段,吉凶未卜,为之感叹久之。

余时在家看书,觉得孤零。

1954 年 6 月 30 日

组会我讲了一点,胡公冕又发毛病,爱讲话而不知讲什么。

下午欧美同学会开始讨论宪法,我负组织之责,原来报名的只两个人,今天却实到了四个人,连干部及我倒有七个人可以成为一组了,谈得很好,准备谈十次。(1955 年补:结果支持了一年,而且始终七人出席,还要继续下去)。

1954 年 7 月 1 日

晨邮差送来包裹条,母亲已把父亲木主自上海寄来,命我同历代祖先的木主(已在广济寺)一起在佛前焚化,越时文化部罗子奇(名福,是罗振玉第五世兄)来。他们新编捐赠清单,已编好,送来由我签名盖章。

6/22 补拣的遗物及文化部不收的少数次要品计一箱,由罗兄送来,我以一上午时间作了初步整理。

饭后赶去碰头，参加第 220 次政务会议。起孟的谈话，乃于议程完毕后退去政务会议，约起孟在中海边柳下谈天。他把民建、工商联协商的代大名单示我，征我意见。单上没有我，不由自主地引起我思想斗争。我有决心一定要让我的好的一面在这斗争中取得胜利，让我的个人主义在这场斗争中好好受到打击，使之彻底失败。

1954 年 7 月 2 日

昨天下午起一场自我斗争今天居然取得胜利了，天气虽不好，我工作很精神，心气和平，效率亦高。

今天必须不断同参室保持联系——为了欢迎周总理——但我仍能从邮局取出父亲神主送往广济寺，承巨赞帮助将我家历代祖先木主十二座，在佛前焚化，回家即作汇报告母亲。

饭后预备了几个发言与传达，今晨报载苏联第一原子能电力站发电了，人从此将进入一个更高的世界，为之欢呼。

1954 年 7 月 3 日

室会传达占了大半天，下午民建同工商联合开两会的常委会，协商提名名单，我说了三句话：1. 拥护名单草案；2. 相信人民定会接受我们的提名(推荐)投他们的票；3. 相信他们一定会不负人民委托，为人民办事，为人民带来更大的幸福。——我自我斗争胜利了！

晚上带大年到文俱部看魔术，看了一半大雨作罢，坐晓邨车回家。

1954 年 7 月 4 日

大年午前回去，会馆谈宪法第二次按时举行，说得颇好，高友老提出一个意见。

1954 年 7 月 5 日

室会又轮推主席，晚在民建学习会上传达院党代大会一小时余，引起劲头来，为学习加进不少活力。

下午去北京医院看墨林病，人甚快活，以为大难未死。

1954 年 7 月 6 日

今日为欢迎周总理回国占去。

上午会馆来人，10:00 即去院，午饭后即到机场，14:50 周总理回来。

1954 年 7 月 7 日

参事室到西苑华北行政委员会看城市设计展览，后到颐和园午饭。我同楚晴波二人饮食后赶回城。我去欧美同学会讨论宪法第三次。晚民建扩大常[委]会谈代表问题。

1954年7月8日

上午在全国工商联听华煜卿报告苏联近况,甚好。

晚同学会常委会,会上我报告了讨论宪法情况。

1954年7月9日

预知今天一天没事,从八点开始,把九轴"喜神"(影像)改装成一本册页,下午六时后才完工,自问谨慎小心,有计划。所以成果不错,谅工作亦对得起祖宗。

我家的敬祖方式,从7月2日之焚化木主,今日之改装神像,即将根本改变形式了。

1954年7月10日

同昨大餐成对比,今天的生活的纪律性、计划性很差,以为有照例的传达会,赶到院中才知道例会停开。十点钟,钟屈式来传达周总理《关于日内瓦会议的报告》,到时他又取消了。

下午全会学习,结果总路线学习到七点后才完。在文俱部吃饭等看电影《钦差大臣》,演到2/3,天雨起来,立刻停止,乘圣陶车回家。

金敬渊来信,立即复他。余遂辛又进步了,我从而想起我亦许自负,以为我以共产主义道德处新民族主义时代,因而时常碰壁,若然我还不应退缩。

1954年7月11日

郭新生带其孙建军(四岁)来。全[①]全家来,下午会馆讨论宪法第三次。

1954年7月12日

上午组会,下午无事,晚上民建听乃器传达。

1954年7月13日

上午又整理收回文物,分书类编出目录,件数并不多,可是其中有极难处理的东西如草稿,祖父时事画等。下午把三箱并成两箱,余时休息,

晚民建结束总路线学习,谈得很好,精神饱满而散。

1954年7月14日

组会开得好,下午同学会宪法会来了赵锡麟谈得起劲,间祖章听说少数民族关系现状,要去少区当地主。晚看《雷雨》,紧张得很。

---

① 全炅,章元善长女婿。

1954 年 7 月 15 日

午前准备些材料,下午碰头会,坐屈武车到北京医院看墨林,决定利用休假去上海,车票可以报销。

1954 年 7 月 16 日

上午为会馆工作,下午院民建组开会。

1954 年 7 月 17 日

上午在中山堂听柯柏年报告日内瓦会议,下午张企留来,同之到救总与浦唐同见之。

1954 年 7 月 18 日

下午同浦化人去会馆开常委会,专谈财务,开得很好。王斐来借 20 万元,王岳来晚饭,下午又去会馆讨论宪法。

1954 年 7 月 19 日

今天在院一整天,午前大组会结束第十章,安若定做了准备很充分的发言,但是把题目放大了,时间拖长了,在院午饭。

饭后补上星期六应做的传达,余遂辛不得要领地啰唆到被人喊下去。

1954 年 7 月 20 日

复斐片。牙床发肿,有牵及左耳趋势,到北京医院挂号,下午去诊,第一次享到公费治疗便利。银行取钱,市场买零碎小东西去医院,坐好汽车。医院设备好、医生好,一文不花,是社会主义生活。

出医院,在大雨中候车。崇文城门口高坡上有理发店,二千元推光,这又是旧社会风光,忽此忽尔,无彼此之说,过渡时期生活。

民建召开爱国守法会议,连续两天深夜送文件,惊扰四邻。

1954 年 7 月 21 日

打点行李到前门买东西,下午民建的爱国守法教育座谈会今天开始。亲去请假,晤起孟,同学会讨论宪法,晚在民建东单小组参会。

1954 年 7 月 22 日

天仍雨,下午到大姨处一看,到院取票,打点行李。

1954 年 7 月 23 日

今日起日记,另记活页。(上海之行)。

1954 年 8 月 17 日

上海回来自 7/23 日记见活页。

昨夜睡得甚好，醒来06:00车在禹城，17:10到达北京，计误点17小时。

民建来接，承杨大姊、朱德禽、李文杰三同志为我招呼行李，用车送到锡寓。贞19:00后才回家，我洗吃后与之谈沪行一切，即入睡。

1954年8月18日

整风琐事写片给鼎、斐，得请帖去北京饭店参加政协招待英工党代表团欢迎会。首次在北京饭店新礼堂吃饭，富丽堂皇，建筑得很好。与李宗恩、刘孟纯、陆志韦、周校荪等同桌。

1954年8月19日

到清华同学会找虞振镛未值。遇见老淮，留了条子给他。即往许大姨母家，面递母亲钱信，西屋满室失阳，臭气腾腾，简直不可久居，略谈即退。到院一视，东部又正大兴土木，中南海经人民政府经营五年以来格外显得美丽了。又找着梁仲华，他已知今是而昨非，午睡后又为颐弟找他岳家划去15万取得收字，当天寄颐弟以践8/9之诺言（参见8/11记）。

1954年8月20日

到民建未见我所要见的同志，只得再去。

约梁仲华、虞振镛夫妇来，同之到市场和平餐厅，晚饭款之。

1954年8月21日

为梁仲华找黄任老，10:00前打了许多电话，结果约好由他先去找杨卫玉，结果为何不得而知。晚上同贞在文俱部看电影。

1954年8月22日

琴带斯斯来，饭后到会馆继续宪法讨论。

晚民建在文俱部请来京同志们。之英上午来，晨访仲华送他行就询晤任老结果，他昨天见到任老，未及细谈，今午在家午餐。

1954年8月23日

到院参事室工作尚无恢复原状迹象，偿清旅费账目。

下午去紫光阁赴政协全委常委扩大会议讨论《公私合营工业企业暂停条例》，20:00始散。在新礼堂晚餐后归，院中大树给房东派人揭去"帽子"，满院是枝叶，一株不规则的大榆树仅剩干身了。

1954年8月24日

今天一天没出门，看《子夜》半本，瞿良带弦音晚上来，江苏会馆白、汤二人占去一个上午。

1954 年 8 月 25 日

冒雨到院，参室制度还无恢复迹象。下午 WRSC 宪法讨论恢复我南行前原状，上午在院把上海胥家一席话反映给“六办”赵思安。他是起孟令他与我联系的，详见“民建”笔记 7/12 页—8/2 页。

1954 年 8 月 26 日

隔壁（救济总会）来工人修理它的西屋，弄得灰天灰地，午前去视绍钫病未见着——出去看医生了，见其独生子发育甚正常，其新夫人则在医院检查，说有新陈代谢病。傍晚去公园。归来走过东华门发现帽子不在头上，再度入园找帽子。

1954 年 8 月 27 日

上午在家看民建文件。纪华来过。下午去拔掉一个动摇已久的盘牙。晚上民建开会谈解放台湾。

1954 年 8 月 28 日

上午到院一看，仍无动静，下午便要我同他去北海泡茶馆，我没同意去。傍晚浦老来，我把白一震请以烈属申请文交他转内务部，《大公报》来征关于解放台湾文。

晚上同贞、绍瑾、弦音、弦和到市场吃冰。

1954 年 8 月 29 日

为白一震恢复他的烈属身份，找到许闻天请他为之打打边鼓，下午去会馆搞宪法讨论。

1954 年 8 月 30 日

到院一视仍无动静，下午为《大公报》撰文，晚饭同贞到文化宫一转。

1954 年 8 月 31 日

为《大公报》写了一天稿子，写得很艰苦，上午会馆人来，晚上在民建借工商联座谈台湾问题。天雨，顿时秋意袭人，要穿夹袄。

1954 年 9 月 1 日

照例到院，回家午饭。誊清为《大公报》写的《欢迎台湾同胞重归祖国》，约 2 500 字。

1954 年 9 月 2 日

交出《大公报》稿子，列席 223 次政务会议，应饭即归。

1954 年 9 月 3 日

到北京医院拔去三个牙，流血竟日不止。因而精神上很是不安。下午胡宗光来，陪我聊了二个小时。

1954年9月4日

到院一视。午睡未成，到北海泡到五点后，晚同贞去视绍钫疾。

1954年9月5日

琴、延大小来，午饭后去。志诚、明庆亦来。牙床有些发肿。下午到会馆，结束宪法讨论。

1954年9月6日

到院如例，临时集会，议定自动组织临时活动，保持联系。

1954年9月7日

上午会馆来人，午睡去会馆，预备去旁听，他们讨论宪法。结果民政局派人来做报告——讲解草案第二章。晚饭时贞指出今天是我第六十三个生日，到市场吃冰激凌。

1954年9月8日

看到“五大法”草案。下午把同学会宪法讨论结束。计自6/30起共讨论十一次，内7/25、8/1、8/8、8/15、8/22五次与会馆合组。9/1期我误忘，未出席。8/22合并时我到了。由四个人发展至六人。讨论后大家要去继续学习，决定下星期三仍集会。

1954年9月9日

今天娘娘请了一天假，在家整洗。我因难得天气，邀她去五龙亭。结果她把下午的大部为了买月饼好明天去看望墨林而花去，五龙亭没有去成。我去医院看牙，今天没拔新的。

1954年9月10日

照预先约定的日程，参事十余人今天在北海揽翠轩集合，作有中心无组织的谈天，并举行聚餐。13:30胜利结束。晚上同贞去望墨林病，适陶兄亦有病在家。人代会已请假三天。

1954年9月11日

李维汉要我同赵思安研究上海私营企业未分股息红利问题，特为此事找到赵思安。他说正在搜集材料。10:00回家，阿凤来了，她已18(岁)，考取农大，已于昨日在清河新校报到，留饭而去。曹晨涛夫妇日前由上海来京，下午陪之到北海玩了半天，在漪澜堂吃饭后赏月。两家25年前携子女同游是地，四人俱健在，亦至为不易也。晨涛人甚坦率，将移家西安。据说人已渐老，不甘退休。在上海公家医院当医生不如去西安教书，可以多做几年工作。

1954 年 9 月 12 日

为法院组织法第五条动了些脑筋。写了信给圣陶，忘了他家门牌，索性自己送去。晤到墨林，随后陶兄亦回。饭前回家。回家阿熊在，他进城为他父亲买玩意祝五十寿。下午之英同胡宗光来。晚上曹太太在萃华楼为曹晨涛请客二桌。纵谈往事，至七点始散。

1954 年 9 月 13 日

参室例会仍没开，但我们利用这时间谈谈，在此过渡时期的共同活动，做了一些安排。下午在家把宪法草案同侄吸收，全民讨论之篇，中及全国人民代表小组中的意见，加以修正，提送人代会的最后 9/9 修正稿，作了一次校对。预备向四组报告。晚民建及工商联在和平宾馆夜饭。我同冷御秋、黄延芳、钱孙卿、胡厥文、李烛尘等同席，饮食甚欢。饭后参加对台广播的几十人交换些意见。

1954 年 9 月 14 日

继续比较宪法，会馆来人。下午写了 1 700 字的对台广播稿。

1954 年 9 月 15 日

到组谈了一小时宪法。下午 WRSC 小组。晚上民建小组，今天下午三时第一届全国人民代表大会在怀仁堂开幕。

1954 年 9 月 16 日

下午联组听政务会议传达报告。晚卞孝荃来，商改广播稿。

1954 年 9 月 17 日

又拔去一牙。张希陆来。

1954 年 9 月 18 日

午前参室继续开传达会——政务会议传达，至此为最后一次。同楚溪春听昆曲广播，后到漪澜堂午饭。下午在家，阿凤来。晚同贞到文俱部看电影。

1954 年 9 月 19 日

同浦化人到会馆开全体会，开得很好。午后回家，永滋在午饭。志诚、明庆、琴、斯斯、俞成、韦柰、韦梅、张宝华等等来。晚上还吃蟹，热闹非凡。

1954 年 9 月 20 日

18:05 宪法公布。下午又去拔掉一牙。上午到院看《参考消息》。

1954 年 9 月 21 日

上午会馆来人。下午学习宪法后乘八路出城。德胜门外又是一片新房子。

1954 年 9 月 22 日

上午在院，下午 WRSC 建小组，学习宪法报告。

1954 年 9 月 23 日

午间王纪华来。下午到民建听周总理对全人代政治报告。

1954 年 9 月 24 日

据张希陆说他星五整天在家，邀我去玩。我亦有意了解四郊建设情况。晨起即赴西四，乘"西四—颐和园"车往石油学院去看他。正巧今天上午他有会。张大奶奶殷勤招待，留午饭。少坐即去。钢铁学院找阿珠，到其宿舍，门上了锁。(标准 2 楼 205 号)正在写留条，楼上走下一位姓严的女邻居，据说珠为割治甲状腺，已入第三医院。退出大门后，参观机器筑路。就小饭馆饮啤酒，同店东聊天。知道这个地名是"杂货屋子"。回到张家午饭，饭后同希陆去曹本熹、魏娱之家，即入城。16:10 到家。到家即见珠报告入院来信，真巧极之事。

1954 年 9 月 25 日

上午到院看《参考消息》，下午出城去了解环境情况，出德胜门，沿城根走过估衣市场，出豁子到又一豁子，乘公汽入城。东北郊建筑还不多，尚有本来乡村面目，不如西郊西北郊远甚。

1954 年 9 月 26 日

之英来，给我看他对荣关于宪法文章的意见，他的个人英雄主义大大损害他学术研究的精神。从荣的复信亦看出党员的修养是比别人高些。下午凤来，同之吃冰。我去会馆，座谈修缮。

1954 年 9 月 27 日

到院如例。下午去中直第三医院看阿珠。今日代大选举，晚上人民欢腾，半夜不息。

1954 年 9 月 28 日

会馆来人，占去整个上午。晚上去出版总署看锡剧。票是墨林送来的，剧团主角是他的三儿媳，是新娘娘，所以我必须去看。深夜始归。在剧场遇到今晨方从上海来回的计圣南表妹，带了两个女孩。

1954 年 9 月 29 日

到院领薪——政务院最后一次。民建下午常会，听代大会传达，晚上民建小组，两个会都开得不好。前者无准备，后者无内容。会后孙楚兰为谈民建工商业者有形成为特权分子的趋向，群众怕他们。

1954 年 9 月 30 日

同学会座谈，今日上午补课，讲宪法报告，大家听得高兴。下午度节日人来，同熊到市场。

1954 年 10 月 1 日

我第六次登台参加庆祝，仍然 10 至 14 时。琴全家来，延二孩来。晚饭后带大红到东二台，小雨即返。晨起裤子拉链出毛病，正无法时，和弟自唐山来了，进门第一任务即为我修理拉链。

1954 年 10 月 2 日

同和、熊侄逛了一天，路线是如此（图）。

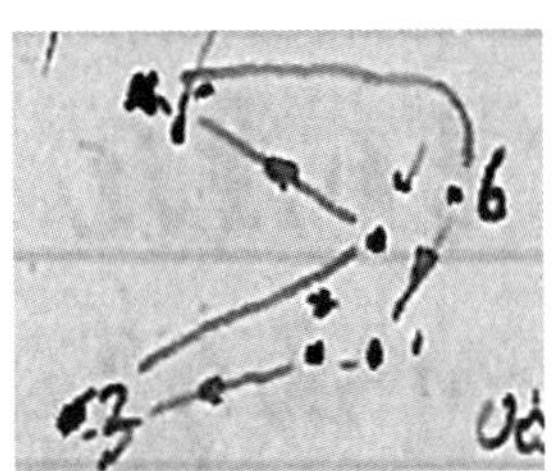

08:00—16:30 之间玩了苏联展览馆外场，及颐和园前后山（上图：1. 西四丁家街；2. 复兴门；3. 永定路；4. 西直门；5. 颐和园；6. 德胜门西豁子）。

1954 年 10 月 3 日

同和弟逛市场，回家李士豪、宋之英来。下午在 WRCC 开会，晚上晚会。和下午回唐山。玉妈回家换了一个湖南女工，大家叫她六姑。

1954 年 10 月 4 日

国家新造的一部大机器，今天正式投入生产。院中参事室尚未见动静，下午民建在新侨饭店开常委会，说私企如何实现宪法精神。饭在萃华楼。在途中我同王性尧、汤萃因、胡子婴有一段对话，另记笔记，民建页。

1954 年 10 月 5 日

民建今天小组（会），我请了假，赴救总执委联会。上下午都开会。宋副委员长、谢老整天出席。我下午发了言。为高祖恒向朱学范联系。

1954 年 10 月 6 日

到院一视如例。下午 WRSC 学习小组讨论得有兴趣。

1954 年 10 月 7 日

今天参事室在张丰胄努力组织下，集体参观苏联展览馆。我同贞 07:45 出门。16:00 回家,排队买纪念章,进入四火车车厢,吃莫斯科餐厅等。人山人海,看得不好。加上事前长期宣传,使得人人的要求与实际不相称。回家得民建通知,明天还可去。

1954 年 10 月 8 日

上午会馆来人,11:00 即午饭。苏联展览馆今天对外不开馆,特邀参观。我今天再去看了三小时,包括电影一场。

1954 年 10 月 9 日

上午到院,饭后到中山公园看德国玩具展览。成套木工具及按比例设计的玩具,都与我在重庆时所想到的不谋而合。

1954 年 10 月 10 日

到会馆开会,被吴翔甫拖住,下午要学习宪法报告。会后到附近酒缸吃牛肉饺子。学习后谈学校与会馆关系如何搞好,弄到 17:00 才回家。

1954 年 10 月 11 日

在院接艮仲电话,到任老家午饭,谈三点:1. 此后将轮流约友人问谈;2. 政务院小组宜略待改组;3. 学习世界经济史应如何进行。我未谈及:1. 上海商人心情;2. 苏州夏间生活不好。14:00 回家,同贞到公园看德国玩具展览及泡茶座,晒太阳。步行串筒子回家。晚上民建送我吉祥票。贞亦同去,我买了一张后排票陪她。我看不懂戏。

1954 年 10 月 12 日

今天是我们结婚第 39 个纪念日。同贞欢度此节日。11:00 出门,16:15 回家,我们到西郊公园一带玩了五小时,有吃有喝。今天苏联展览馆休息。我们本不打算去,在公园外浏览新气象已足娱人。公园内看到熊猫。贞指出 1916 结婚那天亦是阴历九月十六日。今天又是九月十六。赵掌柜来谈房租改收 20 万,允之。发鼎、三弟片。

1954 年 10 月 13 日

本周起参室将学习代大文件一个月。下午 WRSC 学习小组,晚上民建小组。

1954 年 10 月 14 日

参室郊游,到了碧云寺、颐和园。碧云寺已修整,万寿山我们乘船游了后湖。17:00 回家,在听鹂馆午饭,所费仅二万元。

1954 年 10 月 15 日

上午会馆来人,下午在家看书。晚上民建宣委会检讨金长佑冒用民建文件出版图利问题。

1954 年 10 月 16 日

参室第四组今起学习代大文件，吵闹学习方法一阵，决定星一起于下午在家看书。晚上同贞在市场。

1954 年 10 月 17 日

买了些吃的去看绍钫病，琴、珠带了一共四个小的来度星期日。晚上邹震又来。下午午睡后觉得不舒服。

1954 年 10 月 18 日

第四组好容易静下心来学习了一次——学习人代大会文件。饭后房东代表赵掌柜来，坚决不照新租金收我十月份租金——仍照旧数目收去。到第三医院看阿珠。到隆福寺为团买德国世昌牌缝针，已不可得。晚上民建座谈中苏会谈公报。

1954 年 10 月 19 日

会馆来人，读书之外，发鼎信，向之提出以交换照相寿其母六十生辰。——11/21。一天没出大门。

1954 年 10 月 20 日

今天第四组，总算好好学习了一上午。WRSC 学习结束了宪法报告。

1954 年 10 月 21 日

正在开始学习，鼎忽来到。下午学习，鼎去公园。晚上亦未出门。

1954 年 10 月 22 日

政协全委学习座谈今天恢复。学习人代文件，今天学外交，谈到中苏会谈。晚上民建京分会座谈机关小组问题。

1954 年 10 月 23 日

第四组讨论人代文件，第三次有接触而和谐，甚好，我得益不少。参事中间多刁钻分子，甚为可恶——对人无诚意，蓄意造成窘局来讥讽别人，显得自己沉着者大有人在。他们这种作风已甚纯熟，随时动作，在我看来都是奇妙手腕。下午在家学习苏联地理，列出一张《苏联加盟共和国概况》表来。晚上鼎在家闲谈。颐弟设计染袜子的机械化设备，最近收到成果。上海《劳动报》对之表扬。我剪报贴在门上，称之为“家庭大字报”表扬之，并写明信片告他。

1954 年 10 月 24 日

在漪澜堂大会——到邹震、寅寅、琴及二三两孩；延、志培及大山。大山跌破嘴唇,见我流泪诉苦,甚有风趣。下午会馆学习,事后并对吴校长提意见。

1954年10月25日

参室大组屈武来了,传达了第一次国务会议,安定了人心。下午三弟自天津来。晚上五个人在对门吃酒缸。

1954年10月26日

晨同三弟出城,设法看苏联展览馆,他居然成功,我即回家。下午办会馆事,成弟当夜返天津。

1954年10月27日

小组学习,下午同学会学习。晚上民建开常委会。

1954年10月28日

同鼎玩了一天,我们玩了颐和园,看到修整后的佛香阁,金碧辉煌,确是中国建筑的结晶品。14:30回家,到市场买东西。鼎18:30出门返申。娘娘在站送他走。娘娘回家,二婶又来,为她找到东邻和平旅馆,安顿了她。

1954年10月29日

二婶今天出去玩。上午会馆来人,下午全委学习,听王芸生传达外交报告。晚饭没烧熟,同二婶去东来顺涮羊肉(二万五千元)。

1954年10月30日

和弟又来,帮我收拾遗物箱子,搬到过道去。屋内将安炉子。

1954年10月31日

小孩们来看唐山、上海来的和弟夫妇。下午去会馆搞学习。晚上同和等闲谈,他们乘夜车离京。报上登有文章反对珍藏秘本,就之劝和弟将所藏毛抄《绝妙好诗笺》一书捐赠政府。他允"考虑"。听说图书馆可以价购,有颇为之动模样。

1954年11月1日

到院小组学习代大文件,下午在家看书。

1954年11月2日

第一次到西皇城根国务院宿舍听齐燕铭关于学习人代大会文件及国务院内部组织的报告。下午戴济来谈原料工业与地方工业间关于规格不协调造成损失的问题。晚上民建常委,听乃器传达外交问题的报告。参事室将移到交道口后国恩寺了。(未实行,1955/10/31记)

1954年11月3日

小组学习,WRSC学习。晚饭后同贞乘汽车去看苏联展览馆外场夜景。

1954 年 11 月 4 日

下午会馆来人。原定明日上午参室集体参观第一纺织厂。民建忽来通知，明日上午开会讨论二届政协，只得不去看厂，并将明晨之会馆碰头会移至今日下午。晚延带大山来。

1954 年 11 月 5 日

民建常委座谈二届政协问题。下午全委学习代大文件。

1954 年 11 月 6 日

下午民建开会。

1954 年 11 月 7 日

张九爷来谈朱桂老生日，同杨卫玉去晤黄任老。昨天王艮仲告我要我作准备，结果任老大谈其“高见”，我没说话机会。随后同艮仲说了由他去转达。饭后同艮仲在任老客厅看了他的一篇“文章”，就赶至会馆搞学习。上灯后略费周折，终究到了朱家贺寿。吃了他一顿，喝了茅台。

1954 年 11 月 8 日

参室大组学习政治工作报告，学习得很好——可以说有参事室以来的第一次，亦即变制前最后一次。郁文当主席，我提出了工农关系及公私关系两个问题。因时间，只讨论了前一个问题。下午在家开始学习《联共[布]党史》第十一章。今日代大常委会批准设立国务院参事室，作为二十个直属机构之一。

1954 年 11 月 9 日

为女工陶六姑写信。到嘉兴寺吊齐燕铭父亲丧。同李云亭逛北海，看菊花展览。晚上浦化人之夫人来谈租会馆房办幼儿园事。

1954 年 11 月 10 日

参室集体参观国营第一棉纺织厂。厂在东郊十里堡，开工仅一个多月，5 万个纱锭，1 152 台机子。午前回来。下午 WRSC 学习，又发展了一人。晚上民建开小会。杨卫玉临阵告假，又推在我身上。发些怨言。

1954 年 11 月 11 日

一天没出二门，整理旧纸片。下午之英来，谈到由于手工业未被重视，新的工业未在原有基础上予以提高，因而我们有国产洋货如“洋火”“洋灯”“洋蜡”“派立司”“洋肥皂”“洋纸”等等。

1954 年 11 月 12 日

会馆学习，来人如例。下午全委会学习，听到梁漱溟、章士钊发言，甚为奇怪。他二人思想方法有问题，还是老一套。得到苏联莫斯科音乐剧院演出《巴黎圣母院》戏票，晚上去天桥剧场(第一次去)看。

1954 年 11 月 13 日

到院参加四个小组召集人的碰头会，布置《联共[布]党史》第十章学习。参事室自六月间以来始终在无主任状态中。四组自动保持学习，情形不坏。饭后正在打盹，贞回家来，接着和弟亦来。晚上和弟为预祝贞寿，吃玉华楼饭店，并游展览馆外场看夜景。

1954 年 11 月 14 日

琴带两小来了一天。叶和中(吴礼浦之夫)赠广州制毛主席磁像。下午会馆学政治报告，吴翔甫中心发言。

1954 年 11 月 15 日

第四组开始学习《联共[布]党史》第十一章，今日仅谈学习目的、进度等等。下午戴济来。我又去看阿珠。晚上参室一部同人为余遂辛祝其七十生辰，全聚德十四个人，吃了两只鸭子，尽欢而散。

1954 年 11 月 16 日

整天，上下午在家阅读文件。晚民建开常委会。今天生炉火。

1954 年 11 月 17 日

全委会学习会请刘格平在中山堂报告五年来民族工作。下午 WRSC 学习。晚上民建起草，王却尘事前不准备，临时乱谈卖老。杨卫玉又临阵避开工作。

1954 年 11 月 18 日

午前为生火炉占了一小半时间。学习《联史》第十一章，并复习第三章。准备下午去听全委会办的党课。谢涛主讲，在中山堂。结果今天已讲到第四章。因为讲员口齿不太正常，扩音器不太好，尤其是我听觉太差，事前做错准备，得不到一半益处。以后每星期四必往听。

1954 年 11 月 19 日

会馆同学会占了一上午，下午全委学习，晚上民建座谈性质、任务问题。

1954 年 11 月 20 日

上午去院碰了一个头。下午民建座谈，一次目的不明确的会。

1954 年 11 月 21 日

今天贞六十生辰，我向会馆学习请了假，以期欢度贞生日。贞整天气恼，不知为何。来了琴—汉，延—红、年，邹震同诸到森隆吃面，结果今天星期日，不卖面。小舅母、绍璧,晚上强妹带了和、音都来祝寿。照相亦待补。这一天就如此无计划,沉闷过去! 吴校长又为连队事来骗浦、我二人。

1954年11月22日

到院如例。下午看书。晚上民建。王新元不看文件,开会无准备,当场批评他。

1954年11月23日

上午会馆来人。下午去民革看干部学校学习成绩展览。后即到民建连开两个座谈会。

1954年11月24日

上午去院。14:00屈武君谈话,又去。WRSC学习。晚上民建来找,未去。

1954年11月25日

上午学习,贞下午请假回家,同之到市场午饭,饭后我去中山堂听党课。散后在公园吃些东西,即赶往实验剧场看《万水千山》。午间的饭淡而无味,下午的课由于扩音器不好,听到不到三成。晚上的戏有思想性,有现实主义,有艺术,不知怎的觉得不够味。二万五千里长征的真面貌,观众总嫌显示得不够。

1954年11月26日

儿童保卫会上午开会,及发现错记时间,已来不及去。浦化人来,谈会馆甚洽。下午陈公培来,余时看文件,做笔记。

1954年11月27日

晨到院一视,下午在家。晚去文俱部洗澡看电影。碰到范尧峰一家,他们竟以"忘人精神"占住所有浴室,结果浴洗得不好,电影亦听不清。情形与25日之饭没吃好,课没听好,戏没看好相同。

1954年11月28日

一天在会馆,上午开会,下午学习,冒雪归家。贞拿我票去看苏联芭蕾舞剧。

1954年11月29日

到小组进行了一次第十一章阅读阶段讨论。职教社开理监会,晚饭而归。昨日下午起大雪一天一夜。

1954年11月30日

在家看了一天书。17:00民建座谈政协筹备工作。酝酿名单已有结果,我名被写在单上。晚餐后回家,觉得又一次参加政协,可能是五年来未犯大错的反映,甚为之慰。感触甚多,夜寐失常。我至今不能忘我,于此可见。顿时feel myself,是落后心理，个人英雄主义在作祟，将努力打退之。

1954年12月1日

到院一视，同学会学习改从14:00起，今天学完《政治工作报告》。大家还要继续。学习完后到文俱部赴函授学校交流经验会，吃了饭回家。缅甸总理来京。

1954年12月2日

饭后到中山堂听讲《联共[布]党史》第五章，余时在家。

1954年12月3日

下午去民建开起草小组(会)。

1954年12月4日

到院后布置第十一章学习，下午在家。

1954年12月5日

这阵供应不好，贞煞费苦心买煤买油，因而脾气暴躁。晚上她说"这阵我思想有点搞不通"。我耐性帮她，上午好容易陪她去配眼镜。晚上又好容易照成她应在上星期照的六十生辰照片——准备给六个孩子交换的。我下午去会馆搞学习。

1954年12月6日

小组学习了一次，下午在家。晚上深夜政协送来通知，经协商决定，以我为第二届政协全国委员。

1954年12月7日

学习了一天。

1954年12月8日

小组开会二小时。同学会学习。

1954年12月9日

中山堂听课，讲师说话习惯忽高忽低，忽慢忽快。听得不多——不到十一。同民建同志到民建参加筹备大会工作会。我找时间向孙起孟、孙晓邨提了如下的四项意见：1. 常委应有意识地起领导作用；2. 会必须充分估计到改造资产阶级的艰巨性创造意义；3. 会必须充分估计到此后十多年中将走阶级斗争日见尖锐的时期△；4. 基于这两点认识，制定方针于取得中共同意后，克服会内自卑感，负起责任来，在过渡时期中作出贡献。在晚上小组中，我忽然对李文杰发脾气，自发地，甚至有意识地不惜牺牲平日交情，毫无理由(当然有所借口)地冒犯他。我应当向他道歉。△怀疑上了斯大林的当！1956/12/9记。上了赫鲁晓夫的当。1969/3/2记。

1954 年 12 月 10 日

上午会馆来人。

1954 年 12 月 11 日

政协二届名单发来。到院。下午写发言。晚上请昆明王齐兴在市场吃铁排鸡。中午之英来饭,他们三人已从轻工业部调往手工业管理局。

1954 年 12 月 12 日

下午去会馆搞学习,我讲了一小时话——讲工人阶级、工人阶级领导、工农联盟等,从而明确国家性质。

1954 年 12 月 13 日

小组(会)后回家。

1954 年 12 月 14 日

饭后去苏联红十字医院视绍钫病。后到民建,饭后开会,会上我提起刘子良被开除会籍问题。

1954 年 12 月 15 日

小组后回家,饭后到北京饭店向政协报到。同学会学习第二十次。晚在民建起草会章。

1954 年 12 月 16 日

政协下午在北京饭店开预备会。仁立公司改开美术服务部,专卖手工品,我去买了一本《东郭先生》,将寄给鼎。这个中山狼故事是我几十遍讲给鼎的,现在轮到鼎向铮铮讲几十遍了。

1954 年 12 月 17 日

整整一天在北京饭店开政协小组会。晚上电影未去看。

1954 年 12 月 18 日

政协小组下午未开,戴济来谈。晚上看《天鹅湖》。

1954 年 12 月 19 日

今天大扫除,琴、延、保都参加,还请了临时工张大嫂,弄得很彻底,六七个人愉快地劳动。下午民建招待外来会员,听到关于汉口水灾及国际统一的报告。总会在全聚德请大家吃鸭子。

1954 年 12 月 20 日

原定政协今天开大会,因故延至明天。下午改开小组(会),听到毛主席关于政协性质、任务的指示。会后找墨缘、厥文等人谈话。在北京饭店吃晚饭归。上午到院，原定今天开大组会，被郁文独断取消，以召集人碰头会的学习制度从而中止。他还强词夺理地不负中断之责。于可以不提议情况下，更不要解释，他无责。谭惕吾与之斗争。

1954 年 12 月 21 日

饭后之英、亚强来谈。15:00 政协（会）在怀仁堂开幕，见到毛主席。今日 20:45 始散，在北京饭店晚饭。

1954 年 12 月 22 日

政协上午小组，下午大会。晚饭后归。

1954 年 12 月 23 日

政协又一天小组大会。上午小组谈到民建，我最后发言，指出今天检查查出三个毛病，即反集体领导原则的领导作风；宣教一般化；任务观点。大得群众同意。但在吃饭时乃器高谈阔论，冷笑热骂。最后竟指名点姓，同我论理说“会中有的知识分子自命为理论专家”。我答以“过日再请教”。

1954 年 12 月 24 日

上午又是小组会，下午大会。晚饭后民建——工商联混合编四组谈工商界问题，作向政府反映意见的准备。

1954 年 12 月 25 日

今天一天在怀仁堂，20:40 闭幕。两餐都在北京饭店。

1954 年 12 月 26 日

上午民建——工商联继续分组座谈，我未出席。下午民建在文俱部谈会章修改，我未发言。17:00 到北京饭店赴政协茶会，照相会餐。我未参加话剧晚会（《万水千山》）。毛主席出席会餐，照相。欧美同学会花师务老焦来自山东，要找公章，没答应他。

1954 年 12 月 27 日

饭后到紫光阁出席全委常委扩大会，听讲兵役法草案。晚上在怀仁堂看梅剧《宇宙锋》。苏联展览馆昨起闭幕，今日上午特留邀政协补看一次。我同士观去观。晚上回家，书桌上睡一人，发现是鼎。

1954 年 12 月 28 日

这是第十五个“一二·八”，上午在文俱部开民建的会。下午列席中苏友协代表会。在怀仁堂同翁咏霓谈起十四年前今日之事。晚上在家，鼎带其经理丁同志来，同之到市场东来顺涮羊肉。

1954 年 12 月 29 日

上午民建在文俱部谈会章，任老讲了一小时四十五分钟，他最好的一次话（但亦还有不满的）。匆匆吃饭，赶到怀仁堂赴友协大会。

1954 年 12 月 30 日

我扣发小学要求垫付款以资教育这一计划被浦化人挪用他款，私予垫付。今晨他来要会馆还他这钱。我以此人不能与之共事，把自春间即在我手的主委图章还他。到院后补一报告，说明经过，交他提会。午间白、汤二人来，已应浦邀来说合。浦真是无原则的好好先生！饭后到怀仁堂赴第八办公室召集之工商界座谈会。

1954 年 12 月 31 日

参室在召集人维持下，今天大组学习。卢郁文做了很好的中心发言，从而结束《联共[布]党史》第十一章第一重点的学习。我轮当大组主席。赶至文俱部赴中央统战部公宴。15:00 又到怀仁堂听工商界汇报困难情况。同贞吃残菜过年。

1955 年

1955 年 1 月 1 日

晨瑾来，贞为打猫踢破门上玻璃，终日闷闷不欢，永滋携其新夫（来）。

晚上乘杨卫玉车同到怀仁堂园林宴会，十一时返家。

1955 年 1 月 2 日

高友伯、吴翔甫、文明之及白、汤二组长晨来，他们为打圆场而来一见。见12/30 记，我不能再无原则，不良影响没有收还情形下接受已在吴翔甫手中之图章。瞿菊农来酒饭后去。

下午三时起去同学会赴委员会会议及新年晚会。（原文缺失）

1955 年 1 月 3 日

到参事室未开小组会。

下午在怀仁堂继续座谈，到家已九点吃面后睡。

1955 年 1 月 4 日

半个多月来第一天整天在家未走出屋子一步，学习《联共[布]党史》写出发言稿。

1955年1月5日

昨夜得通知今晨九时在工商联开会讨论兵役法，今晨八时又得通知今晨九时在怀仁堂谈工商业改造，同时参室小组也有会，结果到怀仁堂经九时开起开到下午三时始散，政府将放宽尺度等于对资本主义工商业又一度退却。

1955年1月6日

上午在工商联、民建座谈改造问题，工商联便饭，饭后在项叔翔处休息。

下午在同一地点座谈兵役法。晚上同胡厥文吃烤肉，之后同去访戴济，回家见刘寿生兄妹。

1955年1月7日

小组补星期三未开成之会，我轮当主席，胡公对我大发疯劲、不可理喻一笑置之。

下午全委学习国际问题。

1955年1月8日

上午会馆来人布置明天开会。

下午学习党史。

晚饭同贞到文娱部洗浴，热水泡了觉得甚累，生平第一次有喘不过气的形势。

1955年1月9日

上午去看周寄梅，他仍以为白种人是天生骄子应该享受，并且中国人曾从他们那儿学了不少东西。苏开明借给我看 Ida Pruitt 12/10 来信，摘抄了一段，其中说好些美国资产者之中有若干开明分子，正为保障自由而斗争的种种消息。因而想起我们必须分别对待美国资产阶级分子扩大国际统战，支持他们而不应一概打击他们。

刘寿生兄妹来饭，下午在会馆开会七时始归，会开得很好，解决了好些问题，包括浦化人上午 12/30 所引起的一段纠纷，我在校董会列席，对吴炳成说："我从今起不再爱护你。"

1955年1月10日

参室小组听我试讲"中心发言"(见活页笔记《联史》108—115)。这次学习得很好，第四组最好的一次，下午到工商联开政协讨论兵役法，小组六时散会，永滋送我一路。

今晚七时十五分北京剧场《明朗的天》入场券，急电话通知往看阿延之贞，在剧场门口等她到 11 点开演未来，她终于于第一场换幕时进场看到这戏。回家她不知为何又不快活。

1955 年 1 月 11 日

上午修正发言稿。

下午继续昨日在工商联之会。

1955 年 1 月 12 日

到四组大家说今天不开了，我预备了中心发言补充而去的，这反映小组对集体学习不感兴趣，我回家看书。

下午同学会小组 12/15 后恢复，读完“五大法”回家时觉得怕冷骨痛有感冒趋势，即等贞回家吃粥后入睡，发起烧来。贞给我吃桑叶薄荷汤。

1955 年 1 月 13 日

昨夜半夜转热，晨起热退，为了巩固它，晚上民建多久不开的宣教会只得请假。整日在家看书，重整发言稿，贞回家为老妈不力买东西要挤而急躁，使人难于接近。

晚上不肯开窗，害得我半夜没睡好。

1955 年 1 月 14 日

失记——56 补。

1955 年 1 月 15 日

在家修改发言稿，上午白一震来。

下午贪污案中犯错误人之一王绍曾来。政协送来 12/26 在北京饭店照的转盘照一张。

1955 年 1 月 16 日

阿延送煤来，同之到市场吃午饭。

下午会馆学习恢复，这阵贞不让我开窗，睡眠受到影响。

1955 年 1 月 17 日

在参室大组上做了中心发言——见活页笔记，《联史》116—125(页)，这次可能是参室大组的最后一次。

下午在新侨饭店听乔冠华报告，联合国秘书长来华情形。

1955 年 1 月 18 日

今天不摸书本休息一天，张绍镇将续弦。到市场买了磁器作礼物送到五叔家。

饭后买了玩具水果去找大山大红玩了半天。

1955 年 1 月 19 日

到院打扫书桌，把应交还的交还，带回的带回。

下午应邀赴中共中央统战部，晤副部长平杰之，参事室新主任陶希晋，参事三十余人今后将分别到常务委员会、全国委员会及参事室工作，统战部在政府作出决定前邀谈征求同意。

1955 年 1 月 20 日

阿琴生了第五胎(女名金解放)，还没去看过。

今天上午去了她家，已全部在郑州，只留下她同一个姓金的再次“留守”——守她生孩子。下午同学会补昨天的学习。

1955 年 1 月 21 日

上午白、汤来为预发二月份全月薪，吴炳成又企图蒙蔽不肯电问文教科，结果文教科嘱发半个月。

下午到公园一走，晚上回来贞伤风，同之到萃华楼吃镇弟同陈宝惜结婚喜酒。我到隆福寺街 36(号)他们新居一坐，返。

1955 年 1 月 22 日

今日是政务院参事室改组为国务院参事室之后。

午间“旧令尹”屈武在文俱部召全体参事谈话，午餐照相，有新令尹陶希晋在座作新旧交替。屈副主任在谈话中委婉道出五年来参事主客观条件，为何使得工作与个人愿望不符之故，不是没有成绩，实在工作机会日少，不是没有热忱，实在学习不够。

陶新主任：说工作表现不一定是具体的——法制委员会写过六部刑法没有用，但这就是成绩，学习必须同工作相结合。此后要在工作中学习理论。大家将分三路，从今天起即分手——人大代表到常委会，政协委员到全委会，余留参事室。我把书桌交出。第四组学习会上宣布学习停止，做到有交代而中止。

1955 年 1 月 23 日

贞病尚未愈，性急不耐烦，我又重听，二人闷居一整日。

晚饭女佣不会做，我二人在市场吃年夜饭。

饭后我到同学会晚会招待新回国同学。

1955 年 1 月 24 日

乙未元旦，贞力疾出门拜年，我在家当“常务委员”。来了好些人，朱一家三口来午饭而去，琴即将迁郑州下午来。

1955 年 1 月 25 日

熊、志诚、明庆来，同之去向大姨拜年。她家病人经年不愈，残病之孙近且吐血，势将不起，满座悲惨气氛，空气污浊，不堪久坐。贞出汗在床，脾气特别不好。

1955 年 1 月 26 日

午前抓保在家时间到五叔处拜年，到吴处去看周先生、墨林，余时在家。

下午延来讲起大山肺结核感受，治痔经过。孙锡三来。

1955 年 1 月 27 日

今天国务院邀请全体参事游园一天，作为改制实现的日子。

上午十时即到颐和园在介寿堂休息，我同朱洁夫、吴家象诸人逛排云殿一带，由东坡上西坡下，在听丽馆吃午饭。

饭后我又同家象、云亭循后山，到谐趣园乘公家车返城。

1955 年 1 月 28 日

阿琴今天去郑州，晨起前往东郊看她，她把行李托人后带了婴儿"解放"来家。

午饭后送她到车站，婉玉来送行，琴家女佣工邢志琴由我家接用。

下午带她到市场买东西，让这农家姑娘认识新环境。

傍晚得报丧条，夏家三婶昨天下午过世了。

1955 年 1 月 29 日

一早唐德辉来谈放在过道中他的自行车被窃，引起管理门户的责任问题。去夏家吊唁。

下午在文俱部座谈台湾问题。

晚去中央统战部看电影。并不好。

1955 年 1 月 30 日

上午到会馆搞学习，我谈了一小时国际形势。

下午到贤良祠堂夏之婶丧，本定今天大殓，因要等上海来人改期举行，送殓未果倒甚特别，贞力疾去行礼，下午在青年会听曲子。

1955 年 1 月 31 日

经今天起星一上午无"班"可上了，计自 1949 年 10 月 17 日至此，在政务院工作时间为 5 年 2 月 14 天。浦化人从家里来救总上班，过我门进来要我为之做这个做那个，此公不知昨天晚上又听了老婆什么话，今晨如此慌张，弄得他自己在会馆主委、学报董事长、王同志之夫(友好幼儿园主办人)三个立场之上动摇不定，劝他要有原则，重协商，少靠命令行事。

下午政协又谈台湾问题。

晚饭后陶、墨带酒来夜谈，不及坐定，忽闻新来女工邢志琴邻室哭声。后来发觉是中煤毒，一时大乱，我急报派出所，大家没法营救，在半小时内化危为安，客人也只得走了，没谈成什么事。从前天唐家丢车到今天，三天之内一院之中出了两个事故，从此唐家进出关门，我家毒散，开窗了。

1955 年 2 月 1 日

民建座谈台湾问题从 17:00—22:00，我把政务院民建小组事向京分会写了报告先作为结束，把卷宗亲送到组织处。

午前江苏小学教导主任邓同志来。

1955 年 2 月 2 日

林铿来谈，结亲以来这是第一次畅谈，到隆福寺为团妹买什。

下午在同学会搞学习讨论台湾问题，延来说大山病。

1955 年 2 月 3 日

夏家今天出殡，本想送上墓地，因下午报告会不能去，仅到贤良寺送了上车，15:00—19:15 周总理在怀仁堂作报告。

1955 年 2 月 4 日

整日在家，上午白一震来谈会馆，发现赵锡麟是管制分子，经柏泉始终对同学会隐瞒，甚为可疑。

傍晚浦化人来，为其妻所折腾弄得头脑不清了。

1955 年 2 月 5 日

应邀到中共中央统战部晤史永同志，纵谈改制后我的意见，我说愿当一名学徒此外无意见。

饭后在家看书。

1955 年 2 月 6 日

今天是一个忙的日子，上午为会馆占去，浦化人为了小学与幼儿园(其妻是主任)之间的矛盾，弄得手忙脚乱、神魂颠倒。由此得到一个很好的学习机会，同时为会馆解决了问题。九点出门，一点后才回家。

下午及晚上为同学会占去。

1955 年 2 月 7 日

午间阿凤来午饭，同之一同出城，我去看了阿珠及张希陆。

1955 年 2 月 8 日

娘娘买了今天苏联展览馆 18:20 的电影票，顺便去看看大山，把昨天娘娘买回来的小火车积木带给他，正好延在家补睡，谈起区志培不负责地要脾气，阿延处境甚苦，只得给她一些支持和原则上的指示宽慰，赶到展览馆看了电影，回来在东华门各吃了馄饨回家。

午前白一震来给他一个决议草案，准备下星期日开会交出馆产完成三年半来的任务。

1955 年 2 月 9 日

白一震来晤。浦化人来家午饭。

下午同学会学习，我做了两小时的传达。

1955 年 2 月 10 日

从前天到阿延家去后心上老是不安宁，今天甚闲想去看看，又怕做不了他家的主，医(不)好大山，反而为他家加增纠纷，踌躇了一整天。

晚上娘娘回家，谈已把大山送进新建的儿童医院，心中顿然痛快了。在家一天看了不少东西，晚上吴翔甫来为谈会馆问题。

1955 年 2 月 11 日

下午到北京饭店听胡绳报告现代史学习方法。惜因扩音器不好竟一无所获!

晚上在民建修改会章。

1955 年 2 月 12 日

汤石如又不乖了，要乱支钱，白一震慌张起来，“乱纪”重演，为我拉住。浦化人来，对我明天会馆上发言同意。浦化人老婆硬把腰门钉死，引起群众不满，会馆之事好多啊!

上午带邢志琴去照相，我理发。

晚上同贞到统战部看电影。

1955 年 2 月 13 日

上午会馆开会，谈要求政府接受问题，会开得到结果不如理想，但也推进一步。会后同吴翔甫在来今雨轩饭，饭后晒了一时太阳。

晚上怀仁堂举行庆祝中苏同盟五周年。

1955 年 2 月 14 日

下午开始自学《联共[布]党史》第十二章。浦化人来，为谈昨日开会情形。

1955 年 2 月 15 日

连续第二个整天没出门。

1955 年 2 月 16 日

下午同学会开始学习《中国革命和中国共产党》，之后在文俱部洗澡。

晚上在救总签名反对美帝发动原子战争。

1955 年 2 月 17 日

外交学会请孔原报告印尼情况。

下午在和平宾馆。

晚上在民建小组。

1955 年 2 月 18 日

白一震来了一上午，汤不如还赖在医院里。

下午张德明来谈了二小时。

1955 年 2 月 19 日

下午到统战部听吴有训报告原子能。

晚上唐家关上门，娘娘打门生气。

1955 年 2 月 20 日

娘娘今天整天余怒未息，唐家来道歉后，更觉得自己发脾气生了莫大效力，我苦闷了一天。

中午延来了一会。

下午在会馆讲原子能，略见轻松。

1955 年 2 月 21 日

下午同浦化人到民政局联系他们对江苏会馆的意图，我又为会馆事到参事室找张丰胄。

1955 年 2 月 22 日

上午白一震来“讨信息”。

下午到民建开会吃饭。饭后同吴菊农杨美贞到小经厂看《冲破黎明前的黑暗》。

1955 年 2 月 23 日

下午在文俱部听胡绳报告的录音。午前白、汤来布置展开修缮工作的一切。

晚上之英也来，大为高兴，会馆一团烂糟搞了一年已入正轨。

1955 年 2 月 24 日

下午同学会补昨天的课，我讲了原子能也传达胡绳报告的要点。

上午去找张德明没见着。晚上张丰胄来。

1955 年 2 月 25 日

上午张德明来，昨天之英讲起烧瓷将有前途，或隐约鼓励他，并为他修改稿子上书政府。

下午在天桥剧场政委全委学习会，听荣孟源报告鸦片战争。可惜扩音器仍不好，所得有限，笔记记不成。

1955 年 2 月 26 日

下午去民建座谈，关于大会筹备诸问题。

晚同贞到燃料工业部看文俱部电影——《阿廖沙》，甚好。

1955 年 2 月 27 日

会馆开会。《展开新时期工作》一文发前完成修改。

下午在家。寿生来午饭，说阿斐因急躁犯错误问题。

1955 年 2 月 28 日

晨起觉得有去会馆一走必要，今天起将转入一个新的阶段——原来工作已基本达成，接管在秋天，这期间必须搞好修改。白、汤不合作愈闹愈凶，这不是一个好起点，因有去劝说必要，结果说的很有效。

1955 年 3 月 1 日

下午民建常委[会]晚饭后散。

上午办会馆事，白一震来，新币发行。

1955 年 3 月 2 日

下午同学会学习，预订苏联新书《政治经济学》。

1955 年 3 月 3 日

到院领钱还书后回家看民建《工作报告》稿子，请卞孝萱来饭，谈论会务及起稿种种。

晚上民建开会起草报告，杨卫玉勉强得很。

1955 年 3 月 4 日

下午政会学习近代史，上午白汤经来，之英来谈。说将扶植张德明的钢胎烧瓷，将邀我参加中央手工业局艺术委员会。

1955 年 3 月 5 日

应约去民建听汇报，到时悉已改期，乃与迺昌、孝萱略谈，即到张德明处鼓舞他。

余时在家看书，浦化人又来为幼儿园要装自来水未（果）无理取闹。

1955 年 3 月 6 日

难得地与贞在家安度半个整天，饭后在同学会开（周）新回国的座谈会，开得不太坏。这是欧美同学会新工作之又一形式，人认为“无聊”之事办得有聊起来了。会后委员会聚餐，我又洗澡理发。

晚上还有跳舞我未参加。

1955 年 3 月 7 日

两日来春雪甚大，我今天整日未出门，看东西不少，弄清楚“国民收入”的大概。

1955 年 3 月 8 日

去墨林家玩了半天，酒饭而归。从她家出门走到东四八条东口碰到一辆拉了一车铺板的三轮，问我 115 号门牌，我在帮他找时发现这家是高乃明家，我因之发现高乃明自犯了错误后之所在，真是奇怪。

晚上在民建开会时间占得多，成就甚小。

1955 年 3 月 9 日

昨从圣陶家知道，元任已到英国。今写信给他劝他回国。

午间鼎忽从申来，带来上海造“原子笔”。

下午同学会学习。

1955 年 3 月 10 日

统战部史永同志来谈，把昨写赵元任信请他看过后送外交部转发，会馆碰头改在今日下午。

晚上在民建搞莫衷一是的起草工作报告问题。

1955 年 3 月 11 日

今天起民建在大会筹备期间联合办公。盛丕老从上海来，黄任老传达毛主席鼓励批评。李部长再次要民建看重思想教育及此后应兼顾商业等项意见。我同项叔翔被拉住参加核稿工作，这样即开始办公，弄得四点后才回家吃饭。饭后到怀仁堂赴孙中山（逝世）三十周年纪念会，一个半钟点后即散。这次会开得很严肃，对近代史学习有帮助，中山得到全面的公正的评定。

1955 年 3 月 12 日

王志莘夫人前日去世。上午去吊唁。

下午去民建办公。

1955 年 3 月 13 日

民建京分会(选)举代表占了上午,政协全委晚上请转业去的参事十三人。

1955 年 3 月 14 日

上午在民建。饭后又去联合办公。

晚上统战部在文俱部请民建领导帮助开好代表大会。

1955 年 3 月 15 日

到会馆看看立了工作组向主委保持工作进度报告的一些制度,在民建编议事日程。

下午在北京饭店听吴玉章、胡乔木报告文字改革。

晚上鼎来。

1955 年 3 月 16 日

午前在民建帮工。

下午同学会学习。吃晚饭后同贞到市场,写信给人民银行反映菜市口办事处内可能有的政治性问题。

1955 年 3 月 17 日

上午在家,饭后到民建,搞到十点后。

1955 年 3 月 18 日

民建午饭后去统战部听罗国纲讲太平天国,可惜语言听不懂。

1955 年 3 月 19 日

上午去会馆看看。

下午在民建看施复亮二万六千字会章说明,提了八点意见。

晚上鼎来。

1955 年 3 月 20 日

鼎今晨即来,张俊来探我家安排火葬其母的消息,忽然王齐兴信来,真是巧极了。于是立即为他写委托书,由我出钱托齐兴完成其事。延来又为大山病,至培顽而苦恼,张德明来。

十时前我先出门到嘉兴寺吊志华夫人胡氏(敦复之妹)丧,照计划十二时前在苏联展览馆与贞及鼎报会合,共吃"莫斯科餐厅"。我们又去西郊公园看老虎。我同鼎先回家,贞去看大山。鼎忽患腹泻,得机把保不理我、扰我心情、在家做客等等告鼎。又谈及延与至培的矛盾不欢情况,鼎吃糖水而安定吃粥后去看戏回旅馆。小娘舅夫妇来谈及其兄妹间勃豁,我把存在我家的他家房地契据一包还了他。

1955 年 3 月 21 日

整天在民建。

晚上十点半才回家。

1955 年 3 月 22 日

为张俊汇出 100 元给王齐兴，请他火葬其母把[骨]灰寄来，16(日)写给人民银行事有了反映——银行去了解情况，坏人自作主张，欺弄愚民受其愚者不敢争论，又不敢将不合理情况向上反映，但在群众中发牢骚无意中为坏人扩大影响，这次事件可以教育白、汤等人将贯彻为之。

上午在民建，民建今晨清静无事同王文彬胡聊。下午座谈谈文字改革，觉得知识分子求进步的主观还不能克服。其保守思想，特别对简化姓字意见更坚决更多，改革草案却又不是没有问题，规律性不突出，我提了十多项意见。

晚上鼎来，汪季文夫人来，大家陪她温习一番道地苏州话。

1955 年 3 月 23 日

一天在民建。

午前第一次到西郊宾馆看新到的冷御秋、胡厥文诸人。

晚上在家，鼎来。

1955 年 3 月 24 日

上午在民建开常委会小组会，临时帮些忙。

下午向民建请假放弃外交学会的报告，去同学会搞学习。

晚上在家，鼎、延来。

1955 年 3 月 25 日

整天在民建。中午抽出时间去苏联展览馆看二届美展预展。

晚上搞起草，我于九时临阵脱逃，鼎来未及见。

1955 年 3 月 26 日

整天在民建 16:00 赶回家同汽车公司来人谈改善交通问题。

晚鼎来。

1955 年 3 月 27 日

到嘉兴寺吊吴涧东，延带红、年二孙来玩了半天。

下午到车站接代表送至西郊宾馆，饭后到民建开会，十点回家。

1955 年 3 月 28 日

今天民建白天没事，出去查会馆工程，第一下就摸了一个空，走遍校尉营，竟找不到宜兴会馆，干净[①]前门便还有一个校尉营，到会馆后，去太仓馆看工地，顺便访汪仲虎。

饭后略睡，去访项叔翔，他已力疾去民建。最后机会看故宫特为我们展出之太平天国史料。到公园一看牡丹出土，遇见好些民建人。为晓村、子昂拉去坐茶馆，复亮应约来今雨轩，起孟继至，后向复亮劝其勿持成见，保重身体。

晚上民建开常委会八点二十分即散，二会如此之早是破天荒的。

1955 年 3 月 29 日

民建代表大会今日起渐入正常化了。

今天整日临时小组会。我整日在西郊宾馆，回家时车到沙滩东口，我要下车改乘八路回家，张纲伯拉住不放，我挣扎开门，车未停稳跌了一跤。

晚上鼎，寿生来。

1955 年 3 月 30 日

8:30 民建常委开最后一次会。看会章说明派人去取，得复亮同意。四个文件至此完成，会内团结与斗争真相结合了。

下午开全体委员会在新侨饭店也开得很好，两会之间抓出时间到银行取钱，银行要我改用印鉴，我借此教育了行员，反对他们自作主张折磨顾客，欺弄乡里，破坏国家威信，随便主张，不知为人民服务的作风。

晚鼎来，他归心如箭，偏偏他的会开不完——为油不够而费脑子呢。

1955 年 3 月 31 日

午前到会去参加“碰头会”。

下午民建第一次代表大会开始了。先在北京饭店举行欢迎会，五点起预备会，完成许多形式，我被选入主席团。

晚上鼎来，同之到市场吃 Cocoa。

1955 年 4 月 1 日

接我汽车“放生”临时找到车，赶赴西郊宾馆开大会主席团会，施复亮表现不好。

在馆午饭，饭后入城开大会的开幕式会。

晚上鼎来。

1955 年 4 月 2 日

民建大会第二天，全日分组。我早出晚归。

---

① 干净：为“赶紧”之谐音，表示“原来”之意。

1955 年 4 月 3 日

上午大会乃器又在卖弄小聪明。

下午小组会。

晚鼎、寿生来。

1955 年 4 月 4 日

西郊宾馆一整天。

1955 年 4 月 5 日

又是一整天,上午在怀仁堂听陈毅报告,13:20 才散,鼎来。

1955 年 4 月 6 日

竟日讨论陈副总理报告。

晚上有戏看特请唐德辉。鼎来说他后天可回上海了,正要去市场同鼎去买玩具给铮铮,张希陆来为人民银行事写信给《北京日报》。

1955 年 4 月 7 日

轮值执行主席,上午大会半小时即毕事。下午小组会,鼎来室明日返申。

1955 年 4 月 8 日

整日在西郊,向许涤新提出书面意见。

1955 年 4 月 9 日

上下午都听大会发言。

晚上我经手布置的提案审查委员会开会,主席团会开到十点后,我被提名为中委。

1955 年 4 月 10 日

整天在民建大会,乃器受到批评,事前向朱继圣当着吴大崐说俏皮话还是可说的,这不是短处,你看陈毅呢。我说实话要有分寸合原则！他是对吴大崐暗示,想他不要批评及时缩回去可惜来不及了,被吴大崐、李崇淮大大批评一番,乃器即要求发言未果。今天整天大会发言,晚上看《白蛇传》。

1955 年 4 月 11 日

整天在民建。由于议程常改时间又抓得紧,呈忙闲不均现象。

今天通过新会章。

1955 年 4 月 12 日

民建大会今天闭幕,今晨主席团会议,午间拍照,16:00 选举,20:00 闭幕式,22:00 宣布闭幕,我以 278/282 票当选为中央委员。

院中榆叶梅盛开。

1955 年 4 月 13 日

民建今天作郊游，我也搭车前往，周肇祥花园及碧云寺，摔了一跤擦破左膝外皮。

15:00 回西郊宾馆，后回家，换衣服后又去西郊宾馆聚餐。

1955 年 4 月 14 日

在家一上午养腿上的伤。

下午到中山堂听时事报告(新华社吴冷西社长)。

晚职教社在文俱部请饭。

1955 年 4 月 15 日

我报了名参加昨今二天工商联——民建的座谈，不知为何没得通知。我昨天误听周总理到仰光的消息为“安到万隆”，并在职教社会上报告了。今天见报始知误听误传，甚为不安此后将格外谨慎。

下午到中山堂听全委学委会布置的近代史报告，讲员声低我又一字未得。

1955 年 4 月 16 日

民建下午有会，上午原来的常委。

下午一中全会小组在西郊。

回家赶同贞去统战部看木偶戏。

1955 年 4 月 17 日

整天在家，延带红、年来。

晚上民建一中全会在新侨饭店，我以 125/129 票当选为中常委。

1955 年 4 月 18 日

上午在统战部听报告——工商具体问题座谈。会后各部门的总答复。

下午民建开第一次中常会。

晚上在国务院礼堂看《将相和》。

1955 年 4 月 19 日

周士观要我去各招待所同未去的同志们接触，我上午在西郊宾馆。

下午在北纬路旅馆，下午在家。

晚上在家。

1955 年 4 月 20 日

上午袁轮青来。

下午同学会学习。我连续三次未到小组，自己坚持下去，而且搞得很好，学习完了聚餐散。

1955年4月21日

上午在家，下午同王纪华到北京医院看黄善涵。

晚上在怀仁堂，赴中共中央举行的列宁诞生八十五周年纪念会。

1955年4月22日

馆来人自3/25因民建大会暂停后今日恢复，白、汤来。

下午全委学习甲午之战，小组会。

1955年4月23日

今天起中共中央为高级干部举行唯物主义讲演会。

下午胡绳在怀仁堂作第一个报告，我在国务院礼堂收听。

1955年4月24日

下午欧美同学会开新的委员会，问题解决过程中也有若干思想斗争（4/27得鼎信，隆隆今天18:10生于上海）。

1955年4月25日

报载亚非会议于昨日通过联合公报之后胜利闭幕，出去看文化部在文化宫举行之解放台湾展览会。

下午在家，晚上吴炳成来，这人弄得四处不是人，我对他提出意见，鼓励他，也不过尽尽人道而已。我说：旧社会处世的公式是“大骗子压倒小骗子”，今天的公式应该是“见贤思齐”了（向好人看齐）。

1955年4月26日

晤见浦化人，罗叔章来电话告我政协分组，我将为工商组副组长，之英来。

1955年4月27日

盼望已多日的信来了，十点前得鼎明信片报告申增于24日18:10生了第二个儿子，那时正是万隆会议闭幕的时候，我建议小孩名字应是“隆隆”。

下午同学会学习因为学习情绪高，同意后天临时加一次，政协来通知决定我当工商组的副组长。

1955年4月28日

饭后王艮仲来。

下午去看捷克展览。

晚上民建东四小组会。

1955年4月29日

应约去工商联看项叔翔谈政协工作,他是副秘书长之一。

下午同学会加课学习辩证唯物主义。

1955年4月30日

下午去民建总结会,明庆、熊来度五一。

民建回家,邢志琴烫伤。

1955年5月1日

第六次东二台观礼,12:50礼成,晚上同贞又去天安门看灯火。

1955年5月2日

上午贞去东郊赵家坟送朱妈骨灰入土,我带大姐邢志琴去南池子私人医院看火烫伤,我二人同时为服务者服务,志诚来陪我午饭。

饭后到会馆对白、汤为调租收欠进行严厉的批评,对委员们进行动员他们参加工作。晚饭时延又带至培来吃饭,我讨厌他们一味占便宜剥削,我们不理他们很早就睡了。

1955年5月3日

一天在民建,午前看大会汇刊稿子,饭后凌其峻来谈政协工作,余时谈学习大会文件问题。

1955年5月4日

上午到宣武区查会馆工程到会馆一转,下午同学会学习谈辩证唯物主义,甚有收获,晚上在民建。

1955年5月5日

贞今天请假游春,我陪她去逛万寿山,10:00去,17:30归。

晚上去文俱部项、罗、凌、于、章谈工商组工作计划、工作方法。

1955年5月6日

到会馆,白因忙未把工作做完反而诿过于人。下午全委学习在统战部开联组会,听“三个中心”发言。

1955年5月7日

今天又陪贞逛了一整天,先到丰台,到后打听花圃,竟不得要领,原来这是鲜花集散市场,花圃还在四周乡村呢。

丰台虽是铁道中心,但居民经济、生活情况还是农村经济、生活、交通运输业的经济,没有影响及居民,原因怕在铁道、工厂等都自己围起大院子来,各自经营,各地都如此。例如唐山，村上土气甚浓，院内洋气十足，这正是殖民地特征——用围墙来与人们隔绝，丰台同 Syracuse(编者注：锡拉库扎)比就显得不同，后者是所谓 railroad town，但铁道的影响及于居民，地方经济确似铁道为基础，市面反映出铁道的经济作用来，丰台、唐山则不如此。

回到前门吃饭。在西交民巷东口及玉华台花了 3.88 元，吃喝甚痛快。饭后又出城去看美术展览会。

傍晚回家，在街上吃了一碗云吞，到统战部看捷克电影。

1955 年 5 月 8 日

一天在家，许汉三、张德明、张俊家、李瑞全(CIFRC 京所同仁)都来。

1955 年 5 月 9 日

午前在家为民建看特刊的稿子。17:00 到全委会去“看看”(通知语)，去看新布置的工作组工作室，看完了吃便饭散。

1955 年 5 月 10 日

送司徒美杏丧，在中山堂，下午民建学习。艮仲等人认为民建是资产阶级政党，我以为不可，好像我的思想“左”了，值得研究，二孙大谈其唯心唯物，好像我有点唯心，我不否认，但正这点上不见得。

1955 年 5 月 11 日

晨白一震领汪仲虎之孙谦(字受益)带了顾祠会祭题名手卷四个来，同之将此文物呈献政府，面交文化部郑振铎部长。文化部出来到东城三个工地看会馆修缮工程，学习占去一下午。

1955 年 5 月 12 日

晚上民建小组，发现很多具体问题，作为一个知识分子，自而很难做出可使工商业会员满意的答复。

任老昨夜来信邀我去午饭，为他看文章，据说我对他帮助不少。临时艮仲来信，取消原约。

接着得会议通知，十时在工商联座谈要事，为了讨论粮食问题、镇反及赦免问题。我们时间整天花在这次座谈会上，粮食问题弄得严重，迫切而又普通，但我们这位当粮食部长的章乃器同志竟如若无事、与己无关的样子，真是使人奇怪，这个形势难道与他的主观作风丝毫没有关系吗？我有疑问。

1955 年 5 月 13 日

从今天起，星期一三五上午将是在全委办公室时，今天去，办公室门还锁着，找到于益之谈了一些，看看大楼工地即归，到邮局取王齐兴找还火葬朱妈用款，到新华书店领预约的苏联出《政治经济学》教科书下册，饭后到怀仁堂听周总理、陈毅副总理报告万隆会议，八时始散，到民建晚饭，饭后开学习中心组会，我劝同志们不要钻牛角。

1955 年 5 月 14 日

午到全委碰头拟出工作计划，下午在民建听学习大会文件大组发言。

1955 年 5 月 15 日

一天在家，相当无聊。

1955 年 5 月 16 日

上午出去查工地见到高友柏，到会馆一坐。

饭后到民革见到许、刘，正值他们出来上车，未及多谈，回家一气看完刘少奇《论党员修养》。

1955 年 5 月 17 日

今日起，二、四、六到政协全委。中午赶到民建，由我同士观、艮仲请闻天、俊龙、孟纯等民革朋友谈开大会的经验。

下午民建座谈大会总结，娘娘抱了两只小猫来。

1955 年 5 月 18 日

上午在家，下午同学会学习，初步学了一通辩证唯物主义。

1955 年 5 月 19 日

到全委，今天科技组吴觉农来了，下午搞会馆。

晚上民建小组，自己看错数字反而严责白一震，回来发现于心不安，将向之道歉，自己倍加小心。

1955 年 5 月 20 日

写明信片向白一震做检讨。今天没做多事，饭后到公园看芍药。

1955 年 5 月 21 日

到全委，于益之耍滑头，硬说星六碰头会已移至晚上，其实他自己记错了。经批评后承认错误。

同其峻谈了些工作，同往怀仁堂听杨献珍讲唯物主义，坐永滋车回家。

1955 年 5 月 22 日

张德明、吴翔甫来。延带红、年来，下午同之到中山公园看芍药，玩了一天。

1955 年 5 月 23 日

下午在统战部礼堂座谈亚非会议。

1955年5月24日

到全委补行上星六之碰头会，民建常会不足法定人数。

1955年5月25日

为了政协事找王玠然，未值。晚上碰见同李文杰一并谈了谈朝鲜要文章的事。下午同学会学习亚非会议。

晚民建在工商联礼堂酬谢工作人员举行电影晚会，会前任老致谢辞，起孟做了工作总结报告。

1955年5月26日

一天在全会同吴觉农吃饭，饭后科技组开组会，晚上民建小组会。

1955年5月27日

今天大雨竟日。午后李文杰、寿墨卿来谈为朝鲜写文事。

我冒雨出门买火车票，定明日去天津看老太太，后天是她的生日。晚上民建座谈亚非会议。

1955年5月28日

今天又没碰成头，于益之再次要滑头，故作玄虚，说什么好像已改到星二了。

我一个人吃饭后回家，贞适在家，我换换衣服乘15:34车去天津，到浦江西里三号和弟新居看老太太，后天是她生日，特赶来拜生日，当夜和弟是唐山来。

1955年5月29日

今日提前一天祝母亲生日，由三弟组织，中午三弟兄3份吃馆子，下午看戏。

晚上二弟家备鲥鱼、洋梅请娘。三弟夫妇思想落后，将要害及他们儿女，略为谈论距离甚大。

1955年5月30日

今天老太太生日，三弟家请吃寿面，我两要走先吃。

老三夫妇把阿秀请求合理使用信件给我看，看了之后我提了书面意见七点，他不满意，安之说“不要谈了”。我乘慢车于16:00到家，车上接触到好些农民。

1955年5月31日

依例到全委看了一些民建材料，下午到天桥剧院赴庆祝六一大会。晚上民建欢迎李烛尘自日本回京。

1955年6月1日

给毛家祥明信片谢他照料朱妈遗骨之柩。片和弟、寅寅、琴。下午同学会学习学完亚非会议公报，浦化人来要我去搞会馆学习，我同意了，午前到东四北大街看一个工地。

1955 年 6 月 2 日

到全委。临走同吴菊农参观即将竣工的政协礼堂,又是一所大而不当、华而不实的建筑物。下午在家,晚在民建小组,出勤率更低了。

1955 年 6 月 3 日

午前颐弟来,同之到文化餐厅午饭,饭后统战部礼堂听邵循正报告:《戊戌政变》。

1955 年 6 月 4 日

今天一天觉得很别扭,罗叔章在碰头会上对政协工作那样缩手缩脚,我很讨厌。

下午民建中心组学习讲到"赎买",我曾有钻牛角尖趋势,王艮仲引申列宁用引号未用赎买一词,不应忽略。王纪华指出学习不可忘记大体形势,犹如作战,不可没有战略,文不可忽略战术,长征是可以成功的,但一步亦不应放松困难,二王之言是也。

晚上在政协新礼堂看电影,同贞同去交通不便亦减兴不少。

1955 年 6 月 5 日

用毛毯包了两坛冰砖去看瞿良、绍钫,甚为成功。

路遇一八九岁小孩带了两个更小的孩子坐汽车到市场等妈妈,到后小姊姊给两个小的各买了块糖,坐在台阶上等妈妈。又遇见一人等用绳子,我把捆冰砖包的绳子送了他,他大为得用。下午去看周家二老。珠全家来了一天。

1955 年 6 月 6 日

上午十时,陈毅副总理在国务院礼堂报告接待各国来华访问代表团的种种,讲了四小时,我同颉刚、秉然说"这是新的弟子规",他们同意。下午学习苏南会谈文件。

1955 年 6 月 7 日

全委学委会同文化部组会办座谈会讨论胡风问题,周扬做了二小时报告,揭发这个坏蛋的阴恶罪行不少。

下午在家叫邢志琴看电影,自己学习近代史。

1955 年 6 月 8 日

今晨十点半以前,写了六万字的书面发言,出门到嘉兴寺吊吕复,到时已出堂,签了个名。

回程到工商联把书面发言交黄玠然,这一早晨的效率甚大,汽车来回上下五次。下午同学会学习苏南会谈。

1955 年 6 月 9 日

到全委如例，会馆学委会推我继湖南晏孝来为主委，16:00 总干事田鸿美来谈工作，晚民建小组谈胡风事件。

1955 年 6 月 10 日

下午全委学习，要我同郁文代当组长，结果小组合并未果，谈戊戌变法甚有收获。

1955 年 6 月 11 日

全委碰头会，这次竟如若无事了——凌、罗连电话都打不通。

下午去石榴庄苏太谊园，其实这儿并不是石榴庄，而是双庙南，走了许多弯路，应在石榴庄伏魔庙前顺大道往南即是。

1955 年 6 月 12 日

到圣陶家去了半天，他们有了三间客厅，留酒饭，吃到鲥鱼，吃饭又乘醉聊了好些时事包括胡风事件。

15:00 到文俱部听科学家座谈统战，碰到周子竞，已上下髯子，俨一老人矣。

1955 年 6 月 13 日

午前到工商联开小组召集人会，为明天的分组讨论胡风事件作准备。

15:00—21:45 陈毅、李富春两副总理在怀仁堂分别报告时，未及节约运动，回家吃冷粥。

1955 年 6 月 14 日

到全委同于益之讲了些“大胆”的话，下午在工商联谈胡风，当了小组长。

1955 年 6 月 15 日

去飞机场送陈叔通去芬兰开世界和平大会，下午学习，晚上到红十字会开理事会。

1955 年 6 月 16 日

到全委看材料，晚上去民建小组谈胡风，之英下午来。

1955 年 6 月 17 日

午前会馆白、汤二人来，两个半月来这是第一次，下午看书。

1955 年 6 月 18 日

全委今天碰成头，改为星三，自备饭了。下午民建任老做谈话开得不好，晚上全委礼堂电影到十二点才散。

1955 年 6 月 19 日

午前在会馆开会，解决问题，但多斗争，余时无事在家，杨诒详来借钱。

1955 年 6 月 20 日

今天起改一、三、五到全委，午前赶回，发动院内看日食。

下午江墨雨来，他是来京看他弟弟的。借给杨诒详三十元。贞费了大力看成《不能忘记这件事》(我第二遍)。

1955 年 6 月 21 日

整天在家，晚上民建座谈两个过了时间性的文件，我问起孟宣教工作该不该研究研究？他抓住我"责备"态度，表示不爱答复这个问题，我说如果你对我提意见有意见，那我不提好了，不终席而退。

1955 年 6 月 22 日

全委碰头会改在星三午。

晨到工商联谈下午座谈。我下午向工商联请了假，去同学会搞扩大学习会，谈胡风。

1955 年 6 月 23 日

京市红十字会代表大会，我以理事为当然代表资格出席了上下午的大会与小组(会)。小组中听到许多群众声音。晚民建小组[会]。

1955 年 6 月 24 日

上午红会大会当了执行主席，我对这会就做了这点事。

下午在怀仁堂听艾思奇《胡适思想批判》。出了一天大汗。

1955 年 6 月 25 日

上午会馆，同学会来人碰头，下午无事，为订购粮计划贞不耐烦而乱闹脾气。

1955 年 6 月 26 日

延抱大红来我才醒，一天在家，同贞到莫斯科餐厅晚饭归。派出所来了解张企留。

1955 年 6 月 27 日

全委为例。

1955 年 6 月 28 日

会馆学习胡风事件，上午作了些准备，饭后去参加大组，我说了一小时十五分钟话后分组讨论到 18:30，三十多人讨论得很好，有表示态度的、批评自己错误的、要求学习理论的、本着自己经验帮助犯过错误的同志加强自我改造的、说明自己思想如何逐步改造的过程的种种。我在发言中说“大家政治水平一般都低，在低水平上还有参差”，听了讨论之后，我的估计显然必须修正了，学习在广东会馆举行，是当年“公车上书”讨论的故址。

1955 年 6 月 29 日

午前去新华书店取《政治经济学》教科书上册，这是一部继 1936 出版的《联共[布]党史》之后最伟大、最严肃的著作。取书时乘便到二闸一看，当年风景已被新建设所代替。

下午同学会学习，这是去年今日的第二天开始的，一直坚持足足一整年而且兴致日增，大家要求继续下去。

1955 年 6 月 30 日

到全委准备下午开工商组第一次会。下午第一次会谈到 17:30，总算开了这会。李烛尘莫名其妙地主持了这次会，显得精神不充沛了。

晚上民建小组，要我谈民建创始情况，我指出发起人中多迁川工厂主，他们即是民族资产阶级，有民主独立的要求，即以民建一开始即投向革命事业。

1955 年 7 月 1 日

到全委。觉农(吴)听人在谈我，最近又发脾气(大约是指 6/21 的“不终席而散”)劝我讲究“战略战术”，我要在不使斗争性(当然为真理)打折扣前提下，尽量接受他的劝告。

1955 年 7 月 2 日

上午两个会的工作人员来碰头。下午去新侨饭店找林志澄，未值。

16:30 到北海候贞，同在原来仿膳吃晚饭，乘凉。

1955 年 7 月 3 日

为了多谈谈问题，去派出所找丁同志(见 6/26 记)，余时在家晚饭同贞到文化宫走走。

1955 年 7 月 4 日

全委午饭，饭后请李烛老报告《访日观感》，可惜扩音器不佳，他口齿不清，等于呆坐了三小时半，定稿。

1955 年 7 月 5 日

不知怎的精神不凝，坐不下来。下午去会馆搞学习，由于白没把我的布置(集中于广东)下达，加上徐拮(学习干事)照例临时请示王立勋。白即根本不赞成我的布置，硬说在浙江馆的第一组嫌广东馆太远，不愿合组，徐听王语，白未传话，又没通知我，使我白走一趟，我只到浙江馆一视，同其主委俞家骥一谈。

饭后同贞到绍钫处，他这阵为例镇反又被搞得神经紧张得不行，有点见神见鬼模样。

1955 年 7 月 6 日

民建抓住机会，召开常委会，占了一个上午。

下午同学会学习，总结一年经验，大家坚持要请我致谢，并要继续学习下去。晚饭到北京饭店找冷、刘、钱三老，进行政协布置的个别接触工作。韵从申来。

1955 年 7 月 7 日

第二十个"七七"，为欧美同学会学习组写了 1 500 字，看了好些东西，晚上去民建小组。

1955 年 7 月 8 日

全委工商组改在今午碰头，下午同朱德禽来谈民建，德禽所见甚正确，我得到启发不少。晚在民建座谈宣教工作。

1955 年 7 月 9 日

整日在家，午前两会来人。

1955 年 7 月 10 日

上午民建开常委会，15:40—18:10 同孙起孟在文俱部谈天，说了好些方面的事，互有收获。

晚上贞一人去吉祥看京剧。

1955 年 7 月 11 日

全委，下午学习第一个五年计划。

1955 年 7 月 12 日

继续看五年计划报告。

下午会馆学习胡风事件，我又讲了一小时话，杨诒详昨晨来，又借去 30，连前共 60。

1955 年 7 月 13 日

全委碰头会未全到，有凌、项二人，谈了些工作，下午同学会学习。

1955 年 7 月 14 日

整天在家，学习五年计划，晚在民建小组。

1955 年 7 月 15 日

全委同菊农共看任老代大发言稿，任老自写的东西越来越不好了。

晚饭后贞到中山公园乘凉。

1955年7月16日

两会来人碰头，午后去看华通斋，他要找WIFRC工程人，为民建去了解徐明卿（东四大街）。

晚同贞到政协看电影，路远，天雨，片不懂。

1955年7月17日

上午民建开中常会，15:30—19:00在会馆向工人赠旗，农强来发神经病。

1955年7月18日

全委同于益之谈罗叔章作风。

下午经柏泉来修改同学会学习报告会，将扩大这次活动，认为一年来的学习有效果。

1955年7月19日

龙妹从上海来午饭而去，定明日再来。下午在会馆讲胡风所说的“五把刀子”。

1955年7月20日

全委未碰头，下午民建座谈五年计划。

龙来，同之到莫斯科餐厅晚饭。阿秀来京谈半日去。

1955年7月21日

王纪华、王艮仲两同志约我今晨谈会务，09:00—11:00就在民建，他们说会的工作正在进行，我了解不够，显得急躁，我有热情但见解消极，“头热脚冷”，这倒引起我注意了！

晚上民建小组中正谈到，令不健康组织生活完全，一般号召既不解决思考问题亦不解决思想问题。同学会学习临时改在今天午间，公请我吃了一顿，纪念一年的过去。

1955年7月22日

全委会，余时在家。晚龙、墨林来，吃西瓜。

1955年7月23日

李烛尘召集大家谈全委工作，结果他不能来，天热得很，什么事亦不能做，会馆下午来人。

1955年7月24日

天气极热，大江在外婆家，添出热闹不少，我整日未出门。

1955 年 7 月 25 日

全委无事。11:00 去司法部宿舍曹家找龙,她今天走。

16:00 后到市场买物去车站送龙,18:00 车赴津。

1955 年 7 月 26 日

午前又去新侨饭店找林志澄、李士豪,又未遇到。

15:00 应邀到湖南会馆会见民政局白科长、王立勋,既而弄清:

1. 馆委会仍有社团性质,不能视为代政府办事。2. 浦老前些日子来讲的会馆即将被接管之说不确。3. 政府对江苏小学先交出不同意,认为要接一起接。4. 目前不接管。

我表示:政府不急接,会馆不急交,一天不接我们一天管理,未作结论而散。

散出遇见晏孝兰,他为人事安排,为我们担心,他又谈到友好托儿所办得不好,打孩子,孩子跌入厕所还怒向孩子,孩子都向湖南转移云云。

1955 年 7 月 27 日

全委未碰头,下午同学会学习。

1955 年 7 月 28 日

全委科技组开组会听胡庄华、王雪莹讲话,颇有收获,晚民小组会。

1955 年 7 月 29 日

全委看《参考消息》,下午又去听国际展览工作的报告。

1955 年 7 月 30 日

两会来人,下午民建讨论“指示”草案。

1955 年 7 月 31 日

今日清净无事了一天。

1955 年 8 月 1 日

全委看《消息》,下午王艮仲召去集体修改一个文件。

1955 年 8 月 2 日

一上午为下午会馆的学习备发言稿。

下午去讲了二个半小时,自问可能起些作用,回家,起孟来。晚饭后李士豪来。

1955 年 8 月 3 日

全委又没“碰头”,下午民建开中常会。

1955 年 8 月 4 日

下午同学会补昨天的学习,晚上民建小组会,这两次讨论各企业具体问题,多少有点趣味。

1955年8月5日

全委看《参政消息》,贞买到音乐堂常春玉《拷红》票,五时后去公园看节约粮食展览,在来今雨轩等贞吃饭看《拷红》。

回家保把预留的半个西瓜全给吃了,我忍不住批评他,不知留点给娘娘,是自私,他承认错误,说这阵我正在批评自私呢,我给他一些鼓励。

1955年8月6日

两会来人。

1955年8月7日

应邀去苏联馆看少年儿童童艺作品展览会题字:"社会主义的生产力在成长,民族的智慧在发展,建议我们给新生力量以足够的支持和鼓舞——在思想、材料、技术指导同工具各方面"。

延带红、年来,红因幼儿园放假将在外婆家住一星期。

1955年8月8日

全委——已停止争取主动了。

下午全委国际问题座谈,大红在我家。

1955年8月9日

在家一整天,天热看不进书去,想不了念头。

1955年8月10日

全委如例,下午同学会学习联史讲得还好。

1955年8月11日

上午带大红逛北海。

晚上黄凉尘来,同去小组,在小组门前碰到人说今天小组时间改听浦洁修报告,凉尘同我又回家来,吃瓜谈天。

1955年8月12日

全委碰上头了,先吃午饭,下午同大红到文化宫玩,

1955年8月13日

两会来人,下午到政协听伍云甫报告救济,听不到多少。

1955年8月14日

上午写了一千字思想检查,贞要吃莫斯科餐厅——同延、红、年吃得很不痛快,吃饭后看老虎即回家。

1955 年 8 月 15 日

全委，把昨写自我检讨送给孙起孟。尤为永滋写了五六万字，说明华洋义赈会。接鼎等 13 日信。

1955 年 8 月 16 日

在家一整天，读完《政治经济学》教科书第一章，大雨竟日。

1955 年 8 月 17 日

全委会，下午冒大雨去同学会搞学习，仍有六人出席。

1955 年 8 月 18 日

王艮仲来谈民建会令我很不愉快，下午政协工商组座谈五年计划，晚上民建小组。

1955 年 8 月 19 日

全委，同吴菊农到新华书店。

余时在家看五年计划一大半，晚上贞（这阵休假两星期）同邢志琴带大红去看电影。

1955 年 8 月 20 日

两会来人，下午在政协纪念廖仲恺逝世卅周年。

1955 年 8 月 21 日

为了逐年递增率的求法，找雀良取的“法宝”。

余时在家，同绍钫谈起一贯趋炎附势、诡计多端的卢广绵。

1955 年 8 月 22 日

全委会，余时在家学习，晚上何北衡来。

1955 年 8 月 23 日

下午会馆学习二小时十五分，会馆晤晏孝来。

1955 年 8 月 24 日

全委又没碰成头，同叔翔谈了好些东西。

下午同学会学习，来了两位新同学。

1955 年 8 月 25 日

下午到浙江会馆开会馆学委会。民政局派人来指导，转入“肃反”。

1955 年 8 月 26 日

全委又碰不上头。下午听张合英《开发黄河水利报告》。回家得白一震电话，会馆要接管了。为了大红姥姥生气。

1955 年 8 月 27 日

会馆来人布置移交工作，下午民建工商研究委员会开第一次会，谈辅导工作。

1955 年 8 月 28 日

小颐表弟长子顺定考取地质学院，来京就学，上午来家，见之甚欢，自此章、孙两姓联系因顺定而更密切了，同之到新华书店一转。

回家进门，保睡旁榻上，口出不逊，要同我讲理，他把床上杂物乱丢，我表示不满，他说“我回家，不知家中有人，故乱丢”，我怒呵“你滚出去”。

午间玉奶奶来玩了一天而去。下午到周家一坐。

1955 年 8 月 29 日

全委会，下午民建又搞集体办公。

1955 年 8 月 30 日

午前，浦化人来商定星期日开联席会，宣布接管馆产和校务。

下午去广东会馆，做肃反动员报告，学习形势转入严肃状态。

晚上民建宣教会开会，我要求发言，但说“欲说各言”，埋怨宣教会在章乃器领导下将近一年无动静，会都不开。

1955 年 8 月 31 日

全委碰成头了。下午同学会学习五年计划，晚上派出所召开座谈会，动员农民回乡。我家从阿琴那里接来的邢志琴，说什么也不回去，非走不可了（见 1/28 日记）。

1955 年 9 月 1 日

田鸿美来说肃反。下午到公园去散散心，放放神经。晚上瑾来说“绍钫被捕”。后来瞿良又来说被捕的是陈鸿——钫之妻兄，曾住在其后院。不知确情。

1955 年 9 月 2 日

全委如例，下午到广东馆听肃反交代问题——吴松泉是反动教徒。

1955 年 9 月 3 日

午睡时阿凤来了一下。应邀到崇外去看挑补花展览。临晚浦化人来谈明天开会问题。余时看书。

1955 年 9 月 4 日

上午会馆开会，宣布接管。通过授权主委办移交，结束会务。会一直开得很好。小学邓校长忽然要求加补助、腾房等等。一味“本位”打乱空气，把局部利益摆在整体利益前头，使我生气。她说宁在管委手中争得一点东西，不肯把前途信托给政府。浦化人又是没有原则，支持她二十元之要求。在结束会上处理具体问题，我坚持不可。回家已过午。午睡后有 38.1℃温度。晕睡，吃姜汤出汗。

1955 年 9 月 5 日

全委听了一段国际组座谈，下午民建集体办公，谈工商研究问题。晚上周明星来谈要借乡村建设的汇刊。我的已在南京遗失。同他谈到梁漱溟当年像晏阳初一样是怀有雄心要笼络我的，为之建立事业基础，并以“乡村建设学会”为政治性团体，自称“乡建派”。关于这点我是始终否认的，记得在旧政协时期曾登《中央日报》广告否认过。

1955 年 9 月 6 日

顾颉刚来，为谈政府正在排印《资治通鉴》。父亲校勘成果将全部应用到新的(人民)版本中去。父亲辛勤劳动，今天得到用途了，我为之大快。出门为母亲订旅馆。下午去广东馆参加肃反斗争。向一荃督徒吴松泉进行帮助。到江苏馆看移交，同王立勋组长谈问题，一切顺遂。晨间白一震来，受人指使，要我向政府“讲盘子”，为我劝退。

1955 年 9 月 7 日

全委碰头会很成功，决定采用我提出的题目组织座谈，并且具体地入手布置。下午同学会学习《联共[布]党史》第九章，我自己得益不少。

1955 年 9 月 8 日

民建宣教会要我召集以王艮仲、虞效忠为组员的小组，讨论宣教工作方针问题。结果效忠以朱德禽为代表，谈到半途，艮仲退席而未开成。我有“不知自处”之苦——备位一员，于心不安。晚民建东单小组在检查爱国守法。

1955 年 9 月 9 日

全委会。下午到会馆学习组，发现汤石如交接消极，态度不老实。

1955 年 9 月 10 日

看了一天书——《政治经济学》。傍晚去民建晤孙起孟，并为民建租华通斋房，发生争执而冒雨奔走。

1955 年 9 月 11 日

安静了一天。下午张畏凡来，谈到 CC 分子陈仲明、罗虔英在上海被整情形。这二人摇身一变的情况是我当时不能理解的。

1955 年 9 月 12 日

全委会。下午民建集体办公。贞晚饭后即病倒。

1955 年 9 月 13 日

贞病在家(37.4—38.1℃),下午去会馆参加肃反学习。今天谈得不好,没劲道,没方向。

1955 年 9 月 14 日

全委同项叔翔具体布置了下一次座谈会。到图书馆看文字改革文献展览会。知道宋元以来一直有人在简化汉字。保守思想打破了!下午同学会学习五年计划。贞略见好。

1955 年 9 月 15 日

民建宣教小组第二次集会。我做了比较完整的说明,讨论集中得出结果。一周以前的不良气氛消失了。下午读完《政治经济学》教科书上册第一遍(打算细读一遍)。贞仍力疾去部。发津申片,晚东单小组会。

1955 年 9 月 16 日

冒雨应约晤黄任老,推崇备至。要我帮他读马克思著作,派车送我到全委。在全委午饭,讨论新委员名单,布置下星期座谈。冒雨到会馆肃反学习。到家已 19:30。

1955 年 9 月 17 日

晨浦化人来谈张企留问题,白一震来,汪柏泉来,这就占了一上午。下午看书三小时。

1955 年 9 月 18 日

贞病已基本上挺过去了,但脾气不好。我竟日坐立不安,苦闷了一天。下午去找林铿,未值。

1955 年 9 月 19 日

全委得知星三之座谈改至星六,下午民建集体办公,谈民讯。晚上林铿来。

1955 年 9 月 20 日

工资又从七月份起上调至 200 元,津贴 32,共 232,受之有愧。下午去会馆,又向吴松泉多方解释。回家见潘锡侯(光绪丙午春老同学)来,未值为怅。

1955 年 9 月 21 日

全委未碰头。下午同学会学习,颇吃力,由于预备不充分。晨锡侯来,相见甚欢。为约颉刚、陶兄在文俱部夜饭。饭后我出席同学会常委会。

1955 年 9 月 22 日

午刻应约到北海画舫斋。顾颉刚请小同学四人——潘锡侯、叶圣陶、周勖成,及我。在漪澜堂饭后,照相,吃茶,晒太阳。相约十年后——同学六十年后再集会。我们在夏侯峤苏州公立高等小学校同学时为光绪丙午春(1905),离今适为五十年。

1955年9月23日

出门即去定平安旅馆,居然定着一大间。立即发片天津。到全委,科技组吴觉农要我找同学会,转邀新回国同学开座谈会,为之忙乱一阵。下午去会馆参加肃反。汤石如化名隐瞒,狡猾之至。此人我一向认为面目不清,果然。回家吃蟹。晚上民建宣教会开会,居然乃器出场。我的要求会研究宣教方法,得到一致通过,进行研究,如何研究。

1955年9月24日

午后看书,下午在文化俱乐部工商组召开座谈会。这是第一次谈劳资问题。中小工商业者得在全国总工会负责人面前提出自己的意见,确是伟大的创举。晚饭时吴菊农来,同之带大年到政协看电影。

1955年9月25日

大年来度周末。没人来。送项叔翔进屋,未值,晤方石珊。

1955年9月26日

全委未去,去会馆。接管人员要同我谈人事,结果改在民政局举行,邓季惺同志亲来主持。下午民建集体办公。

1955年9月27日

今天会馆人事安排将有部分解决。10:30去发临别赠言。12:20母自津来,二奶奶陪来。安顿于邻居平安旅店。下午陪母到市场、百货公司玩。

1955年9月28日

母亲今天会见大姨,二奶奶侵晨即去接来。老姊妹欢度一天,我买了些北京零食给她们尝尝。全委同叔翔二人举行了碰头会,修改了工作计划,做了下期碰头会准备,说了一下下一次座谈会内容,我提出"分队问题"。午间白一震来,会馆人事问题部分解决得很好。我昨天一席话,帮助不少(白语)。下午民建工商研究会,我主持过去。

1955年9月29日

陪老太太去袁珏生太太家,又到多福巷夏家探亲家(李家三叔近已同华凤翔家女佣韩嫂同居)。下午同学会补昨天学习。

1955年9月30日

全委如例,下午去北海未果,夏三叔来。国庆自下午起影响及于我家。

1955 年 10 月 1 日

第七次登东台参加庆祝，武装力量益见精练，人民队伍益见美整。台上民族代表、国际友人几占半数。14:00 毕事，天气阴晴，放礼炮时且见日光。晚上同贞带大年看灯火。母亲在街头看热闹。

1955 年 10 月 2 日

上午袁老太太来回拜，午同和弟大铺一日，到十三人。阿珠未来，恐未得信。下午和弟陪老太太乘三轮车出西直进阜城一转。

1955 年 10 月 3 日

阴雨。午前到市场买京货。下午墨林来，她忽患喉头神经痛。陶兄继来，母亲乘 18:00 车赴津，二弟妹陪行。

1955 年 10 月 4 日

会馆运动仍暂停，下午去体育场看工人运动大会。上午在家为民建看文件，准备星四小组会。

1955 年 10 月 5 日

全委碰头，为李、罗碰不到，碰后多意见，时常返工，使得工作受到阻碍而烦恼，说“敬谢不敏”。下午同学会学习(记联史，26)。晚上贞代我到新街口看阿尔巴尼亚文工团演出。

1955 年 10 月 6 日

上午民建开五人小组会，布置研究宣教工作的座谈会。十一点前即毕事。到美术学院看荣宝斋展水印展览。回家贞以申增、三弟信交我。申增信说鼎因交代问题未毕，未能回家过国庆。三弟信要我还他解放前他为保垫付之饭用费(合美金一万元)。三弟一贫至此，使我接到今生第一封讨债信，使我体会到今天我还未儿女之事。下午白一震来，会馆工作已入尾声。晚在政协礼堂看马连良戏。

1955 年 10 月 7 日

09:00 前赶到全委为下次座谈给天津毕鸣岐写信。09:00 全委欢迎意大利社会党总书记南尼，座为之满。南尼发言甚好。下午全委在文俱部学习肃反，听到陈叔通讲朱桂老家最近发生的惨案，为之难过了好久。晚上民建宣委会决定展开为研究宣教工作而设的座谈会。

1955 年 10 月 8 日

临时应邀到虎坊桥会馆工作组与王立勋晤谈江苏会馆移交未了问题。下午民建常委座谈。

1955 年 10 月 9 日

宋之英、郭新生、凌其峻来。下午去看墨林。她前天来时说喉痛。今天去，她已用六神丸治好。

1955 年 10 月 10 日

全委。托人买日本歌舞伎剧票。下午民建集体办公，未有结果。看完《政治经济学》教科书第一遍。自 8/13 至此为时两个月。约千家驹来谈民建宣教，请他领导座谈，他仅答应来听。

1955 年 10 月 11 日

为戏票弄得我一天不宁静，害得贞中午回家，其峻来了两趟。票到 17:30 才送来，总算看成。上午我去看黄河展览。

1955 年 10 月 12 日

全委同项、凌碰头——准备下次座谈会。下午同学会学习。

1955 年 10 月 13 日

全委科技组今天参观科学院物理研究所，看了一上午，看到它们工作，一部分如半导体、磁吸、光谱、结晶、低温等。都是针对国家需要而作的研究。今天的物理是在分子上着眼，不像化学以原子间关系为对象。下午在家，准备明晚之座谈会。晚上民建小组会。

1955 年 10 月 14 日

今天是很忙的一天，全委如例。下午到会馆学习组，恢复国庆后运动。我对汤石如所藏书画提出疑问。晚上民建举行宣教工作座谈会，第一次。谈了好些有用意见。

1955 年 10 月 15 日

全委教育组请高教部杨秀峰部长座谈教育方面问题。杨部长说了三小时，尚未结束。回家饭后见三弟信，说三弟妹明天来。急去银行取款，已过时，乃去保和殿看瓷器展览，及奉光殿敦煌展览，二小时后出宫门，到银行取款。赶回家饭。带大年到政协看电影。走完丰盛胡同乘电车回家。觉得有点累了。

1955 年 10 月 16 日

10/6 三弟要求我归还之款，合 200 元，今晨安之来取去。她是来看阿凤的。午车返津，匆匆谈了一下。大年在此度周末，傍晚延带大红来。悉邹震八月间即被捕，据说在《益世报》工作时期他有嫌疑。

1955 年 10 月 17 日

全委作准备。读毛主席合作文章。下午民建集体办公。李烛尘为了要看球赛,明天又不能来主持座谈会。

1955 年 10 月 18 日

上午准备下午的会。下午政协开座谈会,我当主席,很成功。晚饭后同贞到吉祥看北京评剧团小白玉霜锦主角的《秦香莲》,甚好。

1955 年 10 月 19 日

未去全委——因为早知道碰不上头,用时间来备课。下午同学会学习,讲苏联工业化问题。吴凤鸣来。

1955 年 10 月 20 日

应邀去会馆工作组晤王立勋,他对我们处理张企留等建议不同意。我对他说,我们明知建议的不彻底性,但结合情况,只能如此做。政府要我们解决,我们就打算如此解决。政府如有其他办法,我们没有意见。又晤汤石如,他强调体力不够,是军属,应照顾,对解雇不满。引别人作例,质问政府福利费何用等等。一味从个人出发,把自己说成好人,埋怨别人对他不公道等等。下午去政协听张治中报告访苏,谈的都是现状,没有本质的认识,因而平淡不受听。晚上民建小组谈商人偷税漏税欠税等现象,占商户 80%左右。体会到资产阶级以不守法为平常事,违法取巧为聪明,装作守法,推责任,确是阶级本质的反映。改造不易。

1955 年 10 月 22 日

整天在全委,上午教育组请高教部杨秀峰部长继续报告。下午全委听周总理国际问题报告,廖鲁言部长关于农业合作化问题的报告。

1955 年 10 月 23 日

黄凉尘来看笔记。同贞向私商定做呢制服,104 元。下午在同学会开委员会。回家娘娘弄了好些吃的。归,阿延一家大小五口人来吃。吃完大红对我说"我不要你喜欢"。我认为这不仅是小儿无知,而是阿延一贯利用娘娘,不爱惜娘娘体力,同时又毫无理性,不知好歹,这种心情的反映。因而生气,娘娘不知怎的竟为儿女忘我的帮助,讨不得好感,儿女们一无好的表示。肆意利用,好像一无所知,甘为牛马。我最近还为阿保还三弟二百元。

1955 年 10 月 24 日

今天起三天要讨论《示范章程》。上午在家看文件,下午小组在文俱部。

1955年10月25日

午前看不进东西去，请许汉三来谈宣教。下午小组讨论《合作社示范章程》。

1955年10月26日

上下午都在小组中，上午讨论《示范章程》，我再度说文件形式不须改变。下午讨论国际形势。

1955年10月27日

这三天来腰酸，坐起不便——记得父亲那时有同样情形。但我还是照样工作。下午同学会补学习课，晚上去民建小组。

1955年10月28日

去全委，恢复一三五办公。又到会馆组看看。王立勋说没什么事了。我亦以无甚特事来看看。此后除通知外不再来了。江苏会馆交代至此，算告一段落。(未了事有：1. 贪污分子钱款；2. 白一震安排问题；3. 交代册子文物一本未盖戳；4. 全部移交册子未见民政局接收回单；5. 江苏小学移交手续待补)会馆学习尚在肃反阶段，我学委主委，王说不必另选人补，"就那莫去了，选亦选不出来"。

1955年10月29日

16:00在怀仁堂听毛主席向工商联执委作指示(有笔记，见"民建"页)。20:00回家吃炒饭。

1955年10月30日

平静的一日。下午同贞到东单公园及五叔处。

1955年10月31日

全委无事。贞下午在家，傍晚同之到"莫斯科"晚饭。餐厅冷落，不如开幕光景矣。

1955年11月1日

上午张德明来，代他写了一封信。下午在政协礼堂听陈立同志讲工商业安排问题。

1955年11月2日

全委碰不成头，下午同学会学习。

1955年11月3日

上午在家，但心绪不宁。下午民建座谈，说了些话。事后感觉不尽恰当。

1955年11月4日

全委看"参考"。下午全委学习肃反。李俊龙大模大样，自由散漫，受到批评。

1955 年 11 月 5 日

到民建去看看，特别要想布置第三次宣教座谈。听了一些干部们在没有领导指示意图之下着手起草一个决议的内容。晚上同贞带大年去政协礼堂看电影，往来非常不便。

1955 年 11 月 6 日

在公园午饭，今年菊花展览已大不如前，规模大了，教育意义亦大了。全民所有制优越性是人所共见的了。晚上去政协看吕剧，遇见满小姐。

1955 年 11 月 7 日

陈毅副总理对私营工商业家在政协讲了五小时话，反复劝导。回家吃饭后又去民建“集体办公”。

1955 年 11 月 8 日

整天在家，看了好些书。

1955 年 11 月 9 日

全委如例。下午同学会学习，第 64 次。民建宣委会晚上开会，把改进民讯方案交出，修正通过。座谈会第一项成果。

1955 年 11 月 10 日

上午为民建工作，下午又去看公园菊花展览。民建小组会。

1955 年 11 月 11 日

钱学森在政协报告甚好。下午在民建座谈一直到晚上(宣教座谈第三次)。

1955 年 11 月 12 日

今天决定下星期二(15 日)飞往重庆视察，上午在国务院礼堂听彭真秘书长报告视察意义和方法。下午在政协听章乃器、许涤新报告。报告后即分组决定行程。四川组分两路，一路径去重庆，鲜英为组长；一路经由宝鸡到成都，宋永和为组长。回家得会通告，黄墨涵已于八日病故。“人生不相见，动如参与商”，信矣。

1955 年 11 月 13 日

一天很不愉快，贞心事重重。之英、张德明来谈烧瓷。下午同贞到绍镇家贺满月。

1955 年 11 月 14 日

上午又听了两个报告，下午到民建会请假，理发，回家打点行李，准备明晨飞重庆，同人民代表一起组织联合视察组，进行视察。行期内日记另记活页。傍晚得久盼之鼎信——13 日早航邮。

1956 年

1956 年 1 月 10 日

从上年 11/15 至昨日的去四川日记都用活页有 55 为记。晨起先后讲各地情况,整个上午发六地明信片:和弟、三弟、申增、琴、珠、斐。

傍晚到市场买学习杂志,尚未出版,碰到瞿菊农、张纲伯请他们吃点心。

1956 年 1 月 11 日

恢复一三五到全委,见到于益之、傅随贤、刘孟纯、朱洁夫、朱平衡、李俊龙、赵模初诸人。看了些材料即归,欧美同学会学习在我赴川期间五位老同学精神饱满地继续学习,漫谈时事结合一年来见闻,说得很多很散记录写了一本,这种精神难得之至。

下午去为之介绍川行种种,讲了 3.5 小时,尽兴而散。

同民建通电话,晚许汉三同志来,说形势发展得太快了,民建工作显得大大赶不上——昨天全市工商业全部合营,北京是全市合营的第一个城市。

1956 年 1 月 12 日

整天在家,上午写完视察的政协工作的报告,写得不好但也无法提高。

下午看同学会学习 65 次到 72 次八次记录,七个老人按期自动集合讨论时事,颇有进步,这是一次大检查值得称赞。

1956 年 1 月 13 日

到全委交掉昨天完成的报告(约 3 000 字)。

下午去看熊家大嫂,至此川行完全结束。

1956 年 1 月 14 日

又一天在家,上午为同学会预备学习。

傍晚到银行一次。余时在家,大年来。

1956 年 1 月 15 日

农村合作社,手工业改造,资本主义工商业改造的三个高渐接踵到来。今天北京各界在天安门广场举行庆祝大会,彭真市长宣布中国今已进入社会主义社会。

下午三时我在天安门上参加庆祝,毛主席也来了,从 1949 年建国大典以来,这是我登门楼的第二次(相隔已 6 年 3 月 15 天)。

1956 年 1 月 16 日

到全委看《参考》，下午民建开会从凌其峻听到周寄梅补入政协，回家告诉贞，由此又引起不快。

1956 年 1 月 17 日

周先生参加政协了，上午去找他谈谈，鼓他勇气，他已经有点吃不消的模样。

下午在家整理赴川其间的“剪贴”，只看了《人民日报》一份。

1956 年 1 月 18 日

人大常委办公厅把我们四川报告打印送来了，我的手工业资料仍未附上，到全委写条子给傅随贤托他向冯秘书联系，补发也送我一份。

下午同学会学习漫谈时事，周先生果然来了。

晚上同学会开委员会要我组织一次座谈会，并进一步团结老同学。

1956 年 1 月 19 日

整日在家，清理积事也未闲着。

1956 年 1 月 20 日

到全委晤于益之，1. 要我写的四川政协报告打印本，他见查；2. 告他朱桂老要席子床，而且要靠边，好不时去厕所。晤傅随贤，他说冯还没看我手工业材料，原稿尚在，已在打印补发中。

10:00 在政协礼堂，听陈毅讲《农业发展纲要》起草经过及文件的意义。

下午在民建讨论这文件，在民建晚饭。饭后开宣教会，谈同工商联合办学习问题，有结论。

1956 年 1 月 21 日

整理材料预备下星一民建讲话，同学会经先生来，所记笔记太多了，简直看得生气！

下午继续讨论《农业发展纲要》，手工业材料打印送来(1/18、1/20)。

1956 年 1 月 22 日

贞试行星期日改吃两餐，做腊八粥吃。下午之英，丁坚白、郭新生来，占去半天时间。

1956 年 1 月 23 日

为了下午民建中常委集体办公，要我讲四川情况，用了上午整理日记、笔记，预备提调。

下午做了 45 分钟的报告。讲得不够透彻。

1956 年 1 月 24 日

整日无事,张德明来。琴的婆婆来。

下午去前门买鞋。在公园中买得“透景高潮”。

1956 年 1 月 25 日

政协二届二次全会,9:00 开预备会,这次在政协礼堂。我同刘一峰同使一部汽车,车来晚了。

下午民建召开家属汇报会。

1956 年 1 月 26 日

下午在政协赴“八办”召开的会,讨论“定息”及“法定”办法。

晚民建东单支部发展会员 61 人及听取统战部李部长讲话。

上午在政协礼堂听陈毅报告。

1956 年 1 月 27 日

市府今明请政协参观,我上午去清河制呢厂。

下午到荣宝斋参观。

1956 年 1 月 28 日

原计[划]今天参观红星农场及永定河引水工程,放弃参观到民建听家属汇报。

下午赴政协会议讨论定息清产两文件,19:00 始散,晚会只得不去。

1956 年 1 月 29 日

晨金通尹兄来,之英、久苓、德明继至,顺宝下午来。

16:00 民建在政协礼堂招待来京会员及家属。

1956 年 1 月 30 日

政协第二次全体会议今日开始,午前在小组(民建小组,第四组在工商联)集合了一下。16:00 大会听周总理政治报告,19:00 毕事。

1956 年 1 月 31 日

上午小组会我要求乃器作大会发言,检查过去民建宣教工作他说“不发”。

下午大会,七时回家听说杨卫玉中风。

1956 年 2 月 1 日

上午小组会上我把川行中青年秘书不尊重老人情况说出了。

下午大会发言,晚上怀仁堂宴会,当孙起孟等介绍时,毛主席说:“章先生,久闻其名。”同席有李维汉、蔡廷锴、王艮仲、王纪华、杨美真等同志,十点一刻回家。

1956 年 2 月 2 日

上午小组会，下午大会，杨卫玉昨日得病，今日下午已垂危矣。会场上民建席上空虚。

晚上市工商联宴会在和平宾馆。

1956 年 2 月 3 日

卫老 1:20 逝世，14:00 大殓，往送。

上午小组上青壮年谈得很好，颇有收获。

下午大会发言。

晚上民建结束家属汇报会往听，回家已十二点钟。

1956 年 2 月 4 日

小组改为大会，今天从 9:00—23:30 在政协礼堂。

晚上是晚会，看俞振飞的《断桥》。

1956 年 2 月 5 日

浦化人要杨卫老事迹好写挽联。

中午陈调甫在新侨饭店请客，都是苏州同乡，颉刚闹着要照相。余时在家，大事休息。

1956 年 2 月 6 日

上下午都是发言，听得很累了。

1956 年 2 月 7 日

上午无大小会。本想料理些积事，民建忽开中常会匆匆谈规划。

下午大会闭幕后，郭沫若召开中国亚洲团结委员会成立会，会后看话剧。贞约其峻要同看话剧，乘政协汽车归家。

1956 年 2 月 8 日

卫老丧事在嘉兴寺，哀荣非凡。

16:00 在太阳宫新建之体育馆照政协全体像，参观体育馆及某些比赛的表演。

18:30 毕事，这是这次会议的最后一个项目。

1956 年 2 月 9 日

今天总算清静了一天，看了些书，出去理发。

晚上陪贞到百货公司排队买年糕。（−16℃）

1956 年 2 月 10 日

为之英找手工艺协会的旧卷，找出会员名册三种连同“手工艺”合份，由其下午来取去。这份旧东西难道还要发生一些作用吗？到市场买年货。七个灯笼被风刮去一个，汪孟舒把四十年前结婚照相，题了“眉寿无疆”四字给我寄回来。

下午到同学会洗浴。看了两个展览——美术学院的年画，中山公园的中学生科技成绩。

1956 年 2 月 11 日

整天在家预备过年，看了些《政治经济学》。

1956 年 2 月 12 日

丙申元旦，下午到大姨家贺年，珠带寅寅来因家中甚挤，留宿未遂。

1956 年 2 月 13 日

熊大嫂来耍，留饭去。

下午统战部在北京饭店举行盛大酒会。毛主席来了，全体鱼贯觐见，从 1/31 至今两周间见到毛公四次。

1956 年 2 月 14 日

珠一寅，延一大红，麟宝带汉汉，大庄来午晚饭。饭后我去张五叔、周先生、夏三妹三处拜年。晚上政协在怀仁堂举行晚会，看杜近芳《玉堂春》。

1956 年 2 月 15 日

午前熊侄来饭后去，贞去动物园。

下午同学会学习茶点招待。

晚饭后我因积愤借故发作，保竟大不讲理，对老人态度恶劣。说什么 1. 社会主义细胞家庭中气氛不好是我造成的；2. 自己不快活缩短寿命活该；3. 你对我有何恩？你们说！一场噩梦使我睡眠不安，你竟是六十余岁的小娃娃，我两年来即已没把你摆在眼中。（余话同样无理无礼，已记不清）。贞态度还好，我从而不致失去自制力量。

1956 年 2 月 16 日

今晨贞要送大年回托儿所后上班，她劝我冷静，好设法安排，据她说我脱离群众不知团结，封建意识浓厚，为我安排麟宝来陪我去逛动物园，我清晰略安定。宝宝带汉汉来，我同他们及志琴去动物园，见到新建设的兽山兽舍，顿觉走入更完备的禽兽世界。

晚上民建京分会在政协举行京剧晚会，戏甚好，可惜由于三个原因有点得不偿失。1. 去时坐三路车，贞抢先下车后不等我即奔礼堂，我以为她忘了下车在车站等她，贞因此大怒；2. 入场后找到凌家旁两个座位正要坐下，资耀华为人留其一座我得退出；3. 还家唐家虽得志琴通知，仍关上个门，害得我们大力打门，李太太冒寒开门(还家乘乃器车)。处处是问题，要奋斗真是累人。

1956 年 2 月 17 日

民革开大会陈毅副总理在政协礼堂作报告邀我去听，报告了五小时。

15:30 才在市场吃到午饭，贞早回家同我谈了些心。

1956 年 2 月 18 日

上午在家。

下午贞早归，俞成、颉刚来。政协电影晚会放映梅兰芳纪录片(《断桥》《宇宙锋》)同贞去看。

1956 年 2 月 19 日

整日在文俱部：上午职教社悼念杨卫玉。

下午同学会座谈视察观感。

晚延、至培来为谈 2/15 之事。

1956 年 2 月 20 日

今天是星期一，想去恢复一、三、五到办公室的制度，去政协全委见到于益之，看了些《参考》。下午民建中常会座谈规划，纲伯在国际俱乐部请吃夜饭，有资耀华同座。饭后到和平宾馆参加民建的招待工商界青年积极分子大会(青年团及民立青协召开)。来京民建同志的茶话会，开到 3:00 后才散。

1956 年 2 月 21 日

宝宝、汉汉昨夜来住，今晨叫他们去新华书店，志琴出去看亲戚。

午饭同他们到五芳斋吃。

下午打发他们回去(住袁家)，宝宝明天就回郑州。我以一天工夫看完苏共二十大赫鲁晓夫报告。

1956 年 2 月 22 日

下午同学会学习盛况空前，来了 12 人。

1956 年 2 月 23 日

看苏共二十大文件，晚上民建东单支部会。

下午一人去看陶然亭，觉得社会主义真是来到了，发鼎信，琴信。

1956 年 2 月 24 日

晨起大雪，午间出去配眼镜(1952/12/5 记)吃饭，饭时想看书心定不下来，收益甚少。

1956 年 2 月 25 日

雪仍不止，在家一天读苏共二十大文件，今天看《第六个五年计划报告（布尔加宁）》。

1956 年 2 月 26 日

天又大雪，整天在家三个人说不到一起，因而终日空气紧张，顺宝从上海来，带来鼎托带的糖，糟蛋及一些旧物（如彬、夏送我之计算尺），头玉自榆次省亲回京先顺宝（孙鸿）而至，自 2/21 起竟日看苏共二十大文件。

1956 年 2 月 27 日

到政协看了些消息。找到于益之说工作会议已开，但未及告我其内容。

下午取眼镜后到民建“集体办公”。

晚上四川视察组为了要向人代常委作报告，临时在文俱部召集开会，共商报告方法。

1956 年 2 月 28 日

今天是我一生中最无聊的一天。大风，冷不能出门竟日在家，眼镜在配，戴了旧眼镜看东西费力，邢志琴保姆乡亲来要招待，贞为大年忙，中午急急忙忙回家，肝火旺得很。

晚上又不回家吃饭，傍晚保回家简直不理我。

1956 年 2 月 29 日

下午同学会学习得不坏。

1956 年 3 月 1 日

午到苏联展览馆看河北农业展览会。

晚上民建支部会，全体同志将做一年回顾，其峻来动员。

1956 年 3 月 2 日

同觉农到政协，他将去西藏要我给照料科技组，天又大雪一天。

1956 年 3 月 3 日

取来眼镜——近光配新的远光未动，但回家看：左目近光仍是旧片子，不知怎的用来还好，共花三元。

1956 年 3 月 4 日

12:20—18:30 同贞去逛陶然亭。到延家在市场吃晚饭，她对我一切意见都持否定态度，使我不得不唯唯诺诺，真是苦极了。

1956 年 3 月 5 日

三弟送阿秀调工作去兰州，午间来。下午政协全委讨论拼音字母，提了八点意见。吃晚饭时贞要我找回三弟汇率差额，引起怨言，她说她也没法解决这矛盾，我以那畜生有反革命行迹将研究处理，她甚发急声言将不回家住宿舍。余时幸有三弟来宿未发展。

1956 年 3 月 6 日

满小姐来说：墨林昨天第二次开刀，发现癌病已不可治，我即去看圣陶，大家一起研究度过此后一个时期，尽可能保证病人身心愉快的办法。

下午在家同三弟及阿秀到市场晚饭。秀明日赴兰州。在外室搭地铺。

1956 年 3 月 7 日

到政协同李平衡谈学习联系实际。

下午同学会学习。

1956 年 3 月 8 日

妇女节，贞下午在家，同之到王府井走了一趟。

晚民建支部听“一年回顾”，同学会将学政治经济学。

上午作些预备。

1956 年 3 月 9 日

一到政协，下午政协学习恢复。

晚上民建开中常会。

1956 年 3 月 10 日

一天未出门，下午怕冷有感冒意。

1956 年 3 月 11 日

之英来，午同延一家吃贵华楼。

下午我去文化宫看品种展览到陶处，到瞿良绍钫处。

1956 年 3 月 12 日

政协如例工商组仍无动静，回家听到北京居士林吊汪仲虎丧。

下午政协讨论拼音字母，晚民建讨论民讯。

1956 年 3 月 13 日

上午在家。

下午陶兄接我同去北京医院看墨林，伤口明日要拆线。

晚同贞到平安电影院观影。

1956 年 3 月 14 日

民建开工作会议，到了知道要去波兰使馆吊贝鲁特，急急回家换衣服同吴觉农、张纲伯同车去，回程到纲老家坐。

下午同学会开始学习政治经济学。

晚上民建开工商研究委员会，十一点才回家。

1956 年 3 月 15 日

寿生忽自南京来，留饭后同之冒小雨到动物园，回家吃饭。

晚民建东单小组谈回顾，还好。

1956 年 3 月 16 日

代李灼老出席政协全委的工作会议。

下午政协学习。

晚同贞到市场，买的明晚吉祥戏票看李万春《三岔口》。

1956 年 3 月 17 日

八面槽（锡拉胡同东口）有了储蓄部，把原在王府井的存款账移到八面槽来。去看周寄梅。欧美同学会召开委员会，只到三人没开成，我理发洗澡，晚同贞在吉祥看戏。得和弟信，说老太太同意把父亲留给她做养老二本之"家宝"宋画献给人民，我甚为感动。和弟觉得他那部毛钞《绝妙好词》也只得入公了。

1956 年 3 月 18 日

午前访陶。墨一周后可以出院，饭后同贞到体育馆看了一场球，参观这座新的大厦。经花市买布回家。

晚饭后同去绍钫、瞿良家。

1956 年 3 月 19 日

到政协。下午民建。

1956 年 3 月 20 日

竟日在家看东西，情绪很坏。

早起复和弟，有"母亲同意阿鹏倡议要在自己八十诞辰把那宋画交给国家，这是一个何等豪放伟大的同意！联想到父亲遗嘱中提到那画的种种，我觉得这是她老人家对我们又一次现实的教育与昭示，我深深为之感动"云云。

1956 年 3 月 21 日

正要去政协，项叔翔来飨之以咖啡，与之大谈工商组工作准备。明晨开组会。

下午到学会学习，自己得益不浅。

晚民建中常委座谈。

1956 年 3 月 22 日

工商组开成组长会，拟出工作计划。

下午在家看康士坦丁诺夫的《历史唯物主义》。

晚上民建东单支部例会。

1956 年 3 月 23 日

到政协受吴觉农托，同严希纯、杨公庶、陈公培照料科技组工作。今晨严来，同公庶及我共拟工作计划。

下午学习。

晚饭后觉得不能同“野兽”和平共处，邀贞出去荡马路。

1956 年 3 月 24 日

上午在家。

下午去西直门调查明日郊游有关的时间表，预料上车时将很紧张，因此一夜睡眠不好。

1956 年 3 月 25 日

5:40—22:00 同贞及刘寿生乘半沙线车到官厅水库，参观并到水电站看这 3 万 KW 的电厂。三人支出 16 小时 10 分时间，十元左右的经费，看到三项大建设——半沙线、水库、水电站。去时由于公共汽车 5:48 才开车，赶 6:40 西直门火车，途中几乎抛锚，紧张得很。

1956 年 3 月 26 日

到政协布置星期三的组会。

下午在家。

晚饭时薛孟兄的女儿桢华来，去后发片告孟兄。

1956 年 3 月 27 日

天气阴寒，贞伤风在家，整日两人闷坐，苦闷之至，看了些书所得无几。

1956 年 3 月 28 日

上午开工商组会讨论工作计划，弄得不坏。下午同学会学习也不坏。晚上民建在和平宾馆茶会招待，全国工商业者家属及女工商业者代表会议 1 000 多人中的 266 名民建女会员，我将列席这次会议。政协全委昨通过学习决定，我名在学习委员之列。

1956 年 3 月 29 日

上午在家,午饭赶到政协全委补看《参考消息》(苏共中央揭露斯大林错误报告)。

下午"全国工商业者家属和女工商业者代表会议"闭幕(民建是三个召开者之一)我去列席,在政协礼堂。赶回饭,饭后去东单支部。

1956 年 3 月 30 日

到全委代李、严出席工作会议,有公庶、公培为科技组写工作计划,分工得好。在会内午饭(两菜一汤,七角),后参加这次在全委举行的学习讨论和平过渡,从而知道同和平共处一词,人民向反动统治者夺取政权以及以后的发展都可用和平的方式,这是列宁主义。列宁在《四月提纲》中就如此主张的,我国的和平改造因而也是列宁主义的发展。

晚上民建开宣委会,先谈思想,我略暴露了我的积愤,举出罗叔章几年来压吓招的恶劣作风,打击我积极性,乃器又奇怪论说要反对神秘主义和剥削作风。

1956 年 3 月 31 日

午前去看墨林,她已回家一星期,坚信即可复元,预定要去天津祝老太太寿。

下午张希陆来,散散心。他因工作紧张,头部害神经性皮屑病。

1956 年 4 月 1 日

雨雪纷飞中去视据说血压突高的顾颉刚,他说送了王庸丧回家血压突增,低的长了 30 mm、高的 20 mm,现在好了,漫谈个人崇拜问题。

十一点回家金通尹在焉,又谈这问题。

下午同贞到体育馆看游泳,赶回预备到政协礼堂看话剧,回家后都说"得不偿失"。

1956 年 4 月 2 日

全委的公庶"励精图治",先整理一下材料看看文件,这样来开始第二季度的工作。在新形势下,第一季度是在动荡变化中,计划都不易做。

午饭后忽接民建来信,说下午要到怀仁堂,参加家属会议代表同毛主席照相,同张纲伯同去搞到四点,回到政协礼堂听几个大会发言。

1956 年 4 月 3 日

去看墨林,她继续康复,但陶兄忽感头晕睡下了。

下午在家看书。晚在外交学会听关于巴基斯坦的报告,贞拿我家属会议票去看《闹天宫》。救济总会为了遗失一个文件来麻烦我。

1956 年 4 月 4 日

在中山堂送谭平山丧。

下午学习。

1956 年 4 月 5 日

晨起觉得累，原计划去听家属会议大会发言，临时作罢。午前找帖喊再验目光，没有把握。下午到北京医院验光。

晚上牺牲一次会餐。到东单小组，在总结四次“一年四顾”时说了一段话（中心是全员同会思想不见面有距离）。

1956 年 4 月 6 日

到全委同公庶办了些事，但纠纷重重，没有多大结果。

下午全委学习“反对个人崇拜”。

1956 年 4 月 7 日

上午在北京检查身体。

下午去政协礼堂听赵飒报告中国艺术团出国情况。

晚饭同贞到瞿良家。

1956 年 4 月 9 日

送医嘱，饿了肚子到北京医院验血。治疗室的护士态度生硬，用军队口令式对付病人，使我很不舒服。回家吃早点赶到全委同公庶、于益之办了一些事。

下午在民建集体办公，谈的有收获。

1956 年 4 月 10 日

午间到叶家，陶、墨都很好，墨已下地，饭后回家。

晚到职教社为卫玉纪念会召集工作组谈如何进行。

1956 年 4 月 11 日

为科技组做了些工作。

下午同学会学习。

1956 年 4 月 12 日

饭后去医院，他们谈了中苏专家会诊我颈上的“记”，结论不切除。

晚上民建小组临时谈反对个人崇拜，我讲了不少话。

1956 年 4 月 13 日

全委，代严希纯出席工作会议。

下午全委学习反对个人崇拜。

1956年4月14日

全委学习委员会第一次会决定设立社会主义学院。

下午继续昨天的学习，散后李文杰王艮仲坚要请我吃担担面看全委电影。

1956年4月15日

今天大扫除，贞不要我帮忙，我出去视张平之五叔病，说有副治咳偏方，我要找中医去谈。看周寄梅他允参加全委学习座谈会。

晚上同朱德禽、王纪华在孙晓邨家说民建。

1956年4月16日

全委为 1. 朱契夫处谈学习；2. 科技组发通知；3. 同叔翔其峻谈工商组工作；4. 徐伯昕又拉住谈各组共同问题，忙了一大阵——是到全委后第一次"高潮"。

下午到医院取得眼镜方子，内科诊断说有胆醇不宜吃油脂，眼球内有白斑表标血管硬化，余无病。

晚上同贞逛百货公司。

1956年4月17日

学习《政治经济学》第三章，为下午同学会讨论做好准备。

1956年4月18日

全委，下午在家。

晚在政协礼堂参加外交学会主办的亚非会——周年庆祝大会。

1956年4月19日

午前赵鹏岐、孙楚兰、王艮仲来。

下午政协学习，第三次讨论反对个人崇拜，我在这三次学习中得到好处。

晚上民建小组我只说了两句话但都是中肯的，小组在讨论新会员问题，我于讨论完毕后问：1. 名单是怎样产生的？2. 通过的人中有没有坏人——政治上有问题的人？

1956年4月20日

到全委。回家发现笔记本掉了，正要匆匆吃完饭去找，徐伯昕给我送来了。

下午全委继续学习中国近代史，请翦伯赞讲义和团运动，用了耳机，听得还好。散后同韩特生吃四川担担面后到陶兄家。今天不好了，墨颈上神经痛得加剧了，陶因拔去尽根牙在发烧。

1956年4月21日

拿了昨夜陶兄送我的招待券，到吉祥看昆曲，看到 12:40 急忙回家吃饭，后到全委帮科技组开座谈会，会开得很好。

1956 年 4 月 22 日

晨带大红去公园，下午去看汪孟舒，孟舒近年来琴学大进步，写成《琴谱目录》等书多种，回途参观西单商场。

1956 年 4 月 23 日

全委同李项凌谈工作，孙起孟来参加，谈得有结果。

下午民建集体办公。

晚上为避免“与兽共居”，同贞带大红又去溜马路。

1956 年 4 月 24 日

竟日在家，后在民建。

晚谈反对个人崇拜。

1956 年 4 月 25 日

全委同叔翔谈了好些话，赶回午饭后，登午门楼看中国近代史展览。匆匆看了一小时赶去陶然亭，参加欧美同学会学习小组，这次在陶然亭集会学习反对个人崇拜。

晚饭后又去同学会，开常委会谈会所由文化俱乐部转给作家协会条件问题。

1956 年 4 月 26 日

上午理发。取来从 4/5 起即在配制的眼镜，14:00 后在民建，22:00 才回。

1956 年 4 月 27 日

依约 8:00 前赶到全委为欧美同学会，同全委和作协进行“三角协商”，因为谈话时间、场所、参加的人都同政协常委的会冲突，我只同全委秘书处长谈了一些，同意另约时间。9:30 我以民建中常委身份列席。全委常委会议听关于家属工作的报告。临了罗隆基起立发言，要求在欧美同学会房舍内的全委文化俱乐部不要改为由一个团体(作协)来办，而应扩大使用范围来办，并叫我不要即时办转移手续，以便请示周总理。我乘机申明同学会发展了需要扩大使用会所的机会，所以拥护罗的倡议，把文娱部保存下来也扩大使用范围。

下午全委学习近代史(义和团)。

1956 年 4 月 28 日

竟日在家同大红观小鸡，下午大年亦来。上午钱宝琮(琢如)来，他讲移家来京。发鼎、珠信。复林姜庆潮州。

1956 年 4 月 29 日

今天各机关照常工作补二日休假，上午去看墨林，她今天特别好，起床为我冲茶找糖食，满小姐谈陶不满医师，我说应"大家团结帮助医生帮助病人"。

下午带红、年逛文化宫看大轮船。

晚同学会开委员会倡议对台广播、会所精彩事"等信"。

1956 年 4 月 30 日

全委——民建。

1956 年 5 月 1 日

第七次五一观礼，这次改在西二台，14:02 礼成。

晚同贞带红、年去观礼台看"狂欢"，徐辅治来自香港。

1956 年 5 月 2 日

今天放假，上午把一张今晚戏票送给瞿良。

下午同学会学习。回家贞留信，说钱宝琮来了，约我六点后到吉士林等，等到六点三刻其始来，说被绍钫来留住，我只得一个匆匆吃了些，赶到政协礼堂赴招待港澳观光团的京剧晚会，23:30 乘民建车回家。

1956 年 5 月 3 日

今晨得悉昨天绍钫留宝琮过程，大年昨被自行车撞倒破头，郑林庄来谈手工业，为同学会起广播稿。下午及晚上都在民建。

1956 年 5 月 4 日

全委办了些科技事。下午去民建，今日写好广播稿读给其峻后，又去请周先生录音，好容易得他许可。晚上又去民建，共产党号召我们放开手来，于是民建有不自然之感，一时放不开来。

1956 年 5 月 5 日

下午在政协座谈国际问题。

1956 年 5 月 6 日

职教社在文俱部开会，任老要结束，大家有不同意见，我主张明年改组。下午在家，晚在政协礼堂看职工业余歌舞。

1956 年 5 月 7 日

应邀赶去国务院谈同学会会所使用问题，结果临时改期，赶至全委。

下午政协招待华侨酒会。晚在民建讨论工商研究，我主张提倡劳动竞赛，鼓励会员参加。

1956 年 5 月 8 日

整天在家，把笔修坏了，晚在民建谈"十大方针"。

1956年5月9日

笔修好了,在全委赶了些工作——后天座谈会,还有科技组碰头。

下午同学会学习传达"十大方针"。晚上贞未回家饭,不能同"畜生"同居,只得出去——到陶墨处,墨病未恶化。

1956年5月10日

到周先生处交稿子,讲马正信会来联系的。

下午全委工商组座谈后,到民建——市政协张克明副秘书长来谈同学会学习组成员参加其一部学习活动问题。

1956年5月11日

到全委,理发,上星期五听Kelly说教徒都已in prison,以致礼拜都做不成。

下午去找高尚仁谈,知道并无其事,Kelly仅知教徒不来做礼拜,从而得出结论说已下狱,因不明状况得出不符实际的、不利于中国的结论来,将设法纠正之。

晚在民建,欢迎六位资本家(内四人为民建会员)先进生产者。散后开中常委,罗、王、张等纷纷闹着要走。何、黄两党员早开了小差,仅托王纪华起立报告一声,我见状忍不住喊"重视纪律",大家总算坐下,主席得机会说明了问题,得到同意。

1956年5月12日

整天为法律是否真正保障人权这一问题操心,下午到文化宫一走。

晚上同贞去政协看《十五贯》,这是一曲成熟的宣传戏,但昆曲已面目全非了。

1956年5月13日

晨颉刚来,下午珠带寅、延相继来,接大年来,总算和和气气地过了一天。

晚上到民建讨论工作。

1956年5月14日

10:00去陕西的在礼堂集会,十人分为六批走,我同李、陈、吴四个人结为一组,以我为组长定明日走。下午得电话改至后天。

下午为同学会到国务院开会。晚上外交学会听Columbia参议员报告,很不好,译得更不好。

1956年5月15日

晨到周先生处看他对广播事,他对自己同意的稿字斟句酌地改,要不说出自己的以往错误看法,还怕别人知道他现在是政协委员,不愿团结在台湾的老朋友等思想问题。我说同学会要我写稿,请他联系广播之事,我已做了,成与不成要请他决定了。在陶兄家午饭。贞回家后冷淡,待我莫名其妙。

1956 年 5 月 16 日

今云,赴陕西视察另记活页。

1956 年 6 月 1 日

5/16 另见活页—6/18(去陕西视察)。

1956 年 6 月 19 日

昨夜和衣而卧,06:00 到京,乘车回家。适贞上班去。到家途用只余费 1.63 元了,出门 34 天共用 49.47 元。

整天在家休息,整理积存信件,饭后补睡至 16:00,古籍出版社送来《资治通鉴》1—5 册,这是人民政府整理出来的一部古籍,父亲十年校勘功夫,没有白花,全给用上了,父亲如在世,不知要快活成什么样了,后五册 8/3 送到。

1956 年 6 月 20 日

发和弟,鼎、申增片,到政协后打电话给满小姐,她说"姆妈肚子上出了好些脓,病情恶化了",急去看墨林,估计到她家正午饭时候,到南小街口折回家。

饭后到同学会学习,讲了些"陕行",晚上在民建再谈规划。

1956 年 6 月 21 日

雨,上午整理视察笔记,下午学习《政治经济学》第二遍,中午李佩来饭去,请她吃冰激凌,晚在陶兄处饮啤酒。

1956 年 6 月 22 日

到政协把去西安吕益斋先生交我的治黄意见,送给傅宜生部长。

下午去圣陶家,悉墨腹上伤口曾流脓,在院养伤,有好转迹象。晚上钱宝琮夫妇来。

1956 年 6 月 23 日

晨起即觉头脑不清,看不进东西去,饭后发烧病了,晚上且华来。

1956 年 6 月 24 日

昨夜已退烧,今天整天不出门"避风"。之英晨来谈南行,手工艺已多恢复,老艺人已归队,他自己将力学书法,送他父亲印本。

1956 年 6 月 25 日

到政协开始写些要点。下午到北京医院去看墨林,她已很好,即将出院,三官的新媳妇亦从南京赶来"送终",她叫姚澄,是一个很漂亮的越剧演员。晚上同贞在家。

1956 年 6 月 26 日

上午看笔记,继续写报告,下午学习《政治经济学》第三章,雨,凉,晚饭后我要出去走走,贞要看吉祥戏,我不同意,贞亦不同意去市场,结果闷坐了一黄昏。

1956 年 6 月 27 日

到政协看赫鲁晓夫 2/25 批评斯大林报告的全文,下午同学会在文俱部学习,学毕《政治经济学》第三章。

1956 年 6 月 28 日

在家写了一天材料,得 4 300 字,16:30 后到市场遛腿,吃冰食。

晚上贞同我商量要告休了,我劝她不要,因此引起误会。

1956 年 6 月 29 日

政协去把昨日之稿请于交打,他多方刁难,甚为可恶。到崇文门购车票,前门买饽饽、槟榔。

下午到市场买酸梅糕、山楂糕,把桥凌柏枝配上镜框,红签题"桥山长青",为母亲八十庆准备。明日去津。

1956 年 6 月 30 日

为补祝母八十寿,今天去天津乘 51 次车硬席票,车都变为软席,时间不到两小时。

午前到达和家,闭门为我留下门匙,破门而入,卸去雨具,即到成家见母亲,闲谈。

武侄陪我买后天回京票。和弟把我带来京货带到成寓,我把《资治通鉴》第一册带来供大家展阅。母亲说:"你们父亲在时曾说过,'按理我儿传,但他从没料到传他的是共产党'。"晚饭后回和寓宿(和寓:浦口西里三号 成寓:大理道晓园八号)。6/30 星期六,小雨,到津,天晴出太阳。

1956 年 7 月 1 日

老太太身体不太好,今天不肯出(门)吃馆子,我来后想请大家一顿结果不能实现,反而在成家吃。晨起来想买些干东西带给成,可以慢慢地吃。这真是叫灵活运用,于是同和到稻香村买了火方、松花、香菇、笋尖等五种粮食请老太太慢慢吃罢。

到成家正有客在,是王斗瞻,见到《资治通鉴》为老师庆,从而进一步认识到新政权,这次更深刻,另一位是阿秀同事裘大夫,据说有意与秀结婚,于是成家待之。

1956年7月2日

昨天和家的老刘回来了，今天老太太两家老小都要上班，于是接老太太回和家的任务便落到我头上了，08:00就把老太太接回来了，我同老太太就有搭无搭地盘桓了一整天，乘18:40车，于21:00到家。

1956年7月3日

工商联民建今天举行工商问题座谈会，听到工商界分子相当彻底的意见，资本家态度不同了。

贞闹别扭，晚饭后我设坐与之接近，搬藤椅子点烟，她遇事不同意，说不上话去，我只得闷头睡觉。

1956年7月4日

到全委把陕行材料4 500字定稿交出，赶到"全联"听座谈。

下午同学会学习《1955年统计局公报》。全委科技组在文俱部开会到九时后，第一次看见自拉萨归来的吴觉农。

1956年7月5日

看墨病，伤口已愈回来了，但腹内绞痛不能坐立，看来仍然严重。到周先生处，周太太已卧病多日。到民建晤李文杰，交给他两个材料。晤士观，同他谈陕豫民建工作。取钱理发，午饭有王根中同餐，他说会有意要我任副秘书长，我未予同意。

下午在政协礼堂开学委会筹备社会主义学院，到来今雨轩请李士豪，同座有永滋及其薛同志，之英，饭后寿勉成亦来。

1956年7月6日

竟日在政协礼堂三楼，听工商局汇报，文化部文物局傅同志来取走，王洗画照片一张。见3/17记。

1956年7月7日

午政协常委开会，我以学委列席，起孟催我决定（见7/5），任老很客观地问我："我们知道，元老还有潜力，究应如何发挥？你自己有何意见？"

下午又去礼堂听工商界诉苦，觉得资本家今天有些得意忘形、恃才而骄的形势。

1956年7月8日

贞别扭得很，旁坐在家，使我这一天过得很痛苦。

午前同艮仲谈，关于我担任会内工作问题，请暂缓提出，任老处请转达我并不感觉寂寞，现在并不太闲。余时在家补看人代文件，为同学会学习准备，预决算报告的学习，傍晚延一家来，天气闷热。

1956 年 7 月 9 日

上午未去全委，在家补看报纸，下午工商界问题座谈会继续举行，19:30 结束，可惜听得不多。

1956 年 7 月 10 日

下午在统战部礼堂听周总理报告录音，听了一半电因大风雨而停。

晚上在民建开个无聊的会。

1956 年 7 月 11 日

到全委，为我的材料如何分送问秘书室，于、徐说起，想来不致有误了。

下午同学会学习预决算，晚上民建在文俱部开中常会。

1956 年 7 月 12 日

整天在家，为晚上民建会上谈话做准备，晚上谈了话，不知怎的，孙晓邨近来越来越显得庸俗无能了。

1956 年 7 月 13 日

全委，下午全委学习听范文澜讲中国近代史分期问题。

"畜生"两天没回家了，可能已找到宿舍，若然我是不胜欢迎的。

1956 年 7 月 14 日

下午在文俱部听陈伯康（科联副主席）讲国际科学活动。昨夜起发觉头晕是一个新毛病。

1956 年 7 月 15 日

今日总算过了一个平静的星期天。午前贞带了大年同我到观象台看天文仪器，后到新侨饭店吃午饭，饭后回家午睡。

傍晚同到钱琢如家，我带琢如为去见夏三太爷，仅见了华凤翔，三太爷在下棋，不敢惊扰，只得由凤翔引见了——两家是近邻，都住多福巷——夏 27 号，钱 3 号，是斜对门。

1956 年 7 月 16 日

全委，杨德春为欧美同学会宿舍事来谈。

下午民建集体办公恢复，只到菊农同我二人，无精打采得很，回来时在市场请菊农饮冰。

1956 年 7 月 17 日

今天又学习了一次原子能。

晨起即到西郊，在动物园看原子能书，“莫斯科”吃午饭。饭后看原子能电影，参观原子能展览会，两次遇雨，在茶馆避雨，同张仓江讨论原子能常识。

昨日起早发觉头会晕，打算争取夏休。“畜生”原来是去严之处的，今晨回来了。

1956 年 7 月 18 日

今天乱得厉害。上午到全委，组长会未改成，听报告亦没去。

下午全委学习与同学会学习冲突了，我到了同学会——今天是第 100 次小组会，回家时同 Kelly 谈了些时，他接触少，有时多怪话，但我信他，问心无他。

1956 年 7 月 19 日

全委学委会占了一个上午。下午去北京医院，检查我为什么这五天来早起老头晕，今晨几乎摔倒，结果血压正常，124/90，晚上钱琢如来。

1956 年 7 月 20 日

全委听吴菊农、李俊龙讲了写关于政协的新事。

下午一直到夜深都在民建，开了些无聊的会。起孟还是很坚决要我搞民建工作。

1956 年 7 月 21 日

贞请假在家晒衣服，换了夏装，同她到北海乘凉吃香酥鸡。

1956 年 7 月 22 日

上午去看墨林，有微烧 0.3℃，时常哭，失眠，精神尚好，想吃酱汁肉。

下午在家复琴信，为她作了些解释，劝她帮助分开肃反同整干，如不成再写信给《人民日报》。

1956 年 7 月 23 日

全委，下午民建“集体办公”，我谈“必须增进内部团结，消灭社会上互不信任现象”这个问题。

起孟来找我，碰上吃饭，享之以酱汁肉、松花，同之到文俱部，谈我加入民建行政问题，结果暂不把我停住在某一岗位上，而把我当作一只“听用”来使用。

1956 年 7 月 24 日

11 点去医院看结果，要证明预备去轮休。

下午学习了 2.5 小时，晚上在民建放大炮，打开些沉闷空气，孙晓邨一言不发。证明书说：

为证明事：查内科患者章元善同志于七月间发生眩晕、呕吐、头昏症状来此检查。

诊断有：全身性动脉硬化症及脑血管运动失调。

化验所见：小便正常，血常规正常，血糖 93.4 mg%，胆固醇 236.6 mg%，非蛋白质 37.5 mg%。

同意休养一时期。

此证

医师张敏华

1956 年 7 月 24 日

(问证号 24245)

玳瑁猫今晚下了两个小猫。

1956 年 7 月 25 日

全委看“消息”，下午同学会学习“商品生产，货币”一章，雨阻，同公庶在文俱部晚饭，把昨日“证书”交给于益之。

1956 年 7 月 26 日

整天在家，晚上菊农在文俱部谈工作吃西瓜。

1956 年 7 月 27 日

全委。下午在家，这一阵天热得很。

1956 年 7 月 28 日

贞今天又请假在家搞清洁。

天热。下午去把大红、大年接来度周末。

1956 年 7 月 29 日

天热，整天乱糟糟。贞要到北海去吃午饭，结果找不到立足之地，转向新侨饭店吃了炒面，总算还安静。

下午以后天热人乱，真受不了，傍晚大雷雨。

1956 年 7 月 30 日

全委无事，看《政经学》一章。

1956 年 7 月 31 日

晚在民建谈肃反。

1956 年 8 月 1 日

全委看《消息》，下午同学会学习，盛况空前，早晨同一震来。

1956 年 8 月 2 日

下午到民建参加建筑讨论，晚延来，为言生活苦于安排诸问题。

1956 年 8 月 3 日

冒大雨去全委，卫生部对我体检还是说“还没办”，拖到不知何时去！下午民建去肃反讨论会上，我讲了全炅事（今午得琴信说已回家，计无端失去自由十一个月，从上年 9/9 至今年 7/28）。《资治通鉴》后五册来了。（见 6/19）。

1956 年 8 月 4 日

午后忽得通知要我去接邹秉文姑去民建开会，结果天气太坏，他没来。

1956 年 8 月 5 日

天气闷湿得可厌，午前在陶兄家，墨这阵好些了，自己说：“好是总是会好的，不过日子拖得长点罢了。”听了心里很难过。

下午贞来了客人——陈淑及诸福堂太太。

晚饭后走看项叔翔病，顺便同方石珊聊了几句中西医问题。

1956 年 8 月 6 日

上午在民建帮搞工资改革相当无聊，下午在家，天仍闷热，读第七遍《矛盾论》。

1956 年 8 月 7 日

民建又讨论肃反，任老要我把意见写出来，闷热。

1956 年 8 月 8 日

到全委看到卫生部通知，要我 8/12 赶到庐山，我因他们屡催不办，临时令人赶，事实上我亦来不及立即动身，说“我不愿当他们官僚主义的牺牲者”，结果推迟到 8/12 动身。

下午同学会学习，上午在全委写了《关于如何更全面地贯彻提高警惕防止偏差精神，进一步提高肃反运动质量的几项建议》9 项 600 字，托起孟转给任老。

1956 年 8 月 9 日

金通尹来开民进代大，晨来闲谈，将从青岛迁到武昌，青岛工学院撤销，他将改任武昌测量绘图学院副院长，下午及晚上在民建。

1956 年 8 月 10 日

到全委取证件，赴庐山休养，同公庶谈其问题。饭后瞿明宙自昆明来，片通尹、许云卿、鼎，天津浦寓。整备上山。

1956 年 8 月 11 日

杨伟文来坐，我又去看墨林，午休时熊、武二侄来同之逛北海。

1956 年 8 月 12 日

今天 10:20 车赴汉口转庐山休养，日记见活页。

1956 年 9 月 27 日

带了一盒正山门口文魁斋的梨膏糖去看墨林，谈到十点。到市场修笔(Parker，又犯了帽子拿不下来的毛病。这个毛病 1948 年在美国时它曾犯过)。存钱、取款(华北股票利息，17 元多，有剥削性质的钱)。下午整理积存信件，晚同贞到市场。

1956 年 9 月 28 日

全委学习会，在文俱部座谈苏伊士运河问题。

1956 年 9 月 29 日

到全委结旅费账。我本申明回程绕道上海，自负旅费差额，结果实报实销——额外负担我绕行旅费五十余元。文化部郑振铎曾谈起《资治通鉴》出版了，老太爷的校勘工作吸收进去。我家有无要求，我要六部平装本，好使兄妹六人各得一部。六部于我假期中送来。今天阿鹏去津，带去一部。余五部还待分寄。下午去民建开常会。艮仲先来谈，乱得很。

1956 年 9 月 30 日

一般机关学校今天预备星期三工作，贞不去部，带了我逛西郊公园，吃"莫斯科"。正逢万人空巷，夹道欢迎印尼总统苏加诺，弄到将近五点才回家。

1956 年 10 月 1 日

第八个"十一"是一个伟大的节日——参加观礼的有来自五洲六十几个国家的各种代表，但是天气特别不好。阅兵时间正是大雨倾盆。虽然所有庆祝这节日的人都被淋得透湿，大会照常进行，精神始终饱满，尽礼而散。我今天在西二台。傍晚天晴，到钱琢如处一坐。明庆、熊、头玉来。今天因雨，台下有茅台解寒。

1956 年 10 月 2 日

经柏泉的创作《胭脂判》上演了，特地买了两张票请我们在西单游艺社看了早场。午间阿熊女友金老师(家苏)(苏州人)来午饭。午休后到夏三叔处，同钱卓英夫妇去看圣陶、墨林。

1956 年 10 月 3 日

之英早来，说要我成立工艺美术机构，正在找专家，我是其中之一。邓杰要来"访贤"，辞谢之，谈了好久而去。下午同学会学习八大文件。

1956 年 10 月 4 日

上午开始认真地学习八大文件，印尼总统苏加诺在怀仁堂人大——政协联席会上发表演说，得票去听。晚上同贞在吉祥看黄梅戏《天仙配》，不坏。

1956 年 10 月 5 日

到全委临时参加工作会议。计划设地方工作委员会,我将参加。晚在民建开会,谈"二中全会"。

1956 年 10 月 6 日

全委福利组请苏残伤人福利工作者做报告,特去照料。10:30 出来。访项叔翔,已去就诊。下午阅八大文件。结算包括公债在内,七年来已积有 1 800 元,这钱都在国家手中使用。生活资料还不充沛。这是一般现象——个人有积蓄,但生活不能提高。市上有出现国营上海点心店,但供不应求。

1956 年 10 月 7 日

贞去珠家看其婆母,"畜生"又一天在家。我在外间待了一天。天气阴雨,难过之至。同学会新选举开会,又被选为副主委。李宗恩办事马虎,耍小聪明,圆滑作风,捡好处……令我不适。不谈正事,开会毫无预备,会开得不好。回家很不痛快。

1956 年 10 月 8 日

到全委,早出来。公培为谈"商业技术"。晚上在民建,晓邨鼓励我"放炮",他好来回击。这人调皮可怕极了。

1956 年 10 月 9 日

整日看八大文件,晚上同贞到袁章库夹道看丁绪宝一家。他们最近从杭州搬来。绪宝在"科普"当顾问。

1956 年 10 月 10 日

工商组好容易碰上头了,华煜卿今天亦第一次来了。下午同学会学习。吴菊农借去《通鉴》20 册。

1956 年 10 月 11 日

为了布置星期六工商组座谈《继承法》。晨去全委。下午民建开始为期两星期的中常会。回家已六点半,又不能去小组。

1956 年 10 月 12 日

未去全委,在家学习八大文件。下午民建开常会。晚上又在工商联讨论文件。

1956 年 10 月 13 日

王芸生在政协报告"日本之行"。在会午饭。下午工商组谈《继承法》,到五人。从早晨即觉不适,四点归家。体温 39.1℃。服银翘解毒片。

1956 年 10 月 14 日

醒来退烧。下午三天前回国之李佩来(嫁郭永怀,是 Cornell 的 Aerial Dynamics 教授?)团妹在志诚及其女友来。我去同学会开委员会,回家团妹在,留吃晚饭去。

1956 年 10 月 15 日

社会主义学院开学,去听吴玉章院长的讲话。孔夫子得到评价甚高,又是一个新气象。下午民建。晚上又是民建。李佩晚来,回家见到,未及多谈。

1956 年 10 月 16 日

为了预备在民建讲话,找了吴菊农,又到工商联找王光英等交换意见。下午去,发了言。家里要装电话了。取钱付款。

1956 年 10 月 17 日

全委未去。在新侨开民建小组会。对章乃器大费脑筋。下午民建常会。

1956 年 10 月 18 日

上午补同学会学习。下午民建常委会。午饭后到北京饭店,回看李佩及郭永怀。坐仅十分钟,他们送我 Lucky Sticks 二包。之英来,留之饭。手工局要聘我为高等顾问。

1956 年 10 月 19 日

上下午民建小组会。大组仍为章乃器大动脑筋。性存从成都午来。

1956 年 10 月 20 日

整日在民建,午休时在新侨洗澡、理发。晚饭后赶到天桥剧场听音乐。

1956 年 10 月 21 日

上午民建开“具体问题九人小组”会。我被分为“宗派问题分组”召集人。下午分组会龙出一个面目。晚上同贞到大华看《祝福》(祥林嫂)电影。

1956 年 10 月 22 日

一上午为民建写文件——《章乃器藉词揭露会内有宗派存在问题》。写完已午饭时,赶到新侨饭店,把稿交出打印,今晚可讨论。下午听艮仲等发言。晚上小组讨论上午所拟之稿。① 吴觉农借口政协要筹备中山诞辰,想开小差(知难而退)。② 不加研究,对文稿乱出主意,卖弄自己聪明,不虚心。③ 大家辛苦写出点东西来,又说不要拿出去(拿到小组去讨论)。④ 不顾到时间,说打印不成问题——明晚讨论,后天一早要用,哪来时间打印。他说不成问题,我说不要这样本位主义。

1956 年 10 月 23 日

又是民建一整天，上午小组讨论方针、任务、决议及集体领导文件。下午乃器大会，发第四次。原封不动，大家为之不快。晚饭后搞其余问题。吴菊农临时抱佛脚，表现自己，细改文件，费时间。我说他没研究材料，故有点不接头。他竟说“好，那我不管好了”，想乘机脱逃。我这句话几乎中其计，好险！

1956 年 10 月 24 日

同昨天，午饭在会吃。饭后会见乃器，进行规劝。上午小组讨论我 22 日所写文件。午饭时赶修集体讨论稿，正好在下午大会上提出。

1956 年 10 月 25 日

又是一整天。22:30 回家。乃器临时抱佛脚，假装进步，行其缓兵之计。结果大家不答应，一定要处理他提出的问题。

1956 年 10 月 26 日

又民建一天，“九人小组”。邀各当事人谈话。晚上完得早，八点前回家，和弟来。

1956 年 10 月 27 日

上午新侨小组会，下午中常会乃器要撤回原案。晚上未开会。八点回家，在家晚饭。

1956 年 10 月 28 日

民建今天游园，但事实上仅仅赶到万寿山开混合小组会，研究“理论小组”的“公报”及谈具体问题——特别是宗派案的处理办法。在听鹂馆午饭后返城，到家候和弟回家。和弟未归，郭新生来，未及坐下，之英同李士豪来。我为他们 ku[①] 了。去找地方谈话，结果到团城北海即散。回家同和弟谈家常。八点多即休息。

1956 年 10 月 29 日

从 09:00—23:30 在民建开中常会。午间，上午休息时间都插开具体问题组会。从 10/11 起中常会开到今天，总算把章乃器的本质，他的思想，作风等里里外外的特征全盘揭露出来，好让大家认识他。而他则以为人在起哄，对他打击。这真是一座不可救药的堡垒。会是开得成功的，但累了。

1956 年 10 月 30 日

又平静了一天，晚上去民建列席二中全会工作委员会，布置后天开幕的二中全会。

---

① 原文如此。

1956 年 10 月 31 日

今天民建给了一个空隙,利用了它到全委看看——这次不能出去视察了,通知人大。下午赶上同学会学习。家里电话装好了——53807。

1956 年 11 月 1 日

民建二中全会 09:00 起开预备会。我弄到 23:45 才回家。

1956 年 11 月 2 日

民建一整天。22:30 回家。英法侵埃,市民游行。民建开紧急会,发通电支埃。

1956 年 11 月 3 日

民建又一天。下午在会所。上午在新侨,晚饭即归。

1956 年 11 月 4 日

写发言稿。下午之英来“出后门”。此人热衷而才短,亦粗心。珠一家来,邀了延一家来。今天她婆婆回申。在萃华楼吃鸭,庆祝邹震回到工作岗位,同时送婆行。我第一次到首都剧场看《日出》——民建晚会。

1956 年 11 月 5 日

写出大会发言稿。10:00 到新侨开审查会。二中全会 15:00 开幕,一个钟头毕事。回家晚饭,饭后又去开审查会。邢志琴要回家,又要报名学工,家中铁将军把门。

1956 年 11 月 6 日

又一天民建,晚上八点回家。

1956 年 11 月 7 日

又一天民建大会。上午在文俱部开中常会。晚饭后电影。

1956 年 11 月 8 日

民建又一天,下午我大会发言——这是第一次。会后博得共鸣不少。今日统战部请酒会。周总理、陈云副总理都来了,周总理到每桌上干杯。

1956 年 11 月 9 日

民建又一天。晚上看苏联马戏。费了事为贞弄得票,回家又找到民建车子,还算痛快。但到家后仍是不讲理——用的草稿纸,今晨她为玉妈写信,用后不归原处,放在自己书桌里。我找不着,说了一个“怪”字,她亦对之不满。

1956 年 11 月 10 日

民建小组大会。下午我当大会轮值主席。晚在北京剧场,同贞看民建包场戏——谭富英《借东风》。

1956 年 11 月 11 日

早饭时阿全来自郑州，悉他们那儿正在检查肃反中偏差。正想在家逍遥半天，忽来“特急”去和大开支埃大会。回家午饭后到政协礼堂开纪念中山九十诞辰会。毛主席出席，未发言——有书面。休息后外宾讲话。再休息后看电影。回家已八时。阿全、其母、其女（斯斯）在家晚饭，延带红、年亦在。

1956 年 11 月 12 日

民建在新侨搞到晚十点后回家。

1956 年 11 月 13 日

又一天民建。晚上章乃器找人谈话，我听了一场之后的感觉是：我必须丧失信心，对乃器的信心或对马列的信心。

1956 年 11 月 14 日

民建搞到晚八时。

1956 年 11 月 15 日

又一天民建。得全国工商联电话，征我同意出席他们的会。章乃器本定今天发言，怕不会有好结果。临时取消，不失为明智之举。鼎晨从上海来，娘娘为之请假一天。

1956 年 11 月 16 日

18:30 民建二中全会胜利闭幕，当夕叙餐晚会。我 23:00 回家，晚会还没散。阿鼎同阿全去看苏联马戏。

1956 年 11 月 17 日

民建今天补了一天。一开前座谈。我帮工商处一天。18:15 毕事回家同鼎吃饭。饭后早睡。

1956 年 11 月 18 日

是日鼎在家过一个星期天。中午延等来同吃“森隆”。小的要买日本收音机，娘娘为之取一百元助成其事。我说容易坏，不好修理，娘娘说“可以不让它坏”，结果买来了固然很灵，（从）森隆回来竟不买了！之英来。

1956 年 11 月 19 日

上午、晚上在新侨同晓邨诸人搞学习提纲，下午在政协听中央宣传部张磐石副部长谈波匈时事。

1956 年 11 月 20 日

竟日在家，中间一度同晓邨到北京医院看任老。此公家长作风又来了，要以一星期时间去河南视察，约我们同行。他好包办一个广泛的视察节目，故含糊其辞地允之。

1956 年 11 月 21 日

今天是鼎四十诞辰，本想邀集阿全(在京)、珠、延两家等人为之吃面，后想有那不成器的保在，团聚不易，决定就我们三人到新侨吃夜饭。定了其余人未约，偏偏把那不良分子叫了回来一同去，我已大为不快，加上天气冷，候车半小时后我兴致已无。赶到新侨，见那坏东西在，我竟忍耐不住，拂袖而去。结果鼎陪我在市场另吃而归。下午在北京剧场听李平衡报告国际时局，作为同学会一次学习。

1956 年 11 月 22 日

上午在家，鼎回家午饭。我父子二人 14:15—19:15 逛故宫、中山公园、天安门广场、王府井等处。在春明馆喝了茶，玩得甚欢。

1956 年 11 月 23 日

到全委(10/15 以来第一次)。10:00 到礼堂听胡乔木报告八大文件。13:00 才完，同孙起孟来家午饭，谈民建工作。我允从工商研究委员会副主委改任主委，外带"杂务"。15:00 鼎回家。17:00 送之上车站回申。

1956 年 11 月 24 日

买了新开的"浦五房"的野鸡同酱鸭去看墨林，精神还好，肚子痛了。留饭返。下午在家。死去一只玳瑁小猫。

1956 年 11 月 25 日

看民建记录，张希陆来。晚上民建在全聚德请《会员手册》起草人吴大琨同志等七八人。

1956 年 11 月 26 日

到全委把昨日张希陆谈专科学校中情况反映给吴菊农(副秘书长)。下午在新侨谈《手册》。

1956 年 11 月 27 日

看了一天《政治经济学》，罗子奇上午来，取去宋画及毛抄。

1956 年 11 月 28 日

上午未去全委，学习《政治经济学》。下午同学会学习，结束八大文件。

1956 年 11 月 29 日

在家看书，下午忽发冷。晚上力疾去民建小组——福三组在东华门大街 29，同组 16 人。

1956 年 11 月 30 日

上午仍看书，下午去政协礼堂参加学习临时小组（大部人出去视察故）会，谈八大及匈埃时事。

1956 年 12 月 1 日

竟日在家，下午到市场买书，在西门口遇见多年不见、新近回国的邹秉文。大年前天来我家。

1956 年 12 月 2 日

上午带大年到天安门绕了一个大弯，下午在家。

1956 年 12 月 3 日

到全委一视，正在扫房，下午去西单总布胡同文化馆（旧李鸿章祠）找北京昆曲研习社。一屋子女的居多，我直嚎了二段。

1956 年 12 月 4 日

陈乃昌、朱德禽来谈民建，10:30 后才走。下午在家，晚同贞到绍钫东单三条 29 新居。

1956 年 12 月 5 日

上午打扫房子，预备下午的同学会学习。同学会因锡炉在修理，这次在我家学习，到了十人。

1956 年 12 月 6 日

今天是复杂的一天。邢志琴去当保育员了。贞从延家把玉妈接来。我午前即在民建搞会刊。午饭后又搞二中全会总结。同时工商联开预备会，同学会开委员会。回家晚饭后去民建小组，得信夏三叔今晨作古。

1956 年 12 月 7 日

全国工商联开二届会员代表大会，我是特邀代表。今晨起开小组会。下午在民建开工作会议，无聊得很。到北京饭店向 Rowi Alley 捐 100 元给鲍惠尔。晚上又写了一段英文 Testimony，请苏开明来为我打出后交给鲍案委员会。（1957/1/11 接到 Alley 送来 Ehitrs on Trial 的插页。）

1956 年 12 月 8 日

上午全联小组，回家花了 10 元买鲜花圈。饭后取了去贤良寺送夏棣三姻伯入殓。出来到公园主持欧美同学会，欢迎新回国同学茶会。出来到新侨饭店看稿子，要我对一个六万字的文稿“挑眼”。

1956 年 12 月 9 日

晨郭新生来，珠全家来饭。下午开始试写民建文稿，抽出一小时去找袁二小姐，为曲社事向她接洽。见其老太太，我自我介绍，说“我是章家的大孩子”。晚瞿良来，据说我二人已一年不见矣！

1956 年 12 月 10 日

全国工商联二届代表大会开幕，在政协礼堂。中午同贞吃思成居。吃后逛新整理出来的西单商场。

1956 年 12 月 11 日

工商联上午大会，下午小组（政协礼堂——全联）会。

1956 年 12 月 12 日

上午在全联开小组会，下午同学会在我家学习。晚上颐弟从沈阳来，将于明日回申。

1956 年 12 月 13 日

上下午在工商联小组，晚上民建支部小组会。整天搞资改。

1956 年 12 月 14 日

上下午在工商联小组，晚上民建开常委会，调任工商研究委员会主委。

1956 年 12 月 15 日

午前在家搞民建工作，下午到政协礼堂听陈云在工商联大会上作报告。东安市场吃晚饭后回家。

1956 年 12 月 16 日

娘娘满身是劲，一肚子气，闷声操作。我为民建做事。延带红、年来一天，钱宝琮来。晚上民建在政协招待工商联看杂耍。这阵天气冷到－15℃。

1956 年 12 月 17 日

全联小组上下午。午饭后、晚饭后在民建。我又为学习讲话。

1956 年 12 月 18 日

上午在全联小组，午饭赶到民建接待外来同志，临时得知毛主席接见全体代表，跟他们到怀仁堂照了相。

1956 年 12 月 19 日

上午在家搞民建工作，下午学习在我家。

1956 年 12 月 20 日

做了七小时工作，把分析民建二中全会上所提的意见这事赶完。晚上在民建小组。

1956 年 12 月 21 日

午前去看墨林,人又瘦得多了。陶 18(日)去印度,将去 40 天。下午到政协学习,座谈铁托。陈其瑗即是一个“斯大林主义者”。

1956 年 12 月 22 日

上午去政协礼堂听工商联大会发言。下午在民建同资、周、朱、许谈领导层学习。

1956 年 12 月 23 日

整天在政协礼堂工商联会议。下午闭幕,当了监选人。同华煜卿坐空车来回四次。

1956 年 12 月 24 日

到民建京市委(45 虎坊桥)看了一看。到前门饭店找黄长水、王光英谈民建工商研究工作。王临时失约。下午在家看书报,买了一部二版《政经学》,翻了一大阵。

1956 年 12 月 25 日

上午在民建谈处理二中提案等步骤问题,下午在家看《政治经济学》。

1956 年 12 月 26 日

到全委只看到老张(宝瑞),承他泡了一碗好茶给我吃,又看了一遍《真理报》文章,预备下午的学习。下午同学会学习仍在我家。吴霭宸提出“民主社会主义”问题,正在这时候(南斯拉夫发怪论的时候),我抓住机会进行辩论。

1956 年 12 月 27 日

“中国建设”(China Reconstruction)纪念五周年,应邀去看其“工作展览”。下午去看周先生。

1956 年 12 月 28 日

第 17 个“12·28”,上午看文件,预备下午政协座谈——铁托对匈牙利事件的言论。

1956 年 12 月 29 日

上午在民建开工作会议,下午职教社开理监事会。

1956 年 12 月 30 日

今天各机关提前过星期一,以便明天星期一可以同年假一天连在一起。在玉妈帮助下,我家大扫除,下午毕事。晚饭同贞到森隆吃“鸡火烧”。白一震来,我劝他加入民革去。民革亦应团结他。

1956年12月31日

到新侨饭店华煜卿房间洗浴后回家待了一天。延全家来了一回。

1957年

1957年1月1日

我家有史以来(据我所知)未生逆子,又同这“畜生”共过一个元旦。

晨起即有人来:戴玉山、张姞民、宋之英、高乃明、头玉,我也于下午出门到瞿良家送他。今夜怀仁堂对孟请东,同他又去看钱琢如。

傍晚得熊侄信,报告他已与她(金家苏)于昨日结婚了,立即写信与之贺喜。

1957年1月4日

政协全委工作会议听到罗隆基同秘书处争论,设招待委员会七人有我。

下午去看墨林还,精神(一)点不坏,刘家瑶琴送后天《家》戏票来。

1957年1月5日

整天在民建,上午工作会议。

下午主委碰头会,居然做到两个大事,一是“领导同志”要过组织生活了,二是“领导层”要建立经常学习制度了。

1957年1月6日

上午闷居如故。

下午到民革去听曲社第一个同期,晚同贞到青年宫看瑶琴请的《家》。

1957年1月7日

为同学会、民建办了一天事。

下午去民建集体办公。

1957年1月8日

今天是腊八,天冷有雪,整天在家学习民建工作。

晚上为了自来水井中防冻问题又闹气,之后我一夜没睡好。事情是这样,我叫玉亭(新来的女工)去把前天因井内有水被王家取出的草簾放回井去,贞不同意说她不懂(贞遇事总不同意,不论什么事,不同意是目的),我自己出去找唐德辉,玉亭来帮忙,贞把玉亭叫回不让她帮我。

1957 年 1 月 9 日

上午预备下午同学会学习《再论无产阶级专政的历史经验》。这次仍在我家。我请大家吃元宵。

1957 年 1 月 10 日

上午预备下午民建开工商研究会。

晚在小组听合营企业中落后二人打死合营的资方情况。

1957 年 1 月 11 日

上午预备。

下午政协学习《再论》。

1957 年 1 月 12 日

午前召丁裕长同志来搞民建会刊。

下午常委座谈通过学习方案，将继续当组织其事的人。

1957 年 1 月 13 日

上午去政协听千家驹报告。

午间任老约谈、饭，送起孟入学，熊侄携其新婚金家苏来。

1957 年 1 月 14 日

到全委晤二李(平衡、俊龙)。

下午民建集办。

1957 年 1 月 15 日

视察的人回来汇报，这次用座谈会。我下午去全联参加工商业问题组，当了副组长。

晚在李宗恩家开同学会委员会开到十点后，文物局傅忠汉来约明午故宫鉴定王画邀我去参加。

1957 年 1 月 16 日

到全委十一点应约到故宫参加鉴定，宋画据叶茶绰、张伯驹等鉴定有截脚挖补等毛病，有人说是明万历年间物，决定收镇家宝之库。

晨同罗隆基为同学会事通电话。

下午同学会在我家学习，张希陆临时参加。

1957 年 1 月 17 日

整天在家。

晚上小组会。

1957 年 1 月 18 日

下午去政协听邓小平 1/11 在清华报告的录音。

1957 年 1 月 19 日

下午去民建参加碰头会，中常会学习即将实现，鹏自津来(他在北大学习这次回家去)。

1957 年 1 月 20 日

上午在家别扭得很，下午在文协礼堂(王府大街)听曲社《琵琶记·公期》。从王伯祥得知墨病恶化——小便不通了。

晚饭去视，圣陶已归来。

1957 年 1 月 21 日

到全委同 1950 年接收同学会房子的陆景宣，据说当时承办其事没有得罪人。

下午民建集体办公对二中意见逐条做了安排，文物局傅忠汉把宋画送还。

1957 年 1 月 22 日

上午为下午工作作准备。

下午政协视察工作座谈第二次在全联，我主持说出可虑的问题——商业工作。

晚民建中常会学习开始了，70 多人中 34 人参加。

1957 年 1 月 23 日

下午同学会学习仍在我家。

晚同李宗思去晤罗隆基，为同学会事。

1957 年 1 月 24 日

午间琴的婆婆带斯斯来，他们祖孙今天下午回郑州。

下午同菊农在全联搞座谈，小组会今日停开。

1957 年 1 月 25 日

今天一天在政协礼堂。

上午赶去参加工作会议。

下午学习《再论》。

晚同贞看京剧，晚饭在思成居吃的。

1957 年 1 月 26 日

上午在民建开工作会议开得很好。

下午在家鹏来过夜。

晚饭后同他到市场找蜜供不到，办了些“京货”交他明天带津。

1957 年 1 月 27 日

上午去看墨林，她已于三日前进了医院，同陶兄盘桓了半天，留饭归。

1957 年 1 月 28 日

全委学习会开会二天，今日下午开始听了两个报告。夜晚都来不及吃饭，赶到人民剧场，陪贞看马连良《乌盆记》。

1957 年 1 月 29 日

下午去全委开学委会听秦柳方报告，工商界学习情况很好。

1957 年 1 月 30 日

午前出去“办年货”花了 27 元多。

晚同贞到政协礼堂看京剧步行两大段路，并不觉累。

1957 年 1 月 31 日

丁酉元旦。来了好些亲友。16:00 后郭新生来，同他一道到永滋家，留饭归。来贺年的亲友有：戴玉山，张诒馍一对，张绍钫一对、小胖子、高乃明、张德明、瞿良。

1957 年 2 月 1 日

拜年到张王叔、周寄梅、许大姨之处。

1957 年 2 月 2 日

今冬第五场大冬雪，瑞雪兆丰年，可是家庭中阴气沉沉痛苦之至。我同贞整日在室相对无言！

晚上好容易晓郁车子到政协礼堂赴民建晚会，人多戏不好，搭李烛尘车回家，家家三言两语又被贞发牛劲所打断，唉，我这日子怎过下去啊！听说王志华作古。

1957 年 2 月 3 日

午前为下午工作预备。翻出 1954 年成都手工艺集谈录，把圣陶一段话分析一下得出些有益的结论。

15:00 前之英来接我到团城应手工业管理局邓洁局长约谈，我建议三项：1. 立图案档案制度；2. 设沙龙；3. 设试作作坊。在丰泽园盛宴而散，手工艺到今天才有可能好好地干起来，距 1943 年 7 月计十三年半。

1957 年 2 月 4 日

下午民建集体办公谈视察。

晚同贞带大年在吉祥看《奇双会》。

1957 年 2 月 5 日

下午在全委开视察座谈会，瞿良来晚饭。

1957 年 2 月 6 日

下午同学会学习，借民革总部举行，楚浣春让我们去民革总部的主席室内学习《再论》。

1957 年 2 月 7 日

贞发起，晨带年到东四吃广东早点，后逛厂甸，在荣宝斋看了好些时候，又到崇外青山居看特艺市场，回家已 15:15。黄任老来，鹏带绿茵[①]及家苏[②]自津回京来，留饭去。

晚上忘了去民建小组，到床上贞才想起。

1957 年 2 月 8 日

上午为晓郙抓去参加秘书长谈心会，说“以大为主”。

下午又去民建听工商界人大当局长经验。

晚上中常会理论学习正式开始。

1957 年 2 月 9 日

晨起冒大寒（−16℃）出门理发，买明晚戏票，巧遇汪季文太太，她已派人在北京剧场排队。

午间去看结果买得四张。

下午参加民建主副委碰头会，听到关于林涤非问题及昨天汉口车站事件，得苏新六国使节今夕欢迎人大代表团归国请柬，同贞到北京饭店参与盛会之后，我去和平宾馆赴欧美同学会春节晚会。

午饭后俞成、李佩来，李为介绍陶器制作家金永祚，当晚在和平宾馆遇见他。

1957 年 2 月 10 日

饭后听曲会同期。

晚同贞看“北昆”。

1957 年 2 月 11 日

李平衡约我去全委，他要我帮写《政协简史》。

下午民建集体办公。

---

① 方绿茵，章鹏之妻。

② 金家苏，章熊之妻。

1957 年 2 月 12 日

看了些政协 1949 年文献，写了 1 000 字《简史》。

1957 年 2 月 13 日

上全委交出昨写东西给李平衡。

下午同学会学习又在我家。

1957 年 2 月 14 日

民建座谈公私关系，我去了一整天。

晚上小组会。

1957 年 2 月 15 日

9:00—21:30 在民建，学习后同组任老来乱出主意，大要家长作风。

夜晚组谈得还好。

1957 年 2 月 16 日

上午听民建汇报，下午放掉一切去政协听《人民日报》总编辑邓拓讲话，扩音器不好，头三点一字没听见，后一点讲“制度”讲得也很平凡，大为失望。

晚同贞在文艺大楼看研习社“学习演出”。

1957 年 2 月 17 日

晨起即去陶家，墨已命在旦夕，陶兄已去看墓穴，得电便到任老家午饭，陪请严鹗声。

下午在职教社开理事会，半夜又被那犬吵醒，失眠良久。延把大年接去。

1957 年 2 月 18 日

临时得通知，赶到全委出席视察座谈组长会议。

下午在民建搞学习和听共事关系问题的讨论。

晚之英陪史性存局长来谈美艺沙龙。

1957 年 2 月 19 日

当了一天民建座谈会的主持人，任老讲了一小时话讲得好。

午间在森隆请严鹗声，周同善两位新到北京的同志，陈乃昌作陪谈工商研究问题。

1957 年 2 月 20 日

上午在民建听汇报。

下午除此之外还有四个会，政协全委三个（地方工作，学习，文化俱乐部）和同学会学习，我请了三个假勉强去了两个（文俱部和学习）。

1957 年 2 月 21 日

在民建一天。

晚上有三个会，去了两个，这阵时间冲突是严重的。

1957 年 2 月 22 日

上午民建听汇报，无见邹震来饭，今天民建同组学习。应邀去文俱部参加讨论文俱部工作。我拟了一个提纲备建制用。同学会地位慢慢挽转了些，昆曲研究社被邀在政协演出可能性增加了。八点多赶到北京剧场看了一出川剧《萝卜园》。

1957 年 2 月 23 日

上午未出门，之英来。

下午在民建听胡子昂苏新国家回来报告讲了 3.5 小时。

1957 年 2 月 24 日

那坏东西在家有不堪其居之苦，到陶处悉墨前三天已濒危，但又见好转，恐系“回光返照”，已作自挽联语，陶已成悼亡诗，墨此去可说从容矣！

下午去故宫赴美术茶馆，谈了些话又为众老所许，为俞平伯曲社借的漱芳斋作同期场所。

1957 年 2 月 25 日

今天二届政协全委会三次会议开始了。上午民建中央欢迎自己的成员。15:00 在礼堂开预备会，将不限期收发言、提案，甚至闭幕日期。正式开会前将举行最高国务会议。我会后到前门饭店寓所作联系工作，谈天半发现问题。今晨醒来作成我第一副像样的挽联，为墨作的，联云：伴姑攻读，师承可溯，欣见同成良典范；烹鱼做戏，记忆犹新，何堪竟尔判人天。

1957 年 2 月 26 日

今天在工商联开民建小组会提意见，两餐都在前门吃。

1957 年 2 月 27 日

上午无事我 10:30 到前门饭店，饭后同到怀仁堂听报告，结果临时改开最高国务会议，毛主席在会上讲了三小时半的话。即“人民内部矛盾问题”。

晚饭后做了些联系工作向领导汇报。

1957 年 2 月 28 日

整天讨论昨天毛公讲话。

下午我为陈维稷发言充满了教条主义气氛所激怒，而失于粗鲁。散后到北京餐厅(北京饭店对外营业部分)赴陈乃昌、华煜卿宴。在宣教会请假，赶到小组结果扑了一空。

1957 年 3 月 1 日

上午小组下午又到怀仁堂听各组发言，之后毛主席又讲了 40 分钟话。

1957 年 3 月 2 日

今晨出差赴申临行告我，午前到前门，下午在礼堂听李富春讲第二(个)五年计划。

晚饭后归。十点得满小姐电悉墨林于 17:37 逝世于北京医院。

1957 年 3 月 3 日

晨起即到叶家，10:00 到民建开会到 12:35，回家吃饭。

饭后同贞赶到嘉兴寺送墨林入殓，15:20 毕事。我送 2/25 作成的联及鲜花一束于棺侧与之泣别，联请丁晓光代书。

1957 年 3 月 4 日

整天在前门饭店小组讨论，第二(个)五年计划。

1957 年 3 月 5 日

晨起同贞到嘉兴寺吊墨林丧，我下午有事，贞送之到福田公墓。

下午政协三次会议正式开幕，周总理做访问十一国报告。

1957 年 3 月 6 日

上下午小组讨论周总理报告。

1957 年 3 月 7 日

上午小组，下午大会发言。赶回晚会到小组，赶上正开始学习《再论》，我有机帮了些忙。和弟自津来。

1957 年 3 月 8 日

上午小组会。

下午大会。

晚在民建看中常会学习，受政协影响，两组 47 人只到 8 人，决定下次停开。

1957 年 3 月 9 日

大会改在上午，回家午饭，下午分组。吴觉农借机批评我在工商组工作不积极，我殊不服气。李烛尘、凌其峻、华煜卿连到亦不到倒没事，我苦心撑过一年多，倒受批评，殊失公道。

1957 年 3 月 10 日

上午在家看文件，饭后到陶家，陶正在写墓碑文字。回家在小街车站为干涉一不守秩序的少年(赵姓在西郊宾馆工作)到宝玉胡同派出所,此人抢先上车叫他下来不听,我力拉之,他要打我,另一少年经过骂他流氓,结果我与此少年同为干涉别人不良行为,同有拉人骂人缺点,而那不守秩序的少年,则既不守秩序又打老人,被派出所留下作进一步的教育。

1957 年 3 月 11 日

上午小组[会]。

下午大会。

1957 年 3 月 12 日

上下午如昨,捷总理来演讲,回家晚饭补昨夜误觉。

1957 年 3 月 13 日

上午小组谈董老发言,陈遂衡还是强调“成绩是肯定的”,以至于看不到“个别”的严重性,还要扣人帽子,颇为生气。

下午大会。

1957 年 3 月 14 日

上午亦改大会了。

下午在怀仁堂照相,照相后即在怀仁堂开会听发言。

晚饭后去小组讲《再论》。

1957 年 3 月 15 日

上下午都在大会,发言都精彩。

1957 年 3 月 16 日

上下午都是大会,15:30—16:00 周总理来谈中缅边界问题,散后到前门饭店吃饭洗澡。

1957 年 3 月 17 日

上午加班小组会。下午听昆社同期,这次不好。

晚在礼堂听毛主席对宣教会谈录音。和弟回津“宋画”带去。

1957 年 3 月 18 日

上下午大会。这阵来往都有车接送,顾颉刚、沈从文同车。

1957 年 3 月 19 日

上下午大会。下午周总理(主席)作总结发言。

1957 年 3 月 20 日

上午小组[会]。16:00 大会。政协二届全委三次会议于 17:00 闭幕。

1957 年 3 月 21 日

在工商联一天，下午请了假到政协赴地方工作座谈。

1957 年 3 月 22 日

国务院四五八办在怀仁堂听取意见，我去听了一天。

1957 年 3 月 23 日

上午民建工作会议我去了。

下午三个办在怀仁堂继续座谈，解决昨天提出的问题。

晚同贞到首都(看)郭沫若的一个历史剧《虎符》，还是不好得很。

1957 年 3 月 24 日

贞脾气太怪，说不上三句就要冲突，只得闷坐在家一整天，午接和弟信说大姨病重，老太太寄来一百元要我为之料理后事。同贞到市场定做春季制服，150 元。

1957 年 3 月 25 日

到全委一转，去大姨家，大姨今年 86，近咳喘看来不致即出毛病。

下午民建工作会议未开成。

1957 年 3 月 26 日

在家一天。贞也因感冒在家，午饭同到新开路吃，遇见张九爷等人。

傍晚我到中山公园散步。学习了一天。

1957 年 3 月 27 日

上午不得劲——腰酸。为文俱部——欧美同学会——昆曲研习社之间调整关系；为文俱部修改章程提意见。

下午同学会学习。从 2/27 以来我为政协会议四次缺课，诸老照样维持不断。

1957 年 3 月 28 日

春光明媚，吸引了我到白塔下去，在那儿(看)《再论无产阶级专政》。过午始归。

晚小组会。

1957 年 3 月 29 日

到全委遇到杨公庶，工作没恢复动静。

晚上民建中常会学习，到了 20 多人，吴大崐作了一个很好的发言，很有兴趣。

1957 年 3 月 30 日

做上半年视察规划，要去江苏，为中常会学习找资料，自己得到不少好处。试新装。

下午同贞游北海。

晚饭后去政协礼堂看电影。

1957 年 3 月 31 日

整天在家，天气还是冷，郭新生晨来，是这个星期日的唯一来客。

1957 年 4 月 1 日

到全委徐伯欣吴菊农找各组副组长谈工作，我大放厥词，说得很畅快。

下午民建集体办公后去看周先生。

1957 年 4 月 2 日

午后看到八路汽车终点展至黄寺，上车后才知还没实现，走了一段，看见石油工业部新建大厦，黄寺已是炮兵部队营房，回程到新华书店一视，买了一部《世界知识手册》。

晚上陈乃昌在统战部来向我了解肃反期间我家庭波及情况。

1957 年 4 月 3 日

到全委同徐伯欣又听了一阵。

下午同学会学习漫谈最近政策与时事。

1957 年 4 月 4 日

上午在家饭后到陶然亭看东西，天热起来了。

晚民建小组还是讲《再论》，大受欢迎。

1957 年 4 月 5 日

全委工作会议几经改期，今天上午仍不开会。

下午到红星看新摄的苏州园林，留园、拙政园、狮子林、沧浪亭都已修葺一新，美得很。余时在民建搞中常会学习。

1957 年 4 月 6 日

上午去工作会议。

下午民建工商研究会。

1957 年 4 月 7 日

国务院参事室今天春游，旧门参事各乘两大车在颐和园玩了一天，张丰胄在票、饭、茶、船、车五个主要环节上布置得很好，因而为愉快的联欢作出条件，贞同去 8:10—16:10 间逛遍万寿山，新装制成。

1957 年 4 月 8 日

上午看提案。

下午到国务院礼堂听水利报告。

晚同贞看吉祥戏。

1957 年 4 月 9 日

上午在家为贞准备应试(哲学课)。

下午听农业报告。

晚上同贞说唯物与唯心、规律及其应用两个问题。

1957 年 4 月 10 日

同华煜卿到全委"碰头",后同到民建听宣教座谈。

下午在中南海听法院报告,我起立发言,建议树立肃反制度,不再搞得违法乱纪。

1957 年 4 月 11 日

上午在礼堂坐谈政协地方工作,被指定为江苏组政协工作组召集人。

下午在国务院听检察院报告,我要求放宽检院一般监督幅度,防止公职人员违法,例如在肃反中搞的那样。

1957 年 4 月 12 日

下午仍听报(告)——公安部。到民建晚饭之后参加中常会学习,大家要在视察期内坚持下去。

1957 年 4 月 13 日

下午又听报告——司法部。

晚饭在北京剧场看安徽戏,高乃明来谈有宽。

1957 年 4 月 14 日

大部时间翻东西看,傍晚到市场走走。

1957 年 4 月 15 日

上午讨论上周的各项报告。

下午在家料理各事,包括同学会、民建、许大姨家等,全委会送来人民来信四件,要我去处理。

1957 年 4 月 16 日

上午打点行李。

下午在怀仁堂列席人大常委会,欢迎苏联伏罗希洛夫主席,三刻钟即毕事。抽空到中山公园看春花。

1957 年 4 月 17 日

今日下午动身赴南京参加视察工作,日记改用活页。

1957年5月17日

从4月17日到此，去江苏视察，另记活页。

1957年5月18日

在家整理东西休息一天，邹震午来。

1957年5月19日

上午去民建晤煜卿、乃昌谈明天开始的工商研究专业会议。

晚上同贞到政协礼堂，看潮剧《陈三五娘》，还算值得。

1957年5月20日

今天起民建中央召开工商改造辅导座谈会，看来胡子昂在有意识地培养干部，挖掘潜力，千方百计鼓励我支持我，要我发挥作用，于是我就当了一天主席。

晚上开中心组会，我因到东站接黄任老，早退。

1957年5月21日

中共统战部正在开座谈会，听取工商界意见。

今天起民建座谈会全体参加，在国务院礼堂后身新礼堂。下午仍在会内，午间统战部在文俱部午宴，鼎来信说统战部去了解肃反中问题。

1957年5月22日

上午在国务院听统战部座谈，下午到政协开地方委员会把时间白白糟掉。

晚上在民建开中心组会。

1957年5月23日

上午统战部停会，民建工商会照开，我去当主席。

下午在家写发言[稿]，到文俱部参加招待外宾(这是第二次，上一次是几年前事)。

晚又去民建开中心组会，开到十点后。

1957年5月24日

上下午都在统战部座谈，晚上民建学习。

1957年5月25日

上下午都是在国务院礼堂开统战部座谈会，任老又作了一次很好的讲话，晚上之善来。

1957年5月26日

上午下午都是鸣放。

1957年5月27日

竟日在文俱部，上午职教社40周(年)纪念(上海已举行，见活页)。下午同学会。

1957年5月28日

视察回来第一个整日在家(上午统战部，下午民建都未去)，整理视察工作人民来信问题件数。从出发时的4件发展至16件。晚上民建开中心组会。

1957年5月29日

上午在政协听视察汇报，下午同学会学习，这次又在"大楼"了，水梦老已入中央文史馆。

1957年5月30日

上午在中央统战部座谈会上向党提了意见包括：

1. "勿以缺点是个别的"这种说法来麻痹自己。

2. 官僚主义已使政令不出国门，保密制度应废止等等。

事后人说我提了点新东西很尖锐。早上许涤新"紧急反映"了农间缺粮严重情况(昨天同学会彬等所谈)，在民建午饭。下午四办周光春副主任来讲增产节约，我当主席，五点后散，赶到职教社开理监会。

晚饭后归，任老要以"中国不可少的人做到可少的人"。

1957年5月31日

上午在统战部座谈，冯和法大肆教条，下午在政协听视察报告。

晚上章乃器来讲其新的见解，多妙语。

1957年6月1日

据鼎信，铮铮今天入少年先锋队戴红领巾了，写信勖之。

上午在政协开工作会，下午五点才去民建听讨论。

1957年6月2日

罗子为来约星五谈工艺美术，允之。

下午在北海庆肖楼听曲社同期，听到曲社内亦有不少矛盾。晚上刘瑶琴来，这阵贞天天上市买菜，又带大年出进，今天她亦喊累了。

1957年6月3日

上午写了一些东西批判乃器的"毒草"，午间职教社在文俱部开会吃饭。

下午在家整理报告，发现到江苏视察，未到江苏政协，真是荒唐。

1957年6月4日

上午在民建开工商会，下午在统战部听汤、胡二女同志讲西北都很好。

1957 年 6 月 5 日

上午在政协谈工作，下午同学会学习。

1957 年 6 月 6 日

上午在家预备讲话，午间任老接去午饭，饭后去统战部座谈，晚上去小组。

1957 年 6 月 7 日

上午去统战部座谈（一直在国务院礼堂）听孙晓邨、刘国钧发言，都甚好。下午另有三处座谈：漱芳斋手工艺美术，政协礼堂地方工作，又昆曲，我在漱芳斋讲了我的意见之后，赶到昆曲座谈。晚在民建开中心组会。

1957 年 6 月 8 日

上午在民建座谈会（工商）上讲了一个多小时的话，批评乃器。下午在国务院礼堂，统战部一八办座谈，17:10 结束，回家又发现同学会学习组在开联欢会，又赶去参加，水孟老已入中央文史馆，吴霭亮写了东西给我看，毛病不少。回家觉得不舒服，38.4℃，赶紧睡下，服银翘解毒丸。

1957 年 6 月 9 日

晨起 38℃，畅通大便，下午后有些说胡话。

1957 年 6 月 10 日

已病一天，腹泻四次，民建座谈正在结束只得不去，晚上退烧，张奚若夫妇来，长谈去。

1957 年 6 月 11 日

今天退烧了，肚子还不舒服，再吃四小引，陈乃昌、徐伯欣、彬敬斋、钱琢如先后来视疾。

1957 年 6 月 12 日

下午出门了，到同学会学习关祖章，敞开了，曲社人来定房，请他们吃杨梅。

1957 年 6 月 13 日

贞要吃鲥鱼，在玉峰食堂（西交民巷东口）等了她四十分钟，遇一冒姓老人，设法打听，果即我在找的冒广生（鹤亭）老伯，老人今年 85，已 28 年未来北京。

晚上民建小组福利，三个公司合为一个，因而民建支部今日合并，地点从东安门大街搬到王府井福昌照相馆，组长是田、贾、张。

1957 年 6 月 14 日

昨天工商联民建同志们谈了一天章乃器问题，我不知道今天去了又谈这事，意见甚乱，还要谈下去。

下午到政协地方委员会作了江苏视察的报告，占时 1.25 小时，这事好好歹歹交代了。

1957 年 6 月 15 日

午间陕西合作局同事杨文仪来谈，他自 1953 年以来在青藏公路工作，出差来京。

上下午都在全联继续开联席会，讨论乃器思想问题，他开会不来。中午主委吃饭他来，今天给“抓住了”。下午出席会议，讲了半小时，不知什么，但自以为高深，“对牛弹琴”一下。

晚饭后到西京畿道看冒老，送他父亲遗物之一小墨一方作为纪念。

1957 年 6 月 16 日

人懒极了，午睡到文俱部赴曲社招待会。

1957 年 6 月 17 日

竟日在全联，人觉得累。

1957 年 6 月 18 日

整天在民建，下午撤章乃器在《光明日报》社社务委员会职，人觉得累。

1957 年 6 月 19 日

上下午同昨天，在下午会上通过了指示，作出章乃器停职反省的决议，会议为此告一段落，乃器十二年来面目被揭穿了。

1957 年 6 月 20 日

下午政协工商组座谈。

1957 年 6 月 21 日

一天没出门，和弟来游官厅，下午来自津。

1957 年 6 月 22 日

午睡后一人独自去国子监，这是不久前重修改建的北京市图书馆，两庑辟为研究阅览室，可惜利用率不高。

和弟游官厅，五时后归。我在上海发现的一本《苏州园林》，鼎托孟兄向同济购得(7.50 元)，并托友何葆善今天带来。

1957 年 6 月 23 日

上午民建开碰头会，下午在家为民建看稿子，和弟下午回津。

1957 年 6 月 24 日

到全委总想办点事，好容易布置了星四一次座谈，星三约刘孟谈国药，还拿了提案发言回家，找来组人谈话未果。

下午去北京医院查身体，血压正常，没甚大病。

1957 年 6 月 25 日

上午为政协看发言，精神似已回复，下午就不好了，晚上民建开会到十二点，我一言不发，发不动了。胥仰老明晨去苏联自费旅行，晚饭前送我烟茶及紫砂壶。

1957 年 6 月 26 日

政协地方会上王却尘报告北京市政协情况，甚详。下午同学会学习。

1957 年 6 月 27 日

白天在家，晚上在全联为章乃器挨整了 3 个半小时，此人真害人。

1957 年 6 月 28 日

去政协，傍晚约孟，目的在刘一峰家布置国药座谈会。

1957 年 6 月 29 日

上午政协开地方委员会，下午在家。

1957 年 6 月 30 日

许汉三说，大家知道编辑驳章乃器文章的工作是“以我为首”的，这引起我不得不向资耀华(宣教处处长)申明我不能负责，这又引起了王艮仲的张皇，郭新生说他又被发现为右派了。

晚上到市里吃冰，下午同学会开会。

1957 年 7 月 1 日

到全委布置星四之会，回家时换购月票，在五分钟内犯了两个错。

1. 月票窗口有两个，一个换工人票，另一个换学生票，我不知道排在学生一起了。某甲在奔工人窗口换票回来，我向他提了意见，说他不守秩序，他无意反批评了我，我向之道歉。

2. 换票找钱，我点了不对，回去找算。卖票的不补，我说：“补不补在你，我吃了一毛钱亏。”

后来这一毛钱找到了，怪我大意在先，当众侮辱别人的人格更不应该，我为此难过自疚久之。下午又去医院检查，结果宣告无病。

1957 年 7 月 2 日

上午在民建同艮仲、士观等聊天。

下午去政协开地方会，临时被民建找去在全联开第一次两会联会，反击右派的临时工作委员会，民建方面有晓邨、起孟、耀华、煜卿同我共五人，子昂是主委。

1957 年 7 月 3 日

政协不能去，为了民建看章乃器材料，10:30 毕事赶到故宫，赴手工局会，会后参观布置中的漆器馆（在永寿宫）。

下午同学会学习——开始学《内部矛盾》。晚在全联开临工会。

1957 年 7 月 4 日

上午在家补看一大堆文件，下午工商组座谈中药，晚民建小组会。

1957 年 7 月 5 日

上午政协地方会开会，对政协性质有所领会。

下午在家。晚上民建工商联联席开会，十一点后始散。

1957 年 7 月 6 日

民建干部在整风，忽来电话通知，因要去政协不能去，下午临时会碰头，晚饭散。

1957 年 7 月 7 日

午前去前门饭店 309 开反右小型会议，下午在家。

1957 年 7 月 8 日

到全委布置座谈，下午在民建听干部反右，五时后在全联，十一点回家，毕鸣岐品质恶劣。

1957 年 7 月 9 日

上午参加在全联召开的两会领导的碰头会。

下午地方委员会实因晚上有会，要休息，不能去，请了假。18:00 又去全联。

晚饭后同到前门饭店 355 参加小型斗章找材料的座谈，十一时后回家。

1957 年 7 月 10 日

到全委，下午同学会学习，晚饭后赶去全联开会，结果今天无会。

1957 年 7 月 11 日

上午在家，下午全委工商组开中药小型座谈，谈得很好，纠正了我的片面看法，幸亏没有全面展开原来大搞一下的计划，晚在临工会。

1957 年 7 月 12 日

全委开地方会。下午民建斗争许汉三。晚上在全联斗争毕鸣岐，搞到十二点回家。

1957 年 7 月 13 日

区至培来电话说《光明日报》要我写文章，立即写了 1 500 字。

下午去民建听林涤非交代。

晚饭同贞到中山公园乘凉，到北京饭店吃冷饮。

1957 年 7 月 14 日

今天无人来，连电话亦没有，同贞在家静养一天。

1957 年 7 月 15 日

全委工商组是没有人的，由我单干，只得找办公室主任朱、于二人谈谈。

17:00 去全联，知道人大下午已闭幕，见到章乃器的《自我检讨》。

1957 年 7 月 16 日

上午在家看发言(人大)批判章乃器。

下午去前门饭店小组准备明天斗毕鸣岐。

1957 年 7 月 17 日

民建——全委会整毕鸣岐，在会上我开了第一炮。

下午同学会学习。晚上又是碰头会，布置如何向章乃器做工作。

1957 年 7 月 18 日

上午在家，下午在前门饭店小组讨论斗争章乃器战略，吃饭在全联，饭后开临工会。

1957 年 7 月 19 日

整天在全联工商业者自我批评一天，最后斗了一下钱孙卿。

1957 年 7 月 20 日

整天在全联开斗争章乃器大会，以他来信始，以孙采革信终。

1957 年 7 月 21 日

静养一天。

下午颐弟妹谢娴忽同顺宝来，说乃母病，在医院束手无策，我竟无法帮助一点忙——既不能帮助她出主意筹款施手术，又无力把经济需要全部包下来，这些旧社会遗留下来的问题，在现条件下无法解决，真是现实矛盾。

晚去全联开会布置明天工作。

1957 年 7 月 22 日

手工业局及手工合作总社召开的全国美术工艺艺人代表会议在政协礼堂开幕，我被邀参加，我到了一下，就赶到全联，整天斗争章乃器，他的真面目给人撕开了，看他如何自处于人间。

1957 年 7 月 23 日

上午在前门饭店开小组[会]，在讨论李维汉划左中右演讲时谈起刘一峰被称为右派，似嫌左了些一句话，胡子婴认为右倾。

下午去全联开大会，交通部工作的民建汤同志来了解吴绍澍，走后回到会场，大家在谈我上午小组中右倾言论，弄得我很紧张。浦洁修又来大肆攻击，大有把火引上身来形势，幸掌握得好，起孟、子昂诸人还是实事求是的。

1957 年 7 月 24 日

去手工艺大会听发言，看展览后到组长办公室，下午同学会学习得很好，大雨中散。

1957 年 7 月 25 日

在上午临工会上我作了检讨，大家提了些意见，使我认识提高一步，我终日为头脑中的东西多而烦恼，其中还有不少封建的东西。

下午去礼堂听手工艺会议发言，四点后赶至全联赴临工会。

晚上民建支部生活会我讲话。

1957 年 7 月 26 日

上午到全委赴工作会议，下午到北海检讨第一次走西门出园。

1957 年 7 月 27 日

上午在家翻阅历年来写的东西，作自我检讨。下午到民建听整风大会。晚俞成、瞿良二人来。

1957 年 7 月 28 日

贞发起郊游，陪了她 11 点出门，8 点回家。第一次坐到自造汽车——解放牌，幼时我们只能造“无锡快”，今天坐这车令我有自豪感。我们到了香山，玩得不坏，回家，延在。年、红出游迷途，使得大家一度紧张，结果警察把他们送回。贞又为小事对我当面无礼——她一向暴躁，对我一向不顾我感情，随便发挥出气，今一天游山之乐付之东流，延等母子三人亦无精打采地走了。

1957 年 7 月 29 日

全委，下午到全联、民建、反右。

1957 年 7 月 30 日

下午去全联反右，又主动向临公会要时间再谈我的右倾思想问题。

1957 年 7 月 31 日

到全委，李平衡谈写介绍政协的材料，下午同学会学习专谈反右派斗争。

1957 年 8 月 1 日

整天没事，贞请假晒衣服，临晚带大红、年（今天放假来住）到市场，晚上民建小组会改期明天，给鼎信，发鼎、性存片。

1957 年 8 月 2 日

全委办了一件分析黄苗夫（右派）来信，晚临工会例会。

1957 年 8 月 3 日

八点赶到全委，坐车去。广和楼听工商界讲习班学员对右派分子的发言，下午约张刚伯谈右倾思想（昨晨胡子昂交的任务）同之吃冰，遇见叶企孙。

1957 年 8 月 4 日

整天未出院门，上午大雨，下午转清凉。

1957 年 8 月 5 日

全委，去视杨公庶病，适他正从医院回家。下午在家，晚九点冒雨赶到西长安街第一次看到宽幕电影。

1957 年 8 月 6 日

上午在家看文件，下午民建中央斗林涤非，接着临工会（在全联）自告奋勇同林谈话。

1957 年 8 月 7 日

全委，黄凉尘要研究我要不要同林涤非谈话。

下午同学会学习。晚饭后备礼（十元）到前外南芦草园汪家吊孝，顺便看颐弟妹，明知无济，行我心之所安而已。汪家老人之外还有一个垂死的女儿在床，情况之惨，不亚许家大姨，难过！

1957 年 8 月 8 日

上下午在政协礼堂听了五小时的周总理 7/7 对民主党派负责人讲整风问题的录音。午前即感不对劲，傍晚发现体温 38℃。以致民建小组会又请假未去。贞带大年女工游园。

1957 年 8 月 9 日

上下午都在民建听对林涤非揭发与批判，甚充实，从而教育了大家，特别是我。

晚上临工会。日来报上每天必有新的右派出现，听到的亦多，其中我相知得渐渐多了，如陈祖沛自杀、朱绍文、崔敬伯、陈友松诸人都在边缘上了。

1957 年 8 月 10 日

上午中央统战部召集不及百人座谈整风，由张执一部长主持，我发言记“民建”页，这次座谈有讲解政策安定人心之意义。

下午带大年逛北海，遇见李一平，一道喝茶，新辟文化厅，原来就是养蜂夹道的红会医院内我把上四院改建的房子，遇雨归家。

1957 年 8 月 11 日

去看瞿良，喝到咖啡，看钱琢如，为其母六阿妈八十八岁老人九日从苏州来京，费了些事，我作了自我介绍，又去看陶兄，余时在家。

下午张德明来谈手工艺人会，开了之后效果很好，大家团结起来了，他自己亦身心愉快，在社专搞业务，贾其鸿、王士志来，未与接谈。

1957 年 8 月 12 日

全委晤来信科冠自治，谈昨来之王云五事。

粮食部将开四天会，同章乃器展开辩论，下午三点开始，他又无动于衷地讲了一小时话，晚饭后去看项叔翔。

1957 年 8 月 13 日

粮食部同章乃器讲理第二天，下午开会，上午在全联谈公债，晚上临工会，散得甚晚。

1957 年 8 月 14 日

上午民建斗许汉三，下午同学会学习，为关祖章补了一大课，比彬诸人显有进步。

1957 年 8 月 15 日

上午同林涤非谈了话(见 8/7 记)。下午去粮食部听对章乃器的辩论大会。回家已七时半。吃饭后赶去小组会。

1957 年 8 月 16 日

贞心绪不佳，香山不去了，临工会下午开会。

1957 年 8 月 17 日

上下午在粮食部听对章乃器说理。

下午民建去听四人讲话，精彩结束。

1957 年 8 月 18 日

女工有事，午饭在新侨饭店吃。

在家研究民建文件——章乃器粮改会的政治路线经过。张豫增自上海来，带来橘子糖。

1957 年 8 月 19 日

上午在民建预备发言斗章乃器，下午在家写稿，晚虞振镛忽来，他后天即回南京。

1957 年 8 月 20 日

上午在家写发言稿，下午临工会，孙起孟回来讲了许多话，结果要提早开三中全会，此后一个时期将又专而忙，反右是三中主要内容。

1957 年 8 月 21 日

到全委，把刑法草案签注意见后退回人大常委。

下午同学会学习，在文俱部同陈岱孙吃饭，饭后同学会开常委会。

1957 年 8 月 22 日

上午在家，下午民建全委开联会，决定九月上旬召开中央全会，晚上去小组会。

1957 年 8 月 23 日

决定明天去香山，下午临工会居然没有工作要我做，明天可以去成了。

1957 年 8 月 24 日

香山，卧佛寺最近开设饭店，事实上已开辟成市民休养区了。

今晨同贞带了大年到香山度周末，十时专车从北京饭店出发，一小时后到香山，午饭后游了四小时香山，几乎达到最高峰（鬼见愁）。

1957 年 8 月 25 日

在香山饭店，上午逛碧云寺冒小雨来往。

午睡后又去卧佛寺，上下午走了不少路，到晚上有点累。

1957 年 8 月 26 日

05:40 起身，收拾下山，冒雨到车站（在宫门口左侧）。08:00 到家，贞说“周末计划完成，百分之百”，在家无事休息一天，下午贞去部，上午 8/20 写的章乃器问题发言稿，冯同志取去给新元看。

1957 年 8 月 27 日

下午临工会。

1957 年 8 月 28 日

到全委，遇见三李（平衡、俊龙、云宁），下午同学会学习，晚在全联。

1957 年 8 月 29 日

闲得很，下午去全联同新元、煜卿之诸人谈批判章乃器发言。

1957 年 8 月 30 日

下午临工会，苏联大使请看《伏老来访》电影——在交道口电影院放映。赶吃晚饭后，同文杰诸人前往赴会。

1957 年 8 月 31 日

又闲得要命了一天。

1957 年 9 月 1 日

今天出乎意料地热闹。钱琢如一家(其母新自苏州就养来京)来。临时去排队买戏票。留午饭后一家去看京剧。和弟来,上月 19 抱孙(熊侄长子,名“右”,乳名“林林”)忽来,我让她去看戏,下午静养在家。

1957 年 9 月 2 日

全委如例。下午在全委开座谈会。

1957 年 9 月 3 日

下午在全联同王新元、华煜卿搞发言稿。在另一会上常子久批评我对刘一峰的温情主义。

1957 年 9 月 4 日

整天在全联筹备将于九日开幕的三中全会。

1957 年 9 月 5 日

下午在全联看了些稿子。晚间民建支部生活会。

1957 年 9 月 6 日

下午在全联小组谈文件稿。

1957 年 9 月 7 日

上下午都在全联开会。

1957 年 9 月 8 日

延一家全来,下午我去庆霄楼听曲会,结果日子早了一星期。回家后,贞等去赏月,我一人在家看材料。整理文件,预备明天开会。

1957 年 9 月 9 日

民建三中全会,同全联的二执会联合开会,今晨在新侨饭店开幕。下午有小组,晚饭后又有资料小会。

1957 年 9 月 10 日

全日开小组会。下午吴觉农、俞寰澄对我泄私愤,作无原则的攻击——说我不善听人说话,但要人听我说话,这叫什么批评!

1957 年 9 月 11 日

全日在新侨,晚上资料会开会。

1957 年 9 月 12 日

全日在新侨,晚上到小组。

1957年9月13日

在新侨一日。

1957年9月14日

大会提前休息。上午写了一段发言。下午去新侨开资料会。

1957年9月15日

整天在新侨,晚上大辩论非常成功。

1957年9月16日

上下午都是小组会,谈得很畅了。

1957年9月17日

整日大辩论,晚上统战部在北京饭店招待,听李部长报告,可惜听不清。十一点回家。统战部通知第一次称我"同志"。

1957年9月18日

整天在新侨,小组会。晚看电影《反右派斗争》。

1957年9月19日

上午到新侨后,同胡厥文、俞寰澄到苏联展览馆赴印度展览会开幕式。下午大辩论。晚上支部会揪出原小组长田光远右派分子。

1957年9月20日

上午大会讨论,冷御秋在发言中提到我的温情主义。下午改至全联开会,揭发章乃器,我有一个联合发言。晚饭改在文俱部吃西餐。饭后又去了一趟展览馆,看印度展览。

1957年9月21日

民建三中全会下午闭幕。

1957年9月22日

丁绪宝送我二张天文馆券,同贞去看,碰到绪宝。看后到他家去,遇到钱琢如、唐擘黄。天文馆同我在纽约看的一样,似乎小些。傍晚得冷御秋电话,邀我去新侨,请了他吃了一餐西菜。冒大雨回家。

1957年9月23日

上午王新元召开资料会,说此后工作。我将提供章乃器危害性问题的材料。下午出朝阳门看新建设,到十里堡来回,确与琴1955年离京时大不相同。隆福寺又有大改革之象。

1957 年 9 月 24 日

印尼前副总统哈达在政协发表演说，座无虚席。下午乘汽车到 30 多年未到的通县一视，往返 2.5 小时。

1957 年 9 月 25 日

下午同学会学习。

1957 年 9 月 26 日

还在整休中，下午去景山。这儿亦已 20 多年没到了，今已整修得很好了。山路是新做的。晚上民建支部斗田光远。

1957 年 9 月 27 日

上午临工会于整休之后恢复工作，下午在家搞章乃器批判。晚同贞坐汽车到西单兜风。

1957 年 9 月 28 日

在家写章乃器材料。

1957 年 9 月 29 日

打扫外边两间，预备过国庆节。下午钱琢如来。

1957 年 9 月 30 日

整天在家写章乃器材料。已得 18 分钟，用的成品，共用三天时间。

1957 年 10 月 1 日

第九个“十一”，在风和日暖的天气下度过。右派分子不许观礼。我仍在西二台。晚会同贞带大年去看灯火。明庆来。

1957 年 10 月 2 日

休息在家，抄写章乃器批判文章。大年由延接回家去。

1957 年 10 月 3 日

各处还是没活动。上午再搞章乃器批判材料。下午有前经济部参事厅同事，湖南人吴文斋来访。政协送来天文馆券。16:00 又去了一次，见到全馆各部分大厅中的“佛科摆”，使我捉摸了一阵。遇到于永滋。晚上去民建支部。李云亭(蒸)的夫人上星期六跳北海塔自杀，午前往视云亭，送他一罐进口烟卷。

1957 年 10 月 4 日

到全委走一走。仍然毫无活动。下午临工会，晚饭后归。访公庶。

1957 年 10 月 5 日

上午仍改写章乃器批判材料，下午交给王新元。贞侵晨揣了干粮自愿去参加义务劳动，到西郊联华社工作了一天。回家时两手破皮三四处。

1957 年 10 月 6 日

报上发表苏联昨天发出第一颗人造卫星。去看周寄梅，在陶兄家同其父子二人畅谈一切，酒饭而归。发斐片。

1957 年 10 月 7 日

整天在家，下午得通知，明日组织讨论我写的章乃器文章。上床后 22:49 从收音机听到人造卫星飞过北京的无线电信号。

1957 年 10 月 8 日

王新元昨发通知，定 8:30 讨论我写的章乃器文章，结果同时民建中央在开会斗争许汉三，讨论会九人除我外没有一个人来。我等到 09:00 即去，民建参加斗许大会，下午亦去。临工会 17:00 开，晚饭后赶至北京剧场陪贞看《骆驼祥子》。

1957 年 10 月 9 日

到全委，下午民建在全联开常委会。晚上小组预备明天斗田光远。

1957 年 10 月 10 日

李云亭，同之访东四五条部力子，同吃五芳斋。小组改期明天。

1957 年 10 月 11 日

下午座谈整风，接着民建——工商联整风工作委员会（即临工会，10/9 正名的 17 人机构）。晚饭后为欧美同学会到统战部访史永，面交会致部公函一件。上午在家修改批判章乃器文章。

1957 年 10 月 12 日

整天在民建斗杨美贞，晚和弟忽来。

1957 年 10 月 13 日

08:30—12:30 同和弟玩了四小时。我们从门神库进入文化宫，从阙左门进入午门广场，看国庆节展览，从午门入故宫，从神武门入景山门，逛景山后归。回家相当累了。下午休息，和弟夜车返津。顺宝来。

1957 年 10 月 14 日

整委开宣传座谈会，下午去。晚饭后约陈岱孙开碰头会，约肖、柴、吴参加。我报告 10/11 去统战部情况，定通知稿。有柴交接。经医疗及开委员会问题。

1957 年 10 月 15 日

今日长江大桥通车，成了我国今天的宠儿。贞接着说："人造卫星是世界人类的宠儿。”亦还恰当。下午在全委开地方工作委员会。

1957 年 10 月 16 日

上午去全委。组长办公室被用作反右场所。梁诚瑞在做检讨，下午请了假（怀仁堂有苏、捷代表团发表演说）。搞同学会学习。

1957 年 10 月 17 日

晨戴济同学来，为讲人造卫星轨道如何规定问题。泥炭是 peat，经过制造可作肥皂，起 fixation of nitrogen 作用问题。10:00—15:00 在西郊看德（东）塑料展览，余时在动物园参观。晚支部斗田光远。

1957 年 10 月 18 日

整风会提早于上午开。下午在政协礼堂听关于火箭、导弹及卫星的报告。

1957 年 10 月 19 日

上午民建斗杨美贞。下午整风会，讨论我写的章乃器文章。

1957 年 10 月 20 日

午饭同贞在鑫记吃鳝面。下午在陶然亭晒太阳，听曲艺。

1957 年 10 月 21 日

上下午都在全联看大量材料，打算找出一办法来充分利用这些东西。三弟来京通了一个电话。晚同贞在红星看长江大桥电影新闻片。

1957 年 10 月 22 日

上午再去全联看材料，写出一个处理材料的计划来。在下午整委会上讨论。晚上三弟来。

1957 年 10 月 23 日

在全委一无所事。电话同学会始知经柏泉昨日入院割甲状腺。下午看东西看不进去，只得出去趟马路，学了些新事物。晚同贞在北京剧场看张君秋演《望江亭》。

1957 年 10 月 24 日

晨约吴霭宸来谈同学会事（不举行庆祝十革晚会，因经不在，无人办事，最主要的是同学会有变成变相公开的舞场的危险）。临时得通知代表民建去政协听民革斗陈铭枢大会。晚上民建支部[会]。支部地点迁至 7 麻线胡同，赶至已晚了十来分钟。

1957 年 10 月 25 日

午三弟来饭，下午返津。下午又去听陈铭枢问题。

1957年10月26日

上午在民建听斗争申仲铭大会。申是一个老油条。下午同学会学习纪念"十革"四十周年宣传提纲,讲了2.5小时话,相当累。

1957年10月27日

下午到曲社听曲,临散因大家动手帮助,清理会场。吴南菁唱曲未终,大家不听他唱。他大生其气,经众人多方道歉始息。

1957年10月28日

上午去全联看材料,下午在民建听斗争申仲铭、吴泰选。

1957年10月29日

上午全联看资料。下午整风会。晚同贞在吉祥看川剧。

1957年10月30日

去全委。配表带,交擦油腻。下午听民建斗申仲铭。晚同贞到市场买了两副手套。

1957年10月31日

全委看资料,下午政协座谈苏联外交政策。

1957年11月1日

民建要整风了,今起两周阅读文件,我看二件。下午整风会研究章乃器受审问题。

1957年11月2日

全委看材料。下午同学会学习。吴霭宸主观得很,要丢纱帽。晚同贞看昆曲戏,这次周总理来了,在后台还同社员们照了相。

1957年11月3日

昨天毛主席赴苏。他昨晨9时由北京(出发),今晨9时看到各家的报上已登有他到达莫斯科的照相,真是神速之至。早上还听到他在莫斯科机场的讲话。这几天有点着凉,咳嗽失声。娘娘装炉子,张俊为我们送煤来。下午独自一人去看在北海的小水力发电的展览会。回家延一家都在。他们吃饭后去。

1957年11月4日

报上发表苏联昨天发射第二个人造卫星。下午到全委谈《新工商》杂志问题。同贞看中央电影——《警察与小偷》(意大利片)。

1957年11月5日

整风会提早上午举行,听了任老、子昂同志的华东工作报告。下午在市高级法院旁听上川股东诉章乃器案，六时才散，结果诉讼成立，先查账，扣押其古玩及现款。

1957年11月6日

昨天吹了半天，今天伤风又加剧了。上午在家，午间三弟来饭。晚上穿了好些衣服，到体育馆参加庆祝十月革命40周年大会。回家已明晨一时。

1957年11月7日

"吉星高照，普天同庆"，这是全国庆祝十月革命四十周年的祝词。民建上午召开座谈会。午在新弟家吃面——今天是维光四周岁。余时在家，下午珠家三人来。给她票带寅寅上西台看晚会焰火、月全食，累得我不能提早入寝。全食20:43开始"初亏"，22:11食既，22:27食甚，22:42生光。我对月蚀的兴趣是科学的反映。

1957年11月8日

到全委看资料。下午整风会。晚在同学会同吴总干事、新文娱组组长柴俊吉谈文娱问题。

1957年11月9日

全委副组长会谈工作组通则，倒还有意义。下午同学会学习，散得甚早。赶到宽幕影院看《堂·吉诃德》。费了老大事，有点得不偿失。

1957年11月10日

全委看材料。下午工作会议(政协)。晚民建支部，补星期四。

1957年11月11日

整天在家，阅读文件，整理书桌。晚上赵玉亭带乡亲来，说村里干部捆打他父亲。

1957年11月12日

在政协礼堂听周总理于11/6对大学生的讲话录音。下午在家，赵玉亭晚上出去，久久不归，弄得睡不好。又为简化字提了不少意见。

1957年11月13日

整风会改在上午开，下午整风学习开始集体阅读。

1957年11月14日

决定17[日]去津视老母，上午在民建听批判申钟铭。下午到会学习。晚民建小组会。

1957年11月15日

上午在民建听斗申仲铭，此人有反革命问题。下午去全联讨论斗章乃器材料。久咳，服橘红丸，略轻。

1957 年 11 月 16 日

下午学习，第二次集体阅读。

1957 年 11 月 17 日

一年多未见母亲。乘九点车到津。这次车只走 105 分钟，不再是三个钟头了。午前到浦口西里。今天天气特别好。下午陪母到人民公园看菊花展览。

1957 年 11 月 18 日

同老母做伴。夜车回京。老人身体好，心情亦还正常。嫌老境寂寞，幸有初初在旁。近来供应（布、猪肉、油等日用品）紧张亦令老人觉得不便。干部下放天津问题不少（据文璩）。文璩搞扫盲，三年不懈，今天下午还去国道上课二小时许。

1957 年 11 月 19 日

全联看材料，余时在家。大年又来住。

1957 年 11 月 20 日

全委一走，无事。下午在全联集体阅读文件。晚上聂光堉来，留饭，饭后高乃明又来。

1957 年 11 月 21 日

上午同资耀华请吴羹梅读他的记录（10/13 毛主席在最高国务会上讲话，11/18 任老传达的）。下午正委会，晚小组会。

1957 年 11 月 22 日

政协工作会议。下午同学会学习。楚溪春要我对李俊龙提意见。

1957 年 11 月 23 日

上午在家改斗章乃器的发言。下午民建讨论《农业发展纲要》。

1957 年 11 月 24 日

杨骏昌来，留吃饺子而去。三天来大雪，今天又一天没出门。写了些东西。

1957 年 11 月 25 日

交出对章乃器发言第三稿，下午民建斗吴泰选。

1957 年 11 月 26 日

上午民建座谈，12 个共产党及 64 个国民党，两个宣言。下午民建斗吴泰选。

1957 年 11 月 27 日

到全委一视，下午民建继续学习《农业发展纲要》，请张心一来指导。17:50

在东华门大街看到人造卫星运送火箭从北京天空西南方飞向东南方。这是我平生第一次见到“空间的人迹”。

1957 年 11 月 28 日

到全联看材料,我写章乃器材料之稿打印出来了。下午同学会学习,听说同学会房子文俱部将分给文联使用,管理会取消。

1957 年 11 月 29 日

上午无事,下午整风会。晚在民建讨论发言。

1957 年 11 月 30 日

上午在全联讨论发言,千、吴、王对修正主义的辩论很有意义。上午讨论都好,体会到投入运动即是受教育的意义。下午民建讨论对右派处理方针。

1957 年 12 月 1 日

11:00 新发行分币到我家。上午张俊来,谈农村情况,他以为今不如昔,其实他把昔忘了。下午在文俱部赴昆曲研习社大会。晚上琴的婆婆自郑州来,知道她们那儿在反右斗争中未出严重问题。

1957 年 12 月 2 日

为曲社借礼堂到全委,下午在家。晚同贞在前门工人俱乐部看《百丑图》。

1957 年 12 月 3 日

上下午都在民建听斗争吴泰选,晚三弟来。

1957 年 12 月 4 日

下午整风学习——阅读文件。上午还是吴泰选斗争。

1957 年 12 月 5 日

全联看资料,下午同学会学习,晚小组会。

1957 年 12 月 6 日

上午在家,下午整风委员会讨论发言。

1957 年 12 月 7 日

上午去民建听斗丁裕长,下午学习阅读文件。人大转来大字报一项。晚饭后珠一家三口来。晚参加大院学习第二次。

1957 年 12 月 8 日

整天没出门,延一家来。俞成来。下午又有感冒迹象,入夜咳嗽。

1957 年 12 月 9 日

还在感冒中。下午出门理发,头涨。

1957 年 12 月 10 日

民建中央要搬到西城去了——从无量大人胡同 24 搬到航空署街。上午中常委集体去看新屋，下午政协讨论两个宣言。

1957 年 12 月 11 日

全委如例，下午学习——阅读文件，第六次。

1957 年 12 月 12 日

全联看材料，下午同学会学习。晚小组谈两个宣言。保因猩红热由娘娘送入医院。

1957 年 12 月 13 日

全委工作会议，见到李云亭，心情沉重，不知为何。报上把李俊龙登出来了，戴上右派帽子。下午整风会读到 18:00，为布置斗争章乃器，晚上看材料，入睡不宁。

1957 年 12 月 14 日

上午在家看发言稿。下午到北海一走。

1957 年 12 月 15 日

整天在全联同晓邨等搞发言稿。

1957 年 12 月 16 日

整天在全联搞发言稿。

1957 年 12 月 17 日

上下午在全联审稿件。

1957 年 12 月 18 日

上午开中常会，讨论处理右派分子问题，南汉宸同志讲的话很有道理。下午同学会提早学习。

1957 年 12 月 19 日

上午在家，大年避风，今天解放了，同他到王府井买玩具。今天起粮食部又同章乃器讲理。下午去参加，章乃器如若无其事，面不改色，坐在台上好像听与他无关的批评。晚上小组会。

1957 年 12 月 20 日

粮食部斗争章乃器，第二天下午去参加。晚上中央统战部座谈处理右派原则。

1957 年 12 月 21 日

下午仍在粮食部听斗章乃器。今天他有点急了。

1957 年 12 月 22 日

发痔已四五天，今晨特别不好，出血。下午在政协礼堂纪念汤显祖(逝世)三百四十周年。

1957 年 12 月 23 日

上午在全联开会，谈处理右派分子问题。

1957 年 12 月 24 日

大便后痔疼半天。16:00 后在全联开会，继续讨论处理问题。

1957 年 12 月 25 日

下午民建开会——常委扩大会。

1957 年 12 月 26 日

民建副秘书长之一谭志清被揭发为右派，上午整风组邀常委宣布经过。下午在家，傍晚又看卫星，仍未成功。在筒子守候时遇见沈从文，一道看星。晚民建支部到仅六人。

1957 年 12 月 27 日

下午同学会学习，只到彬、吴二人。

1957 年 12 月 28 日

全联看资料，回家大便，痔似见轻。大年回去。

1957 年 12 月 29 日

整天在家养痔，下午大便似渐见轻。下午陈宝泉女儿(贞在高教部同事)来。

1957 年 12 月 30 日

又一整天在家养痔，看第二个五年计划，党八大的建议。

1957 年 12 月 31 日

又一天在家养痔。晚上半夜有人送信来，发现玉亭(女工)不在家，大门还开着。贞心急得要死，我总是她迁怒的对象。原来玉亭父亲自宁来，她匆忙出去了，忘了关大门。

1958 年

1958 年 1 月 1 日

仍在家养痔，昨夜玉亭之父来，一阵骚动，即时平复。玉亭父来作为今年第一位客人。贞出去看画展,我一人在家吃干点心当午饭。

下午钱宝琮、瞿良夫妇来。

1958年1月2日

自12/28以来已足不出户五天,下午力疾去全联开整风会,晚上怀仁堂晚会贞代去,晚上小组请假未能去。

1958年1月3日

午后的一小时工夫为张伯纲录《四当齐集》卷五《涉园墨萃跋》一文。

今晨未大便,为了治痔肿不受惊动。

下午同学会学习来了一位29岁的武汉人,此人原名武尽杰,是山西华赈会的董事,他是省政协委员,人还进步,来了很好。

1958年1月4日

民建整天在斗谭志清,我下午去参加。

1958年1月5日

还是在养痔中,整日无人来。曲社今夕"响排"《牡丹亭》,23:20才回家。

《牡丹亭》在保留精华演出全部的原则下,压缩到3.5小时完全本。今日的响排就是照新本的,使我第一次看到全本《牡丹亭》。

1958年1月6日

痔以渐愈,竟日未出门,除了走了一趟银行。

1958年1月7日

下午在全联开整风会。

1958年1月8日

整天在家养痔已渐愈,今晨大便还不太困难。

傍晚出门走走,为铮铮买了250个画片(五十多元300个)。

1958年1月9日

又一天在家,痔已见愈。

1958年1月10日

为了今日上午到政协礼堂听周总理的推行拼音字母报告,昨天晚上向民建支部请了假早睡,向民建要了汽车,报告听到过午。

回家午饭。饭后即去同学会搞学习,讲了不少话。学习后洗了一个澡,回家无车只得步行,这是一个在平时不算太忙的日子,但我已觉得甚累,脱肛了。

回家饭后即入睡休息,钱宝琮送昆曲票来。

1958 年 1 月 11 日

又一整天在家。

晚上和弟忽自津来。

1958 年 1 月 12 日

大便后还是不舒服,走路后脱肛。

下午坐车到文联,看《牡丹亭》全本。

晚和弟来饭。

1958 年 1 月 13 日

下午整风会。

1958 年 1 月 14 日

便后仍不舒服,天气特冷又在家一整天,看了些书,和弟来。

1958 年 1 月 15 日

整天未出门,和弟上下午来。

1958 年 1 月 16 日

在家又一天。

1958 年 1 月 17 日

下午同学会学习,小客厅要大修,史公载又生出花招,要我们放弃产权。

中午金通尹来,留饭去。

1958 年 1 月 18 日

民建一全联,今起见开常委联席会议,处理右派分子。我今晨大便后已可出门,整天在全联听传达。

1958 年 1 月 19 日

整天在全联开中常会小组会。

1958 年 1 月 20 日

上下午小组去全联。

1958 年 1 月 21 日

上、下午小组继续讨论处理右派方针,和弟明日返津,人代大会将开第五次会议,我以民建负责人之一将去旁听。

午前乘任老车到怀仁堂报到。

1958 年 1 月 22 日

又一天小组会,痔已痊愈,明日起恢复每天大便一次。

1958年1月23日

在全联听了一天各地整风汇报。

晚上去支部为大家讲立场问题,甚受欢迎。

1958年1月24日

下午请了假到同学会搞学习。

1958年1月25日

上下午还是小组会,定明日开大会处理第一批右派分子15名。

1958年1月26日

午前同贞到周先生家看两位老人。

下午民建在全联开中常会处理了15名右派分子,会开得很好。得鼎信说他将改在化工局做机械工作。16年石油商业工作将结束了,他要"归队"了,这是整风的效果。

晚饭后18:55看到苏联人造卫星第二颗。

1958年1月27日

下午两会常委继续开会,分组讨论一般整风如何展开。

1958年1月28日

又是一天小组工作谈整风怎样搞,中午发现汽车月票不见了,结果为叶宝珊捡的。

李文杰用电话告我,区至培明天动身去吉林通化"下放"。

晚请他吃了一餐(鸭子、酱汁肉)。

1958年1月29日

又一天小组讨论整风办法,晚同贞看《祖国颂》宽银幕。

1958年1月30日

上下午小组,晚在支部。

会中记录不正确,印成材料,使我烦恼。

1958年1月31日

7:46赶到全联,把昨日发言整理出来交给小组长(潘式言)存卷,以资更正。昨日的油印简报中引我发言不实,不对得很。下午到同学会搞学习只到一人,临时停开,又赶到全联开小组会。

晚饭后又去全联听汇报会,胡、起孟、玠然、晓邨都对我很注意,不知为何。

1958 年 2 月 1 日

上午小组谈及反右小结，人大五次会议 15:00 在怀仁堂开幕，我去旁听。

1958 年 2 月 2 日

下午在文联大楼开昆曲研习社会，欢迎上海曲友茶会，会后也在萃华楼聚餐。

1958 年 2 月 3 日

上午在全联开小组谈反右小结。

下午怀仁堂听人大。

1958 年 2 月 4 日

上午在全联开小组会。

下午怀仁堂。

晚约陈岱孙在同学会晚餐，开碰头会。

1958 年 2 月 5 日

同昨日一样，大红大闹，糊涂。

1958 年 2 月 6 日

日程同昨天，小组来电话说没空可以不去，因为时间还有。终究去了，结果小组人忙，贾世原组长决定停开一次。

晚饭去看看张家五叔叔。

1958 年 2 月 7 日

日程同昨天，在怀仁堂脱下棉袄，忽然觉得怕冷，“流感”了！提前回家吃解毒片即睡，发热。

1958 年 2 月 8 日

昨夜发烧，上午在家未参加在全联的小组会，在怀仁堂的大会。看民建《反右小结》二稿，午前远出。

下午怀仁堂。

1958 年 2 月 9 日

上午参加碰头会。

下午联席常委会内容丰富极了。民建中央的整风，今日开始转入鸣放。

1958 年 2 月 10 日

上午在民建中央听煜卿作民建中央机关反右总结，甚全面。

下午怀仁堂听周总理发言。

晚又在民建中央开座谈会，八办及会为来京的同志扔出了一批难题，备进一步研究。

1958年2月11日

上午在全联开小组会,人大五次会议下午闭幕。

1958年2月12日

上午在全联开小组会讨论“高工资”问题。

下午统战部在政协礼堂开座谈会,听李部长讲整风和八办所提三个问题——高工资,下放,退职退休。

1958年2月13日

上午在全联听起孟做了一个消化了的传达——毛主席最近一次讲话。

下午两会联席会第31次会议自1/18至此告一段落,计连续开会27天。

1958年2月14日

上午取钱理发,到北京医院领复诊券。

下午同学会学习,洗澡。

1958年2月15日

大概昨天受凉了,今天又“流感”起来,烧到39.5℃。

下午整风会,有会不能去参加。

1958年2月16日

热还没退,一度高至39℃,下午瞿菊农来。

1958年2月17日

今晨退烧,四肢无力。晚上延带红、江来吃年夜饭。有一马姓上海女儿来同吃晚饭。

我鼻上生热疮。

1958年2月18日

戊戌元旦,来客中有郭春元、黎喆民、高乃明、周自安及夫人。

贞因我健忘,不但不同情我记忆衰退,反而怒目相视厌我衰老,我真不知她是否还有戾性!

1958年2月19日

年初二整天在家。

晚上珠震来饭,钱宝琮夫妇、乃明、郭新生、久龄、绍钫、瞿良夫妇、白一震、张懋楠等人来。

1958 年 2 月 20 日

午前到王府井遛湾,见到新开的金点商店,买了三本杂志。

市场午前无市。

1958 年 2 月 21 日

今年春节三天休假后开工了,但两会都无动静,甚怪。

下午同学会学习到八人,我说了不少东西,觉得累。

1958 年 2 月 22 日

听说无轨电车已通至前门,上午车走了一趟新路。

“无轨”从前门口沿顺城街,西达宣武门,转北经西单通过。最近把旧刑部街—卧佛寺街—相子街—邱社胡同合并而成新西长安街。西段出复兴门在木樨地转北到动物园为终点,全程行 32 分(钟),新车,新路,月票适用。我又一次体会到社会主义优越性,去西郊商场略息,乘原路回家。来回计二小时。

下午在家。

1958 年 2 月 23 日

上午闷闷在家。

下午同学会座谈会务临时改为委员会。会后浴,浴后饭,饭后梅陈等三人来吃鸡素烧,在旁作义务指导,饮啤酒。

1958 年 2 月 24 日

今天两会领导层转入一般整风了——主要目的是改变立场。

上午整风会开会布置。

下午每周三次(星期一、三、六)约 38 人组成的整风学习组开始漫谈。得津二弟,申鼎,郑琴信,鹏划为右派引起二弟方面不少波动。

1958 年 2 月 25 日

上午在民建听晓邨作一般整风动员报告,过午才散。

下午带大年逛动物园,乘新开二路无轨返家。

1958 年 2 月 26 日

好久没去全委了,今晨去全委我没见到李平衡、李云亭。据于益之说李俊龙的政协委员已撤掉,不再来了。见到易礼容,谈从前去重庆劳协的种种及周颖向我索款经过。周今是右派了。

下午整风学习。我谈了一段话,大意是不能低估八年来的转变,这次整风应将八年来量变于以提炼(批判自己的错误)及肯定,也在这基础上建立自觉性,遇事以六项标准来检查自己的思想言行,逐渐培养习惯,以期于几年内去改变立场方向起质变,不可能完全功于一役,习惯养成后思想自会同形势,即主观与客观,同见适应,摆脱今天脱节、落后现象。

1958 年 2 月 27 日

上午带大年逛了一回厂甸。

下午同学会提前一天学习。

晚上民建支部生活会。

1958 年 2 月 28 日

下午民建中常会在会内开会。

1958 年 3 月 1 日

下午至晚学习。

1958 年 3 月 2 日

今日是墨去世一周年,他家去上坟,我同去福田公墓,在那儿找到俞伯伯的坟,趋前行了礼。回程逛了卧佛寺,在颐和园午饭。下午三时半回家。

傍晚吴大崐同志来。

1958 年 3 月 3 日

晨起到民建看大字报,其中有我的四五张。华煜卿临走还给我提了两条意见,接着小小组(大观、艮仲及我,现在加入的还有耀华、羹梅、维钧)第一次会谈,我谈了我对中共态度的演变,目前还会动摇。

下午整风学习我又重复了一遍,学习得很热烈、认真而不死板。

1958 年 3 月 4 日

下午在体育馆赴万人大会——北京工商部向社会主义跃进誓师大会。

1958 年 3 月 5 日

到全委会碰上易礼容在谈工作,被邀参加,结束把我编入小组,研究视察制度。

昨日再开组会,下午整风学习,家属来递决心书,晓邨要我写一文件。

1958 年 3 月 6 日

大忙一天,上午如约赶去全委开小组会讨论视察,结果未开成,改为下午举行。看了些材料,回家把昨天民建要我写的稿子赶出。

下午又去全委谈至 17:00。同李云亭吃玉华食堂后,同到中央统战部赴“改造大跃进”座谈会，十点后先退。

1958 年 3 月 7 日

午前在民建开小组会，下午同学会学习。整风互助小组成立为艮仲、士观、耀华、羹梅，以后时间为星期二、四下午 1:30 在民建。

1958 年 3 月 8 日

上午即到“全联”听上海、北京汇报“大跃进”。

下午继续整风学习，但开了一个半小时。和弟自津来。

1958 年 3 月 9 日

昨天会内要我把“规划”写得劲头大些，我自我怀疑：我能不能放开笔锋。

上午试写，居然放开了。

下午和弟自清华带右派分子鹏侄回来。

傍晚贞同我约之逛王府井、市场。后在玉华饭店酒饭，饭后走了一段前门大街，送和回津。

1958 年 3 月 10 日

10:00 起在全联；午前同英、吴、古搞“集体规划”。

下午学习整风规划拿出来了，任老曾以为我不能写有劲道的东西，今天他说规划大致不错。

贞今起不上班了。

1958 年 3 月 11 日

午后小小组会，四点即散，同周士观到公园一走。

1958 年 3 月 12 日

上午听津京汇报。

下午整风学习。晓邨告诉我，我将参加“整风视察”，到华东去，20:00 动身。

1958 年 3 月 13 日

上午民建全联开常委会，宣布分四路，今日能出发，我参加华东组。俞宸忱要求去西北。（逃避整风？）

下午在民建开我们的“小四组”，在“诬告法”问题我同艮仲有分歧。我贴出一张题为《十个为什么》的大字报。俞宸忱对吴觉农偶尔提到他会上打瞌睡大发作，赶去基层支部见到张立齐小组停开，回家。宋之英从当了右派之后，第一次来见面，所受处分群众要求提高，农工民主党有意见，弄得他走投无路，我安定了他的心情，给他些鼓励。

1958年3月14日

上午出发的人们集会准备，下午同学会学习，俞宸忱强调已能控制不打瞌睡，要去西北，结果任老劝他不参加而退了，可说自讨没趣。

1958年3月15日

北京市民建在天桥剧场开大会，坐在主席台上听各区同志宣读决心书。

下午整风学习，这是出发前最后一次。

1958年3月16日

右派分子郭新生来，遇小雨，便饭始去。

下午各民主党派在天安门召开“自我改造促进大会”，我参加主席团，会后游行到东单散。右派分子鹏来。

1958年3月17日

在全委尽可能挑了些工作，同易礼容谈视察工作意见。同米暂沉谈工商界工作规划，决定等我回来再说。

下午民建中央机关谈大辩论，题目听了半天“建支”过程不甚了了。

1958年3月18日

整天无会，打点行李。

下午到市场买东西。

1958年3月19日

午前在全联会商华东中南两组出发，具体布置种种。陈叔通以工商联未参加星期日之游行表示不快，怪晓邨未力争。

下午贞虽在家，但我仍闷坐半天。

1958年3月20日

下午动身去上海参加民建工商联倡导人分途视察工作，今天起另记活页(至5/17止)。

1958年5月18日

昨天回京，今天赶上基层选举，九点到民革投票站投了票，这是第三次。

十一点同晓邨、羹梅到任老家留饭，任老以4.5天时间写了二万字的《向党交心》。大家提了不少意见，我首先指出这与交心不同，是自传性质的东西。吴大崐、晓邨、起孟、艮仲、羹梅相继发言，任老勉强接受不发表了。

傍晚同延带红、江到市场吃冰激凌(54,56,58)。

1958 年 5 月 19 日

上午在全联开整风工作委员会，决定运动过后工作大政方针和方法。

下午在家为华东工作组预备汇报材料，开始写“交心”材料，今天写至第 19 条。

1958 年 5 月 20 日

上午到晓邨、羹梅处，追材料准备汇报(5/23 起)。

下午在家写稿，“交心”达 33 条。

1958 年 5 月 21 日

上午带大红看英国片 *Thief of Baghdad*，甚好，比若干年前美国 Fairbanks 主演的《月宫盗宝》进步了。

下午在全联听黄任老交心，讲了三小时未完，觉得他又有进步，散后到圣陶家饮酒，听郑滨、至善谈到安徽曹老集慰问锻炼情况。据说农民吃米糊及生活水平低，不卫生等落后状态。从她们讲话中听不出奋斗精神。

1958 年 5 月 22 日

上午在全联参加布置昨天起的座谈会。

下午提前到同学会搞学习，对三位同学连续讲了三小时半，讲些两个月见闻，归结到社会主义建设总路线，又第一次吃杨梅。

1958 年 5 月 23 日

今天五场会两餐都是在家吃。

上下午在全联开座谈会听各组汇报，午间到黄玠然碰头。

晚饭在民建吃，饭后听处理会的机关内五个右派分子的处理办法。

晚上又去全联听汇报，我本来打算上场，结果黄玠然讲得很全面，我没补充，九时后早散。

1958 年 5 月 24 日

上下午还是在全联听小组汇报，南汉宸同志讲话很有内容，原则(性)高。

1958 年 5 月 25 日

为民建赶写材料，午前又脱肛。

下午躺下休息半天，钱琢如晚来，阿延搬家——从西四小珠簾胡同 9 号搬到东单东皇城根 35 号，离家甚近。娘娘竟日为她帮忙，孩子们串来串去。阿鹏来，晚饭走，问他觉得劲头不大。他厂子内看来政治气氛薄，不能完成任务。

1958 年 5 月 26 日

上午在全联开会。

下午因脱肛请假。

傍晚到市场找中医服药，消大肠滞热之剂。

1958 年 5 月 27 日

闹了一天脱肛。

晚上服药痛得失眠，如何治疗一时拿不定主意。

1958 年 5 月 28 日

8:00 即赶到北京医院，9:30 进入病房——外科 231 室。生平第一次住院，医生来把脱肛脱出部分塞入肛门，立即舒服不少。

1958 年 5 月 29 日

医嘱不许下床，黄任老、姚维钧同志来视。

1958 年 5 月 30 日

仍在床上休息，贞来视，夔梅来视。

1958 年 5 月 31 日

在北京医院。

1958 年 6 月 1 日

在北京医院。

1958 年 6 月 2 日

在北京医院。

1958 年 6 月 3 日

在北京医院，贞、吴霭忱来视。

1958 年 6 月 4 日

在北京医院。

1958 年 6 月 5 日

在北京医院，医嘱明日出院。

1958 年 6 月 6 日

下午贞来接我出院，此次治我脱肛的医师是李、高、刘，护士有范、张丽丽等同志都热情待我。

1958 年 6 月 7 日

昨晚同吴夔梅通了电话，打算今天下午去开会，结果体力还不济，未去。

午余时俞平伯来谈曲社事，顺宝晚上来。

1958 年 6 月 8 日

上午宋之英来。据说生活已安定，在做家务劳动，学习及做街道工作，劝他在这个三脚架上巩固下来，出于现状力争上游。自他说以前即使有功乃是些干部的本分，不能抵过，此后立了功倒可赎罪，这样说了之后他心境似有放松，愉快而去。

晚饭后同贞带大红乘新设的三路无轨电车到苏联展览馆饮冰，新车路甚好，真有社会主义社会的气概了。

1958 年 6 月 9 日

上午在整理交心材料。

下午出门上班了，今天是整风学习。胡子昂开始补课，会前中常委等酝酿人大代表提名，在“一般不动”原则下，只以王新元补了章乃器的缺，觉得事情做得匆忙些，三言两语就把这样一个复杂纲领的政治任务达成了，但是在党正确领导下这样做是对的。

1958 年 6 月 10 日

午前同贞带大红到天桥新建的天然博物馆，看鹰厦、宝成二路及武汉长江大桥展览会，在前门吃午饭后返家。

下午在家学习“鼓足干劲，力争上游，多快好省地建设社会主义总路线”有关文件。

1958 年 6 月 11 日

三月十七以后今晨第一次在全委会见到朱暂沉和徐副秘书长，同李云亭谈了些最近思想上改变，甚有趣味。

下午民建学习“总路线”，五点后到无量看整改大字报。

晚饭同贞带红到展览馆看总路线电影，馆内热得很。

1958 年 6 月 12 日

下午听孙晓邨“交心”。

1958 年 6 月 13 日

上午同学会提前学习。

下午整风工作会。

晚住瞿良钱琢如家。钱未值。

1958 年 6 月 14 日

准备“交心”材料，下午学习“总路线”。

1958 年 6 月 15 日

上午十时前写完明日用“交心”材料，共抱出“西瓜”50 个，写完又要脱肛，即用坐药卧倒。晚饭后同贞到文联大楼看昆社演出。节目中有张茂滢的《空见面》。

1958 年 6 月 16 日

上午休息，预备下午“交心”，以 1.5 小时搬出大小“西瓜”50 个，分为七堆，和盘托出，起孟说“元老交心的态度是诚恳的”。

1958 年 6 月 17 日

开了一天整风工作会，谈办展览会事，谈话不多，谈了的话有不少，帮助甚成问题。

1958 年 6 月 18 日

上午全委谈工作组工作，大家畅所欲言。“大跃进”新气象。

下午学习。

晚饭在同学会吃。同陈岱孙碰头，布置开会员大会。

1958 年 6 月 19 日

下午听起孟、玠然交心。

1958 年 6 月 20 日

午前理发后带大红看雕塑展览。

下午同学会学习。有王彦强（已故）之兄（83）前来参加学习八大报告，有所收获。

1958 年 6 月 21 日

上午看《十五贯》电影。

晚看话剧《智取威虎山》，都在首都。

1958 年 6 月 22 日

下午学习八大文件。

1958 年 6 月 23 日

临时参加民建的碰头会。

下午听黄玠然、罗叔章交心。

1958 年 6 月 24 日

下午整风会。

晚同贞带年、江到市场。一度走散，大年遇到问题镇定有决心。

1958 年 6 月 25 日

下午学习。

上午在全委看“参考”，同易礼容谈“扬州八怪”。

晚同贞到政协礼堂看荣军演出，充满革命乐观主义。

1958 年 6 月 26 日

午前出去“观潮”——到新建成的永定门车站参观，要看皇史宬的“档案展览”。因未带证件未成。

下午听艮仲、羹梅交心。

1958 年 6 月 27 日

上午民建在和平宾馆请各省统战部部长座谈，并请吃午饭。

下午我向整风会请了假搞同学会，学习八大文件甚有收获，总干事莫蔼宸明天将去中央文史研究馆当馆员了。馆员中还有水葶老，同学会工作不无成绩。

1958 年 6 月 28 日

我把一生所经过的社会作了一次分析，结果如下：封建社会 28.8%，资本主义社会 7.1%，半殖民地社会 50.3%，解放以来 13.8%。

午前在无量大人胡同开民建中常会，这是在无量的最后一次会，七月一日将移至航空署街七号。

下午听羹梅、维稷交心，北京市委转来大字报五张。天气真热，傍晚雷雨不畅。

1958 年 6 月 29 日

同贞到新辟的紫竹院公园乘凉，在莫斯科餐厅午饭后返，闷热如昨，傍晚见雨。

1958 年 6 月 30 日

整天在全联开会，人累了不说，贡献不多。自己觉得是社会主义的包袱，心甚忧之。

1958 年 7 月 1 日

民建中央搬家了——从无量大人胡同 24 号搬到新街口航空署街 7 号。

上午我去帮搬场。

下午看材料。

晚在天桥剧场同贞看我国第一出芭蕾舞——《天鹅湖》，演出十分成功。

1958 年 7 月 2 日

照例到全委，大家都在杨柳青参观洼地改良工程了。

下午听交心——王纪华。

晚饭后同贞带大红到今天开业的百货大楼四楼饮冰室吃冷食。

1958 年 7 月 3 日

下午交心，我对李烛尘提了意见——唯一提意见的人。

1958 年 7 月 4 日

再一次出门“体验生活”，参拜了人民英雄纪念碑，到故宫看关汉卿展览，珍宝馆二处。

下午同学会学习到 5 人，晚同贞在首都看田汉编的《关汉卿》话剧，很不错，比郭沫若的《屈原》好得多。

1958 年 7 月 5 日

下午整风学习我又对李烛尘提了意见（李不在座），立场问题似未解决——“对党向往已久”，“解放前即搞幼稚的社会主义”，“党原待我”，“良心不许反对社会主义”。如此而已。

1958 年 7 月 7 日

下午整风学习，任老特别鼓励我说：“元老的个人主义已为集体主义所代替，这次一道出去见到他进步甚大。”我们甚为悚然。

晚上又去开整风会。

1958 年 7 月 8 日

贞一再催促上午去医院检查，决定八月初去受枯痔疗法。

下午常委会，决定我不去上海。

晚同贞到长安看姚澄的《红楼梦》。

1958 年 7 月 9 日

到全委仅见了工友一人。

下午整风会谈交心。傍晚保同发了疯似的要打大红，并同赵玉亭冲突起来，我说了一句大红没犯大错，他又同我斗起来，此子日就下游了，外婆还叫大红向小舅赔礼。

1958 年 7 月 10 日

上午到苏联展览馆看工业与交通展览会预展，遇到千家驹，同吃午饭。

下午整风学习分组讨论，整风至此接近尾声了。

1958 年 7 月 11 日

同学会学习移到上午，彬、吴冒雨而来，谈新人新事兴高采烈。彬这阵在街头捡钢铁贡献国家。吴承禧今晨冒雨到甘家口校对刊物,都是好的表现,"学习有新收获"。

下午到文化宫一转后到民建,在航空署街新会场内开会。

晚在萃华楼新圣陶一家请到陶兄,至英、阿满、姚澄及"小弟"五人吃得很愉快。

1958 年 7 月 12 日

八点赶到广和楼向民建京市委劳动大队赠旗,10:30 回全联听汇报。

下午整风学习,至此"先告一段落",我发表了些意见引起一阵风。

1958 年 7 月 13 日

午间陶兄在北京饭店请锡剧团主要演员,我二人作陪。

晚贞忽要看戏,赶三处买票未果,到绍钫家吃西瓜。(上午到苏展馆看工业交通跃进展览,在莫斯科餐厅遇见千家驹。)

1958 年 7 月 14 日

到政协礼堂听胡乔木报告录音,几无任何收获,到组长室看"参考"。

下午整风会改在王艮仲召集下,组八人小组定星期一、四各一次谈会的工作。

晚冒雨到中山堂,看高等学校红专改跃进展览。

1958 年 7 月 15 日

上午参观工艺美术毕业生作品展览。

下午看文华殿展出的苏联美术品。

1958 年 7 月 16 日

听熊复关于南共修正主义报告。

下午找项叔翔谈天。

1958 年 7 月 17 日

美帝出兵侵略黎巴嫩,下午群众在天安门开大会抗议示威。

下午整风学习(改一、四后第二次),改谈国际问题。

1958 年 7 月 18 日

到全委参加国家问题组,座谈中东局势。

下午同学会学习彬、吴蔼宸推测将出现世界大战,大战对我有利,特别中心在中东,吴承禧认为局部战争,是一定的不会扩大,我预料美帝将知难而退,再一次在世界面前证明他是一只"纸老虎"。

1958 年 7 月 19 日

天热。到北海看展览。

下午在家。

1958 年 7 月 20 日

大热竟日未出门，傍晚贞告我保有“历史反革命”问题。

星期三(7/16)以来正在紧张中，之英午前来谈国际局势。

1958 年 7 月 21 日

吴大岷在全联作中东局势报告，天热甚，室内 35℃。

1958 年 7 月 22 日

天忽阴顿凉爽，竟日在家。

晚延之孩来，闹得我发慌。

1958 年 7 月 23 日

到全委。今日人多，有李、李、米等人。

下午在北京剧院看了一场法国科学片子——《静静的世界》，确是不错，长了见识。

1958 年 7 月 24 日

下午在全联搞整风学习，又一次无精打采的会。

晚上去恢复了的民建支部生活会，谈国际局势和“工业抗旱”(征购广州来支援“大跃进”中的工业)。

1958 年 7 月 25 日

下午同学会学习。

1958 年 7 月 26 日

下午在政协礼堂听外交部罗贵波副部长“中东局势”报告，得琴信说她同阿全都是右派分子将做处理。这阵整风已转入思想检查，我的环境被他们搞得日渐紧张。

1958 年 7 月 27 日

这阵保又在紧张中，据说在追查他历史，延也将转入思想检查，孩子多，无处清静可写材料，她本将三孩送来，看我怕烦带走了。郭新生来，小戴把寄存的皮箱取去。

晚曲社在安内炒豆胡同有名的“十笏院”做同期。

1958 年 7 月 28 日

上午为欧美同学会做些事。

下午委员整风，上床后保忽来跪在地上，要我恕他(1956/2/15)说：我不久要离家他去！说我历史有问题！说此后别论起前事吧！说请爹爹给我讲几句话！他这表示已是证明党的教育的影响，我一时想不出说什么好，答应他以后再说，他说爹爹可写信给我。这样一来，尤其是突然来的，使得我睡不着觉，梦中见到姑母当年“抱牌做亲”，抬轿子的草帽上多有绿绸。

1958 年 7 月 29 日

打破成规六时起身，趁保在里间洗脸，当着贞我对保说：我接受你的要求，把两年半前事忘掉，从此不谈。我这样是为了减轻你的精神负担，好好接受党给你的教育。你历史问题是什么我不详细，但由于你的思想和今天客观形势有矛盾，所以，必须重教育。你要好好学习，认真锻炼。我相信党是正确的，这次你将再一次入大学，只要你好好接受教育，这次经过是你一生中极重要的转折点，好自为之，以严肃态度对待此后的一切云云。与之执手而别。他出门后我又写了一张“补充几句”，贞看后给我看马佩炎写给他的字条，劝他向我认错，要他耐性，都是好话。马佩炎确是一个好孩子。

一天没事，午前同贞带大红去北海。下午看看报，带大红逛了一趟东华门。

1958 年 7 月 30 日

到全委只见到吴菊农一人，我把保事同他谈了一下。他是民建组织主任委员，同他谈有必要。

下午在政协礼堂看推广标准音表演，二年多学习普通话已在全国范围内开始通行了，这又是一项奇迹。

1958 年 7 月 31 日

下午委员整风，对吴菊农提意见谈得甚好，是罕有的盛会。

1958 年 8 月 1 日

到全委找医疗室要证件(公费医疗证的附件——北京医院复证券)。同吴菊农谈他的牢骚根源。

下午同学会学习(第 199 次)，下次将纪念 200 次，这阵环境甚坏——满院小孩、女人，乱得不堪。

1958 年 8 月 2 日

门牙痛了，到北京医院看门诊。

下午中央统战部召开座谈会，对各民主党此后工作有所指示。

1958 年 8 月 3 日

天雨我竟日未出门，下午宋之英来，对他新写的《爱与恨》提了意见。

晚报发表中苏会谈公报。之英自称与人民有共同的恨,我给他指出他的不足就是羡——羡慕压迫人民的人。从这一点出发,他一直在发展他的个人主义。

1958 年 8 月 4 日

艾思奇在政协礼堂报告:《民主与专政》,讲到 13:30 才散,多年没听他的报告了,觉得他的进步是可敬的,他的口才,普通话亦好得多了。

下午全联委员会整风,谈国际时事(昨天中苏公报)和统战部最近指示。吴菊农自己找的杨公庶,今午忽装模作样问我,杨公庶为何来组长室的?并说公庶说他是我找来的,我的回答是如果你没找公庶,我是不会找的(因他是科技组副组长而我不是,去年春间菊农要出国,临时找公庶王雪瑛及我为他照料科技组)。

1958 年 8 月 5 日

全委国际问题组座谈中苏会谈公报,我发了言,不同意章士钊灰溜溜情绪,低估和平力量,迷信西方实力。

下午无事带大红走街到东单,这一带正在大修林荫大道,拆迁工程正在高潮。

1958 年 8 月 6 日

全委看参考,近来居住环境一天不如一天,把情况跟马正信谈了,他说没法反映。

晚马佩炎来,同我第一次坐下来谈了一段时间,我对她的印象是很好的。

1958 年 8 月 7 日

下午整风小组请假,在全委参加地方工作委员会的会。

1958 年 8 月 8 日

到北京医院镶假牙付 40 元,同学会学习第 200 次,这次扩大举行,参加人数达到十余人,大家讲了话,实质上是一次学习成绩展览,在会内后吴蔼宸晚饭,接着开委员会布置大会,我同萧、蔡诸位略有分歧,结果达成协议。

大雨不止,冒雨而散,到家一进门,贞同保正夺门而出,原来大年被水烫伤,她们正驰往施救,女工赵玉亭得讯姊死去了,院内雷雨如注,一时环境逼人,上床已十二点了。

1958 年 8 月 9 日

听说后院唐家要搬走,腾出空房将办街道托儿所,环境将不安静,特到全委向李觉提出要求。

下午办出同学会记录等文稿。

1958 年 8 月 10 日

上午到西郊地质勘探学院看勤工俭学展览会。

1958 年 8 月 11 日

下午在全联搞委员整风，辩论甚剧——谈人民民主专政，实质上就是无产阶级专政问题，王艮仲说我有修正主义观点。

1958 年 8 月 12 日

看了不少文件，研究昨天讨论的问题，另作记录。

1958 年 8 月 13 日

继续找材料，收获不少，民建在新展召开座谈会检查组织路线。《新工商》半月刊给我稿费十元。

1958 年 8 月 14 日

下午在整风会请了假，到全委参加地方工作座谈。

晚上民建支部会。

上午到医院配假牙，还要去一次。

1958 年 8 月 15 日

下午同学会学习，批判修正主义，有收获。

1958 年 8 月 16 日

先用电话问明路线，到前门乘长途车来到立水桥陈家营村找珠，遇到曾大娘带到村中，从托儿所指导珠已下地积肥有成，大妹带我到食堂等候。11:30 珠来，寅寅跟着同吃窝窝头，大米绿豆粥吃得很香。

饭后同珠谈了些家常，走到车站外公请吃西瓜，我乘 14:30 车回城，在安定门换乘无轨回家。

到家 15:40。珠在清河社四站办托儿所，搞扫盲，20 多名下放干部共种试验田。要树起增产旗帜，打破迷信，克服保守。任务不轻，精神愉快。

1958 年 8 月 17 日

晨帮贞带红、年、江到龙潭湖看航舰比赛。

晚饭同贞到北海，发鼎信，把最近我环境情况详细地告他。

下午在文俱部参加昆曲社大会。

1958 年 8 月 18 日

对门唐德辉家搬走了。他早已去东北劳改，家眷今天去太原。唐太太——归燕带毛毛（女）、小妹、小弟、小小弟四孩同行，大女儿名妞妞，刚好上中学，暂留北京,住西边平台中。

下午在民建整风委员组上梳了辫子,我讲了 50 分钟,同志们对我热情帮助,使我心情紧张起来,决心继续检查。

1958 年 8 月 19 日

上午到医院取假牙,取回下颚部分,上半还没配好,要修理。为之英看他的思想总结《爱与恨》。

1958 年 8 月 20 日

到全委晤李平衡。他说我有自卑感,否定自己过去太多了,我认为有理。

下午预备星五辩论材料。

1958 年 8 月 21 日

上午抄材料,之英来。他告我永滋对罗子力说了之英"浮而不实,不甚可靠"之后,学习开始斗他,他今天是右派了,耿耿于心。我说:一、永滋对你的评价是恰如其分的;二、永滋从六亿人民出发,这样对子力说是无可厚非的。相反你还耿耿于心,足证你立场未变,还从个人出发劝他提高认识。

下午本有事,被医院约了一个时间弄得很乱。

15:30 到医院取的假牙上半,赶到全委赴地方工作会,赶到东华找饭吃(贞带红等去北海看电视,家中不开饭)找来找去回到王府井吃了咖喱鸡。赶到民建麻线胡同小组,到了未见有何动静,结果等到八点见到一个右派分子(一度是小组长)而归。

到家院中漆黑,大家都出去了,锁在门外,设法从窗跳进又不敢,在院中等贞回来才得进屋。

1958 年 8 月 24 日

环境,心情都很不安泰,之英上午来。

欧美同学会开大会,从下午五时起开到九点后,两年来一个包袱不久将要卸去。

1958 年 8 月 25 日

下午整风,艮仲谈自己的问题,我要讲话没有排上日程。

1958 年 8 月 26 日

竟日未出门。

1958 年 8 月 27 日

全委如例未见一人。

1958 年 8 月 28 日

到医院看牙,新配假牙经修理后好像舒服得多,用假牙吃了第一次饭。

下午全委作了第二次发言,大家认为满意,我心情也好得多,这十天来的思想斗争是尖锐的。

1958 年 8 月 29 日

同红、年逛文化宫,大红惹事,累我赔人钱。

下午同学会学习。

1958 年 8 月 30 日

下午带年、红到陶然亭玩。

1958 年 8 月 31 日

延的四个孩子都有入学转学问题,今天外婆为他们紧张一天。对门唐家房子将用作街道幼儿园,今天来布置,昨天开始收儿童。院内将更不平静了。

午睡时给其峻电话,说周先生(诒春,字寄梅)今晨之时在上海作古。发唁电,联美同学会新委会成立。四时后在文俱部开会,新的委员会成立了,叶叔衡有意挑剔,结果当上主委,旧作风在新社会中起不了作用了。

1958 年 9 月 1 日

幼儿班第一天上课了,可能是因为第一天,送儿的父母嘈杂声多些,下班后还安静。大年住校了。

晚上保又脱骨(腿)。娘娘多灾多难,有点招架不住模样。

1958 年 9 月 2 日

早起预备参加十三陵参观,正在候车来接,电话通知因雨改期,晨延邻居刘骨科为保治腿立刻见效。

1958 年 9 月 3 日

到全委晤李平衡,谈得其欢。

下午同阎宝航,赵君迈在和人大代表全委参加澳大利亚工党议员 Rigly 作关于澳大利亚的报告,情形复杂讲得不好,译得不好,所得无几,院内一下午开会,嘈杂得很。

1958 年 9 月 4 日

叶叔衡来谈同学会。

晚到中山堂看北京市下放干部跃进成绩展览会。

1958 年 9 月 5 日

民建有会,请了假,参加全委的工作会议。

下午同学会学习。幼儿班午间还是闹,贞开始说话,近来弄得环境很糟。河南去看人民公社,因痔未治愈不敢去,今天退出参加。

明庆晚来说,已在北大毕业,分配工作在广西南宁,明天赴申,他说阿凤也毕业了。

1958 年 9 月 6 日

民建开常委会,上午小组会,下午大会作了四个决定。汉宸同志漫谈"一穷二白"。

1958 年 9 月 7 日

上午钱琢如、宋之英来。

1958 年 9 月 8 日

到医院修假牙,预约入院日期,接受枯痔疗法。

下午民建谈台湾局势,我预料:此后将不是我解放台湾的问题,而是美帝第七舰队能不能脱身全师而归的问题。

1958 年 9 月 9 日

上午珠自"交心"回村来家一视,她已得到法院判决,判邹震反革命罪徒刑十五年,她情绪上多矛盾,我说这就好了,为你指出方向,不必因下放未调回而不快,此后在人民公社中正大有可为,专心工作不可同人比。对邹既决定,割断那是正当的。她愉快而去,觉得这一指引有很大帮助。

下午去团城看解放后的手工艺出品,各地特艺在共产党领导鼓舞下已大放异彩,可喜之至。在仿膳吃豆黄归。

1958 年 9 月 10 日

全委如例。遇到李云亭、米、易。

下午在民建听中央干部整风总结发言。

1958 年 9 月 11 日

晨起理发,到俞平伯家,他最近发表了一篇办好曲社的发言,我去向他提了如下的意见:1. 入手总结出昆曲的特征,创作必须合乎规格,此外大力打破成规,发扬传统,使之为生活服务;2. 分别社员需要为之创造条件来满足他们的需要;3. 为一部(分)社员创造学习"务虚"的条件;4. 尽推陈出新的能事找例如圣陶、颉刚、振铎等大家出主意。他热情接待我,适笛师来,力劝我试唱,我唱了八段《望乡》,平伯为我拍板。

下午民建整风学习,吴菊农第四次检讨,发现他在最近还在反对党员(南汉宸),形势日渐严重,纲伯说危险了要抢救了,还要检查。

1958 年 9 月 12 日

下午同学会学习。

1958 年 9 月 13 日

一天没出门。

晚上带大年到北京剧场(东华门大街)看儿童剧院的《飞出地球去》,大雨中回家,幸有赵玉亭为我送雨具。

1958 年 9 月 14 日

三妹元晖经榆次移居武汉,今午经津省亲来京转车。

午饭后谈家常两小时,如介绍金通尹。

下午在文化馆听曲会同期。

1958 年 9 月 15 日

写对萧君石意见五项后,入北京医院接受枯痔疗法,十点半进院毫无动静。

1958 年 9 月 16 日

上午检查全身。

下午即为治疗,据说不用枯痔疗法而用 sod morate 法(鱼肝油酸钠),注射后即睡歇。

1958 年 9 月 17 日

大便停止一次,昨天注射前灌了肠。

1958 年 9 月 18 日

大便如常,觉得轻松些,别无他像,从治即无痛,一天无事。

1958 年 9 月 19 日

一天无事,等注射第二次。

1958 年 9 月 20 日

下午第二次注射,睡歇。

1958 年 9 月 21 日

上午十点出院,还应在门诊注射以竟全功,贞天天来看我,昨天还带大年来,院中患痔的人不少。遇见林业部张奇,气象台杨荣,全委的王处长,林仲易,司法部罗荣。其中杨、林二人都是从中医枯痔疗法失效后来北京医院的。大红洗头不乖,我打了她三下。

傍晚我带她同江逛市场吃糖吃冰果玩具,鹏来,为之讲了一次话。

1958年9月22日

向民建全委通电话。

下午去北海看从项叔翔处借来的《北京史话》。

1958年9月23日

上午带大红看新闻片:《严惩蒋贼军》、《人民公社红旗飘》、《地下宫殿》(定陵发掘情况)。

下午全委座谈台湾问题。

1958年9月24日

全委陈乃昌同志来,为李青同志初期晤谈。

1958年9月25日

午前到医院打了两针,据医师李维康嘱两星期后再去(打)第四针,后三星期如再不完全消失将施手术。

医院出来即到全联,听上海史,蔡康同志汇报经叔平在申检查情形,我听了感到他口头上虽认错,但不像透过思想的,有点要手法模样。

下午民建东城工作委员会开会员大会,讲了一段话,从人民公社形势看加速改造的必要。

1958年9月26日

上午大扫除,贞嫌我碍事,我到天安门午门一带看群众练习国庆游行队伍。

下午同学会学习。

晚上民建支部改在今夕举行。

1958年9月27日

下午全委座谈卫生问题,在"自由参加"遇见胡经甫。

晚鹏来过中秋吃蟹,同他谈话有记录。

1958年9月28日

上午我二人带了红、年、江逛天安门一带,看节日准备。

下午在全委礼堂听曲社纪念关汉卿日期。散后在同学会参加国庆晚会,聚餐后看电视。

1958年9月29日

下午到隆福寺一带观市容变化,要找个旧货摊买一个铁夹子,竟不可得。据说旧货已少见,有了也归计划收购,回炉改造,生产资料不再是商品,小至一个夹子都如此，从而体会到社会主义的深度。

晚上街道开会在民华宿舍院内我带小板凳去听，一位派出所同志讲了两小时，题目是《人民公社》。他讲得很通俗活泼，群众得到一定教育，这样的宣传是有效的。我得到一次很深刻的教育，讲到国家消亡，他用“政权”代替，讲到资产阶级法制残余，他引了“当家人”此后没有作用为例，虽不全面但这样才能使群众(大都是家庭妇女)易于明了。

1958 年 9 月 30 日

午前到东郊观光。

下午在东单公园接大年。

1958 年 10 月 1 日

第十次登台观礼，14:10 始散，检阅同游行更精彩了，丰收在握，人民公社全国组成，1 070 万吨钢已有把握，情绪高涨决心更强了，美帝倾巢来犯，而我庆祝国庆秩序井然如无其事，六亿人鄙视美帝，美帝可以休矣！

晚上同延带红、年、江看焰火。

1958 年 10 月 2 日

18:00 前保又借小故发狂，竟动手打延，又要打我，贞力促全家到延家避其锋。20:00 前我发现他在院中弄火，把切菜刀架在树上严阵以待，我于说服贞后到派出所报案，保被传至派出所当夜未返，我于被询后回家一切弄完已午夜十二时，贞宿延家。此子杀心已萌，对新事物有深仇，集中在我身上，几受其害。7/28 的认错求饶完全翻案，他预备好大木棍准备打我致命！

1958 年 10 月 3 日

晨起到延家接贞回家，午前东城分局电话要保铺盖衣物，娘娘说不管，我说你捡出东西，我为送去。结果仍是不管。

下午同学会学习，认识这次事故是政治斗争在家庭中的反映，因为家庭矛盾还没严重到保忍心杀父的程度。

1958 年 10 月 4 日

两会开了一天会听各地去参观评比和公社的报告。

晚饭后我把保铺盖送去(大兴孙胡同公安东城分局)。昨天来电话要铺盖，娘娘说“我不管”，我劝了几次无效，并允她如捡出我可送去，仍不管。

晚饭后捡了两包令红、年帮我送到太子府派出所。不收，雇三轮送去，我以为这事应当这么办，严肃与宽大相结合及革命人道主义的精神是符合的。

1958 年 10 月 5 日

午间小娘舅一家来，贞对之谈保案提出问题略大！2 日措施是否恰当？后果如何？锡府不打算要了，但又要照料延的孩子。小舅母见解正确，进行了劝说，结果贞还是思想被动得很，显然迷失了方向，我插言说："2 日之事再容忍下去还要恶化，造成更大的事故，所以我的报案事实上挽救了保，所以是恰当的，保的行动将加重处理，定要升级。不过这将给他更多机会接受改造。"

下午在陶兄处闲谈，吃蟹后归。

贞今夜在家宿。

1958 年 10 月 6 日

乘新辟的 22 路到永定门一带看新建设，这一带南边城墙正在拆。永定门只剩两个城门垛子。城河水流甚大而急。电车通向新车站，记得我从未进过永定门，这次走入门洞还是第一次，观览新北京后到民建同周士观、杜伟、陈乃昌谈保事。

下午看新画展订地图，贞竟日出门，今天在家时多些。

晚延来为谈她应防右倾，帮助安定娘娘心情。

1958 年 10 月 7 日

民建为了准备四中全会将派人四处工作，我参加华东组定 15:00 出发，经由郑州武汉到上海工作一个月，今天上下午开会动员。贞竟日不回家，使我不安，觉得严重起来。

傍晚大红又闹，弄得赵玉琴同我走投无路。贞九时前回家宿。

1958 年 10 月 8 日

晨起同贞谈有要点抄给她，得鼎复有"党是会给予适当的教育的"语，到全委晤易，米反映保的问题，并申明将出京工作，将长期不能到全委备了案，米诙谐地说："知道了。钦此。"

下午在全联听菊农、纲伯谈参观湖北观感。

1958 年 10 月 9 日

到医院打第四针，一个小核上第二针，医云这法疗程至此可说已告结束，要全部消去不可能，除非动手术。全委开了一天会，对吴菊农提意见，形势越发严重，任老说他过去有"苟且"行为如再不悔悟，"同志"要成问题，暂作悬案。

下午会上对经叔平作了处理，撤销整风委员，这是宽大处理。

晚民建支部会到马祥宇等 8 人，我说了些关于公社的话，交代了保的问题，将要出京向支部请了假。

1958 年 10 月 10 日

把遗物宣德炉三只正德炉一只给佛教广济寺内教文物室，由巨赞法师接受回家预备发言（见民建页）。

下午中报委学习开结束会，我发言后王艮仲又给我提了不少意见，我觉得突然。

1958 年 10 月 11 日

晨和弟来，同之参观工业交通展览会交通馆，午间排队不上吃了几个饽饽了事，我回家找点饭补充，去同学会（昨天有事改在今天）学习，贞昨夜研究《刑法举例说明》。今晨留给我一个条子，说明她的看法。我研究下来觉得我们之间对保事有如下三点分歧：（我：她）政治问题，刑事问题，社会问题，家庭问题，改造问题，惩办问题。和说总之是立场问题。

下午我回家，贞情绪还正常，赵玉亭（女工）报名入工厂，不日即走，这又为家中形势增加了新的因素。

1958 年 10 月 12 日

清静了一天，下午同学会开会在谈肖君石问题，并到西银沟了解现场情况，回家悉和已返津。

1958 年 10 月 13 日

沈肃文老同志三日前逝世，在嘉兴寺公祭，我送之入土葬八宝山革命公墓重7穴，13:00 回到家饭，下午民建中委整风告一段落，胡子昂主委作了两小时的发言，有两会干部参加。

傍晚还项叔翔书，回家有科学出版社于学任同志在为我二人谈保日常反动言行及决定处理给予劳动教养，认为是反动分子处几等情况。言行中的一部：要求公开人事档案；工作消极，别人有写二三百万的，他只写了二十万字，而且其中有严重错误，把某一气体超过 0.5%即有危险，写成超过 0.5 即无危险；对党员说你有什么了不起；等等。于同志一面反映情况，同时要我们去看保，并为他送些御寒衣服去，贞突然心境开朗，化长期沉默寡言为主动敞开，于走后约延来翻箱子找衣服准备明天去看保，并三人共同商定她应采取的态度。我建议她态度要坚定，勉保接受宽大处理，也告以我仍关心他的改造，绍瑾妹来又讲了些对贞有帮助的话，三四小时内家中气氛突然正常。

女工赵玉亭今晨即去皮鞋厂当工人，一切操作由贞任之。

1958年10月14日

贞送衣物给保,回家谈经过,觉得保应受教育情绪安定。

下午又补送一趟,午饭来不及吃,我买熟食打发大红上学,自己去华宫吃"快饭",遇见何遂。

下午在家打点行李。

1958年10月15日

今起去上海,日记活页。

1958年11月21日

打散行李休息半天。

下午到民建看材料。

1958年11月22日

上午在民建看材料。

下午到统战部礼堂听钱俊瑞报告,拉线不清,中途退席参观电报大楼绕道王府井回家。

1958年11月23日

同学会请昆曲社演出在文俱部,临时灯光出问题为之忙碌一阵。

17:00同学会委员会开会邀我参加,肖君又为修理住房,损人利己,违法乱纪不作检讨,态度狡猾甚不好。看了两出昆曲归家。

1958年11月24日

到民建同一组同志就上海见闻引进讨论,提出了几点我的看法。见"公社"47,接黄任老等回京车。

晚上中央统战部在北京饭店盛情招待各民主党派。

1958年11月25日

下午同贞到大院府胡同一爿新开的国营茶馆饮茶。并不像茶馆,还要改进。余时研究中国出钢数量按人口计算,解放来增加是可喜的,但在国际上即使年年翻一番也要1962年才能赶上英国。

1958年11月26日

上午在怀仁堂听陈毅外长报告继续四小时,到家已下午二点。

1958年11月27日

到医院补牙(在上海崩掉一块)及同医生商量怎样进一步治脱肛。

下午在全联开工作会,听晓邨布置此后工作情况。

1958 年 11 月 28 日

同学会学习改在上午，我讲了旅行观感及公社种种三小时。

下午在民建开组会讨论收获。

晚饭后停电，在油灯下讨论到八点散。

1958 年 11 月 29 日

午前又去医院治牙。

四点后在民建开第一组会，准备明天的汇报。

1958 年 11 月 30 日

今起民建——全联联合召开中常委会，今天在民建开会。

上下午听各路工作组的汇报。

1958 年 12 月 1 日

两会中常会继续举行——今天在全联。

上午又脱肛。

午间女工忽病，给予医费就医。

1958 年 12 月 2 日

为了昨天我把 2.64 元付给女工作医药费，贞以我打乱了她的但我不知的制度而大生气。天未明即起身参加全委，到四季春人民公社(西郊东冉村)参观。

晚上回来心境大开朗。

1958 年 12 月 3 日

整天在全联继续中常会座谈。

晚饭后同贞到文俱部听琴看昆剧。

1958 年 12 月 4 日

上下午都是中常会，六点结束。两餐都同贞在外边吃：午饭在华宫，晚饭在吉士林。贞下午去全委参加妇女组座谈，回来心情舒畅些。

晚上至培来听我传达上海柯老报告。

1958 年 12 月 5 日

到医院治牙后，到全联商谈中央开会安排等。

下午同学会学习。

1958 年 12 月 6 日

在家一天，打算写思想小结，找找材料搭搭架子，一天下来还没头绪。

晚同学会开常委会邀我参加，吃炒饭充饥——这阵炼钢，运输被矿石煤料占去，各城市物资供应异常紧张，我家每周熟食等对付过去。

1958 年 12 月 7 日

继续写思想小结。中午出去吃饭，饭店人多吃不上，贞想回家，吃了两片面包独自出去逛了一下午。

一人在家写东西，晚饭也在外边吃，这阵供应不济确日渐严重，已采取措施予以改善。

1958 年 12 月 8 日

断断续续写了一天小结，15:00 完成。晚到市场买了复写纸，开始誊清。

1958 年 12 月 9 日

补牙完工。小结抄好，下午交给胡子昂同志，交了头卷。

下午举行带有为中央会议作准备性质的座谈，俞宸忱提了很有思想内容的两个问题展开讨论。

晚饭后阿文来，她已长成是河北师范学院二年级学生，今天自津来京参观展览会。

1958 年 12 月 10 日

好久未去全委了，今晨抽空去露露面，遇到李平衡、李云亭、朱暂沉，相见甚欢，朱主任为如何搞好工商界工作给我出了一个很好的题目，从在民建中央会期间摸摸地方组织的经验，这是一个好办法。

下午在全联继续座谈。

1958 年 12 月 11 日

昨夜睡在床上也会脱肛，今天无事，上午到中山公园，无新的东西。到午门楼上看历史博物馆，陈列的东西都用模型，好极了！等于上了一课历史。

下午在家看民建文稿准备明天座谈用，贞今日政协妇女组去西山人民公社义务劳动一天，上灯后归家。

1958 年 12 月 12 日

同学会学习转在午前，下午两会中常会座谈。听到明年毛主席将集中力量在党内工作及理论工作的伟大决定。

1958 年 12 月 13 日

午前去贡院西街参观青年团办的展览会，不但展品多而好而且全厂朝气逼人，自己感受颇深。午间出场，忽然全场宣布停止出入，据负责人报告场内遗失在朝鲜战场上携归的一把手枪，要求观众协助检查。

从 11:40—15:00 检查一通，迄无头绪，我经验明身份后归家。戴玉山将于明日调工作至兰州,午来辞行。

1958 年 12 月 14 日

到西观音寺找上海鼎同居,最近调来北京工作的钱肇鄂医生,西观音寺路北房屋没有完全拆掉,路南以南秋间集成建国门大街。钱医生原为上海广慈医院外科医生,现任职于科学情报研究所。

午饭后同贞到西经路绍钫新居。15:00 后在同学会参加碰头会,钱医生来会。珠下乡调回,带寅寅来,她下乡一年成绩好,同农人关系好,为干部下乡作了好的见证人。

1958 年 12 月 15 日

昨夜又脱肛,晨起即到医院找李维廉大夫,结果下午见到他,同意用钱医生介绍的办法(phenol)定星期四去打药针。

整天学习艾思奇报告,颇有收获。

1958 年 12 月 16 日

此数日中又做了些思想检查,午后写出对 12/9 交出的小结几段补充材料。

下午同贞在北京剧场看 Hamlet 英国片子。陈乃昌同志要来,惜因误了时间,电话约会出了差错,未果。

1958 年 12 月 17 日

上下午都在全联开会。

1958 年 12 月 18 日

上午再读《一论》中美文对照。

下午到医院打 phenol 针。据说要痛不可走路,结果既没有痛,亦走了长期以来未去的一段长路。

晚上东城区民建改组召开会员会,冗长的演说,开会不按时,弄到十点半,回家已无公共汽车,经锣鼓巷走回家,到家已十一点。

1958 年 12 月 19 日

民建开中央会议依期去报到,因表格未备没有报成。取修好的眼镜等店开门,结果修而未好还约再去,出去两小时一事无成。

饭后在同学会,李青同志来谈把关于保等诸人的问题,向我说明。同学会学习。

1958 年 12 月 20 日

午前再读《再论》,很多收获。

下午整风会完成中央会议的准备工作。

1958 年 12 月 21 日

上午在全联礼堂开中常会，11 点即散，取眼镜仍未修好。

下午在家看文件等。

晚饭后同学会讨论肖君石问题，他拒绝出席并要求退会，此人作风右派，赵石迈愤慨甚大，经伯尔也大为我叫冤。

1958 年 12 月 22 日

上下午去全联，2:32 开中常会小组会，讨论《致辞》及《工作报告》。

1958 年 12 月 23 日

上下午在全联讨论工作报告。

1958 年 12 月 24 日

中常会在北京饭店七楼开，饭后到同学会，同经、姜二人搞关于肖君石的材料，四点回家。

1958 年 12 月 25 日

民建四中全会今天开预备会。

上午去纺织工业部礼堂开会。

下午小组会我分去第十组(山东安徽)。

1958 年 12 月 26 日

上午小组同昨，下午请了假，向民建借了书(六中文件市上脱销)到同学会搞学习。

1958 年 12 月 27 日

上午小组集体看文件。

下午大会文件起草委员会开会。

1958 年 12 月 28 日

上下午都是讨论。

下午分为房间小组，我加入安徽一组。

傍晚到同学会听曲社同期。

晚在北京饭店参加“留美学生家庭联谊会”晚会。

1958 年 12 月 29 日

上下午都是小组，今天我参加山东分组(房间)。

1958 年 12 月 30 日

上午到西郊农机校看“教育与劳动相结合”展览会，匆匆看了一遍，看了三小时半，二点才吃午饭。

饭后休息一阵，开起草会回家。

1958 年 12 月 31 日

整日在北京饭店，上午参加山东小小组。

下午安徽。

晚饭后政协全委会请大会在民主剧场看京剧杜近芳、袁世海《桃花山》（即《花田错》）。

1959 年

1959 年 1 月 1 日

钱宝琮夫妇来，统战部招待民建，我饮酒略多，放弃怀仁堂晚会。早归。

1959 年 1 月 2 日

上午在家。

下午同学会学习（大会今天整天参观工业展览会）。

晚上起草委员会“务虚”到九点半。

1959 年 1 月 3 日

上下午仍是小组会。

晚在政协社查看新昆曲《红露》，同贞回去，乘全联车回家，未到家门，贞大便不禁，到家紧张一阵，她这阵似有患肠炎。

1959 年 1 月 4 日

整天在“北饭”，贞近日来患腹痛泻，劝她去看医生不从。

1959 年 1 月 5 日

整日在北饭小组。

1959 年 1 月 6 日

整日在北饭小组。

1959 年 1 月 7 日

上午在政协礼堂听录音。记民建页。下午阅读文件。抽空理发补牙。晚有电影未看。早睡。

1959 年 1 月 8 日

上午小组谈对“纸老虎”的认识。

下午起草会谈了一段如何起草问题,同志们志不在此。

1959年1月9日

仍谈"纸老虎"。

下午请了假到同学会搞学习。

1959年1月10日

今天大会休息,我抓空到医院补牙打phenol针(第二针)。

回家得龙信,说卓英于1/6在申去世。

晚同吴羹梅、孙晓邨在北饭请上海、南京、常州等处老同志13人。

1959年1月11日

一整天在"北饭"——小组讨论工商业者改造设计。

晚饭后集体在首都剧场看话剧《烈火红心》。

1959年1月12日

整天小组会。

下午又搞了一次中常会。

晚起草会得通知太迟,请假。

1959年1月13日

整日小组会——下午后来谈得很深入,有所收获。

1959年1月14日

整天小组会,晚起草今开始突击。

1959年1月15日

两会中央会议今天正式开幕,一小时毕事回家。

下午治牙后到"北饭",晚饭之后开起草会。这番又陷入前松后紧形势,手忙脚乱,不得要领。

1959年1月16日

上午大会听南汉宸同志发言。

下午小组会请了假,在同学会搞学习。

1959年1月17日

上下午小组会。

下午小组会,从此"北饭"659移至文俱部。

1959年1月18日

十点到嘉兴寺公祭李承干同志,第一次坐上嘎斯牌汽车来到民建中央,回家。

下午大会发言。

晚上京剧晚会未去，早睡。

1959 年 1 月 19 日

在政协礼堂听李先念报告。

下午小组。

晚起草会末次会，匆匆结束任务。

1959 年 1 月 20 日

上午小组，下午大会发言，午饭后补牙，晚在房间小组（我参加安徽）。

1959 年 1 月 21 日

上下午都是大会发言。

下午许涤新同志的发言占时二小时，为大会结论，补充了不少理论根据。使得文件有了深度。晚上房间小组我参加山东房间组。

1959 年 1 月 22 日

两会中央全会于午前闭幕，会开得好，大家觉得有收获。

下午在家。

傍晚送了一次火车。

1959 年 1 月 23 日

上午晚上送了两次火车，送第十小组（山东、安徽）的同志，同时也送了上海（一部）、天津、四川等地的同志。

晚上九点半回家，标志着这次会议的终结。

下午同学会学习（第 224 次）谈得很紧张——改造立场问题。吴霭宸躲躲闪闪问题不少，彬敬斋思想素有与农人相似之处，水梦赓还是投机心理，吴、李二位都比较进步。

1959 年 1 月 24 日

在家休息，之英来说在打石厂劳动收获，此人确有变化。

下午带大红遛了一个小时。

晚饭后同贞去首都剧场看民族歌舞。

1959 年 1 月 25 日

整天未出房门，为贞找关于曹操是否奸臣的材料，从数字推计出苏联人每人的消费商品量为中国人的 64 倍，看了些来不及看的报纸文章。

下午陈乃昌同志来。

1959 年 1 月 26 日

又一天无事，理发，去街后看书。

1959 年 1 月 27 日

上午看天坛外的自然博物馆。

下午到医院打 phenol 第三针。

1959 年 1 月 28 日

到政协——今年第一次，下午看东郊三里屯的全国农展。

1959 年 1 月 29 日

竟日在家，民建小组用电话联系不得要领，也未接电话，未去。贞打扫房间预备过年。

1959 年 1 月 30 日

大扫除，下午同学会学习。

1959 年 1 月 31 日

上午在家看书。

下午同贞逛北海围城，我们从北海东岸经过玉龙亭顺西岸出园，再到园城看工艺品展览。

1959 年 2 月 1 日

上午访钱琢如（未值）、圣陶、彬敬斋（新近有病）。

下午在家，瞿良一家来。

1959 年 2 月 2 日

又一天没事，看看书之外闷得发慌。

下午带大斗去了趟文化宫。市民继续叫苦，经三奶奶说："啥也买不着，实在体力不支了，怎么办！"

1959 年 2 月 3 日

得鼎 1/31 片，谈斐从钱招华处得悉绍珩妹已在美中风去世，这是继墨林、华英而逝世的吾辈第三人。十点去政协座谈工作组工作，会后吃饭。在供应紧张中吃到鲜大鳜鱼、鸡块、冬笋等等，真是一次盛宴，受之有愧。贞花 40 元买了两个沙发椅子，把父亲坐的那只大椅子打入废物库。

晚上珠来。

1959 年 2 月 4 日

尽一己之力把十年积下来的书整理了一下，这样在狭小的住房可以随手捡得了，这对以后的学习有好处点，也为学写东西（已订入计划）打下基础。

1959 年 2 月 5 日

又一天整理纸片，至此 10 年积存的东西都彻底整理完成，为更好地学习、工作创造了有利的条件。民建支部自改组后在灯市口 38 号东华门中 15 店，组长是林铮、王鸣銮。

今晚去参加，这是第一次付会费 5 元。17 人只到 6 人。

1959 年 2 月 6 日

下午同学会学习。散后在文俱部洗澡。

1959 年 2 月 7 日

整天在家。上午想去文化宫看“除四害”卫生展览，恰好今天休息。晨得鼎信，说斐全家将于年初一（明日）去上海，立即复了一信。吃年夜饭有延、至培、大红、大江同吃。

1959 年 2 月 8 日

己亥元旦。

1959 年 2 月 9 日

白一震、经柏泉、张俊、张德明、郭新生、吴梅君（房东太太）都来。

下午到新华书店取《世界地图集》，张平之五叔二处拜年，延全家来闹了一整天。

1959 年 2 月 10 日

年初三同贞到绍瑾家，她家近迁到雍和宫东北，我们坐公共汽车出城再进城，回程车挤，结果我从宽街步行回家。

下午在家。

晚上去全联赴联欢会。看了一半早归，节目中有集体合作的话剧——《等一等再说》，甚精彩。

1959 年 2 月 11 日

定星期六去津给娘拜年。同贞到东堂子胡同看久苓病，回程过访叶叔衡，余时在家。

晚贞去听音乐会。大年来陪我。

1959 年 2 月 12 日

下午到通三益买梨膏，预备去天津，顺便看了一下厂甸。有汽车工人揩我的油，即反映给公司。

1959 年 2 月 13 日

上下午在民建座谈，大会后工作，大会后这是第一次开会。贞同我到北海买仿膳食品，结束空手归。

1959 年 2 月 14 日

去年一年未在天津，特赴津视老母。从前三小时的路程现在只要 97 分钟，到浦口道和弟府拜见母大人，相见甚欢。

下午三弟陪我逛了一下劝业场，在三弟家晚饭，宿和弟处。

1959 年 2 月 15 日

竟日在母处，和弟送我上车，八点到家吃晚饭。

1959 年 2 月 16 日

整天无事。

下午同贞带大红去北京剧场看电影。

1959 年 2 月 17 日

下午整风工作委员会开末次会，年前永滋社会主义学院结业来。

1959 年 2 月 18 日

北京市两会正在传达两会中光联会的决议，民建中央派出工作组长去了解情况。我今去参加听了，吴羹梅说明日即赴珠市口。民建京会参加第三组讨论。

下午在全委约凌其峻谈工作，李烛尘又未来。

1959 年 2 月 19 日

下午去珠市口参加小组会。

晚去灯市口，支部会议参加，七点二十未见人来(小组长王鸣銮)。

1959 年 2 月 20 日

上午在航空飞街开中常会，结束整风改组协作委员会，为政协工商组事，同其峻写信给李烛尘。

下午同学会学习。

晚同贞到政协礼堂看杜近芳的《西厢记》。

1959 年 2 月 21 日

上午在全联开结束整风、成立协作委员会的会，我继续在新委员会任委员。

下午在家忆委会："1957/7/2 成立为临工会，1957/10/9 改为整风工作委员会，今天结束改组为协作委员会。"

1959 年 2 月 22 日

上午把鼎寄来斐的五封信详细批注后寄回给她，从而展开一次通信方式的家庭思政讨论。鼎、和片各一，复戴玉山片白银市。翻阅苏联《政治经济学》教科书第三版下册，发现修改处甚多。

1959 年 2 月 23 日

到医院镶牙，结果照了一个相，预约下星期三再去。

下午在全联，其峻同我找李烛尘、黄玠然谈了政协工商组工作，回家开始写工作计划。经市场买不到最起码的稿子纸——纸张供应又赶不上了。

1959 年 2 月 24 日

写好政协全委会工商界上半年工作计划。

下午在民建两会中报委座谈，经李凌阅过同意后还给黄孙看过，算是空稿，明日可以依次交出。今天座谈主要内容是第三届政协名单，民建名额展至 40 人，我仍在列，当努力做些工作以赎前“欠”——八年以来做得太少了。3/12 接到通知。

1959 年 2 月 25 日

昨夜起大雪不止，今晨满院是雪，有生以来在北京见到的第一次大雪，报载积雪一尺以上，雨量约 30 mm。午前冒雪到全委把工作组计划交给米暂沉。

下午又去礼堂听张振一部长作《长期共存互相监督》的报告。

1959 年 2 月 26 日

整天在家看化雹。

晚上去民建支部，又未见一人，留字归家。

1959 年 2 月 27 日

同学会学习如例，为史料事写信给给严谔声。

1959 年 2 月 28 日

为史料事找项叔翔。

午刻大红放学回来入门即同大年起纠纷，外婆气得赌气出门，到晚上八点半后才回家，延来说“活不下去了”。

1959 年 3 月 1 日

带大年到市场卖旧杂志买小人书归来，外婆把小孩一起轰回家去。

下午我到延家一视，昨日以来一场躁动略见平静。

1959 年 3 月 2 日

午前整理出星五同学会学习用材料，整天在家清静得很，孩子一个没来。

1959年3月3日

下午政协开会。

1959年3月4日

到全委如例。工作计划还没信。

下午应预约到医院镶牙,结果停电改期。到北京(前门联)展览馆看全国机器工业土设备土办法展览会,体会到:1. 人民的智慧确是无穷无尽的。2. 劳动人民热爱科技,参观者多在做笔记,画图,新华书店利市百倍。3. 女孩子们都能胜任当讲解员,她们对机器有感情,容易习惯。4. 旧社会少数人垄断知识,造成神秘气氛。5. 新社会大多数人有有限度的购买力(还相当"紧",但不穷),与旧社会的绝大多数是穷人大不相同。

1959年3月5日

两会区级在传达中央会议,东城区在全联。晨去一听,晤到晓邨。回家看从民建借来史料书,颇有收获。

贞去绍钫家为他们看孩子。

1959年3月6日

下午同学会学习。

1959年3月7日

到医院把牙搞了一个半小时,到全联听区级传达,参加第二组,其峻先前找的周太太已在申去世。

下午在航空署街中报委讨论学习,我又被推做这工作。寿生弟志新、妹瑶琴晚来。

1959年3月8日

午前把昨天下午会上材料整理出来,余时在家,从上星期六起外婆在生气。

昨天大年到来即时令他回家,今天下午延来有点交出不管情况,对欧至培不来赔礼意见很大。

发鼎信,家庭不想讨论会发展着。

1959年3月9日

特去找朱法夫谈学习,在小会议室找他,叫我等他。结果放我的生,冒大雪回家。

1959年3月10日

再去全委为学习找朱法夫,两会学习工作组在文俱部。会议具体布置,吃饺子"各取所需,平均负担"。每人一元,吃得很好。

1959 年 3 月 11 日

上午又在北京医院搞牙齿。

晚同贞到文俱部听琴,同千家驹坐在一起。

昨天学习工作组决定各点写出就送全联,留交艮仲。

晚上遇见艮仲。

1959 年 3 月 12 日

接全委通知决定我继续任全国委员(政协第三届),因明天有约,同学会学习改在今天下午。叔衡来,今他也参加三届政协了。

晚民建小组只到 6 人,我讲了一大套。

1959 年 3 月 13 日

得米暂沉电话到全委谈工作计划,到新华书店买三版《政治经济学》教科书上册,都卖空了找不到。

下午留美学生家属联谊会,在文俱部招待新回国同学四人,备晚饭。

临时得电话到全联开协委会。

1959 年 3 月 14 日

今天甚忙,8:10—23:15 之间的活动如下:九点政协礼堂听熊复报告苏共 21 大。十点半赶到医院配牙,今日总算完工,花了 10.25 元。

下午在全联开中报座谈会讨论学习问题。五点又在政协礼堂参加招待日本社会党访华团酒会。乘便到全希伯家一视,晚上看曲社对内彩排,遇见恽大易(宝惠)。

1959 年 3 月 15 日

午前孙瑞芹夫妇来。

下午到平伯家参加曲社出演剧目评选委员会,听了半天有益的讨论,这几天因幼儿班,唐家的姐姐都搬走了,院中房屋起不少纠纷。延对小孩的教育采取不负责、消极态度引起我二人很大的忧虑,她对一切都采取绝对的听天由命,根本不打算团结别人克服困难的态度,同她谈了一阵看来效果不大。

1959 年 3 月 16 日

上午预备两会学习。

下午到全委听方方报告华侨工作。

1959 年 3 月 17 日

下午在航街谈代表大会问题,得严谔老复信。

1959 年 3 月 18 日

民建工商联中央政治学习，今天下午开始，但因中山堂有报告，到的只吴晋航一人，讲了一个小时后只得作罢，再到新华书店买《政治经济学》教科书第三版的上册，仍然没有。到北京医院看陈叔老，略谈辞去。

1959 年 3 月 19 日

今起每星期四上午到全联听“材料汇报”，星期五上午看材料。

下午在中山堂听市人委汇报工作，欢迎人大代表政协委员的视察，备有丰盛的晚餐。

1959 年 3 月 20 日

上午在全联看材料，送 6 人下放到我明日即去视察的大兴县红星人民公社。

下午同学会学习，午间张豫增、鹏侄来。

1959 年 3 月 21 日

今天部分参加本届视察，今天我去大兴县红星公社视察，走马观花看到不少东西。

1959 年 3 月 22 日

静静的一天过去了。

晚上的市场参加学习中央会议文件的小组——在丹桂商场珠玉门市部，组长陈君铭衡。

1959 年 3 月 23 日

继续视察，今天在“中国第一面红旗”的天桥商场，在全聚德午饭后散。

下午花了将近三小时解决了两个小问题：理发，买夹鞋。

1959 年 3 月 24 日

原定去视察一个玩具厂，因只我一人临时改去右安门的客车制造厂，同去的有马约翰。下午因午前着凉，怕冷。

晚饭后睡了二小时，九点去市场，参加基层传达学习。

1959 年 3 月 25 日

上午在全联参加工作会。

下午两会中央学习开始，谈得还好。

晚同贞到文俱部看电影——破除迷信为内容的《铁树开花》。

1959 年 3 月 26 日

上午协委会，下午在家。

市场传达小组临时来电话停开。灯市口小组，去了但今天也停开。

1959 年 3 月 27 日

上午到全联看材料(第二次)。

下午到学会学习、洗澡。

晚九点后在市场听传达会讨论。

1959 年 3 月 28 日

今天视察 26 中(即前汇文中学)校园,一半已划为车站工地。

下午在全联听武汉组汇报。

1959 年 3 月 29 日

晨延一家来闹了一回就走,三弟来,将赴保定接阿秀,病自苏州回家。

上午同他谈了一番。

下午在家未去曲社同期。

晚到文俱部晤叔衡诸人,肖君石组织来复,要他来搞清问题,我请委员会明确问题存在于会与省之间,不要引向我一个人,又提了我的分析及应责问题,书面交叔衡,车前叔衡说,邀我去谈又说今天不谈,使我生反感,脾气上来了,幸即平定下去,又去市场开小组会,讲了些话,小组好像活泼了些。

1959 年 3 月 30 日

今天视察福绥境办事处,去同和居午餐后散。

下午在全联听上海组汇报。

1959 年 3 月 31 日

今天视察东郊、西山无线电器材厂,规模大、设备新,是国际水平企业之一。

下午在统战部礼堂参加政协召开的关于西藏事件的座谈会。

晚在全联听汇报。

1959 年 4 月 1 日

本定今天不出去视察,结果被黄玠然等同志所说服,同去电子管厂,确实此行不虚,收获不小。

下午在全联听广州组汇报,休息时因穿衣太少中途退席,乘陈乃为便车回家。

及到门口发现笔记本留在会场,于是又乘了公共车回去,听完报告始返,幸未受凉。

1959 年 4 月 2 日

上下午都在全联听广州、武汉组汇报。

晚上在东华门小组听到一些基层情况,据说“很有成就”。

1959 年 4 月 3 日

上午在全联听“五人小组”谈如何综合资料问题。

下午同学会学习。

1959 年 4 月 4 日

今天视察新华印刷厂，又当了组长，下午四时才完。

晚在首都剧场看川剧。

1959 年 4 月 5 日

今日又逢清明，正在纳闷，单坟客复信来了，立将看坟钱汇去。整天在家看书，院中榆叶梅盛开。

1959 年 4 月 6 日

今天的视察是听北京市城市规划的报告，饭后即散。

下午在全联听天津组汇报。

1958 年 4 月 7 日

今天视察平谷县马坊公社，同行只陈公培，经叔平二人 9:20 出发，20:45 才到萃华楼。

晚饭后回家已 21:30，路上来回去了 5 小时。

1959 年 4 月 8 日

上午在家休息。

下午全联听讨论。

1959 年 4 月 9 日

视察工作今天起转入座谈，我参加城市建设组。午饭后到全联听讨论，又脱肛了，急急回家。

午饭吃了些，胃不舒服。

夜饭同贞到市场找夜宵，去了三个地方，喝到一杯 cocoa，贞又不快。

1959 年 4 月 10 日

上午再去中山堂座谈，午饭后结束。

下午同学会学习，我自己获益不少。

1959 年 4 月 11 日

下午全联开了 1 小时的会，后到全委找文件预备开大会。

1959 年 4 月 12 日

静静的一天，下午忽来一封怪信，有一位同姓的少年名叫章明成的，说认我是他祖父的朋友,从报上今天公布的政协三届名单见到我的名字,特写信来问候。

午前到前门饭店报到。

1959 年 4 月 13 日

天气好,到中山公园看丁香,在茶座看书遇到刚来北京的汤元炳和郭秀珍。

下午无事,写明信片复昨天误认我的青年章明成。

1959 年 4 月 14 日

两会常委会今天起座谈两天在全联。

1959 年 4 月 15 日

又一天座谈,11 点散会,引起一些争论。

1959 年 4 月 16 日

又一天座谈,昨天引起的争辩上下午都继续了一些时间,朱继圣用调皮手法自以为"光荣地退却了",吴蕴山强词夺理态度离"和风细雨"还远。

1959 年 4 月 17 日

三届政协第一次会议,九时在政协礼堂开幕,我的座位是 9 排 29 号。

下午同学会学习公报(统计局)。

晚在工人娱乐部(虎坊桥)看江苏京剧。

1959 年 4 月 18 日

上午小组在国际(原六国)饭店。我讲了些关于对右派,特别是章乃器的话,对政协工作报告提了意见。

下午列席第二届人大第一次会议,在怀仁堂。

晚在人民剧院看川剧。

1959 年 4 月 19 日

一天在小组学习工作报告,讨论工作报告,晚饭后归家。

1959 年 4 月 20 日

一天小组会,章乃器借故大放厥词,后来连表情都充满仇恨。

晚在虎坊桥工人俱乐部看杂耍。

1959 年 4 月 21 日

上午小组,午民建在文俱部请客。

下午怀仁堂,大会散得早,放弃晚会。早睡。

1959 年 4 月 22 日

上午小组,下午怀仁堂听班禅、阿沛二位佛爷发言,发片和弟及单福根。

1959 年 4 月 23 日

单福根复到。上午政协礼堂。

下午怀仁堂大会讨论，琢磨国民收入。

1959 年 4 月 24 日

上午在政协礼堂大会讨论。

下午在怀仁堂。我因同学会学习未去。

1959 年 4 月 25 日

上午小组。

下午礼堂。

晚饭后看了一张笑片回家。

1959 年 4 月 26 日

静静的一天，把几件数目字文件仔细看了一遍，和弟来，在文化餐厅吃了一顿，当夜回津。看他老了。

1959 年 4 月 27 日

上午在礼堂听前言。

下午在怀仁堂列席人大，今天选举，16:00 后选出主席副主席——刘少奇、宋庆龄、董必武。

休会吃晚饭，九点半复会我未去，回家八时许。

晚报已有刘少奇当选为主席的红字大标题，会场后西方记者在纷纷发电报，中国大新闻震动全球。

1959 年 4 月 28 日

上午在礼堂选举。

下午在怀仁堂照相，列席人大闭幕会。

1959 年 4 月 29 日

上午大会闭幕(政协三届一次)。

下午周总理在礼堂招待 60(岁)以上政协委员 383 人(占全部 35.7%)，讲了一小时话，体验党的敬老政策，主要内容为：1. 鼓励老人鼓足干劲好好活下去，看看新社会；2. 政府将更好地安排老人；3. 请老人写点东西“留诸后人”。

晚去人民剧场看《赤壁之战》，演得很长，角色很好，剧本不佳，有点不伦不类。

1959 年 4 月 30 日

职教社在文俱部举行立社 42 周纪念。

下午在家。

1959 年 5 月 1 日

第十次五一登东二台观礼，见到一年胜似一年的游行，因长安街改建，广场扩大，通过时间由原十年前的四小时缩至今年的二小时二十分，于 12:20 结束。到新侨午饭后回家，家中只贞一人。

晚饭后同她到天安门登观礼台，看灯光及群众狂欢盛况。

1959 年 5 月 2 日

在家一天。琢如、绍铿一家三口，延红来。把全部发言又看了一遍，分成若干类，希望从中吸取不少知识。

贞准备明晨动身去延庆看保。

1959 年 5 月 3 日

今天起民建工商联召开中常会三天。

上午在全联下午在新侨，晚到天桥看芭蕾舞剧《海峡》，甚好。

贞今晨动身去延庆，送之即去。

1959 年 5 月 4 日

一天在新侨开两会小组[会]，下午打电话回家，贞已回来，五时提前回家。问患究竟，心情略宽。

晚饭同贞到公园参加庆祝“五四”四十周年纪念游园会，在来今雨轩茶座看黄梅戏，遇见不少熟人。

1959 年 5 月 5 日

上下午在航空署街开两会常委会，丁裕长代我买到《政治经济学》三版上册，交司机送我，误送给俞宸忱，他竟收下连找钱也收下，今天才把书取回，俞已糊涂一至于此。

1959 年 5 月 6 日

在家一天细读人民日报《西藏的革命和尼赫鲁的哲学》一文。

晚饭后同贞到文俱部看电影，听到黑人歌手 Robertson。得悉张家“五婶妈”今天下午逝世，明晨入殓。

1959 年 5 月 7 日

四点半即起身同贞去送张家“五婶妈”入殓，七时毕事。殡礼简单合理，遇到几位来送殓的富于人民性的邻居，我颇有感受。十时回家。

下午在政协礼堂座谈西藏问题，到了四十人，发言者多，六点半才散。

1959年5月8日

一个月没到市场,见到不少改变。市场、百货公司、美术服务部都变得更美丽、充实了。

下午同学会学习。

晚在文化部看徽剧昆曲会演。

1959年5月9日

写信给鼎——"可以公开的家信",钱琢如昨天送来五言诗,为之提了几点意见——就原稿改正若干字备他斟酌,为了修改诗句,经上年任老在申要我看其诗稿时始,自己不会作诗,反有此好。而且看来将成癖好,岂是美事?同贞到政协礼堂看电影,三片之一1917年Chalie Chaplain的《逃犯》,这是一部苏联翻译片,足见"卓老"在民主国家的声誉正隆。

1959年5月10日

受琢如影响,今天试写五言诗,竟半日之功得二百四十字,惜不懂音韵失粘甚多。

下午到市场购来诗韵再加修饰,琢如忽来为我指点,灯下抄送任老供作笑资。张俊来,今天心气不平对供应等等意见甚大,要领儿女到国务院告状,力为解释略平。绍镇下午赴苏联来谢孝。

1959年5月11日

竟日无事。

1959年5月12日

下午同艮仲碰头谈学习。

午前到大华看《平定西藏叛乱》纪录片。经柏泉为我油印诗稿,开始分送给友好。

1959年5月13日

下午两会学习恢复,先听晓邨传达周总理谈西藏。

1959年5月14日

在家一天但始终很忙。

1959年5月15日

昨夜翻阅项叔翔送我、顾起潜在古典出版社出版的叶景葵(揆初)《卷盒书跋》一书,见到《跋四当斋集》一节。晨起照录一通寄和弟,特录后寄还附入原书,又函顾起潜托抄叶校出误脱字。政协全委新改组,电询米暂沉,不得要领,政协全委于 12 日开常委改组机关机构，未见发表，电询米暂沉不得要领。

下午得通知叫我认组参加，也可不参加，看来工商界副组长已另设人，究竟何为，再等一天当可明白。

下午同学会学习谈西藏，得平伯复信盛称我诗有“立场正确，词义周到，老将出马，毕竟不凡”语。

1959 年 5 月 16 日

午前在全联参加黄玠然等漫谈。

下午看了永乐寺壁画，丽江壁画在美院（松蔚营）的展览，回家悉徐伯昕来，想为全委改组事未值。瞿良夫妇午后来。

1959 年 5 月 17 日

清静一上午，下午到文俱部，在曲社坐了一坐，付了 2 元会费。后到同学会座谈西藏问题，请何思源报告 1956 年入藏见闻，凌其峻忽发请柬开茶会，我不能去，贞去了说为赏春色观花。

1959 年 5 月 18 日

晚在吉祥同贞看张君秋戏，不甚好，同徐伯昕通电话。

1959 年 5 月 19 日

晨徐伯昕来谈，悉全委机关最近改组情况，我不再担任工商界副组长，二年来不能做出什么事来，亏欠之至。此后将参加工商界，国际问题组为组员。认定书托徐带去，工商组新的名单：组长孙起孟，副组长浦洁修、吴羹梅、汤绍远。饭后即去全委把工作组书桌腾出交给米暂沉。

下午三时在礼堂听周总理 5/12 在政协常委关于西藏的讲话录音，与 5/13 晓邨传达基本相同。今天工商组关系交割后，我自 1957（年）停止到政务院参事室上班以来（时 66 岁），已事实上转入退休状态了。

1959 年 5 月 20 日

晨起和周瘦鹃：礼堂盛会侪群贤，春日融融景物妍。节约增产人有责，岂亮我辈负残年。即寄苏州。

下午会内学习到 16 人，盛况空前，下期改参加政协，会内学习暂停。

1959 年 5 月 21 日

同学会学习提前于今日下午举行——在政协西藏学习时期都如此。

1959 年 5 月 22 日

全委学习西藏问题，今天小组开始，我在第一组在文俱部开会。

1959 年 5 月 23 日

参加民建中央机关支部中常委小组，在文俱部开会聚餐，第一次吃杨梅。

1959 年 5 月 24 日

政协郊游十三陵水库，约贞参加。同去的有六部大轿车之多，在长陵午餐（吃面包夹肉），我约贞在水库大坝往返，绕长陵一周。下午四时回家洗浴。

晚饭在文俱部吃还步行归家，一天走了不少路。左臂最近发痛反而减轻，且微运动有效。今天玩得很好，遇见不少朋友，其中有永滋、芸生、叔珩、安若言、葛志成等等。

1959 年 5 月 25 日

我在上海十年前今天解放值得纪念，上午在全联开会听工作讨论。

晚叶叔衡来，金通尹托查乃二哥景莱（字仲裕）投江经过，叔衡查出送来。珠同一张姓同事晚上来。

1959 年 5 月 26 日

金通尹复到，对我的五言诗有“数十年过度濡染修养，积力真久，一日前为文辞，自然迥不犹人”语，以为见切复谢受之也，将昨夕叔衡送来之件附去。三人衔接得如此好，可说巧矣。

下午全委学习西藏问题，到了五十多人，顾起潜来信把叶揆初校《四当集》论抄来。

1959 年 5 月 27 日

竟日在家，复顾起潜，并函和弟。

1959 年 5 月 28 日

下午同学会学习。

1959 年 5 月 29 日

晨复鼎、斐共寄还三信。

下午政协学习西藏问题。

1959 年 5 月 30 日

到地坛看劳改工作展览，这个展览有点证明我曾说过的一句话：有料人可把无料事做成有料。这个展览真是丰富多彩，坚强人们改造信心，鼓舞人们控制潜力的勇气。看到过午，乘刘清扬车返城，带她来家吃午饭。以窝窝头待之。

下午民建在听鹂馆（颐和园）招待参加二届社会主义学院的成员，三十多人叙餐会。函金通尹，为照片事。

1959 年 5 月 31 日

这两天棉被太厚睡得不好,白天想了不少,打算写《十年回顾》。

晚同贞到政协礼堂看欧阳予倩的《桃花扇》。

1959 年 6 月 1 日

在帅府园看到儿童画展,看了两遍提了意见。这是又一次(见 5/30)令人高兴的展览。

下午在航空署街谈民建代表大会筹办问题,我被分配做修改会章工作,这项工作从今天开始。

1959 年 6 月 2 日

下午政协在文俱部学习西藏问题,我从学习角度讲了几句话。

1959 年 6 月 3 日

开始试写《十年回忆》的五言大律诗,一上午成了三首。

下午同会内同志到社会主义学院,参加临时支部成立会。

1959 年 6 月 4 日

下午同学会学习第 241 次。

晚约贞往视平之五叔老病。

1959 年 6 月 5 日

民建今冬召开二届代表大会,6 月 1 日已进入积极筹备时期。我被分配主持会章修改的座谈,今晨举行第一次会,任老即席做重要报告。

下午政协西藏问题学习,章乃器又来反击,许闻天、钱有兴、吴大崐和我讲了话。晚同贞去去吉祥看江西弋扬戏[①]——《牡丹亭》。座前有二外国人,我为之解释剧情,受到旁座干涉,一时我为政府不许同外人接谈。以后外人照了几张相即去,误会渐释。

1959 年 6 月 6 日

政协全委新改组的工商组今天开组会。我去参加讲了一些话,十时半即结束。

下午同贞到北海泡茶馆,一切很平静,不可多得。

1959 年 6 月 7 日

静静的一天,瞿良、虞振镛来晚饭后,同贞带王淑香(女工顺义人)到北海看

---

① 应指“弋阳腔”,是江西省弋阳县地方传统戏剧。南宋中期,南戏经信江传入江西,在弋阳地区结合当地方言和民间音乐,于元末明初孕育出一种新的地方声腔——弋阳腔。

电视——《悭吝人》。

1959年6月8日

今天起一、三、五上午到民建搞工作——这阵是修改会章。

晚上机关支部开会我又去参加，结果因又脱肛早退回家，午间回家途遇孙洗烜，邀之来便饭，素菜加蒸鸡蛋。

1959年6月9日

下午全委学习西藏问题。

1959年6月10日

下午在礼堂听两会工作组天津北京的报告——“双献”。金通尹鼓励我和敬渊去秋游丽萝湖诗，得八句如下：“吟诗待我感盛情，拂面秋风谈笑轻。幸得鄱船殷勤助，归来犹念水波平。香花桥上擎灯游，歌乐山前忆苏州。两世悠悠过去来，且喜今朝共放舟。”即寄通尹交卷。

1959年6月11日

晨起为同学会肖君石事晤叶叔衡，决定星期天找他谈问题，我不参加。

下午民建修改会章座谈，人到不多，但谈得很好。

晚同贞到礼堂看西安越剧团《状元打更》，戏甚好，散时适逢大雷雨，通身淋透。

1959年6月12日

上午在全联开协委会。

下午全委学习会上章乃器声色俱厉地骂人。

晚饭后同贞到市场买鞋，不果。

1959年6月13日

买布底鞋越来越困难了，昨夜同贞去遍市场没买到，今日上午特到鲜鱼口去买，只有一个尺寸未买成，到附近一个市场去还没有，到内联升，内联升招牌高悬，但内部已改为棉绳作坊，终在劝业场找到了，三元一双，买了两双。

今天以一天时间，把注音字母及拼音字母两本字书作了一次核对，相当累。

1959年6月14日

又是静静的一个星期日，下午琢如来，“五反”在文俱部，吃饭后参加了同学会的委员会会议，讨论肖君石问题。

1959年6月15日

晨起又写了一首和敬渊：“笛奏剪烛话旧游，忽忆京华忽苏州。一生纵临不相失，与君共泛碧萝舟。”即寄通尹，到全联看资料，管理人请假，改看史料。全联图书室管理员方信寿是前义赈会同事,谈起敬渊。我适在默写和他的两首诗即请他看,可说巧矣。

下午在民建讨论会章修改。

1959 年 6 月 16 日

上午在全联开协委会,决定 7 月间召开八省八市室组座谈会,为代表大会做准备。

下午全委学习批判章乃器,此人打算在"和风细雨"下翻案。

1959 年 6 月 17 日

上午在全联协委听家属工作报告,其中问题不少。

下午同学会学习临时由星期四改星期一,又由星期一改星期三。这阵子一、四有民建会章讨论,二、五有全委学习。金通尹来片和诗二绝。

1959 年 6 月 18 日

下午在民建讨论会章。

1959 年 6 月 19 日

晨经柏泉来谈同学会宿舍与房管局间关系问题。

下午全委学委组开会,章乃器第三次猖狂反扑引起众怒。

晚同贞去首都看郭沫若近著《蔡文姬》,比《虎符》好,比《屈原》更好。

1959 年 6 月 20 日

四点后同贞在北海九点才回,在仿膳看晚霞"打牙祭"。

1959 年 6 月 21 日

得金敬渊、金通尹片写了八句作复:"金氏兄弟诗家学,老来怜我不知诗。通尹长歌相动员,敬渊湖游巧设辞。精诚所至金石开,忽焉咿唔有所思。言书频烦循循诱,才进应谢友兼师。"

1959 年 6 月 22 日

上午在全联看资料。

下午在航街讨论会章修改。

1959 年 6 月 23 日

午前研究印度纵容叛徒在穆索里宣扬叛国阴谋的新闻。

下午全委学习,章乃器不敢来了,西藏学习告一段落。

1959 年 6 月 24 日

到全联看资料,午饭晚饭都在文俱部吃。

下午同学会学习，晚在文俱部看科学电影，“娘娘”、延、大红同去，遇见杨崇瑞，延就谈所患胃脏病情。

1959年6月25日

下午民建讨论《会章》，修改完成第一遍，写信给琴。

1959年6月26日

全联看资料，下午全委学习第二单元（《政府工作报告》）今天开始。

1959年6月27日

不知为何整天觉得疲倦，行动不行，看不进东西去，想不出念头来。

1959年6月28日

王淑香（这阵的女工，赵玉琴去后来，顺义人）的姐姐来了一天做客，午饭后请“大妈”（贞）看音乐堂戏。我四点后到公园候贞，同在来今雨轩吃了两个素菜（烧茄子，麻姑豆腐）、一碗饭回家。这阵全市各公园都办晚会，只是普通门票看各种电影、戏剧等节目，不另收费，这又是一种“共产主义萌芽”的出现。

1959年6月29日

全联看资料。

下午在民建讨论会章，晚饭后八点散，金氏兄弟复信同时来到，盛赞“谢教诗”一首，敬渊且和了一首。

1959年6月30日

得通知到国务院礼堂听刘仁书记报告。

下午全委学习到仅6人，写读西藏事复五言古体《谴尼赫鲁》。

1959年7月1日

全联看资料。

下午写诗，贞要参加北海游园，前天我买了票。

傍晚冒小雨带大红、王淑香（保姆）赶去吃仿膳后坐在地上看焰火，十点前冒小雨回家，公共汽车卖票人要揩油，我为之生气。

1959年7月2日

下午在民建碰头会上讨论会章，鼎、琴、斐都有信来，对我给他们的坏影响提出意见。

1959年7月3日

协委开会。

下午同学会学习恢复星期五。

晚同贞看《伊索》。

1959 年 7 月 4 日

写了两张关于思改的信寄给斐等四人，这阵家庭通信讨论对我有巩固、提高的作用。

晚同贞在礼堂看战友歌舞团，甚为精彩。

1959 年 7 月 5 日

写了两首七绝《战友歌舞团颂》。

中饭在文俱部吃饺子。

1959 年 7 月 6 日

全联看资料，下午在航署街开民建中常会，讨论会章。

1959 年 7 月 7 日

写了一首乐观室额四句，录寄敬渊。忽大哭一阵，后来觉得失粘太多，下半天因为寄得太早有点交了一个讨打手心的卷，情绪是灰溜溜的。又用半天工夫举唐诗为例编了一个《四诗平仄谱》使用。

下午全委学习我为诗事所累，未发一言。

1959 年 7 月 8 日

全联看材料后找经柏泉请教他作诗。

下午再全联开协委。

1959 年 7 月 9 日

民建八点半开会赶去"主楼"。

下午在全联听汇报，民建小组不开会。

1959 年 7 月 10 日

全联看材料，下午同学会学习。和弟忽来说发现鹏已"失踪"，晚上回来从熊处得悉北大榜示，鹏在玻璃厂劳动时因偷窃保卫人员钱物被捕，取消学籍。途遇陆公达（北京），四十年前天津朋友。

1959 年 7 月 11 日

上下午都在全联座谈，为组室座谈会做准备。

1959 年 7 月 12 日

大年来温课，午前听音院演第九交响乐。

晚同贞在礼堂看梅兰芳《穆桂英挂帅》，对说明书仅发给少数人，傅学文捡看我写给邵力子诗等，情绪上有波动，回家不快。

1959 年 7 月 13 日

全联看材料。

下午在礼堂参加关于计量名词的座谈，提了四点书面意见。

1959 年 7 月 14 日

到来今雨轩找到卢振镛，他本年来住西郊中唐村，每星期二、五清晨必在锻炼太极拳。

今天同他喝茶漫谈，甚为舒畅。

下午全委学习，谈学习办法。

1959 年 7 月 15 日

全联看材料，同华文煜谈了些感想。

下午冒雨同贞到北海看画展，冒雨归。

1959 年 7 月 16 日

下午全联开协委会听邱庆铭、周同庆报告工作组收获。

1959 年 7 月 17 日

全联看材料。

下午在礼堂听周而复同志报告《南美观感》，贞同去，散后在同和居夜饭后，又回到礼堂看青海剧团新京剧《绿原红旗》，别开生面。

1959 年 7 月 18 日

全委工商组在文俱部请技术人员谈话。

下午在全联开两会常委会，准备组室座谈。

1959 年 7 月 19 日

同大年到市场买零星东西，他今天起在我家度暑假。

下午应约到文化餐厅晤何永结，他要 relieve of routines as he can create（尽量减少他所能创造的常规），写一本书名为 *Our Country*，*Our Republic* 的书。

晚饭同贞到永滋砖塔胡同宿舍，同之到礼堂看歌剧《货郎与小姐》。

1959 年 7 月 20 日

上午在全联听汇报（天津工作组）。

下午全委学习会开会。

1959 年 7 月 21 日

下午两会组宣工作座谈会开始，冒大雨去参加。临时脱肛腰酸，找工商联针灸大夫姓马的为我打针——有生以来第一次。午前到银行办公债手续，行员同志交代不清，累我填表，填了又不对。我想他为何不早说，同他要态度，结果他尽量使我满意而散。

回家一想我也有不是处——当时没向他问明即动手点数。

1959 年 7 月 22 日

上下午都去全联看“三省八市”带来的材料。

1959 年 7 月 23 日

上下午听组室座谈发言。

晚饭后因民建小组久未活动去看，遇见老白同志，他说今天仍无布置。

1959 年 7 月 24 日

上午在全联礼堂听发言。

下午同学会学习。晚悉老工友姜建荫星期二因强奸罪被捕，这人始终教不好!

1959 年 7 月 25 日

上午在全联听组室会，今天是小组讨论“抓问题”。下午未出门。

昨夜失眠，推敲通尹的诗，宋之英来他说他近来也在作诗。

1959 年 7 月 26 日

女工休息。中午去了几处找不到吃，自己煮了一锅夹生饭就炒豆荚、乳腐对付了午餐。贞独自出去找吃的，为同她一起，她生我的气。

下午同学会请周培源讲思想改造过程，我当主席在大厅吃西瓜，今天天很热，到了四十来人已算很不差。

1959 年 7 月 27 日

又听了一天发言。

1959 年 7 月 28 日

上午下午都在全联听组室会发言讨论“思想障碍”，天热得很。

傍晚幼儿园忽送儿童，回家说“今晚将有 12 级大风”。

1959 年 7 月 29 日

又一天在组室会，今天是小组。

下午大雨后天忽凉爽。

1959 年 7 月 30 日

又一天听会，听了十天后没讲一句话这是第一次。

1959 年 7 月 31 日

上午听吴雪之商业部副部长在组室会上谈供应紧张。

下午请了假搞同学会学习，院中唐家住过的房子从幼儿班迁并后一直空着，今天来因昨夕大雨房子出现危险而来暂住的人。

1959 年 8 月 1 日

上下午都是小组谈代表大会问题。

下午大雨回家，贞卧在床上伤了腰了。问她什么情况，她不肯说，仅知为了雨中搬炉子。

1959 年 8 月 2 日

竟日在家看护贞，张俊建议吃七厘散，和弟为鹏事来，晚饭后回去。

1959 年 8 月 3 日

上下午都是小组会，贞服七厘散见效。

1959 年 8 月 4 日

上下午听大组会。

下午早退理发。

1959 年 8 月 5 日

上午听发言。

下午经政协秘书处动身到北京医院检查身体，搞了一下午，体重 60 公斤，血压 126/90，发现肝大。

1959 年 8 月 6 日

今晨去北京医院完成体格检查后，到全联听孙起孟发言。

下午又去。自 7/21 开始的两会组室座谈会于 17:20 结束，阿武骑了自行车经天津来京，5:45 动身，13:30 到锡寓。

1959 年 8 月 7 日

上午休息，下午同学会学习。

1959 年 8 月 8 日

竭半日之力把叶揆初校《四当集》(和弟藏本)搞出寄顾起潜。

下午无事，贞大便干结，劝她吃油。

晚同阿武到文联看研习社改编本《牡丹亭》演出。

1959 年 8 月 9 日

一天没出门也无客人来，布置同学会纪念 250 次学习招待会。

1959 年 8 月 11 日

政协全委在北海组织游湖，同贞同往，由于估计错误从南门入园，没有渡船去到仿膳。辛志超从容划船，同鄢宝璋划了一小时绕湖一周，在仿膳吃到肉末烧饼，同桌康同璧、李俊龙大放厥词，一如昨昔，讨厌之至。

1959 年 8 月 12 日

全联看材料，到同学会取记录预备星期五。

晚饭后带武侄到市场吃冰，又到文俱部听侯宝林相声。

1959 年 8 月 13 日

阴雨，阿武明天将骑车返津，正好休息一天，我也整天未出门。

1959 年 8 月 14 日

阿武昨日休息了一天，今晨骑车回天津。同学会第 250 次会在来今雨轩开茶话会，恰恰是游园晚会进门有阻碍。到了十几个人，先后参差不齐四点要净园，吃了西瓜即散，经(办)事务员办事马虎，使这次纪念茶会变成一次名副其实的“250”会。

1959 年 8 月 15 日

上午协委会无会，在全联，熊自苏州回来，和我午饭。

晚同贞在文联看《牡丹亭》演出，开始阅读苏联新出版的《马克思主义哲学原理》一书。11/3 粗读毕，计实读了 23 次，约 100 小时。

1959 年 8 月 16 日

在家一整天。

下午看《原理》至页 50，上午为鼎等批信一批，下午得斐信要来京，劝阻之，保信内容越来越不好。

1959 年 8 月 17 日

全联看材料。

下午学习《原理》。

1959 年 8 月 18 日

上午看书。

下午在医院：验耳听力(低音好，高音差得很，决定吃 Vitamin B 及电疗)，看痔疮(又打了一阵 Pheseol)接受电疗第一次(连续 21 次)。

1959 年 8 月 19 日

曾晨涛夫妇午突来，他们是从西安来的，留吃午饭全盘素菜。和弟下午来当晚回津。

晚饭同贞、大年送他到车站，乘便看见天安门新建筑群，暮色风光，虽工程未毕，显得十分气派，同曾晨涛概括我人一生观感，成为“从前抱金饭碗要饭，今天是在象牙榻上睡席片”。

1959 年 8 月 20 日

上午为医院占去。

下午电疗移至上午，省得再去一次，写材料复统战部关于李学馆的了解。

1959 年 8 月 21 日

全联看材料，下午同学会学习。

1959 年 8 月 24 日

全联看材料，一进门即为胡子昂截住问我，昨天开会我何以未去？突如其来的一面使我莫名其妙，原来昨天临时召开常委听传达，后从华文煜知道 59(年)生产指标将修正。

下午到医院电耳。

1959 年 8 月 25 日

上午看书。

下午医院搞了二小时。

晚饭同贞带年看东单广场上马戏，得鼎信说将去上海社会主义学院学习。这是好消息。

1959 年 8 月 26 日

全联看材料，(去)医院，看《马克思主义哲学原理》将半。粗读一遍将占一月时间，18:00 时八届八中全会关于修正 1959 年生产指标及展开增产节约运动的决议在电台广播。

晚在文俱部看罗马尼亚电影。

1959 年 8 月 27 日

下午有会，午前在医院搞完理疗。

下午晓邨传达最高国务会议周总理、刘主席的讲话。

1959 年 8 月 28 日

上午同学会学习。

下午民建座谈八中全会公报和决议，中间抽出时间去电疗耳背。

1959 年 8 月 29 日

去医院搞理疗。

余时在家学习八中全会文件，颇有收获。

1959 年 8 月 30 日

外婆叫大年去扫街，大年干脆说“我不去”，我因而生气，不理睬大年。郭新生来看文件，学习一天。

1959 年 8 月 31 日

上午去做电疗。

下午两会学习八中(全会)文件。

1959 年 9 月 1 日

上午在家学习。

下午到医院后同贞去仿膳泡茶馆吃晚饭。

1959 年 9 月 2 日

上午电疗耳。

下午两会学习。

晚饭同贞到王府井买糖、烟等物。

1959 年 9 月 3 日

下午去医院，水疗腰酸疗程完毕，洗盐水浴 6 次。

1959 年 9 月 4 日

下午同学会学习八中全会文件，这三天大扫除。

1959 年 9 月 5 日

医院检查水疗效果。

下午在全联学习，午间贞鼓起勇气去请五叔叔(平之)吃饭，老人今年七十八，心境不好，身体更差，好容易在大同酒家请了他一餐，工程不小顺利完成。

1959 年 9 月 6 日

阴雨一天。

晚上同贞冒雨到东单，看老舍新作《全家福》。

1959 年 9 月 7 日

上午去医院电疗。

下午两会学习，我说我右倾思想的一例。

晚同贞在政协礼堂，看甘肃戏《枫洛池》(东后梁英故事)。

1959 年 9 月 8 日

上午去医院，协委会开会。

1959年9月9日

医院学习。

晚在文俱部听古琴《胡笳十八拍》。

1959年9月10日

医院水疗。

下午在航街听任老报告[内]蒙古之行,南汉宸同志大西北之行,他说不到西北不知中国之大,不到西北不知中国人口之少。

1959年9月11日

下午同学会学习。

1959年9月12日

上午相当地赶:8:30的盐水浴,9:00的耳科查电疗疗效,10:00同贞在东单约会同去参观北京新建的火车站——从方中巷进去,以七个月时间建成的国际水平车站,回家十一点吃大炸蟹。

下午两会学习停。晚饭后同贞到天安门观灯,路线是公共汽车的东单再往东单到西单,回程在中山公园下车后,步行到文化宫登车回市场。今晚十一校阅预演,观者塞途,人声通宵不绝。

1959年9月13日

下午"中华人民共和国第一次运动会"(全国运动会,简称"全运会")在朝阳门外新建的工人体育场开幕,我有观礼请柬,贞带年同往参加,场面十分大,礼节隆重,团体操表演得十分精彩,观众八万人,公共汽车特开临时路线十条,我先退出会场,比贞等早到家75分钟。

今天报上登苏联月球火箭发射的新闻。

1959年9月14日

欧美同学会昨天开年会我未能参加,今晨悉此会未开成,改为讨论时事(中印边界问题),又悉肖君石散发传单,仍以我为对象大发谬论,找叶叔衡听悉实况,会内将马虎了事。我以为不可。

1959年9月15日

下午去医院作最后一次理疗,这事搞了将近一个月(见8/18)没有什么效果。

晚同贞到钱琢如家。

1959年9月16日

下午两会学习讨论中印边界问题。

1959 年 9 月 17 日

同学会学习提前于今日下午举行。

上午参观人民大会堂。

1959 年 9 月 18 日

在航街搞民建会章修改。

午饭在民建。下午听传达。五点回家寿生母亲在座,瑶琴有假期接她母亲来玩。

1959 年 9 月 19 日

协作委员会谈家庭工作。

下午在政协听殷维臣报告学社。

1959 年 9 月 20 日

政协组织大家去密云水库,十四小时中在车上捣鼓了八个小时,八点出门十点回来。

1959 年 9 月 21 日

下午学习会上我说我有顾虑说话怕错,陈叔老说我害怕,星期六我将就“认识与实践”问题作中心发言。

1959 年 9 月 22 日

午饭后送张平之五叔的丧。

1959 年 9 月 23 日

应邀到中央统战部听报告,听到党内出现右倾机会主义分子问题的八中全会决议和毛主席对各党派讲话的录音。

下午在礼堂听杨秀峰部长教育工作报告,晚同贞到文俱部听昆曲《游园见娘后亲》。

1959 年 9 月 24 日

上午预备星期六学习会发言。

下午政协工商组座谈听到李贻赞、俞交生报告,甚有益。

1959 年 9 月 25 日

上午预备星期六发言。

下午同学会学习,部郁文谈彬敬斋有双重国籍,今天还从外国人处得到钱,每月六百元云云。

1959 年 9 月 26 日

上午在航街开中常座谈讨论,给右派分子搞帽子问题。

下午学习我做了中心发言，题目是《认识与实践的统一问题》。

1959 年 9 月 27 日

民建中常会机关支部午前在文俱部过组织生活，我畅谈了一番，经上海胡厥文提议，民建除同工商联协作外，搞些自己的工作，说起我对协委同民建常委及自己的组织的关系，讲了不少话。关于我们组织关系，我归纳为“思慕，信任，苦闷”，我说在组织上谈了之后我的苦闷消除不少，足见过组织生活所必要。

下午在航街开庆祝会，我又讲了一小段。

晚同贞去政协礼堂赴庆祝晚会，看到川剧。

1959 年 9 月 28 日

建国十周年庆祝今天开始。

下午在新建的人民大会堂参加庆祝大会，各国党同政府代表团相继献礼，明天将继续开会。

1959 年 9 月 29 日

庆祝大会下午继续，82 个国家的党和(或)政府致辞于七时前完成，少先队献花，结束二天的万人大会。

1959 年 9 月 30 日

贞为了招待两位亲家母申增之母、寿生之母忙了大半天，结果在涟漪堂吃了一顿，我吃得太多，回家很不舒服。

1959 年 10 月 1 日

原缺。

1959 年 10 月 2 日

竟日无事，买了新出版的统计书《伟大的十年》。

晚同贞到北海看焰火。

1959 年 10 月 3 日

下午同贞到午门楼看工艺美术展览。

晚在人大会堂参加文娱晚会。

1959 年 10 月 4 日

中午到绍钫家吃鸡，吃了不少家常菜。

下午在陶然亭走了一圈。

晚同贞在中央统战部礼堂看俞振飞、言慧珠的《墙头马上》。

1959 年 10 月 5 日

在家研究数学，细读新出的《伟大的十年》，江苏会馆长班王化南来，二月间从银川自动返京。

1959 年 10 月 6 日

在家看书。

1959 年 10 月 7 日

下午到故宫看新的展览，三大殿油漆一新，看到德国展览在文华殿。

1959 年 10 月 8 日

今天同贞去看“地下宫殿”——定陵，交通条件还不太好，七点出门，四点半回来，原约刘寿生母（近在京游览）同去，临时自问体力不足未同去。

晚上看到保来信，有“我恨一切人”，“我搞到今天这个样子，三成怨自己七成怨别人”等语，不服错，健康又有问题。此子前途实在可虑之至。

1959 年 10 月 10 日

假后第一次在全联干协委会，听家属工作汇报。

下午同学会学习。

晚同贞去吉祥，看陕西省献礼剧本《三滴血》。

1959 年 10 月 11 日

上午学习文件，午后高乃明、事业部老工友吴力人来视我，旧友重逢谈得甚欢，到同学会参加碰头会，结束肖君石事，并汇报学习组情况。回家由南河沿经天安门筒子后回家。一路有幸福感。

1959 年 10 月 12 日

午前到中山堂参加公祭李济深。

下午在政协礼堂看浙剧《生死牌》。

晚九时看宽银幕《风从东方来》，晨接和弟信，说母亲病了几天。定星期六往视。

1959 年 10 月 13 日

整天看书。

1959 年 10 月 14 日

出复兴门参观革命军事博物馆，又是一个漂亮大建筑物，匆匆看了四小时，回家累得很。

下午起休息。

晚上政协有秦腔，贞一人去看。

1959 年 10 月 15 日

午前参观新建成的历史博物馆。

下午在航街开会,召开代表大会。

1959 年 10 月 16 日

下午同学会搞得很好。

1959 年 10 月 17 日

乘九点半(火车)赴津视母疾。午到和处,母大人因头晕未下床,人极精神。

1959 年 10 月 18 日

在津一天,午饭在三弟家吃饺子,三弟在郊区学习满腹牢骚,不服气,自大成性,处处向人找别扭,要反击、报复,要儿女为之争口气,劝慰之略安静,看来问题不少。

1959 年 10 月 19 日

乘午前车回京到家午饭,后在怀仁堂听匈主席道比发表演说。

1959 年 10 月 20 日

贞为小事任意责我,对我不知之事责我干预,我说她不应为此拿我来泄愤,她不能接受。

下午我出门去街理发。

1959 年 10 月 21 日

民建讨论会章。

下午在人大礼堂听班禅等作西藏报告。

1959 年 10 月 22 日

上午在家搞数字。

下午在全联学习。

晚大风起。

1959 年 10 月 23 日

上午准备学习。

下午同学会学习,小组八人写好材料已装好,即将作为献礼送给民政局。

1959 年 10 月 24 日

在航街讨论民建会章,下午廖鲁言在政协礼堂报告农业问题。

1959 年 10 月 25 日

政协发动到香山看红叶,我同贞参加了。每人只收 2 元,于是邹秉文大请其客,带了六个亲戚,香山红叶有限,不许摘,阎宝航衣襟佩叶还自鸣得意,我们同李云亭翁泳霓等一起找胜迹，同郑林庄、关瑞梧、于永滋、薛同志一起玩碧云寺，回家车上灯前。

1959 年 10 月 26 日

午在文俱部饭。参加会章起草小组讨论。

下午在全联学习，只到 6 人，我对《为什么学习深入不下去》作了发言。

1959 年 10 月 27 日

整天搞数字，连续工作了 10 小时，晚上失眠了。

1959 年 10 月 28 日

为和弟买车票后，到圣陶家看看。只满小姐一人，同她到隔壁看张纲伯病。他虽患不治之症，而不自知，谈笑自若。买车票忘掉手套，午前去取居然为我收存候取，新旧社会的不同令我感受极深。

下午看书，晚上同贞去文俱部看《水兵之歌》，德国 1918 革命电影。

1959 年 10 月 29 日

政协邀游颐和园，在介寿堂吃到活鱼及甘肃出的徽酒，九分醉后回城，参加学习谈中印问题。

1959 年 10 月 30 日

同学会学习后到陶兄家大吃一顿，今天是他 66 岁生日，当晚将去洛阳参加第一拖拉机厂落成典礼。

1959 年 10 月 31 日

和弟来京，下午同他去王府井大街，在康乐吃饭，送他上火车乘便再一次欣赏新车站，

午饭在文俱部吃饺子。

1959 年 11 月 1 日

两会欢迎参加“群英会”的工商业者及民建同志。

午在文俱部开职教社会，吃了一餐。

下午钱宝踪来。

1959 年 11 月 2 日

民建市委在讨论会章修改，去参加，在丰泽园吃午饭。

下午学习讨论俞宸澄对尼赫鲁汇报的错误论点。

1959 年 11 月 3 日

阴天，在家读毕《马克思主义哲学原理》一书。

1959 年 11 月 4 日

胥仰南十点即来陪了他一天，其中包括全聚德文俱部两餐，雍和宫附近我买香菌，在长安街、王府井等，弄得我很累。

1959 年 11 月 5 日

午饭后到车站送胥仰南，为谈四弟把存款处置办法，是把合营经过写出，记录没有赔偿问题，更不可把事交给我家代发之理。

下午去人大礼堂听周总理在群英会上报告，惜听不清几乎无所得。

1959 年 11 月 6 日

同学会学习第 260 次。

1959 年 11 月 7 日

上下午都在政协礼堂听报告，散后同汤华英邹仪新两位女同志去同和居吃饭。

饭后各算账。她们在社会主义学院学习。

1959 年 11 月 8 日

民建中常会小组在文俱部集会谈会章修改。

晚同贞在礼堂看梅兰芳《凤还巢》——不怎样精彩。

1959 年 11 月 9 日

午前在航街欢迎群英会工商业代表，和平饭店宴会。

下午学习。

晚上又去航街讨论会章修改，晚饭在周士观家吃，回家十点后。

1959 年 11 月 10 日

上午在全联开协委会，布置十二月召开的代表大会。

下午在家安装插销。

1959 年 11 月 11 日

下午同贞到礼堂听交通邮电问题报告。

散后到文俱部吃饺子看电影。

1959 年 11 月 12 日

在航街讨论会章修改说明。

下午学习，我提出问题，成为讨论中心，学习不能深透的原因在人们有顾虑，陈叔老说自学不够。

1959 年 11 月 13 日

上午参观十大建筑之一的民族文化宫。

下午同学会学习。

1959 年 11 月 14 日

政协组织委员们参观近郊人民公社,我今天参加参观卢沟桥公社。15:30 回城赶到俞家拜寿。

1959 年 11 月 15 日

到文俱部参加王新元小组(会章修改),昨天是俞阶青伯母八十诞辰,昨天去拜寿。今天俞家在大同酒家(设在“十大建筑”之一的华侨大厦)吃寿酒,到客四桌盛宴亲朋,贞同去。

下午无事休息。

1959 年 11 月 16 日

上午讨论“开幕词”。

下午学习,我为“长期的根本改造”及组织是否可当党的助手问题展开辩论,未得结论。

1959 年 11 月 17 日

在百货大楼买来棉鞋,到家发现不是一对,赶快去换,从而保全了两双。

1959 年 11 月 18 日

阴天有雪意,在家竟日看书,看民建大会文件稿子。

1959 年 11 月 19 日

如果再去长期、短期纠缠下去,我的日子不好过得很。今日上午讨论工作报告,我把这个问题讲了一个明白,并且因为大会在即,筹备工作太忙,大家无意抱住本来没有的问题争论下去,因而我思想上(情绪上)的压力大为减轻,一天讨论我平静地参加,愉快地觉得有所收获。

1959 年 11 月 20 日

今天三场:上午协委听汇报布置大会,下午同学会学习,在文俱部吃饺子,后到航街讨论修改会章。

1959 年 11 月 21 日

阳光满室,一个人学习马列主义和《孟子》《墨子・兼爱》章,颇有新得,一整天有幸福感。

傍晚在市场购得任继愈著《墨子》一册。

1959 年 11 月 22 日

中央统战部在新建成的民族文化宫请约八十人吃羊肉,我应邀赴宴。回家延一家在此搞得落乱，包括延、红洗澡时受煤气毒等等。宋之英来，为之谈人不踏实、浮而不实之害。他自命会作诗，结果甚糟，即其一端。钱王驷（明庆）经广西调工作回京，在外文出版社工作，午后来见。

1959 年 11 月 23 日

下午学习，谈自发自觉问题，不得要领，贞准备明日再去延庆视保。

1959 年 11 月 24 日

娘娘四点起身匆匆出门冒大风寒去视保，伟大的母爱！协委开会听汇报布置大会。晨得顾起潜信要我找顾炎武未刊稿——《群域志》，同陈叔老谈过。

下午特去访叶叔衡、夏三嫂（华太太）未得丝毫线索。

1959 年 11 月 25 日

政协组织委员参观长辛店机车工厂，17:00 前回家，贞因车在居庸关出了事故，九时后始回家，害得我等她焦急了三小时。

1959 年 11 月 26 日

下午学习会上我讲了不少话，关于学习方法、批评态度等等，以期总结经验搞好学习。两会中央学习从今起告一段落转入大会，那将是一次学习的会议——学习总路线，今天贞 65 岁生日，她邀了俞成及一位陈大姐在文俱部吃饺子。

1959 年 11 月 27 日

上午听汇报。

下午同学会学习因要去民建，三点即先退。民建讨论会章。

1959 年 11 月 28 日

出去理发、修鞋。余时在家。

1959 年 11 月 29 日

写了一封长信给鼎，鼓励他学习。

下午到文俱部参加曲社同期，听到华传浩及上海学生。

1959 年 11 月 30 日

下午同贞到北海，在双虹榭泡茶馆晒太阳，她织毛衣我看《红旗》。

1959 年 12 月 1 日

8:30 赶去听工作汇报，11:00 回家。研究大会总报告稿子。

1959 年 12 月 2 日

做了一张中苏两国各自伟大的十年比较表，写在“民学”17。晚在全联讨论文件，听到中央统战部指示：我们这次大会应开成一个“神仙会”，不要形式主义，要谈问题解决问题，不必严守时间限制。这一指示是正确的，英明的，与我最近的想法符合的。会内布置将有所相应的变动。又听到费孝通等人摘掉右派帽子的消息，明天民建就要为谭志清、许汉之等摘帽子了。

1959 年 12 月 3 日

谭志清、许汉之今天在干部会上由孙晓邨宣布摘掉“右派分子”帽子，我讲了一段话。

下午我到双红榭晒太阳看文章。

1959 年 12 月 4 日

乃昌来接我到全联，同士观、艮仲开起“神仙会”来，谈“神仙会”如何开法问题。谈得蛮好。

下午同学会学习亦谈得好。彬说话甚多，富于情感。

1959 年 12 月 5 日

电话托陈文华向大会报到，整天在家。三只小鸡丢了一只。晚接保来信。

1959 年 12 月 6 日

民建支部在文俱部开组织生活会，谈如何开“神仙会”，聚餐后回家。

晚上同贞在北京剧场看杂耍。

1959 年 12 月 7 日

下午三时作为将要召开的民建“二大”前奏的中常会开会，这个会将开四天，会前写了四句：“千言万语，而今始大觉大悟，劲自来细雨和风滋且拂，‘神仙会’上百花开”。（神仙会指开会方式，将是生动自在如神仙之意）

1959 年 12 月 8 日

上下午都是小组，同王光英、巩天民、朱继圣在一起。

1959 年 12 月 9 日

上下午小组神仙会，晚政协在文俱部为摘掉帽子的右派分子开了一个联络会，听听戏曲录音，看看赫老访美电影，吃点糖，吸吸烟以资联络。统战部平、冀部长都到。

1959 年 12 月 10 日

上午小组会，下午“三片”合开中常会。今晨六时得三弟信，一个深夜来电话说：他昨天跟政协二百余人来京参观，约好明夕来家。

晚同贞在政协礼堂看山东柳子戏。

1959 年 12 月 11 日

张绍镇来，下午两会中报委三万余人在民族饭店开会，将开到代表大会前夕。绍瑾来晚饭，之后三弟来，谈到十点前回澡堂寄宿(十点前不能回去)。

1959 年 12 月 12 日

上下午小组[会]。我整天在民族饭店 610 号，回家才知道，下午外婆为大年洗澡，被煤[气]毒倒，晕厥二次，街坊都来营救。

1959 年 12 月 13 日

上午还是小组[会](辽宁)，饭后得周勖成到前门饭店报到。

下午在家，华凤翔夫妇来，九姊为我写信到上海盘寿问《群域志》线索(顾起潜托事)——见 11/24 记，特来告我。

1959 年 12 月 14 日

把《群域志》线索(见昨)复告顾起潜；批注崔敬伯诗并和他一首《参观水库工地》；交金通尹求教，发鼎片。巩天民好书法，送他父亲文徵君碑石印本一册。王新元要我细校民建会章修正稿，办出交他。鼎托人带来笔记芯子，由高事恒取来交我。

下午在民族饭店开中报会，四点半即散。

1959 年 12 月 15 日

大会前夕今天整日无事。

午饭同贞在文俱部吃。

1959 年 12 月 16 日

民建二届，全联三届代表大会下午二时在人民大会堂宴会厅开预备会议，我被推入主席团，会后听张主任(规划局)报告参观大会堂。

1959 年 12 月 17 日

在辽宁组(在民族饭店 936)一整天，回家约王筱天同车。

1959 年 12 月 18 日

民族饭店自朝至暮。

1959 年 12 月 19 日

上下午参观工业交通展览会。

晚看《降龙伏虎》话剧。

1959 年 12 月 20 日

休息一整天。

晚上，贞、年、女工淑香同我都去看昆曲社演出红娘、春香、贵妃。

1959 年 12 月 21 日

上午小组会。

下午在人大礼堂听周总理录音。

晚参加专委主任碰头会。

1959 年 12 月 22 日

整天在民族饭店开小组会。

1959 年 12 月 23 日

上午在民族饭店。

下午在人大礼堂听"英雄"报告。

1959 年 12 月 24 日

整天在民族(饭店),四点后到前门开提案审委会正副主任碰头会。

晚在工人娱乐部看评剧《金沙江畔》。

1959 年 12 月 25 日

上午小组在 718(室)。

下午辽宁团活动,我趁机到同学会搞学习。

回家吃饭。

1959 年 12 月 26 日

上午主席团会议,晓邨做了一个很好的大会情况汇报。

下午在人民大会堂听建筑工人张百发、粪便工人时传祥二位同志的报告,甚为精彩感人。

1959 年 12 月 27 日

休息一天,同年出门买金鱼。

1959 年 12 月 28 日

中央统战部在大会堂组织陈毅副总理报告会,贞约余参加,我二人同赴会。

散后贞来民族饭店吃饭。

1959 年 12 月 29 日

上午在民族九楼听小组(会)。

下午到前门开提委碰头会。

晚在政协礼堂看杜近芳等演出,未终场回家。

1959 年 12 月 30 日

一天在民族 932 参加小组[会]。

1959 年 12 月 31 日

小组[会]坚持到下午六点。

晚餐有酒。

1960 年

1960 年 1 月 1 日

晨起得句曰:“五年计划二年成,六亿人民迎六零。千年落后十年赶,人寿年丰黄河清。”

午,瞿良、珠、绍钫、至培四家阖第光临,吃了一大顿。大小男女共 13 人。同贞参加在人大礼堂举行的新年晚会看俞振飞《长生殿》。

1960 年 1 月 2 日

继续休假,明天星期不歇。

上午张德明来谈烧瓷业新气象。

下午大会主席团在政协礼堂开第三次会议,布置运 1/9 止程序,八点就寝。阿延来闹我,使我失眠,我大发脾气,同贞讲了不少埋怨她照顾区家的话。

半夜一觉醒来觉得发火过大了,而且说的话不恰当。

1960 年 1 月 3 日

瑾来向贞表示态度,并(当着贞及女工淑香)嘱大年“不许拌嘴”,并说:“外公昨天犯了两个错误,一是什么(大年作饮酒手势),二是夜里发脾气埋怨人。”“神仙会”进入第二阶段——分析问题。

下午在前门饭店开提案审查委员会全体会,分三组讨论。

1960 年 1 月 4 日

上午在民族饭店。

下午在前门饭店。

1960 年 1 月 5 日

日程同昨日。

1960 年 1 月 6 日

整日在民族饭店开会。

1960 年 1 月 7 日

上午民族(小组)。下午前门(提案)王光英变幻莫测。

1960 年 1 月 8 日

8:30 去苏州开主席团会后,回到民族(饭店)参加小组。

下午请假到同学会搞学习(第 267 次)。

晚政协招待大会看京剧和电影。

1960 年 1 月 9 日

整日在民族开小组会,绍璧昨天结婚,新郎姓冯。

晚绍璧来。

1960 年 1 月 10 日

大会照常进行,上午在小组,下午到前门开提案会。

晚饭后到绍钫家同之往贺绍璧新婚,新郎是冯世刚,其祖父年 84 岁,曾同宋则久办国货售品,新郎大父是民建同志。

1960 年 1 月 11 日

大会今天休息,上午在家整理。

下午赴职教社理监事会——工会欢送会。这次的会将开十天,大部是参观漫谈。

1960 年 1 月 12 日

民族、大片在中直礼堂大会讨论。

下午小组。

1960 年 1 月 13 日

上午在政协礼堂,坐在主席台上当执行主席之一。

下午在苏州开委员会,六点赶回民族,请绍璧新婚吃羊肉。

1960 年 1 月 14 日

上午小组[会],下午开末次中央会议,通过文件。两首新的"无名"发表。

1960 年 1 月 15 日

上午大会在政协礼堂。

下午同学会学习,竟日大雪。

1960 年 1 月 16 日

上午大会在政协礼堂,俞秀霭对我说昨天找笔上螺丝说我扰乱会场秩序,我不同意说失物要找正常事,不妨碍别人。问题不在"只二毛钱"的东西,资本家不知物力艰难,自己双双住旅馆不惜公家钱反而批评人,我不服气。

下午小组。

1960 年 1 月 17 日

上午休息,同张俊谈农人到底为什么老说“不够吃”问题。

下午在文俱部开职教社理监事会(四届第一次全体会议)叙餐散,大雪竟日。

1960 年 1 月 18 日

在人大礼堂开主席团会,听李部长讲话,明天将续开,下午去民族同一部辽宁同志对笔记。

1960 年 1 月 19 日

上午去人大礼堂如昨日。

下午去民族记笔记。

1960 年 1 月 20 日

大会参观我未去,帮助扫房。

中午去康乐吃,晚看宽银幕《风从东方来》。

1960 年 1 月 21 日

整天听传达。

1960 年 1 月 22 日

李先念在人大礼堂为大会作报告,贞同车去。报告一点才散,她到文俱部抢吃午饭,我搞同学会学习,贞去学校接大年(在患腹泻),学习只到一人未开成会,我赶去民族参加小组。

1960 年 1 月 23 日

整日在会场,下午一度在前门开提委碰头会。

1960 年 1 月 24 日

照常开会,整天小组讨论。

1960 年 1 月 25 日

整日小组,我发言不少,政协妇女组招待大会女代表,我以家属身份出席,贞参加 2 000 人大合唱,奇迹一也。会上的载涛介绍认识溥仪“皇帝”,我说“欢迎您回来”,他诚挚地握了握我手。

1960 年 1 月 26 日

整天小组[会]。

1960 年 1 月 27 日

整日小组[会],中央统战部在人民会堂盛宴大会全体,即席口占:“六零年代第一春，广厦张筵万象新。教我多方宽奖借，替补红旗答党恩。”

贞去绍钫家度除夕。

1960 年 1 月 28 日

庚子元旦，来了不少人，年前约贞到钱琢如家拜年。

1960 年 1 月 29 日

整日在家，来了不少人。

1960 年 1 月 30 日

陈叔通创七律新体，学写一首，乘拜年晋谒面请教益，借来溥仪坦白书印本，书名《我的前半生》两大本，回家谈此奇书，小孩来了甚多，闹得不亦乐乎。

1960 年 1 月 31 日

“神仙会”复会，整日在民族(饭店)。

1960 年 2 月 1 日

整天在民族[饭店]9 楼“听会”。

1960 年 2 月 2 日

整日在民族饭店 9 楼开小组，我讲了不少话。

1960 年 2 月 3 日

整日在民族[饭店]9 楼，今日起开始讨论文件。

1960 年 2 月 4 日

整日在民族[饭店]9 楼小组，在饭店的新华书店书摊买的 11/26 在北京开始发行的《苏联共产党历史》，得来之不易非常高兴。此书一出即被抢购一空，曾令大年 1/29 去买，没有买到。

1960 年 2 月 5 日

仍是小组会，下午请假搞同学会学习 269 次。

1960 年 2 月 6 日

整天小组讨论文件。

1960 年 2 月 7 日

同贞到政协礼堂新扩建的文化俱乐部吃午饭，饭后去在双虹榭泡茶馆四时回家。

晚贞拿我戏票到北京展览馆，看四大名角演《赵氏孤儿》。

1960 年 2 月 8 日

整日小组在民族。

晚饭到前门搞提案，散得早。

1960 年 2 月 9 日

上下午都是大会发言，盛丕老第一个发言，内容很好，写了一首“改造体”。

下午后半参加常务主席团会议。

1960 年 2 月 10 日

上午听许涤新为大会上哲学课，很好。

下午主席团会。

1960 年 2 月 11 日

上午在天桥剧场开大会，轮当主席。

下午又去听发言。

晚刘国钧请提案审查会及主委，饭后开提委会结束工作。得三弟信说阿凤已出嫁，新婿陈汉初，雷州半岛人，党员，在黄村团河农场工作。

1960 年 2 月 12 日

上午小组。烟头烧丝椅套，报告组织。

午饭后在周士观室 401 谈心后去。

下午怀仁堂中央接见及照相。赶至同学会学习，经柏泉病，来了一位青年马同志。

1960 年 2 月 13 日

整天小组[会]，烫丝椅套经饭店组织上决定免于赔偿。

晚赴人大礼堂 5 000 人庆祝中苏缔盟十周年，周士观同往。

午夜始到家。

1960 年 2 月 14 日

整天在家看新版《苏共党史》第 14 章、15 章。

1960 年 2 月 15 日

上下午都在天桥听大会发言。

1960 年 2 月 16 日

整天在人大会堂听党的指示。

下午“搭错了航船”，由前门转回民族。

晚去北京展览馆（前门联展览馆）看解放军特为大会演出《柯山红日》。

1960 年 2 月 17 日

上午小组会。

下午主席团。

晚上小组[会]假。

1960 年 2 月 18 日

原定今日下午开大会，因大礼堂 11 点时有事，两会的大会推移到明天。

上下午都是小组，小组讨论精神一贯饱满。

1960 年 2 月 19 日

大会正式开幕，二千人占了人大礼堂楼下一部分，我以主席团成员坐在主席台上，座位在中间，全堂情况看得很清楚，上下午都有大会。

1960 年 2 月 20 日

上午大会选举，午饭后回家。

晚会贞去北京展览馆。

1960 年 2 月 21 日

大会 11:05 在人大会堂胜利闭幕。

下午接着开中央委员会预备会。

昨天选举结果我当选为第二届中央委员。

1960 年 2 月 22 日

上午去虎坊饭店开第一次中央会，当选为中常委，李维汉部长要在下午会见全体中执委。

下午四时在人大礼堂三楼大厅同全体中执委，讲了二小时话，建议学习历史唯物主义。说这是刘少奇主席的意见，党关心工商界，指示他们为何最快地学会掌握自己的命运，实在令人感动。

1960 年 2 月 23 日

上下午小组[会]在民族[饭店]，原定 626 后改 713，晚饭后同贞去民族文化宫礼堂看话剧《两代人》。

1960 年 2 月 24 日

上午小组，午饭后发现记事本丢了，紧张了一阵。刚刚第一次常委会即将开会，十一楼、七楼之间跑上跑下地找，经过了大约十分钟，成盛三同志已为我找到等着还我。中常会开后不久，散后再去小组坚持到 17:36 精神饱满散会。

民建的“二大”至此算是全程完毕。计自去年 12/7 至此由中常而中央会而大会，再由大会而中常会连续开了 80 天，由 12/15、12/20、12/27，1/1、1/2、1/11、

1/17、1/20、1/28、1/29、1/30,2/7、2/14 十三天休息,净开 67 天(计在饭店吃饭 55 天,在家吃 23 天,宴会四次合 2 天,三共 80 天)。

1960 年 2 月 25 日

政协学委会请假未去,在家休息。理发,修眼镜。送了一次辽宁火车。

1960 年 2 月 26 日

下午搞同学会学习,仅到吴承禧一人,水老后到,赵鸣岐到得更晚,彬病不能来,吴蔼晨近又不遂,看来同学会学习似已完成或接近完成了它的历史任务,可以考虑结束了。

晚同贞去政协礼堂看云南花灯歌舞剧,甚轻松自然。

1960 年 2 月 27 日

下午到文华殿看解放军画展,东华门进宣武门出。

1960 年 2 月 28 日

再进东华门把今晨携程一首诗,写上画展意见簿。饭后同大年等在原"真光"看木偶孙悟空,回家同贞到政协礼堂吃晚饭,看邯郸剧团演出。

1960 年 2 月 29 日

在家看书,晚得通知政协出发视察,余见后页。下午同贞在北海吃茶,看到琼岛建筑物在整修。

1960 年 3 月 1 日

民建开会谈此后如何展开工作。

下午在家看完新出《苏共党史》1937 后各章,决定去辽宁视察。

1960 年 3 月 2 日

开始打点行李打算 2/4 赴沈阳,人大常委会办公厅来电话联系徐墨缘。自三月份起已从职教社退休,月得 60%原工资(¥70)。午前来告。

1960 年 3 月 3 日

打点行李。到大明取眼镜,怄气一场。

1960 年 3 月 4 日

今起赴辽宁视察,日记记活页。

1960 年 3 月 13 日

上午整理陈毅报告记录,学习工作组改在四点在文俱部吃了一餐,餐后散。

1960 年 3 月 22 日

晨七时到京,车站上遇到民建郑同志为大会工作派车送回家,休整一个短时从此开始。一天没出门,把在大连写的 18 点意见寄给鼎,发津、斐片。

1960 年 3 月 23 日

整天整理视察材料,准备写点东西。

晚饭后同贞为斐寄胶鞋。

1960 年 3 月 24 日

到前门饭店报到——政协三届二次全体会议将于下周召开。

余时在家,下午再整理视察材料。

1960 年 3 月 25 日

协委会占了一上午,下午去同学会搞学习结束因无人而归。一水、吴去民革,彬、吴在病中,却已有工作岗位,李有事(?),看来同学会从学习要走完自己的历史过程而结束了。1954 年 6 月 30 日始至此凡五年九个月。

1960 年 3 月 26 日

整天在家写报告。

1960 年 3 月 27 日

整天在家,写完辽宁视察报告约 6 000 字。

1960 年 3 月 28 日

上午抄报告,连续写了 2.5 小时觉得累了。

1960 年 3 月 29 日

政协三届二次全体会上午十时开幕,午饭返家。抄报告完成。计费时约 20 小时,民建同意为我打印,抄完不久政协文件即来,正好接着阅读文件。

1960 年 3 月 30 日

上午看文件,下午列席人大一届二次会,在政协礼堂饭后到民族宫看歌剧《鱼美人》。

1960 年 3 月 31 日

整天在家阅读文件。

1960 年 4 月 1 日

在礼堂开小组,午饭后回家休息。

到同学会搞学习。进入二月份以来学习很不正常,三月流会两次。今天也仅到吴继英一人(水、赵先后已到),因把近五次记录(271—275)抄入册中,建议“在本届常委会作出关于会内学习的决定以前,每周一次的小组会暂停”,看来五年以来的学习完成了自己的过程。

1960 年 4 月 2 日

上下午小组[会],我提了一个提案。

下午对国民经济计划提了五点意见,辽宁报告在民建打印了 50 份,以三份交给政协常委会忙了一整天。

午间在礼堂三楼棋室改正打印本错字,请华凤翔吃咖啡。

1960 年 4 月 3 日

和弟昨日来京,同他走东华门河边,出天安门看纪念碑石雕,后到民族饭店访金通尹,同之午饭。和弟夜半返津。

1960 年 4 月 4 日

小组下午中型会(大会发言)。

晚看电影到十一点过。

下午在民族文化宫。

1960 年 4 月 5 日

上午在民族文化宫大会讨论。

晚在人民剧场看匈牙利歌舞。

1960 年 4 月 6 日

大会发言在礼堂。

下午在人大礼堂列席大会,听在印度发展报告。

1960 年 4 月 7 日

整日在政协礼堂,频散前会场补发章乃器发言,苦读两遍不知所云。朱桂老书至此所编《陶楼诗钞》见帖。

1960 年 4 月 8 日

同学会学习今天起正式暂停。

上下午在礼堂听发言。

1960 年 4 月 9 日

上午小组在礼堂。

下午大会在人大。

晚看《文成公主》话剧。

1960 年 4 月 10 日

上下午都在人[民]大会堂列席人大,人大今天闭幕。

晚会开至深夜,回家发现脱下背心忘在礼堂桌内,打电话留存明天去取。

1960 年 4 月 11 日

政协三届二次会上午结束，周总理就政协工作讲了话，午饭特别精彩，全部是小吃。

下午在家休息，要为老白（司机同志）补课，他来电话说“不用了”。

1960 年 4 月 12 日

两会今起开中常会日期三天，小组在前门饭店。

下午小组会后供给晚饭。

1960 年 4 月 13 日

上下午在前门饭店开中常会小组。

1960 年 4 月 14 日

上午在前门饭店小组。下午在全联中常会，从上年 12 月 9 日自此一系列会告一段落，计历时 4 个月又一星期 133 天（19 个星期）。

1960 年 4 月 15 日

休息，下午出去看了一张新闻片——《人民公社来到北京》，视项叔翔。

1960 年 4 月 16 日

今天大扫除，上午帮了些忙，中午起觉得腰酸，越来越不舒服，早睡。133 天后休息了一天反有“反应”了。第一次自己觉得这是老态出现了。

1960 年 4 月 17 日

民建中常会支部文娱组在文俱部开会叙餐，魏朗齐来，劝其回乡。郭新生来。

1960 年 4 月 18 日

下午政协开会听林竹君汇报山东情况，很有条理。

上午高乃鹏来将去青海。

1960 年 4 月 19 日

上午在航空署街开中常委座谈会，我被推为史料小组的召集人及学习小组的成员。

下午找材料甚久，一无所获！

1960 年 4 月 20 日

两会学习小组开第一次会。

午同贞在文俱部吃。晚饭后同她到政协礼堂看新编昆曲剧《文成公主》，我以为很成功。发李木虎信汇看坟费 10 元。

1960 年 4 月 21 日

午休后到文华殿看永乐宫(山西芮城县,元代建筑道院)展览。出午门经由中山公园(饭茶一小时)和劳动人民文化宫回家看丁香、海棠(已谢)、碧桃。

1960 年 4 月 22 日

政协工商组参观大栅栏人民公社占了一个上午。

下午在人民大会堂参加中共中央举行的列宁诞生 90 年纪念会,陆定一做报告。

1960 年 4 月 23 日

刘文辉在礼堂报告林业——这期学习八大课之一。

下午两会文史资料小组第一次会。

1960 年 4 月 24 日

清理书桌,整整花了一天时间,弄得很累。

1960 年 4 月 25 日

午休后到动物园玩,政协文史资料委员会设宴招待两会史料小组。

1960 年 4 月 26 日

下午政协工商组座谈人民公社,散后同永滋在三楼酒饭,谈合作事,过去和两人转变过程甚洽(4/27 误记此)。

1960 年 4 月 27 日

上午在全联听汇报。

下午又去搞学习。

1960 年 4 月 28 日

首都各界支援南朝鲜爱国正义斗争,下午在天安门 50 万人开大会,我以民建中常委登天安门参加。

上午中山堂公祭陶孟和,天安门上风大,吹了三小时我竟失声,我一面耳背要求人大声,自己失声要求人细听。真是自私之至。

1960 年 4 月 29 日

应邀到政协晤申伯纯谈史料问题,我就在那里草拟了两会史料工作的说明。贞来吃饭后喝茶看牡丹,我在全联开史料小组会。回家又失声。

1960 年 4 月 30 日

上午学习,午饭前觉得头晕不适,饭后即躺下,温度 37.8℃,吃解毒片进入昏睡。

1960 年 5 月 1 日

今年五一我不能参加了，烧已退但仍软。

下午贞同年去礼堂看戏，我一人在家养病，钱琢如来谈了半天，晚在室内远眺天安门灯光火花，发来请柬位在西 4 台。

1960 年 5 月 2 日

仍不想出门。

下午预备学习发言——《列宁主义万岁》。

1960 年 5 月 3 日

又在家一天预备学习发言。

1960 年 5 月 4 日

发中华书局《辞海》征求意见表。

下午学习第一次，弄得莫名其妙！

1960 年 5 月 5 日

到政协去医疗室、会刊室、史料室办好些事，在文俱部同贞吃午餐，泡茶馆到三点，贞去妇女组座谈，我去北海在悦心殿看“百花齐放”展览，茶花与迎春同开，在濠濮间画舫斋看北京市美术展览，在天王殿看北京新出土文物展览。

1960 年 5 月 6 日

学习了一天。

下午在红星看了三张新闻片。

1960 年 5 月 7 日

政协工商组请乐松生谈同仁堂，谈得很好。

下午学习。

1960 年 5 月 8 日

上午在航街开支部小组会，王艮仲将下放进电机厂锻炼，为史料小组文件引起异常越来越大的纠纷，真出意外。和弟来京取鹏入监狱后不用什物。

傍晚开始写合作史料(6/7 写完)。

1960 年 5 月 9 日

上午写了将近 3 000 字。

下午在天安门城楼上参加支援日本人民反美斗争大会，百万余人排满广场，东至御河桥东西过大会堂西侧草地，南至棋盘街北。这是我第一次见到的百万人的人群。

1960年5月10日

上午在全联听汇报。

下午政协文史会开工作扩大会邀我参加，听到科学院历史三所副所长刘大年说话。

1960年5月11日

上午写东西不太得劲。

下午政协工商组参观椿树人民公社，贞同去，五点后毕事，乘申伯纯车到礼堂吃饭回家。

1960年5月12日

在家写东西，心情不宁写得不好，翻义赈会旧东西，发现不少历史陈迹。

下午民建丁裕长来，以1949/10/11罗叔章接收旧民建文件的收条，托他带给会内陈乃如同志（主持会内档案工作）。

1960年5月13日

上午翻书写东西。

下午去还了一联——到施复亮处听昆曲片子，为他抄了两段曲词——《赏荷》《望乡》。

1960年5月14日

上午写东西。

下午学习谈公社，入睡后杨骏昌来，他现在天津市场物价委员会任市场处处长，日前来京赴工商界行政管理局召集的会议。

1960年5月15日

一天未出门。

1960年5月16日

整天在家写东西初稿似乎已入尾声，电约永滋昨日来谈，贞准备明去延庆看保。

1960年5月17日

贞乘早班车去延庆要在4:30起身，因而一夜不能睡好。

下午永滋来作长谈，对我这几天写的合作史话提了意见，我把瞿明宙编《中国合作教育的尝试》一册赠给永滋，我在书前加了一个题，略说："这书是老同事瞿明宙先生编的，义赈会关于这方面的材料几乎全部被他搜罗在一起，这番事业承他作了系统的叙述，细致的分析，并在不少地方作了扼要而公正的评价，因此这书不啻是一本义赈会合作事业史。内容的时期是从 1922 到 1936,翌年合作受到日寇侵略影响,事实上已陷于停顿,记得我在昆明见到原稿,在环境十分恶劣下,这书居然在 1938 年在北京排印,成为义赈会 2 种丛刊最后的一种,凡此种种都有指出的价值,箧中不知因何还有二册,以其一赠永滋留作纪念。"

1960 年 5 月 18 日

下午两会学习。

1960 年 5 月 19 日

写东西(第二道开始)。

贞傍晚从延庆回家,情绪正常。

1960 年 5 月 20 日

300 万人在天安门举行示威支持苏联谴责美帝侵略苏联,破坏巴黎会议,我又登天安门楼参加大会。

1960 年 5 月 21 日

政协学委会开会解决了不少问题——学习毛主席著作规划。

下午两会学习得很好。

1960 年 5 月 22 日

欧美同学会新旧委员会今日办交替,我去新的委员会上把学习于坚持 274 次之后走完了自己的过程,以完成自己的历史任务而于 4/11 先告一段落的情况作了交代,从而最终摆脱了同学会先后将近四十年的干系。

1960 年 5 月 23 日

两会召开宣教工作座谈会。

下午开始去参加。

1960 年 5 月 24 日

右足出了一个大水泡,顿觉不适,下午且有 0.05℃温度,跛足走了两趟邮局把昨日新买玩具寄给隆隆,他说等爷爷的玩具老不来,要"光火"了!

1960 年 5 月 25 日

在嘉兴寺公祭于振瀛,申伯纯为我介绍《我的奇遇》退回经过。

下午两点学习得很好。

1960 年 5 月 26 日

在家写《合作史话》。市场百货大楼只有劣质的稿纸,而且每人只限买一本,从而体会到文化高潮的高度。

1960 年 5 月 27 日

在家写东西。

1960 年 5 月 28 日

下午学习。

晚饭后同贞带红、年、江到公园，走散各回家。

1960 年 5 月 29 日

饭后永滋来对新写的《合作史话》(暂定题名)，提了不少意见。

傍晚到北京医院向林伯渠告别。

1960 年 5 月 30 日

两会史料小组，下午开第二次会，开得不错。

1960 年 5 月 31 日

午前去北海看玩具展览预展，觉得玩具问题是不易解决的。

下午写东西。

1960 年 6 月 1 日

上午自学。

下午学习小组谈和平共处是手段还是目的。

1960 年 6 月 2 日

在清太庙(今文化宫)公祭林伯渠老先生。

余时写东西。

1960 年 6 月 3 日

上午在全联听兰州同志说明辩证法教本初稿，到礼堂同永滋吃午饭，之后去游艺室请他帮助写稿。

他下午有事先走，我把《合作史话》写完第二遍，自己觉得还得大修。

1960 年 6 月 4 日

上午听说明同昨日。

下午学习。

晚饭后同贞带大年逛中山公园。

1960 年 6 月 5 日

民建机关支部会在文俱部，下午在家抄第三遍。

和弟 5/30 来片要我买脱销的书，我为他找到送去，进来片云“十分幸运”。今天起烟卷配给，我由政协配给，每月牡丹烟 20 包，每包价 0.42(元)。

1960 年 6 月 6 日

写东西约七小时。

1960 年 6 月 7 日

下午四点半写完第三遍，题名为《合作事业在旧中国的发展》，约一万字，自 5/8 写起正好一个月。

1960 年 6 月 8 日

午前永滋来，我把昨写稿请他带去校阅。

下午学习得很好，吴羹梅发言小毕，甚好。

1960 年 6 月 9 日

为“史料”看工商联拿来自传八篇。

午同贞在礼堂吃。下午我在全联参加欢迎上海参观团，刘念义带队 100 人，平均年龄 59 岁，其中熟人有李视范、胡西园、林伯遵（已改名为“汉”字）及苏州长洲小学同学阙榛元，改用号萍和，已不记其人也，自我介绍始相识，然仍模糊认之而已。

1960 年 6 月 10 日

整天在全联讨论工商界学习理论的文件。

1960 年 6 月 11 日

上午讨论学习报告稿。

下午学习。

1960 年 6 月 12 日

戴济来谈革命先烈不止中山一人，应有“牌牌”（指游行时群众手执的伟人像）；自己是李大钊同时人；中山遗嘱不完整，“是所至嘱”上有“联俄，联共，扶植农工”三大政策语被删割；等等，不知用意为何。

晚同贞在长安戏院看许昌剧团招待戏。

1960 年 6 月 13 日

这两天看《列宁生平事业简史》。

下午永滋来把我写的稿送回，我以他意见作了修改，全文一万余字算是定稿，上午史料室米暂沉来为退回《我的奇遇》作了解释，我把我的史料工作情况告他，并说退稿事“算已过去”。

1960 年 6 月 14 日

张辅景讲第二章，听课四小时。

下午协委会开会听会三小时。

1960 年 6 月 15 日

上午听课。

下午听会,为昨日临散讲了几句话。

1960 年 6 月 16 日

同贞参加政协参观在半壁店的全国财贸系统改革展览会,他们热情地欢迎我们,布置得很周到,热情招待我们。包括多次休息,盛宴午餐,午休条件,等等。这次参观使人们见到改革意义的深远,对我是继辽宁视察后又一次教育,回城在礼堂饭。

饭后我又去盔头作看曲社演出,天热难受。

1960 年 6 月 17 日

上午在家写信给鼎、斐。

下午听家属工作会。

1960 年 6 月 18 日

午前听课。

下午各民主党派在政协礼堂开会谴责美帝轰炸(18 日)。

1960 年 6 月 19 日

整日未出门。天热无人来。

1960 年 6 月 20 日

听了一天传达,我把稿子(合作)请李文杰看。

1960 年 6 月 21 日

上午的会讨论史料工作。

下午谈统战部上海会议。

晚同贞在文俱部吃,吃后在来今雨轩纳凉,李文杰专程入城来提意见。

1960 年 6 月 22 日

上午听课。

下午学习。

1960 年 6 月 23 日

上午听课。

下午在家,天热、干。今年山东、济南、陕西又大旱,但决不能成灾。1920(年)北五省旱灾,饿死人的事绝不会再有了。

1960 年 6 月 24 日

上午听课。

下午协委会，早散理发，第一阵大雨。

1960 年 6 月 25 日

下午在人[民]大会堂开抗美援朝纪念会，得悉欧美同学会事务员经柏泉君于 6/23 在协和病故，今晨殡葬卢沟桥，得悉寿勉成自被带上右派帽子以来生活艰苦情况。

1960 年 6 月 26 日

懒了一天，情形与去年的明日同(见后页)。

1960 年 6 月 27 日

上午在全联下午又去史料会，到仅三人。

晚同贞到来今雨轩乘凉。

1960 年 6 月 28 日

带雨具出门，结果白费事，上午在政协参加史料会，在三楼同顾颉刚午饭吃汤面饺。

下午听课。我写的合作史料今晨交出。

1960 年 6 月 29 日

上午听课。

下午学习。

1960 年 6 月 30 日

清晨戴济来，去视张纲伯、叶圣陶疾。到政协同贞午饭。饭后我参加国际组，贞妇女组会。

会后永滋请我晚餐。

1960 年 7 月 1 日

今起在西颐宾馆参加政协全委召开的政治理论学习工作会议。

1960 年 7 月 2 日

上午在西颐。

午赶回饭，饭后学习。

1960 年 7 月 3 日

西颐未去，写信给鼎、琴、三弟、俞宸澄、严鹗声，同郭新生谈话，这六事都是统战工作。

1960 年 7 月 4 日

整天在西颐开小组会。

1960 年 7 月 5 日

同昨日晓邨车去，民建车归。

1960 年 7 月 7 日

今日无会未去西颐，同贞去礼堂午饭。

饭后她学习我回家。

1960 年 7 月 8 日

整日在西颐听大会，我的合作稿政协为复写出四份约 24 000 字，以一份请严景耀看，全部四份将交永滋审查征意见。

1960 年 7 月 9 日

整日在西颐参加小组会。

1960 年 7 月 10 日

民建支部生活会。

午同贞到礼堂饭，到时饭已卖完，改在永滋家吃。傍晚珠来，同之在文俱部吃了一顿。

1960 年 7 月 11 日

整天在西颐听大会。

1960 年 7 月 12 日

整日在西颐。

上午大会。

下午小组会。

1960 年 7 月 13 日

上午在西颐小组[会]。

午饭后乘便车到礼堂。

下午在礼堂听艾思奇报告。

1960 年 7 月 14 日

整日在西颐小组[会]。

1960 年 7 月 15 日

理论学习工作会议进行专题讨论，我的一组（工商界学习问题）设在航空署街。

午饭在华宫吃。回家甚累,天热,同大年大发怒。

下午在家。

1960 年 7 月 16 日

下午中常会学习,暑假前最后一次。

1960 年 7 月 17 日

上午在政协礼堂听张执一部长对理论学习工作会议作的总结发言,会议完告闭幕。

下午在家。

1960 年 7 月 18 日

表又停摆,出门修理,居然负责免费换条,天热闷在家。

1960 年 7 月 19 日

天闷热,大阵雨,脑子涨,不能看东西,困在斗室中。

1960 年 7 月 20 日

同昨日。这阵《参考消息》因赫鲁晓夫六月间在罗马尼亚一番讲话与我们观点有出入,报摘载西方人士就这问题大做文章的各种论点进行挑拨,这些“反面教材”对学习列宁主义关于战争与和平问题有很大的启发作用。

1960 年 7 月 21 日

闷在家又一天。

1960 年 7 月 22 日

政协工商组请李国伟谈申新。

午黄长水请吃三楼。

1960 年 7 月 23 日

无可记,手表回修取还。

1960 年 7 月 24 日

午前再看叔翔,出来走过新设的服务站,同院李太太在值班,进屋遇见丁鼎文,他是街道主任,谈了些公社问题。回家钱琢如在为谈九宫:戴九履一,左三右七,二四为肩,六八为足。

4	9	2
3	5	7
8	1	6

下午宴请两会在社会主义学院结业同学二十余人，我乘机读史料，希望借此在全国展开工作。

1960 年 7 月 25 日

中午同贞东南河沿文俱部吃。

上午做史料工作。

1960 年 7 月 26 日

到全联为史料晤王达夫。

下午无事。

1960 年 7 月 27 日

晚上有戏，下午去政协交俞稿，付去北戴河贞的车钱。同贞吃三楼小吃。看了一半戏回家。

1960 年 7 月 28 日

写信给津、申二家，为史料写信给俞宸澄。

1960 年 7 月 29 日

谭志清下午来，我把史料工作的东西交给他，他被指定为史料小组的秘书了。

1960 年 7 月 30 日

通尹约晚饭，先到政协取卷烟(自六月份起配给牡丹牌纸烟每月二条 20 包)，通尹来开民进“神仙会”住民族饭店 555(“三五牌”他自说)，同席有其儿媳及小孙女，冒雨来往相当麻烦，通尹谈要把我送给他的《资治通鉴》还给我。

1960 年 7 月 31 日

打点行李，一度同贞到胡同口新开酒店喝啤酒。

1960 年 8 月 1 日

今起同贞到北戴河政协休养所休养，今起记活页。

1960 年 8 月 21 日

整天未出门清理、整理。之英、新生、夏三、伟明(字慧远，孝蓓弟)来，宋因妻大病得救，搬家得到大力照顾深受感动，新生环境也有新改善。

1960 年 8 月 24 日

同文认看自然博物馆，逛天坛。

下午两会中央学习，讨论最近时事及国家政策。

晚饭同贞及文、武、大红到天安门广场乘凉，文同红到天文馆动物园。邮递报纸未到。

1960 年 8 月 25 日

文、武返津，我一天未出门，同永滋通了电话，给北戴河邮局写信。

1960 年 8 月 26 日

下午在礼堂欢迎墨西哥贵宾，遇到永滋。

1960 年 8 月 27 日

去北戴河后来回过津未能下车，今晨同贞专程去津，午间到浦口道，老人健睡如故。

下午三弟合家来会，纵谈家常，和弟夫妇定明晨赴京。

1960 年 8 月 28 日

阿文陪我到水上公园看工商业展览会。经终楼走去，相当累。

午饭三弟杀鸡相待母大人以次，以至鹏侄之女丽丽还有阿秀的朋友老宋吃了一餐“全家福”。乘晚车回京，到家二弟们刚去车站回津。

到市场取眼镜。贞去崇文门外看保的朋友。

1960 年 8 月 29 日

头玉自武汉过京返长春，邦杰同来，谭志清来谈史料工作。

晚在音乐堂看招待戏，写信第四封给北戴河邮局。

1960 年 8 月 30 日

搞史料工作。

晚同贞到来今雨轩等雨未至，回家冒雨入门。

1960 年 8 月 31 日

上午协委开会。

下午学习。这次盛况空前——27 人。我未发一言。

1960 年 9 月 1 日

谭志清来谈工作。定每月第一第三个星期一或四为碰头期。看 *New Times* 研究中苏“分歧”问题，以两小时理发。

下午通尹来以头玉托事告他，晚饭后冒小雨同贞到钱家串门，琢如出去看电影未值。

1960 年 9 月 2 日

下午政协工商组会，永滋把魏竞初、崔鹏鸥意见交我。会后同贞在三楼吃菜包子。

1960 年 9 月 3 日

下午学习很热闹，我发了言，认为中苏问题有原则性分歧。

1960 年 9 月 4 日

今天一天无闲：民建组织生活占去上午，家里没有可吃，同贞在文俱部吃。接着昆曲同期。我唱二段弹词，回家吃菜粥，后同贞到礼堂看《宝莲灯》。

1960 年 9 月 5 日

三弟来京，上午同之在王府井一带“巡礼”。

下午去万寿山。

晚上汪三奶奶来。

1960 年 9 月 6 日

同三弟逛陶然亭回家午饭，三弟备粮票在市上吃，午休后同三弟及贞到礼堂吃素包子，同到民族饭店看金通尹，把午间新作《欣读哈瓦那宣言》一首作为新课赠之。

出来去天安门广场看夜景。

1960 年 9 月 7 日

上午协会下午学习，今天安之过境赴兰州，三弟到站照料，后晚车回津。他这次来了三天，谈了家常问题包括：1. 母亲此后安排包括留心买寿材；2. 和弟为保住绿英所费的苦心，婆媳对立起来；3. 保出来后同我的关系；4. 和弟去唐山工作对他自己的影响；等等。

1960 年 9 月 8 日

修改《合作史稿》，午前永滋来谈并把他的审查意见，在耘、曾近学意见给我看，我把要点一一记下连同崔鹏欧、竟初、严景耀意见作了排队。计应修改六大点三小点，同永滋谈后从事修改足足占去一整天，这是一次政治课，永滋为此费了不少时间，给我帮助不小。

贞又竟日不语，不知何故。

1960 年 9 月 9 日

上午复看修改稿。当天送给永滋。

下午在航街开中常座谈会。

晚饭同贞到市去了三处，未找到还是回家吃炒馒头。

1960 年 9 月 10 日

醒来发觉我在文稿中没提工会，急补正，告永滋晤项叔翔。

下午学习。受欢迎几内亚总统，市内交通影响，到人不多。贞同来又对我一言不发，怒气冲冲不知为何。

1960 年 9 月 11 日

稿子又修改了一次。

晚上成《七绝的格调》,在红星看攀登珠穆朗玛峰新闻片,未果。

1960 年 9 月 12 日

上午再为稿子找材料。可能还有补充。

下午两会学习组开组会。

贞又一言不发,不知为何。

1960 年 9 月 13 日

还在补充稿子。

下午申伯老把永滋意见送来。《参考》约永滋明天再见面帮助,走了三次才在午饭后看到《征服亚洲最高峰》五彩纪录片,这是亚洲少有的影片,是英雄气概的诗篇(1962/3/13 才把改稿送还申伯老)。

1960 年 9 月 14 日

永滋来为了合作稿子。

下午学习。

1960 年 9 月 15 日

为和弟到车站买票。

余时在家搞《七绝的格调》。

晚饭前寄给金通尹。

1960 年 9 月 16 日

陈毅外长在礼堂报告时局,中午开始,下午二点结束。礼堂音响不好,我耳背,没有耳机,几乎一无所得,仅看坐在旁边严景耀笔记才得大概。

下午又有会,未带粮票,幸得"大善世"左耕虞的救济,在三楼吃了三碗面,之后接着开工商组的座谈会。谈得不太精彩——讨论目前阶级关系张弛问题。

1960 年 9 月 17 日

阿鹏关在第一监狱。今晨文璩、绿英来受接见。八点后到了,同之逛王府井天安门一带,吃凤尾鱼饭,由和弟友刘君同之去看鹏,当夜返津。接见后情况不知。我无意中买了一件塑料雨衣,国产 13.95 元。

1960 年 9 月 18 日

上午在航街民建小组听李文杰报告学习心得。散后同觉农、大琨到文俱部觅食未获,余时在家学诗韵、七律格调。

1960 年 9 月 19 日

谭志清来，大体上介绍了四篇 47 000 字的问题。

下午学习组组会。

1960 年 9 月 20 日

下午在北海消磨掉。

1960 年 9 月 21 日

琴的婆母午前来留饭去，她竟完全聋了，颐弟妹带顺空（孙鸿）来，顺宝已毕业分配到株洲南方水文地质大队工作，明转申赴湘。淑娴来京视亲同顺宝会面。

下午学习，我发了一次有准备的言。

1960 年 9 月 22 日

上午弄弄史料。

下午史料小组开会，只到荣、资二人组，谈得很好。

1960 年 9 月 23 日

上午在全联听叶宝珊经叔平谈上海情况。

下午去礼堂把四篇稿子交给史料室参加学委会会者，在三楼吃饭、理发，一切都顺利。

1960 年 9 月 24 日

下午学习我讲了话，同鼎信。

1960 年 9 月 25 日

今天扫房，张纲伯来谈：1. 对胡子婴硬给他戴修正主义帽子不满；2. 不同意她说赫鲁晓夫是唯武器论者。扫房因天下小雨（今夏来极少的一次）半日毕事，午饭时贞腹痛说溺中有血，紧张一时。

下午略松。钱琢如来。

1960 年 9 月 26 日

整天在家，写回信给鼎，答复他送小结稿的来信，搞史料，学习。

贞到公安医院看门诊，说是患膀胱炎。

1960 年 9 月 27 日

上午搞史料——胡开文世系。

下午在礼堂听吴晋航谈和成银行，在三楼吃，饭后回家。

1960 年 9 月 28 日

下午学习谈学习方法等，在展开《毛选》学习前务了一次虚，第一次穿新塑料雨衣(见 9/17)。

1960 年 9 月 29 日

上午在全联听王光英汇报。

下午在家。傍晚出门遛了一趟。又在外文书店遇见叶公荪,他推荐我买了一本苏联英文册子。

1960 年 9 月 30 日

晨到张纲伯、叶圣陶家,纲老急于出门找吃未及细谈,仅就胡开文材料交换了意见。

1960 年 10 月 1 日

发现去年十周年国庆不知怎的日记忘写,那是第十一次观礼,今天是十二次观礼,仍在西二台,打破成例没有阅兵,“止戈为武”,在缅甸、阿尔及利亚及 70 多国 2 000 多名外宾面前不为好战者呐喊,自己为夸扬武力这真是和平的具体表现,游行整齐精美,二小时于正午毕事。

晚大年因外婆不去看灯情愿陪外婆,结果外婆也去了。十点回家。

1960 年 10 月 2 日

写诗二首。

1960 年 10 月 3 日

琴婆母又来,阿弟全昊陪来。适贞去医院仍未晤见,张德明、申伯纯、米暂沉先后来,贞有烧下午躺下了。

1960 年 10 月 4 日

贞还在病,晨同王纪华电话,到华侨大厦看香港来的李组绅谈了一阵,为他去嘎嘎胡同 11 号找朱子桥之女德君未获。

下午在家。

1960 年 10 月 5 日

下午学习。集体购得《毛选》第四卷,得来不易,当好好研读。

1960 年 10 月 6 日

开始初读《毛选》四集。

下午政协史委大会,在三楼吃饭,后回家。

1960 年 10 月 7 日

整天看《毛选》四卷,以 10 小时读毕 24 万字。

傍晚同大红看红星新闻片庆祝国庆 11 周年及《万水千山》长征片。

1960年10月8日

下午学习。

1960年10月9日

上午在航街过组织生活，听晓邨谈越南之行，得敬渊信，对我的诗未置一词，大概印象不佳。陈叔老看了很久，无言放下。新工商排校好了，两首临时抽样，以此等等足见我对此道离入门还远，不是加紧学习就应放弃不学，何去何从难做决定。

1960年10月10日

下午开学习小组[会]。

上午谭志清来谈得很好，认真搞胡开文材料作为一个典型。因为它是封建社会孕育的资本主义作坊手工业，从而摸索出我们工作的方法。

1960年10月11日

王达夫将去上海，特去全联看他，托他些史料工作。

下午在公园看桂花看傅钟文章，颇有所得。

1960年10月12日

上午晤项叔翔，动员他以他为中心组织一个互助组参加《毛选》学习，他同意了。因为他已在做气功，五星期的效果很好，有条件。

下午学习会上我征得朱德禽、经叔平同意，成立这个互助组，今天学习得很好。

1960年10月13日

晨到叔翔肯定互助组，时间定为星期日上午。

下午在礼堂三楼听屈武报告访问非洲情况和感想。

1960年10月14日

学习、写诗、搞史料、去街。

1960年10月15日

下午学习，张纲伯要从艺术观点写史料。

1960年10月16日

项叔翔一病二年多，闭门读书。由我拉拢组成一个小组，今晨起在他家学习成员是朱德禽，经叔平及他我共四人，我为作“贺建组”七言古体一首。

下午往看水梦老，他住方家胡同青灰门18号，此老老健如故。

1960年10月17日

出门理发费了不少周折，两会学习小组在南河沿午饭，开会下午在全联听晓邨谈越南之行。

经柏泉故后，欧美同学会几天前由民政局派来了一位干部，名常宗禹(号铸九)，易县人。因在敌伪企业工作，曾经劳改，谈来觉得他心境还开朗，大大鼓励了他一阵。

1960 年 10 月 18 日

看错了 8:30 赶到蟾宫看列宁电影，把下午看成上午白跑一趟，电影名《以革命的名义》，是中国第一部列宁片。

终日闲散，由于日来贞这阵一点不痛快，终日不作一声，家中空气不佳。大红不听话，是外婆生气的一个原因。

1960 年 10 月 19 日

下午的学习由于吴觉农、冯和法有争论，开得热闹非凡。

1960 年 10 月 20 日

晨到叔翔处。

下午在礼堂听吴晋航谈民生公司及卢作孚，吃包子回家。

1960 年 10 月 21 日

政协史委召少数人谈话，布置在学习《毛选》中史料工作，谈到民建史料工作时，在会后谈话中，申伯纯说我领导方法有问题，指出我不会团结人，并指出由于这原因，工商组工作也没搞好，当时听来很不高兴，后来想觉得有道理。去礼堂吃点心同冯和法、叶宝珊到航街开中常委座谈会。

1960 年 10 月 22 日

上午看赫老 10/20 的演说。

下午学习得很热闹。

1960 年 10 月 23 日

第二次在叔翔家搞学习互助组。

下午去曲社同期。听说袁家老太太病重已昏迷不醒了，大年同去文俱部玩。

1960 年 10 月 24 日

贞为护大年同我顶嘴，整天不说话。

晚上出去 11 点后才回，害我睡不着，上午谭志清来谈史料工作有新开展。

下午协委开会学习，工作小组只得个别碰头，排挤掉了。

1960 年 10 月 25 日

到美术馆看德国版画及抗美援朝图片。

下午在人大会堂纪念志愿军出国十周年，即席成二绝和黄任老。瞿良东送他大中华烟一包，这月动员大家节约粮食，我同贞各节 1 斤，各为 24.5 斤，结果仍各恢复原额分别为 27 斤及 25.5 斤。

1960 年 10 月 26 日

电话局这阵查电话过于频繁令人生厌，今日上午接连三次之外又来人调查，我对之很不客气，说他们在发疯。

下午在礼堂听统战部薛子正部长传达周总理关于精简机构报告。小吃部吃饭后同晓郁匆匆谈史料工作。

1960 年 10 月 27 日

秋阳正好，独自在来今雨轩晒太阳、看文章，消磨了一个下午。

1960 年 10 月 28 日

在家看《汉书》，胡开文稿有新发展，晓郁为我写信给合肥纲伯，写信给休宁屯溪。

1960 年 10 月 29 日

上午看《通鉴》。

下午在学习会上我谈学习《毛选》，且同时学毛主席之为人。

晚同贞在文联大楼看曲社彩排《痴梦》《闹学》。

1960 年 10 月 30 日

贞不言不语已一星期，整日钩毛线。

傍晚得琴信又来告急，情溢于辞，我心境也有改动。

上午学习小组同叔翔谈了二小时，颇有收获。

1960 年 10 月 31 日

下午学习工作组谈为何“开卷”(《毛选》四卷)。

1960 年 11 月 1 日

上午学习。

下午到演乐胡同访彬敬斋，未值。

1960 年 11 月 2 日

彬敬斋来为谈有八位老人在，汤茂如主持下从 1950 年起组织学习，每周一次，坚持至今。

下午学习比较好。

1960 年 11 月 3 日

午前应例到叔翔处“粗放”一番，互相得益不少。

下午去刘家婆园看菊花，又回家取粮票到“三楼”小吃，同其峻谈。周士观怒我在申伯纯处“告他一状”，同其峻、永滋、老薛同志去礼堂看《甲午海战》话剧。

1960 年 11 月 4 日

（漏记。）

1960 年 11 月 5 日

下午学习《毛选》将开卷。

晚 11:00 贞及王淑香三个孩子看吉祥昆曲。

1960 年 11 月 6 日

到航街过组织生活，早散。又赶到叔翔家参加小组会，德禽两处均未到。

1960 年 11 月 7 日

在家阅读一日，贞未与我交一言者半月于兹矣。室温 13℃，生火，水梦老来。

1960 年 11 月 8 日

上午看书。

下午学习工作组开会。

1960 年 11 月 9 日

下午开始《毛选》学习。

1960 年 11 月 10 日

叔翔家互助组今起改在星四上午，德禽请假，三个人谈到午刻。

下午去礼堂先晤史料室姜克夫，参加国防组谈美国经济危险及总统选举 Kennedy 当选后形势问题，吃三楼小吃归。

1960 年 11 月 11 日

上午学习，下午为史料去找大公报馆金诚夫，老友重逢谈得甚欢。去政协找米暂沉一谈。工商组约丁忱谈上海工商界人士学历史唯物主义情况。

1960 年 11 月 12 日

下午学习还不坏，我讲了一段关于《毛选》第四卷第一篇的中心内容。

1960 年 11 月 13 日

到叔翔处一坐。回来戴济在座，他看了我诗作，颇承赞许，此老也知诗。

下午到大雅宝胡同何宅，参观汤茂如主持的老人学习组，这个九老组已坚持学习十年，所谈颇有内容。归来为之写诗几至忘寝。我这阵入诗迷矣，情况同去重庆时入曲迷有些相同。

1960 年 11 月 14 日

上午忙写《九老歌》投给《人民日报》（第一次）。

下午在航街开会,任老、维钧多见九老歌说“好事好诗”。

1960年11月15日

到市场逛旧书摊,想找些诗集来学习,只购得《七发》及《风赋》等二小册。

下午学习工作组,任老送来《向城东九老致敬》诗三首。信中说我《九老歌》很好,竟为所感,然则我学诗一年来有了长进耶?有之应谢诗师。夜去参加选民会,领得选民证,54、56、58,这是第四次市代表选举。

1960年11月16日

00:40梦中醒来腹痛至出冷汗,急起大便,渐愈,可以说这是一小时的病。

下午学习。

1960年11月17日

上午叔翔家小组,我谈了四个问题。

下午同贞到礼堂听访问南京报告,会散三楼已客满,回家晚饭。《九老歌》承力子、伯祥、颉刚、咏霓、朱蕴山首肯无疵可指。

1960年11月19日

晚得通尹片。

下午学习会上我谈了四个问题,三弟捡的我1910—1911写给“好叔”的五封信,特寄来给我,五十年前事放在面前感触颇多。

1960年11月20日

照例到叔翔家一谈,细阅昨日三弟寄来的五封旧信,一一作了注释。五信对我关于1911春生活情况丰富了回忆,触物生情作诗二首。

下午在汤茂如家参加“九老会”,谈得甚好,获益匪浅,听到12条紧急指示。

1960年11月21日

昨因灯下吟诗失眠,晨起又成二首,寄三弟,饭后顾颉刚约在公园故春明馆茶叙,到其姨夫莱公84岁,王伯祥,颉刚嘱诗贺公高同学赵善昌(字孟韶)七十寿,灯下枯索,搭成七绝架子。

1960年11月22日

又为孟韶诗失眠半夜,领悟“好之者不如乐之者”以及生产关系必须适合生产力性质的哲理。

晨起同颉刚通电话,诗稿请他改定。

下午开学习工作会。

1960 年 11 月 23 日

上午学习《毛选》。

下午学习因停电，5 时前即散。

1960 年 11 月 24 日

上午叔翔家小组会。

下午在家。晚饭前忽因大红回来即看小人书不理睬外公，对之大发雷霆。后来想想有点过火。

同颉刚通电话，他说我寿赵孟轺七律一首很好，日前请金敬渊写国库的史料，今得其来信推得一干二净。复信甚快，往返只五天。

1960 年 11 月 25 日

午间和弟同绿英自津来，晨问他们去看阿鹏。据说接受改造情况甚好。适于此前见到保来信，满纸怨气。我要和把情况告知贞，适贞今午因赶毛活回家甚晚，和弟赶火车终未如愿甚为可惜。和带干粮来，我为之煮老人汤、果酱鸡子待之。

下午我在礼堂听晓邨报告学习方法等。

1960 年 11 月 26 日

协委上午开会同胡子昂在文俱部吃。

下午学习，我读讲了一篇《毛选》文章。

1960 年 11 月 27 日

叔翔家一坐，其夫人在病。

饭后三访"九老"，先退告一段落，到曲社日期。

1960 年 11 月 28 日

学习工作组午在文俱部吃饭会谈。

饭后我去双虹榭茶会颉刚、平伯、伯祥。日前我把父亲在苏创办初等小学堂情况写了一个片段回忆，今交给颉刚、伯祥，他们将在苏州地方志书加以叙述，我祝赵孟轺诗经平伯等改了四字，灯下写入手卷楷书五行也还过得去，此又生平第一次经验——第一首七律第一次写手卷。

1960 年 11 月 29 日

上午政协史委工作会。三楼吃饭后归。

1960 年 11 月 30 日

上午自学，下午学习。我的学习方法讲了一番话，指出昔有教育学，今有"学习累"，抓住吴王及王季深开了一次史料组碰头会。

1960年12月1日

上午叔翔家互助组谈帝国主义者的本质,有争论有收获。

晚经叔平来,陈鹏一昨日甫病故。嘱对叔老保密。

1960年12月2日

今天完全无事,自己给自己一个假日,带点钱及粮票出门。先到大观楼买立体电影票,结果未看。到礼堂三楼看鼎来信随手写复信,吃饭洗浴修脚把信写完三点半回家,这是一个很自由自在的假日。

1960年12月3日

下午听吴大崐讲美国经济危机问题。

1960年12月4日

雪,同贞踏雪投票选举区人民代表,这是第四次,余时在家闷坐读唐诗。

1960年12月5日

上午学习工作组。

下午听家庭工作汇报,都在全联史料组,定星期五开会。

1960年12月6日

上午在全联听家庭工作汇报,颉刚茶会在长美轩举行的四人送赵孟韬的诗,已有顾、章、叶、俞四首七律,今天转入伯祥手中,约定下次在礼堂三楼。

1960年12月7日

上午在家。

下午学习,新华社记者来照相——学习"十一月会议"声明情况。

1960年12月8日

同叔翔二人开互助组,一道学习了《真理报》,关于各国党十一月会议声明的社论,颇有新得。

1960年12月9日

饭后又去大观楼看立体电影未果,去礼堂三楼学习莫斯科十一月会议声明,同陈岱孙吃小吃。之后在礼堂看解放战争电影。见到余遂章,他把《七五自咏》七古给我看,我照抄了一份。

谭志清晨来谈史料组开会问题,请他加工参考题目。

1960年12月10日

下午学习。

上午写了一首七古寄给余遂章。

1960 年 12 月 11 日

上午学习“十一月会议”宣言。

下午在人大礼堂听访朝代表团报告，同伯祥颉刚在一起一道进天安门步行回家。

1960 年 12 月 12 日

上午学习 11 月会议文件。

下午学习，工作组谈生活问题，史料问题。

1960 年 12 月 13 日

颉刚的茶会今改在礼堂吃晚饭，三时前大家已先后到达，颉刚、平伯、伯祥及我是常客，今天添了圣陶、勋成，只六人，我把卫夫人及父亲墨迹《元善镜》拿去献宝，赵孟韬寿诗卷今已有五个人写诗完成了，将由颉刚寄苏州。

1960 年 12 月 14 日

今天贞生日，约我们文俱部打牙祭，十时即去领牌，吃得甚好。

下午学习，我讲了将近一小时，是一次有准备的发言，得到一些好处。

1960 年 12 月 15 日

上午同叔翔学习。

下午在礼堂听访问南美、加拿大报告。

1960 年 12 月 16 日

上午在全联听吴羹梅报告上海工作情况，袁老太太（励准妻）星二病故在嘉兴开吊。

饭后赶去吊丧。

下午史料小组六次会扩大举行。第一次有机[会]把政协要求向组织提出，并且是得到明确的指示，方向有了，此后办事该有头绪了。

1960 年 12 月 17 日

下午学习未发一言。

1960 年 12 月 18 日

张俊来，说到他在电车上批评军人事。

下午钱琢如来，为谈算学诗曲畅谈一阵。

晚，珠带寅寅来。

1960 年 12 月 19 日

谭志明来谈史料工作。

下午学习，工作组碰头，同学会学习。

1960年12月20日

在航街开中常座谈，决定25(日)去西安开中常会，200人的会北京因供应关系不能在京召开。反映供应紧张情况，会后到礼堂三楼吃饭。步行到公园赴“老头坐茶馆”，到伯祥、颉刚二人，钱琢如因我介绍首次加入。

1960年12月21日

徐墨缘年60从职教社退职了，上午来。

下午学习。午前理发。

1960年12月22日

到叔翔家搞小组会，只我二人大有好处，珠令寅寅送来立体电影票，要带大红去大观楼，看中国第一部立体宽银幕五彩有声影片《漓江风景》及军文工团杂技表演片。步行返家。

1960年12月23日

下午在全联同王、吴碰头，决定1961年史料工作计划。

1960年12月24日

贞心境略为开朗，鼓励她学习，她更多谈正事，适保来信又转沉闷了。

午前准备下午学习发言，11点时来通知到礼堂听班禅报告西藏近况，准备明去西安。

1960年12月25日

两会开中常会，今去西安，日记记活页。

1960年12月31日

在叔翔处到十一点，有叶宝珊来。

下午在家搞诗格律，人大会堂热闹，由延一家去。

1961年

1961年1月20日

为傅子原买寄药镇痛片，去了三次结果寄出二包。写信片通知三弟、鼎、斐等，休息一天，到晚上觉得累早睡。

1961年1月21日

下午学习谈九中全会公报和决议，讨论得不太好。

斐来信渴求寒假中能带两小孩来京，贞同意后电复“欢迎”并写信复她。

1961 年 1 月 22 日

整天在家写了一首诗和崔敬伯。之英、琢如下午来。

1961 年 1 月 23 日

去全联搞学习工作，批评了资耀华压掉别人发言的作风，他接受了。

晚颉刚来，叶圣陶的母亲今年九十六岁，近在病危中。

1961 年 1 月 24 日

整天在家。

午晚后贞带我到北京剧场看了一场电影《革命家庭》(陶承家庭)。

微雪，北方仍有旱象。

1961 年 1 月 25 日

永滋拿他们写的《合作史稿》来嘱提意见。

下午学习我发了言，引起一些争论。

1961 年 1 月 26 日

同叔翔“对壁撞”，小组恢复了，阿秀、和弟次第来。

1961 年 1 月 27 日

谭志清早来搞史料。

下午看永滋送来稿件，提了意见，其中主要一条为关于旧日合作的评价问题，留底别存(稿件永滋于 2/3 晨来取去)。

1961 年 1 月 28 日

阴天不能出去吃茶馆。同和在家谈话，劝他注意身体，要鼓励绿英求上进，不要长她依赖习惯。和下午回津。

下午学习九中(全会)公报。

1961 年 1 月 29 日

午饭后乘觉农车到航街赴机关会员联欢会，晓邨作了二小时西安会议感想的报告，内容甚丰，讲得甚好，乘便车回家。到陶兄处一转，问其母病，陶兄说“命在旦夕”了!

陶以 1906 春我同赵宗泰、赵宗垣、潘锡侯、朱良、陈桐生、赵善昌(已故)，叶绍钧(陶兄时字秉臣)的合影交我，附有七律二首，行书六行题赠诸同学，时我 15 岁。

1961 年 1 月 30 日

为昨从陶兄处取来的照片作了不少考据，也写了一段笔记。

下午学习小组我对改造工作发了不少议论，李佩午来饭。

1961年1月31日

家里扫除，我到叔翔家加课准备星三讨论。

下午在全联听晓邨传达西安之会，冻了一天。

傍晚有点支持不了，赶快吃药休息。

1961年2月1日

上午预备，先同王达夫碰头，学习到五时一刻同晓邨到文俱部史料小组的政协史委见面，“对口径”先谈后吃，两方交换了意见，此后工作应该好做些了。

1961年2月2日

上午到叔翔处聊天。

下午一人在家，打电话满小姐说好婆已不能说话了，我为了写《吊陶兄丧母》大动脑筋。

1961年2月3日

整天在家。

晚十点四十分斐带龙龙、小曙从南京来，正式走娘家，搞到十二点后才睡。仍整理诗简。再读俞太公《病中呓语》九首，试解，果有所得。依我理解“呓语”的历史时期，即第九首中之“悠悠二百余年”，指17世纪中叶到19世纪中叶，即今日一个时期。诗意已尽，我适于此时捡出再读，而且读有所念，亦云巧矣，急以之告平伯。

1961年2月4日

晨得满小姐电话说奶奶已于昨夕故世，急用诗笺墨笔把经心之作——《唁圣陶母丧》写出，并买花一盆。

午后，同贞到嘉兴寺送入殓。四时后赶至全联参加学习例会。

1961年2月5日

第二次雪：约十小时。斐郊游改为在家招待，来了珠、小寅，于是三个姊妹团聚了。瑶琴来做客一天，斗室顿感人满。下午踏雪到颉刚家，适患喘在床，在其榻前把《唁陶兄母丧》《小学同学照片题句》及试解俞太公呓语诗的随记三个作品请他看，望病，总算没有空手去，玩谈颇有意义。

1961年2月6日

午饭后到文俱部理发，到全联搞学习，斐去珠家宿。明日逛万寿山。

1961年2月7日

整天在家，斐下午游万寿山回。

上午谭来研究史料工作的下一步骤。

1961 年 2 月 8 日

今天是我父逝世第 60 周年。

下午学习同张纲伯吵起来，我为之指出美国距古巴占 90 海里是指 Havana 与 Key West，不是 Miami，他不加考虑硬说我“胡说八道”。后来他才看地图，承认错误。我说“我二人还是血气方刚”了事。

1961 年 2 月 9 日

上午在项家小组，叶宝珊今天来了，谈得很好。

午饭后到礼堂买小卖部，后参加国际问题组座谈美政局。回京后第一次三楼吃饭，这次三两粮 2.2 元，吃鱼馅烧卖 12 个，鸭面一小碗，六包拼舟①。

晚参加妇女组的春节晚会。看节目到十点，“外婆”带了我、红、年、斐、龙龙、小曙这么一大帮“家属”，她唱了两次歌。习作新体诗一首，经王芸生、吴大崐、千家驹等看过说还不错。

1961 年 2 月 10 日

斐逛动物园天文馆，我和平伯赠诗七律一首。约三小时成立。

1961 年 2 月 11 日

下午学习。

晚饭后同斐去绍钫处，在灯市西口上等四路，人多上不了车，作罢。

1961 年 2 月 12 日

陶兄母亲在嘉兴寺开吊，唁辞未贴出有点不解，余时在家就平伯指吴政《岁暮自勖》诗。

1961 年 2 月 13 日

上午政协委员会。会占去一上午。

1961 年 2 月 14 日

庚子除夕我家盛况空前。

午饭后即准备晚会，外面弄得乱七八糟，贴窗花挂红灯，贞弄了好些吃的，有大鱼中段、红烧鸡肉、西红柿炒蛋、拌黄瓜、肉丸粉丝汤等，斐、龙龙、小曙、大红、大年、大江同我们一起吃年夜饭，饭后晚会开始。由大红组织，外婆讲了话，唱歌。我朗诵新成的一首七律《岁暮自勖》，又唱了两段昆曲，守岁到十一

① 拼舟：原文如此，或是“饼粥”二字谐音。

点才睡。

1961 年 2 月 15 日

辛丑元旦撰拟了大量新春联，其中之一是“人向高处走，风从东方来”。晚挚斐带红、年、龙、曙四孙参加人大礼堂晚会，我先归家。他们玩到十点后，见识了这著名大建筑，斐此行不虚矣。

1961 年 2 月 16 日

整天未出门来了好些朋友：黎喆民、张茂南、张知辛、丁宝圣、魏西安……

1961 年 2 月 17 日

年前同斐带小曙逛中山公园，文化宫。小曙一路闹。

下午在家，贞大发牢骚，她矛盾重重无法解决。

1961 年 2 月 18 日

整天招待来客。

晚饭后被绍钫拉去大华。

1961 年 2 月 19 日

饭后为通尹到市场找一本《故宫周刊》，竟没找着。

1961 年 2 月 20 日

下午搞学习在工作组，为史料写出五封信。

1961 年 2 月 21 日

斐带二孩乘午车回南京，这次走娘家快快活活结束。

下午整理房间为史料写了七封信。

1961 年 2 月 22 日

下午学习恢复正常。

1961 年 2 月 23 日

到项一坐，这次小组会延至星期日。

午后在礼堂浴，听国际组座谈卢蒙巴被杀害事件，耳聋坐后一无所得，看了些别的东西。

1961 年 2 月 24 日

整天在家，晨得敬渊和诗。

1961 年 2 月 25 日

下午学习，晨得通尹两片和诗一首，金氏兄弟先后作和，可感之至，得斐回南京后来信，1/21“欢迎”电于是圆满结束。

1961年2月26日

叔翔小组改在今晨，王达夫亦来了。于是到了六人，盛况空前。

下午同红、年等看《巧媳妇》儿童剧。

1961年2月27日

为斐到前门取照片，为金通尹到玻璃厂找书(《故宫周刊——珍妃专号》)。

下午学习在工作组，通尹的书本以为"想可不得"但今天结论是无法得到了。

1961年2月28日

出门二次才理上发，贞明天又要去延庆了。这次没去搭车，要乘火车到康庄转乘汽车。她一切多独断但反对我独断，为之说理，她默然。

1961年3月1日

贞情绪不佳。下午学习发了言谈 Wu①。贞九点出门，由王淑香陪同到永定门车站乘车，到康庄转延庆。我夜睡因之不好，彬敬斋午来约再去参加其九老会，见于 3/19 再去访问。

1961年3月3日

下午应张纲伯参加他们的学习小组，在礼堂三楼吃了一顿回来。

晨为吴研因诗走访夏三未值。

吴诗下午席上给王、宋看。

1961年3月4日

在三楼听陈家康大使讲刚果问题。

下午学习代耀华主持。贞七点前平安从延庆归来。

1961年3月5日

叔翔家小组会。

下午在文俱部听曲社同期，以一小时步行到绒线胡同，回到饭店吃乐松生稿费之宴，川菜丰美茅台酒，然而半饿归家不敢贪嘴。归得钱琢如赠我黄遵宪著《人境庐诗草》。

1961年3月6日

下午搞学习，吴承禧上午来为谈"九老"之一陈祖良有《兵法笺释》遗著，我请他要来看看，打算给他介绍出版(如果好的话)。

---

① 原文如此，下同。

1961 年 3 月 7 日

上午在礼堂听录音。

下午谭来准备星五史料小组的会。

1961 年 3 月 8 日

下午学习谈得很热闹，质量大有起色。我有了预备但未发言，作挽江问渔诗，昨夜几乎失眠。学习回家吴承禧已把陈稿送来(见 3/6 论)。

1961 年 3 月 9 日

又为江问渔写了两首七绝。

下午到规划处把陈稿(见 3/6)交他请他斟酌，同他一起走访小雅室 51 之王伯翔室规。下星期恢复"茶馆"。归家得新坟客来信，谈坟上有人动我树木石料。

午陪贞到文俱部打牙祭，补过"三八"。遇见胡庶华，向他请教诗。他给介绍女诗人章萧君，太炎侄女，任职中央文史馆秘书。她读我诗后胡说"这如读唐朝人的诗"。

1961 年 3 月 10 日

为了坟上事写复信单彩妹(福根妻)。天津找汪季文，他新近已到 57 岁退职在家了。

下午史料小组开七次会开得不错。

1961 年 3 月 11 日

陈毅副总理在人大礼堂作报告，回家已 13:30，午饭后赶至全联学习。

1961 年 3 月 12 日

叔翔小组又来一次"对壁撞"。

下午去看新建成的工人体育馆，贞为线路问题向我要态度，临时不去。我把票子送给一个红领巾。看到三点半出场。

1961 年 3 月 14 日

下午是颉刚茶馆，在三楼集会。恰逢工商组，两会联系学习，我两边跑了一下午。

晚饭后归家，颉刚将陈稿交还。

1961 年 3 月 15 日

下午学习我对 Wu 问题发了言。

1961 年 3 月 16 日

将陈稿送还吴承禧，下午学习会后史料小组集合了一下，决定昨天史委要座谈征稿纪念辛亥革命，我们打算如何问题。

为坟客的纠缠,坟上不安静同时发生而烦恼了好久。贞的余愤也添我烦恼。

下午在礼堂参加史委的会,吃了一顿好饭,但如何交卷则是问题了。

1961 年 3 月 17 日

上午又搞了一下《七绝格调研究》。

下午在文俱部子昂约纲伯、宸忱、士观及余漫谈,说这样的会将经常化起来,这很好。

晚饭散。

1961 年 3 月 18 日

找汪季文了解他退职后情况,民建要"代表"他合法利益了。

下午学习。

坟客单家又来信说,坟已削平及石灰大为不安用。

1961 年 3 月 19 日

职教社开江问渔追思会,我去了,讲了一通后即找汪孟舒谈坟上问题,在他处拟信稿,等二、三弟阅后发出。

下午又去。余时再访"九老",他们指名要我传达陈毅 3/11 报告,后和诗而返。

1961 年 3 月 20 日

下午学习。

余时读《青学斋诗存》(汪之昌,汪开祉鹤龄之父,父亲之师)。

1961 年 3 月 21 日

上午申伯纯在礼堂传达 2/26 周总理的报告,回家得颉刚电话,又去赴茶馆到六人,周勖成将回苏迁坟,巧极就托他到坟上了解一下,吃饭后归。

1961 年 3 月 22 日

下午学习我激动地发了言,引起大耕虞、胡子婴的反应。

1961 年 3 月 23 日

上午为坟上事写信给横塘公社,汪三来一道斟酌。钟俊坚来。

下午史料组开会商讨辛亥纪念文章事,会后为一事找刘一峰。

夜得任老信说"史料无以报命",将放弃他的《八十年来》之作,手颤不能写字云云,阅后为之愕然。

1961 年 3 月 24 日

本打算去找叶叔衡、华通斋,11 点时胡子昂来电话找去听汇报。

下午在礼堂参加纲伯小组会，大发了一通言，大意为自己解释“改造”挂在嘴边，自命决定改造，吃了回家。

1961年3月25日

冒雨为史料工作找华通斋，八六老翁在研究简化字，给我看新著历史文稿，说将来将以之托我及茅唐臣，又找叶叔衡、东来顺老丁同志。

下午学习我未发言。

晚去文联看曲社演出。

1961年3月26日

叔翔小组又是我二人对壁撞。

下午钱琢如来闲谈。

1961年3月27日

下午两会开始座谈“包下来”问题，八市二省来参加。

今天由子昂传达李部长2/25谈话，明晨将续。

1961年3月28日

上午听子昂继续传达。

下午提前学习一次，请了假到颉刚茶馆，这次去北海塔下满以为见到周勖成托他坟上事，他未来，怅然。九个人以50元代价在仿膳吃了一餐，许叔衡来，已退休还要代找事，却之。

1961年3月29日

同周勖成通成电话即去西单大楼找他，把坟上事详细谈了一通，重托一番。他明午南下，这事至此告一段落，且看发展了。

下午学习。

1961年3月30日

丁裕长来谈史料。

下午在礼堂参加国际问题组，同贞在三楼吃晚饭。

1961年3月31日

写关于“顶住美帝”是我外交政策的看法，复陆小波信。

下午在全联听八市二省汇报。

1961年4月1日

午学习工作组在文俱部开会讨论工作经验与问题，我以神仙会精神贯彻得不好说勇气未衰顾虑增加，引起注意，将会发展，为了改造，为了搞好学习，我有必要说真心话。

1961 年 4 月 2 日

上午又同叔翔“对壁撞”，谈得很畅，有益。

下午到中山公园看花，见到碧桃、兰花、迎春、榆叶梅、街李，丁香还早，同汪季平在春明馆(原)喝茶看游人。

1961 年 4 月 3 日

为了写东来顺史料来找到丁辅庭，约定星四下午开始写。

下午学习工作组，在会上我发作了，讲了许多惊人的话，当时即觉得不对头，但情绪激动得很无法控制。

1961 年 4 月 3 日

下午学习得很好，我学到不少东西。

1961 年 4 月 4 日

昨天太激动了，睡得不好。

晨去礼堂参加学习委员会召开的小组长会，遇到资耀华、吴晋航在一起，对之深深地自检了一番，说“昨天太激动了，简直有点疯狂，太不成话，感谢吴不与我谈下去，这一暗示教育了我云云”，语出至诚，心为之快，会上讲了一些意见。

下午颉刚茶馆在大院府胡同口国营茶馆，但此处已改售咖啡，六七人喝了不少咖啡，占下座位觉得无聊，早退，未参加叙餐，归途看《农村印景》画展。

1961 年 4 月 5 日

搞了一天学习，写《异声字表》。

1961 年 4 月 6 日

上午在全联听了一会讨论“包一头”电的问题，余时写《异声字表》。

下午同汪季文到东来顺，请丁辅庭谈这买卖的发生与发展。

1961 年 4 月 7 日

在家搞了一天《异声字表》，初稿草成了，今天工作时间约为 9 小时，自 2 日写起，约 30 小时。

1961 年 4 月 8 日

下午学习得很有劲，灯下抄成《异声字表》。

1961 年 4 月 9 日

清早钱琢如即来，只得向叔翔请假了，琢如为谈诗向午才走。

下午搞声音学流派史图解。

1961年4月10日

刘一峰上午来谈史料问题。

下午政协学委开小组长会，写成《历代韵书沿革图解》。

1961年4月11日

政协游春，集体120余人到颐和园，人交车费0.50元，餐费4元，同贞去畅游一日。

午我买酒（大曲）3.4元，请永滋，“涛爷”李云亭、杨荫圃。杨为我二人在乐寿堂（海棠盛开）照相四点回家，会里上午有传达未能去听。

1961年4月12日

昨天周总理报告传达我没听，今晨去补课，借笔记看，参加上下午的讨论，略知梗概。

晚报载苏载人飞船上天，急写新诗寄晚报。

1961年4月13日

上午去听工作会议（八市二省），回家看报。

下午在文俱部开学习小组长会。

1961年4月14日

上午听工作会议。

下午又去。

晚看乒乓决赛，到家已午夜后，走了一半路回家。

1961年4月15日

永滋送来的新写史料交我先阅。

下午学习得不坏。

1961年4月16日

今天又是大扫除，帮了些忙，钱琢如来了，同他一起到叔翔家开小组会。

下午在家静养。

1961年4月17日

政协请三位科学家讲飞船，同贞去听。

晚饭后返。

1961年4月19日

下午学习当了半场主持人谈古巴。

1961年4月20日

政协学委会请张执一部长谈学习，我又发了言，主张提倡分析之风。

下午有卫生报告,因同东来顺有约未再去听,后汪三去东来顺老丁有事迟迟不来,结果未谈成,白白牺牲了半天。

1961 年 4 月 21 日

下午在礼堂听梅龚彬传达周总理 4/3 在人大报告,结束已八点一刻。三弟等来,三弟同贞去礼堂听评弹。

1961 年 4 月 22 日

三弟同二奶奶绿英昨午前来。

下午学习谈古巴,三弟今晨同贞去康庄看保,三弟当晚返京。

1961 年 4 月 23 日

仍同叔翔二人开小组会,分析美国人民力量不着原因。

下午同三弟到礼堂饭茶畅谈,谈了三个问题:1. 坟上种种;2. 二弟家因鹏事引起的问题;3. 我家因保引起的问题。请他在三楼吃了一顿,冒小雨归家,贞晚上由康庄返家。

1961 年 4 月 24 日

下午学习在工作组,我报名参加将在星期四开始的集体学习 25 天。

晨打算写昨日同叔翔谈到的一个问题:美国人民力量何以起不来,打好草稿去请教他,他以为材料不足可以不写。

1961 年 4 月 25 日

下午听胡子婴报告商业供应问题,三楼吃了饭回家。

得悉华通斋于 23 日故世。

1961 年 4 月 26 日

为华通斋写挽诗占了一上午,午前往唁张通六。途径颉刚家,先请教了他。

下午学习,我未发一言。

1961 年 4 月 27 日

集中的学习(见 24 日论)开始了,8:30—11:30,下午在家自读了一下午。

1961 年 4 月 28 日

今天漾用绿色墨水,此后学习笔记又多了一种颜色了。

上午试写。

下午为史料走了不少路,找刘一峰及汪季文。

1961 年 4 月 29 日

上午在三楼听李烛尘报告轻工业。

下午学习未发言。

1961年4月30日

补五一之假,今天照常工作,"试学"在三楼再听周总理4/3讲话记录,是朱结夫读的。

下午在家,晚饭后同贞到天安门看灯,在中山公园走了一圈。顺王府井回家绕了一大圈。

1961年5月1日

今年同去年一样,五一分散举行庆祝,我在政协庆祝五一。我去政协庆祝五一,各项节目占了一上午。

下午同贞二人在家,弄了一只香酥鸡吃。

晚上同她到天安门看焰火,东二台。

1961年5月2日

同贞到琢如家"回拜"他们,余时以约八小时看完胡绳的《帝国主义与中国政治》,约15万字,依此推算一年可看5 400万字,50年看约3亿字。

保29来信说闹胃病,家中空气竟日为之阴郁。张俊来谈,他说困难的原因是"国家的制度不好",饿了肚农人不干活,政府没拿出东西帮助农业人,有了钱买不到东西,牲口饿得躺下站不起来,怎么做活,等等,思想非常落后,与之讲道理,他不能接受,竟说"你不了解实情就别说了"等等,从而至少体会到"农民问题是严重问题"的真实意义,或者还有共通。

1961年5月3日

"试学"继续。

下午学习。周勖成4/30回来了。同他通了电话,他晚上来,托事因限于时间应未办妥,但承他打听了些情况,并把事特托了赵孟韶、勖成,讲了不少上海、苏州、南京、郑州四地供应情况及群众意见。

1961年5月4日

试学转入进一步明确主题阶段了,一以农业过关为主题。

下午民建开中常会,余时将请假,好顾好"试学"这一头,否则两误。

1961年5月5日

"试学"如昨。

下午请假(中常会)在家翻书。

三点龙妹即来,同之吃在华侨大厦,聚谈,打乱了我的学习计划。

1961年5月6日

试学如故。

下午请假(两会中常会)在家看书,想念头。小敏对我大发脾气,甚有愤慨借发之势,不知为何。

1961年5月7日

民建支部在航街开大会。

下午到叔翔家补行小组会。

1961年5月8日

试学今天集体阅读。

下午在家自读。

晚饭后看了一场新闻电影。买布鞋有困难。

1961年5月9日

试学在家自读,读《毛选》九篇计九小时。

1961年5月10日

试学自读第三天,明天转入第一阶段(两组分谈三题)。

下午两会在万寿山学习,我仍说有顾虑,听鹂馆晚饭散,荡舟湖上二小时是学习时间。

1961年5月11日

试学讨论第一天,张纪元开端很好,冯和法发言太好水准高了,觉得难乎为继。

午龙妹来(她最近退休来北方后,将去广州看志诚甥)饭。

饭后同之游故宫。晚宿锡府寓。延、珠来会二姑。

1961年5月12日

试学仍合组讨论第一题(农业)很好。

下午在家。贞明日又要去康庄。

龙妹饭后回西城。

1961年5月13日

试学第13次。

下午两会学习,贞又去康庄。

晚延带大年来同大年谈话。

1961年5月14日

到叔翔处,但因我甚觉累,未终席即散,琢如来,傍晚去汪三家,贞晚自康庄归。

1961 年 5 月 15 日

试学 15 次，下午在家看书文准备。

1961 年 5 月 16 日

试学 16 次，下午又去礼堂听齐燕铭报告文化部工作，颉刚茶馆本来我打算不去，今晨又想去，换换空气（这阵搞学习有点累），乃打电话告颉刚，他亦因齐报告不打算去，结果我二人均听了报告。

1961 年 5 月 17 日

试学 17 次，下午两会学习转入国内形势，觉得有点累。

1961 年 5 月 18 日

试学 18 次，明天要发言了回家作准备，灯下完成，费时 4.5 小时。

1961 年 5 月 19 日

在试学会上发了昨天预备之言，历时约 95 分钟。昨天因作预备失眠了，晚九点前上床今晨一点后才睡着，中间起来了两趟。发言做得不坏引起讨论。

整个下午做史料工作，写出五封信及明信片。吃饭后同贞到公园，在“音乐茶座”喝茶，吃山楂糕。

1961 年 5 月 20 日

试学 20 次。

下午又两会学习，整天搞学习，一个星期下来有点倦了，龙妹来晚饭后去。她明天去天津，和弟妹来，明天正好同龙同车去津。

1961 年 5 月 21 日

民建中央小组开“中活会”，会上因资耀华不民主作风引起严肃批评，殊出意表，会开得很好，是民建史无前例的。

下午在家休息。

晚瞿良来。

1961 年 5 月 22 日

试学 21 次，转入第三（解决问题）阶段，当了第三题召集人，11 点即回家。

下午在家抄发言稿，学习工作组会未去。

晚上同贞在东长安街看《上海屋檐下》话剧。

1961 年 5 月 23 日

试学 22 次，把发言稿交给担任中心发言的张华来。

下午“颉刚茶馆”在长美轩到七人，在森隆吃饭经长美出发，我还回家找贞同去未果，比他们先到 25 分钟，森隆追到一位民建同志的服务员承他在雅座招待。

1961 年 5 月 24 日

试学 23 次，自读至 10 点，同冯和法到帅府园看《江山新貌》画展，到时已闭幕。

下午两会学习，王淑香回家吃饭，要去一个星期，她的粮票没寄来。

1961 年 5 月 25 日

上午在家，试学 24 次。今天改在下午，同贞在三楼晚饭后看话剧。

1961 年 5 月 26 日

试学 25 次，下午有教育报告未去。

晚饭约贞在森隆吃，每人 2.38 元粮票 2 两，又去了园茶座。

1961 年 5 月 27 日

试学 26 次。

下午两会学习。

1961 年 5 月 28 日

同叔翔二人搞了一次小组会，我把"试学"学习总结讲了一遍，这样把学习情况介绍给他。又请他对我的总结讲话提了意见，甚有收获，"交易而退各得其所"。

下午静静在家，到市场取回前日丢掉的帽子。在文化市场看见一人飞奔而来，由南而北，后边有人高呼把他逮住，结果被人挡住去路，被逮住了，据说是一个小偷。我面对他来，由北而南，一时不知所措，不知情况作不出决定，自问力所不及，因而没有挡住他。足见在突然发生的事物面前，我是不知所措的。

1961 年 5 月 29 日

试学 27，今天在南河沿文俱部举行。

下午又去文俱部座谈文俱部工作。

1961 年 5 月 30 日

试学 28。下午又加了一班。中午一餐在礼堂吃面解决。"试学"至此除后天统战部部长来讲话外，胜利结束，计自 4/27 起 35 天一气呵成。以活力充沛精神饱满结束，吃晚饭回家浑身舒泰。

正要松散一两天，到家即有保来信，接着来电话叫贞即夜去康庄，结果独守寒窑。明天将自顾生活矣，政协史委来信催工作有些压力。

1961 年 5 月 31 日

贞昨夜去康庄了。

今天我生平第一次过自己的生活，然所吃仍是昨天剩饭剩粥，没有小菜，过了一天。晚上她回来了，我向邻家借来一碗，为之煮粥一锅泡茶一杯。

下午在礼堂听周培元同学传达周扬关于红专等问题的报告，内容很好，惜没做笔记只得心领神会而已，遇到申伯纯、黄任之。前者傲慢，后者糊涂作态，都令我反感。

1961 年 6 月 1 日

“试学”以统战部薛学正部长今日下午对全组的讲话正式结束，约贞在三楼吃饭归。

王淑香假期回来了。

1961 年 6 月 2 日

好容易把谭丁二人找在一起，今日上午开了一次史料小组工作会布置了些工作，晓邨来电话说谭将有一定时间办史料事，谢天谢地。

下午去政协赴史料委员会工作会，听申伯纯介绍西北之行，未终席退出到礼堂赶耀华约的两个学习工作组会，耀华未到，为了等他在小吃部吃。同和法、晋航“散谈”了些就算了。

1961 年 6 月 3 日

“试学”上午在讨论昨天薛部长报告。我没去，在家搞史料。11 点出门找东来顺老马及叶叔衡亦都是为史料，看了广东美专的展览。

下午两会学习，大家硬要讨论货币问题，我以这问题值得讨论，但我们条件不够。

1961 年 6 月 4 日

同叔翔搞小组会谈货币问题甚好。

下午晓邨、元成约我去文俱部谈“家常”，并请我吃饭，甚为可感。我没有发言提纲，但作了一个有系统的介绍，作为他们为我做工作的“底本”，我交了底，他们好工作。

1961 年 6 月 5 日

昨夕结算，配给烟一年用量如下：一年 365 天共吸 4 361 支，平均每天吸 11.93 支；一年来有 439 支其中接济别人 280 支，净余 159 支(即 7 包 19 支)。上午在家看《政治经济学》，正准备讨论货币问题。

下午学习工作组会对资耀华的作风提了意见，冯和法出来保驾，声色俱厉，自命专家说“连我都没有反对讨论，你(指我)这专家们反对起来我不懂”，他自我介绍教过写过政经东西。

1961 年 6 月 6 日

下午颉刚茶馆去来今雨轩及同春园到人 12,吃 16.32 元。

1961 年 6 月 7 日

上午协委会开会安排将于 20 日左右召开的十省会。

下午学习我讲了些货币问题的话,在学习中开了一个新风气。

晚绍钫在森隆请我们。饭后以 1.2 元买得《韩昌黎文全集》一部,扫叶山房石印版。

1961 年 6 月 8 日

晨前同事路万钟来,此人是农人,小杨村来京,为之裱补其子在朝鲜战场牺牲证明书,送他路资 3 元,香烟一包欣然去。汪三来。

下午在礼堂听楚图南报告古巴之行,同贞在三楼吃饭后返家。

1961 年 6 月 9 日

午前永滋来。

上午改胡开文稿子。

下午天热人闷读昌黎诗文。

晚上一人看门全院外出。

1961 年 6 月 10 日

下午学习仍未入正轨,得二妹天津来信,托买车票,为之奔走,两处无所获。今天天热。

1961 年 6 月 11 日

晨再为龙妹到前门买去汉口车票,余时在项家谈货币。

下午在家看《韩集》。

1961 年 6 月 12 日

又是前门为龙妹办卧铺,买的后一天的,总算完成任务。不料午间来电又嘱“缓办”,真把人折磨苦了!

下午在航街听荣毅仁报告上海开会情况。

1961 年 6 月 13 日

晨去前门退票,以车票很快被人买去,客车票因已签证过一次不能退了,我又赶到北京站出售无效,适因苏加诺来夹道欢迎被截在长安街南,走了不少路绕道到前门,等交通恢复,赶到北海赴政协联络会,会餐时已 11:30,在仿膳吃到真正肉末烧饼，人费 3 元，同凌其峻到礼堂买饭票。

晚上凌、章两家请西安来京的曾晨涛二位，吃得很好，很自然，很别致，九时尽欢散，其峻因赴宴招待苏加诺未到。下午在礼堂遇到俞成，她主动替我卖不能退的车票，晚上回家得她电话说已照价卖掉了。龙妹自 10 日以来折磨我甚苦，至此结束可说“much ado about nothing”矣！计去车站五次共 9.45 小时。

1961 年 6 月 14 日

下午学习未发一言，龙妹自天津来，贞为她买好明天去广州车票。

1961 年 6 月 15 日

龙从从容容吃晚饭，后由明庆及其女友陪了上车站，前往广州视志诚。

下午同她去车站办行李托运手续，我为她打电报陪她一天，贞上下午都有事不在家。

1961 年 6 月 16 日

整日在家，永滋来送苋菜籽。政协工商组开会未去，向永滋请假。

1961 年 6 月 17 日

贞又去康庄，距上次只半个多月(5/30)。

下午学习，谈“今不如昔”“听党话吃亏”等反映。

1961 年 6 月 18 日

项叔翔家搞小组会，今天经叔平来了。

下午为白一震整理乃父纪念文稿，贞午来返家，还高兴。

1961 年 6 月 19 日

同贞参加政协办的谭拓寺郊游，8:00—17:10 在外。午餐午休，吃得甚好，看得甚好。

归途游戒台寺。公家为此花了不少钱费了不少事，受之不安。

1961 年 6 月 20 日

花了一角钱修好绿色笔。

颉刚茶馆今在大同酒家，到 10 人。

1961 年 6 月 21 日

两会召开十省工作会议今晨开始。

下午学习如常，我略谈三点。龙来片。

1961 年 6 月 22 日

听了一天十省之会。

1961 年 6 月 23 日

听十省会。

下午同贞到革命历史博物馆看预展，脱肛坐三轮回家。晚饭后又同去礼堂听古典音乐。

1961 年 6 月 24 日

十省会今起看文件未去。

下午学习，我讲了《信和疑》。

1961 年 6 月 25 日

白一震来看文稿，为之统计完篇。

项家搞小组会，宝珊来了。

1961 年 6 月 26 日

上午谭志清来，到大明配眼镜，跑了三趟，共花 35.60 元。

下午学习工作组会。得通知定 7/2 去海拉尔休假，将去交换，熊郁村的夫人带其子吉辉来，同之在森隆吃了一顿，很自然地款待他们。

1961 年 6 月 27 日

昨接通知我去海拉尔休养，把我排在第一批，7/2 就去，这把我计划打得稀乱。

午间晓邨、耀华为我设法改期无效，只得放弃开会、史料、学习(总结讨论)等工作，央告贞布置如期动身，忙了一阵，贞也烦恼了一阵，决定 7/2 在海拉尔。

颉刚茶馆今天吃四川饭店，每人 8 元，到了 14 人之多。我上次出题大家为我家花猫被人宰烹作诗，我抛出之砖引的两方美玉——颉刚二首七绝，伯祥一首七古。

1961 年 6 月 28 日

午前研究王伯祥七古、顾颉刚七绝，出门买鞋(2.65 元)，无意中以 3 元买得石印仿宋本《白香山诗集》。

下午学习漫谈了一阵，我以为学得不佳。

1961 年 6 月 29 日

午前同谭汪交代史料工作。

下午去政协取七月工资，交文三篇后参加国际组听吴半农、吴大崐谈美国经济危机，办好换粮票手续，至此海拉尔之行筹备有绪矣。

晚延来见，为看家。

1961 年 6 月 30 日

开始打点行李,邮局不同意特寄《参考消息》,党庆祝 40 诞辰,在人大礼堂,刘主席讲话后,民主党派献辞,少先队献花后礼成。接着是极精美的文娱晚会——歌舞。

1961 年 7 月 1 日

下午仍去学习——学习昨天刘少奇讲话。

1961 年 7 月 2 日

从今天起记活页——在海拉尔休假,贞同行。

1961 年 8 月 9 日

各事整理恢复原状,觉得甚累,贞两次去婉玉家看琴的婆母,我上午到王府井把新配眼镜去原铺调正镜架,买了一部《杜工部诗集》、一支原子笔及一把苏州扇子。

下午几乎没做什么事,看看旧报,天阴有小雨,甚凉爽。

1961 年 8 月 10 日

继续恢复原状,10:30 梅兰芳追悼会在首都剧场举行,万人空巷,备极哀荣,一代艺人永垂不朽矣！写信给鼎,赵孟韬、颐弟(休养在京)、琴大女麟先不成器流浪来京,贞加以善意待之,说服她回安阳夫家,似有效。灯下补看报纸清理积件,天气凉爽有小雨。

1961 年 8 月 11 日

人还是很懒,麟先今天回安阳,在我家候车。

午饭后去她奶奶家陪她去礼堂到车站。李佩、颐弟相继来,我除读报外几乎没做一会儿事。

1961 年 8 月 12 日

又一天在家,下午看苏共党纲,七万字完成一半,起草写信给沈五男(梅湾大队队长),连赵孟韬信寄两弟斟酌。

1961 年 8 月 13 日

到叔翔处一坐。后为通尹找夏三、伟民,即复武昌。从昨起以约八小时看了一遍苏共党纲,余时懒散。

1961 年 8 月 14 日

又懒散一天,看苏共党纲第二遍。

晚同贞在民族宫看话剧《八一风暴》。

1961 年 8 月 15 日

上午在中山堂公祭陈嘉庚先生。

余时在家读苏共党纲。

1961 年 8 月 16 日

贞去颉刚家视其夫人还他 30 元(在海拉尔借的)。

余时只成七绝二首。谭志清来。

1961 年 8 月 17 日

汪季文来,整天未出门。

1961 年 8 月 18 日

贞去津转茶馆看保,带了一个大铺盖相当狼狈上道,一味发脾气,我对之既怜且愤,只得忍之听之,送之上站。淑香混进东站送之上车。回家后在读苏共纲领颇能理解。晚钟履坚来,斐由瑶琴手带来酒二瓶,苏州玫瑰腐乳一缸,两包圆珠笔,一支可以转出红色是上海新品种,北京尚未见过,是良好学习工具。

1961 年 8 月 19 日

珠带宾午前来,学习苏共纲领第三遍毕。

下午在政协礼堂理发,晚餐在屋顶乘凉看舞,遇见家驹。

晚得贞由津来信谈带粮票,起恐慌,阿武没接着车。

1961 年 8 月 20 日

以一个上午办梅湾坟上事,惠福兴破坏坟地一事至此告一段落,历时七个多月,得力于朋友,其中尤要感谢周勖成、赵善昌二君不少。

下午在林翔家讨论苏共纲领。

1961 年 8 月 21 日

整天在家看《红旗》。

晚上贞回家疲乏不堪,不甚愉快,脾气甚大,只得听之。

1961 年 8 月 24 日

政协知照今去北京医院检验体格,花了整整一下午,据说血压 140/95 是新发现现象,明天将再去研究。晚贞有意同去文俱部继续学跳舞,来琴的婆母(她明去沈阳)未果,送给粉药治我年久脚癣。

1961 年 8 月 25 日

晨通颉刚通电话请教他,他说诗很好不必改了(指祝王绍庐八十寿七律),乃将 8/22 收册页写好亲自送西单王琴希,未值,交其外孙陶姓。又访周勖成,再次为坟上事向之道谢,他十月间将退休,年 71。

下午又去北京医院查眼。

1961 年 8 月 26 日

上午细读《苏共纲领》第四遍。

下午去礼堂买晚餐,同人聊天,打球,贞来同晚餐,看电影,天忽小雨未能登屋顶,礼堂在西城,我们不能利用。

1961 年 8 月 27 日

到叔翔家,叔翔正忙,恰恰华文煜、冯和法在座,同之聊了一阵海拉尔,复赵孟轺送给他一张父书残片及家传一册,颐弟来,阿武来信力持保阿保外出就医,引起沉闷。

晚同贞在吉祥看新昆剧《李慧娘》,我觉得很成功。曲子唱得甚好,词句也佳,比以前有进步。

1961 年 8 月 28 日

读完苏共纲领第四遍。珠来,竟日未出门。

1961 年 8 月 29 日

谭志清来。下午在政协,文史三篇、文物八件寄三楼新设之书画室。陈鹏德同陈公培饮酒晚餐。八点到大华同贞看《草原风暴》电影。向陈乃昌反映琴处苦境,开始写象赞体自我小结四言句,在礼堂同永滋谈起。志清晨来,见到初稿。

1961 年 8 月 30 日

印抄 1937“哀启”,打算请旅京同乡为我父向苏州当局作一介绍,保全墓葬,写信给颉刚请他发起这事。

余时在家看书,作诗《七十自话》等。

1961 年 8 月 31 日

早得会中电话,明天要开工了。一天在家翻这翻那,作了两首七绝。

1961 年 9 月 1 日

暑假结束今天开工了。

上下午都在全联听汇报。

风、文二侄女自津来宿。

1961 年 9 月 2 日

风、文二人早饭后离开锡寓逛了一个上午,后乘午间车去黄村,风的新家所在。为改诗写信,再看苏共纲领占去其余时间。

1961 年 9 月 3 日

到叔翔家漫谈国际问题一小时半外。

余时在家。

下午钱琢如来。

1961 年 9 月 4 日

整天在家学习苏共纲领，翻到苏共二十大，核对拼音字典，得到结果是 396 个基本音节下有 3948 个常用字。

1961 年 9 月 5 日

又闷在家一天，贞不耐烦我因耳背而提出的问题，郁郁不乐一天。谭志清来，统战部来电话要阿琴住址，说乃昌（见 8/29）已反映了情况，郑州有人在京要此住址。

1961 年 9 月 6 日

午后同贞到西郊中关村科学院宿舍拜访老朋友，先到虞振镛家略坐，转又到秉志（字农山）家，在两处都碰到诗，回家开始各贺一首。

1961 年 9 月 7 日

昨天见到秉农山壁上诗，以为押韵太难怕和不了，姑且一试，二小时内完成，出乎意料。

晨起即完成和虞振镛五绝一首，当即寄明信片发出，也向农山作了汇报。

下午去政协找米暂沉请他指示：两会史料应向什么方向发展，等了午睡醒来，似理不理，态度傲慢，不得要领而退。后到三楼买饭。之后在二楼听国际问题组座谈德国问题，遇到永滋说我的《七十自序》太抽象，坚持要写事实进去，若然将是自传了。他不愿对我原稿表示意见，也怪颉刚不复我，其中恐真有问题也难说。

1961 年 9 月 8 日

报名参加社会主义学院第三期旁听，今天开课在西安门候车半小时，迟到二十分钟。黄任之又卖老，夸夸其谈，占去别人时间，弄得开学礼半途而废，所言非时所言非是，弄得不得人心。

散后怨声载道，回家已将一点。

下午协委会开会。

1961 年 9 月 9 日

为敬渊去找夏慧远讨《悔龛词集》未值，找颉刚又未值。

下午学习《毛选·调查研究是克服主观主义的根本方法》，有新得。

1961 年 9 月 10 日

叔翔家谈学习做项目。

晚上以三小时复性存、航信，嘱查资历材料。

1961 年 9 月 11 日

民建此后每星期一将在航街有会了，工作会议与主副委碰头会（扩大）相间举行，今天是第一次混合的会，听了不少会务情况，觉得这样做很有道理。

下午夏三（慧远）来。晚在文俱部开学习小组会，吃了一顿，对此荣毅仁忽有意见。

1961 年 9 月 12 日

上午找夏三、刘一峰、汪三。

下午“颉刚茶馆”在揽翠轩恢复了，未参加去莫斯科餐厅。

1961 年 9 月 13 日

下午两会中央学习恢复了。

晚徐墨缘为杨性存事（见 9/10 论）来。

1961 年 9 月 14 日

午前学习，准备发言稿，就商叔翔。

下午在礼堂听传达，贞同去。

晚饭后同到文俱部学跳舞。

1961 年 9 月 15 日

社会主义学院通知旁听生在政协礼堂。

下午听聂真副院长《关于学习〈改造我们的学习〉的报告》，因不发耳机同工作人员（刘孟纯等）发脾气，结果三个旁听的在扩音室听播送录音。

1961 年 9 月 16 日

起身后写了两首七绝。到叔翔处一座。

下午学习，讨论国际局势，发了言，农山来信给我不少指示，但照他说法，我得先埋头读书数十年，再考虑作诗。

1961 年 9 月 17 日

晨去航街过小组生活会。

下午颉刚夫妇、琢如夫妇来，大扫除，乘农山昨来信对作诗大加教训，今天又来片露歉意。

1961 年 9 月 18 日

晨在航街参加工作会议，在会上提出汪季文在史料小组的名义问题，据说有许多细节需要考虑。

下午学习工作组碰头，写七绝两首《学诗存疑》。

晚夏三来送文集二部，其一转送敬渊。

1961 年 9 月 19 日

吴菊农搞成一个老年同志民建小组，在航街座谈，今晨第一次去参加，觉得很有意思。

下午同和、成两弟——他们特从天津来视我七十生日，参加历史博物馆之后到颉刚茶馆。在李铁拐前街之江西餐厅聚餐吃了一大顿，三人共费 19 元，阿凤也晚来打地铺。

1961 年 9 月 20 日

壬辰八月十一辛丑八月十一，第七十个八月十一了！和、成二弟，凤侄女、颐弟，王淑香(保姆)都来祝寿。

上午下午我都在全联开会学习。

晚贞带凤去礼堂看戏，不好，十点即返家。

1961 年 9 月 21 日

下午在礼堂参加国际问题组，在谈听胡念之报告缅甸印尼之行及陈毅在政协讲话，关于辛亥革命等等。

晨同和成二弟谈我劝他们多注意些大事少些小事，他们特别自私，不能接受，而且和态度甚不好，抵触情绪甚大。

晚阿凤到居庸关采石回来，颇有朝气，余心情较舒。

1961 年 9 月 22 日

午前到叔翔处一谈。恐星期天有事，小组会又将开不成了。

下午去午门看北京市美展，确有不少新作品新作风，经天安门王府井而返，购得《长安客话》等北京出版社新出北京掌故书三册。阿凤忽关节炎复发，一时行不得也，以思书呆之左。

1961 年 9 月 23 日

阿凤还不能走动，在我处休息一天。

下午学习。

1961 年 9 月 24 日

辛丑年中秋，贞今天为我安排祝寿，中午吃炸酱面。区家五口来，珠、寅来。

晚上赏月酒会来瞿良家四人，区家五人(延不在城内，到延庆劳动去了，晨有明信片来),绍璧及其幼子冯杰、鸿珊(绍钫下乡劳动未来,维光感冒在家)。

1961 年 9 月 25 日

例会俱停开,上午去访夏三、颉刚,俱未值。

下午到北海看摄[影]展。在湖边饮茶并逛什刹海,这片已沦为洼地,“海”恢复青春了,水边风景殊美,湖中有岛。附近小儿都能泳渡。

1961 年 9 月 26 日

学院听课——肖明讲社会发展规律,8:30 开讲,起大早赶去颉刚茶馆,仍吃江西餐厅,到 13 人畅叙畅饮。

1961 年 9 月 27 日

政协分批参观八一制片厂,看了几张片子,包括立体片,两个车间。下午两会座谈右派分子问题,挤掉学习。

1961 年 9 月 28 日

大雨。在西直门东大桥,骑车人都乘街车了,到学院迟到十五分钟,听肖明讲课,所讲面目一新,是教学改革的好处,也是毛泽东思想的成果。

下午去礼堂参加国际座谈。

1961 年 9 月 29 日

乘杨扶青车在学院听课。

下午无事到天安门散步,看国庆节准备。作出《四声分布比重》统计记录。

1961 年 9 月 30 日

仍乘杨车去听讲课。

下午两会学习。

1961 年 10 月 1 日

第十三个国庆节,第十三次登上观礼台。

晚上带至培四个孩子、王淑香去看焰火,今天仍未阅兵,但坚如钢铁的民兵师,参加游行队伍,两小时毕事。

1961 年 10 月 2 日

上午闷在家,为政协史委看文稿提意见,准备开两会的史料小组会。

下午珠带寅来,同之经文化宫绕天安门市场回家,请他们吃冰饮。付汪季文 12 元稿费。

1961 年 10 月 3 日

写了二首七言,复上海周、金、王、孔四友祝寿轴,看西安画展,贞晚自茶院归来，精神甚好，说去时在津和、成二弟到站会见。

1961 年 10 月 4 日

去政协交稿三篇(浦熙修手)。

下午两会学习，陈叔通讲辛亥事甚多，皆未闻也。

晨起贞以在津站从和、成二弟同悉，我曾(见 9/21 记)向两弟发脾气。他们向她诉苦等等。我说好事报坏果，表达得不好；他们只重现象的概念，不重本质，双方都有世界观问题！请叶圣陶、顾颉刚、王伯祥、俞平伯写信给苏州市人民委员会，为父亲作介绍去保存墓葬，今天公信发出且看后果(见 10/12)。

1961 年 10 月 5 日

在家一天，吟诗为遣(86，87 首)。

1961 年 10 月 6 日

晨到叔翔处一坐。

下午在礼堂听国际问题座谈，谈联合国与中国问题。

1961 年 10 月 7 日

李云亭昨天许我送些龙井茶叶给我，下午果然来了。他来前速成五言一绝句，云："北屋明窗下，篱边秋菊开，何时修得福，一瘦送茶来。"

下午学习畅谈。

1961 年 10 月 8 日

白一震来电话，要参加九日的纪念辛亥革命五十周年的会，打电给筹委为之介绍。不得要领写信给邵力子(筹委的秘书长)。

上午在全委听南汉宸同志讲巴西。

1961 年 10 月 9 日

下午学习工作碰头。

晚在大会堂纪念辛亥革命五十周年，白一震在座(见昨记)。纲伯来，我以七绝归其 collection。

1961 年 10 月 10 日

午后同贞取呢夹袍改制的短大衣。以鼎寿桃钱买吊灯，改装插销，得和弟信，将有《苏集》寄来。

上午在航街参加老人小组。9/21 以来心情一直不畅。

1961 年 10 月 11 日

上午开协委会，开到一点。

下午学习。

1961 年 10 月 12 日

晨去学院听课——千家驹讲政经学，关于商品一段。

下午在礼堂听柯柏年讲西柏林，看新京剧《秋瑾传》，贞同去。奋斗之余，吃到两碗素面，三弟来信。9/21 到来第二封。

晚苏州市人委来抄信件，决定保护父亲坟地（见 10/4）。

1961 年 10 月 13 日

史料小组原定今天开会，为常会挤去。

下午在家写信给两弟，9/21 来第一次，写信给单彩妹、苏州市人委。

1961 年 10 月 14 日

学院听课（千家驹）。

下午学习。

1961 年 10 月 15 日

民建开小组生活会，几乎整个时间我谈张弛之道、以文会友、以友辅仁、同命相求等等。谈到史料小组，1. 组员民建同志交卷，宁交政协不交专会，2. 小组印件不给纸张，3. 秘书时有时无，成员忙老居多，开会都不易诸问题，吴菊农仍不满足。一味要“元老谈透”，直到同车回家还在推我，我脱口而出，我本性火大，勿再煽风。这话打痛了他，做手势与我绝交，一唤置之。

下午钱琢如来。

晚饭后写诗。

1961 年 10 月 16 日

去航街参加碰头会，再一次向吴菊农为昨日“失言”道歉，他还不接受说再谈谈，会上解决了些问题，其中之一是民建中央工商研究委员会应否存在，我是这委的主委。

下午学委组例会碰头。

1961 年 10 月 17 日

去学院听课，仍同杨扶青往返。

下午以为无事出去理发，未及理完想起谭志清要来，赶回家刚入门，他接踵而至。

颉刚茶馆由我承引在森隆叙餐，到 11 人，6.15 元/人。

1961 年 10 月 18 日

上午史料小组开会，第九次。下午学习。

晚同贞去红星看电影《黄河巨变》。开始编《简化诗韵》。

1961 年 10 月 19 日

整天在家写《简化诗韵》(暂定)。

贞下午去政协学习。

1961 年 10 月 20 日

又一天在家。整整两天无一事,写成《简化诗韵》,装订成书。

1961 年 10 月 21 日

上午在礼堂听"科学 14 条"传达。

下午学习。晚邀了陈乃昌、李贻赞、施复湘、邱庆铭、何宗谦、周同善在文俱部晚餐,征求他们对民建中央工商研究委员会存废问题意见。得通尹片,对近作《学诗心得》五古一首大为夸奖,并附以小诗见许,母寿材事务赵君迈反映。

1961 年 10 月 22 日

上午到叔翔处搞小组谈 1. "苏共大会消息";2. 12 条与 60 条;3. 民建中央机构。

下午在家搞《简化诗韵》,原稿寄通尹。

1961 年 10 月 23 日

为母寿材事晓邨建议写信给孙王,由孙王在津接洽(见 10/21),片告三弟。

上午乘晓邨到航街参加工作会议。

下午学习工作组碰头会,同王达夫到西郊,去动物园内走了一圈,本想看波兰工业展览或天文馆,都因时间不对未果。

1961 年 10 月 24 日

到大明修理眼镜右片活动,交代而成且不收费。到东来顺定座,看和平画店的书法金石部,今天书法家确实少了,午饭后以几分钟写了一绝(91)。

下午在三楼洗浴。赴工商组座谈,纲伯以价值 31.50 元之毛线衫赠我,作为 10/9 墨的交换物。

1961 年 10 月 25 日

上午在家。

下午学习。

1961 年 10 月 26 日

午饭后即去礼堂为买晚餐而奋斗,碰到颉刚,为他倾日学诗,两年半以来,迟到的世态炎凉几乎发起牢骚来,赶快刹住。参加国际问题组讨论莫斯科开会情况。

晚看天津京剧。贞特别欣赏《钟馗嫁妹》。

1961年10月27日

上午听邱庆铭同志关于小商贩的报告,启发良多。和弟、绿英来相谈甚欢。

9/21以来积痕顿消,甚为快慰,灯下和平伯二首,自鸣得意(93,94二首)。

1961年10月29日

昨日黄昏自改93首末句未成,今晨忽得"长青万古视江山"句,得来毫不费工夫,奇哉。

下午钱琢如来,说诗不如平伯原作"远矣"。

1961年10月30日

政协组织香山看红叶,九时出发五时返家。贞以妇女组成员同游,在碧云寺、水竹院口占一绝,灯下又作一首。

1961年10月31日

今天是比较复杂的一天。

上午去航街参加"老人组"。下午去礼堂赴学委会,会休息时赶回家取顾画册,请颉刚题,借他手笔把我和平伯的二首写入册中,赶去东来顺颉刚茶馆,到14人,吃得非常满意,皆大欢喜,每份10元。

1961年11月1日

下午学习。

余时在家搞这搞那。

1961年11月2日

下午去中山公园看菊花。见到纯绿色的一种,深紫如墨的一种。

上午院中来了一帮军人打树叶喂猪。我帮他们拣出枝杆,甚为和谐,他们打扫干净,负叶而去。

1961年11月3日

竟日在家。

下午同贞到历史博物馆看辛亥革命展览。

1961年11月4日

下午学习,搞拼音字母音节得到413个音节。

上午王性尧到史委,80分钟来回。

1961年11月5日

航街民建小组吕在一。

上午吴菊农请假不来。

下午在家写第100首诗。琢如来。

1961年11月6日

在航街碰头会谈工商研究委员会存废问题，编成《汉语拼音分韵音节表》一种，写诗第100首。

1961年11月7日

政协组织参观公社，这次我又到卢沟桥公社。

下午四时返家记公社页。

1961年11月8日

下午学习参观卢沟桥公社感想。

上午无精打采一阵，阿凤来过夜。

1961年11月9日

晨颐弟来，休养见效，红光勃发说13(日)将回上海了，约他明天来同他玩半天。

民建"老人组"(原在航街集会，星期二)改在中山公园举行，就文艺界变化看大好形势，写了四首诗预备去婴园赏菊。

下午访叶叔衡。

1961年11月10日

政协组织老人到婴园赏菊，继至中山公园茶饮。见到陈云浩、吴研因、叶叔衡诗，不敢冒失，昨成四绝未敢出手。

下午颐弟应约来。同之在故宫盘桓半天，后在市场小酌而散，回家想和刘婴园设老人节倡议诗，一字写不出。

1961年11月11日

昨夕不知落笔，今晨完成，分寄婴园及上海敬渊。

下午学习。张维光父母出差，接来过周末，学习回来又受凉了。

1961年11月12日

今天叔翔小组到了三个人，叶宝珊来了。谈苏阿关系问题，甚透畅，起了小组作用。

下午在家。钱琢如对婴园《赏菊》七律一首无意见。

1961年11月13日

上下午都在航街，改第106首诗很费心。

晚为学习苏共二十二大准备资料。

1961年11月14日

“老人小组”在航街谈苏共二十二大。

下午颉刚茶馆在莫斯科餐厅，只到六人，吴研因以诗集《风吹》见贻。

1961年11月15日

为颉刚送笔去，备他题顾画之用，向他借得汲古阁本《剑南诗稿》28册。

下午学习，谈苏共二十二大。

1961年11月16日

学院为便利老年旁听生，把录音送进城来。在文俱部于(星期)一、四开放。

下午去听千家驹的10/18一讲，录音不好所得无几。

1961年11月17日

贞又去茶淀了，带了不少好吃的，伟大的母爱！

我竟日在家看文件。

1961年11月18日

下午学习。

1961年11月19日

叔翔、宝珊同我谈苏阿关系等问题。

下午在家写诗(107)。琢如同为推敲，得其勉励不少，为坟上事得赵勗昌信。有信转交圣陶。

1961年11月20日

上午在全联开会。

下午听录音(学院前门)。

晚上等贞回家等到十一点未来。绍璧为我们买来大批鱼虾，正好贞不在家怕要坏。为陶兄处理赵孟韬托事，把苏市决定保护梅湾坟墓经过写信给孟韬，自问是对陶兄及孟韬应尽之责，不知对否。

1961年11月21日

昨日绍璧代买的鱼虾要坏为之操心，今晨绍瑾来，即抓住她烧出油焖虾，醋酥鱼，王淑香正好去医院不在，询她是我做的。

下午在全联开会，听朱德禽汇报华东基层组织情况。

得电话带信说贞今日不返，明日返京。

1961年11月22日

去礼堂交胡西园文后，听聂真报告社会主义学院教学计划。

下午学习。晚民建请老人在和平宾馆吃饭，60 元/席，十人吃了一半。贞终于八时前返家，狼狈甚。

1961 年 11 月 23 日

上午在全联开会。

下午听课（肖前）。

1961 年 11 月 24 日

上午在全联开会听朱德禽汇报。

下午在家，这星期第一次。绍钫摘掉帽子。

鸿珊上海回来在家请他们吃鸡，绿英来。

1961 年 11 月 25 日

上午在航街为杨美真、丁裕长摘右派分子帽子，讲了话。

下午学习。先在文联看曲社演出，新生力量人才辈出。

1961 年 11 月 26 日

同叔翔“对壁撞”了二小时余。

下午休息在家，无人来。

1961 年 11 月 27 日

上午在航街开工作会议。

下午听录音。

1961 年 11 月 28 日

在航街参加老人小组（季文组长）。吃了午饭即去政协礼堂，争取晚餐好在礼堂。

下午参加公社报告会。接着参加邓演达殉难 30 周年纪念会，搞到九点后回家，又处理赵孟韶信（见 11/20 论）。

1961 年 11 月 29 日

今起赴唐山、遵化，参观工业、农业公社，（日）记活页。

1961 年 12 月 8 日

11/29 至此日记去遵化、唐山，另记活页。

1961 年 12 月 9 日

下午学习，汽车来往并早退，都是为了痔患复发，补看十天的报纸。

1961 年 12 月 10 日

中午路妹邀我们吃午饭，为绍钫摘帽子，调工作，吃了大肉，我痔患未痊愈，步行不宜,往来相当受累。眼镜忽然出毛病,经大明在二小时解决,交费一角钱。

1961 年 12 月 11 日

遵化参观团全体在文俱部座谈体会。

下午在北京医院占去了整个下午。

1961 年 12 月 12 日

在家静养一天,开始写学诗心得:旧诗的格律。

1961 年 12 月 13 日

养痔在家又一天。

下午学习都没去,写出《旧体诗格律简述》一文。

1961 年 12 月 14 日

仍在家休养。

上午搞史料工作。

下午写《旧体诗格律简述》。

1961 年 12 月 15 日

仍未出门,写《简述》第二遍。

1961 年 12 月 16 日

下午出门了,坐汽车到全联参加学习,吴觉农、张又华谈得很好。

1961 年 12 月 17 日

叔翔小组到 11 点,宝珊来了。

下午琢如来说:"我始未料到中国科学社的发起,鼎鼎大名的人,如钱崇游、秉志、王琎等不在内,而你们在内。"重复了两遍。

1961 年 12 月 18 日

午前到文俱部理发,走到公共汽车站这么一点儿路,痔患处大不舒服,不敢再出门了。

1961 年 12 月 19 日

在家养痔,下午喻秋来交史稿,告我说会中紧急决定月内在西安召开中常会。

1961 年 12 月 20 日

下午去学习仍得坐车去。

晚得敬渊信,说通尹已复明,急就一绝寄贺。

1961 年 12 月 21 日

又在家闷了一天。

1961 年 12 月 22 日

今天不大便，便于出门，先到邮局试试，居然可以，午饭后即去礼堂争取买晚饭。

下午听章文晋介绍中印边界问题后，贞留下看周信芳戏。

晚饭没有买到，我回家吃，贞买饼干吃。

写了一首七绝贺阿秀结婚。

1961 年 12 月 23 日

下午学习，没看通知明日的事当作今天。

上午白走了一趟金鱼胡同。

1961 年 12 月 24 日

到叔翔处谈了一小时，职教社今天请若干老朋友在和平宾馆吃了一大顿，吃得十分丰富。周士观大过烟瘾之外还偷拿整包烟、夹了黄油的面包，并以之塞在同坐的女客包里，同“落后”者合流，这种人丢尽民主人士、政协委员的脸，大吃大喝大抽之外还要做偷窃之事，无耻之至。回家用放翁句写了一首，志愤。

1961 年 12 月 25 日

又懒在家一天，又写了一首示饕餮者，并抄送姚维钧。

1961 年 12 月 26 日

去航街的老人组菊农主动邀我同他乘车去。

下午颉刚茶馆在大同吃了一顿，80 元的席到 12 人，得通知政协明年三月三日开会。即日到各地参观访问（不用“视察”名义）。在大同席上同圣陶等决定去上海江苏，颉刚要我选放翁诗三百首，大胆应之。

1961 年 12 月 27 日

下午学习，听到要在春节前搞一个“反开后门”运动，去各地参观访问的民建同志有责任投入这运动。

1961 年 12 月 28 日

今日之后将忙，最后一看，懒在家，大部分时间为一首七律占去（元旦）。

傍晚带红到市场喝可可。

《旧体诗格律述要》，杨玉玲为我打出，自己校对一遍。

1961 年 12 月 29 日

去政协赴会，申伯纯转空子要出去，参观的委员带着搞史料工作，但又说不要以此打乱参观。

下午在航街开会，我对组织处大有意见——民建基层组织多数不起什么作用。

1961 年 12 月 30 日

上午在航街谈对台广播，参观访问由人大组织。

下午去开会，推出周士观为组长，有人听到说："怎么叫一个大混蛋当组长呢？"《旧体诗格律述要》经杨玉玲、孙世襄二同志的帮助，今天油印出 21 本，在人大会堂分送给促成此稿的王雪莹、姚维钧及王伯祥。

晚上延、至培来帮我写《1962 年元旦》一首的朗诵音谱简谱，几年来他们二人第一次同我玩了一黄昏，殊为难得。原拟赴申、苏，大会堂一会后游兴顿减。

1962 年

1962 年 1 月 1 日

秀在津结婚。

我又在家一天，从平声字在七律内的位置画出图来，发现些格律方面的问题，品评，从无人发现过的。家中空气沉闷，原因不少：1. 女工要换人；2. 贞寄保的吃用什物被邮局退回；3. 贞浮肿；等等。

1962 年 1 月 2 日

去航街小组。大家以自己方言朗诵我的《1962 年元旦》七律。

下午在家。王淑香——三年来保姆怀孕回家，介绍了接班人史凤兰，明天上工。

1962 年 1 月 3 日

决定不去上海通知各处。

下午学习听《工业 70 条》，同资耀华发生冲突——他要我让荣毅仁说话，引起一场无谓争论。

1962 年 1 月 4 日

下午去航街参加机关会员新年会，我在"八老"中以吴音朗诵《送瘟神》作表演。

1962 年 1 月 5 日

竟日在家，写对台广播稿子，得敬渊信说通尹目疾未愈。

1962 年 1 月 6 日

下午学习，大部分出去视察了，由我支撑局面，今天到了六七人，谈《工业 70

条》及我谈遵化之行。

汤茂如来，为谈十余老人学习《哲学原理》一书赋诗致敬，他约我明天去“九老会”。

1962 年 1 月 7 日

叔翔处谈到 11 点，听了半小时昆曲。

下午应汤茂如邀再访城东九老，兴如故，我谈了遵化、二十二大。他们派三轮来接，到九人，陈老故去后有一位 80 岁王姓加入。

1962 年 1 月 8 日

雪，整天在家，为郭新生改诗，选陆放翁诗，初步工作将半。

1962 年 1 月 9 日

下午去找琢如，为了汤茂如事（见 1/6 记）他对之有兴趣，打算参加，同他去平伯处未值。

陈铭德将上年 8/29 送政协书画室陈列品八件送回。

1962 年 1 月 10 日

下午学习讨论《70 条》。李烛尘讲他的用电烧法制造 $NO_2 \to Co(NO_3)_2$ 解决肥料问题，觉得他有点自信力太强，读了《人民日报·元旦献辞》。

1962 年 1 月 11 日

下午去协和医院会诊，检查了 70 分钟，结论是枯痔疗法不能奏效，只可割治。

1962 年 1 月 12 日

竟日在家选陆诗。

1962 年 1 月 13 日

下午学习社论（元旦）发了言，学习“辙”与“韵”的关系。

1962 年 1 月 14 日

在叔翔小组会到十一点。

下午琢如来。

1962 年 1 月 15 日

整天在家选陆诗，初选将毕，平伯送我曲园诗签四帧。

1962 年 1 月 16 日

乘电车去航街参加小组会。

下午在家，背上肌肉痛。

晚间尤甚，为诗韵写信给《人民日报》，选陆诗，初选将毕。

1962年1月17日

下午学习，选放翁诗第一遍完成，计得诗531首。

1962年1月18日

在家一天，读《陆选》第二遍，三天来有感冒。

1962年1月19日

在家选陆诗，初本整理结束，得诗388首。

1962年1月20日

下午学习谈苏赫问题，回家感冒加剧。

1962年1月21日

昨夜出汗甚畅，今天反而不好，咳嗽牵痛筋肉，相当难受。

下午敬渊朋友请求周振甫送安乐乡人墨迹印本来，乘便请教了一番。

1962年1月22日

咳嗽同腰酸互相牵连着，休息一天。

1962年1月23日

成弟自津来，约其友赵沛霖大夫来为我开方。

1962年1月24日

在家避风。

下午学习未去。

1962年1月25日

又在家一天避风。

晚凤来打地铺。

1962年1月26日

避风在家，为颉刚修理《岭南诗稿》。

1962年1月27日

又在家一天。

下午学习未去。

晚上三弟新亲宋维良，其夫人杨克泸携次子惠元来会亲。

1962年1月28日

宋之英摘了右派帽子，渐入佳境前来告喜，我仍避风在家。叔翔小组又未去。

三弟同凤晚饭后返津。我选放翁诗又一天加工。

1962 年 1 月 29 日

还在避风中，写出《陆放翁诗选》目次稿，计五类 290 首。

1962 年 1 月 30 日

下午出门走了约二小时。看了一个美术展览，十天来第一次。

1962 年 1 月 31 日

扫除，贞把我安排到文化俱乐部去，我到叔翔处避难，见到他弟弟项冲。

午饭在绍钫家吃鸡，吃后到全联搞春节前最后一次学习。

1962 年 2 月 1 日

医院通知下午去检查，结果良好。

1962 年 2 月 2 日

去广播电台录音对台[湾]广播，我把我的《1962 年元旦》一首播送出去，一个多钟点毕事。

1962 年 2 月 3 日

斐托其陈校长送东西来，校长是个慢性子的人，坐了半天而去，约珠明天来过年。

1962 年 2 月 4 日

辛亥除夕，15 点 18 分立春，一天未出门接珠带寅来家过年。

晚上延全家来守岁。

1962 年 2 月 5 日

壬寅元旦，去礼堂团拜，见到杜近芳、马连良、袁世海的清唱等精彩节目。

1962 年 2 月 6 日

今天是年初二，来了不少旧日同事，如丁鼎文、宋之英、王德珍、张茂楠、寿墨卿、高乃明、白一震，此外张华增、夏慧远也来了。

下午贞去钱琢如家。

1962 年 2 月 7 日

为夏三送金家印本去，昨天竟把此事忘了。

钱琢如下午来。

1962 年 2 月 8 日

梅祖燕一家来。

下午在航街开会，早散乘便车到陶兄家“点了一火”（少坐，苏州话意）。

1962 年 2 月 9 日

大雪。午间外婆给红、年、山、江吃狮子头，绍钫一家也来。

下午外婆带红等出城找珠。

1962年2月10日

下午学习恢复了。

1962年2月11日

上午同贞到陈鸿佑家,遇见夏纬寿(红叔)二兄。

下午陈来大看我存帖册,父亲墨迹,晨丁裕长来。

1962年2月12日

病后第一天参加正常工作。

上午在全联,下午在航街。

1962年2月13日

8点车去航街听胡子婴报告,天津工作的报告,内容好,报告得好。

下午在家。政协分配鲜鱼三斤。

1962年2月14日

下午学习,谈学习小结。

1962年2月15日

以一小时为俞成写了一首庆祝三八的《押韵标语》。

下午在国际问题组漫谈。

1962年2月16日

下午听吴晗讲历史问题,很好。

晚明庆带自申来京的平宝来。

1962年2月17日

下午学习后到礼堂叙餐,之后到文俱部看曲社彩排,买了一罐糖酱,在文俱部打碎,引起贞的批评,不敢回家。

1962年2月18日

职教社请吴大琨讲话去参加了。

下午琢如来借去《马克思主义哲学原理》。

1962年2月19日

下午学习工作组会。

1962年2月20日

人大、政协组织参观访问后座谈,今天第一次我虽未出去,也被邀参加到上海浙江一组听话观感,在大会前每周将于二、四、六继续举行。

1962 年 2 月 21 日

下午学习,今天我主持。

1962 年 2 月 22 日

上午史料小组第一次开工作会议,十一点散。

下午去人大礼堂听讨论参观访问(第二次)。

1962 年 2 月 23 日

双周讲座听楚图南报告去日本访问经过。

1962 年 2 月 24 日

下午学习,只到三人,结果我再去人大会堂参加访问讨论第三次。

1962 年 2 月 25 日

上午吴继英来打听我治痔经验,他所患与我相同,竟日未出门,觉得闷气。

1962 年 2 月 26 日

上午去视叔翔疾,感冒好了。

余时在家读白居易诗。

1962 年 2 月 27 日

去航街老人小组。下午人大会堂听座谈,研因、平伯、敬渊都有诗信来。

1962 年 2 月 28 日

下午学习谈得很畅,跃华在市,开会学习由我主持。

1962 年 3 月 1 日

下午人大会堂座谈我发了言,建议转入专题讨论。

1962 年 3 月 2 日

上午在礼堂列席政协常委会。

下午在家搞学习,诗,功效出奇高,但妨碍了今夜的睡眠。

晚陆以京(公达)夫人来会贞。

1962 年 3 月 3 日

下午人大讨论,回家贞去汤茂如来稍发脾气,不耐烦但又不清楚,所告不得要领。

1962 年 3 月 4 日

报登俞星枢讣告,正草成挽联,平伯送挽诗稿来,立即以联稿复之。

到叔翔处谈到十一点。

下午钱琢如来,对联语多方挑剔,不能说服我,此人从无助人之意,愤愤中送他出门。接着作《无题》一首志感(见4/1记)。

1962年3月5日

晨起觉得昨日气愤中诗不够温厚,改了一句,好了,当即以之为例再次驳吴研因,题材不宜诗的说法写信给平伯,进一步说明旧瓶可以装新酒的想法。

1962年3月5日

竟日在家。

1962年3月6日

上午在航街老人组。

下午人大会座谈发了言。

1962年3月7日

嘉兴寺吊俞星枢。

下午学习为郭可说(淞荡)、夏慧远两位"三兄"作了介绍。

1962年3月8日

下午去礼堂听国际组谈南越、缅甸,吃饭回家。

1962年3月9日

以大约六小时的工作,修改我于1960年6月写的关于《合作事业》的史料。

1962年3月10日

下午学习,听说章乃器近作诗曰:"身败名不裂,家破人未亡。钢筋铁骨在,冷眼对豺狼!"

1962年3月11日

去航街小组谈章乃器最近发狂情况,并商对策。

下午同过境之头玉(邦曾)逛北海,他是从洛阳实习回长春路过北京,为谈形势,他也为我谈了心境。

1962年3月12日

饭后为两篇史稿去永滋家,喝到好的绿茶,回家写诗信周、吴。

贞下午自延庆回,这次是上星六去的同陆公达夫人同路。

1962年3月13日

上午去航街老人组。

下午在礼堂理发,洗澡,修脚,吃点心,由永滋处取还史稿(见昨记),把他的一篇,我的《合作事业》稿(见1960/9/13)交给史委米暂沉,如释重负。在礼堂整风(见)到吴研因、覃异之,略谈诗。

1962 年 3 月 14 日

上午在人大礼堂听联组发言，甚有所得，遇覃异之，为之笔谈诗。

下午学习，吴大岷讲章乃器。

1962 年 3 月 15 日

上午绍珩的朋友凌敛庐来了，好久不见，不免热情招待，留午饭去。

下午在国际问题组漫谈。晚上写诗、信，写信给琴鼓励她们，阿全摘了帽子要回家了。

1962 年 3 月 16 日

为汤茂如的老人学习会写信给张振一部长，进一步研究吴研因的逻辑，写出信来先请周振甫看。

下午在礼堂三楼开史料小组旧组会，会后聚餐，会(开)得好，吃得好。王达夫忽然及时吃掉稿费，说这份稿费应该属于原作者。把过去决定的事翻出来，实在有点突然，是可奇怪的。平伯题俞太公的绸扇轴诗送来，好得很。

1962 年 3 月 17 日

三届政协三次会今天开始报到。

上午去前门饭店报到。

下午学习，吴研因信多问题加以分析。

1962 年 3 月 18 日

上午叶宝珊来了开成小组会，我谈起用主体图线表说明产销不平衡现象。杨玉琳结婚下午去贺，遇到余啸秋、吴菊农、李文述等同志。夏慧远来看“研因通信”。刘瑶琴最近同梁德风结婚，午间来。

1962 年 3 月 19 日

上午听“反走后问”汇报。

下午谭志清来。史组聚餐，黄晓邨说要补给原作者，支持达夫等翻老案办法(见 16 日记)我勉从之，为了周洁为了史源。

上床后得张振一部长电话说信见到了(见 16 日记)，改日面谈。

1962 年 3 月 20 日

到航街老人组。

下午在礼堂开学委会，见到张部长谈起汤茂如学习会，他说可在《光明日报》发表文章，在政协会刊发表报道，具体安排找史永；《哲学原理》一书有修正主义观点，要注意。

1962 年 3 月 21 日

大会还没有消息，颉刚最近从德化回来了。午前去交卷——《陆游诗选目次》送去，把《剑南诗稿》配好面纸还他，研因论诗一段留给他看，同他又谈起写大国资本主义萌芽史，他说可补充到书业前期史，约陈乃昌、赵万里等组稿，惜座有来客未及评说而返。

下午为汤茂如事去政协找到史永，回家又约茂如来把领导允予支持等情况告之。至此，他 3/3 来意已基本达成告一段落。回家途遇丁鼎文，说贞曾找过他为保保释事，他说不行，户口报不进，而且要全面安排。在史料办公室遇到溥仪聊起天来：我的奇遇——"清室今上"台头的收条。

1962 年 3 月 22 日

还在等大会消息，下午来了，明天开幕，写信给苏州人委问坟上绿化事。

上午天津官中学生金恩善来，今年 65，从人民银行退休了。

1962 年 3 月 23 日

政协下午在人大会堂开幕。

上午先在礼堂小组酝酿议程等。

1962 年 3 月 24 日

在家看文件。

下午邀志清、季文来布置大会期间史料工作，四点后到小组参加工作报告讨论，吃饭后同羹梅到新侨活动找到梁上立。

1962 年 3 月 25 日

两会在新侨招待来京同志，我同羹梅在礼堂午饭后归家。

晚羹梅去曲园请胡、刘、金、汤诸人，甚盛。

午间同羹梅到前门为史料"活动"。

1962 年 3 月 26 日

上下午都在礼堂开小组[会]和阅读文件。

1962 年 3 月 27 日

上午小组正式开会了。

下午列席人大二届三次大会，为了史料室工作同米暂沉提意见，申伯纯有急躁情绪。

1962 年 3 月 28 日

上午小组。

下午列席人大大会，听周总理报告第二部分。

1962 年 3 月 29 日

上下午小组[会]，上午阅读文件，下午我发了言。

1962 年 3 月 30 日

上下午小组[会]。

晚饭同羹梅到民族饭店吃饭、拜访，在陆小波、沈子槎、范谷泉处略坐，适他们要去看藏生演《文成公主》，未及多谈，碰到邵力子、龚饮冰在一起，乘机同他们谈了白一震问题，托龚老向统战部询问一下。

1962 年 3 月 31 日

上下午小组[会]谈得越来越好了。

1962 年 4 月 1 日

今天在家待一天。

上午到叔翔小组，十一时叶宝珊来了。

下午钱琢如来了(见 3/4)，为他接孙孟刚民族饭店电话，他们是同学，1908(年)别后至今 54 年了。

1962 年 4 月 2 日

上下午还是分片，黄任之写《八十年来》大卖噱头。

今日下午从会场把晓邨叫去，以前言及第一卷稿子交他至政协，提前为之出版。他的家长作风仍然未去，稿子内有不少噱头，有的还以《资本论》为主题，看来政协将很被动了。

1962 年 4 月 3 日

上下午“分片”小组[会]。

1962 年 4 月 4 日

同昨日。

1962 年 4 月 5 日

上下午还是小组[会]。会期原定 7 日闭幕，今已决定延期 5 天。

1962 年 4 月 6 日

上午小小组，下午小小小组(第四小组分为三片是为小小组，下午每片又分为若干堆，准备大组发言，是谓小小小组)。

1962 年 4 月 7 日

上下午大组发言，我准备了但没排上，小组今日结束。

1962 年 4 月 8 日

晚上看京剧，到礼堂吃“大锅菜”。后洗澡，看高盛麟、马建良戏。

1962 年 4 月 9 日

大会无活动，赶录文件，午饭在前门。

晚饭在新侨吃。乘便访友，晤到魏如、刁湟芬、陈又彬、陈秋安。

1962 年 4 月 10 日

今起在怀仁堂开大会。

上下午都是发言，两餐在礼堂吃。

1962 年 4 月 11 日

上下午都在怀仁堂听大会讨论，发言精彩的居多，工商局在科教影响下相形见绌了。摘抄《政府工作报告》完成。

1962 年 4 月 12 日

和弟昨夜为能新发定息厂里亏本无款，来京找周叔弢住了一夜。今晨匆匆回津，我随便说：“只要十万元，他们几个有钱人尽可暂垫，急得发不少定息，影响不好。”他说：“谁肯垫钱露财？”我说“银行知道谁有钱。”他说：“那么请政府下令罢。”以上一段短短会话反映很多问题，我兄弟二人思想是有巨大差距的。

上午休会，午前去民族饭店找到孙盖刚、陈桂、丰子恺，两餐都在礼堂吃。

1962 年 4 月 13 日

上下午还是怀仁堂发言。

晚参加颉刚发起苏州同乡为计汪东（旭初）吃全聚德烧鸭，同局有圣陶、伯祥，每份 9.12 元。

1962 年 4 月 14 日

上午怀仁堂大会。

下午休息，同贞到文化宫中山公园看花、饮茶，遇到瞿菊弄、蔡无忌。

晚同贞去文联大楼看曲社彩排。

1962 年 4 月 15 日

昨夜得通知今天照相，第一个同毛主席握手，在礼堂吃大锅菜后去体育馆看杂技。汤茂如来催问照顾学易团消息及刺探大会情况。

1962 年 4 月 16 日

上午大会休会，政协史委会召请各省来人座谈，召开史料事业会议。

下午列席人大闭幕会，羹梅请陆秀吃饭，在四川饭店，邀贞作陪。

1962 年 4 月 17 日

上午在人大会堂继续大会,陈毅讲了话,有笔记。

下午小组讨论决议。章乃器愤形于色,讲了几句话。

1962 年 4 月 18 日

为苏州坟上事特去民族饭店拜托汪东(旭初),恰好他同室是潘季孺之子潘慎明,即苏州市副市长,又重托一番,写了一个节略交给他们,遇到张文潜约吃午饭,文潜其人变得更假了不知为何。

政协三届三次会下午闭幕,临开会又在人大开了一次小组会,酝酿决议及报告提案审查报告,章乃器提了两个案:一为控告民建闹宗派,一为要就以往文章明辨是非。结果提委会认为不应予以成立,他对两个决议都弃权,愤形于色。

1962 年 4 月 19 日

两会常委会下午开幕,会期 7 天。复赵孟韬信。

1962 年 4 月 20 日

两会常委今起至前门饭店开小组会,我去第五组,在 534 室开会,汤毛炳组长。

1962 年 4 月 21 日

整天在前门饭店开小组会,贞又去延庆。

1962 年 4 月 22 日

今天不休息,仍是整天小组讨论两会 1962 年工作要点。

晚在礼堂看俞振飞夏慧珠的《凤还巢》。

1962 年 4 月 23 日

今天补假,午前去前门找王性尧,始知他因母丧,早已回申,同刘靖基谈史料事。

午饭后归,贞下午自延庆归。

1962 年 4 月 24 日

整天在前门开小组会。

1962 年 4 月 25 日

上午民建单独在航街开会。

下午头玉来第三次见到了,赶至前门饭店吃晚饭。

1962 年 4 月 26 日

上午还是小组会。

下午在全联闭幕，在会上我为史料讲了话，号召一下效果不坏。在前门晚饭同同志们握别，再做了些史料活动。

1962 年 4 月 27 日

今天休息了，出门理发，发片告鼎说五星期之会居然始终其事，出席率 100%。

1962 年 4 月 28 日

上午谭志清来谈史料。

午休后同贞到北海散步，吃茶，看展览，坐船。

1962 年 4 月 29 日

上午在叔翔处，他把周总理报告修改本同原发本作了核对。

今日他把校出各点向我指出，我在摘录本上作了修改。

下午我去西部访大钟，走了不少路。找到大钟寺，但所在已是果铺工厂，只假期开放。今天虽是星期但补假仍不开放，未及见大钟。

晚饭同贞在全聚德吃夜宵。

1962 年 4 月 30 日

为了我错把一张票送给佘家，贞对我严声厉色埋怨不已，我大为不快。

晚同她去绍钫家饭。

1962 年 5 月 1 日

“五一”仍分片庆祝，我又去政协，三楼节目是民族歌舞，乐曲甚美，各族相学进步之快真出人意料，几十个民族在一起各有贡献。中国文化将有新的内容，将出现新的面貌，观乐后感受甚大。

1962 年 5 月 2 日

今天补假，昨夜阿武从黄村骑车来了，今晨大雨。大娘一定要去大同酒家吃早点，冒倾盆大雨前往，阿武为了要还车必须回黄村。打通电话才没去，乘火车回天津，以上种种造成一阵紧张。

珠带寅来，午饭后同之走街看展览。

1962 年 5 月 3 日

徐墨缘受性存托来查义赈会文献，搞了三小时占去整个上午。

下午三弟夫妇自津来。找翻阅大会文件，写信给政协秘书长。

1962 年 5 月 4 日

航街工作会议，又到全联开协作委员会工作会议，荣毅仁对钱钟汉文章有意见，怪我不先给他看。

下午双周讲座，吕振羽讲历史，申伯纯对我会作一文还有意见。

1962 年 5 月 5 日

下午两会中央学习恢复，三弟昨夕为谈寿木事、他职务、恒业不分息、阿秀工作四个问题，又为了保事。因头绪太多未与深入。下午凤带陈汉初及小倞来。

晚饭后各返原地——天津、黄村。

1962 年 5 月 6 日

航街开支部小组会。

下午同贞到公园看牡丹。

1962 年 5 月 7 日

下午学习工作组开会。

上午汪三来，写了两首诗结束学诗三年。

1962 年 5 月 8 日

我二人结伴俞成去顺义杨镇张家务拜访王淑香，贺她新生儿“八斤”满月，八点出东安门两小时到达，下午六点回家。她同冯宝珍热情招待，弄了大小七八个菜，以鸡蛋猪肉为主请我们吃，还有酒。我不知怎的饮酒吃饭后左边上半胸忽觉痛，急忙睡下约十分钟后始平，昨夜失眠补上一觉，满载葱韭而归。

1962 年 5 月 9 日

上午在全联开宣教工作会。

下午学习改为在政协礼堂听周培源传达二、三月在广州召开的科技工作会议，没有耳机听得不好，至多四成。

1962 年 5 月 10 日

晨间贞突然以申请保保外就医信叫我签名，顿感心乱如麻，强自镇静说要好好考虑这问题。

午间应邀在来今雨轩参加汤茂如的易经学者，学习马克思主义小组，到 18 老人，吃了两桌，二时去文俱部听学院讲课录音。

晚饭同贞在大同酒家吃夜宵，入睡后被贞喊人吵醒，十二时前吃了二粒安眠药才入睡。

1962 年 5 月 11 日

午前约谭来做史料工作，吴继英、周大观、季柏瑞来搞了一上午。

下午在航街谈恢复民建各委员会活动问题。

晚李佩、周振甫来，请题诗册签条未现。

1962 年 5 月 12 日

贞连续三天去协和挂号没挂上，去的时候一天比一天早，7 点，5 点，今天回家大生气，整天不说话。

下午学习前我把贞要为保申请回家事告诉处长周士观，请其为我出主意，我说恐怕我将搬入宿舍居住。

1962 年 5 月 13 日

叔翔小组有宝珊来，谈得很多。

下午写了一首诗(143)。

1962 年 5 月 14 日

为坟上事托周勖成写信给苏州卫楚材，听学院课录音，半途退出到全联听孙孚凌传达。

晚上贞同我谈保出厂事，我说不能与之同处一室，势将迁避他，贞竟说："这也可以，分开好了。"

1962 年 5 月 15 日

上午去"老人小组"新分的一个"片"，在灯草胡同 18 号陶家，我去了，七个人谈得很好。政协礼堂供应部大刷新。

下午去"酱"了半天，同周士观谈诗，申伯纯谈史，吴羹梅谈工作，吃了点心晚饭，买了信笺，花不到三元。

1962 年 5 月 16 日

张知辛、周文耕来，为谈老年人心情。

下午学习。

晚志培来说周士观找他了，略为谈我对保出厂打算。

1962 年 5 月 17 日

把五月上半月八首诗写了三份，分送给伯祥、颉刚、慧远作为三年结业的课，请予批改。

下午听学院录音——许涤新讲三面红旗。贞昨夜自延庆归，气愤得很。

下午同政协去温泉参观。

1962 年 5 月 18 日

整日未出院门，细看王力《诗词格律》文章，同我写的一篇作了校对，得益不少，在最近新写诗中发现失粘三处，竟一日主动加以修改。六句诗占去大半天，仍不惬意。

1962 年 5 月 19 日

上午研究诗改诗。

晚上找颉刚谈诗。

下午学习乱谈一气。

1962 年 5 月 20 日

叔翔小组谈美帝今日。明庆带新媳妇归来，饮酒吃面，给见面礼而去。

下午钱宝琮来，终日默默无语，空气沉闷。

1962 年 5 月 21 日

下午听学院录音。

1962 年 5 月 22 日

到航街“老人组”听吴菊农做传达。

下午政协工商界开会，吃了回家。

1962 年 5 月 23 日

为了找汤茂如新说前清王族溥妹庄，曾有生前著作及置有故宫善本《易经》书。

上午到小土地庙找此人之子毓姓，未值，步行东长安街王府井一带而归。

下午学习半途退出，到来今雨轩参加颉刚茶馆，结果他自己都未来，群龙无首，饮茶后散。

1962 年 5 月 24 日

上午在航街开各委碰头会。

下午听录音。

晚同贞在青艺看《抓壮丁》。

1962 年 5 月 25 日

再去小土地庙（见 23 日记），见到毓继明谈得甚洽。

下午在政协面告溥仪，在礼堂三楼开史料工作会，请六人吃点心，自己吃晚饭后回家，四个鸡蛋、一碗素汤、二两米饭 1.16 元。

1962 年 5 月 26 日

为了纪念毛主席延安文艺[座谈会]讲话 20 周年，美协办全国美术展览会，在十大建筑之一美术馆（王府大街北口外）。

上午带大江去看建筑甚美，但供电线路有问题，全馆无电。

下午学习前晤朱继圣，谈天津史料问题，黄玠然说寿木事已托他代洽，也同他谈起。

晚饭贞又迫我鉴字(见 10 日),我冷静对待,幸暂有度。

1962 年 5 月 27 日

叔翔小组共四人(项章叶杨扶青首次到组)。

午休后张俊从延庆回,哭哭啼啼说:"大爷要救保的小命!"我谢其为我家事去延庆,对其说:"我听见了。"家中空气顿然大紧,我即出门找颉刚伯祥谈文史资料。

晚饭前归,晚至培同延来,四人商量,贞仍一味意气,但我仍镇静,谈到将十点散,我的方针是:原则、冷静、积极、全面。

1962 年 5 月 28 日

下午听讲录音,一切尚平静。

至培晚来,我已上床未及谈什么。

1962 年 5 月 29 日

去陶家小组(灯草胡同 18)。

下午颉刚茶馆在来今雨轩汇合,吃全聚德,《合作》一文的稿费 50 元,此稿开始于 60 5/9 至此两年有余时间。

1962 年 5 月 30 日

再读斯大林《经济问题》。

下午学习到八人。

1962 年 5 月 31 日

上午到航街同周士观、齐贞同志谈保事,她将去延庆了解情况。

下午听社院课,晚同贞到礼堂看赣剧弋阳腔。

1962 年 6 月 1 日

上午在家。

下午同贞到礼堂听冯定讲学习《毛选》,约在新餐厅吃饭。

和弟来宿。

1962 年 6 月 2 日

下午学习。

1962 年 6 月 3 日

叔翔家小组到三人,夏三找来,贞去周大观家谈问题。

午晚饭都在外吃。和弟回津,保姆不在,一切失常,气氛甚不正常。

1962 年 6 月 4 日

下午政协学委开会，放弃了听学院讲课，去大会最后说了一段话，自认为中肯。三餐在市吃，晨吃切糕、豆脑，三个小乞丐来乞食，回家得天津信。明天将（为）史料事情去津。立即去购票。

回家颉刚在说《书业史》可印，座谈嘱定期。保姆（史凤芸）晚归来。

1962 年 6 月 5 日

12:15 到天津。在和处吃挂面后，他陪我到天津工商联。到会十余人，开到五点半，朱、王二人请吃起士林，甚美。

晚同和成谈寿木事、保事，即睡。

1962 年 6 月 6 日

成弟送我们到车站。午间回家。

下午学习，吴菊农谈茶。

1962 年 6 月 7 日

晨主动同贞谈保事，她们怪我“对外公开”。去政协列席常委，听劳动部马文瑞部长讲“精兵简政”，讨论时张从中要态度，会开得紧张。吃饭赶回听学院讲课。

1962 年 6 月 8 日

真是度日如年！

下午去政协听冯至谈杜甫。吃份饭而归，突然发现贞明晨又要去延庆。

1962 年 6 月 9 日

昨夜大江晚来闹我睡眠，说他“讨厌”。晨贞不别而行，愤恨可知。

下午学习。延家从东安门夹道皇城根，迁到旧鼓楼大石桥 50 号。

1962 年 6 月 10 日

到叔翔家小组，永滋、之英来。

下午无事，珠带寅来，晚饭去。

1962 年 6 月 11 日

下午二点贞自延庆回家了，一进门即说：“民建去人未见，耍滑头。”不等说完即匆匆（拿）起信稿，迫我签字。我以民建去人了解，未得反映，四处找周士观。正踌躇间，她将保认错求恕信给我。未顾阅前，我说：“希望这是一个转折点。”阅信二遍，觉得信还恳切。适周来电话，即去民建见之，始悉齐贞因党内有事不能去，改派王德宽明天去，自民建回立即表示可以同意保回家！且要以后商量办事,不会游荡懒散。贞是明白态度,有所改变,接受我与之合作的意见,此事至此已有努力方向。

1962年6月12日

航街开常委座谈,谈精简问题等,荣毅仁要强借看东西,我不许,张纲伯以美报示我,看外人观察中国事务的看法。

下午同颉刚邀刘国钧等十来人,在礼堂谈写书业史问题。

晚饭请章锡琛。归家,因明日将打发张俊去接保,把同意信写出交贞过目。贞去先谈保回家时我的说话要点。

1962年6月13日

上午在全联继续昨日之常委座谈。

下午在礼堂听许涤新报告调整问题,这是否问"嗟来之食"——原来接通知经我同张吴等提意见后被邀的。

1962年6月14日

贞去延庆接保,周士观来传达王德宽去延庆了解情况:还过得去,能完成任务,学习当小组长还称职,怪话少了。

李佩来,曾辰涛夫妇来。下午听课。

1962年6月15日

下午政协工商界有会,为了保将回家,打电话给起孟说不去。

下午的电话说贞将于夜间或明晨才能回来,后来贞搭便车回家。张俊继之说砖厂在等上级批示,保没回来。

1962年6月16日

下午学习。

晚饭后由大江带着到延回鼓楼大石桥新居一视。

1962年6月17日

今晨丁鼎文来传述领导对保回家问题的意见,希望继续帮他,大意同我的打算可说不谋而合,总之是不要放松,但要视其体力。效果不好可以送回,我把我的打算请其转达领导并致谢意,这是一个关节,过了之后保大概可于日内回来了。

到航街过组织生活,晓邨讲气功。

下午大热。晚饭后同贞到来今雨轩乘凉,下午看完《红旗》一册(12期)。

1962年6月18日

上午开会。

下午听课。同时接鼎、琴、斐来信，为保大伤脑筋，想得周到，不少地方我们想法相同。

1962 年 6 月 19 日

老人组在航街开会，我传达了马劳动部部长讲话，提出民建成员任务。

下午史料小组在三楼开 11 次会，谈了不少问题。

1962 年 6 月 20 日

汪三晨来。

下午政协工商界开会代替常规学习，吃饭回家，保有今天回家可能，候之未来，娘娘又有点紧张了。

1962 年 6 月 21 日

汤茂如邀我参加易学者学习组，在晋阳饭店，三位老人谈唯物论及哲学史，孜孜好学精神至可敬佩。

饭后到文俱部听课，临时被晓邨找回到全联听传达，关于台湾问题。保又未回，娘娘有点不耐烦了，说又将去延庆。

1962 年 6 月 22 日

政协联络组招待游北海尽半日之欢，茗叙，游湖，会餐，参加者将六十人。

下午在工商组听黄凉尘谈宝元通，娘娘同延庆打通电话知无别情，略慰。

1962 年 6 月 23 日

政协常委在三楼举行扩大会议，由陈毅外长讲蒋介石妄图进犯大陆问题，将于下午向全世界发表。

下午学习。

1962 年 6 月 24 日

叔翔处只二人，余时在家无人来。

晚同贞去原来"真光"听乐团。蒋该死要再犯大陆，新华社发表长篇(社论)。

1962 年 6 月 25 日

协委办公谈开精简工作座谈会事。

下午开常委会谈蒋光头窜犯大陆事，黄任之又出洋相。

1962 年 6 月 26 日

老人小组今天在凌其峻家聚会。我又讲了话。

下午写诗。

晚同贞到体育馆看中日乒乓赛。

1962 年 6 月 27 日

上午在搞史料。

下午学习。

1962 年 6 月 28 日

自今天起星期三、星期四参加协委第一组工作。

下午听课已缺二次。

1962 年 6 月 29 日

下午听黄昆教授讲半导体(双周讲座),贞夜半去延庆。

下午和来即返津。贞带信给保。

1962 年 6 月 30 日

下午在全联参加第一组组会及学习。

1962 年 7 月 1 日

航街过组织生活。19 点保回家了,娘娘从西直门打电话回家,为之预备晚饭。

晚饭后同保谈话约一小时,鼓励他自力更生,给他一本纪念册子。

1962 年 7 月 2 日

政协史委开会去了。

下午两会谈工商界办学问题,两个会上都讲了话。

昨夕临睡保仍在床上关灯抽烟,起来制止。

陈其璧来视保,保晚去延家。写明信片津、申、郑、宁。

1962 年 7 月 3 日

航街小组。找到周士观、王德宽,告诉他们保已回家,也向汪季文了解他退职经过。

下午听讲座——财政部会计司张司长讲会计工作会议。反映的账目混乱情况,真是想不到的。保去张俊家待了一整天。

晚上才回家。

1962 年 7 月 4 日

在第一组办公二小时。

下午学习当组长。保写信给延庆砖厂,我附信致谢。

1962 年 7 月 5 日

为晓邨拖去政协列席常委会,忽起些烦恼(李又让讲话又不让)。

下午听学院课讲内因外因。

1962 年 7 月 7 日

第 25 个“七七”,《人民日报》发表社论。

上午许涤新在精简会上讲话。

下午我未参加。在家同贞、保搞竹簾,同到北海吃夜饭,饮茶乘凉,归家已十点。贞发表意见说要家庭中创造和悦气氛,至哉是言也。

1962 年 7 月 8 日

雨、凉,叔翔小组到十一点。

下午同贞二人在家,保去延家晚 10:40 才归。

1962 年 7 月 9 日

听了一天小组会。

1962 年 7 月 10 日

又一天小组会。

1962 年 7 月 11 日

小组会上下午。

颉刚晚来。

1962 年 7 月 12 日

又一天小组谈生活互助金问题。

1962 年 7 月 13 日

上午小组会。

下午在政协交史稿后听梁思成讲建筑。

1962 年 7 月 14 日

上午在学院参加结业式。

下午小组会,政协规定六十岁以上者可挈眷再去海拉尔,我以国家有困难(正)在精简中,人人大忙,我何忍独享逍遥,贞也以安排不易同意我的看法,决定不去休假。

1962 年 7 月 15 日

叔翔家小组会,到杨扶青及余二人。

下午清静地在家。

晚延、至培来。

1962 年 7 月 16 日

由于通知出了差错,折腾了半小时赶到政协礼堂赴会。

下午小组会。

晚李旭英来，久别老友快谈一小时而去，送贞自画题折扇一柄。贞去政协看邢台戏。

1962 年 7 月 17 日

上午精简工作小组会。

下午未去(讨论工商联编制)。

1962 年 7 月 18 日

政协史委开会。

下午小组散后在北京饭店叙餐，赶到政协三楼陪贞赴晚会看昆曲戏，大热。

1962 年 7 月 19 日

上午未去。

下午小组会，热。

1962 年 7 月 20 日

整天小组讨论党为搞好公私共事关系而草拟的十条。

1962 年 7 月 21 日

上午听许涤新(报告)。

下午讨论他的报告。

晚同贞到政协屋顶乘凉饮冰观舞，归途中见白塔寺十字路口刚出车祸，骑自行车死者血流成渠，横尸道中。

1962 年 7 月 22 日

上午还有一次小组会。

下午在家，理发、休息。

1962 年 7 月 23 日

上午是“家属专场”，我发了言。

下午会议结束，原来打算开始的会结果开了 19 天(7/5 报到算起)。

1962 年 7 月 24 日

在家休息一天，天雨未出门，无人来。

1962 年 7 月 25 日

在全联第一组同许家骏谈家庭中问题、儿童问题。天雨，下午在家。志清来。

1962 年 7 月 26 日

在第一组同经、邱讲明，既不全时跟班劳动，将以“听用”派用场。

1962 年 7 月 27 日

下午学委会开会。社会主义学院将招收第四期学员。

到史委交稿，米暂沉态度不好，连带梁成瑞也不好，史委办公室空气异常沉闷，大概是事实。

1962 年 7 月 28 日

整天在家看保修建东间门外棚屋，看他劳动得很好，体格也能胜任，心窃喜之。

1962 年 7 月 29 日

叔翔组叶宝珊来。

余时在家，珠寅来，永滋、薛来。保去延家。

1962 年 7 月 30 日

上午协委会。下午在家，雷雨。

1962 年 7 月 31 日

老人小组在来今雨轩。发现宣布万绣莱同志动员他同宝合作，撰京华印书局史稿。

下午协委会。晚同保作一个月小结，警告他，鼓励他。（不为鼎抄书，盖棚屋不听我意见……劝他采取商量办事态度，树立恒心……）

1962 年 8 月 1 日

上午在航街听河北省委汇报。

下午在一组研究问题，实际是等于上课。

晚同贞到礼堂听报告，饮冰纳凉。

午饭后文化部傅宗谟及一李同志来为母亲寿木事，因买木料有困难，送来二千元。当即婉谢。

1962 年 8 月 2 日

在第一组（近定星期三、四上午参加）同大家到嘉兴寺吊孙越琦二弟之丧（学凌之父）。

下午在家。

晚到礼堂听军乐，贞为入门先后，当颉刚夫人等三人之面大发神经，对我无礼，只得以发神经病来解释，成诗四首交刘孟纯，请其转送解放军贺八一。

1962 年 8 月 3 日

参加第一组讨论，静听半天颇有所得。

下午去团城看苏州工艺品展览，没有使我吃惊。

1962年8月4日

听陈毅副总理兼外长在人大礼堂三楼小礼堂作报告，回家已下午二时。

下午在家，闷热难受。

1962年8月5日

航街小组会先退，到嘉兴寺吊金毓黻（长佑之父，沙坪新村前房客），第一次见到范文澜同志。

下午到叔翔处一坐。

1962年8月6日

上午政协会集体办公。十时许忽然腰闪了。

下午"力疾"在政协领工资。

上午回家在锡拉胡同口遇见天津官中学生刘家森，已61退休矣。王稚圃送京华书局稿子来。

1962年8月7日

同孙晓村孙起孟谈天，约了好久才成。

晚张绍铭自嘉兴来。

1962年8月8日

去第一组看材料。腰痛，同晓邨再谈郑州之事，说李青根本不记得这问题。我说我是用这理想解决我思想问题的：代价不可避免，只这笔代价发生在我家而已。

下午在家。闷热。

1962年8月9日

在第一组看材料，同晓邨略谈。

下午在家，闷热。

1962年8月10日

热，34℃，保把小屋搭成了，相当满意，他对此有始有终，显见有了恒心，不在纯粹从兴趣出发，也有了责任心，有劳动能力与体力，都很好。

1962年8月11日

上午谈办学。

下午在文俱部晤李青，嘱向琴要材料。并说已电话郑州，嘱先安排她的生活。回家贞又无故无礼于我，扰乱毛线，反对我对她同情，嫌馒头酸，反对我说：

怎么酸了……真是无理取闹，迁怒于人，不测风云。

1962 年 8 月 12 日

热，32℃。午饭同贞在市场吃，瞿良阖第光临。

1962 年 8 月 13 日

集体办公谈办学、登记等。

下午闷热在家。32.5℃。

晚同贞在首都剧场看《武则天》，买冰棍吃。一根在剥脱包纸时落地，我爱惜物资把它吃了，看来是蠢事。

1962 年 8 月 14 日

中山公园老人小组上遇到吴心厂、王稚圃，听到四川大丰收好消息。

下午在航街谈民建工作。

1962 年 8 月 15 日

座谈苏联东方三号、四号上天，有新华社人员在场。

下午在礼堂三楼学习刘少奇《论共产党员的修养》，同贞在三楼吃饭，参加乘凉晚会，琴来明信片说我星期六之信收到了。

北京医院针灸、光疗，腰酸，今起六次。

1962 年 8 月 16 日

第一组参加讨论新来资料，北医烤电。

下午听汇报，阿武自天津来，大学毕业了(化机)。

1962 年 8 月 17 日

竟日无事。

下午去登记公债还本。观察社会现象，作诗一首。

1962 年 8 月 18 日

第一组工作会议，北医，学习《修养》，复琴信。

1962 年 8 月 19 日

叔翔处三人。

下午钱琢如、佘永柏、张华增来，鼎托华增带来大笔四支、扇四把及二个罐头，斐托永柏带来酒二瓶、肥皂二块。

1962 年 8 月 20 日

协委集体办公。

下午听晓邨传达关于农情的报告，散得早，到市场一带吃冰，看市情。

1962 年 8 月 21 日

公园找老人组，北医针灸最后一次。

下午学习《修养》一文。

1962 年 8 月 24 日

上午在全联（对）近一百天来工商界思想动态作估计。

下午工商组谈财会工作。

晚民建月中聚餐，后在屋顶乘凉。

1962 年 8 月 25 日

民建常委开会产生四个委员会，我仍任工商研究委员会主委。

下午学习《修养》，又到政协礼堂吃夜饭归，今昨连接琴来信。

1962 年 8 月 26 日

叔翔小组只我二人，他家客多一小时即散（第一次如此）。

下午在张华增家成律诗一首（第 156 首）。

1962 年 8 月 27 日

工作会议——估计思想动态。下午改诗，到团城回访苏州工艺展览刘书记，谈到为狮子桥工艺组玩具设计工作及我 1948 年自美购来木工机器事。

琴写材料来了（见 8/11 记）。

1962 年 8 月 28 日

谭志清、丁裕长来谈工作。

下午同贞到团城看苏州工艺展览。在北海晚饭乘凉。归后她说保事：1. 她有引导他写下来的规划，我表示愿与合作；2. 她应劝保主动表露意见，同我接近（她是没有打算的）。3. 对我太不礼貌，有点轻我无人，这是根本说不通的。她感触重重。

1962 年 8 月 29 日

第一组看材料，把琴来材料请晓邨看。下午学习《修养》。

1962 年 8 月 30 日

第一组看材料。

下午在家准备明天之会。

晚颉刚自大连休养回，来访。请其批改第 156 首诗，平伯来信。

1962 年 8 月 31 日

上午听上海陈铭珊汇报。

下午民建工商研究委员会主副委碰头，在礼堂三楼。说出些眉目来，李文杰、吴羹梅请陈坚、董海珊吃了晚饭才散。

1962 年 9 月 1 日

上午听唐山汇报家属工作。

下午学习《修养》。

1962 年 9 月 2 日

整天在石道子庙(政协文化俱乐部,即前 WMSC)。

上午民建生活会聚餐。

下午昆曲社大会,说了话。回家贞说派出所只准保展限十天临时户口。

1962 年 9 月 3 日

上午听武汉汇报。

下午把琴来材料送中央统战部杨柯同志。回家得延庆信,要保半月后回厂。于是母子二人顿然抑郁得不行。

晚饭后到华侨大厦为民建工商研究会取经。访陈铭珊、文杰、羹梅同志。

1962 年 9 月 4 日

航街小组,下午颉刚茶馆恢复到十人。在大同酒家宴饮,晤周士观,谈保事。

晚贞又去找他,同保说,他始终默不作声。迫之再三,说出“身不自主”四字。

1962 年 9 月 5 日

上午听汇报。下午学习。

晚在来今雨轩晤宣萼。王稚圃组织京华印书局史稿。

晨同贞谈保事,劝她不要助长保不自负责态度。

汤茂如来谈:说东城政协根本不知要他们协助学易读书会事。有向史永了解必要(见 9/21 记)。

1962 年 9 月 6 日

上午讨论今前五天的汇报,除理解到问题的复杂之外,提不出问题来。

下午同贞去礼堂解决如下各问题:1. 交史稿;2. 找史永未着,把汤茂如昨日事告郝——转告;3. 订得安眠药三颗;4. 领工资;5. 听国际组古巴报告;6. 晤见邵力子谈改诗;7. 翁泳霓要近作以和邵力子一组诗教;8. 同贞吃晚饭;9. 晤见易礼容,又为之谈史永的工作作风。殊后情绪甚高。

1962 年 9 月 7 日

一天在家。

晚饭后持颉刚介绍信访地图学家邹新垓未值。贞又去延庆。延送北京制

“金星牌”自来水笔为我七十寿礼(后天是七十),保送娘去车站得机同她长谈。

1962 年 9 月 8 日

在第一组开组会。

下午在全联欢迎社会主义学院第四期民建同志看《红岩》。

1962 年 9 月 9 日

叔翔来,到十一点。看《红岩》将五分之四。今日是壬寅八月十一日,七十年前今天生。贞备了长寿面,留延全家大小六口吃了午饭,喝了寿酒。

1962 年 9 月 10 日

集体办公,下午学习工作组。

1962 年 9 月 11 日

上午在家搞出一张表来了,以用来从干支推算公元,从公元推算干支。

下午颉刚茶馆在纺仿膳。酒饭后清唱昆曲,韦奈吹笛,我亦唱了一段弹词,去半折《游园》。

1962 年 9 月 12 日

第一组看材料——小商贩问题甚多且大。

下午中报委学习恢复,龚梅又在板错,谭志清示意丁裕长来提关于王静波的意见,两方面都将引起小麻烦。

1962 年 9 月 13 日

第一组看材料。

下午在航街“碰头”,为保回厂草拟鉴定稿。

晚饭时至培来,拿出来四个人(贞、保参加)共同讨论,略作修改,稿交保研究。琴来信说阿全于 9/11 回家了(见 9/3 记)(又 8/11、8/7 记)。

1962 年 9 月 14 日

在航街座谈 U-2 飞机侵入华东被我击落事件。

下午胥仰老来“garm”到三点半。为保写鉴定。

晚民建支部在文俱部叙餐。

1962 年 9 月 15 日

第一组开组会。

下午学习。保回厂,张俊送去情况很正常,娘娘送到车站。

1962 年 9 月 16 日

航街过支部生活。

下午在家，珠、寅、华增、琢如来，张俊晚回来，带来保在火车上写的信。

1962 年 9 月 17 日

协委办公会议。

下午在家，丁裕长来搞史料工作。

晚同贞到前门饭店。回看胥公公送胥婆景泰烟嘴、秋梨膏。

1962 年 9 月 18 日

职教社、民建公请上海西北旅行团一部成立（包括童世亨、胥仰南、潘仰尧、潘叙伦、董友兰、邵锦涛等），先在职教社后在航街再去新保饭店盛情招待。

晚胥仰老又请我二人再吃新侨西餐，于是我两餐在新侨吃，但晚饭只吃一汤，面包一块，冰激凌一杯而已，文璩带初初来宿。

1962 年 9 月 19 日

第一组看材料。

下午学习谈得渐深。

1962 年 9 月 20 日

第一组看材料，为史料组写新闻报道。应《光明日报》之情。

下午在家。

晚在政协三楼参加民建各委聚餐（以后每月一次）。

1962 年 9 月 21 日

整天在政协。上午史料、学委两个会。

下午文字改革座谈，中饭在礼堂吃，一天下来搞得很累。为易学者学习会晤易礼容，说尚在研究，转述史永歉意（见 9/5 记）。阿全来信，谈问题未解决。

1962 年 9 月 22 日

胥仰老等今日自承德去北京转车回申，到站送行。

下午学习。

1962 年 9 月 23 日

叔翔家宝珊来。

下午曲社同期，乘便理发。

1962 年 9 月 24 日

办公会议上我说了史料工作。

下午学习工作组开会，季文去苏情况另记，又见 11/25。

1962 年 9 月 25 日

老人组在航街。颉刚说要在公园吃茶，东来顺吃吃后皆大欢喜，老马帮忙始能有此。史永来信。

1962 年 9 月 26 日

第一组看材料，午后俞大嫂送平伯诗来，至此《返櫂十咏》完成了，“返櫂”取自敬渊诗首二字。

晚约汤茂如来研究昨天史永送来的材料。

下午学习《人民日报》关于现代修正主义的社论。同杨轲通电话说信收到了（阿全来信及余复稿）。

1962 年 9 月 27 日

第一组下午市委开 12 次组会。实际上是有子昂、晓村参加的工作会议。

昨午即事云：“闲庭小步抚新愧，书寝方兴一朽材。忽报嘉宝联袂至，俞家母女送诗来。”

1962 年 9 月 28 日

以一上午找会馆旧人。白一震有病在家，特去拜访未值，访高幼白，谈甚欢，81 矣。

下午在礼堂听茅唐臣讲《科学与技术》，吃晚饭，赴国庆晚会。同贞听裘盛戎《姚期》。

1962 年 9 月 29 日

政协参观公社，我去通州杜柳庄社的任辛庄大队。

下午四点半回家。

昨夜看戏晚归，睡眠不足，回家很累了，排除一切，七点即入睡。

1962 年 9 月 30 日

今日照样工作，调到十月三日休假。

上午开工作会议，午在航街吃庆丰酒，我说了一句话“有吃有袋”致庆。通尹将《通鉴》二十册自武昌寄还。

书跋语已由其子妇戚氏代书（1957/3/16 送通尹的，今天还我了）。

1962 年 10 月 1 日

第十四个国庆节。今天的游行进行了整整两小时，精彩紧凑，民兵有了新装备，大批夫人出笼是今年国庆的特色。

晚上由至培带孩子去看烟火，贞也同去。作《新榆》（七绝），在台上请人看过，包括宋云彬、顾颉刚、唐同璧、谢冰心诸诗人。

1962 年 10 月 2 日

下午同贞去天安门，在公园泡茶馆，写诗复通尹。

《通鉴》书来，瞿良来。

1962 年 10 月 3 日

晨到夏三家一坐外，未出门。

下午钱琢如来。

午鸿珊带维光来饭。

1962 年 10 月 4 日

又开工了到第一组，叔平邀我参加工作会议。

下午开始学习十中全会公报。

1962 年 10 月 5 日

上午丁裕长，汪季文来搞史料工作。

下午在礼堂听商业部黄洪年局长提出工业券，甚好。

1962 年 10 月 6 日

上午在家，心不甚宁静。

下午学习发了言。回家贞已在车站，史凤兰说她收到信，赶去延庆接小舅了，临上车忘带眼镜，来电话叫史给送去，史回我即入睡。

1962 年 10 月 7 日

叔翔家来了叶宝珊，谈得好。

下午在家看书，保于晚八时由贞接回家来，持有解除劳改证件。

1962 年 10 月 8 日

上午集体办公。

下午学习。看保向各处写的信及其回厂后报告材料，觉得他还有向上意志，同 1959 年(见上)不同了。

1962 年 10 月 9 日

到航街"老人组"印《返櫂十咏》。同丁裕长，董海珊谈工作。

下午又去航街取印件。到来今雨轩参加"颉刚宴谈"，在江西餐厅吃，圣陶来，适陈万里介绍摄影学会狄君①，在座照了相，其中一张是顾、叶、章三人小学同

① 狄源沧。

学之合影。

1962年10月10日

上午在航街听周士观报告。

下午学习。得郑州信说琴摘去右派帽子。

1962年10月11日

第一组讨论材料提要。

下午工商研究委员会碰头会，谈为下星期一、二之会做准备。家驹、长水未到。

1962年10月12日

史委开工作会议，见到周振甫、王伯祥、宋云彬，午饭后归。

下午在家休息。

晚上有戏看《红岩》，也由贞去看。大年肠、胆患病，保为之奔走半天，送入人民医院，做得很仔细、负责、彻底，见得他似乎成熟了。

1962年10月13日

第一组看材料。

下午学习，保去天津。

1962年10月14日

叔翔家有其女婿(一军人)参加，在文俱部午饭遇到金岳霖、方石珊。

下午在家。

1962年10月15日

上午听第一组汇报。

下午去航街开四个委员会联席会议，天津来人，晨起即去和平宾馆看他们。

下午会上我发了言。

晚会设宴款待津友。饭后又在八楼同王光英等谈工商研究委员会工作，夜睡不着服药仍睡不好。

1962年10月16日

民建工商研究委员会同其他三个“委”同时在航街开第一次会议，会开得有成果，但没有开完。

下午听天津情况汇报。

晚饭后看红星新闻片，其中有今年的十一。

1962年10月17日

上午继续听天津汇报，开始利用会前、会上间隙、会后休息时间等零星时间办了不少工研会的事。

下午学习。

晚得通尹信，对《返櫂十咏》感受甚深，我这一“好事之徒”收到了预期的效果，使他失明后得到安慰，当晚复信，也将续收到三首寄他。

1962 年 10 月 18 日

第一组看材料。

下午在家，白一震、丁裕长来。发片向金氏兄弟“讨赏”——要联句。

1962 年 10 月 19 日

今天无事在家，看了一本《通鉴》，高速阅读记录。

1962 年 10 月 20 日

第一组看材料，学习。

晚在文俱部约李贻赞，汤绍达吃饭谈工研会工作。

1962 年 10 月 21 日

航街小组谈农业。回家作诗一首。

下午听曲社同期，遇到赵朴初、许姬传。

1962 年 10 月 22 日

上午参观化工二厂。略知聚氯乙烯原粉生产过程，贞同去。

下午在家发鼎信。

1962 年 10 月 23 日

航街老人组。下午颉刚宴谈，到公园未见一人，吃在森隆。

1962 年 10 月 24 日

第一组看材料。下午学习。尹来片，这次是亲笔瞎涂的，得之甚喜。

1962 年 10 月 25 日

政协组织约 250 人看香山红叶，8:30 出发，16:25 回到家，贞同去，同游者有唐钺、陈岱荪及其妹荼、叶叔衡、董渭川、宋云彬等人。

1962 年 10 月 26 日

下午在政协听“双周”——机械语言识别。交史稿。

1962 年 10 月 27 日

第一组组会。

下午学习后同贞到陶兄家酒饭。陶兄今天七十，以四当斋遗物同制长锋狼毫画笔一支为赠。

1962 年 10 月 28 日

叔翔家来了叶宝珊。

午在礼堂款待张绍铭。

下午同他在北海晒太阳。

1962 年 10 月 29 日

集体办公。

下午学习工作组会，两趟全联。

1962 年 10 月 30 日

得敬渊信。以大部上午复之，并写诗(162)一首。

下午去北京医院视孙晓邨喘病。

步行经东长安街王府井新华书店市场回家，买《十年历》及《难字表》。

1962 年 10 月 31 日

第一组开会。

下午学习。晚在礼堂同贞看婺剧《三请梨花》。

1962 年 11 月 1 日

第一组看材料在全联图书室见到新出的《辞海》。

下午政协座谈国际问题，之后同贞吃夜饭回家。

1962 年 11 月 2 日

事情实在出奇，学诗将四年还不能写出好诗来，却有陆钦颐来信要我教他作诗，使我惶恐万状。

下午政协工商组会到仅三人，散后理发沐浴修脚。

1962 年 11 月 3 日

工商研究委员会在政协叙餐。

下午在航街开小型座谈会，会后到娶园看菊花。人去楼空(刘君已逝世)，不禁凄然。

晚同贞看曲社演出。

1962 年 11 月 4 日

航街小组。

下午在家看书。

1962 年 11 月 5 日

要开中执会了，又要忙一阵。上午协委开会，今日游行声援古巴。回家贞大为兴奋，出题要我作诗，这是难得的现象，贞对时事感兴趣，并鼓励我作诗，立成两绝(163,164)。会内同志说路远，我年老，不让我去游行。

下午在家推敲诗句，看《通鉴》。

1962 年 11 月 6 日

为保回看丁鼎文，发现沈讷斋住同院，不遂在家已一年，斗室凌乱，境况甚窘，心焉戚戚。看到夏三。颉刚略饮在双虹榭茶会，在二里沟新疆饭店餐，到七人，人均不到三元，一年来最便宜的一次，于是可知灾年已过了。

1962 年 11 月 7 日

到全联看材料谈学习。

下午去礼堂听吴大岷谈古巴。以古巴诗二首送《光明日报》，并在政协书画诗报板上发表，同贞看大华电影，英国片子。

1962 年 11 月 8 日

去第一组听讨论，晤胡子昂。

下午在政协礼堂参加国际问题组，4 点半赴民建主副委会，我汇报了工商研究会工作，聚餐而返。半夜保自外归，母子二人去外间细声长叹，闹我不少，增我烦恼，当时忍无可忍大发脾气。历时三刻钟，吃安眠药才得重入睡乡。

1962 年 11 月 9 日

整天在礼堂，午前文史工作会议。

午饭后在三楼休息。

下午听“双周”金善宝讲农业改革。

1962 年 11 月 10 日

第一组整理笔记，下午学习。

1962 年 11 月 11 日

叔翔、家来、杨扶青共三人。

余时在家，饭后张德明到来，诗友陆钦颐来。

晚贞为谈家常，保有追求保姆史氏之意，问题性质严重，当为阻之。(见 8 日记)

1962 年 11 月 12 日

竟日在家。史凤芝回家。

下午回来了，贞将辞去她(见昨记)。

1962 年 11 月 13 日

到小小组灯草胡同陶家，为陆钦颐诗询颉刚。自 10/31 陆第一信至今为两个星期，计为之加工了三首七律，回家贞说“事情解决了”，已把史凤芷辞退了。

下午她即去磨了一个下午。保终日避在友家，此事至此急转直下，幸好无事（见 11/8 记），内连升礼服呢千层底夹鞋 9.8 元。

1962 年 11 月 14 日

第一组看材料。

下午学习讲了一段，大意是国家正处在一个伟大的历史转折点，人民觉悟与国家责任还不对称，所以共产党十中全会是重要的会议，学习公报有必要性。为陆钦颐改诗，向保宣布安排办法，与贞一同讨论：在这一段时期内他在家搞家务劳动，当我私人秘书，自己搞些喜欢的事，如翻译外文。这样对外、对兄妹都有说法，对自己也有交代。侍奉父母，自食其力，同样有其意义。

1962 年 11 月 15 日

第一组看材料。许家骏来谈其家庭问题。

下午到航街为工研会活动开展第二专题——退休人员为社会主义服务问题，和弟来。

晨起为保把昨谈安排大略写出交贞看过交他，他欣然接受，相当轻松地开始工作。

1962 年 11 月 16 日

第一次在家庭中谈国家大事。早餐后同贞、和、保谈学习十中全会公报的必要性，和下午回津。

下午听管大同谈集市贸易，可惜听不好，半途退席。

1962 年 11 月 17 日

政协学委会开会。

下午学习，陆又来诗。

1962 年 11 月 18 日

民建机关支部改选开大会，同周士观当了检票人。

下午在家。为文改会看文件，当日寄还。

1962 年 11 月 19 日

保还不安分，害得娘娘生闷气，整天不说话。

下午去北京市民建参加他们星期四之“老人之家”活动，到约三十人，莫艺昌、孙余凌讲话后，刘一峰及 74 老翁参加。

1962 年 11 月 20 日

晨为保说话劝他勿自我绝路。

下午去北海，适大队人马正出园门。同之到丰泽园打牙祭，颉刚出东晋瓦砚。

1962 年 11 月 21 日

政协老人在北海赏菊吟诗，我第一次大胆当众交了一首七绝(168)，也朗诵拍入电影。

下午学习。

晚同贞在民族文化宫看解放军文工团舞剧《湘江北去》(1961 年 11 月 10 日、11 日记)。

1962 年 11 月 22 日

今日贞正六十七生辰(农历十月二十六)。

晚去政协陪她喝酒。午间去政协餐室作工研会活动，成立第二专题小组(退休人员问题)，保兴趣索然，不妙了！

1962 年 11 月 23 日

着了凉了，有点不舒服，在家通风一天。晚吃解毒丸。

1962 年 11 月 24 日

避风在家。

下午在人大礼堂，听周总理在人大常委会上所作的国际问题报告。

1962 年 11 月 25 日

去叔翔家谈中印问题，余时在家避风休息，为陆钦颐改诗。

1962 年 11 月 26 日

上午协委集体办公。

下午去文俱部理发，余时在搞诗，保不听吩咐，晚归又是十点半，累得我失眠四小时以上，晨得鼎航信报告他右派帽子定今日宣布摘去。立复以“航信报到，欢喜万分”八个大字。

1962 年 11 月 27 日

集体办公。

下午在航街讨论民建工作报告——中执会准备文件之一。

1962 年 11 月 28 日

晨起即为陆钦颐研究诗，搞到十一点累了。

下午“力疾”在礼堂听王性尧报告轻工业，听得又很累。

1962 年 11 月 29 日

在家避风一天。晚服年初赵沛霖方(1/23)。

1962年11月30日

再避风一天,娘娘以工业券两分令珠为保买卷烟,觉得太过了,为之不快。琴来,汤茂如来为谈九老如故,易学者如故,明日有报告邀我去听。

1962年12月1日

政协常委列席未去,去什锦花园区政协听孔子学术讨论会传达(易学者组织,我经汤茂如邀去参加),得通尹片说将来京开会甚快。

下午学习。

1962年12月2日

航街过组织生活,余时在家。咳尚未愈,周身无力。

下午陆钦颐来,学诗一个月了。携我所写27封信来,并送我半瓶威士忌作酬。钱琢如来。志培将俞太公纨扇在崇宝斋裱好取来,裱工不坏,索价38元。

1962年12月3日

去北京医院折腾了一个上午。

下午在家。保今晨出门说为人送孩子去托儿所,下午四点半后才回家。为了搬劈柴,贞又当面护卫保,我也当面表示不同意她的做法。

从抽屉捡的老太爷遗留下来的乱纸一宗,从中捡出不少老辈片纸只字,利用废杂志,展开皱纹,裱贴起来,居然成品,其中有高远香先生手写《甫田集校论》四页,为之另装一本,打算送给北海图书馆。

1962年12月4日

晚在东来顺,我将昨装之旧纸及新裱之俞太公纨扇册页,携去同赏,甚欢,到仅九人,吃得不好。

1962年12月5日

列席政协常委会。在讨论学习计划中,黄琪翔又大放厥词,引起争论。

下午去北医拔火罐后参加学习。

1962年12月6日

为通尹送诗稿给叔衡,到其门口适其女与女工口角甚厉。停立中庭,待其解决,见之愈闹愈凶,只得退出。回家半途折返探听,仍在争吵,不得不放弃,废然而返。

下午政协学习研究小组开第一次会,此后五个月将去参加,每周二次,星三、六之上午。日记统称"学研"。

1962年12月7日

上午在礼堂开文史资料研究委员会,遇到叔衡当场同他说通尹诗稿,午间发信。

下午去医院拔火罐。

1962 年 12 月 8 日

“学研”(见 12/6 记)第一次到 10 人。十一点先退,到南河沿,晤子昂、晓邨午饭。

下午学习(中执会期前最末一次)。宋之英来,夏三来。

1962 年 12 月 9 日

叔翔家如例。说得甚广甚畅。

下午走访陆钦颐于礼光寺中街十二号,吃花生、威士忌,谈京戏,见其四年来采集桂物标本。

1962 年 12 月 10 日

在家一天为陆改诗,看《红旗》。

1962 年 12 月 11 日

中常会开会了。

下午在政协礼堂举行全体会议。

1962 年 12 月 12 日

中常委开始小组会。

上午请了假在礼堂参加“学研”(12/6)。

下午小组(在全联)一语未发,同纲伯、其峻合用一车。

1962 年 12 月 13 日

上下午小组会。午饭在前门饭店吃,同羹梅找刘靖荃、王性尧谈严谔声推辞接受任务的经过。

1962 年 12 月 14 日

整天中常会开会。

上午听胡子婴汇报全国工商界思想情况及许涤新讲话,都很好,在前门饭,饭后洗澡。

下午小组会。

1962 年 12 月 15 日

“学研”讨论今晨《人民日报》社论。

下午中常会小组又讨论。午间访陆小波、孙孟刚、王少岩,将严谔声信给王性尧、刘靖荃看。

1962年12月16日

在家休息一天。

1962年12月17日

整天小组[会]。前门饭店午饭休息,同晓邨谈史料组各问题。

1962年12月18日

小组前门如昨日。

1962年12月19日

"学研"只到十人了,午在前门饭店约柏岳、定等便饭,谈两个小组的工作安排。

下午小组[会]。

1962年12月20日

上午小组[会]。

下午到社会主义学院参加全国文史工作会议预备会,因车子安排不好,同颉刚、伯祥在大车上等人很久,回城三人在礼堂晚饭归。

1962年12月21日

上午在航街开民建中常会,前门饭。胡厥文谈严谔声对工作的态度,谈诗饮酒。

下午听冯友兰讲孔子学说讨论,可惜听不清,早归。

1962年12月22日

今日大会。

上下午都在政协礼堂。

下午中常会闭幕。

1962年12月23日

上午在家,下午协委开会——大会前最后一次,检查筹办工作。晚饭后归,返到陶叔南、高景岳等人。

1962年12月24日

提前半小时两会二中全会联席举行,在政协礼堂开幕。

下午起分组,我抽空子到社会主义学院参加文史全国会议小组会,大有收获,在前门晚饭。大会给我房间,此后可住在饭店。

1962年12月25日

上午去前门。

下午学院。两处都是小组[会]。晚饭后归，休息在 461 房，黄凉尘同居。

1962 年 12 月 26 日

同昨日，晚上通尹自华侨大厦来电话。

1962 年 12 月 27 日

同昨日，回家前到华侨大厦 311 晤通尹。入室不久，周振甫也来，所谈大部是关于作诗的事。同昨日，史会开联组由申伯纯发言，很好，昨今二日吴晋航同去。

午在 461 同吴晋航碰头谈史料工作。在会期内活动。

1962 年 12 月 28 日

同昨日。晚饭后工作报告审查委员会，主付委碰了头。

1962 年 12 月 29 日

同昨日。晚饭后到华侨大厦视通尹，说要我为钱老《宫井篇》做笺注，我恐不能胜任。

1962 年 12 月 30 日

今天休假移至明日。

上下午小组，社会主义学院之史会未去。

1962 年 12 月 31 日

上午预备工作，通尹来探望。华侨大厦午饭。

周振甫来为谈通尹倡议吟诗抑扬顿挫法，饭后访夏慧远。

下午在家，延一家来，晚保又出门晚归，闹我不得好睡。起服安眠药，此子任性，不会自治、自助、自主。劝贞对他进行教育。

1963 年

1963 年 1 月 1 日

午同贞参加政协群餐会，晨起作成一律。颉刚见之为我写成大幅，席间当面送给周总理。

晚在前门参加大会会餐，贞又同车往绍钫家，餐后同孙孟刚谈诗。接贞同车回家，今天过得愉快，难得之至。

1963 年 1 月 2 日

上午小组会。

下午同晋航去史会，今天是大会发言，听到颉刚的《史材概论》。

1963年1月3日

上午大会（在工人俱乐部）。

下午去史会，吕集义同车，归家前到通尹处（华侨大厦）一坐。

1963年1月4日

上午大会听发言，在工人俱乐部。

下午未去社会主义学院。同晓邨等碰头，准备星期天史料工作座谈。

1963年1月5日

上午在政协礼堂开大会，请孟用潜报告南斯拉夫情况。

午饭后到社会主义学院史会讲了15分钟话之后，即回前门饭店参加小组[会]。

1963年1月6日

上午在家预备晚上茶会讲话。到叶叔衡处约他参加八日之宴。

下午在家。到前门晚饭。

饭后在355室约多名市领导同志谈史料问题，讲了一个半小时，九点散。

1963年1月7日

用电话联系才知道今天申伯纯将在史会上作总结发言，临时安排汽车及时赶往。

上午没讲完，下午又去社会主义学院。晨承册页二本送通尹室，请其题诗。

1963年1月8日

整天小组会。

晚颉刚吃局在大同酒家，公请金通尹、范（苏州文化局局长），我带请胡厥文。一场煞费周章的会总算完成，到14人。

1963年1月9日

上午两会小组会。下午同吴晋航、翁咏霓、黄骏霖到社会主义学院听报告。

散会后翁忽不见，四处找之不获，谁知他已搭他人车先走了，大为不快。保愈来愈懒，为校正时间说了他，贞又为之护卫，不禁对保第一次直接“提意见”。

1963年1月10日

上下午都是小组会，整天在前门饭店。

1963年1月11日

上午史会总结闭幕，由两会会议找了车带上吴晋航、黄骏霖、戴涛同去参加照相，后返饭店。

下午去人大会堂听彭真报告，19:15 散会回饭店晚饭后归。头玉由长春因公来京，适住前门饭店附近招待所，午间来我室视我。

1963 年 1 月 12 日

两会中执会今天休息(代明日星期日)。

午前到华侨饭店晤通尹谈话，他要我为金年伯之《宫井篇》作笺注勉强接受任务，恐不胜任。

下午在家。瞿良夫妇来午饭。

晚在灯下开始作业(《宫井篇》，以下篇作“井”)一见 6/4。

1963 年 1 月 13 日

上下午小组整日在前门饭店。

晚饭后开讨论老人工作茶话会。

1963 年 1 月 14 日

上下午小组。

晚统战部在北京饭店邀请无党派中央委员，与通尹、冰心同席。席间纲伯忽病，送之早退，席上我照料通尹。

1963 年 1 月 15 日

大会在天桥剧场开。

下午小组讨论文件。

午晤严谔声与史良。同纲伯家通电话说昨夜发烧。

晚到华侨饭店，通尹不在室。晤苏州市文化局长范烟桥。晨间同他交换了诗，托他坟上事。

1963 年 1 月 16 日

大会仍在天桥剧场，午间工研会主副委碰头在湖北餐厅，吴、李、黄、章公请王光英、李贻赞(新添副主委)，谈笑甚欢。

晚在首都看《红色宣传员》，半途而废。

1963 年 1 月 17 日

上下午大会在政协礼堂。

上午南汉宸发言。

下午孙起孟传达刘主席指示都很重要，晤严谔声、刘梅生谈史会总结种种，其峻带了老婆在会上混了一天，晚还要在政协吃饭呢!

结束去前门，晚饭送之回家，我到通尹处一坐。

1963 年 1 月 18 日

整天在前门饭店参加主副委碰头会，会上提出开除章乃器会籍问题，顺利同意。

在晚上中常会上通过提出明天之中央会，午饭后工作报告审查委员会开会通过报告。

1963 年 1 月 19 日

上午民建中央大会开除章乃器会籍。

下午小组漫谈赠阿武日记一本，上书："武，在这里你将开始写下你一生生活感受的诗篇，你将开始为后代提供有价值的史料，你将开始记下你为祖国的社会主义建设做出的贡献。元善一九六三年一月廿五日(癸卯春节)。"

1963 年 1 月 20 日

两会中央会议 10:15 在政协礼堂闭幕，听说章乃器准备来捣乱，结果未来。在前门饭店闯房间送行，午饭后休息到二点，乱转到三点，即到华侨大厦，同通尹瞎聊。

回家晚饭。

1963 年 1 月 21 日

送 10:40 的专车。

下午去华侨送通尹行，为之包干粮送上汽车暂别。

1963 年 1 月 22 日

民建老人组部分成员(陶、朱、李、刘、余、范、章)在萃华楼叙餐。

余时在家。

1963 年 1 月 23 日

在家一整天。阿熊、家苏来午饭。

1963 年 1 月 24 日

改 234 分头向俞、全、金、陆、范请教。

下午航街碰头谈学习新工作(农村文件二个)。

1963 年 1 月 25 日

癸卯元旦。去政协礼堂，政协召集团拜。清唱十余首，集名角之大成。

早起书红四句，又去团拜写出。熊家三妹带二小来，汤开荪为鼎来，寿墨卿来，于永滋来，延一家来。

1963 年 1 月 26 日

来客有：张九岭(全弟)、张德明、钱琢如父子、经叔平、华文煜、冯和法、珠、寅、张俊、刘春林、郭新生、丁鼎文、宋家夫妇(秀的二伯翁)。

我于十时出门,10:40 赶到职教礼堂参加春节联欢,遇到江上达、庄昆鹏二人。

余时看诗选。

1963 年 1 月 27 日

来者:冯志冈、绍璧及其孩子,二岁;宋之英、黎喆民、张华增、瞿良一家、寿勉成。

贞晚上去怀仁堂看川剧,我一天没出门。

1963 年 1 月 28 日

今天补假,11:00—12:15 北京今冬第一次见雪。屋上积起薄薄的一层,随积随化。来客有:白玉震、金恩善、陈其慧(三口)。未出门,看《通鉴》、《杜工部集》、放翁诗,通尹来信谢我招呼他。

1963 年 1 月 29 日

大年应约来电话,来陪我逛厂甸,正好大风,我祖孙二人玩了半天,买了些小玩意,愉快得很。大年吃了晚饭去。

下午陪我修眼镜,上银行。

1963 年 1 月 30 日

主动"开工",到全联去"临临市面",大家还没有事做,坐定不下来,我最后到图书室翻翻新出版的《辞海》,为《宫井篇》找找典故。

下午在家搞史料。

1963 年 1 月 31 日

下午去礼堂听国际问题组漫谈,大年陪外婆去看无线电展览。

1963 年 2 月 1 日

访问顾颉刚,纵谈一切,借《王莽传》。

1963 年 2 月 2 日

为《宫井篇》访载涛(野云),谈至十一点回家,悉绍钫犯癌症。

下午同贞去其家慰问。

1963 年 2 月 3 日

今天这天过得甚"瘟",航街小组过得不活泼。

下午曲社看内串,贞也去了,并在文俱部吃饺子,都索然无味。陆钦颐一月来诗做了不少,且大致都好,进步惊人,其子自申来京,曲社邀之串《琴挑》。

1963 年 2 月 4 日

晨起和陆钦颐诗,找颉刚请教未值。

下午学习工作组开会,恢复两会中央学习。

晚同贞在首都剧场看话剧《红色宣传员》(上年 12/1 中断至今)。

1963 年 2 月 5 日

下午去阜外医院视绍钫病,他竟患癌症,而且发展甚快,殊为可恶。

1963 年 2 月 6 日

“学研”又开始了,决定以后每周星期六举行一次。

下午两会学习。

1963 年 2 月 7 日

下午政协工商组开组会,去参加了,同贞吃晚饭之后,会中又在礼堂涮羊肉,又吃了肉,喝了一杯白酒。

散后本要讲工商研究及史料问题,临时不舒服有醉意。吴李文、李贻、陈坚护送我回家,两个碰头会都没碰好,半夜大热,起身改诗。

1963 年 2 月 8 日

政协史委工作会议。

晚民建中央即庆祝上元节又吃、玩一次。

1963 年 2 月 9 日

“学研”上雷洁琼作有准备的发言。

下午两会学习说得很有劲。

1963 年 2 月 10 日

叔翔小组恢复了,但他在生病,略谈即散。

下午永滋约往中关村视卢振镛太太。回程同观团城福建工艺品展览。

得绍瑾电话说:瞿良半身不遂。

1963 年 2 月 11 日

政协开会。下午在家看文件。

保帮瞿良入院(同仁,不遂症)。

1963 年 2 月 12 日

到航街参加老人组,老人组正在组织诗会,打算参加。

下午在家。

1963 年 2 月 13 日

上午在家看书写诗。

下午学习讨论得热闹。

晚民建碰头会聚餐，餐后晓邨、子昂说黄任之发脾气，我为之解围。

1963 年 2 月 14 日

参加航街碰头会。

饭前回家后即准备明日碰头会及改诗。发片三张给陆钦颐。

1963 年 2 月 15 日

上午在晓邨室同羹梅、文杰、达夫、陈坚碰头布置工研、史料工作。

下午同贞乘便车到和平里看新房子——这一阵在计划迁居同别人换房。

1963 年 2 月 16 日

“学研”学习。

下午全联学习。得通尹片、钦颐信，都是为诗，得苏州市人委信谈坟上已修复，并加以绿化——拨给 4—5 尺柏树 16 棵，交单彩妹种上。

1963 年 2 月 17 日

叔翔在感冒，“小组”小谈一小时。

余时在家看书，改诗。

1963 年 2 月 18 日

集体办公。

下午工作组学习。两次去全联。

1963 年 2 月 19 日

史料小组 13 次组会，谈得很好。

下午到礼堂洗浴、玩。

1963 年 2 月 20 日

下午学习，得故客单彩妹来信，说树送到坟山了(见 2/16 记)。

1963 年 2 月 21 日

在家一整天，细看《人民日报》上全文发表的赫鲁晓夫《真理报》文章。

1963 年 2 月 22 日

政协史委工作会。申伯纯谈到父亲劝我继承父业，做十年历史工作。

下午在家搞工作，看报(《人民日报》上发表的[批]修正主义东西)。

1963 年 2 月 23 日

上、下午都是学习。

1963 年 2 月 24 日

叔翔感冒好了，宝珊也来，小组会谈到十一点半。

余时在家写信给苏州人委，陶叔南、范烟桥，都是为坟上事。单坟客有信来，写复信加以软硬劲。鼎等要见到我们写信鼓励他们。作今夏团聚计划。

1963 年 2 月 25 日

下午同丁裕长把史料会议文件发给全国各地两会，这是相当复杂的工作，搞了一天。

1963 年 2 月 26 日

晨到航街“老人组”把文史资料选辑借给老人，以资推动他们写稿。

1963 年 2 月 27 日

上午为《宫井篇》第二次找载涛谈了二小时。

下午学习。

1963 年 2 月 28 日

在第一组看材料，同龚梅、达夫谈，在社会主义学院同民建小组推动史料工作问题。

下午张钦颐来谈诗。走后去礼堂同贞晚饭，看杂技。

十一点回家写信给鼎。

1963 年 3 月 1 日

整天在家看文件、学习反对现代修正主义的社论及其他。

1963 年 3 月 2 日

“学研”上午。

下午两会学习，人只到 5 人，但学得很好。

1963 年 3 月 3 日

航街去小组谈学习问题。

下午在家，大红来。

1963 年 3 月 4 日

集体办公。

下午又在全联听李烛尘传达周总理在科技会上的政治报告，之后学习工作组碰头，谈如何学习《再论陶里亚蒂同志同我们的分歧》，《红旗》十万字大篇文章，贞为各报纸同我胡闹，生气。

1963 年 3 月 5 日

到灯草胡同陶胜右家开小组会。

下午回，贞到礼堂听六国共同市场报告。

晚饭后我又听雷洁琼传达周总理在科技会上的政治报告，贞扔学习资料同我闹别扭。

1963 年 3 月 6 日

上午在航街老人组诗会，讲了一段“诗话”（存稿）。

下午学习提了一个问题，是“糊涂蛋”何故？

1963 年 3 月 7 日

参加政协全委会常委会议，在会上通过撤销章乃器政协委员资格的决议。永滋爱人老薛闹涮羊肉，在政协餐厅吃了一顿，吃了到永滋家休息。

下午我回家，贞在礼堂参加三八节活动。

1963 年 3 月 8 日

下雪了，整天在家。史委有会，昨天已请假。

贞去礼堂看戏——三八节目之一。

1963 年 3 月 9 日

学研，两会，二处学习了一整天。

1963 年 3 月 10 日

叔翔又在病中，开始喘。叶宝珊来了没多谈。

下午去看瞿良病。

1963 年 3 月 11 日

起了大早赶去天桥剧场听西藏同志报告的录音，结果听不见，听不清，听不懂。十一点即先退席。

下午在家看书写信。

1963 年 3 月 12 日

去航街，下午在家。

1963 年 3 月 13 日

下午学习，张纲伯要滑头出洋相了。

1963 年 3 月 14 日

在全联看材料。

下午在家看《辞海》（《宫井篇》）。

晚民建餐会碰头。

1963 年 3 月 15 日

上午又为“井”找载涛。

下午去统战部见到李青，谈阿全就业问题(见 3/17 劝阿全云云)。

1963 年 3 月 16 日

学研、两会上下午都是学习。

袁家海来饭，他已退职，自辽宁凤凰山来京想办法。

1963 年 3 月 17 日

叔翔小组到三人，下星期六在学研将作中心发言，开始准备。函阿全仍劝他再等一时期充实自己，改造世界观，工作问题，将继续为之留意。

1963 年 3 月 18 日

协委集体办公。下午在家做准备，瞿良到医院检查来，留饭去。

1963 年 3 月 19 日

整天在家，准备星期六之发言。

1963 年 3 月 20 日

上午理发洗澡，修改提纲。

下午把提纲读给叶宝珊听(我二人合作发言)后学习。

1963 年 3 月 21 日

民建老人组织诗会，我名之曰“诗林”。今晨第三次会到八人。

下午在家。

和弟晚来。

1963 年 3 月 22 日

史委工作会议谈北洋工作。

下午在家，和傍晚回津。

晚同贞在民族宫看话剧《霓虹灯下的哨兵》。

1963 年 3 月 23 日

在“学研”作了中心发言，历时一小时。

下午学习。

1963 年 3 月 24 日

叔翔仍未复元。小组会到叶杨章三人。

下午在家，钱琢如、张华增来。复性存、鼎、梅祖彦，他送乃母照片给我们。

1963 年 3 月 25 日

集体办公。

下午工作组学习。

1963年3月26日

去航街。

下午去日坛(肿瘤)医院视绍钫病,从沙滩乘无轨电车出朝阳门。视病出来穿过日坛南行,乘汽车进建国门经灯市口回家。绍钫正在照放射线,胃口不好。看来病在受到控制。东郊起的变化更大了,日坛以南已发展为使馆区,出入城交通好极了。

1963年3月27日

下午学习。

经叔平发言谈和平与战争。

1963年3月28日

今天让脑子休息一天,上午去看吴藹宸谈诗,此人固执得很,骄傲得很。又去看颉刚略谈。从吴处要来他的诗集给陆钦颐。

晚同贞在礼堂看俞振飞言慧珠的《贩马记》,乘末班车回家。

1963年3月29日

给苏州二坟客汇清明钱。修表。

下午又赖在家。

晚同贞到革命博物馆看雷锋力行为人展览。

1963年3月30日

学研,学习占了上下午。写诗二首(183,184)。

1963年3月31日

叔翔处只到我一人。

下午在家为冯和法看其电影剧本《分水岭》。

1963年4月1日

上午集体办公。同叔老斟酌诗。

下午一人去颐和园看玉兰,遇见陆钦颐。

1963年4月2日

航街老人组。

下午在家。

晚"颉刚吃局"又开始了,今天在同和居只到八人,¥7.62。

1963年4月3日

下午学习讨论"和平共处",很热烈。

1963 年 4 月 4 日

民建诗会，对我的第 183—185 首诗，戴自牧同蒋君奇与敬伯意见不一致，回来写信请教俞、顾、金、王。

下午在工商界座谈，同贞吃在政协餐厅。

1963 年 4 月 5 日

晚在南河沿文俱部开工商研究委员会碰头会，吃饭后谈工作，会开得甚紧凑。

1963 年 4 月 6 日

学研，两会。

上下午学习苏共来信，颉刚说我忙里偷闲学诗，今日令保为抄《诗格律简介》。

晚夏慧远来。

1963 年 4 月 7 日

民建中央小组组织生活，因职教社要去八宝山扫墓，移至下星期天。

上午仍去叔翔家，叶宝珊主张研究专题，我建议以东风压倒西风问题，冯和法来要同叔翔谈剧本，打乱了我们的学习。修理手表擦油腻，换表面共六元。

1963 年 4 月 8 日

集体办公看文件。

下午在家搞《宫井篇》。

1963 年 4 月 9 日

“老人组”的一个小组在中山公园集会，今晨我去了，乘便看花。

下午同周振甫笔谈(写信)诗。

1963 年 4 月 10 日

下午学习。得敬渊信，对我请教的问题一字不提，仅空洞客套几句，殊为失望，立即复他写得很坦率，再三考虑，终未发寄，恐伤和气也。

1963 年 4 月 11 日

在家忙了一天，持续工作在九小时左右，预备星期六发言，写《怎样辨平仄》，丁裕长看稿子，为冯和法看稿子。

傍晚去看顾颉刚。

1963 年 4 月 12 日

又在家一天搞学习看稿子，戴济、刘一峰、吴蔼宸先后来，吴下午冒雨去。

晚上一个人在家，小敏知道了，说：“我给公公做伴去。”

1963 年 4 月 13 日

“学研”，两会上下午学习。

下午作“中心发言”。

1963 年 4 月 14 日

航街这次改在今天（正常是每月第一个星期日）。

下午在家，归燕自山西襄汾来，唐德辉在临汾县汾城镇教中学英文。

1963 年 4 月 15 日

上午集体办公，听资耀华报告杭州工作。

下午学习工作组开会一小时毕事，到文俱部洗澡回家。

门锁上了，同小敏在院中玩了一回，到市场一转，吃点心。

1963 年 4 月 16 日

老人组未去，在全联参加工研会第二专题小组的碰头会。

下午在家，鼎同学赵昌铎自大连来京，晚上来谈。

1963 年 4 月 17 日

王光英在京，午约他在文俱部饭，谈工研会工作。

下午学习，汪三来请刘一峰文稿。

1963 年 4 月 18 日

上午听天津汇报。

下午在家，礼堂为中苏报告未去，为阿全事写信给李青。

1963 年 4 月 19 日

政协史委开工作会议谈国民党史，我不接头未去，改在全联听天津继续汇报。

下午民建诗会改在政协三楼茗叙，谈得甚畅，我带同志们参观礼堂，绿英来饭，去。

1963 年 4 月 20 日

“学研”，两会，学习了一天。

1963 年 4 月 21 日

原来定于今天民建春游，临时根据天气预报说今日有雨作罢，结果天气清和，叫冤者多矣，叔翔家学习到扶青。

下午在家。凤、武、汉初来。

1963 年 4 月 22 日

集体办公听汇报（天津）。

下午在家写写弄弄，一直搞到上床时分。

1963 年 4 月 23 日

去公园老人小组谈“矛盾”。

下午在家。

1963 年 4 月 24 日

今天扫除，下午学习。

晚上在航街开“工研”的一个组会。

1963 年 4 月 25 日

整天在家东搞西搞。

1963 年 4 月 26 日

史委工作会议，米、吴明日去重庆。

下午在家搞史料工作。

1963 年 4 月 27 日

“学研”、两会学习了一天。

1963 年 4 月 28 日

今天不休息预完 5/2 日工作。

上午工研第二专题组召开空期座谈会第一次集会，我讲了话。

下午听工作会议。

1963 年 4 月 29 日

上午政协组织赏牡丹，中山公园。

下午去全联，没有会，回家搞《宫井篇》，晚同贞在文联看曲社演出《文成公主》，张茂滢饰公主。

1963 年 4 月 30 日

去航街参加老人组学习。

下午同晓邨定日期开史委会，同他谈起阿全的事，胡子婴在场，参加谈话的有达夫、羹梅、宝珊、耀华，会后同学唱《国际歌》。

晚饭同贞在王府大街文联餐厅吃春卷、馄饨，连酒烟共 3.18 元。

1963 年 5 月 1 日

仍去政协，同唱《国际歌》，看侨生歌舞。

下午在家。贞带珠、延两家八口在北海游园，下午写了不少信，手勤脚健。

晚会请柬在东 3 台，由至培带小孩去了。

1963 年 5 月 2 日

在家一天以大部时间办史料工作,陈其慧、郭新生来。

1963 年 5 月 3 日

整天在家看《通鉴》,到《三国》。感到寂寞——少见的现象。

1963 年 5 月 4 日

徐水在双周谈“新五反”。

午前在民建传达。

下午在全联讨论,再一次向坏人坏事作斗争。

1963 年 5 月 5 日

今天同贞参加民建郊游,再次去潭柘寺、戒坛寺,九小时往返,14:12 到家。

1963 年 5 月 6 日

同羹梅、达夫谈史组开会筹备问题。

下午在礼堂听乒乓赛报告(荣高棠)及同史委联系。

1963 年 5 月 7 日

去公园“老人组”,今天照相。

下午同贞款待曾涛夫妇,我们见到幸福大楼同之到中山公园春明馆吃茶,再到文联餐厅吃晚饭,酒饭而散,桌上添了块玻璃板 2.36 元。

下午陆钦颐来谈诗,送我冷金笺十条,我送他父亲遗墨一张,小中直立轴款《雨花》,陆说巧极,这一定是为其襟兄丁雨堂写,而未及送出的。今丁已故世,偶尔捡赠由他保存,可说巧矣。

1963 年 5 月 8 日

钦颐昨谈押仄韵格律。

上午琢磨这问题写出东西寄给他一道研究。

下午学习谈南斯拉夫。

1963 年 5 月 9 日

上午民建诗会在南河沿,邢大有、李一飞、朱迈苍、新学同志都有成品,只王维园似刚有方向尚未上程。

下午去绍铮处,他已完成第一疗程休息在家,遇到瞿良夫妇。

1963 年 5 月 10 日

下午去礼堂听双周报告,结果听不清,休息时“开了小差”。

午睡看错了表早去一小时,一生少有的事。

1963年5月11日

下午学习。

晚杨骏昌来,他是天津副食品商业局副局长,来京公干。

1963年5月12日

职教社纪念社日占去上午。

阿凤来。晚饭后同贞到北海一坐。

1963年5月13日

协委集体办公上出现协作工作制度问题,讨论甚激烈,有人说这要把两会中央变成傀儡,它将是“太上皇”,是“联合政府,联邦”。

1963年5月14日

早起保故态复发了,娘娘昨夜“不得劲”早睡,今晨仍操作,保坐起吸烟,我真忍不住了说保:“娘娘不舒服,你怎铁石心肠不起来干活!”他仍不动,我连说:“你是不是不服气,起来!”他说“起来也没事做。”我说:“你不服气就得管。”他回:“你要如何便如何,反正谁也管不了我。”事情闹开了,娘娘急得要命,但无可奈何,只求对付目前隐忍下去,前途可虑。

我仍去航街参加老人组会,午后在家写了四封关于诗的信。

1963年5月15日

保出去一天。

我上午准备发言。

下午学习。晚搞史料工作。

1963年5月16日

保又托词罢工一天,我工作如故。

下午去航街参加“工研”座谈。晚各委碰头,谈会内两会协作中问题。

上午在全联找羹梅未值。

1963年5月17日

同晓邨在礼堂,他在“学研”上讲资产阶级及思想上经济上在修正主义影响下情况,再一次找申伯老,简直谈不上话。

下午同和弟在市场吃了点心,他回津去。

1963年5月18日

保“罢工”结束了。

下午学习“反修”告一段落,学毕十万字大文章。

午前去叔翔家请教他对我史料组会(下星期二)发言提纲。

1963 年 5 月 19 日

五月份航街组织生活推迟到今天,谈“新五反”。

下午在家。

1963 年 5 月 20 日

今天起转入一个较忙的时期。

上午工作组学习。

下午在航街听广东省的汇报。

1963 年 5 月 21 日

史料小组在航街开 14 次组会,扩大举行,我讲了一小时之后大家谈,最后请申伯纯、米暂沉讲话。

午间在礼堂三楼宴请申、米。

下午在礼堂听传达“新五反”。

1963 年 5 月 22 日

上午无事。

下午学习“反修”转入“新五反”(贪污盗窃,投机倒把,铺张浪费,分散主义,官僚主义)。

1963 年 5 月 23 日

上午诗会在文俱部。

下午礼堂陈家康谈中东。

1963 年 5 月 24 日

上午在工研第二专题座谈会讲“一少”。

下午同贞到礼堂听报告(印度反华)。

晚饭后归座,有满小姐。

1963 年 5 月 25 日

下午学习。

晚饭同贞去视绍钫疾,看电视归。

午前改记录,改诗。

1963 年 5 月 26 日

叔翔小组,叶来。

下午去庆霄楼听曲社日期,看扇展,遇罗东兄。

1963年5月27日

上午集体办公见到胡子昂，去四川三个月矣。

下午学习加班，回顾三个半月的“反修”。

1963年5月28日

航街老人组。

下午未出门(政协工商界有会未去)，为王稚圃改其诗课，写信给王光英。

1963年5月29日

上午在全联听第一组汇报。

下午学习吴菊农找Zha[1](1961/10/15事)。

1963年5月30日

大部时间搞诗，上午写些诗笔记，“露些”四则，印后分寄通尹、周振甫。

下午去晤载涛，为《宫井篇》。

晚上整理“宫井篇”材料，打算入手写出来，搞得很累。

1963年5月31日

学研第二专题组开碰头会我未参加，应于明天举行的学习，由于明天下午有报告，改于今日下午提前举行。

回家不舒服发烧了。绍钫病后来我家待了一天。

傍晚鸿珊亦来了，我陪去吃饭，在文艺餐厅。

1963年6月1日

病了，温度达38.8℃，肚子泻。阿武来为我请赵沛霖来开方，甚为可感。

1963年6月2日

烧退了，服赵送药，腹泻未止。

1963年6月3日

请了一天假休息，吃赵送药。

1963年6月4日

一起身，羹梅、文杰就来了，正是我今天要设法联系的人，在九时前解决了不少工作问题。

余时搞史料约2.5小时，下午开始誊清《宫井篇》注释，自1/12至今已将五个月了。

---

① 原文如此，应为cha，是“茬”字拼音。

1963 年 6 月 5 日

下午学习。

1963 年 6 月 6 日

诗会在航街。

下午未出门,搞工作约四小时。

1963 年 6 月 7 日

政协学委会开会,我为社会主义学院设旁听事发言,主张恢复来满足老年人需要。

1963 年 6 月 8 日

贞应母召去津,送之上车。

下午学习,买扇子一把给武。

1963 年 6 月 9 日

叔平来项组,下午在文俱部先后同李文杰、吴羹梅、孙晓邨、资耀华等谈工作。

晚饭归,同武在院纳凉。

1963 年 6 月 10 日

整天未出门搞工作,诗约六小时。

贞午自天津归。

1963 年 6 月 11 日

午间为工研会开会(6/14)做准备,再文俱部聚餐,1.5 小时毕事。余时在家,热甚。

1963 年 6 月 12 日

下午学习之外无他事。

1963 年 6 月 13 日

整天在家,《宫井篇》注释第一稿下午抄完,当时寄给通尹。

1963 年 6 月 14 日

8:00—21:15 在外边工作,工商研究委员会开第二次全体会。

中午在全聚德请王光英饮餐。

晚饭后又谈工作到九时后。

1963 年 6 月 15 日

昨日的会继续开至 11:56 胜利结束。

回家午饭。

下午学习。

1963 年 6 月 16 日

叔翔小组来叶宝珊。余时在家也无人来，热。

晚凉，保竟日不在家。

1963 年 6 月 17 日

中共复苏共 6/14 信在报上发表了，立即引起全国人民的注意，邮局门口排的队很长，我们打算从今天起每天学习半天。

1963 年 6 月 18 日

下午加班学习。

晚饭同贞去王府井吃冰激凌。

1963 年 6 月 19 日

学习了一天。

上午自学。

下午讨论。

1963 年 6 月 20 日

诗会在航街。

下午学习。

1963 年 6 月 21 日

学习一天。

1963 年 6 月 22 日

政协开会请王力谈诗格律，吃粽子、应时小点。

下午结束六次学习中央复苏共 6/14 信，晚来凉院中见一卫星由西而东，在 21:30 前约十分钟走过北京天空穿过北斗。

1963 年 6 月 23 日

同贞去礼堂看科技电影，回家听说大红入队了，大喜，傍晚至培来，立出门购纪念册题诗送给她，将拔笔写诗入册征贞对诗意见，她忽说诗还是不写在册上，用另纸写好，至培同意，我突觉这其中有问题，好像大红喜欢纪念册，我诗写入似不好了，而我则以诗为主，他们的主张对我的热忱好像一盆冷水，泼在我身上令我透不过气来，脱口而出“残酷”二字。于是一场喜剧弄得不欢而散，但我对大红的入队还是高兴。

乘凉时把诗改好，成 198 首，武去津晚归(见 7/8 记)(又见 1964 年本日记)。

1963 年 6 月 24 日

下午在礼堂听艾思奇学习报告——反修。

晚同贞看红星风景片。

1963 年 6 月 25 日

集体办公临时改在今天上午。

下午本应医院约去检查身体，临时改期到礼堂听统战部宣读 5/20 中共中央关于农村工作的决议草案，明天还要继续听。

1963 年 6 月 26 日

继续昨日之"听会"，两餐都在三楼小吃部解决。

1963 年 6 月 27 日

下午学习补昨天。

1963 年 6 月 28 日

在航街听虞效忠汇报上海江苏工作情况，黄任之听得不耐烦了催他结束，当众要家长风，几乎不得下台。

晚张茂鹏张茂瑛来，鹏要找工作做。

1963 年 6 月 29 日

为张茂鹏找颉刚，谈得很接近，当日下午茂鹏来，同他谈在精简期中恐要经过一段过渡时期，先在顾处帮私人，遇机向科学院推荐。

茂鹏送来著作一篇——《南北朝史异文录》卷首一册。

1963 年 6 月 30 日

叔翔组杨秋青来，因大外孙女发烧闹得很，小组一小时即罢。

余时在家。热。

1963 年 7 月 1 日

平杰在礼堂报告农业问题。

下午集体办公，到七点回家。

张茂鹏兄妹在晚饭后同茂鹏到颉刚处晤见，三面言明：1. 将有一个过渡时期茂鹏才能得到工作；2. 在此时期茂鹏可向颉刚学习史学；3. 张氏兄妹先从俞平伯学曲，会中渊源堪称佳话，此事自 6/28 至此历时 72 小时，我奔走三趟，幸事有成，殊为痛快。

1963 年 7 月 2 日

航街老人组去了，将暑假至 9/3。

下午在北京医院检查身体，经过三小时的检查查不出什么病来，血压越来越低了，106/70。

1963 年 7 月 3 日

下午学习。

1963 年 7 月 4 日

诗会上发现周士观病诗结交贵显（炫耀于人）、邢大安思想落后，工作不踏实。得到通知七月下旬起休养一个月，我选定去青岛。

1963 年 7 月 5 日

工商研究委员会“老人工作专题”的老人座谈会落期前最后一会，我去了。

下午在家，晚同贞在礼堂看京剧，演得吃力、热，看得吃力、热。

1963 年 7 月 7 日

第 26（个）“七七”。

上午在航街小组会。

下午同贞在南河沿参加昆曲研习社纪念曹雪芹诞生二百年，《红楼梦》曲会盛大精彩，俞平伯主持之。

1963 年 7 月 8 日

上午集体办公。

下午在家，大年来，我把给大红的纪念（册）交他带给大红（见 6/23 记）。

1963 年 7 月 9 日

下午学习。

晚在青年剧场看话剧《雷锋》，热甚。

1963 年 7 月 10 日

下午学习。

上午看书报。

1963 年 7 月 11 日

下午去日坛医院视绍钫疾，带去蜜桃香瓜，当时他就把桃吃了，绍瑾来了同她乘出租汽车到她家吃饭。

贞亦来了。又同之（一共四人）到王大人胡同华侨服务社乘凉吃冷食。

1963 年 7 月 12 日

写了三首五言，复通尹后到西斜街访问潘禹言，已 82 矣。

下午在家。

1963 年 7 月 13 日

到东板桥大街 45 甲访问金旬卿(涛),76 矣,坐了一小时倾谈阔别情况。

下午学习。陈叔老兄为俞扇页题字。

1963 年 7 月 14 日

叔翔小组到杨扶青。从今起休假至九月,钱琢如来。下午在家抄诗 12 首给金旬卿。

晚饭后大雨,一人在家,武、贞、保、猫都被淋回来。

1963 年 7 月 15 日

老太太想我,乘早车去天津,午前到浦口道。

傍晚步行至晓园,三弟不在家,同和弟聊天,想到明年为父亲举行百年祭问题,约从化学会同学参加。不知能成事实否。

1963 年 7 月 16 日

在天津,昨夜热甚失眠,同二奶奶到启新参观,发定息,饮冰,买车票。

午休后余国琦(啸秋子,文侄女英文教师)来访。

晚和约大人 9,小孩 3,共 12 人大会餐。

1963 年 7 月 17 日

在天津同老太太对壁而坐一整天。

上午二奶奶为谈学习、家常,尚有道理。乘夜车返京,九点到家,贞去礼堂看部队演出。

1963 年 7 月 18 日

为了料理一切(包括去青岛,同鼎通信等),没来得及去宣教工作会议,在家待了一天。

午珠来说她暑假可能在天津看奶奶。

下午大家听人大会堂的报告会——苏联,在莫斯科。

1963 年 7 月 19 日

两会宣教工作会议星期二开始了。

今天去听了一天小组会。

1963 年 7 月 20 日

听广播上午在宣教会听会。

下午到航街学习讨论中苏党会谈种种。

1963年7月21日

为父亲1936年写的《水榭襟集词》，东坡生日时据中山公园25周年纪念再做了校勘，读“奇文”。

晚同贞在礼堂吃，乘凉，看电影，回家吃西瓜。

1963年7月22日

上午“听会”半途归家，到家即大雨倾盆。

下午学习“奇文”——苏共7/14公开信，半夜起来吃安眠药，发现之前装入之十小粒又少了五粒（二十几天前已发现缺少，这次肯定有人在拿这东西）。

去青岛休假日期，因为有大报告要推迟到三十号左右，电知鼎。

1963年7月23日

上午“听会”。

下午在家学习“奇文”。

1963年7月24日

上午在全联听宣教会联组发言。

下午航街学习，讨论“奇文”。

晚同贞看《甲午风云》电影及代表团回国。

1963年7月25日

在全联听联组经叔平、李贻赞、唐巽泽发言。

下午听小组会，傍晚延来，以为是机会为谈6/23之事，我将当时情况告知后问她意见，她说爹爹想不开，钻牛角尖。原意是把诗写在纸上为了好保存（显然站不住脚）（我说你不但钻牛角尖未解我扣，反而加深了我的痛苦），此所以我以少来为妙，省得加深你痛苦。恶毒至此！我只得说这叫在伤疤上加一把盐。娘娘在礼堂看越剧。好像是安排这场来解围，其结果适得其反，可叹可叹！

1963年7月26日

上午听联组会，抽空同资耀华到嘉兴寺吊韩泳裳（79）丧。

下午得通知青岛休假29号动身。当即电告鼎，取定存150元。

余时参加小组，谈资产阶级复辟问题。

1963年7月27日

上午听联组会。

下午航街学习，暑假前最后一课。

1963 年 7 月 28 日

整理行装。鸿珊、维光来午饭。

饭后她们去日坛视绍钫。

1963 年 7 月 29 日

同贞去青岛休假，今起日记活页另存。

1963 年 7 月 30 日

同贞到青岛休假。日记记活页，另存（以下红抄日记）。

1963 年 9 月 9 日

清理行李，清理在京收件，恢复书桌，做好准备恢复工作、学习、改造。

午后去视绍钫，吃饭后同贞视瞿良，两人病况都有发展，绍钫特别严重，已有交代后事之意，殊为虑也。

1963 年 9 月 10 日

打电话问两会组织，今天没有活动。又在家待了一天，继续做恢复常态工作。

昨夜阿凤来了。今日阿武来了。

下午周作民之长子亚伯来晤，为家庭问题（继承权）与其弟省言有涉讼。李烛尘推荐他同我商量，由其妇胡姓子思彦陪来，谈半小时而去。发了财累得后辈打官司，不如不发财的好。

1963 年 9 月 11 日

找《和观室诗稿》第一册不得，甚不安。

下午在三楼听赵朴初报告。

晚饭归还老任 30 元 11 斤。

1963 年 9 月 12 日

找到诗稿为之大快。

下午同贞去北海玩了半天，和弟晚来。

1963 年 9 月 13 日

下午在第二会议室听宣读记录——李先念关于财经的报告，听的其大概。

1963 年 9 月 14 日

下午恢复参加中执会学习。

1963 年 9 月 15 日

民建组织生活。我对龚梅关心工作、关心改造、关心同志予以表扬，红木方桌配上玻璃砖，大为生色，6.26 元。

1963年9月16日

上午集体办公。

送青岛照片给张华增(新疆未归)。

晚周作民家三人来。

1963年9月17日

"颉刚茶馆"今日恢复。到陈[1]、陈[2]、顾、叶、王、夏、钱、俞等十人,吃在同和居,我同夏三未参加,乘机将去青岛七首诗请教夏三,回家又寄给颉刚。

1963年9月18日

学习了一天,手制《干支表》两份,通尹来片教我诗道,不少殊可感也,文侄女出差晚自津来。

1963年9月19日

民建诗会恢复了。

下午在家,定时学诗一日。通尹写信讨论字。

1963年9月20日

到叔翔家,聊了两小时不到。补小组活动。

下午在家,阿文返津。

1963年9月21日

下午学习发了言(修正主义前途),引起争论。

1963年9月22日

两会在香山招待社院第二期两会同志60余人。

下午四点半回家,晨起发片通尹"互评出门句"。

1963年9月23日

政协布置参观美术展览。

1963年9月24日

下午颉刚茶馆在来今雨轩,只到颉刚、钦颐及我三人,集中改诗,吃局不成饮茶散。

今天大风有以致此。晤汪季文,他将回苏扫墓,乘便托他们新坟一看找单彩妹说。贞晚上说这个月的钱"完了",并说这一阵一向不够花,一点"私房"都贴掉

---

① 指陈乃。

② 指陈万。

了，阿武来抱小猫，送一穆姓友人。

1963 年 9 月 25 日

下午学习，陈叔通为题曲园来人福寿双修扇册页，仍俞伯伯之误以“念驯”为我号。

1963 年 9 月 26 日

民建碰头会上出现在“新五反”运动中对工研会一条意见(青岛记)，当场表示负责检查，“有错必认，有过必改”。

下午在家，斐忽来片要把珊送来玩 20 天，与贞商量后电却之。

1963 年 9 月 27 日

无新事，读诗，看文件，搞史料。

上午政协史委工作会议占去半天，陈其慧为放大翁心鹤新照的照相。

1963 年 9 月 28 日

下午学习美援与南斯拉夫引起争论。

晚贞去看评弹。我去天安门观灯，经纪念碑、天安门洞、文化宫等点步行回家，计时一小时，今天是八月十一是我 72 生日，贞为备酒面邀瞿良二人来吃中饭。

1963 年 9 月 29 日

今天预先补假照常上班。叔翔小组恢复正常，到礼堂晚饭。

今年预提前发工资，工业券从去年四月施行以来，从十月份起减发三分之二。

晚同贞去礼堂看张君秋京剧《望江亭》——政协的国庆晚会。

1963 年 9 月 30 日

为绍钫诗加工整理。

下午钱琢如来。

1963 年 10 月 1 日

第 15 个十一，游行大体与去年一样，大批黑人来宾是特色。全国为着生产进一步发展，反修一跃而兴高采烈。张维光来了，带诸看烟火，阿保同去。

1963 年 10 月 2 日

绍钫邀诸亲团聚吃晚饭，带了两个菜去胡乱吃了一阵，他兴致尚佳，为谈思想改造心得。

八时同贞到礼堂屋顶赏月，人到不多，兴致不高当场作诗作不出来。

1963 年 10 月 3 日

得通尹信将“海上”一首缮正寄来，立以诗一首谢之，携近日诗稿及通尹信往晤颉刚,他说都好,没有意见。为贞到原真光(今为儿童剧场)买苏州评弹戏票,因买错日子又小小吃排头。

下午回看许琴伯未值,同汽车售票员吵架达二次,不愉快回家,夏三在焉向他请教诗,晤谈甚欢。

1963 年 10 月 4 日

虽已“开工”,但我仍无所事事。

下午闲得有点发慌了。

1963 年 10 月 5 日

下午学习。

1963 年 10 月 6 日

叔翔家漫谈二小时,晚同贞请颉刚听苏州评弹,我听不真,莫名其妙。

中午鸿珊来,流泪了。

1963 年 10 月 7 日

又竟日无事,贞要去故宫看曹雪芹展览,结果星一休息没看成,写《寿内》一首。

1963 年 10 月 8 日

张茂鹏来,下午同他参加颉刚茶馆在春明馆,顾、叶、王、陆、章五人同吃小馆散。

1963 年 10 月 9 日

下午学习谈不出什么来。

五点过即散。

1963 年 10 月 10 日

申增托薛煌带月饼来。

晚在礼堂吃后同贞到北京展览馆看日本工业展览,阿保同去。

1963 年 10 月 11 日

整日在政协。

上午文史工作会同胡应华、李云亭等午饭。

饭后听吕叔湘讲汉字。决定去广东视察。

1963 年 10 月 12 日

下午学习又讨论美援之与南斯拉夫问题,经叔平提出论点同样值得研究。

1963 年 10 月 13 日

叔翔处对壁撞。

下午欧美同学会 50 周年大庆:摄影、座谈、会餐、跳舞,我准备了,但临时没有说话，贞同去，保同阿武去外室为装上日光灯。

1963 年 10 月 14 日

上午两会开碰头会，决定于人大、政协会后召开中常会。

下午去日坛医院，看绍钫已不能起坐。

1963 年 10 月 15 日

视察从今晨开始，九点到人大会堂讨论出发事并决定 17(日)动身。

下午同贞到故宫看曹雪芹逝世 200 周年纪念展览，这是一个大型的展览，在文华殿，看后看绘画馆。东华门进神武门出。

晚延忽送我一个蛋糕说是我生日！

1963 年 10 月 16 日

午夜后到文俱部同李文杰、吴羹梅为工研会问题碰头。

三点后学习，四点一刻先退回家，吃柠檬茶，吃昨天阿延送的“寿糕”。

1963 年 10 月 17 日

今天 9:45 车出发赴广东视察，另记活页。

1963 年 10 月 28 日

表又坏了，送去修理，学习小组改编了，我编在第五组，在航街学习。同组皆民建同志，甚好，这可能是我学习取得更大进步的起点。

夏慧远来。

1963 年 11 月 10 日

以上 25 天去广东视察，日记活页。

1963 年 11 月 11 日

从 10/17 至昨日 25 天广州视察另记活页，修表，到苏州饭店报到。

余时在家补看《参考消息》。

丁裕长下午来。

1963 年 11 月 12 日

午前到陆钦颐家去送广东植物标本。走了不少冤枉路，甚累，未值。

下午本想去看绍钫未果，一整天补看《参考消息》。

1963 年 11 月 13 日

上午整理笔记，做统计。

下午同贞到北海看菊展，约陆钦颐同在北海饮茶，我将在海南采集的热带植物标本约 20 种送给他。

1963 年 11 月 14 日

“新工商”邀谈视察观感。

下午到日坛医院视绍钫，人已脱形打针防痛，食量还好。瞿良来，脱身出。为改诗恐引起伤感，未忍交他，仅送他《寿内》诗照。医院出来直奔民族饭店，晤昨到之通尹，同他“瞎谈”种种，在其室(647)便饭返，和弟从津来。

1963 年 11 月 15 日

理发，找汪三未值。

晚饭前季文来，为谈坟上情况，另记存《坟》卷。

1963 年 11 月 16 日

到通尹室闲谈遇到严独鹤、葛志成。

下午学习未去，到叔翔家“小组”一谈广东问题及反修前途。

寄明信片给单彩妹(见昨)。开始发“寿内照片”，今日是阴历十月初一，贞廿六生日(第 69 个)。

1963 年 11 月 17 日

政协全体会议(三届四次)今晨开幕，先小组后大会。

下午在人大列席听李富春副总理报告国民经济，毛主席刘主席均出席。

晚饭后(在政协)，回家放掉文件，在人民剧场(护国寺)看话剧《青年一代》，同贞坐会车归。

1963 年 11 月 18 日

大雾。阿武由津返京，车行五个半小时于二点到锡府，破扉而入。

上午在家阅读文件。手表修好了，10/28 以来受无表之苦三星期矣。

下午去人大礼堂听李先念财政报告，回家晚饭，钻研文件。

1963 年 11 月 19 日

上下午小组会，准备发言，题为《我见到的大好形势》。

晚看《三人行》话剧。

1963 年 11 月 20 日

一天小组会。

1963 年 11 月 21 日

上午小组未去，8:30—14:30 以六小时写成 2 200 字大会发言稿，一气呵成。

下午去小组会。

晚上看新闻片同贞车归。

1963 年 11 月 22 日

上午小组我研究数字。

下午大会发言。

1963 年 11 月 23 日

上午小组会。

下午大会听“陈总”报告。

1963 年 11 月 24 日

大会休息。我上午结束数字研究,到叔翔处遇到王达夫。

下午史委碰头,贞同去洗浴,吃饭回家才六点。

晚会(歌舞)未去。

1963 年 11 月 25 日

上午小组我谈数目字。

下午大会发言。

晚会(球赛)未去。

1963 年 11 月 26 日

上午小组会。下午大会发言。

晚饭后同羹梅到民族饭店,我到通尹处闲谈,同他看发言稿。

在其室洗澡后借张公制《奇觚诗选》来看。

1963 年 11 月 27 日

上午小组孙起孟发言,甚好。

下午阅读文件,我在家累甚。

晚会京剧未去。

1963 年 11 月 28 日

上午小组会,下午大会讨论。

政协秘书处动员我把发言改为书面,同意。

1963 年 11 月 29 日

协委插一会,会后同羹梅到礼堂吃大会饭。

下午大会,颉刚发言甚好,大声疾呼可佩。

1963 年 11 月 30 日

上午小组会。

下午大会作诗一首(224)。

1963 年 12 月 1 日

大会休息，发寿内诗照片达到 25 张。

下午钱琢如来，扰乱我看文件，非常讨厌，久坐不去，使我烦躁，夜以不值，吃药二片不能入睡。

1963 年 12 月 2 日

上午小组会。

下午列席人大，听贺龙、周恩来讲话。

晚会怀仁堂话剧未去。

1963 年 12 月 3 日

上午最后一次小组会。

下午列席人大闭幕，听到《苏共 129 来信》，讨饶了。

1963 年 12 月 4 日

政协三届四次会议午间闭幕，人多吃饭挨到第二批。之后把两个纸包送民族饭店托刘念智带上海胥仰老。到通尹、子恺房间略打招呼即归。

下午理发休息。

1963 年 12 月 5 日

两会中常会今天接着开会，在小组上我讲了些批评特殊化的人的话，触犯不少人，显然是在“光荣的孤立”状态中。

1963 年 12 月 6 日

上下午小组会。

午饭在政协吃，吃后领工资，交史稿。回程两手表未得，晚又去政协民建的碰头会，请胡厥文。

1963 年 12 月 7 日

到民族文化宫听放彭真录音，我仍听不到什么，陈存琴借我眼镜做笔记，把孙友懋托补之《文史选辑》18 交他，大为欢喜。

下午小组听会，王淑香带孩子来午饭款待。

晚上俞成来。

1963 年 12 月 8 日

上午休息。到叔翔处漫谈大会。

下午到通尹室坐至三点半，开民建大小会到六点。

1963 年 12 月 9 日

上午小组会。

下午大会,明天为闭幕。

1963 年 12 月 10 日

中常会午前在民族饭店 11 楼闭幕。到礼堂吃饭后归家,贞去探绍钫病,命在旦夕矣!

1963 年 12 月 11 日

贞 69 岁诞辰。

中午吃面有瞿良夫妇来,贞自己动手弄了好些"小品",饮酒甚欢。

我在家休息。

1963 年 12 月 12 日

又懒了一天。上午丁裕长来谈史料。

下午看美展,到夏慧远家,遇见张云搏太太。

下午贞去学习,看戏,保去看钫,我一人吃汤饭。

1963 年 12 月 13 日

下午去医院视绍钫,今天精神还好,让理发师给他修面。

1963 年 12 月 14 日

下午中常会学习上恢复,保去医院看绍钫,医嘱有人守夜,10/16 后第一次学习。

1963 年 12 月 15 日

今天过得相当愉快,难得之至。

上午在航街过组织生活,谈开会感想。

午间在丰泽园公宴陶兄七十寿,到二十人序齿题名,我居第四,前三名为章雪琛、王伯祥、陆钦颐。

下午听曲社同期。保去医院陪夜,胥仰老回信到了(见 12/4 记)。

1963 年 12 月 16 日

上午去叔翔家补小组会。

下午看文件在家。

1963 年 12 月 17 日

在航街,今天是老人组小组会,在组上我谈两个大会,用四字韵语作提纲甚为成功。

下午在家累得很,得鼎片说将于 22 来京。

1963 年 12 月 18 日

打扫书柜把不用的或保密应销毁的书报文件拣出三大捆，托杨美真分别留存民建图书室、档案部门。余汇总送造纸厂利用。

下午学习。

1963 年 12 月 19 日

竟日在家看报看发言。

1963 年 12 月 20 日

下午在礼堂交史稿，理发，洗浴，修脚，吃点心。

1963 年 12 月 21 日

下午学习。不知怎的我临出场时性情暴躁，又同吴菊农胡子昂“要态度”（前为下星期老人会上讲话时间，后为坐骑车，我发牢骚说我已走了七年了）。

1963 年 12 月 22 日

叔翔小组为例，鼎因公来京。

下午到家热闹一阵。延至陪大红来。

1963 年 12 月 23 日

上午集体办公，要谈学习工作。

下午在家，鼎出去办事及同保到医院视钫。

1963 年 12 月 24 日

晨同吴菊农在航街“老人支部”（原为组，今称机关第一支部，主任朱迈俞，副汪季文）硬推我讲话（见 21 记）。

下午在家，贞说话无分寸使我生气（为拣罐头食品，我说我不吃 MAN 酱，她说：我不是征你吃不吃的意见）。

1963 年 12 月 25 日

下午学习完了到礼堂饭，开学习工作组，我对学习方法提了意见。

1963 年 12 月 26 日

傍晚同龚梅文杰谈工商研究委员会工作。

晚上同晓邨通电话，保去医院陪夜。

1963 年 12 月 27 日

预备明天学习。

下午鼎回家，对之“试讲”，之后同去北海礼堂，在礼堂带他参观全部后晚饭归。

1963 年 12 月 28 日

下午学习我讲了体会等等，引起不少争论，鼎晚上有客来。贞去鸿珊处谈钫后事。

1963 年 12 月 29 日

鼎保出去一天。去王奶奶家，张俊家，六姨家。我叔翔小组外，未出门。

1963 年 12 月 30 日

去航老人支部会听吴菊农讲话。

下午集体办公，谈举办中间形式之脱产学习，读书会。

1963 年 12 月 31 日

无所事事在家一天，贞忙碌，我下不了手，钱觉得不够用，精神为之不快，在此形势下结束 1963 年。

1964 年

1964 年 1 月 1 日

赴群英宴，如上年有诗一首，原本估计毛主席今年已满七十也许出席，临去又预备了一首七绝，结果未用，毛主席没来。

1964 年 1 月 2 日

为请教作诗，访王伯祥，承其留午饭饮酒，林汉达同吃，三点回家，人来人往，娘娘终日忙乱。阿保两次去医院，晚上陪夜。

张钦颐下午来。

1964 年 1 月 3 日

在家一天。贞下午去医院，保为小舅忙，渐入紧张阶段。

晚十点医院来喊话要去人，保连夜为之服务。

1964 年 1 月 4 日

绍钫垂危矣，预作挽联。

下午学习讲了不少话——关于学习、自力更生等。

1964 年 1 月 5 日

杨扶青来叔翔小组谈到十一点以后。

下午去看绍钫，骨瘦如柴。中部小肿，保在做护士，回家钱宝琮在。

晚张茂刚兄妹及其子来。

1964 年 1 月 6 日

上午集体办公谈工作要点。

下午去政协把石永茂的史稿还彭子刚，取工资后即归家。适鼎也早还家。闲谈把上年六月二十三记关于诗的事讲给鼎听，颇动感情。

1964 年 1 月 7 日

竟日在家。

1964 年 1 月 8 日

政协座谈毛主席诗词。

同王伯祥午饭后，下午学习。

绍钫 21:30 在日坛医院逝世。

1964 年 1 月 9 日

今天我家是绍钫治丧中心，鸿珊在此（昨夜起）。保是一员大将，奔跑一天，我中午有诗会，家中电话忙得不亦乐乎。

傍晚忽发烧 38.2℃，吃胡椒面睡下即愈。

1964 年 1 月 10 日

九点到日坛医院同绍钫告别，行礼后，尸体上车去火葬场。我先回家，贞、鼎、保俱送去。

晚只同鼎在家吃饭，饭后张茂鹏兄妹来闲谈，看老太爷遗墨。

1964 年 1 月 11 日

下午学习，我代组长，提了一个问题大家来讨论。鼎去延家十二点半后才回家，使得娘娘着急不成。

1964 年 1 月 12 日

为绍钫送葬占去一整天。

下午两点前从公墓回家（绍钫葬在东郊，北京市第二公墓二区三排四号墓穴，地点在八宝山，鲁各村北）。

1964 年 1 月 13 日

航街去集体办公，听了不少新事。

下午在家，理发。

1964 年 1 月 14 日

去公园小组（民建机关支部“老人组”），到仅 9 人。

下午为绍钫墓碑加工，鸿珊来，情绪已稳定了。

1964 年 1 月 15 日

下午学习讨论巴拿马问题。

晚贞去礼堂听评弹，保去舅母家，得机同鼎谈心事。

1964 年 1 月 16 日

下午在政协参加学习委员会，后同贞吃饭归。

政协入门证改证，旧证都去新证未发。为钦颐买书。

1964 年 1 月 17 日

下午去礼堂听周培源报告，听不清，改用时间洗澡回家。

鼎同娘娘上街，明日将回上海。

晚上同她闲谈。

1964 年 1 月 18 日

下午学习。

晚同贞到礼堂看沪剧。不甚佳。

1964 年 1 月 19 日

叔翔犯喘不能参加小组学习，未去项家。

杨扶青来。

余时在家亦无人来，看诗话，改诗。

1964 年 1 月 20 日

竟日在家，弄诗话，改诗。平伯来信，当日复之，钦颐来信，见 16（日）记。

1964 年 1 月 21 日

同丁裕长访王伯祥谈史料工作。

下午同贞看电影。

晚同她去礼堂看内蒙古《二人台二人转》。

1964 年 1 月 22 日

下午学习讨论自力更生，很热烈。

头玉省亲过京，下午来吃腊八粥去。

1964 年 1 月 23 日

下午去政协开工商组会，同贞去礼堂晚饭，饭归，与永滋同桌。

1964 年 1 月 24 日

下午去航街开碰头会，谈学习。

1964 年 1 月 25 日

听了一天报告，在礼堂，石油工业部康世恩副部长，听得很累。

今天整天不痛快，午饭没处吃，午休没地方，贞又不讲理，阿保回家晚。

听了一天报告相当累，回家打算早睡，偏偏伍崇让带了老婆来探访，久坐不去。

1964 年 1 月 26 日

叔翔未愈小组停，昨夜保同贞 11 点才回家。

早点在饭铺吃，午间即觉不适。

饭后即躺下，发小烧吃解毒丸出小汗。

1964 年 1 月 27 日

在家避风，已退烧但满身骨痛，至晚尤甚。

1964 年 1 月 28 日

去医院看感冒，来往受新凉，回家不适。

1964 年 1 月 29 日

昨天着新凉。

今天大伤风，未出门。

1964 年 1 月 30 日

在家避风，作诗、改诗。

1964 年 1 月 31 日

避风又一天，阿凤一家三口上了车去湛江，临时因小孩发烧，下车来锡寓大闹一夜。

1964 年 2 月 1 日

又避风一天。阿凤一家下午成行，赴湛江雷家，挟青来视疾，丁裕长来。

1964 年 2 月 2 日

于永滋来。

下午吴味经来，仍在避风中。

1964 年 2 月 3 日

仍在避风中。

1964 年 2 月 4 日

仍在避风中，咳嗽、流涕未止。

昨今明三天大扫除，适当其冲。

1964 年 2 月 5 日

仍在避风中，贞决心完成扫房，把我安排在阿保床上，躺在鸭绒被里。

午间她摔了一跤一声不响，我到傍晚才知道，左股摔坏了睡了一会，绍铭来。

1964 年 2 月 6 日

仍未出门。

1964 年 2 月 7 日

还没出门，熊培元来访。

1964 年 2 月 8 日

还是闷在家里，张纲伯、杨扶青来视，李文杰昨来电话问候。

1964 年 2 月 9 日

还是赖在家中看了一天诗。

1964 年 2 月 10 日

还在避风。

下午熊、家苏来。

1964 年 2 月 11 日

－15℃不敢出门，闷在家里，之英情况大好，赡养有人，送酒送诗。

1964 年 2 月 12 日

下午出门 50 分钟看看年景。

晚上保做菜请鸿珊母子、翟良一家俩吃年夜饭，九人会餐甚热闹，我当席发表《元旦书红》七绝两首。

1964 年 2 月 13 日

甲辰元旦，“龙年今日七回逢”，十点到政协团拜。

下午来人有延、支培、张德明、孙季实、张俊、刘春霖、绍璧、冯子冈及小孩杰、鸿珊、陈鸿佑及其夫人。

1964 年 2 月 14 日

午饭在瞿良家吃，张茂楠来，戏弄诗句互配（八句七言可以配成多首诗）。

1964 年 2 月 15 日

中午在鸿珊家，贞腿行不便，挣扎前往，引起肾炎。有病不服病，真是为何！

1964 年 2 月 16 日

麟宝由沈阳回郑州过京来视，此子已 18 矣，高大如乃父，现在技工学校四年级，学习成绩优良殊为可喜，他同其表弟袁大伟同来午饭。后由大年带去逛天安门，到延家。

下午李佩来适麟宝由天安门回来见到李佩，阿武晚从天津返京，宋之英来。

1964 年 2 月 17 日

没有出门，汪季文、张茂瑛来。

1964 年 2 月 18 日

去航街参加“老人组”，下午陆钦颐、高乃明、麟宝来。

1964 年 2 月 19 日

下午学习开始了，学习农村两个文件，每周一、三、六，三次，麟宝回郑，临走不及见到。小孩爱玩，不懂得来谈谈家常，外婆为之不快。

1964 年 2 月 20 日

上午在家阅读文件（农村工作决定、规定），以下以 N 作代号。

下午到文俱部浴，理发。

1964 年 2 月 21 日

临时加班。

上午学习农村文件（以下以 N 做代号）。

1964 年 2 月 22 日

上午学习 N。

下午在礼堂听农村社会主义教育问题报告（张大中）。

1964 年 2 月 23 日

晨周振甫来长谈而去，周走后到叔翔家，他还未愈，少谈即返。

晚同贞去首都看福建话剧团《龙江颂》。

1964 年 2 月 24 日

上午学习改点。

下午在统战部听宣谈记录（毛主席今见外宾）。

1964 年 2 月 25 日

走去全联集体办公，到了才知改到明天。

下午去统战部继续听记录，民建中央叙餐联欢。

贞去医院看跌伤及小便见血问题。

1964 年 2 月 26 日

上午在家。

下午学习。

1964 年 2 月 27 日

政协诗会我交了 11 首近作，得到指点不少。黄瑛翔特别热心，我的诗同章行严见面了，他说："不可能一步登天，要慢慢来。"他不知辘轳体，可见此体是近人创造的。

民建诗会亦在今天，我预选送去诗不少，不知大家有何见教，同贞去礼堂吃午餐。

餐后她要学习，我一人到北海看冰灯看浙江手工艺，买张小泉小剪刀，早归，已甚累，休息。

1964 年 2 月 28 日

上午同贞到礼堂听许涤新作关于 N 报告，明将续讲。

昨日听到朱桂华作古，今日又听到去世的老朋友多人，内有王治平、全绍文、全二嫂、全三嫂（希伯夫人）、曾晨涛夫人（曹师母），不无感伤。听报告休息时同李青谈过阿全就业问题，他允了解一下。

1964 年 2 月 29 日

上午继续听许涤新 N 报告。

下午学习。

1964 年 3 月 1 日

上午在航街过组织生活没讲话。

下午听曲社同期，有彩串。

1964 年 3 月 2 日

集体办公谈"新工商"，十点到嘉兴寺，公祭朱桂老，93 岁。

下午学习，我说自己怕在这"大跃进"时代跟不上，展开讨论。

1964 年 3 月 3 日

上午在家搞了二小时工作已觉甚累，体力当为恢复。

下午听吴大崐"巴基斯坦之行"走去走回（在全联）。

1964 年 3 月 4 日

下午学习，我说怕自己在品质上、思想上、工作上都将赶不上形势。

1964 年 3 月 5 日

下午去国际问题组，五点民建碰头会，在会上我提了工商研究委员会工作方法：① 有题则活动，无题则停；② 题由本委、领导、中常会三方来（确定）。我先经内部研究协商，然后展开工作。

1964 年 3 月 6 日

起身后为了煮鸡蛋，贞又给我整气，地上有开水壶，急忙中烫了右足约 6 方寸，保急为用凉水绝熬油，匆匆出门到政协开史料工作会议。

中午盛情招待天津来人，我也参与。上灯后才回家，家中空气异常恶劣。

1964 年 3 月 7 日

发严谔声（史事）信，复袁家海信。

下午学习讨论“怕跟不上”。甚烈。

1964 年 3 月 8 日

叔翔小组恢复了，叶宝珊来成为三人行。

下午在家摸摸这摸摸那，夏孝蓓送诗来，复了一片，阿鼎来片说等家信等急了，立复一信。叔翔小组从 1/12 起计因他病我病、春节等原因计停 1/12、19、26，2/2、9、16、23、3/1 八次。

1964 年 3 月 9 日

上午集体办公听到李部长在双周讲话传达。

下午学习得好，鸿珊叫保去打字弄到深夜，扰我睡眠，张纲伯午又来要墨。

1964 年 3 月 10 日

去公园老人组小组到七人。

下午在家。

1964 年 3 月 11 日

大雪，下午学习，贞去中直礼堂听“女秀才”黄顺玉报告学习改造方法。

晚诗会李一正组长来。

1964 年 3 月 12 日

民建诗会到五人，谈得甚快活。

下午在礼堂听吴大崐讲巴基斯坦之行。

晚饭同满小姐同桌，同之乘车来东城。

晚在首都剧场同贞看《丰收之后》。买《汉语词典》4 元 4 角。

1964 年 3 月 13 日

今天没有出门，用大部时间熟悉昨日购得之《汉语词典》简本，保将于明晨为娘舅事去廊坊。

1964 年 3 月 14 日

上午在礼堂听晓邨等“读书会”报告及李部长讲话，在礼堂午餐。

下午学习。保去廊坊不得要领而返。

1964 年 3 月 15 日

叔翔家如例。

下午在家。

阿武昨来宿,晚上去。

1964 年 3 月 16 日

下午学习我是谈话中心,对我有益。

晚饭后到市场一转,人少得很。

1964 年 3 月 17 日

去航街"老人组",莫艺昌传达许涤新讲话。

下午去看展览,不甚精彩。

1964 年 3 月 18 日

下午学习。

1964 年 3 月 19 日

上午在家搞诗,同通尹一月多未通信了,我发一片,接着他片也到,于是又发一信。

下午去政协国际组,洗浴,修脚,吃饭看科技电影。

1964 年 3 月 20 日

今天是很累的一天:上午在全联开协委会,走去走来。

下午在政协听贡庭三副市长报告北京工业,吃饭后在礼堂看话剧,又是电车两头走来走去,提前回家。睡下已十一点,这是从一月下旬病后第一个"满日"(full day)。

1964 年 3 月 21 日

上午丁裕长来。

下午学习两组并在一起。

1964 年 3 月 22 日

到叔翔家小组,十时即返。

十一点自全联集体参观朝阳区太阳宫公社小亮乌桥大队斗争地主分子启恩绪大会。

四点返家,天冷回家甚觉疲乏,七点后即睡。

1964 年 3 月 23 日

下午学习。

1964 年 3 月 24 日

10:20—16:20 去展览馆看工业新产品，二三年内全国新品种 3 971 件，其中 3 162(80%)已投入生产。

昨天《参考消息》载苏联工业衰退与之适成对比，通尹来片有新诗索和。

1964 年 3 月 25 日

下午学习，争论不得要领。和通尹诗寄出作为第五年学年考试。

1964 年 3 月 26 日

民建诗会占去上午。

下午在家觉得累。

1964 年 3 月 27 日

晚在礼堂为史料工作区北京展开，约莫艺昌、倪家玺、汤绍远在餐厅吃饭。

饭后到三楼开小会，艮仲、达夫、季文、裕长、文杰均在座。介绍天津等处工作经验，要求莫、倪主动联系市政协，以史料为老年工作，联络工作之一项。

1964 年 3 月 28 日

到人大会堂看周总理三洲访问图片展览。

下午学习。

1964 年 3 月 29 日

叔翔家到叶、章二人。

晚去礼堂同贞看上海话剧《一家人》。

下午以三小时完成标准音并入平声的入声常用字表，前后三天共约花时间八小时。

1964 年 3 月 30 日

上午集体办公。

下午学习未发一言，但得益不少。

1964 年 3 月 31 日

在航街发动大家谈话，结果谈得很好。

下午在家，读“八之平”，早在邮局汇钱给坟客，一位盱眙妇人要我代填汇款单，填好，她请人读给她听，考我一下，甚趣。

1964 年 4 月 1 日

下午学习讲了一通，保去津。

1964 年 4 月 2 日

政协史委开工作会议，辽宁朱焕邀来谈工作。

下午在家，张茂鹏来，带来父亲手扎 18 信 25 页一本，留在我处看。

1964 年 4 月 3 日

下午同贞到礼堂听原子武器的报告，吃餐厅后归，保从津返，带来和赠诗句题解四本。

1964 年 4 月 4 日

下午学习得很好，我学到不少东西。

1964 年 4 月 5 日

雨打乱了人们的游山扫墓计划。我们航街开组会，余时冻得不愿出门。保又不听话，午睡到三点，叫他三次不起，懒得出门为大哥取相片，买桂花酱吃糖芋奶，我为之不快。

1964 年 4 月 6 日

上午集体办公。

下午学习。

1964 年 4 月 7 日

到政协取工资后到珠市口民建老人组小组会。

下午在家，临睡鸿珊从保姆来电话，由于她要去看牙病，叫保去陪在生病的维光，保叫娘娘去。我以我家不仅为张家服务，今天连其保姆也来叫保，而保又推给娘娘，增加娘娘负担等提出问题，贞以我耳背弄不清情况乱提意见，粗鲁地说我。我实在受不了，小小发作一阵。

1964 年 4 月 8 日

三个人互不搭理。

下午学习。

1964 年 4 月 9 日

上午诗会。

下午在家。

1964 年 4 月 10 日

陈总报告(三洲十四国之行)临时又取消，整天在家搞诗，写长信给金氏兄弟及写学诗笔记。

1964 年 4 月 11 日

下午学习。

1964 年 4 月 12 日

叔翔家对壁撞了两小时，弄陆放翁年谱表及行踪示意图。阿武明日公出锦西。

1964 年 4 月 13 日

上午在航街开会。

下午学习。胡子婴说:“元老，你这次学习倒蛮好!”

1964 年 4 月 14 日

去航街老人组，印《收平入声字表》，收还《文史资料选辑》。

下午在政协理发洗澡吃饭看戏，贞同去。在礼堂大厅烟嘴被窃，解放以来第二次(第一次记得是 1950 年去辽宁失钱若干)。

1964 年 4 月 15 日

下午学习，10 日写给通尹的信今日已有复到。

1964 年 4 月 16 日

哪儿都没去，在家看材料，东搞西搞。

晚敬渊复 10 日信片至。

晚饭在礼堂吃——民建月中例会。

1964 年 4 月 17 日

下午在礼堂开小组会——工商界及联络组。

1964 年 4 月 18 日

今天学习停一次，整天在家，看看材料。

晚饭前看南夹道修柏油路工地。

1964 年 4 月 19 日

叔翔组又是对壁撞。

下午寿生忽自南京来参观新工业品展览，带珊珊同来，瑶琴陪来，她晚饭后先归，寿生留到九点，珊珊即留住外间。叔翔送我《人境庐诗草》。

1964 年 4 月 20 日

两会召开小型全国性会议，交流“三个主义教育”工作经验。

下午开幕。

1964 年 4 月 21 日

政协春游颐和园，同贞带珊珊参加，四点过才离园。贞小路上半途“放生”，累我寻找，为之不快。梁仲华来京就医，遣其女淑宜送蜀茶来。

1964 年 4 月 22 日

上午同贞去全联听晓邨传达李部长在双周讲话。

下午学习。

晚饭后到后局大院访梁仲华。

1964 年 4 月 23 日

诗会占去上午。

下午去礼堂交史料，听谢南光谈日本，又是所得无几。

1964 年 4 月 24 日

上午在全联看材料。

下午去礼堂听喷气机。

1964 年 4 月 25 日

上午在全联看材料。

下午学习改在航街每星期两次(交流会期间临时)。

1964 年 4 月 26 日

叔翔组又是对壁，叔翔上周以《人境庐诗草》。今天以《郑板桥集》见贻。

下午在家。

晚同贞到礼堂看京剧现代戏《芦荡火种》。

1964 年 4 月 27 日

上午听联组发言。

下午在家编诗选、作选。

晚饭后带珊珊到天安门看灯。

1964 年 4 月 28 日

到航街“老人组”，把诗送(见昨日记)交罗莲同志打。

下午在全联看文件。

1964 年 4 月 29 日

下午航街学习，诗选已打出四张，带回核对。

1964 年 4 月 30 日

午前在全联同朱继圣、王光英、胡庆国“三三两两”一番。

下午在家，雨。

1964 年 5 月 1 日

今天五一在礼堂举行庆祝。

晚带鸿珊母子在西五台看烟火。

1964 年 5 月 2 日

调明天星期假，搞出《律句拗救关系图例》。

下午趁颉刚在城，带了几首讨论之，相谈甚愉快，他以新出之著作《史料杂识》初集见贻。阿全来信谈工作事。

1964 年 5 月 3 日

到叔翔家如例，张德明来谈，周勖成患胆石赴申就医回京，午间来坐。承以苏州茶叶、金华火腿见贻。

1964 年 5 月 4 日

为打印民建诗会《课作选存》，特将校样送去航街，争取本周诗会可有成品发给大家。

下午去看梁仲华，请他看我的诗，茂鹏来约明日同玩。

1964 年 5 月 5 日

午前在全联看材料。

下午同茂鹏看美术馆工艺美术展览，在和平餐厅款待他。

1964 年 5 月 7 日

诗会分送《课作选存》，去礼堂浴吃，看文工团，在书画室写挽王复初诗轴。

1964 年 5 月 8 日

同贞到嘉兴寺吊王复处，我送了挽诗。

余时在家为民建诗选油印本加工。

1964 年 5 月 9 日

下午学习。

1964 年 5 月 10 日

职教社 47 周年，吴大崐讲赴英情况及经过莫斯科见闻。

午在政协吃，吃后看科技电影，仲华来未值。

1964 年 5 月 11 日

上午听孙起孟传达统战部指示。

下午去医院看右肋微痛，臀揞小病（诊断系粉病）及脱肛预防发炎三项。

BP 110/70 回程湾仲华处略谈诗。

1964 年 5 月 12 日

在人大会堂听陈毅报告，先回家甚累。

晚饭同贞去公园看牡丹，已谢。

1964 年 5 月 13 日

人大会堂继续报告，听得甚累。

下午学习竟不能支持，半途先退，回家睡服解毒片。

1964 年 5 月 14 日

“陈总”的大会汇报今天延长一次，讲亚非会议、雅加达筹备会议后，在会上同美帝、赫修及印度反动派的斗争，今天听了三小时也不觉得太累。

下午去医院看检查结果，结果是心电图、透视、血压均正常。

1964 年 5 月 15 日

文史工作会议，申伯纯从五省回来，报告甚丰。

吃午饭回家。

1964 年 5 月 16 日

下午学习。

1964 年 5 月 17 日

民建组织生活延至今天，吴觉农、谭志清谈去霸县参观“四清”情况，很紧张。下午绍铭来。余时为通尹写长信。

1964 年 5 月 18 日

学诗、写诗搞了一天。

下午理发，看汪三。

1964 年 5 月 19 日

去公园参加老人小组。

下午在全联参加交流会议“荣座”。得通知廿一去大庆。

1964 年 5 月 20 日

下午学习，早一时结束。预备明晨去大庆。阿全信寄李青。

1964 年 5 月 21 日

去大庆，日记记活页。

1964 年 6 月 5 日

（以上去大庆记活页）在家休息，整理，白一震来，来前去民革学习，人已飘摇欲倒,急雇三轮送之回去。

珠来。发津、申、汉各地信。

1964年6月6日

蒋君奇之兄永兹逝世,在嘉兴寺开吊,行礼后去北京医院为失眠就诊中医。

下午据通知有大会发言,已于上午举行,同华、资、叶、王达夫等人略谈即返家。

1964年6月7日

到叔翔家如例,下午未出门。钱琢如又来!

1964年6月8日

访仲华,他的住所后面大院正在兴建,东口被堵死了。

晚饭后同贞溜市场吃冰。

1964年6月9日

晨去航街找王艮仲、丁裕长,老人组在全联找到艮仲,把觉农打桥牌问题告诉了他,同他商量为何利用这"活思想"进行批评学习,又到政协交保密通知(大庆)并取工资。

下午在家。

1964年6月10日

上午听王珍然发言。

下午学习谈大庆。

1964年6月11日

竟日在家。

下午一人看(书),浴、茶、诗自由自在。

1964年6月12日

上下午在全联听起孟发言。

1964年6月13日

下午学习谈大庆,郭新生来。

1964年6月14日

端午,诗人节。民建中常会小组上我拿出六首大庆诗作,吴觉农为我不会桥牌赶出我一事(见6/3记及另纸记录)作了批评性发言。

下午在文联听曲社同期。

晚同贞在礼堂听唱歌。

1964 年 6 月 15 日

决心根除痔患。

下午去医院取来入院证。三日后候通知入院，在医院门首遇见瞿菊农。

1964 年 6 月 16 日

到中山公园参加老人小组。

1964 年 6 月 17 日

下午学习没发言。

1964 年 6 月 18 日

今天有诗会在航街，到七人，天雨下午在家。

1964 年 6 月 19 日

同贞到刘瑶琴家看亲家，邀寿生妈来锡寓小住，她辞谢。新生四只小猫偷吃药蚊蝇之毒鱼，几乎送命，紧张了半天。白一震携其孙维铭来，中学毕业后失业在南通。

1964 年 6 月 20 日

本定昨日去天津，保为买夜车票，令退去，改买今晨票去津。记另页。

1964 年 6 月 21 日

记另页。

1964 年 6 月 22 日

晚自津归。记另页。

明日将入北京医院割痔，日记继续另页。

1964 年 6 月 23 日

见昨记，记另页。

1964 年 7 月 19 日

自 6/20 至昨日均记活页，小寅来一天。

下午张德明为季实青交文史稿。晨起大便“泡盆”等等很顺利。九点后到叔翔处一坐，发通尹片，振甫信。

1964 年 7 月 20 日

大便泡盆很顺利，麟汉来玩。外婆叫大年陪他出去玩了一天，晚上二人就住在这里，明天继续玩，金涛(旬卿，76)来约我二人星期天午饭，欢迎邹树文来京。

1964 年 7 月 21 日

伤口渐愈但仍有感觉，行动时特甚。

下午周振甫来谈《宫井篇》事。

1964 年 7 月 22 日

便后“泡盆”等都很顺利，在医院“扩肛”，很痛。

下午王岳、季文、扶青、鸿珊来。理发。

1964 年 7 月 23 日

晨起大便绝泡盆等共占一小时。

下午瞿良来，同之去五芳斋吃晚饭。丁裕长同志十年来做了不少史料组工作。临睡阿延来电话找大年，原来他从昨天上午由我处出去没有回家，用电话在袁平家找到，紧张了一阵，外婆慌张得不得了。

1964 年 7 月 24 日

邹树文及其夫人晨来，晓邨来电话说艮仲将来看我，谈会内学习情况，艮仲十点前来同他到文俱部谈话。邹二人同车去历史博物馆。

下午看梁仲华。

1964 年 7 月 26 日

叔翔家一小时多，金涛（旬卿）邀请午饭，我二人同去，同席有邹树文夫妇、邹秉文夫妇、李谦若，贞摔了一跤。秉文邀我二人到他西库司家洗脸，吃西瓜，同到政协礼堂听张抗一部长在学习工作会议闭幕会上的发言。共分：三个主义教育的重要意义，工作估计，及此后工作方针三大段。五点半毕事。

1964 年 7 月 27 日

到政协借八月工资，到医院作最后一次“扩肛”。

下午电约王伯祥同访颉刚，这样三个人欢叙于“半途”。

1964 年 7 月 28 日

写信给鼎、琴、斐，去公园“老人组”。

十点后赶回家晤丁裕长，交代工作并同之访问项叔翔，为了浙江兴业银行史稿。

中午睡得不好，晚上还吃安眠药。周振甫来借去，昨夕才由保向其友取回的《我的前半生》。

1964 年 7 月 29 日

今日起同贞到大连休假，日记记活页。

1964 年 9 月 3 日

同华文煜通电话，整理书桌，拆看来信。

下午白一震带其孙维铭来，谈维铭迁移户口问题，贞去看维光，回来写信给鸣珊。

下午去学习。

晚上看《瘦马论》话剧。

1964 年 9 月 4 日

在全联看《内部未定稿》1—3 期，这是新出之“密件”刊物。晤晓邨，谈 100 天来会内大事，据说酝酿人大、政协名单，无大改动，会内批判吴张暂告段落，学习休假是 9/15，任老脑正软化……

午饭后同贞到幸福大楼晤最近来京之曾晨涛，为谈曾师母赴港视子女回程在上海病故种种，谈至六点始散。

1964 年 9 月 5 日

又在全联看《内部未定稿》。

下午在叔翔处一坐，到政协领工资、吃饭，同贞看《红嫂》京剧。

1964 年 9 月 6 日

民建组织生活谈 8/30 复苏共信，晓邨说我本不辞争论，但一要协议二要平等，今苏片面召开会，又以“老子党”态度出现，我自应拒绝。以胡西园稿交李烛尘核阅，看梁仲华，乃兄上月十八去世，年 79。阿武来，同阿全谈话。

1964 年 9 月 7 日

午前在全联看《未定稿》1—4 期看完。

下午在家。

1964 年 9 月 8 日

“老人组”恢复活动，吴觉农没来，殊怪。

午后同贞看工艺美术展览。合作老同事王云鹏来，借去义赈会合作刊物五本。

1964 年 9 月 9 日

丁裕长来。竟日在家发鼎片，来片说娘娘七十寿要祝，贞嘱咐勉说，只要大家上进什么都有了，千万不要费事，今年 11/29 是她第 70 个生日。

1964 年 9 月 10 日

一上午在北京医院配眼镜验光，现在戴的一副是 1961 年 7 月配的，至今仅 3 年一季，左眼起了很大变化。

下午到大明配镜 23.80，内架 7.70(1961 年仅镜片即 35.60)。延来午饭，她脚被板凳压伤，大指骨裂。张俊以自喂鸡下的蛋 50 个，省下来，要叫阿全带给琴。

至诚可感,认为这是劳动人民的本色,殊为可贵。

1964 年 9 月 11 日

下午在三楼听赵朴初谈日本开会同修正主义者展开斗争情况。

晚饭后在同地听大琴音乐会,演奏大琴新曲等。

1964 年 9 月 12 日

安之午后来京,同之吃吉士林,阿全参与大吃一顿,同安之到人大会堂看展览,周总理出访十四国所得礼品。

1964 年 9 月 13 日

午饭前出门遛街,到"赵掌柜"家一坐。

下午同贞往视鸿珊被留饭,临时她家忽来客三人,我二人见状即溜出,在大栅栏吃四川饭而归。

1964 年 9 月 14 日

贞建议今天邀李晨涛同吃烧鸭,午前在其寓处(乃七女曾云,幸福大街南九楼十号体育报宿舍)。

下午晨涛来谈家常,邀他在东城全聚德吃鸭饭酒,座皆家人(安之、贞、武、保),共六人 16.20 元。

1964 年 9 月 15 日

到公园"老人组"小组会,季文没来。

下午走访颉刚家,见其夫人,住房尚在修缮。改装修工程当天完工迹象,打电话给王伯祥预备前往。伯祥外出未归,我遂折回。上床后延、志培携寿糕来。安之早车返津。

1964 年 9 月 16 日

暑期会休满期。打电话问华文煜谈今天星期三学习还不恢复,今日是八月十一,贞为打 Salad 吃面。适瞿良来邀之同寿,做学诗首五年,题材分析结果另记。

1964 年 9 月 17 日

诗会暑后第一次,蒋、王未到。

晚史组款待重庆周本渊、谢荃镒二同志,在政协会餐。他们是来写美丰银行材料的,三个月来在同康心之谈话。饭后在三楼茶会谈到八点钟。

1964 年 9 月 18 日

又一"九一八"! 乘车到建国门取李烛尘处的史稿(胡西园写)未值,访王伯祥取回茂鹏册页，册内平伯、颉刚、伯祥题词也录一通存《四当齐集》。

下午配圆珠笔，看陈叔通、夏慧远。

晚阿全来饭。

1964 年 9 月 19 日

视陈叔通疾于其家所，入室时老人已直立而待，我也出以小儿顽皮相，以示欢欣，又访夏慧远，略谈诗体。

下午在航街继续星期四之会，由周同志谈经验。五时散，同艮仲等到礼堂饭，吃得很不舒服，等待甚久，永滋购得《早春二月》票同贞看电影。

上午循贞意再访曹辰涛，就其续弦问题征其意见，他坚决不考虑说：老伴倒是好，但自己死去后新来者将无法安顿，其见甚周。

1964 年 9 月 20 日

绿英午后来利用已购之车票同她去津，九点半到浦寓，到即入寝，和弟因现新厂内调他去唐山工作，条件不好，大发牢骚说："他们竟拿犯人待我！"

1964 年 9 月 21 日

晨起老太太见了甚为惊喜。

午前到三弟处同安之走返浦口道。午休后三弟来，周启圭来吃饭，我三人吃起士林。周来前得机同和弟谈天，我以为厂方"五反"也没搞，但他应以积极态度看问题，不要强调十个月后即可退休，在群众中留下好印象，服从领导。

1964 年 9 月 22 日

午间到京。借用和弟打防疫针证件买的车票，自问做了一次不老实事。北京这几天正在换置街名牌，白底红字附注拼音字母，门牌红底白字单双号左右分列。瞿良来午饭。

晚吃大炸蟹。

1964 年 9 月 23 日

政协三楼听陈家康谈非洲形势。

下午两会中央学习开始。

1964 年 9 月 24 日

09:13 发出电报把晨起急就之一首诗打给和弟，他今日下午将去唐山。贞欺我耳背，晚上又为我问凉油怎么少了，跟我发脾气。她洗衣服忘将我袋内小皮夹取出，落水才发现，咕噜一声我没听见，她也听任夹内纸张打湿不管，这是欺我耳背。早上发电前又表示不赞成，又一次泼我凉水。晚为铮铮改诗一乐也。

1964年9月25日

下午工商组组会扩大，听柏岳、汤绍远谈北京工商界思想情况。

1964年9月26日

在礼堂听萨空了传达彭真八日在市人代讲话，通俗有力。

下午学习。得悉通尹十日因感冒入医院。

1964年9月27日

叔翔家谈学习。

下午到北京医院视张纲伯疾，已出院，又视杨公庶。钱琢如夫妇来，说要纪念结婚五十年，要我为在东来顺定座立为办妥，讨厌之至。

1964年9月28日

下午在全联听在霸县参加"四清"的六位干部介绍"四清"情况，只尹(惠民)科长一人讲了一下午，明天还要继续。

钱超华同葛敬安来，不出意外，留之吃"懒社"。走后同贞出门观灯，到西单市场后，乘车到东郊八王坟归。找描图社，复制期间所编《律诗句拗救图例》未果，要阿武帮忙了。

1964年9月29日

昨天下午汇报。今晨继续三人小组会：尹慧敏、方英、孙世震，午间取得新配眼镜。

下午在家。晚同贞去礼堂赴国庆晚会，候车一小时，我未去。回家阿全在，又帮他分析问题，他去国务院"告状"说既不行只有"动武"。我不赞成，只得由他去了。

1964年9月30日

下午再听霸县沙窝村"大老何"的小南斯拉夫，由孙秀娥、汤玉通讲，至此六人讲了五人，午前写《国庆献辞次敬伯韵》。

1964年10月1日

第16个十一游行"少而精"，70万人二小时于正午散会，在西二台上将《献辞》一首诗请教不少人。

1964年10月2日

晚在北池子34号，看昆曲研习社现代戏《悔不该》《岗旗》彩排。

1964年10月3日

午前整理和阅读国庆期间报刊社论及发言，蔡叔衡来，以江笔花(上峰)所编

《诗韵新编》嘱为提意见。访梁仲华将归成都出扇面嘱录习作若干首作为留念。袁平等来，贞发起出外看灯及吃夜宵。结果灯光已恢复平常，没有看到，吃夜宵也吃得不顺当，整个计划失败了。

1964 年 10 月 4 日

晨张钦颐来谈了一小时，十点到叔翔家，纵谈国庆节社论等文件。

下午为仲华写扇面，竭半日之力总算完成又一项“我今生第一次”。总的看来还像样子，贞这几天又像一只刺猬。

1964 年 10 月 5 日

去医院检查伤口。我怕痔又生出新的来了，医生说并不如此。

下午去叶叔衡处还前天送来之红稿，未值，见到江上峰本人（住叔衡同院）。回家收到《东方红》请柬，在人大会堂演出，场面宏大，三千演员，一万观众。

1964 年 10 月 6 日

为史事奔走邮局及汪三两处。下午学诗汇，以潘昌猷《芯庐遗集》为本。钱超华近自南京来，贞邀之午饭。

1964 年 10 月 7 日

汪三晨来同贞到仲华家，邀他俩星期五来便饭。

下午在礼堂欢迎老挝代表团。

1964 年 10 月 8 日

学习临时移至今日上午，冯和法说“你比美国人还高明”，我认为他讥刺人太甚，败坏学风。

下午礼堂听周培源报告科学讨论会。

在政协晚饭，借便同王吴研究如何处理胡西园的一篇文稿。龙妹自上海来，未值。

1964 年 10 月 9 日

到全联同学习小组长（叶、金）谈学习，相当欢畅。

午间备鱼鸭请仲华夫妇，送父亲遗墨残片“然来代书题诗”。

余时研究简化字，见到和给保信，提到保建议研究母亲身后事。此子提及此事，非其时也非其人，令勿发展。

1964 年 10 月 10 日

参观团城的工艺展览，漆器有进步；苏州小木作不过尔尔。

钱琢如庆祝“金婚”在东来顺盛筵请客，座皆熟人。下午学习我没发一言，武从东北回京，晚来叫他为我描《律句拗救图例》。

1964 年 10 月 11 日

航街组织生活谈学习方法。

午后看美术展览。临睡文璩电话说：明日来，谈和弟情况。

1964 年 10 月 12 日

文璩自津来为谈和弟近况头绪甚乱，总之在他是内心不舒，对外勉强应付，体力不支，应付为难，在厂房既要参加教育又要照顾其老年，一个提前退休局面已经形成，因此建议他考虑：向党交心认错，主动提出提前退休要求。这是一服“解扣奔路汤”，要同民建组织商量，在过程中不要紧张耐心研究。饭后文璩欣然去，觉得心里有了谱。

晚贞学习组同志在全聚德请她，祝她七十生辰，我也去了，同去另客只鲍园宝及孟继懋二人。

1964 年 10 月 13 日

去公园在东西两处找民建老人组未获，回至汪三家，又不得入门，转至仲华处为谈史料及保问题。

下午白一震来。这阵真是一个忙人了，为了解决与集体关系问题。

1964 年 10 月 14 日

下午仍谈学习方法。

晨起写诗复潘仰尧。

1964 年 10 月 15 日

冒雨到航街参加诗会，到七人，被人指出两个失拈字，改了二个字，为君奇改了题目。

下午为领粮票，保对我不礼貌，瞿良送去，几乎又斗起事故来。同瞿良到市场泡了一阵茶馆。睡后熊来为谈和弟问题，他静心听后补充了些意见，颇有道理。因说话多失眠了。钱昌照送我自刊诗词集，精印线装。

1964 年 10 月 16 日

龙来玩了半天午饭后去，熊来见到二姑，接着听到苏赫下台及我原子弹爆炸成功消息，喜不成寐，这是难忘的一日，双喜临门。

1964 年 10 月 17 日

写诗送给叔翔看。

下午学习谈昨日两大新闻。

1964 年 10 月 18 日

去叔翔处，杨扶青也至。

翔夫人在床，未久坐即散。

1964 年 10 月 19 日

闲得无聊，午前找梁仲华，午后去龙[①]处，费了不少周折，结果在万庄路外文出版社找到明庆宿舍，她一人在打毛线。

1964 年 10 月 20 日

航街老人组谈“双喜临门”。

下午未出门写和诗——从广播台出的“台湾近况”看到杨亮功的诗，伤感满腹。和诗发出后（托艮仲转送广播台），发现我已误杨为林（孟纶）张冠李戴了，决定明天撤回。

1964 年 10 月 21 日

晨起撤回诗把题目改为《次叶君韵》存稿。

下午学习有渐入紧张阶段迹象，黄任之《八十年来》出版。承他送我一本，灯下一口气看完，前半尚好，后半杂谈而已。

1964 年 10 月 22 日

以“家藏至宝”凌霄阁遗物，卫夫人等墨迹到仲华处同淳化帖核对，结果是可以肯定这六张真迹是宋元人的临本。

饭后龙妹来，同之看美术馆展览，逛市场，吃馄饨。她晚饭后去。

1964 年 10 月 23 日

下午在政协听古耕虞谈大青记猪鬃垄断。

晚茂鹏来看黄任之的《八十年来》。

1964 年 10 月 24 日

今天扫房我帮忙半天。

下午学习仍谈学习方法，吴觉农说自己革命劲头衰退受到批评，说他方向尚有问题说不上衰退，他又强调“老了”。

1964 年 10 月 25 日

叔翔小组。

晚贞同保去看乒乓中日比赛，武来。

---

① 章元善同父异母大妹，名元淑。

1964年10月26日

阿武为我描好《律句拗救图例》今去晒印，到仲华处将行而病，路上巧遇绍镇到其后局大院22号房一坐，见其一子一女，二十二号在一号之西中间只隔一家（一号是仲华家）。

午后到张茂鹏处（寓其妹蓑衣胡同24号）未值，从茂滢知道昆曲研习社结束过程中曾有平伯不能做主，社务委员说他不民主等意见。这次结束没有取得一致意见，有的人还因此落泪。

今晨我复平伯有“弃之即所以重之”语，发片时未调查研究也。

1964年10月27日

茂鹏下午回津，午前来，再读《毛选》第四卷。家中空气别扭。

1964年10月29日

诗会在航街，交易而退。

1964年10月30日

访仲华，他定于后天回川。送我些“写经笺”，去礼查路听晓郇报告越南之行。和弟在唐山问题表面化，成弟昨将来研究。

1964年10月31日

下午学习仍谈批评，同贞看礼堂广东方言话剧，译意风译成普通话，戏仍成功。这是一支标尺，它衡量农民政治觉悟的水平以及艺术欣赏的水平。内容现实。

1964年11月1日

三弟为二弟近况来京研究，看来二弟成了专政对象了。以后问题可能甚多，甚至十分严重，大家（包括汪三）束手无策。三弟当夜回天津，仲华今日返川，下午往视。

回家做了一首五律。

晚饭后再去送引送诗。

1964年11月2日

协委会集体办公听了新的情况。

下午开选陆游诗——作为另一个在农村中的知识分子，周振甫来取去《宫井篇》全部资料，并说我的诗“功深矣”。

1964年11月3日

取来晒印的《律句拗救图例》。一上午裱成16张卡片。

下午同贞参观新近改成机械化的邮局，之后我到圣陶家吃寿面，坐有宋云彬、王伯祥、丁孝先诸熟人。

1964 年 11 月 4 日

下午学习仍谈批评。

1964 年 11 月 5 日

修手表,到政协取工资途遇夏三,此人有点鬼鬼祟祟。选《陆放翁诗》(见 2 日记)。

1964 年 11 月 6 日

在家选《放翁田园诗》的 54 首装订毕,作一首七绝题签。

1964 年 11 月 7 日

下午学习。

上午同贞在红星看《光辉的节日》电影——第十五个国庆。

1964 年 11 月 8 日

在政协礼堂又看一遍《光辉的节日》。

下午贞去北海赏菊,龙妹带明钦来。钱琢如、瞿良继至。张德明、孙季实来交史稿。

晨起忽发现本月十三是陆放翁 840 诞辰。

1964 年 11 月 9 日

整天在家,搞陆放翁诗选,又写又做。

1964 年 11 月 10 日

搞诗学习。

晚得敬渊八日信,附来新型《南歌子》词两首。

1964 年 11 月 11 日

晨复敬渊信,存稿诗囊。

下午学习仍谈批评,丁裕长病愈上半天班,叶叔衡八十三将续弦,下午来索诗。

1964 年 11 月 12 日

诗会在航街,纪念陆游 840 诞辰。

下午在家为叶叔衡作贺新婚诗,送平伯阅。

1964 年 11 月 13 日

颉刚自青岛回京,上午来电话,下午我去看他。

贞又把大年接来住,并安排我教他英文,来前没同商量,我很有意见。

1964 年 11 月 14 日

下午学习。仍起改诗,请教平伯,丁孝先通电话约今明去看李宗仁(原稿作李宗恩,笔误)太太——贵阳漂母也。

1964 年 11 月 15 日

民建过组织生活，交一年会费(文杰手)。

下午约丁孝先同到马家庙一带访李宗仁夫人，我到叶叔衡处承捡许多诗词共赏。回来加工贺他新婚诗。

1964 年 11 月 16 日

午休时周振甫未出现。

金咸枞电话，通尹于昨晨 01:06 因心肌梗死逝世，叹惜久之，为通告政协及友人，发电，做挽诗，写信……大年决定不来了(见 11/13 记)。

1964 年 11 月 17 日

邵力子夫妇来，约之到陈叔通处报通尹丧。瞿良挈弦音来，她下放劳动在红星公社。

1964 年 11 月 18 日

下午在军事革命博物馆参观解放军廖、丰、黄三战士学习经验展览，学习改在上午，我讲了许多话，分析三十二叁字。许琴伯来送诗 66 首。

1964 年 11 月 19 日

准备在学习会上发一次言，开始临父亲《明徽君碑》，第一天临了二张。

1964 年 11 月 20 日

继续准备发言，一个上午加一小时临帖。

晚同贞到礼堂看京剧《红灯记》，很好。

1964 年 11 月 21 日

晨起小修眼镜、手表，到百货大楼参观，百货杂陈买书也多，一番好景也。

下午学习讨论《红旗》社论，反修又开始了——又是苏方挑起的。

1964 年 11 月 22 日

叔翔小组，我同叔翔讨论我的发言提纲，他把近日苏领导言论摘录送我，对我提纲提了意见。

1964 年 11 月 23 日

学习举行联组，我发言达一小时，得通知担任第四届全国政协委员。

1964 年 11 月 24 日

为政协照相当天下午发给秘书处。

下午还是联组。

晚同贞在“真光”看电影《天山上红花》。

1964 年 11 月 25 日

下午学习恢复小组。我的发言成为讨论中心，我受到不少批评，但思想上基本未被动摇。

晨起复金咸樅信，艮仲受任老托以项远村遗著《昆曲字韵典》稿交我看。

1964 年 11 月 26 日

上午诗会。

下午在北海看菊展。

1964 年 11 月 27 日

终日心情沉重，午前去平伯处就谈《宫井篇》及项远村等《昆曲字韵典》二事。

下午去叔翔家。

晚同贞到礼堂看部队演出。

1964 年 11 月 28 日

昨夜服药睡，今晨思想轻松。

下午学习会，大谈思想变化。讨论下来又觉得我前三天内思想沉重是没有理由的。大家对我发言意见不那么多，更没我想象的那么严重，然而思路还不十分清楚，当待好好整理。

1964 年 11 月 29 日

两会常委座谈张吴批判告一段落，但将利用成员通报全国。贞今日七十生日，各地来信电，家中八人吃面饮酒，八人：瞿良二人、珠母子、武及我大小三人。

1964 年 11 月 30 日

下午加班学习，声讨美帝在刚果强盗行径。

周振甫以《宫井篇》稿来。

1964 年 12 月 1 日

回访许琴伯。余时临《明徽君碑》，灯下开始自选诗，题图为《语不惊人诗草》。

1964 年 12 月 2 日

下午学习讨论得很热烈。

1964 年 12 月 3 日

整个上午花在《宫井篇》笺注稿子上（见 11/30）。

下午等李文杰来听取我对黄任之的《八十年来》的意见，结果他没来。

1964 年 12 月 4 日

尽一日之力完成选钞自己的诗，利用废物装成一本，自题《语不惊人诗草》，也为写了几十字的小序。

1964 年 12 月 5 日

到政协取工资。回家读《毛选》。

下午学习仍有争论。

1964 年 12 月 6 日

民建组织生活过得很好。

下午去叔翔家，他入冬来喘发卧床未起，略谈即退。

1964 年 12 月 7 日

下午学习我又大谈一阵，以同吴觉农哈尔滨一幕为例，对峙形势有新发展。

1964 年 12 月 8 日

上午在政协开文史办公会，申伯纯同志讲话甚有道理，获益匪浅。

下午在家，灯下函两弟。

1964 年 12 月 9 日

下午学习我谈了不少，大家要我在联组再发言。

1964 年 12 月 10 日

诗会大家谈口语入诗很有兴趣，戴自牧也做时事诗，而且口语化了，是双“大跃进”。李一飞提出用标准音问题，要废止入声字。

下午准备星期六学习联组发言，仍谈批评问题。

1964 年 12 月 11 日

上午准备发言，傍晚就叔翔请教，龙昨自津返京，下午来晚饭去。

1964 年 12 月 12 日

下午联组我发言第二次一小时，休息，冯和法讲了一小时，尖锐地批判我的两次发言，我耐心听做笔记。回家来对这当头一棒，自以为问心无愧，处之泰然照样睡觉，睡到十一点二十分钟醒了，怎么也睡不着起来吃安眠药。

1964 年 12 月 13 日

五点醒了，忽然若有诗悟，昨夜心情起了变化，觉得我真的在想方设法软化批评，自欺欺人，实质上是维护旧东西反对革命，这个变化发生在昨天 16:00 冯和法发言起，至今晨 7 点上的 15 小时之内，这 15 小时可能是我生活中又一大转折，9 点后跑去告诉项叔翔及同坐的李文杰，文杰来征取我及叔翔对任老《八十年来》的意见，我提了五十余条。

下午去民族文化宫向政协四届一次会报到，遇见诸福棠、胡正祥、张仲实诸君。

1964 年 12 月 14 日

上午汪孟舒来承告苏州梅湾有迁坟之讯,我家未得来信想无问题。

下午学习我讲了三日来变化,大家又帮我不少。

1964 年 12 月 15 日

可以说整天无所事事。

1964 年 12 月 16 日

下午的联组改为明晨,以一天时间整裱一份北京街道图及历史表。

灯下拣出通尹生苏来信约一大包。

1964 年 12 月 17 日

上下午联组学习,五位同志对我进行帮助。虽肠痛但坚持六小时做笔记。

晚饭后照常习字。

1964 年 12 月 18 日

整天没事。

晚上再看一次《东方红》(10/5 第一次),集抄通尹诗。

1964 年 12 月 19 日

下午学习小组谈得甚好,大家继续帮我。

1964 年 12 月 20 日

政协四届第一次会上午十一时开幕,向东往返者为吴羹梅、虞政忠。

下午看文件。张钦颐将赴广州开会。

1964 年 12 月 21 日

上午政协小组第一次会发了言。

下午列席人大听周总理作工作报告。

1964 年 12 月 22 日

上午小组的后半部分成员(包括我)移至航街。

下午大会继续听周总理作《政府工作报告》。

1964 年 12 月 23 日

上午小组。

下午分组在航街。

1964 年 12 月 24 日

上午分组在航街。

下午小组在礼堂,回家前洗浴,修脚。

回家晚饭,饭后即睡。

1964 年 12 月 25 日

整天小组会,在礼堂。

1964 年 12 月 26 日

上下午小组会。下午大会,黄、李、丁、华诸同志之间展开批评反批评。

1964 年 12 月 27 日

大会休息。

下午在人大照相。

午前到叔翔家一坐,钱琢如下午来。

1964 年 12 月 28 日

整天小组,昨夕会上成诗六首发胡厥文、顾颉刚诸人。

1964 年 12 月 29 日

上午小组会下午第一次大会讨论。

晚饭同虁梅在文俱部吃,吃后看芭蕾舞《红色娘子军》。

1964 年 12 月 30 日

整天大会讨论。

龙下午来。

1964 年 12 月 31 日

上午大组会。

下午四时半讨论名单周士观、陈维稷、巩天民被提为常委。

昨日起日记附寄 1 924 册。

1965 年

1965 年 1 月 1 日

大会休会,在家一日。晨起作《元旦书红》一首:"欢迎六五年,景物百般妍。看准康庄道,扬鞭快马前。"无人来往,保去天津。

1965 年 1 月 2 日

上下午大会,听到王芸生对邹秉文、梁漱溟的批评及班禅的坦白。

1965 年 1 月 3 日

大会休会。完成《通尹诗钞》，晚寄敬渊，邮局不许旧信封挂号，同之争论：1. 邮局这项规定是“内部掌握”，是不合理的；2. 与勤俭建国的精神不符。下午去访颉刚未值。王淑香来，留饭去。保午津返来。

1965 年 1 月 4 日

上午大会讨论，下午小组一小时余，这是最后一次小组会。

1965 年 1 月 5 日

上午大会选举，下午 16:45 闭幕。闭幕后看核爆炸电影及解放军训练情况电影。

1965 年 1 月 6 日

今日阑珊了一天。

1965 年 1 月 7 日

两会中常会开第九次会，十时开始，接着小组，下午小组。

1965 年 1 月 8 日

上下午小组会，我下午发了言，又受到批评。晚会是南方来信，由军团在首都剧场演出。坐在头排，听得好，同座为四川萧则可。

1965 年 1 月 9 日

上午小组会，下午统战部在民族文化宫举行报告会，由徐冰同志报告李维汉同志关于修正主义问题。散后同吴大岷在市场茶馆谈我改造问题，就最近一个时期我在批评问题上种种交换了意见。晚复咸樅信。

1965 年 1 月 10 日

两会常委会，上午小组，下午闭幕。

1965 年 1 月 11 日

今天得休息一天，下午到颉刚处聊天，写信给崔敬伯，向他进言。

1965 年 1 月 12 日

在家一天，下午龙来，来会其小学同学沈性元（钱昌照夫人）。

1965 年 1 月 13 日

两会中执会学习今天恢复，上午永滋来，看仲华来信。

1965 年 1 月 14 日

午前同王伯祥在一起纵谈古今。下午写信给崔敬伯，对他进言。到市场一转，吃小吃，买小书。

1965年1月15日

李一飞同志来谈，带来蒋君奇同志惠赠乃兄永兹的遗稿油印一册。晚同贞在礼堂看军队演出，小型话剧五出。

1965年1月16日

下午学习改听传达——徐冰谈李维汉。我已听，未参加。

1965年1月17日

有点无聊了，中午涮羊肉。请龙，结果她没来。瞿良一家来同吃。

1965年1月18日

下午学习，李国伟说：革命是教育的产物。

1965年1月19日

闲得很，下午去看美展未果，临帖四张。

1965年1月20日

下午学习，李国伟有点向我生气。俞成来，带去诗二首，来电话，乃父说“写作俱佳”。

1965年1月21日

下午走街，南池子、王府井。寄答谢诗给平伯。

1965年1月22日

晨接平伯，亦送诗来——其实是一句梦中话。二人同时收信，巧极。

1965年1月23日

下午学习，批判李国伟的“不端正论”。

1965年1月24日

民建过组织生活，过得很好，大家发言质量甚高。黄任之为李维汉辩护，大出洋相。

1965年1月25日

下午学习，谈得很乱。朱德禽不主张立即对李国伟进行批判。

1965年1月26日

大扫除，搞得很累，下午龙来帮忙。

1965年1月27日

下午学习，谈得很散。

1965年1月28日

提前发工资，午前特去政协取来。自上年11/19开始临父亲字以来已81

天，从未间断，先求字体具形，继求匀称，自己评定。从 12.5%起不断上升，近三日来天天突破纪录，直线上升：26 日 66.5 跃至 27 日之 75，今日又大跃进至 95！

1965 年 1 月 29 日

下午在清华园洗澡，在澡堂洗浴，这是几十年来第一遭。

1965 年 1 月 30 日

下午学习，看到 1/14 中共中央文件，农村工作 23 条。

1965 年 1 月 31 日

明日学习提前于今日上午举行。午饭有延、至培（昨自西安“四清”归）、熊、家苏、左（侄孙），一桌八人。

1965 年 2 月 1 日

下午拿诗到颉刚处请教。

1965 年 2 月 2 日

己巳元旦，来了不少人，一直到晚上九点，下午同贞逛“厂甸”——今年分片在全市二十多处举行。我们是在东长安街逛的，从王府井南口到东单。

1965 年 2 月 3 日

午鸿珊邀去吃饭，绿英来，当晚返津，为告和弟正进入紧张阶段。

1965 年 2 月 4 日

晚同贞到礼堂看电影——《雷锋》，动画片《黄金梦》也很好。

1965 年 2 月 5 日 （缺）

1965 年 2 月 6 日

学习恢复了，五点即结束。我在新街口吃饺子，买花生糖，参观妇女商店，理发。七点在人民剧场（护国寺）看京剧《南方来信》。

1965 年 2 月 7 日

民建组织生活，谈得很活跃。

1965 年 2 月 8 日

下午学习得不坏。发成弟、鼎、孝蒨、振甫信片。

1965 年 2 月 9 日

下午参加政协的游行，在文俱部集会，大部乘车到东郊越南大使馆，递支援书。

1965 年 2 月 10 日

下午学习因上午多数同志参加天安门大会推迟一小时。

1965 年 2 月 11 日

高乃明、头玉来。龙在京，头玉往见。饭后到华凤翔家见到头玉，他乘三点车回长春，这次是去武昌探亲的。华凤翔喜弄碑帖及小品书，见到明徵君碑，八股作法教本（忘其名），甲骨集联（内一部是父亲的）等书。打算明日再去，华家出来看画展。

1965 年 2 月 12 日

龙来玩一天，绍铭自嘉兴来。

1965 年 2 月 13 日

下午学习，晚贞去看礼堂话剧，武来做伴。

1965 年 2 月 14 日

到叔翔家，下午同贞带成都扁竹篮到颉刚家要来长毛白猫，为之作口语诗一首。

1965 年 2 月 15 日

午前得电话，母病甚，下午赴津，见另页。

1965 年 3 月 4 日

自 2/15 至今 18 天，“全心全意为老太太服务”，记另页（附）。

1965 年 3 月 5 日

晨起即到北京医院检查身体，BP 138/80。西医女大夫给了三片 APC 止腰痛及安眠药。临出院门，觉得这不解决问题，乃转科内科。医院回家，保已由津回，殊觉突然，原来昨夕我走后，龙、团二人忽对此前大家决定的“总方针”有意见，认为不符精简政策，向成弟提出，成弟大发雷霆，急令保返京向我要主意。我研究下来，写了六点，交保当日带回天津，六点留底另存。王云鹏晚上来谈，继续习字，旷课后手腕不灵，有显著迹象。

1965 年 3 月 6 日

仍“赖学”在家休息，到政协领工资。武晚来。

1965 年 3 月 7 日

习字继续退步，到叔翔处一坐。珠、鸿珊、大江、张德明来。晚得龙、团二妹信，发片复之。

1965 年 3 月 8 日

返京后第一次参加学习，朱德禽为我补课。晚得保自津来电话，说奶奶可以出院了。三妹征我同意，即复一信。金敬渊要我为《宫井篇》笺注写小序，我以贡献至微，且为我耽搁了时间，以致通尹不及见到成品，负痛正深，不敢造次云云，却之。下午贞去陶然亭度“三八”，晚饭我二人在五芳斋吃春卷。

1965 年 3 月 9 日

在家一天，写信给成排难解纷。

1965 年 3 月 10 日

下午学习，两组合，听晓邨讲话。

1965 年 3 月 11 日

民建诗会复会后第二次，3/25 第一次，我在天津未及参加。

1965 年 3 月 12 日

午饭同贞北海仿膳吃，在双虹榭饭茶，看阅古楼（新修葺）后回家，保仍未自津归。

1965 年 3 月 13 日

下午学习，我谈自己对批评的变化。（老人 14:30 出院回家，见下明日记）

1965 年 3 月 14 日

到叔翔处，遇到叶叔衡，延挈江、山来，得成弟昨日信，说老人于昨日下午出院归家了。

1965 年 3 月 15 日

下午学习，午间保自津返，在津 2/26 至今，亦是 18 天。

1965 年 3 月 16 日

在民建“老人组”，临时被拉住谈政治工作报告，李文杰反映崔连对诗会作品的意见——缺少政治性及散发有没有不良影响。下午同士观、耀华去北京医院探视吴晋航，之后我参观了画展。

1965 年 3 月 17 日

下午学习（在航街），晚同贞在礼堂看内蒙古话剧。

1965 年 3 月 18 日

乘午车去津视老母，带去炒红果，仿膳小窝头，豌豆糕等。午前到浦府，见到老人，正坐在床上，除未下床走动外，同平时一样了。在车上写明信片给周振甫，澄清我对《宫井篇》出版的立场，下午楼上汪太太（苏州人）带我去朱继圣家，见到他太太，他于昨日动手术，医院禁止会客。我到晓园吃饺子，回浦寓，龙要早日返申。

1965 年 3 月 19 日

哪儿都没去，陪老人一天。临睡，电灯保险丝断了，乱了一阵。三弟、安之傍晚来浦寓,带来炸糕大家吃。张九来视母疾。

1965年3月20日

赶回参加下午的学习,今天又改在全联学习了,今天学习苏共"三月会议"公报,晚上习字如例。

1965年3月21日

到叔翔家,下午到华凤翔家看岱寿跌跤后伤足病,看明徵君碑帖,借八股文训蒙本,乾隆年间纪晓岚编的《度针编》,1881年晚香斋本。

1965年3月22日

下午学习"三月会议"问题,龙自津来,留宿外间。

1965年3月23日

08:50—14:15同贞陪龙逛颐和园,经谐趣园、长廊到达石舫。龙突然宣称一直觉得恶心要吐,我二人匆匆吃了午饭,立刻回家,到家龙蒙头大睡后,傍晚即好了。

1965年3月24日

龙回西郊明庆处,绿英来。下午学习《评三月会议》一文及古巴蜕变问题。

1965年3月25日

诗会,临时写了一首七绝及笔记一段去应付,下午瞿良、茂瑛、大年来。

1965年3月26日

龙今日下午回上海,我同贞送她到车站——她在我处午饭。车开后同贞去中山公园看"报春花展""兰花展览"及热带鱼。吃茶时遇到恽公孚及虞佩珍。

1965年3月27日

下午学习时事——南越、古巴、三月会议。晚武来。

1965年3月28日

到叔翔家如例,谈越南局势,认为美帝不敢扩大战争,晚同贞在礼堂看《赤道战鼓》——海军部队演出,观者甚多。同颉刚夫妇同车回。

1965年3月29日

政协工商组开第一次会,传达周主席对其工作的指示,下午学习。晚饭后同贞到汪三家聊天。

1965年3月30日

同贞逛动物园,09:15—17:15,见到山魈,真是怪物。从安之信中得知保有结婚意。

1965 年 3 月 31 日

上午到全联听晓邨传达政协关于这段时期学习的规划，下午学习，统战部派干部杨可来参加我们的一个小组。

1965 年 4 月 1 日

发和、成、龙、团、鼎、斐复信，各一明信片。下午去华凤翔家还他《度针篇》(八股文示例书)，向他借明徵君碑帖。小动作终日未停。

1965 年 4 月 2 日

生活得相当阑珊，在清华园洗澡，到荣宝斋买笔，0.80 元—1.03 元买了三个笔帽，0.16 元一个，买了三个，共花 3.25 元。下午贞去看虞振镛夫人，自 3/31 以来有点闹肚子。

1965 年 4 月 3 日

下午学习，上午去北京医院，入门被引入急诊室诊视，结果并非急性肠炎，给药放归，一场虚惊，历时约一小时。

1965 年 4 月 4 日

民建组织生活——罗叔章批评了李烛尘，我批评了俞寰澄(不参加学习)及资跃华(反对我关心俞寰澄)。下午到叔翔处传达平杰三学习规划。

1965 年 4 月 5 日

下午学习。

1965 年 4 月 6 日

上午工商组谈国际形势，晚同贞去礼堂看部队演出——《代代红》。

1965 年 4 月 7 日

下午学习，安之自津来，宿外间。

1965 年 4 月 8 日

诗会，《自报公议》，建议存稿分公私两部，把政治性、思想性不强，但有艺术价值的作品另本记录，传观参考。下午同贞到礼堂听平杰三讲《学习动员报告》。右手食指忽感染，红肿发痛。保闹我睡觉，吃药眠。

1965 年 4 月 9 日

贞去津探视母亲，俞成同去。到医院看指肿，照样习字三张。

1965 年 4 月 10 日

到医院接受理疗——超短波和紫外线。下午学习，回家有一不知谁的女孩在，据说是保招来的。吃晚饭后由他送走，他又不知什么时候回家的。预觉到又一"危机"即将出现!

1965 年 4 月 11 日

到医院照超短波。安之逛北海,同龙先去。十一点赶去吃烧饼、肉末。延、大山下午来。到叔翔家,安之傍晚回津。保自昨一张姓来约会,连续两天晚上很晚回来。敞开小屋门回家时吵醒我,两夜服药入眠。

1965 年 4 月 12 日

去医院看手指,下午学习,中午贞自津回来,说"老太太好极了"。为《宫井篇》复周振甫,复夏孝脩诗。

1965 年 4 月 13 日

去医院照超短波、紫外线,下午去中山公园看丁香,经由天安门广场,近文化宫吊柯庆施(已撤灵),走南池子回家,计步行一小时半。晚同贞在礼堂看山西郿鄠剧团演出。郿鄠是陕西的两个县,有其独立的剧种,山西临猗县有此剧团。

1965 年 4 月 14 日

去医院,下午学习,见到晓邨,要我写罗云章的材料。

1965 年 4 月 15 日

又去医院,指肿不好不坏,央告大夫,暂停治疗三天,以观究竟。下午在荣宝斋买纸笔,开始加习小字。

1965 年 4 月 16 日

未去医院,俞成来饭,饭后略睡起。贞、俞成及我同游公园,丁香盛开。

1965 年 4 月 17 日

下午学习,延、大年、武来。

1965 年 4 月 18 日

今昨春寒甚。

1965 年 4 月 19 日

上午习字,去医院,指肿"结案",下午学习。

1965 年 4 月 20 日

贞坚决"搞卫生",冒雨抢出全部工作,而且做得很彻底。下午习字,晚在人民剧场看话剧《战洪团》,记上年河北水灾,保卫天津之役。散后乘晓邨车回。

1965 年 4 月 21 日

下午学习,晚为隆隆十岁到百货大楼买集邮本送他。

1965年4月22日

诗会集体为朱迈沧改诗，甚有劲，下午习字。

1965年4月23日

为街坊写《爱国公约》，从而我的习字功德为社会主义服务。孙晓邨要华洋义赈会材料，下午写出。以四十分钟从胡同西口出，经由南夹道、北京饭店、王府井进胡同东口回家。

1965年4月24日

从练小楷起，每天习字的时间约为2.43小时。下午学习发言，估计美帝还要挣扎，但还不到最后灭亡阶段，将被赶出越南。

1965年4月25日

叔翔家，下午同贞到公园，遇到吴霭宸。

1965年4月26日

团妹自天津来。下午学习。

1965年4月27日

晓邨午前来，为谈史料工作，涉及学委、学习工作组、史委等问题，承他一一解释，我心略宽。下午医院叫去检查，搞了三小时。团妹作风洋气（小账必算，嫂嫂车钱她要还），与之争论一阵。

1965年4月28日

华凤翔来，下午学习，发片夏孝蒨，他诗风在变，送他三首。

1965年4月29日

天阴凉，极为没趣。下午工商组开会，听不见，坐老大车回家。晚上保匆匆自外来，向母要五元，匆匆又出去，行动殊不正常。

1965年4月30日

自15日起临明徵君碑，作小楷起，今天临笔第一遍，下午装订成册，尚可入目。晚贞带团到礼堂看话剧。

1965年5月1日

今年“5·1”不举行游行，我们只晚上去观礼台看焰火。今年限制人数，贞临时退出，我陪团上了西三台。保又晚归，闹我睡觉。

1965年5月2日

欧美同学会组织游香山，同贞、团参加。九点出发，五点回家，甚累，甚有趣。玩得完全成功，虽然在碧云寺三人走散了，一个时期同李文杰在一起喝茶——水泉院中。回家,保有女友在。

1965 年 5 月 3 日

下午学习。

1965 年 5 月 4 日

10:40—18:00,我二人陪团玩动物园、天文馆,又玩得很好,很累。保又午夜才归家。

1965 年 5 月 5 日

下午学习。

1965 年 5 月 6 日

诗会后到政协领工资,下午在家临帖,团去津拜寿。贞定不去,要留家看住阿保。

1965 年 5 月 7 日

06:15 起身,做了两首七绝。前为了叶叔衡续弦礼的材料,好坏写出装好,作为祝寿礼。急忙动身,于午刻到津。团带丽丽在汽车站接我,到浦寓,皆大欢喜。傍晚同初初到三弟处吃馄饨归。

1965 年 5 月 8 日

晨起探问朱继圣,见其夫人,他还未出院。买回京车票,走向河北,在金钢桥休息。到求是里故居,已十分破败。各人讲好明天寿面,由我几人公摊,午后略休息。到人民公园看到热带鱼,晚和自唐山来,出于照顾,大家喜出望外。我兄弟同榻。和说上一次同榻是贞在医院生鼎之时。

1965 年 5 月 9 日

晴。晨起盥洗整容,迎接寿辰,和发起照相。我为此特找张茂鹏来。经留字,下午他来照相,不堪用。另找照相馆,终于取得了难得的镜头。长寿面围了一桌,唯一来宾是楼上汪太太。菜是和等安排,今天由文璩来的,晚吃大包子。和七点后返唐,劝他安心工作,锻炼劳动,不急于“依法”申请退休。快活地度此家庆,同成弟算好这次寿面费用,包括照相,由我三人分摊。

1965 年 5 月 10 日

付文璩 3 份十元,乘车于午前到家,车在杨村,送人上车一妇人不及下车,车即开行,小孩在车站急得不得了,我参加帮她解决问题,结果她在廊坊下车,由民警招呼着。下午同贞到礼堂听刘思慕报告国际问题,延时至 18:45,群众有意见。

1965 年 5 月 11 日

同贞到礼堂听胡子昂报告非洲五国之行。武来，说十四(日)将随机关迁兰州。

1965 年 5 月 12 日 （缺）

1965 年 5 月 13 日

下午参加游行，反对美帝侵略多米尼加，支持多米尼加人民反美卫国，从南河沿到府右街，在公园休息半小时。全程步行来回。又闹肚子，下午起。武今夜来宿，明日赴兰州。打算利用母寿中两首七绝征和，晚上李旭昊送诗来，她又带来夏陆利两首。

1965 年 5 月 14 日

医院看腹泻，花了不少时间。为了油印征和信，知道誊写社不为私人做活——国家机器的控制精密如此。为此又找颉刚，仍无法解决。阿武机关迁兰州，下午启行，特坐车旁送他，看到大连今春出产之内燃机发车后，才离车站。号外，原子弹第二次爆炸成功，这次是空中爆炸了。

1965 年 5 月 15 日

下午学习，贞今日起改去两会学习了，每周二次。复写征和寿诗信，三次得 15 张。

1965 年 5 月 16 日

尽半日之力写出 14 封征和诗的信——见昨记。到叔翔处。

1965 年 5 月 17 日

下午学习，纲伯又发脾气，争论得很热闹。

1965 年 5 月 18 日

晚饭后同贞逛东安市场。

1965 年 5 月 19 日

团将回武昌，午从天津来。下午学习得还好。

1965 年 5 月 20 日

贞又为护卫保(吃晚饭)气我，她带团去礼堂看歌舞《凉山巨变》。

1965 年 5 月 21 日

晨起忽问团去过颐和园吗？她说“从前去过”。于是，以 308 分钟同她突击了一次万寿山(07:40—12:48)，她晚饭后由贞、保送之上车站返武昌。

1965 年 5 月 22 日

下午学习。

1965年5月23日

无事无客，习字特多。

1965年5月24日

下午学习，我作了一个五点发言，当场没有引起争论。晚同贞去天桥剧场看军队演出《椰林怒火》，是小型《东方红》式之歌舞，质量甚高。

1965年5月25日

下午珠来，买焦三鲜吃，俞成送寿诗来。

1965年5月26日

下午学习，孝蒨来信，语多奇谈——提前生前送挽联，又有“老来翻觉人间狭”之句。他自报1956年被管制，一年后提前解除，今仍受歧视，得不到照顾。

1965年5月27日

午前去革命军事博物馆看被我击落的无人驾驶侦察机残骸三架，余时习字解闷，为孝蒨改诗。保每晚（昨除外）外出，深夜始归，今天娘娘等门等到pm 11:20。

1965年5月28日

许琴伯午送诗来，朱启明（复）自申来京，晚来电话。

1965年5月29日

工作组上午开会，下午学习，下周要搞联组了。

1965年5月30日

朱启明（复）午前同钱宝琛来。区志培从西安返京，下午来。

1965年5月31日

为了准备联络，下午学习暂停，我同纲伯在来今雨轩互助一番，作了些准备。

1965年6月1日

下午准备明天联组发言。

1965年6月2日

下午联组，我第一个发言——不到一小时。

1965年6月3日

上午习字三小时，下午听联组。晚贞去礼堂看话剧《刘胡兰》。诗会请假未去。

1965年6月4日

上午听联组，下午在礼堂听傅其芳乒乓锦标赛报告。

1965 年 6 月 5 日

下午学习，我对越战不会持久看法作了修改，认为美不能持久不等于越战不能持久，主动操在我方，不给他喘息机会，我那看法是站在美帝立场的主观判断，这是一个很大的转变。保去天津。

1965 年 6 月 6 日

午前是民建组织生活，下午在家。

1965 年 6 月 7 日

白猫侵晨归来，04:45 贞破格提早告我。下午学习，一言未发。晚饭后同贞到王府井购物，上午到政协取工资，保自津归。

1965 年 6 月 8 日

约朱启明下午在来今雨轩谈上下古今甚畅，饮啤酒一升，贞为我拿牙签事又大大气我。

1965 年 6 月 9 日

我整天在家不说话，下午学习。

1965 年 6 月 10 日

整天在家习字，纳闷。

1965 年 6 月 11 日

整天在家，傍晚到叔翔处一坐。贞下午到政协听计划生育报告，晚饭后归，我已上床。

1965 年 6 月 12 日

下午学习，保深夜不归。

1965 年 6 月 13 日

保夜不归家，睡不着，12:30 吃安眠药。01:30 看表，保仍未归，约在二点后入睡。晨起听到保动作声音，七点起身，只见保在澡房做手势，我打破沉寂，问贞保昨夜在何处，她说“还不是那女的处”。我说怎么办，她皱眉摊手，说“这大年纪了”，大有原谅之意。我说事已至此，不问了，由你处理，你处理不了，我来。反正我二人生活，不能由他操纵，为所欲为。保又出门找姓李的(这是手势的意思，据贞告我)。我对贞说，你姑息保，害了他。我为拟的三点计划没能实现，今已完全失效，你为他操心衣着，钱亦由他要，你要控制不住，我来。如此下去，总有一天，拖大带小来大闹，到时将大出洋相。我忍受已久，打算等你安排。早饭后贞去找绍瑾，晚饭后贞去延家。

1965年6月14日

下午开联组，晚饭后同贞到小经厂实验剧场看瞿良子弦和演出《关不住的小老虎》，保同去。戏散回家来，中午同一张老太太通电话，未允与之见面。今晚似未去。

1965年6月15日

吴晋航今晨死于癌，下午到北京医院参加告别，写了不少字，半年多以来已临明徵君碑大小字十八遍。

1965年6月16日

下午联组。

1965年6月17日

文璩自津来宿，晚同贞到礼堂看《林家铺子》，坐圣陶车归。

1965年6月18日

嘉兴寺公祭吴晋航。

1965年6月19日

下午学习，文璩早车返天津。晚饭贞发起去北海，结果在汽车站走散，我未去成，志培来问字(英文)。

1965年6月20日

叔翔家如例，下午成弟忽来，同之到公园，走天安门，在文俱部晚饭。他乘晚车返津，据告保将不进行某事，我以为果能如此，值得鼓励。

1965年6月21日

下午学习，国际问题将于月内告一段落了。

1965年6月22日

下午改《夏章联句》，晚同贞在礼堂看《不夜城》。

1965年6月23日

学习今暂停一次，准备联组。

1965年6月24日

保回家已00:40，俞成来吃晚饭。晚饭后同贞在院中纳凉，预备了些发言，到叔翔家说了一下。

1965年6月25日

热甚，在家一天。得鼎信说又将去兰州。

1965年6月26日

团来信责备我不管保，不顾贞的膀胱炎，诚意可感，但不知底细。晚在院中纳凉，同贞畅谈，劝她改变方向，不要联保抗我，姑息贻患。下午学习，吴觉农又借机对我发脾气，另记。

1965 年 6 月 27 日

习字后到叔翔家一小时，此外未与人有接触。天热，室内 34℃，保晚应召到珠家。

1965 年 6 月 28 日

学习今天停一次，下午找颉刚胡聊，见到新出版的《辞海》。同夏孝倩联句告成，请颉刚看，他说他真思想变了，诗亦没问题。谈到老年人可以习字，因此书法将由老年人传给后代，从而说起老年工作可与敬老院联系起来办，无家者住院，有家者“走读”，举办种种活动如拍曲、弹古琴、养鱼鸟、种花卉、作诗、写字、练拳……同意在下届政协提案建议，适王伯祥有电话来，又与之电谈几句。

1965 年 6 月 29 日

今起开联组，上午听了四小时。

1965 年 6 月 30 日

联组上午继续，我作了一个简短的发言。

1965 年 7 月 1 日

联组继续，诗会未去。

1965 年 7 月 2 日

联组继续，黄任之谈“病榻感想”，全是假象。

1965 年 7 月 3 日

联组午前结束，陈叔老发言，要言不烦。晚复信团（见 6/26 记）。

1965 年 7 月 4 日

民建组织生活，雷州青年运河是我 1962 年参观过的，今有施工电影上演，冒热去天文馆看这电影，占去三小时，为资四角钱，其中三角是车钱。临睡贞同我说话又僵硬（为俞成排队买胶鞋事）。

1965 年 7 月 5 日

今起小组连续三天，上午开会。下午去政协取工资，归途中理发。晚延来。

1965 年 7 月 6 日

小组上午加班，下午去看团城工艺美术展览，已收掉。从北海前门进，后门出，濠濮间南边一部山上建筑群新近开放，东边多了些景致。

1965 年 7 月 7 日

上午小组会。

1965 年 7 月 8 日

小组加班，下午在洗澡房同贞谈话，她有几种糊涂想法：1. 保工作无望，管他也无意义；2. 他处境苦，应同情、原谅他。她又牵扯到别的问题上去。无法开展谈话，就此结束。她嫌我不知她苦处，说“俏眯眼做给瞎子看”，骂我了。我有点生气。晨李一飞来，说放暑假到八月底，送诗会清稿来。

1965 年 7 月 9 日

上午还是小组，每天半天，至此已连续十一天。十点去嘉兴寺吊李根源，回来组里正谈起与我有关问题(资发言)。问题是什么“压不压”，朱以人大号召，点过纲伯，我注意过。今天纲否认受压，牵涉到什么“政治压力”等等。

1965 年 7 月 10 日

竟日无事，下午看画展，见关山月《咏梅》二大幅。归访夏慧远，承告有《诗韵新编》出世。晚饭后到隆福寺街修便堂买得一册，系四月间中华出品。又以八角钱买得《温飞卿诗集》四册，苏州版，1910 年上海石印本。

1965 年 7 月 11 日

延一家五人来留饭。大红已成大人了，见之甚喜。傍晚到汪三处闲谈。

1965 年 7 月 12 日

政协工商组开会，听了不少情况。傍晚到叔翔家。

1965 年 7 月 13 日

上午学习，国内部分今天始。

1965 年 7 月 14 日

上午小组，我开了一个头，从形势谈到怕思想跟不上及无功食禄，内疚正深等等。

1965 年 7 月 15 日

学习联合交流会在民族宫今起举行。

1965 年 7 月 16 日

仍在民族宫联组发言，至此连续 18 天将国际问题，特别是越南问题告一段落。下午同贞参加两会集体去军事博物馆看司务长孙乐义事迹展览。

1965 年 7 月 17 日

今天无事，天热甚，室内 33.5℃。

1965 年 7 月 18 日

切痔出院一年了，天热甚。晚同贞到礼堂屋顶乘凉，如入秋季。看电影《分水岭》，如参加了一次“四清”运动。

1965 年 7 月 19 日

上午学习开小组会，傍晚去叔翔家一坐。

1965 年 7 月 20 日

热甚，未出门。报载李宗仁回到北京。

1965 年 7 月 21 日

上午学习。

1965 年 7 月 22 日

熊、家苏带左（林林）来，下午工商组开会，天热未去。

1965 年 7 月 23 日

下午草拟题为《展开老年人工作》提案，预备在下届政协会上提出。此乃颉刚的建议，动机在我。

1965 年 7 月 24 日

上午学习，集中到社会主义学院去不搞了，每次从 3 小时延长至 3.5 小时，原定在礼堂屋顶乘凉看电影，刚吃完晚饭，鸿珊来了，走后贞又要洗澡。到车站人多，上不了车，临时改去北海，正值游园会，人山人海，走东岸后门出，回家，乘凉不成。下午写题为《展开老年人工作》提案，颉刚示意的。

1965 年 7 月 25 日

绍铭、绿英、刘伯言（姑娘刘春霖之子，邮电专校毕业，分发上海）来。下午将《老年工作提案》送颉刚、伯祥看，均承同意。以 27 分钟从伯祥家小雅室东头步行回家。

1965 年 7 月 26 日

小组上我发了言，谈跟不上，有差距。多数说是方向，开始争论。下午珠休假三天，来说下星期要有七天假，将去天津看看奶奶。同她到市场吃些冰。

1965 年 7 月 27 日

阿文带新姑爷何广民来。中午同贞在市场吃。

1965 年 7 月 28 日

小组上我又发了言，不轻易改变论点，受到欢迎。下午走街到菜厂胡同六号访陆公达，看了看这座熟悉的房子，颇有感触。

1965 年 7 月 29 日

热甚，下午文偕何广民来，请吃西瓜，同之去北海吃仿膳，渡湖而归，总算待了“新人”。其父何叔奎，其母都是金大毕业，美孚买办。

1965年7月30日

天热甚，下午室内35℃。延来。

1965年7月31日

上午小组，八月起学习再要加码，搞“半集中”了。下午找叔翔谈我心情，对革命没有要求，逆水行舟，惶惑之至。晚同贞在虎坊桥工人俱乐部看《沙家浜》京剧，回家遇雨。

1965年8月1日

一个平凡的星期日，无人来，亦未找人。

1965年8月2日

八月份学习，今天起定为每周一二四五，共四次，每次三小时。

1965年8月3日

上午小组会，今起改为9:00—12:00，晚饭前到团城看江苏工艺美术展览，买无锡泥人小品一件，晚饭后前同事舒耀勋来。

1965年8月4日

小小组会未去，珠利用假期今晨去天津看奶奶。

1965年8月5日

上午小组会上我发言：《学习中的方向问题》。

1965年8月6日

上午小组会，运因公来京，以仅有的短时自由活动，傍晚来视我们，甚为可感。去政协取工资，九分钱买来一角一分票。原来是售票员忙中出错，下车补给她二分。她说甚不收，放入我衣袋中。社会风气可爱。

1965年8月7日

北京医院要我去复查，为了消化早食，大游东单公园，这块外国操场现在已高度绿化，成为一个很美的公园了。珠从天津回来，午饭去。

1965年8月8日

民建组织生活上吴大岷谈去定襄(山西)搞“四清”中对自我改造的收获。鼎从兰州来，十点经由保去车站接他，他住新街口旅馆。下午来家，乘凉到九点后去吃白兰瓜。延、至培、大山同在院中欢聚，两家邻居照顾我们，把小孩带走。

1965年8月9日

小组会上我未发言。

1965年8月10日

小组会上荣毅仁说“方向先端正，立场慢慢来”。

1965年8月11日

应邀去医院，复查食道，在放射科照相透视。下午准备明天之学习，批判荣，见昨记。鼎晚来。

1965年8月12日

小组会上我发言内容为立场方向是一致的。鼎午来，打扰了我们的午休。

1965年8月13日

上午小组会，我未发言。鼎来晚饭，碰到李佩，鼎饭去学习。鼎说“只埋怨不解决问题”，大有掩盖矛盾，其错在我之意。

1965年8月14日

晚鼎来，刘寿生（来京参观）来，延来。晨到医院看结果：心电图没有问题，食道憩室几年来没变化，亦无问题。

1965年8月15日

鼎来，珠傍晚来，晚饭后以两小时“绕弯”，由洞子出天安门，经王府井回来，遇到孙亦椒（瑞芹长女，在上海教英语），我三人在和平餐厅饮冰。

1965年8月16日

小组会上牙痛。集临205个难写字，以刻目封面装成小册，将以付铮铮。

1965年8月17日

上午小组会，午鼎来说即将经津回申。

1965年8月18日

鼎从旅馆搬来家住，明晨去津，回上海。

1965年8月19日

上午小组转入服务问题的讨论。鼎乘6:38车赴津，五点半起身，看他动身。晚十点刘寿生来，他将0点车回南京，我已入睡，未起床。今天一早一晚送他们二人。我有点不支了。(05:30—22:30)

1965年8月20日

上午小组会，一月无诗。敬伯来诗，提了不少尖锐意见，他把诗重写一首，感其诚，命笔作和。

1965年8月21日

晚饭后同贞到礼堂屋顶看电影——《秘密图纸》。送诗给颉刚、平伯，复斐信，写信，又汇款 25 元给鼎。

1965 年 8 月 22 日

晚饭后同贞去动物园看昙花，这是我第一次晚上到此园。昙花迟迟不放，久候不耐，十点归家。

1965 年 8 月 23 日

上午小组会。

1965 年 8 月 24 日

上午小组会，下午看罗马尼亚经济展览会。

1965 年 8 月 25 日

上午听薛若梅同志关于在霸县做“四清”工作的报告。

1965 年 8 月 26 日

上午小组会。

1965 年 8 月 27 日

上午小组会，下午到叔翔处。晚夏慧远来谈，据说公费医疗制度将有变化，取消特殊化，托我打听究竟。

1965 年 8 月 28 日

晚同贞在工人俱乐部看京剧《南方来信》。

1965 年 8 月 29 日

傍晚到颉刚处闲谈。

1965 年 8 月 30 日 （缺）

1965 年 8 月 31 日

上午小组会吴觉农大力推销其“黄昏思想”。

1965 年 9 月 1 日

下午许琴伯来，谈了些诗。

1965 年 9 月 2 日

上午小组会，我作了反对黄昏思想的发言，针对吴觉农同志进行批评帮助。罗大姊说“不要搞得太紧张”。

1965 年 9 月 3 日

上午小组会，吴觉农骂人。

1965 年 9 月 4 日

上午在全联听许涤新作关于学习中提出问题的报告，晚圣陶家昙花开放，备盛筵邀颉刚、平伯、伯祥，及我饮酒赏花。座有张汪元。

1965 年 9 月 5 日

晚同贞去看瞿弦和毕业演出《青松岭》，他扮一老人，很成功。

1965 年 9 月 6 日

上午小组会，今天是我第 74 个生日。玉奶奶送糕。瞿家送西式糕，弦音已是中学教师，下午父母女三人来，吃面去。

1965 年 9 月 7 日

上午小组会，下午在礼堂听范长江报告“四清”（他去诸暨）。

1965 年 9 月 8 日

上午加一班，小组会，下午在礼堂听关于《备战备农为人民》的传达，中午贞去排队买全运套票，我令保去替她，他应命而去，买得二张，将由他陪娘娘去看开幕式大场面。

1965 年 9 月 9 日

上午小组会，傍晚同汪三到叔翔家。晚饭后同贞溜市场，以 16.9 元买毛线背心。

1965 年 9 月 10 日

上午小组会，我未发言，午间贞说“保的朋友送了他票，明天你亦可去看全运会开幕了”。晚饭后步行到颉刚家，为谈学习及诗。

1965 年 9 月 11 日

下午同贞到东郊体育场看第二届全国运动会开幕，入场式 29 单位、五千余人，占时半小时。团体操《革命赞歌》70 分钟，场面伟大，气象万千，交通亦办得好。

1965 年 9 月 12 日

到叔翔家，延等三人来晚饭。

1965 年 9 月 13 日

上午小组会，补充了些。晚饭后同贞到东单看《人民战争胜利万岁》抗战纪录片。

1965 年 9 月 14 日

上午小组会，下午在礼堂听“四清”报告。

1965 年 9 月 15 日

下午同贞在双虹榭泡茶馆，看书学习，晚周振甫为敬渊送其《鸰原痛语》来。吕谦晨来未遇，留字，以 Cornell 百年纪念征诗。

1965 年 9 月 16 日

上午小组会，回家很累。饭后量表 37.9℃，立即睡，吃解毒片，20 点仍 37.9℃。

1965 年 9 月 17 日

上午小组会，纲伯指着我说“留美者一般都亲美”。

1965 年 9 月 18 日

下午看体育成就展览，保去天津，帮三弟从大理道迁家到成都道。

1965 年 9 月 19 日

下午同贞到礼堂看科技电影，遇见吴大崐。

1965 年 9 月 20 日

上午小组会。

1965 年 9 月 21 日

上午小组将要结束这段学习了，我发言指出美帝凶恶超出英帝，原因何在？我说它继承 18 世纪后期英国资产阶级的凶恶手段，带到美洲，由于它披上一件民主外衣，扮成笑面虎，凶恶之外又有狡猾的一套，受害者每为其所迷惑，它手段特别毒辣，用乞怜言语向清朝之恩骗去望厦条件，不费一兵一卒，占去要害地方，伤害我国一领事裁判权，海关控制，最惠国待遇等，在中外关系上开许多恶例，它从中取利。发言不结合自己思想实际，资耀华指出。

1965 年 9 月 22 日

准备联组发言，傍晚去请教叔翔。

1965 年 9 月 23 日

上午小组会，说印巴战局。傍晚到医院取安眠药，看中医安神。贞去礼堂看话剧。

1965 年 9 月 24 日

上午小组会，资批我“大家要说恐、亲、崇(美)，单二元老不要说”。其实我指的是在美有的人家欢迎中国学者，有的拒绝。他张冠李戴，我急于争辩了。这事我该如何对待？晚报一段，大有启示，剪贴了些。

1965 年 9 月 25 日

下午看“泥人张”彩塑展览。

1965 年 9 月 26 日

大扫除，贞老是气鼓恼嘈，十分不可理喻。下午到叔翔家。

1965 年 9 月 27 日

上午小组会，曹晨涛下午来，同之到市场饮冰，送之到长安街车站。

1965 年 9 月 28 日

上午小组会，下午同贞在来今雨轩茶饮，饮后她去绍钫家，中山公园旧行健会，原址改建成兰花室，甚幽静别致。

1965 年 9 月 29 日

傍晚去政协取工资（十月份提前发），后到永滋家讨饭吃，吃后同贞去礼堂看小话剧，知道张云川、孙蔌荃、严希纯都去世了。去过厂中有屈武、周士观、李俊龙、汪。诸参事同志立谈一切，又同谢冰心、雷洁琼、戴爱莲三位女同志聊起往事，她们以王伯祥、顾颉刚、叶圣陶及我四人为“苏州四老”。和弟日前从启新退休回津，今有第一首诗来，原句为：“六十年来一瞬中，春晖永驻是儿童。谢君问我归耕后，学好读书（父题祖母照语）光父风。”为改如红字。（改后：“六十年来一掷中，春晖荫暖兴犹童。谢兄叩我归耕计，学好读书昌父风。”）

1965 年 9 月 30 日

晚饭后同和弟、丽丽出外观灯——由王府井经由西单、南河沿绕归，历时九十分钟。上午诗会在航街。

1965 年 10 月 1 日

登上观礼台参加第 16 次国庆，成诗一首。晚同贞到广场看礼花。

1965 年 10 月 2 日

下午贞持我票又看了一次《革命赞歌》，我去颉刚家“酱”了二小时。

1965 年 10 月 3 日

晨发现丽丽在出痄腮，连忙上医院。回家躺下，宣布隔离。下午同和弟看美术展览馆四个展览。

1965 年 10 月 4 日

小组会开始了，今天谈国庆观感。和挈丽丽（现名熙）下午由保陪同返天津，乘兴而来，败兴而归。（丽丽带病返津）

1965 年 10 月 5 日

上午小组会，主要谈印尼军事政变问题。十点到嘉兴寺参加公祭严希纯先生。晚同贞到礼堂看小戏三出，很有味。

1965 年 10 月 6 日

下午同贞“泡”来今雨轩，看到桂花。我作发言准备。保津回。

1965 年 10 月 7 日

上午小组会发了言——“清理思想”地说了“认识有所提高”。李旭英、许琴伯各送诗来。

1965 年 10 月 8 日

上午小组会，我未发言。下午开始整理亲友送祝母寿之诗。

1965 年 10 月 9 日

午前到全联听晓邨传达，以昨今二日用现成材料整理亲友贺母九十寿诗，装成一秩，可以保存，作为家庭文献的一项（见 10/26）。

1965 年 10 月 10 日

欧美同学会招待同学游十三陵，计大卡车五辆，我们 07:30 出门，17:00 回家，到了十三陵水库，经由环湖路到长陵、定陵，地下宫殿另辟出口，计高 152 步×8 步（约 120 尺，或 60 米）高。

1965 年 10 月 11 日

上午小组讨论许谈话。

1965 年 10 月 12 日

上午小组会，我未发言。

1965 年 10 月 13 日

下午去团城看四川工艺美术展览，贞午去北海晤高□[①]国（二姨母之侄女），一道看展览。大风。到叔翔家一坐。

1965 年 10 月 14 日

上午小组会，我发了言。下午想看《革命赞歌》电影，未果。

1965 年 10 月 15 日

上午小组会，我提了一个问题，将要讨论。下午再去看《革命赞歌》电影，又未果，买到明天的票。

1965 年 10 月 16 日

下午去天坛，走得很累。天坛树木多了，路修好了，门内辟了一个儿童游戏场，很大。此外无甚变化，坛外沿马路造了不少临时性房子，以致坛门找不着了。

1965 年 10 月 17 日

在家一天，珠带寅来饭，下午去。

1965 年 10 月 18 日

上午小组会，下午听传达，初步决定不出京学习。

---

① 原文如此。

1965 年 10 月 19 日

上午小组讨论,董老讲话,我未发言。下午去叔翔家,已卧病三天。

1965 年 10 月 20 日

上午加一班小组会,我发了言。

1965 年 10 月 21 日

上午小组会发了言——有总结性的发言。下午去午门楼看"四清"展览。走去走回,看到五点半。在午门遇见许闻天、李蒸,约日内聚饮。

1965 年 10 月 22 日

上午小组会,讨论昨日参观。下午同贞在双虹榭泡茶馆,遇见陈乃乾。

1965 年 10 月 23 日

探叔翔病,据说大便仍一天几次,见其整天坐在沙发打盹。

1965 年 10 月 24 日

瞿良子弦和毕业后分配青海,午为之饯行,到瞿良家四人,鸿珊母子,计九人,在萃华楼改建之广东酒家。我为贞又生闷气,她喜怒无常,迁怒贰过,不可捉摸。

1965 年 10 月 25 日

上午先听传达,小组会。

1965 年 10 月 26 日

参加政协文教组主办的参观,07:40—17:00 到昌平第二区纺织厂的第三纺织学校听介绍,参观厂,学校,午餐,座谈。一系列活动为我上了关于半工半读教育尝试的第一课。回家已很累,俞成来,托她带去寿诗册(见 10/9),请平伯题签。

1965 年 10 月 27 日

高乃明自西宁来,要找房,陪他到后面大院梁仲华家一试,即召瞿良来与之会面,好同弦和接上关系,托他照顾。贞发小烧,吃解毒片。从气魄、风趣、乐群、爱物,四观点选放翁诗十几首,预备明天提出诗会。

1965 年 10 月 28 日

去诗会后赶回小组会,下午到北京医院看颉刚,他下星期三将切除大肠中一个息肉,系出血的根源。

1965 年 10 月 29 日

下午小组会,这次分组变了。将出京者开始出门学习,留京者另组新的小组,我留京学习,继续谈亚非会议问题,学习下月起恢复,三、六下午。

1965年10月30日

半夜决定适这改组学习时隙，今日去天津。上午去平伯家取回题字，承其开录音机让我听他的词，俞大嫂唱的昆曲，认为他们老境实在可羡。乘下午三点车赴津，五点半到浦府，老人甚悦。当天未他往。

1965年10月31日

在津，和作引导，到三弟成都道新居。兄弟三人又同去张九爷家，他将去北京看红叶。晚饭后三弟、安之、小倞来浦府。七至八点同他说时事，以“大时代，小心眼”为题，纵谈一小时。绿英插嘴“现在分组讨论”结束。天雨，凉渗。晚凉睡不稳。

1965年11月1日

昨夜凉，睡得不好。今仍小雨，凉。茂鹏上午来，和翻箱子，见到在小六部口时父亲为改和弟诗课，从而获益不少。铜尺二块，刻字已磨平，携回北京同穿砚做伴。和弟以《颊月夜》一部十册及父1924、1932明徵君碑临本各一部交我带京归队。

1965年11月2日

乘九点车回京，和弟送到车上。到家午饭，未出门。

1965年11月3日

下午学习，瞿良子弦和分发西宁，今夕动身。瞿良家三人送车后来，情绪尚佳。

1965年11月4日

下午集体参观在农业展览馆展出之大寨式农村改革。

1965年11月5日

上午到政协取工资，下午看美术馆景德镇瓷器展览。瓷业新发展有：1. 以煤(煤气)代木柴窑；2. 按化学成分配制原料，救天然矿石之不足；3. 机械化；4. 新品种；等等。晚邀李云亭、许闻天在东来顺涮羊肉。饮酒不多，三人共饮一斤绍兴，而我顿时大醉，承李、许二人雇车扶我归家。短时间内一阵紧张。

1965年11月6日

下午小组讨论参观问题，我二人在西经路吃晚饭。

1965年11月7日

晚同贞在礼堂看甘肃小歌剧。午前到叔翔家一小时。

1965年11月8日

下午学习。李云亭上午来说今日不再应我之约了。我以上次喝醉了，他同闻天受我不少累，今夕再请他们一次。今日生炉了。片寄阿武。

1965 年 11 月 9 日

文璩自津来，这次是由津政协组织来参观大寨式农业典型展览的。

1965 年 11 月 10 日

下午学习。

1965 年 11 月 11 日

上午诗会，有所收获，带回王雅圃诗，为他晚上改了。午在东来顺约文璩、瞿良涮羊肉，她下午回天津。

1965 年 11 月 12 日

上午加一小组会，临散，罗淑章说我指出美国自焚之三人，一个 82，一个 32，一个 22，凡是 2 都不吉利，有思想问题。我以她批评不当，连笑话都当真，学习空气如何活泼得了。她不服，周士观又大发雷霆，莫名其妙，一哄而散。下午在礼堂听南韩继大队书记陈庆文同志介绍情况，准备明日去参观。

1965 年 11 月 13 日

出门学习正式开始，今天参观房山县周口店公社南韩继大队，七点出门，七点回家。另有记。十二小时的不停活动还不觉得太累。

1965 年 11 月 14 日

到叔翔家“交换新闻”，晚复唐遂九 10 日来信，介绍给阿琴。

1965 年 11 月 15 日

今晨醒来觉得昨复唐遂九信中，不应介绍给琴（唐同住信阳），急起写信给琴，嘱她“照例接谈”，他自称右派帽子未摘，“尤应特别小心，千万千万”云云。下午学习，谈反修文章。

1965 年 11 月 16 日

贞上午出门学习，保去街道义务劳动，一人在家，炉子灭了，贞归大发脾气。下午学习加班，谈南韩继。

1965 年 11 月 17 日

下午学习，继续谈南韩继，我发了言。

1965 年 11 月 18 日

下午再视颉刚疾于北京医院，遇见陈乃乾，到中山公园看菊展，七个展览室洋洋大观。兰厅以菊花盆景制胜，步行归。习字满一年。

1965 年 11 月 19 日

瞿良这阵天天上午来，今日留他午饭，下午陪他到中山公园看菊花，晚同贞到虎坊桥看话剧《车站新风》。保主动向街道办事处登记求业。

1965 年 11 月 20 日

下午小组长二人，虞效忠、薛玉梅来，联系性质。

1965 年 11 月 21 日

闷一天，保不干事，娘娘忍不住了，有点生气。下午见到叔翔，又病了，腹泻。

1965 年 11 月 22 日

6 点 10 分，阿武突然从兰州因公出差来了。下午学习，谈国际问题，我讲了话。

1965 年 11 月 23 日

今日政协布置“出门学习”，参观顺义县焦庄户地道战。07:25—17:45，回家尚不甚累。事成一纪。

1965 年 11 月 24 日

下午学习，谈焦庄户地道，我发了言。贞拔牙。

1965 年 11 月 25 日

上午诗会，到五人。

1965 年 11 月 26 日

未出门，傍晚悉延将出差上海，将《通鉴》五本交她带给鼎。五年计划劲头开始在家庭中感觉到了：鼎南北奔跑；武出差来京又转去锦州；今延又去上海。

1965 年 11 月 27 日

下午加一班小组，谈焦庄户参观。延去上海。

1965 年 11 月 28 日

午前去看叔翔，入室见其夫妇二人均卧病在榻，问其保姆，说：“先生不好，仍腹泻，每日七八次。太太感冒了。”

1965 年 11 月 29 日　（缺）

1965 年 11 月 30 日

写字特多，傍晚走街。参观王府井大街路东新店铺，多大不同。

1965 年 12 月 1 日

上午在礼堂听石钢概况。下午小组听传达，平部长在双周上讲话。

1965 年 12 月 2 日

今起参观石景山钢铁公司，今看高炉。8:02—17:50。

1965 年 12 月 3 日

再去石钢，08:02—18:20，晚大年送延自上海来信。

1965 年 12 月 4 日

参观石钢第三天，亦即最后一天。08:05—18:20，回程中吴羹梅忽然要探周士观病，说他发烧到 38℃，邀我同去。我不之允，为此事他煞费心机，先由虞效忠来说，再自己来说，不知用意何在。结果周已病愈，白天还到政协洗澡呢，可说“天下本无事”矣！

1965 年 12 月 5 日

休息在家，晨起发现保于昨日忽去天津“走动”。

1965 年 12 月 6 日

小组调查，上午开始谈石钢。完成第一批十万字（习字课）。

1965 年 12 月 7 日

上下午在全联听录音（石钢同志的介绍等发言）。武出差天津。

1965 年 12 月 8 日

延从上海回来了，带来不少信息和东西。下午学习。

1965 年 12 月 9 日

诗会。我在会上将一首七绝改成七律。武出差天津回来。在诗会上朱迈沦出示八十老翁丁宜中新作《春游百咏》。借归为之装订，好拜读之。

1965 年 12 月 10 日

十点到礼堂听维尼龙厂介绍，明天去参观——出门学习的一个项目。下午保去珠处。贞为我谈他的问题，仍在陷入泥潭的危险，贞有点急了。同武在五芳斋吃炒面当晚饭。

1965 年 12 月 11 日

下午参观东郊牛栏山维尼纶厂。

1965 年 12 月 12 日

探望叔翔，仍未下床，但说话有声，气色正常了。

1965 年 12 月 13 日

上午政协参观建国门外之北京第一机床厂。回家午饭。下午在家。

1965 年 12 月 14 日

下午找汪三散步一小时（中山公园，后门进，前门出，南池子）。

1965 年 12 月 15 日

今天又没有学习，下午在礼堂三楼听新疆报告，回家得铮铮信，说他于 12/11 被批准入团（中国共产主义青年团），又一个有出息的人，为之高兴。

1965年12月16日

今天贞又发怪脾气——帮她弄鸭绒被，说“你又来捣乱”；已寄杂志给南京，又要留下看看再寄。总之我是动辄得咎，不帮不好，帮亦不对。她对我一贯缺乏最起码的尊重。对保不快，迁怒于我。虽然如此，写了一封长信给铮铮，要他好好学习，天天向上，做一个有志气的革命接班人。

1965年12月17日

武午自汉沽（天津）回，晚饭前去天津，开始他的“探亲假”。晚上王淑香托其亲戚李姓泥瓦工送自留地产物四品来，白薯、花生、芝麻、白豆。

1965年12月18日

下午学习，人少，谈得很好。

1965年12月19日

下午去看叔翔，他昨日下午忽头痛甚剧，迄今还在服止痛药，精神不如上星期。延、至培、大红来，晚饭去。珠来晚饭，赶看首都话剧，带胡庶华同来，他是钢院图书馆馆长，是珠的领导。

1965年12月20日

下午学习，听说黄任老已在昏迷状态中。明日将往视。

1965年12月21日

晨起得民建电话，悉黄任老今晨逝世。下午同张纲伯到北京医院向其遗体告别。

1965年12月22日

由朱迈沧借来丁宜中八十老人之《春游百咏》，我借此机会为之作题，写题字，另存稿。这可以算是学诗、习字的一次实践。晚同贞去礼堂看红线女的话剧《山乡风云》。

1965年12月23日

今日下午为黄任老在中山堂守灵。上午去诗会把题字诗交还给朱迈沧。

1965年12月24日

上午在中山堂参加公祭黄任之，送之到八宝山公墓。坐杨扶青车来去。下午贞又发怪脾气，看电影，吃五芳斋，不快之至。

1965年12月25日

下午学习，就越南问题发了言。晚贞约延、至培来，破天荒地公开一道谈阿保问题。他最近早出晚归，不知在搞什么。我有意向领导反映，至培提议先摸情况。

1965 年 12 月 26 日

保又早出晚归。下午鸿珊母子来，钱琢如来。叔翔仍坐在床上，晚上喘。

1965 年 12 月 27 日

下午学习，保又早出晚归。午间回家拿钱为武买车票。

1965 年 12 月 28 日

保今在家时多。武探亲回兰州，今日到京，为朋友办事。

1965 年 12 月 29 日

下午学习。武去黄村。下午回来说乃母折来黄村，再看他一眼，母爱之伟大如此！晚同他吃腊八粥，陪他到九点，我上床睡，他十时走，乘十一时车。保又有人打电话来找，我嫌贞七搭八搭，有默认其事之意，劝她不要如此。保在邻室听到。

1965 年 12 月 30 日

下午走访夏慧远，他及林仲兰多说我的诗“大有进步”。晚同贞在礼堂看新疆歌舞。回家我说新疆诸民族都是优秀的。她照例不同意，我为她搞出这个规律——我说东，她非说西不可，一味不同我一致。她生气了，说“那我们散了吧”。

1965 年 12 月 31 日

鸿珊来，晚饭去。为谈保问题，她主张向街道反映。保去延家。作诗(迎1966 年)，为末一句所苦。

1966 年

1966 年 1 月 1 日

很平凡的一天，琢磨诗句消遣。再向平伯、敬伯请教。

1966 年 1 月 2 日

绿英来，下午回津。下午虞效忠、薛玉梅来。

1966 年 1 月 3 日

下午学习，读人民日报《新年献辞》。

1966 年 1 月 4 日

今日起政协举行“学习经验交流会”，同贞去礼堂听发言，其中有王□[①]、王历

① 原文如此。

耕的，都很好。下午在家，张绍铭来京开会，下午来。

1966 年 1 月 5 日

礼堂听发言如昨。

1966 年 1 月 6 日

礼堂听发言：胡愈之及叶圣陶。

1966 年 1 月 7 日

右手无名指感染生脓，午前去医院挑出脓水。下午去看叔翔，已起床。但其夫人不叫他说话，略坐即返。医院回家，保的女友又在打电话，这是我碰见的第二次。

1966 年 1 月 8 日

下午学习，谈论如何总结上一年的学习，晚延、至培来谈保事。

1966 年 1 月 9 日

民建小组，我把吴觉农写入问题（见 1965/9/3 记），向组长朱德禽提出，说是我一个思想问题，求他帮助解决。李文杰在旁。小组到人甚多，座为之满，谈中美矛盾，我发了言。我指约翰逊的十四点为一个破铜烂铁筐子，胡子婴不同意。

1966 年 1 月 10 日

下午小组学习，晚在礼堂看科学电影《血吸虫病》（“送瘟神”）。午前去医院，复诊手指——已结合完整。

1966 年 1 月 11 日

下午学习，我说了一部分“回顾九个月”。

1966 年 1 月 12 日

今日大扫除，下午临明徵君碑，晚同贞在礼堂看常香玉豫剧。

1966 年 1 月 13 日

下午学习，晚贞去延家。绍铭回南，带去《通鉴》五册给鼎。

1966 年 1 月 14 日

下午学习，我未发言。

1966 年 1 月 15 日

下午学习加班，我谈完了“回忆”。

1966 年 1 月 16 日

下午出门走街，到汪三家。周士观来过，代晓邨告我胡厥文将代民建主委。晚欧美同学会聚餐，到 120 人，我同桌有彬敬斋，关祖章，其夫人梁好音，丁，郭。

1966 年 1 月 17 日

下午学习——结束 1965 年 4 月以来一段时间的学习。

1966 年 1 月 18 日

下午协委开会,学习中共中央文件。

1966 年 1 月 19 日

周振甫忽来信说道德问题,今晨作复。成诗一首,纪念丙午春,分送颉刚、圣陶。圣陶忽来,约晚上吃年夜饭。下午学习后去陶兄家,座有伯祥、云彬及张纪元、葛志成,谈吴晗问题。午间区家"四大",珠来饭。

1966 年 1 月 20 日

除夕之晨,贞叫"下雪了",真是难得,一年多没有雨,二冬没见雪了。下午去医院视张纲伯病,脸浮肿。简单地吃年夜饭,一天年景。

1966 年 1 月 21 日

丙午春节,政协团拜归,得悉母又发病,天津来长途。晚同大红去政协,她看三楼电影《地道战》,我们看川剧、滇剧。

1966 年 1 月 22 日

午同贞在瞿良家吃年饭,来了张茂楠、夏慧远、绍璧一家大小四人,郭新生、仲华之两女,俶宜、俶德。晨接团妹信,说邦曾在长春结婚,接信后不久,邦曾挈新妇马钿英来。

1966 年 1 月 23 日

午在鸿珊家吃,下午徐墨缘来,到华凤翔家要邦曾在京地址。贞为我边临帖,边会客有意见,自己出来招待,以赎我愆。

1966 年 1 月 24 日

有小雪。下午冒雪去永滋家,带去仲华送他的川货三包。遇见齐如山之侄,夏陆利来,坐久,谈诗甚欢。

1966 年 1 月 25 日

珠带寅来午饭,贞又把我气了半天。她出门学习,说明回家搞饭吃,回家见珠母子在,问我怎样。我怕有人来,家中不能无人,我说在家弄,买菜来吃,她大不高兴,说"你既要在家吃,又不会弄"。下午熊一家四人来,左、晨二侄孙已长大了。

1966 年 1 月 26 日

头玉来辞行,下午看叔翔病。

1966年1月27日

上午两会中执会。第三次学习讨论中共中央文件,下午以二小时洗澡、修脚,瞿良一家下午来。

1966年1月28日

下午朱德禽约谈约二小时——谈吴觉农骂人问题。

1966年1月29日

下午去看《收租院》泥塑未果。看了年画展览,一片新气象,其内容为改天换地,英雄人物,大学《毛选》,抗美援越,阶级斗争。

1966年1月30日

下午永滋、老薛来。走后我走访杨扶青、王伯祥。

1966年1月31日

下午在故宫参加"非文物处理委员会"第一次会议,审查瓷器、电灯泡、香、水晶石、文具等类物品。

1966年2月1日

下午李文杰、张茂滢来。贞又为小敏事气得我透不过气来。

1966年2月2日

下午学习,谈学习工作的继往开来,重点在开来。

1966年2月3日

未出门,下午俞成来,带去诗二首。

1966年2月4日

上午联组,晓邨就其一片未发表的文章做检讨,甚好。下午在礼堂听吴学谦报告与哈瓦那开的三洲团结会上同苏修斗争情况。

1966年2月5日

上午联组如昨,晚贞去礼堂看话剧。我八点十分已上床,九点左右保忽回来,以为我亦去看戏,入门口忽口气和善地说:"爹没有去啊?"匆匆入里屋关门,少时持便盆出来,将两处房门关起,好像他亦将就寝,我疑窦多端,起床告他明天08:15出门,他还是口气和顺地说"知道,知道"。这时他并未上床,我疑他又带那女人来,来了要小便。

1966年2月6日

民建组织生活,胡、罗唱双簧,孙晓邨帮腔,下午同贞看《地道战》电影。

1966 年 2 月 7 日

上午还是联组会，听经叔平、虞效忠发言，下午看四川《收租院》泥塑群像展览。之后到政协取工资。

1966 年 2 月 8 日

上午联组一小时结束。余时分小组，晚同贞礼堂看大街，家属自己演自己，很有气魄，别具风格。

1966 年 2 月 9 日

张茂鹏来，约定明日去香山视颉刚。

1966 年 2 月 10 日

08:25—16:25 同张茂鹏去香山枫叶村，视颉刚于北京医院疗养所。鹏交史料工作，我与谈古说今。遇到赵朴初，得其手批诗句一纸。颉刚热情招待，力疾陪游，在香山饭店午饭，下午他们要看电影，我二人提前返城。晚同贞详谈保问题。此子鲁莽胆大，带女人到其家，搞钱、撒谎，态度野蛮，但对人民政府害怕得要命，不敢接近。

1966 年 2 月 11 日

上午在航街小小组（朱、李、资、章）会。晚至培来。我右肩筋骨痛，贞亦不适，为买药服。

1966 年 2 月 12 日

下午学习。

1966 年 2 月 13 日

晚至培、延来研究保问题，保对乃兄乃姊的努力采取拒绝态度。

1966 年 2 月 14 日

上午朱德禽约虞效忠在其家，同我谈关于吴觉农骂人事。开诚布公，说得很好。决定从自我批评入手，在组织上谈谈解决这问题。晚至培来饭，饭后由我二人及至培同保谈话。我们三人心平气和，向他开导，他能静听，最后因我发现他曾偷看保密文件，并向外传布，曾被发觉在公安部门做事交代，等等。我限制他看《参考消息》。保一怒而出，十时后回家，说“我什么也不怕”。

1966 年 2 月 15 日

保蒙头大睡，“不上班”了。后来只得起床，勉强工作，午饭后出去，深夜始归。上午我去和平街（安外）化工学院看科学成就展览。

1966 年 2 月 16 日

下午学习，解决反帝不反修问题。

1966 年 2 月 17 日

上午诗会，小组恢复例会。下午到北京医院与陈叔通告别。

1966 年 2 月 18 日

上午为陈叔老守灵（中山堂），两次历时 40 分钟。下午在礼堂听孟继懋报告断肢再植。

1966 年 2 月 19 日

午前公祭陈叔老，送之到八宝山，下午学习。

1966 年 2 月 20 日

大雪竟日，难得之至。绿英来。

1966 年 2 月 21 日

上午去全联听关于焦裕禄改造兰考的录音，颇有所感。

1966 年 2 月 22 日

下午访陈植未值，夏三亦未值。西邻余益民将迁居，晚为小政写了一首小诗，附以照片，作为纪念。七年前他家三口，今日以六口迁至同街东首四号，文化、经济各方面都变化甚大。1969/2/23 按：余家迁居事并未实现，今仍居同院西厢。

1966 年 2 月 23 日

下午学习，晚陈植及其夫人（董显光之女）来，纵谈故事，包括曹晨涛夫权观念等等。

1966 年 2 月 24 日

下午在三楼听关于中日青年联欢的报告，看电影《团结就是力量》。和自津来，晚上谈到十点三刻，转弯抹角来为保作说合人（辩护士），反而把保的一切归咎于我的作风生硬，方式、方法有问题。临了我大怒，服药不得入眠。贞、和尽力安抚我，态度较好，我气略平。

1966 年 2 月 25 日

晚贞同和去看戏，我在家练小字一篇。

1966 年 2 月 26 日

上午在礼堂听刘述周副部长报告国内国外形势分析，下午学习。

1966 年 2 月 27 日

和下午回津，临行作“总结性谈话”。娘娘勉保“好自为之”，我重申三点

(2/14)。志培后段在场,送和到胡同口,延晚来。

1966 年 2 月 28 日

成《示弟》一首寄天津,早餐时同保谈话,他气渐平,但又大半天不在家,晚归略早。小敏偷我糖吃,晚上破案。

1966 年 3 月 1 日

下午政协工商组开会。

1966 年 3 月 2 日

下午学习。

1966 年 3 月 3 日

上午诗会,好诗不少。晚在北京展览馆看仪表展览,先在商场吃担担面(0.16 元)。18:30—21:00 走马看花,高深莫测,是多少人智、志、勇的结晶,是多快好省、比学赶帮超的成果,是毛泽东思想的产物,伟大伟大!

1966 年 3 月 4 日

和弟信来,甚为扎实中肯,接受我的《示弟》诗,当即复之。晚在民族宫看歌舞剧《焦裕禄》。

1966 年 3 月 5 日

下午学习,胡厥文调京当民建常务副主委,由代理主委李烛尘设宴欢迎,在丰泽园大吃大喝两桌。贞感冒,因等保回家,疑窦丛生,失眠到明晨二时,服药睡。竟日大雪。

1966 年 3 月 6 日

贞感冒在家,我没因昨夜失眠责保,他态度渐和顺。晚看政协工商组文件。

1966 年 3 月 7 日

在家一天,晚刘寿生来,这次来看科技成就及仪器、仪表两个展览的,晚饭后匆匆去。

1966 年 3 月 8 日

民建中央茶会欢迎胡厥文,下午政协工商组开会讨论文件,杨扶青要学诗了。到北医要安眠药。BP 140/92。

1966 年 3 月 9 日

下午联组,听薛玉梅、虞效忠报告家属及天津情况。

1966 年 3 月 10 日

上午写字,觉得累,下午看上海工艺,有点失望。到北医看中医,要宁神的药——

这阵睡得不好。保晚上没出去,难得的一次。

1966 年 3 月 11 日

下午去清华园洗澡,晚全家到选民区开会,领选民证。午前杨扶青来要我为他改诗,勉应之。草《诗格律浅释》三纸。

1966 年 3 月 12 日

下午学习。

1966 年 3 月 13 日

寿生明晨回南京,晚来便饭、闲谈,谈到九点。志培、延亦来,聚谈甚欢。

1966 年 3 月 14 日 (缺)

1966 年 3 月 15 日

下午在礼堂听邓代两报告《学习毛著,体会与工人相结合的意义》,甚好。此人创带电(高至 32 万 V)作业方法。保今起星期二、五参加街道学习。

1966 年 3 月 16 日

今起请外地同志汇报学习中出现的思想情况,今天上下午由江苏张敬礼报告。选格律例诗。晚在南屋开选民会。

1966 年 3 月 17 日

上下午听报告,上午潘式言,下午唐巽泽。晚在农展馆看农副业展览,艮仲同去,贞同去。

1966 年 3 月 18 日

上午继续听唐巽泽报告。

1966 年 3 月 19 日

上午去礼堂听两位工人技术革新标兵报告,下午在家,玉奶奶来。保又懒,贞出门两次采办,我一面写字,一面烦恼。晚完成《诗格律例诗》三本。

1966 年 3 月 20 日

杨扶青问道于盲,嬲我教他作诗。上午来了,步行而至,足见诚意,吴丽波(琴同学)的爱人叶和中自广州来视我们。下午发七处信。

1966 年 3 月 21 日

下午走街——王府井来回,这是一条日新月异的大街。

1966 年 3 月 22 日

下午同贞在礼堂听越南南方代表黄万里报告越南战况。16:21 觉得地震,礼堂内大厅大灯动摇了,七点才散会,去市上吃馄饨、包子当晚饭。

1966 年 3 月 23 日

下午听吴大崐谈美国历史，甚好。

1966 年 3 月 24 日

下午学习，讨论中共复苏修邀请中国派代表团出席其二十三大电。

1966 年 3 月 25 日

上午学习同昨，下午在礼堂听两位工人同志报告——反修，服务。

1966 年 3 月 26 日

下午走街 38 分钟，绕南夹道——王府井之线。

1966 年 3 月 27 日

20 分钟步行到遂安伯东头教杨扶青作诗，20 分钟走回。不知从谁家走来虎皮黄猫，"宾至如归"，白猫正在病中，好像有意来做伴的。晚同贞礼堂看四川话剧。保出去，不管家中需要，选民小组开会要他代表，他亦不管，炉子灭掉。我见猫在生病，怕它冷，为之生火炉，炉将生好，保才回家。

1966 年 3 月 28 日

下午在礼堂听学习报告——这次是工商组组织的报告会，王二货同志。

1966 年 3 月 29 日

下午去医院——应通知照 X 光相，要安眠药。保得劳动部门通知，令往高教出版社任临时工（校对），晚同贞看《上海之春》电影。

1966 年 3 月 30 日

保今晨上班去了，下午学习，讨论苏共二十三大。

1966 年 3 月 31 日

上午诗会，至此诗会已经过足二三年了。

1966 年 4 月 1 日

为工商组看稿子。

1966 年 4 月 2 日

下午学习。

1966 年 4 月 3 日

延午带大江来，大江脚在劳动中受伤了。写信给鼎、琴。坟客李木虎来信了，其精神面貌已大大改变，于此见到"社教"之效，信上有"人的思想天天向上，田中庄稼也天天提高"语。上午民建组织生活，胡厥文说他是"盲目"接受领导的，引起争论。

1966年4月4日

失记。

1966年4月5日

16:00后去政协礼堂看电影,洗浴,修脚,吃点心,领工资,看科技电影《泥石流》。

1966年4月6日

下午学习。

1966年4月7日

天冷,下午又生火。晚同贞去民族宫看话剧《像他那样生活》。

1966年4月8日

下午在礼堂听杂技团出国情况报告。

1966年4月9日

下午学习,我说出"光荣的孤立",大家听了觉得突然。

1966年4月10日

瞿良来饭,送他题诗画片,下午教杨扶青作诗。

1966年4月11日

下午张茂滢以纸来索书,岂非怪事!同贞到北海小作春游。龙又来信给保。娘娘不鼓励他勤,而为他摆脱家务劳动,这是不对的。

1966年4月12日

下午加班学习,讨论学习总结。

1966年4月13日

下午学习,继续昨天。贞镶假牙占了一个上午,午饭在广东酒家吃。

1966年4月14日

下午为茂滢写册页一幅(见4/11记)。

1966年4月15日

下午诗会(自这期起从每两周一次,星期四上午,改为每两周一次,星期五下午)。

1966年4月16日

下午听报告,之后同贞到鸿珊处一视,母子平安。

1966年4月17日

上午周振甫来长谈,索看《四当斋集》。下午为杨扶青讲作诗(3/20、3/27,

4/10、4/17,已四次)。到颉刚家一视,其夫人正在“搞卫生”。

1966 年 4 月 18 日

下午听吕玉兰同志报告,毛泽东时代新型妇女已茁壮出世矣!

1966 年 4 月 19 日

下午仍在礼堂听报告:军人、农民、科学家。

1966 年 4 月 20 日

下午继续听报告——山东农人。

1966 年 4 月 21 日

今天大扫除,贞把这次搞卫生排在工作日,这样保可免役,他七点即出门,午饭不回家吃,有意逃避。我累得要命,下午今年第一次满身大汗,晚上同贞提了意见,她还不服。最可怪的她还照样给他钱,据说每二天给一元,气得我要死!

1966 年 4 月 22 日

下午两会开会,讨论下半年召开全国性会议问题。晚同贞在市场买布鞋,塑料底,¥3.25。

1966 年 4 月 23 日

下午学习,漫谈对上星期三次报告的体会。

1966 年 4 月 24 日

欧美同学会组织春游,我们除宝珠洞外,到了八大处之七大处,依次为二处灵光寺,新建佛牙塔在焉;三处三山殿;四处大悲寺;五处龙王堂,打尖于此遇到钱琢如;六处香界寺。循傍山公路下山,转至一处长安寺,赵同行。九时出门,晚六时前回家。

1966 年 4 月 25 日

晚同贞去旧太庙看电影——《敢教日月换新天》,片子好但观众不多,地点关系吧?

1966 年 4 月 26 日

下午同贞到中山公园看丁香、海棠。

1966 年 4 月 27 日

下午学习,我未发言。

1966 年 4 月 28 日

晚武自津回,明将回兰州。

1966 年 4 月 29 日

下午诗会，晚职教社在南河沿餐会，初步酝酿结束社务问题，剩下函授学校移交政府办，更有利于社会主义。

1966 年 4 月 30 日

习字达第 500 天，15 万字，下午在礼堂看应受批判的电影——《兵临城下》。晚王岳自福州出差来京来，索书(第二人)。陆公达的儿子已是油原厂技术员矣。

1966 年 5 月 1 日

天气不好，忽阴忽雨，晚同贞上西四台看礼花。下午延全家来，明庆、浣倩来。

1966 年 5 月 2 日

保早餐后即出门，向母要了钱，出去玩了，晚十二点后才回家，真是按期"付劳"，气得我不快一整天！晚饭同贞到东单公园散步。

1966 年 5 月 3 日

下午绍镇来。